Quantitative Analyse der ökonomischen Bedeutung eines Unternehmens

Sozialökonomische Schriften

Herausgegeben von
Bert Rürup und Werner Sesselmeier

Band 47

PL ACADEMIC RESEARCH

Dirk Heeger

Quantitative Analyse der ökonomischen Bedeutung eines Unternehmens

Vor dem Hintergrund neuer Herausforderungen der Industriepolitik

PL ACADEMIC RESEARCH

Bibliografische Information der Deutschen Nationalbibliothek
Die Deutsche Nationalbibliothek verzeichnet diese Publikation in der Deutschen Nationalbibliografie; detaillierte bibliografische Daten sind im Internet über http://dnb.d-nb.de abrufbar.

Zugl.: Landau (Pfalz), Univ., Koblenz-Landau, Diss., 2012

Der Druck dieser wissenschaftlichen Arbeit
wurde unterstützt von

WifOR
Wirtschaftsforschung

Lan 1
ISSN 0172-1747
ISBN 978-3-631-62790-7 (Print)
E-ISBN 978-3-653-02821-8 (E-Book)
DOI 10.3726/978-3-653-02821-8

PL Academic Research ist ein Imprint der Peter Lang GmbH.

Peter Lang – Frankfurt am Main · Bern · Bruxelles · New York · Oxford · Warszawa · Wien

www.peterlang.de

Meine Familie

Inhaltsverzeichnis

Abbildungsverzeichnis

Tabellenverzeichnis

Abkürzungsverzeichnis

A_w, A_B, A_E	spezielle Diagonalmatrizen
a	Inputkoeffizient
A	Inputkoeffizientenmatrix
AE	Arbeitnehmerentgelt
BIP	Bruttoinlandsprodukt
BMU	Bundesministerium für Umwelt, Naturschutz und Reaktorsicherheit
BMWi	Bundesministerium für Wirtschaft und Technologie
BNE	Bruttonationaleinkommen
BWS	Bruttowertschöpfung
c	Konsumquote
CAPM	Capital Asset Pricing Model
CFROI	Casflow Return On Investment
CPA	Statistische Güterklassifikation in Verbindung mit den Wirtschaftszweigen in der Europäischen Wirtschaftsgemeinschaft
DCF	Discounted-Cash-Flow
EIO	Enterprise-Input-Output
ESVG	Europäisches System Volkswirtschaftlicher Gesamtrechnungen
ET	Erwerbstätige
EU	Europäische Union
EVA	Economic Added Value
EVS	Einkommens- und Verbrauchsstichprobe
FE	fachliche Einheit
FuE	Forschung und Entwicklung
GG	Gütergruppe
GKV	Gesamtkostenverfahren
GM	General Motors
GuV	Gewinn- und Verlustrechnung

GV	Gesamte Verwendung
H	spezielle Diagonalmatrix
HGB	Handelsgesetzbuch
I	Einheitsmatrix
IM	Vorleistungsmatrix
IM	Intermediär
IO	Input Output
ISIC	International Standard Industrial Classification of All Economic Activities
KMU	Kleine und Mittlere Unternehmen
L	Leontief-Inverse
LV	Letzte Verwendung
m	Inputkoeffizienten für die Nettolöhne und –gehälter bzw. die Arbeitnehmerentgelte
NACE	Nomenclature statistique des activités économiques dans la Communauté européenne
PB	Produktionsbereich
PW	Produktionswert
RL	Rentabilität Liquidität
RSW	Rendite Sicherheit Wachstum
S_IM	Summe der intermediären Verwendung
SA	Sanofi Aventis Deutschland GmbH
SAM	Social Accounting Matrix
SIO	Systematisches Güterverzeichnis der Input-Output-Rechnungen
SNA	System of National Accounts
SoFFin	Sonderfonds Finanzmarktstabilisierung
SP	Sammelposition
StabG	Gesetz zur Förderung der Stabilität und des Wachstums der Wirtschaft
SVR	Sachverständigenrat zur Begutachtung der gesamtwirtschaftlichen Entwicklung

SWOT	Strengths Weakness Opportunities Threats
T	Matrix der Output-zu-Output Multiplikatoren
UKV	Umsatzkostenverfahren
V	Matrix der Verbrauchsmultiplikatoren
v	Produktionswertkoeffizient
VGR	Volkswirtschaftliche Gesamtrechnungen
VL	Vorleistungen
VL_d	inländische Vorleistungen
w	Wertschöpfungskoeffizienten
WZ	Klassifikation der Wirtschaftszweige
Y	Endnachfrage
Z	um Konsumanteile erweiterte Inputkoeffizientenmatrix
ZVEI	Zentralverband der elektrotechnischen Industrie

1 Einleitung und Überblick

Die aktuelle Schuldenkrise in Europa und die damit verbundene steigende Staatsverschuldung erhöhen auch in Deutschland den Druck auf die politischen Entscheidungsträger, die immer knapper werdenden finanziellen Mittel der öffentlichen Haushalte sinnvoll und transparent einzusetzen. Der Spielraum für umfangreiche staatliche Unterstützungsmaßnahmen wird kleiner und erfordert objektive wirtschaftspolitische Instrumente, die für eine effiziente Verwendung der zur Verfügung stehenden Ressourcen sorgen und nicht dem Steuerzahler unkalkulierbare Risiken aufbürden. Insbesondere die Industriepolitik steht vor neuen Herausforderungen und der Frage, mit welchen staatlichen Eingriffen ins Wirtschaftsgeschehen der richtige Rahmen für unternehmerisches Handeln geschaffen oder mit welchen Fördermaßnahmen die Industrie nutzenbringend unterstützt werden kann. Vor dem Hintergrund knapper Ressourcen und der Verwendung von Steuergeldern spielen bei der Umsetzung industriepolitischer Maßnahmen die Legitimation der gewählten Schritte und die Begründung der getroffenen Entscheidung eine zentrale Rolle.

1.1 Motivation und Zielsetzung

In der vergangenen Finanz- und Wirtschaftskrise 2008/2009 ist die Bundesregierung von ihrer unparteiischen Position, in der sie marktwirtschaftliche Prinzipen wahren und gleichzeitig einen passenden rechtlichen Rahmen für die Restrukturierung der Volkswirtschaft offerieren soll, abgewichen und hat Maßnahmen ergriffen, die direkt in das Wirtschaftsgeschehen eingegriffen haben.[1] Neben der bevorzugten Behandlung bestimmter Branchen bei der Entwicklung finanzpolitischer Rahmenbedingungen ist vor allem der „Wirtschaftsfonds Deutschland“ (auch Deutschlandfonds genannt) hervorzuheben, der über ein Kredit- und Bürgschaftsprogramm kurzfristig auftretende Finanzierungsengpässe gesunder Unternehmen direkt beheben sollte. Bei der Ausgestaltung des „Wirtschaftsfonds Deutschland“ bestand eine der zentralen Herausforderung darin, die Förderungswürdigkeit eines antragstellenden Unternehmens zu beurteilen. Mit dem Ziel, die Kosten für den Steuerzahler möglichst gering zu halten und dabei den größtmöglichen Nutzen für die Gesellschaft zu erzielen, muss die Auswahl eines förderungswürdigen Unternehmens auf Basis objektiver Kriterien und einem nachvollziehbaren Verfahren erfolgen. Die Prüfkriterien und das Eignungsverfahren zur Beurteilung, welches Unternehmen eine Unterstützung aus dem

1 vgl. SVR (2009), S. 19 Rn. 38

Deutschlandfonds in Anspruch nehmen durfte, blieben jedoch trotz des starken Begründungszwangs hinter einer Black Box verborgen.[2] An dieser Stelle monierte der Sachverständigenrat zur Begutachtung der gesamtwirtschaftlichen Entwicklung zu Recht, dass im Rahmen des Entscheidungsfindungsprozesses und der dabei zum Einsatz kommenden Instrumente mehr Wettbewerb grundsätzlich wünschenswert gewesen wäre.[3]

Vor dem Hintergrund der aktuellen Schuldenkrise nimmt die Bedeutung des Staates als industriepolitischem Akteur wieder zu. Wenn die in Schieflage geratenen Banken ihre Kreditvergabe an Unternehmen weiter einschränken und/oder höhere Garantien verlangen, besteht die Möglichkeit, dass der Staat erneut als Finanzintermediär auftritt, um negative Konsequenzen für die Gesamtwirtschaft und die Gesellschaft zu verhindern. Eine Herausforderung der Industriepolitik besteht deshalb auch künftig darin, die Förderungswürdigkeit eines bestimmten Unternehmens aus der Perspektive des Staates anhand harter Faktoren messen zu können. Ohne geeignete Informationen und Bewertungsmethoden besteht die Gefahr, dass Unternehmen mit Steuergeldern am Leben erhalten werden, deren ökonomischer Beitrag für das Wohl der Gesellschaft in Frage zu stellen ist.

Die Intransparenz bei der Vergabe von Krediten und Bürgschaften im Rahmen des Deutschlandfonds zeigt den Bedarf an einem fundierten und nachvollziehbaren Verfahren, das eindeutige Aussagen über die ökonomische Bedeutung eines bestimmten Unternehmens für die deutsche Volkswirtschaft ermöglicht. Betriebswirtschaftliche Kennzahlen und Verfahren, die versuchen, ein den tatsächlichen Verhältnissen entsprechendes Bild über die wirtschaftliche Leistung eines Unternehmens zu gewinnen, sind zahlreich vorhanden. Sie dienen jedoch vornehmlich der strategischen und operativen Planung und beschränken sich i.d.R. auf die Beurteilung der Vermögens-, Finanz- und Ertragslage eines Unternehmens zur Befriedigung der Informationsbedürfnisse der Shareholder. Die betriebswirtschaftlichen Ansätze zur Unternehmensanalyse erfüllen somit zwar die an sie gestellten Anforderungen als Kontroll-, Steuerungs- und Informationsinstrumente, vernachlässigen jedoch den Anspruch des Staates an eine objektive gesamtwirtschaftliche Betrachtung. Ohne eine quantitative Analyse der ökonomischen Wirkungen, die von dem betrachteten Unternehmen auf die deutsche Volkswirtschaft ausgehen, lässt sich kein vollständiges Gesamtbild der ökonomischen Bedeutung als Indikator für die Beurteilung der volkswirtschaftlichen Förderungswürdigkeit zeichnen. Im Gegensatz zu den Instrumenten der Unternehmensanalyse erfüllen die Verfahren zur volkswirtschaftlichen Wirkungsmessung zwar den Anspruch an eine gesamtwirtschaftliche Betrachtung, verlieren

2 vgl. Deutscher Bundestag (2009), S. 1
3 vgl. SVR (2009), S. 220 Rn. 345

dabei jedoch das einzelne Unternehmen als Untersuchungsgegenstand aus den Augen. Derzeit existiert kein anerkannter Ansatz, der es erlaubt, die gesamtwirtschaftlichen Wirkungen eines bestimmten Unternehmens objektiv darzustellen und dabei dem starken Begründungszwang industriepolitischer Entscheidung gerecht wird.

In der vorliegenden Arbeit wird ein empirisches Modell vorgestellt, mit dem sich aus der Perspektive des Staates die ökonomischen Wirkungen eines bestimmten Unternehmens auf die deutsche Volkswirtschaft quantifizieren lassen. Durch den kombinierten Einsatz einzelwirtschaftlicher und gesamtwirtschaftlicher Elemente wird ein Instrument zur unternehmensspezifischen Wirkungsmessung bereitgestellt, das helfen soll, die Defizite der bestehenden Ansätze zu beheben. Auf Basis des entwickelten Modells soll es möglich sein, ein objektives Gesamtbild des volkswirtschaftlichen Beitrags einer bestimmten Unternehmung als Indikator zur Beurteilung der volkswirtschaftlichen Förderungswürdigkeit zu erstellen. Durch den Einsatz des Verfahrens im Rahmen industriepolitischer Entscheidungsprozesse soll das Risiko von Fehleinschätzungen bei der Auswahl förderungswürdiger Unternehmen und damit verbundene Kosten für den Steuerzahler reduziert werden.

1.2 Struktur der Arbeit

Nach einer kurzen Einleitung folgen zwei Kapitel, in denen der Bedarf an der Entwicklung des in dieser Arbeit beschriebenen Modells aufgezeigt und das Erkenntnisziel verdeutlich wird. Das vierte Kapitel, als Kern der Arbeit, beschreibt den methodischen Ansatz des entwickelten Verfahrens. Bevor das Fazit und ein Ausblick die Arbeit abrunden, wird anhand eines Beispiels die Funktionsweise des entwickelten Verfahrens demonstriert, die unterschiedlichen Aussagemöglichkeiten aufgezeigt und die Qualität der Ergebnisse beurteilt. Im Folgenden werden die Schwerpunkte der einzelnen Kapitel kurz beschrieben:

- Kapitel 2 geht zunächst den Fragen nach, was überhaupt unter dem Begriff Industriepolitik zu verstehen ist, wo sie einzuordnen ist und welche Formen bzw. Ausprägungen sich unterscheiden lassen. Im Anschluss an die Darstellung der unterschiedlichen Auffassungen und dem derzeitigen Verständnis der Industriepolitik werden die aktuellen Herausforderungen anhand der während der Finanz- und Wirtschaftskrise 2008/2009 initiierten, industriepolitischen Maßnahmen aufgezeigt. Auf Basis der gewonnenen Erkenntnisse wird am Ende des Kapitels der Bedarf an dem entwickelten Modell zur quantitativen Analyse der ökonomischen Bedeutung einzelner Unternehmen für die deutsche Volkswirtschaft betont.

- Kapitel 3 stellt das Unternehmen als Wirtschaftseinheit und Untersuchungsgegenstand in den Mittelpunkt. Zu Beginn des Kapitels werden die grundlegenden Prinzipien des Wirtschaftens vorgestellt, die Rolle der Unternehmen im Wirtschaftskreislauf aufgezeigt sowie die unternehmensspezifischen Prozesse der Leistungserstellung erläutert. Im Anschluss werden die unterschiedlichen Wirkungen beschrieben, die von einem Unternehmen als Resultat der Geschäftstätigkeit ausgehen, bevor eine erkenntniszielorientierte Abgrenzung der für die quantitative Analyse der ökonomischen Bedeutung relevanten Effekte erfolgt. Die anschließenden Ausführungen über die aktuellen Datenkonstrukte und Verfahren zur quantitativen Analyse der ökonomischen Bedeutung eines bestimmten Unternehmens zeigen die Defizite der bestehenden Ansätze gemäß dem Erkenntnisziel dieser Arbeit auf. Der Fokus richtet sich auf quantitative Verfahren, die anhand faktischer Informationen helfen, Aussagen über den volkswirtschaftlichen Beitrag einzelner Unternehmen zu gewinnen. Das Kapitel schließt mit den zentralen Erkenntnissen für diese Arbeit, die aufzeigen, dass der Bedarf an dem entwickelten Verfahren grundsätzlich gegeben ist.
- Kapitel 4 beschreibt allgemein die Methodik des entwickelten Modells. Im ersten Teil werden die einzelnen Schritte zur Erstellung einer empirischen Ausgangsdatenbasis erläutert, in der die für die Quantifizierung der gesamtwirtschaftlichen Wirkungen benötigten produktions- und gütermäßigen Verflechtungen des betrachteten Untersuchungsgegenstands gegenüber dem Rest der Volkswirtschaft abgegrenzt sind. Die Aufbereitung der Verflechtungen des Untersuchungsgegenstands in der Input-Output-Systematik des Statistischen Bundesamtes ist Voraussetzung, um die insgesamt durch die Leistungserstellung und die Nachfrage nach Investitionsgütern innerhalb der deutschen Volkswirtschaft ausgelösten Effekte berechnen zu können. Die für die Berechnung der gesamtwirtschaftlichen Wirkungen zum Einsatz kommenden Input-Output-Modelle werden ausführlich im zweiten Teil des Kapitels beschrieben. Um anhand der quantifizierten Effekte ein konsistentes Gesamtbild der ökonomischen Bedeutung des betrachteten Untersuchungsgegenstands erstellen zu können, werden auch die dem Verfahren inhärenten Annahmen, Ungenauigkeiten und methodischen Grenzen detailliert erörtert.
- Kapitel 5 zeigt anhand eines konkreten Beispiels, wie sich das entwickelte Instrument in der Praxis umsetzen lässt. In Anlehnung an den Aufbau des vierten Kapitels wird zunächst die Erstellung des unternehmensspezifischen Satellitensystems für die Sanofi Aventis Deutschland GmbH als Untersuchungsgegenstand detailliert erläutert, bevor anschließend auf Basis der auf-

bereiteten Verflechtungen die ökonomischen Wirkungen quantifiziert und vor dem Hintergrund der Arbeit analysiert werden. Eine kritische Würdigung der auf Basis des entwickelten Verfahrens berechneten Effekte schließt das Kapitel ab.

- Kapitel 6 fasst noch einmal die wichtigsten Erkenntnisse dieser Arbeit zusammen und gibt einen Ausblick, wie das entwickelte Verfahren verwendet und weiterentwickelt werden könnte.

2 Industriepolitik – Definitionen, Begriffe und Herausforderungen

Gordon Brown, Nicolas Sarkozy, der Chefökonom der Weltbank, Justin Yifu Lin, sowie viele weitere bekannte Politiker und Ökonomen propagieren Industriepolitik als Hilfsmittel zur Sicherung eines angemessenen und stetigen Wachstums.[4] Als ein Instrument zur Stimulierung volkswirtschaftlichen Wachstums kann die Industriepolitik bei der Realisierung zentraler wirtschaftspolitischer Ziele, wie z.B. der Sicherung und Schaffung von Arbeitsplätzen, der sozialen Sicherung oder der Bewältigung des Strukturwandels helfen. Viele Volkswirtschaften greifen seit Jahrzehnten immer wieder auf industriepolitische Maßnahmen zurück, um strukturelle Veränderungen voranzutreiben, die das ökonomische Wachstum nachhaltig fördern sollen. Als wichtigste Vertreter der Industriepolitik sind China und die USA zu nennen, die im großen Stil Industriezweige, ausgewählte Unternehmen und Zukunftstechnologien unterstützen, um im globalen Wettbewerb besser aufgestellt zu sein.[5]

Seit Beginn des Jahrhunderts und verstärkt durch die Finanz- und Wirtschaftskrise 2008/2009 hat die Industriepolitik auch in Deutschland wieder an Bedeutung gewonnen.[6] Nach Jahren des Schattendaseins fordern Politiker, Wissenschaftler und Unternehmen eine industriepolitische Strategie, mit dem Ziel deutsche Unternehmen und Arbeitsplätze im internationalen Wettbewerb zu stärken und gleichzeitig vor unfairen Verhältnissen zu schützen.[7] Der Staat ist seit Beginn der Krise verstärkt als wirtschaftlicher Akteur in Erscheinung getreten und hat in erheblichem Maße in das Wirtschaftsgeschehen eingegriffen.[8] Neben der Stabilisierung der Finanzmärkte sind gezielt Maßnahmen zur Belebung der Konjunktur sowie zur Bewältigung der Krise in der Realwirtschaft initiiert worden.[9] Ganze Branchen aber auch einzelne Unternehmen wurden durch die Gewährung von Finanzhilfen und Garantien direkt unterstützt oder profitierten von verbesserten finanzpolitischen Rahmenbedingungen.

Im aktuellen Kapitel werden die unterschiedlichen Perspektiven der Industriepolitik sowie die während der Finanz- und Wirtschaftskrise 2008/2009 initiierten, industriepolitischen Maßnahmen vorgestellt. Keine eindeutig anerkannte Definition und die oftmals hitzig und kontrovers geführten Diskussionen bele-

4 vgl. Rodrik (2010)
5 vgl. Rodrik (2010)
6 vgl. Löbbe (2009), S. 2ff.
7 vgl. BMWi (2008), S. 19
8 vgl. SVR (2009), S. 212 Rn. 323
9 vgl. Haucap, Coenen (2010), S. 1

gen, dass Industriepolitik keinen klar abgegrenzten Bereich darstellt. Nachdem in den folgenden Abschnitten zunächst die unterschiedlichen Auffassungen und gängigsten Formen der Industriepolitik vorgestellt werden, erfolgt im Anschluss eine kurze Beschreibung der wichtigsten industriepolitischen Staatseingriffe als Folge der Krise. Daraus abgeleitete Erkenntnisse und Schlussfolgerungen runden das Kapitel ab.

2.1 Facetten der Industriepolitik

Lange führte die Industriepolitik in Deutschland und Europa ein Schattendasein und galt als negativ belegt.[10] Aktuell ist eine Wiederauferstehung der Industriepolitik zu beobachten, da insbesondere durch die Finanz- und Wirtschaftskrise 2008/2009 der Glaube daran, dass für ein stabiles Wirtschaftswachstum eine Neujustierung der Wirtschaft unumgänglich ist, an Bedeutung zugenommen hat.[11] Vor dem Hintergrund sich verändernder Rahmenbedingungen und aktueller Trends, wie z.B. der steigenden Globalisierung oder der europäischen Schuldenkrise, unterliegt die Industriepolitik ständigen Anpassungs- und Neuorientierungsprozessen.

Die seit Jahrzenten andauernde kontrovers geführte Debatte über die Notwendigkeit und Sinnhaftigkeit der Industriepolitik ist von vielen Aufs und Abs geprägt. Auffällig ist, dass die Diskussionen über die Notwendigkeit industriepolitischer Maßnahmen stets unter dem Eindruck akuter Krisen und getrieben von der Angst vor tiefgreifenden industriellen Wettbewerbs- und Strukturanpassungsproblemen geführt werden.[12] Während liberale Ökonomen und zahlreiche Politiker immer wieder die Notwendigkeit industriepolitischer Interventionen missbilligen und stattdessen eine Beschränkung staatlicher Eingriffe auf die Schaffung und den Ausbau eines wettbewerbsorientierten Wirtschaftsordnungsrahmen proklamieren, existieren stets auch andere Stimmen, die das industriepolitische Handeln als geeignete Lösung zur Bewältigung akuter Herausforderungen für notwendig erachten.[13]

Die Diskussion über die Sinnhaftigkeit und Notwendigkeit der Industriepolitik soll in dieser Arbeit nicht geführt werden. Wichtiger ist vielmehr die Feststellung, dass industriepolitische Engagements in allen entwickelten Volkswirtschaften allgegenwärtig sind. Selbst wenn sie vordergründig abgelehnt werden und der Begriff negativ besetzt ist, sind sie schon seit Jahrzehnten fest in der po-

10 vgl. Eichner (2009)
11 vgl. Livesey (2010), S. 3; Löbbe (2009), S. 2ff.
12 vgl. Simons (1997), S. 1
13 vgl. Brösse (1999), S. 2

litischen Praxis verankert.[14] Die zentrale Frage lautet deshalb nicht, ob Industriepolitik betrieben wird, sondern wie sie ausgestaltet ist und umgesetzt wird.

Bevor auf die neuen Herausforderungen der deutschen Industriepolitik durch die Finanz- und Wirtschaftskrise 2008/2009 sowie die aktuelle Schuldenkrise eingegangen wird, muss zunächst geklärt werden, was überhaupt unter dem Begriff Industriepolitik verstanden wird, wo sie einzuordnen ist und welche Formen bzw. Ausprägungen sich unterscheiden lassen. In den folgenden Abschnitten wird versucht, die vielen unterschiedlichen Definitionen und Facetten der Industriepolitik zu strukturieren und gegeneinander abzugrenzen, um ein exaktes Bild der aktuellen Industriepolitik und ihrer Herausforderungen zu erhalten.

2.1.1 Was ist Industriepolitik?

Industriepolitik ist kein klar abgegrenzter Bereich, dem eindeutige Ziele und Instrumente zugeordnet werden können. Sie tangiert unterschiedliche Politikfelder, verbindet verschiedene Zielgruppen und Akteure miteinander und ist mit einer Vielzahl von Ebenen verwoben.[15] Als ein Grund für die kontroversen und leidenschaftlichen Diskussionen sind die zahlreichen Definitionen zu nennen, die den verschiedenen Akteuren viel Interpretationsspielraum lassen. Einen ersten Eindruck über die Spannweite und Vielfalt der Industriepolitik soll die nachfolgende Auswahl an Definitionen vermitteln.

> "Industrial Policy may be generally defined as any government measure, or set of measures, to promote or prevent structural change."[16]

> "Industrial policy is an attempt by a government to encourage resources to move into particular sectors that the government views as important to future economic growth."[17]

> Industrial policy is one that is "aimed at particular industries (and firms as their components) to achieve the outcomes that are perceived by the state to be efficient for the economy as a whole."[18]

> "Industriepolitik beinhaltet all jene Maßnahmen des Staates zum Erhalt, zur Anpassung, Gestaltung und Wachstumsförderung der Industrie."[19]

> "Unter Industriepolitik wird … die jene staatliche Politik verstanden, die den Sektor Industrie unmittelbar oder mittelbar zum Gegenstand hat und die mit geeigneten und

---

14 vgl. Simons (1997), S. 2
15 vgl. Meyer-Stamer (2009), S. 8
16 Curzon Price (1981), S. 17
17 Krugman, Obstfeld (1991) aus Aiginger (2007), S. 320
18 Chang (1994), S. 60
19 Simons (1997), S. 8

gezielten Maßnahmen bewusst solche Ziele verwirklichen will, die ausdrücklich o-der zumindest erkennbar industriebezogen sind.“[20]

Rodrik (2004) uses the term industrial policy “to apply to restructuring policies in favour of more dynamic activities generally, regardless of whether those are located within industry or manufacturing per se.”[21]

“Industrial policy is a set of activities which create a favorable environment for business and for adapting production to changing domestic or international de-mand.”[22]

Das Bundesministerium für Wirtschaft und Technologie versteht Industriepolitik „als Querschnittsaufgabe, die darauf abzielt, industrielle und industrieabhängige Produktion und Beschäftigung in Deutschland und Europa dauerhaft wettbewerbsfä-hig zu erhalten. Adressat ist die „klassische“ Industrie (verarbeitendes Gewerbe) und die von ihr abhängigen Dienstleistungen.“[23]

Die zahlreichen und stark divergierenden Definitionen zeigen, dass derzeit keine allgemein anerkannte Interpretation des Begriffs Industriepolitik existiert. Die Begriffsbestimmungen unterscheiden sich aufgrund ihrer inhaltlichen Aussagekraft bezüglich der Ziele und Mittel aber auch hinsichtlich der Festlegung des Gegenstands.[24] In der nachfolgenden Tabelle 1 sind die wichtigsten Begriffspaare zusammengestellt, die die unterschiedlichen aktuellen Betrachtungswinkel und Stoßrichtungen der Industriepolitik zum Ausdruck bringen und in den öffentlichen Debatten oft kontrovers diskutiert werden.

Tabelle 1: Unterschiedliche Betrachtungswinkel der Industriepolitik

Begriffspaare	**Erläuterungen**
Industrie oder Gesamtwirtschaft?	Dem Begriff nach liegt der Fokus industriepolitischer Maßnahmen traditionell auf dem Industriesektor. Die Festlegung des Gegenstandes hat sich jedoch im Laufe der Zeit gewandelt, sodass verstärkt der gesamte Bereich des Be- und Verarbeitens von Gütern bzw. die gesamte Wirtschaft zum Gegenstand der Industriepolitik geworden ist.[25]

20 Brösse (1999), S. 12
21 Rodrik (2004), S. 2
22 Aiginger (2007), S. 300
23 BMWi (2008), S. 19
24 vgl. Brösse (1999), S. 13
25 vgl. Brösse (1999), S. 13

Vertikal - interventionistisch (selektiv) oder horizontal – ordnungspolitisch (rahmenorientiert)?	Die beiden Ansätze unterscheiden sich durch das Ausmaß der Koordination industrierelevanter Ziele und ihrer Instrumente.[26] Unter vertikalen industriepolitischen Maßnahmen sind allgemein alle direkten sektoralen Interventionen zu verstehen, die versuchen den Strukturwandel in eine bestimmte Richtung zu steuern.[27] Bei der sogenannten selektiven Industriepolitik stehen verschiedene Einzelziele nebeneinander,[28] die unmittelbar die Entwicklung bestimmter Industriezweige oder einzelner Unternehmen beeinflussen sollen.[29] Der rahmenorientierte generische Ansatz umfasst demgegenüber allgemeine Maßnahmen, die den Wettbewerb fördern bzw. die Industrie durch passende Rahmenbedingungen unterstützen sollen.[30] Die horizontalen Maßnahmen beschäftigen sich demnach mit dem industriepolitischen Gesamtkonzept des Staates, das alle Unternehmen betrifft und in der Regel nicht diskriminierend wirkt.[31] Die Kernaufgabe der horizontalen Industriepolitik besteht in der Bereitstellung einer guten Infrastruktur und der Gewährleistung eines funktionierenden Wettbewerbs.[32]
Aktiv oder passiv?	Eine passive oder defensive Industriepolitik steht dem Strukturwandel eher ablehnend gegenüber und verfolgt das Ziel Schrumpfungsprozesse alter Industriebranchen zu verlangsamen (Strukturerhaltung).[33] Ganze Industriezweige und große Unternehmen werden durch gezielte Maßnahmen vor dem notwendigen Strukturwandel geschützt.[34] Die aktive Industriepolitik will offensiv durch die gezielte Förderung einzelner Industriebereiche oder Unternehmen den notwendigen Strukturwandel beschleunigen, um deren Wettbewerbsfähigkeit zu steigern („Hilfe zum Wandel“).[35]

26 vgl. Brösse (1999), S. 13
27 vgl. Oberender, Daumann (1995), S. 5
28 vgl. Kabel et al. (2010), S. 16
29 vgl. Busch (2005), S. 11
30 vgl. Meyer-Stamer (2009), S. 11; Aiginger (2007), S. 299
31 vgl. Oberender, Daumann (1995), S. 4f
32 vgl. SVR (2009), S. 19 Rn. 39
33 vgl. Meyer-Stamer (2009), S. 11
34 vgl. Simons (1997), S. 17
35 vgl. Kampmann, Walter (2010a), S. 184

Reaktiv oder gestaltend?	Im Rahmen der reaktiven Industriepolitik werden die wirtschaftlichen Strukturen an eine veränderte Bedarfslage oder neue Produktionsformen angepasst.[36] Demgegenüber zielt die aktive Gestaltung künftiger wirtschaftlicher Strukturen auf den Aufbau zukunftsträchtiger Branchen und die Unterstützung innovativer Forschungsaktivitäten ab.[37] Durch die Implementierung entsprechender Maßnahmen soll die internationale Wettbewerbsfähigkeit nachhaltig gesteigert werden (Strukturentwicklung).[38]
Ad-hoc oder flankierend?	Industriepolitische Ad-hoc Maßnahmen sind als Resultate von Krisen zu beobachten und beschreiben spontane, improvisierte Handlungen, die aus der Not heraus und zeitlich befristet schnelle Hilfe versprechen, wie z.B. die direkte Unterstützung systemrelevanter Unternehmen, die ansonsten drohen Konkurs zu gehen. In wirtschaftlich normalen Zeiten ist vor allem eine flankierende Industriepolitik erwünscht, die durch die kontinuierliche Bereitstellung einer guten Infrastruktur und der Gewährleistung eines funktionierenden Wettbewerbs die Aktivitäten der Privatwirtschaft leiten soll.[39]
Nationaler oder europäischer Verantwortungsbereich?	Traditionell ist die Industriepolitik Aufgabe der nationalen Regierungen. Erst durch den Vertrag von Maastricht (1992)[40] wurden der EU industriepolitische Kompetenzen eingeräumt. Konkrete Formulierungen über eine aktive Industriepolitik[41] in der EU täuschen allerdings darüber hinweg, dass die Industriepolitik im Wesentlichen noch immer Aufgabe der Mitgliedsstaaten ist.[42] Die EU verfügt nach wie vor nicht über dieselben Instrumente wie die Mitgliedsstaaten, sodass ihr industriepolitischer Handlungsspielraum begrenzt ist.[43] Insbesondere vor dem Hintergrund der aktuellen

36 vgl. Oberender, Daumann (1995), S. 5

37 vgl. Busch (2005), S. 11

38 vgl. Kampmann, Walter (2010a), S. 184

39 vgl. SVR (2009), S. 211

40 Siehe Vertrag über die Europäische Union, Amtsblatt Nr. 191 vom 29. Juli 1992 (http://eur-lex.europa.eu/de/treaties/dat/11992M/htm/11992M.html)

41 Siehe Europäische Kommission (2002), European Commission (2003) und Europäische Kommission (2005)

42 vgl. Kopp et al. (2009), S. 1

43 vgl. Kabel et al. (2010), S. 15

europäischen Schuldenkrise und der Suche nach einer Lösung für das Schuldenproblem ist jedoch künftig mit einem weiteren Bedeutungszuwachs der europäischen Industriepolitik auch auf nationaler Ebene zu rechnen.[44]

Große oder kleine Unternehmen?

Die Schaffung sogenannter nationaler Champions steht trotz aller Kritik immer wieder im Mittelpunkt der Industriepolitik. Durch die Unterstützung großer Unternehmen von Weltformat sollen diese im zukünftigen Wettbewerb besser positioniert und gleichzeitig gegenüber ausländischen Übernahmeversuchen geschützt werden.[45] Die stark wachsende Bedeutung „Kleiner und Mittlerer Unternehmen" (KMUs) findet vornehmlich in horizontalen Maßnahmen Berücksichtigung, durch welche die Rahmenbedingungen für KMUs verbessert werden sollen.

Die zahlreichen divergierenden Ausprägungen und Richtungen der Industriepolitik sind Ausgangspunkt vieler fundamentaler politischer und wissenschaftlicher Diskussionen.[46] Eindeutige und logische Lösungen, welche der jeweiligen Alternativen grundsätzlich vorzuziehen ist, existieren häufig nicht. Auch könnten die Alternativen und Begriffspaare nicht klar voneinander getrennt werden, da Wechselwirkungen zwischen den verschiedenen Zielen und Handlungsfeldern bestehen, sodass einzelne industriepolitische Maßnahmen nicht ausschließlich einer bestimmten Ausprägung zugeordnet werden können. Die Gegenüberstellung der verschiedenen Alternativen bringt die Vielfältigkeit der Industriepolitik zum Ausdruck.

2.1.2 Probleme bei der Abgrenzung der Industriepolitik

Aufgrund der genannten Probleme bei der Begriffsbestimmung ist es schwierig die Industriepolitik gegenüber anderen Politikbereichen eindeutig abzugrenzen. Da keine anerkannte Definition des Begriffs Industriepolitik existiert, kann sie nicht losgelöst von anderen politischen Bereichen betrachtet werden. In Abbildung 1 ist die Industriepolitik als spezieller Teilbereich der Wirtschaftspolitik dargestellt, der sowohl ordnungs-, prozess- als auch strukturpolitische Aspekte miteinander verbindet.

44 vgl. Aiginger, Sieber (2009), S. 8f
45 vgl. Donges et al. (2005), S.3
46 vgl. Meyer-Stamer (2009), S. 12

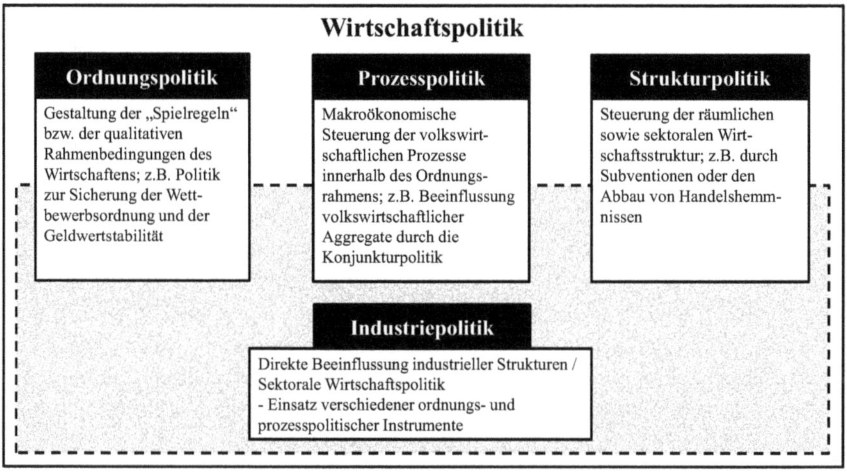

Abbildung 1: Industriepolitik als Querschnittsbereich der Wirtschaftspolitik

Die Wirtschaftspolitik umfasst im weitesten Sinne „alle Bestrebungen, Handlungen und Maßnahmen, mit denen staatliche und nicht-staatliche Akteure das Wirtschaftsgeschehen in der Volkswirtschaft oder einzelnen Regionen, Sektoren oder Gruppen (z.B. Handwerk, Mittelstand, Existenzgründer) beeinflussen“[47]. Eine in der deutschsprachigen Literatur anerkannte Klassifikation[48] unterteilt die Wirtschaftspolitik in Ordnungs- und Prozesspolitik. Daneben hat sich die Strukturpolitik als dritter Bereich etabliert, der in Abbildung 1 als eigenständiger Teil dargestellt ist, jedoch grundsätzlich untrennbar mit der Ordnungs- und Prozesspolitik verbunden ist.[49]

Die Ordnungspolitik hat zur Aufgabe einen funktionsfähigen Rahmen zu schaffen, innerhalb dessen die verschiedenen Wirtschaftssubjekte ihren Tätigkeiten nachgehen können.[50] Anders formuliert geht es um die Gestaltung der „Spielregeln“ des Wirtschaftens bzw. der qualitativen Rahmenbedingungen.[51] Demgegenüber greift die Prozesspolitik aktiv in die Wirtschaftsabläufe ein und versucht gezielt durch staatliche Eingriffe die Funktionsfähigkeit des Marktes vor dem Hintergrund des gegebenen ordnungspolitischen Rahmens durchzuset-

47 vgl. Kampmann, Walter (2010a), S. 132
48 vgl. Eucken (1990)
49 vgl. Koch, Czogalla (1999), S. 23
50 vgl. Busch (2005), S. 11
51 vgl. Kampmann, Walter (2010a), S. 132

zen.[52] Im Mittelpunkt entsprechender Eingriffe steht die zielgerichtete makroökonomische Steuerung volkswirtschaftlicher Größen.

Die Strukturpolitik als dritter Teilbereich staatlicher Einflussnahme auf die Wirtschaftsaktivitäten hat zur Aufgabe die Richtung und das Tempo des Strukturwandels zu steuern. Ganz allgemein steht dabei die zielbezogene Beeinflussung der verschiedenen strukturbestimmenden Einflüsse im Mittelpunkt.[53] Die Zielsetzung strukturpolitischer Maßnahmen variiert zwischen der Erhaltung, Anpassung und Gestaltung wirtschaftlicher Strukturen. Als Gegenstand sind einzelne Industriezweige bzw. Branchen (sektorale Strukturpolitik) oder bestimmte Regionen bzw. Wirtschaftsräume (regionale Strukturpolitik) zu unterscheiden.[54] Für die Durchsetzung regionaler bzw. sektoraler strukturpolitischer Maßnahmen kommen sowohl ordnungs- als auch prozesspolitische Instrumente zum Einsatz, sodass die Strukturpolitik nicht losgelöst von diesen beiden Politikbereichen gesehen werden kann.[55]

Als umstrittener gleichzeitig aber wichtiger Teil der Wirtschaftspolitik wird die Industriepolitik oftmals als Bestandteil der Strukturpolitik dargestellt oder sogar als Synonym für die sektorale Strukturpolitik verwendet.[56] Verantwortlich dafür sind weiter gefasste Definitionen, die der Industriepolitik all jene Entscheidungen und Maßnahmen zuordnen, in deren Mittelpunkt die direkte und bewusste Beeinflussung industrieller Strukturen steht.[57] Für die Umsetzung industriepolitischer Maßnahmen sind jedoch nur begrenzt originäre Instrumente verfügbar, weshalb die Industriepolitik auf ordnungs- und prozesspolitische Hilfsmittel zurückgreift.[58] Wie die Abgrenzung der Strukturpolitik ist auch die Darstellung der Industriepolitik als Teil der Wirtschaftspolitik kontroversen Diskussionen ausgesetzt. In Abbildung 1 ist die Industriepolitik nicht als eigenständiger Teilbereich der Wirtschaftspolitik dargestellt, sondern als Querschnittsbereich, der zumindest teilweise auch die anderen Bereiche der Wirtschaftspolitik (Ordnungs-, Prozess- und Strukturpolitik) umschließt. Unter Verwendung einer weitgefassten Definition kann die Industriepolitik auch als sektorale Wirtschaftspolitik interpretiert werden.

Eine andere in Abbildung 2 dargestellte Abgrenzung zeigt die Industriepolitik als Teilbereich der Wettbewerbs-, Technologie- und Strukturpolitik. Insbe-

52 vgl. Koch, Czogalla (1999), S. 24
53 vgl. Brösse (1999), S. 15
54 vgl. Kampmann, Walter (2010a), S. 181
55 vgl. Koch, Czogalla (1999), S. 25
56 vgl. Aiginger, Sieber (2009), S. 2; Oberender, Daumann (1995), S. 3; Meyer-Stamer (2009), S. 13
57 vgl. Kabel et al. (2010), S. 15
58 vgl. Meyer-Stamer (1996), S. 2

sondere in der Forschungs- und Technologiepolitik werden viele Programme mit einer industriepolitischen Ausrichtung bzw. Intention betrieben.[59] In Abhängigkeit der Definition der Industriepolitik fällt der Überlappungsbereich größer oder kleiner aus. Die aktuelle Ausprägung der Industriepolitik versteht sich zunehmend mehr als „systemisches Konzept“[60], in dem verschiedene wirtschaftspolitische Bereiche miteinander kombiniert werden. Insbesondere die Orientierung an den Gebieten Ausbildung, Forschung und Innovationen, die auch zu den zentralen Inhalten der Technologiepolitik und der Wettbewerbspolitik gehören, ist für eine zukunftsträchtige und nachhaltige Förderung der Wettbewerbsfähigkeit besonders wichtig.[61]

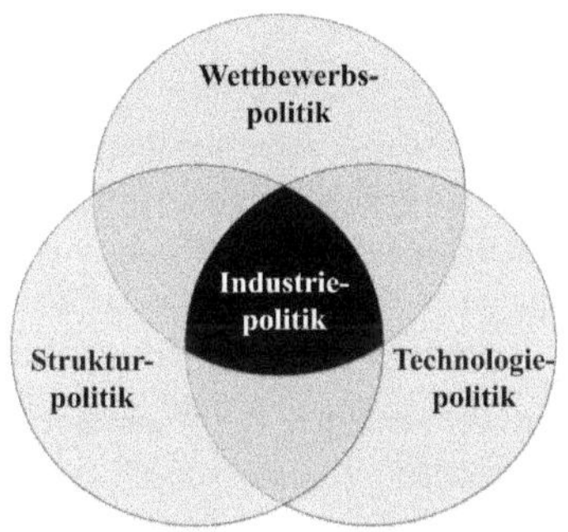

Abbildung 2: Industriepolitik als Schnittmenge verschiedener Politikfelder

Einhergehend mit der gezielten Verbesserung der internationalen Wettbewerbsfähigkeit steht die Förderung von Wachstum und Beschäftigung im Mittelpunkt der Industriepolitik.[62] Das BMWi versteht sie daher auch als Standortpolitik für die Industrie, bei der es darum geht gute Rahmenbedingungen für industrielle Innovationen, Investitionen und die Produktionsaktivitäten zu schaffen.[63] Die unspezifische Abgrenzung der Industriepolitik sorgt dafür, dass zahlreiche Initiativen, die implizit einen industriepolitischen Charakter aufweisen, explizit unter der Direktive anderer Politikbereiche initiiert werden.[64]

Über die bereits genannten Schnittstellen hinaus haben noch andere Politikfelder industriepolitische Implikationen und vereinzelt auch industriepolitische

59 vgl. Meyer-Stamer (1996), S. 6
60 vgl. Aiginger, Sieber (2009), S. 22
61 vgl. Aiginger (2007), S. 315
62 vgl. Eichner (2009)
63 vgl. BMWi (2008), S. 19
64 vgl. Meyer-Stamer (2009), S. 12

Intentionen.[65] Die Politikbereiche mit den wichtigsten Überschneidungen sind in der nachfolgenden Tabelle 2 kurz dargestellt.

Tabelle 2: Politikfelder mit industriepolitischen Implikationen und Intentionen

Politikfeld	Schnittstelle zur Industriepolitik
Arbeitsmarkt- und Beschäftigungspolitik	Einerseits wirkt sich die Arbeitsmarktpolitik unmittelbar auf die industriepolitischen Rahmenbedingungen aus und zum anderen wird die Industriepolitik zum Instrument der Beschäftigungspolitik hinsichtlich Förderung oder Sicherung von Arbeitsplätzen.[66]
Infrastrukturpolitik	Die Bereitstellung einer leistungsfähigen Infrastruktur für die Gewährleistung eines funktionierenden Wettbewerbs ist Kernaufgabe der Industriepolitik.[67]
Finanz- und Geldpolitik	Finanzpolitische Anreize und Regelungen, wie z.B. die Verteilung von Subventionen, sind zentraler Bestandteil der Industriepolitik. Bezüglich der Verzahnung mit der Geldpolitik ist die Zinspolitik als Beispiel anzuführen, die maßgeblich die Finanzierungsbedingungen von Unternehmen beeinflusst.
Umweltpolitik	Jenseits der Förderung von Wachstum und Wettbewerbsfähigkeit rücken verstärkt Begriffe, wie z.B. „ökologische Industriepolitik“[68] oder „nachhaltige Industriepolitik für die grüne industrielle Revolution“[69], in den Fokus der Industriepolitik.
Energiepolitik	Der Ausbau der erneuerbaren Energien und Verbesserungen in der Energieeffizienz haben maßgeblichen Einfluss auf Innovationen in diesem Bereich und sorgen gleichzeitig für eine Erhöhung der Produktivität.[70]
Gesundheitspolitik	Der durch die Gesundheitspolitik gesetzte Rahmen wirkt unmittelbar auf die Struktur bestimmter Wirtschaftszweige, wie z.B. der pharmazeutischen Industrie oder der Medizintechnik, die sich als wesentliche Teilbereiche der Wachstumsbranche Gesundheitswirtschaft für einen Großteil der Innovationen verantwortlich zeichnen.[71]

---

65 vgl. Meyer-Stamer (2009), S. 13
66 vgl. Meyer-Stamer. (1996), S. 6
67 vgl. SVR (2009), S. 19 Rn. 39
68 vgl. BMU (2008)
69 vgl. Kabel et al. (2010)
70 vgl. Kabel et al. (2010), S. 25
71 vgl. Henke et al. (2010)

Einhergehend mit dem Fehlen einer eindeutigen und anerkannten Definition des Begriffs Industriepolitik ist zu konstatieren, dass eine isolierte Betrachtung der Industriepolitik als ein eigenständiger Politikbereich nicht den realen Gegebenheiten entspricht. Sie beschreibt vielmehr einen Querschnittsbereich, der verschiedene wirtschaftspolitische Themen tangiert und mitunter über die Einkommenspolitik sogar in die Sozialpolitik hineinreicht. In einer hochentwickelten Volkswirtschaft kommen sehr viele verschiedene industriepolitische Maßnahmen zum Einsatz, deren Entstehungsprozesse durch viele unterschiedliche Akteure und Institutionen beeinflusst werden, sodass die Erstellung eines konsistenten Gesamtbilds, das versucht alle Facetten der Industriepolitik zu erfassen, nicht möglich ist. Der Versuch die Industriepolitik auf Basis einer breit gefassten Definition abzugrenzen, mit dem Ziel alle industriepolitischen Einflüsse einzuschließen, würde den Begriff schlussendlich bedeutungslos werden lassen.[72] Aus diesem Grund wird im folgenden Abschnitt die aktuelle Auffassung der Industriepolitik skizziert, die sich seit der Jahrhundertwende in der politischen als auch wissenschaftlichen Diskussion zunehmend manifestiert hat.

2.1.3 Aktuelles Verständnis der Industriepolitik

Die europäische und deutsche Industriepolitik befindet sich seit Jahren in einem Spannungsverhältnis. Ihre Gegner sehen aufgrund der marktwirtschaftlichen Wettbewerbsordnung keinen Bedarf an industriepolitischen Interventionen. Sie fordern im Rahmen der Wettbewerbspolitik die Schaffung eines Ordnungsrahmens, durch dessen Überwachung und Einhaltung ein effizienter Wettbewerb erreicht werden soll.[73] Die Befürworter nennen unterschiedliche Probleme und Herausforderungen für Branchen bzw. einzelne Unternehmen als Argument für eine koordinierte Industriepolitik.

Die Diskussion über den Sinn und Zweck von Industriepolitik oder auch die „richtige" Ausgestaltung der Industriepolitik ist nicht Bestandteil dieser Arbeit. Die nachfolgenden Ausführen erläutern lediglich, was die Industriepolitik aktuell in Deutschland bzw. Europa auszeichnet und was ihre zentralen Inhalte sind. In Abbildung 3 sind ihre wichtigsten Teilbereiche, unterschiedlichen Wirkungsweisen und Einflüsse schematisch dargestellt.

---

72 vgl. Kabel et al. (2010), S. 16

73 vgl. Koch, Czogalla (1999), S. 94

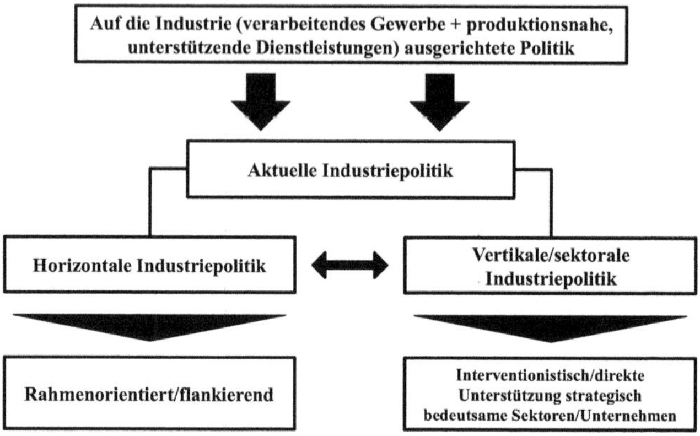

Abbildung 3: Einflüsse und Facetten der aktuellen Industriepolitik

An der grundlegenden Zielsetzung des Staates Wohlstand und Beschäftigung seiner Bürger zu sichern und zu fördern, hat sich in den letzten Jahrzehnten wenig geändert. Eine gesunde und dynamische Wirtschaft mit einer starken industriellen Basis wird dabei nach wie vor als wichtige Grundvoraussetzung zur Erreichung dieses zentralen Ziels gesehen.[74] Dennoch haben sich in den vergangenen Jahrzehnten das allgemeine Verständnis, die Rahmenbedingungen und Einflüsse sowie die zum Einsatz kommenden Instrumente verändert. Lange Zeit wurde die Industriepolitik von selektiven bzw. sektoral-interventionistischen Maßnahmen dominiert, wie das klassische Beispiel der direkten Subventionierung der deutschen und europäischen Kohle- und Stahlindustrie im vergangenen Jahrhundert zeigt. Dabei stand neben branchenspezifischen Interventionen vor allem die direkte Unterstützung sogenannter „Nationaler Champions" im Mittelpunkt. D.h. vornehmlich große Unternehmen mit strategischer Bedeutung für die Wirtschaft wurden gefördert.

Aufgrund negativer Erfahrungen mit der spezifisch-interventionistischen Industriepolitik verbreitete sich in den entwickelten Volkswirtschaften, die sich der Wahrung sozial-marktwirtschaftlicher Prinzipien verschrieben haben, die Meinung, dass Industriepolitik zu Marktverzerrungen führt, die letztendlich in Wohlfahrtverlusten resultieren.[75] Die Konservierung überholter Strukturen und die Initiierung spezifischer Interventionen sorgen für Verzerrungen des Wettbewerbs und führten in den neunziger Jahren dazu, dass die Wettbewerbsfähigkeit der gesamten Wirtschaft als zentrales Steuerungsziel in den Fokus rückte.[76] Do-

74 vgl. BMWi (2008), S. 19
75 vgl. Meyer-Stamer (1996), S. 14
76 vgl. Aiginger, Sieber (2009), S. 9

miniert von ordnungspolitischen Maßnahmen gewannen breite, über alle Wirtschaftsbereiche hinweg konzipierte, wirtschaftspolitische Initiativen an Bedeutung, die eine Steigerung der Wettbewerbsfähigkeit der gesamten Wirtschaft zum Ziel hatten. Spezielle Herausforderungen der Industrie bzw. einzelner Sektoren wurden dabei kaum berücksichtigt.

Seit dem Jahr 2000 hat das Interesse an der Industriepolitik in Deutschland und Europa wieder zugenommen.[77] Als Ursache sind das geringere wirtschaftliche Wachstum zu Beginn des Jahrhunderts und die fehlende Partizipation an der Entwicklung bzw. Implementierung innovativer Technologien zu nennen.[78] Der Wandel von der interventionistisch geprägten Industriepolitik in der zweiten Hälfte des letzten Jahrhunderts über die Fokussierung auf breite, horizontale Instrumente in den neunziger Jahren mündete ab 2000 in einem kombinierten Ansatz, bei dem überwiegend horizontale Maßnahmen um gegebenenfalls branchenspezifische Ansätze ergänzt werden. Diese neue Ausrichtung der Industriepolitik ist unter den Begriffen „Matrix-Ansatz“[79] oder „systemische Industriepolitik“[80] bekannt (vgl. Abbildung 3).

Bevor auf die verschiedenen Ausprägungen in Abbildung 3 näher eingegangen wird, steht zunächst die Frage im Mittelpunkt, ob die aktuelle Industriepolitik die gesamte Wirtschaft, das Verarbeitende Gewerbe oder nur ausgewählte Bereiche des produzierenden Sektors zum Gegenstand hat. In Abhängigkeit der Adressaten der Industriepolitik können die Zielsetzungen sowie die zum Einsatz kommenden Maßnahmen teilweise deutlich variieren.[81] Einhergehend mit der Zielsetzung der aktuellen Industriepolitik, die Wettbewerbsfähigkeit nachhaltig zu fördern bzw. zu sichern, stehen alle wirtschaftspolitischen Maßnahmen die „Industrie“ betreffend im Mittelpunkt. Sowohl im europäischen Kontext als auch auf deutscher Ebene wird der Industriesektor dabei als Synonym für das Verarbeitende Gewerbe verwendet.[82]

Als Begründung für die Fokussierung der aktuellen Industriepolitik auf das Verarbeitende Gewerbe ist die nach wie vor hohe Bedeutung dieses Teilbereichs für die gesamtwirtschaftliche Entwicklung in Deutschland zu sehen.[83] Der Anteil des Verarbeitenden Gewerbes am Bruttoinlandsprodukt liegt seit 15 Jahren sehr konstant bei knapp unter 25% und bedarf daher auch künftig einer besonde-

---

77 vgl. Busch (2005)

78 Dies gilt für viele europäische Volkswirtschaften (vgl. Aiginger, Sieber (2009), S. 9).

79 vgl. Aiginger, Sieber (2006)

80 vgl. Aiginger, Sieber (2009)

81 vgl. Livesey (2010), S. 5

82 vgl. BMWi (2008), S. 19f.; Europäische Kommission (2005); Destatis (2009a)

83 vgl. BMWi (2008), S. 19f.

ren Aufmerksamkeit.[84] Auch auf europäischer Ebene ist die enorme wachstums- und beschäftigungspolitische Bedeutung des Verarbeitenden Gewerbes bekannt und zentraler Gegenstand industriepolitischer Maßnahmen.[85]

Eine Beschränkung auf das Verarbeitende Gewerbe greift vor dem Hintergrund der zunehmenden Tertiärisierung jedoch eindeutig zu kurz. Insbesondere unternehmensbezogene Dienstleistungen als marktbestimmender Teilbereich der europäischen und deutschen Wirtschaft verfügen über beachtliche Wachstums- und Beschäftigungspotentiale und sind dabei untrennbar mit dem Verarbeitenden Gewerbe verbunden.[86] Weil viele Dienstleistungen, die früher unternehmensintern erbracht wurden, mittlerweile von spezialisierten Vorleistungsfirmen übernommen werden, expandiert der produktionsnahe Dienstleistungsbereich seit Jahren.[87] Alle produzierten Waren enthalten mittlerweile Dienstleistungselemente, die sich grundsätzlich in vier Hauptgruppen untergliedern lassen:[88] Finanzdienstleistungen, Netzwerkdienstleistungen, Handel und Unternehmensdienstleistungen im engeren Sinne. Durch die stetig wachsende Nachfrage nach unternehmensbezogenen Dienstleistungen wird die Bedeutung dieser Branche auch künftig weiter zunehmen.

Vor diesem Hintergrund erscheint es zweckmäßig, den Gegenstand industriepolitischen Handelns auch auf die produktionsnahen unternehmensbezogenen Dienstleistungen auszuweiten. Das BMWi bezieht deshalb als Adressat industriepolitischer Maßnahmen neben dem Verarbeitenden Gewerbe auch die von ihr abhängigen Dienstleistungen mit ein.[89] Auch die Europäische Kommission rückt produktbezogene Dienstleistungen zunehmend in den Fokus ihrer Industriepolitik.[90]

Die aktuelle Industriepolitik umfasst somit ganz allgemein alle staatlichen Maßnahmen, die die Wettbewerbs- und Anpassungsfähigkeit des Verarbeitenden Gewerbes und seiner produktionsbezogenen Dienstleistungen fördern soll. Neben der Gewährleistung der notwendigen Voraussetzungen für die Wettbewerbsfähigkeit der Industrie spielt auch die Nachhaltigkeit industriepolitischer Maßnahmen eine zunehmend bedeutendere Rolle.[91] Um die beschriebenen Ziele zu erreichen, setzt die aktuelle Industriepolitik sowohl auf horizontale als auch auf vertikale bzw. sektorale Maßnahmen (vgl. Abbildung 3).

---

84 vgl. Destatis (2009a)
85 vgl. Europäische Kommission (2005), S. 5
86 vgl. Europäische Kommission (2003), S. 5; Europäische Kommission (2002), S. 9
87 vgl. Meyer-Stamer (2009), S. 12
88 vgl. Europäische Kommission (2003), S. 4
89 vgl. BMWi (2008), S. 19
90 vgl. Europäische Kommission (2003); Europäische Kommission (2010)
91 vgl. Europäische Kommission (2010), S. 4

Der horizontale Ansatz zielt darauf ab, das Umfeld des Verarbeitenden Gewerbes und der dazugehörigen unternehmensbezogenen Dienstleistungen so auszugestalten, dass günstige Rahmenbedingungen für die Wettbewerbsfähigkeit der Industrie geschaffen werden. Gute Standortbedingungen sind ausschlaggebend für die Industrie und fördern unternehmerisches Handeln. Die Ausgestaltung des industriepolitischen Rahmens beruht auf der Einschätzung, dass eine gute Infrastruktur und ein gut funktionierender Wettbewerb die Aktivtäten der Privatwirtschaft lediglich flankieren sollten.[92] Horizontale Maßnahmen haben daher die Aufgabe einen Rahmen zu schaffen, in dem Unternehmer Initiativen ergreifen, ihre Chancen nutzen sowie ihre Ideen verwirklichen können.[93]

Demgegenüber wird durch den Einsatz vertikaler bzw. sektoraler Maßnahmen versucht, den Anliegen einzelner Industriezweige bzw. Sektoren gerecht zu werden und in Zusammenarbeit mit allen Beteiligten[94] zielführende Lösungen zu entwickeln.[95] Im Mittelpunkt der vertikalen Industriepolitik stehen somit die spezifischen Bedürfnisse und Merkmale einzelner Sektoren bzw. Unternehmen. Der Bedarf an industriepolitischen Eingriffen variiert zwischen den verschiedenen Branchen teilweise erheblich. So unterliegen beispielsweise die Produkte in der pharmazeutischen Industrie, der Chemie sowie in der Automobilindustrie detaillierten sektorspezifischen Regulierungen, die in Abhängigkeit ihrer Merkmale und ihrer Verwendung spezieller industriepolitischer Maßnahmen bedürfen.[96]

Die vertikale Ausrichtung der Industriepolitik war in den vergangenen Jahren von einschneidenden Modernisierungsbestrebungen betroffen. Insbesondere entwickelte Volkswirtschaften, die auf dem Fundament sozial-marktwirtschaftlicher Prinzipien beruhen, wie z.B. Deutschland, und die Europäische Union versuchen sektorale Eingriffe auf ein Minimum zu begrenzen.[97] Zwar werden vertikale Maßnahmen weiterhin akzeptiert, die Eingriffe sollten dabei aber nicht interventionistisch erfolgen. Das veränderte Bewusstsein, dass vertikale Maßnahmen häufig doch interventionistisch wirken, hat dazu geführt, dass selektive Staatseingriffe in das Marktgeschehen einem strengen Begründungszwang und einer besonderen Legitimation bedürfen.[98] Trotz der vermeintlichen Nachteile interventionistischer Staatseingriffe sind sie nach wie vor zentraler Bestandteil

---

92 vgl. SVR (2009), S. 226 Rn. 351

93 vgl. Europäische Kommission (2002), S.3

94 Rodrik (2007) sieht eine wichtige Aufgabe bei der Umsetzung sektoral-spezifischer Maßnahmen in einem starken Dialog zwischen den verschiedenen Parteien.

95 vgl. Livesey (2010), S. 7

96 vgl. Europäische Kommission (2002), S.3

97 vgl. Kabel et al. (2010), S. 18

98 vgl. BMWi (2008), S. 21

der aktuellen Industriepolitik und werden insbesondere beim Auftreten externer Effekte bzw. Schocks, wie z.B. die Finanz- und Wirtschaftskrise 2008/2009, regelmäßig eingesetzt (vgl. Abschnitt 2.2).

Zusammenfassend bleibt festzuhalten, dass sich die aktuelle Industriepolitik durch ein Zusammenspiel horizontaler und vertikaler Maßnahmen zur Stärkung der Wettbewerbsfähigkeit des Verarbeitenden Gewerbes sowie der produktionsnahen unternehmensbezogenen Dienstleistungen auszeichnet. Aufgrund der negativen Erfahrungen mit sektoralen interventionistischen Eingriffen in den vergangenen Jahrzehnten überwiegen mittlerweile die rahmenorientierten horizontalen Maßnahmen. Sie werden durch branchenspezifische Eingriffe zu einem optimalen Mix aus vertikalen und flankierenden Ansätzen ergänzt.[99] Die aktuelle Industriepolitik zeichnet sich durch ein horizontales Grundgerüst aus, das teilweise durch sektorale Maßnahmen ergänzt wird.[100] Weil die allgemein horizontalen Maßnahmen an die speziellen Gegebenheiten der verschiedenen Branchen angepasst werden müssen, können die beiden Ansätze nicht losgelöst von einander betrachtet werden.[101] Im Mittelpunkt der aktuellen Industriepolitik steht deshalb die optimale Ausgestaltung bzw. das Zusammenspiel zwischen der horizontalen Basis und der sektorspezifischen Umsetzung. Direkte-interventionistische Staatseingriffe stellen vor allem in Krisenzeiten stark gefragte Instrumente dar, sind in dem veränderten Bewusstsein der aktuellen Industriepolitik jedoch immer wieder kontroversen Diskussionen ausgesetzt.

Ein weiterer wichtiger Aspekt, mit dem sich die deutsche Industriepolitik konfrontiert sieht, ist die wachsende internationale Dimension. Die Gestaltung der nationalen Industriepolitik wird zunehmend durch die Globalisierung und die internationalen Rahmenbedingungen beeinflusst.[102] Zwar übt die EU häufig einen indirekten Einfluss auf ihre Mitgliedsstaaten aus, jedoch stehen einer integrierten und strategischen Industriepolitik auf europäischer Ebene nach wie vor die strengen Binnenmarktregeln, differierende nationale Interessen und komplizierte Entscheidungsprozesse entgegen.[103] In der Folge wird die Industriepolitik der Mitgliedstaaten zwar durch europäische Rahmenbedingungen flankiert, ist in weiten Teilen aber immer noch nationales Hoheitsgebiet.[104]

Das aktuelle Verständnis der Industriepolitik ist keineswegs frei von Kontroversen, sondern immer wieder Ausgangspunkt wissenschaftlicher und politischer Diskussionen. Die öffentlich vertretene bzw. wissenschaftliche Meinung

99 vgl. Aiginger, Sieber (2009), S. 9
100 vgl. Europäische Kommission (2002), S.3
101 vgl. Aiginger, Sieber (2009), S. 9
102 vgl. Aiginger, Sieber (2009), S. 9
103 vgl. Kabel et al. (2010), S. 19
104 vgl. Kopp et al. (2009), S. 2f

auf der einen Seite und die politische Realität auf der anderen befinden sich in einem Spannungsverhältnis und liegen oftmals weit auseinandergehen. Die aktuelle Industriepolitik vieler entwickelter Volkswirtschaften, wie z.B. auch Deutschland, orientiert sich gemäß ihrer offiziellen Leitlinien an markt- und wettbewerbsorientierten Grundprinzipien, die eine Verbesserung der industriellen Rahmenbedingungen anstelle selektiver Eingriffe in das Marktgeschehen zum Ziel haben.[105] Jedoch rücken insbesondere in Rezessionen verstärkt protektionistische Maßnahmen in den Fokus und spezifische interventionistische Eingriffe zur Wahrung nationaler Interessen werden von der Politik eingeleitet. Obwohl viele Experten aus Wissenschaft und Politik von einer solchen Industriepolitik mit Verweis auf die entstehenden Wettbewerbsverzerrungen und die Kosten für die Volkswirtschaft (Wohlfahrtsverlust) abraten, sind Maßnahmen zur direkten Unterstützung einzelner Sektoren bzw. Unternehmen in der politischen Realität keine Seltenheit.[106]

Vor dem Hintergrund dieser Arbeit sind die industriepolitischen Maßnahmen des deutschen Staats zur Unterstützung einzelner Unternehmen von Interesse. In dem nachfolgenden Abschnitt wird deshalb anhand der industriepolitischen Rettungsmaßnahmen, die durch die Finanz- und Wirtschaftskrise 2008/2009 ausgelöst wurden, gezeigt, dass der deutsche Staat aufgrund der besonderen wirtschaftlichen Situation aktiv in das Marktgeschehen eingegriffen hat. Als Folge entsprach die aus wissenschaftlicher Sicht empfohlene Ausprägung der Industriepolitik nicht mehr der politischen Realität.

2.2 Industriepolitische Rettungsmaßnahmen in der Finanz- und Wirtschaftskrise

Durch die Finanz- und Wirtschaftskrise 2008/2009 hat sich das Spannungsverhältnis zwischen der aktuellen, zukunftsorientierten Industriepolitik, die nachhaltig und gezielt versucht die Wettbewerbsbedingungen der Industrie zu fördern, und den kurzfristen, interventionistischen ad-hoc Maßnahmen zur Krisenbekämpfung wieder deutlich verschärft. Als Folge der Krise konnte ein Ansteigen protektionistischer Maßnahmen beobachtet werden.[107] Ausgehend von der US-Immobilienkrise 2007 und dem Zusammenbruch der Investmentbank Lehman Brothers im September 2008 geriet der Finanzsektor weltweit in Turbolenzen. Der daraus resultierende abrupte Anstieg der gesamtwirtschaftlichen

---

105 vgl. BMWi (2008), S. 22

106 vgl. SVR (2009), S. 210f.

107 vgl. Aiginger, Sieber (2009), S. 25

Unsicherheit führte zu einer weltweiten Schockstarre, die sich unmittelbar auf die Entwicklung der Realwirtschaft niederschlug.[108] In Deutschland resultierte aus dieser Entwicklung die stärkste Rezession seit Jahrzehnten, da die deutsche Wirtschaft stark vom Export abhängt und somit vom simultanen Rückgang der Wirtschaftsaktivitäten in nahezu allen bedeutenden Volkswirtschaften der Welt stark getroffen wurde.[109]

Als Folge des exogenen Schocks mit seinen gravierenden Auswirkungen auf die deutsche Wirtschaft ist der Staat von seiner Rolle als Unparteiischer abgewichen und hat aktiv in das Marktgeschehen eingegriffen. Trotz der hohen gesamtwirtschaftlichen Wohlfahrtverluste und dem Anpassungsdruck für die Unternehmen sollte der Staat aber auch in Krisenzeiten dem hohen Druck vielschichtiger Partikularinteressen standhalten und marktwirtschaftliche Prinzipien wahren.[110] Durch das selektive Eingreifen des Staates lassen sich Wettbewerbsverzerrungen und erhebliche fiskalische Kosten für die öffentlichen Haushalte kaum vermeiden. Der Staat nimmt durch die aktive Unterstützung einzelner Unternehmen die Rolle eines Wirtschaftsakteurs ein, der als Folge erhebliche unternehmerische Risiken trägt, wodurch die Gefahr besteht, dass Verluste von Unternehmen sozialisiert und Gewinne privatisiert werden.[111] Eindeutige Aussagen über die tatsächlichen gesamtwirtschaftlichen Auswirkungen solcher interventionistischen Eingriffe durch den Staat sind nur schwer möglich.

Der Sachverständigenrat hat in seinem Jahresgutachten 2009/10 die horizontale Dimension der industriepolitischen Maßnahmen, die sich auf temporäre Veränderungen der Rahmenbedingungen unternehmerischer Tätigkeiten beschränken, vor dem Hintergrund der ausgeprägten wirtschaftlichen Verwerfungen durch die Krise als legitim und im Großen und Ganzen positiv bewertet.[112] In solchen Ausnahmefällen und angesichts der Schwere der Verwerfungen sind Staateingriffe in das Marktgeschehen möglich bzw. gewünscht, unterliegen dabei aber einem strengen Begründungszwang und bedürfen einer besonderen Legitimation.[113] Demgegenüber lassen sich die direkten Unterstützungsmaßnahmen für einzelne Branchen bzw. Unternehmen aufgrund der damit verbunden Verzerrungen des Wettbewerbs kaum rechtfertigen.[114] Opportunistische Motive

---

108 vgl. SVR (2009), S. 46 Rn. 71
109 vgl. BMWi (2009a), S.9
110 vgl. SVR (2009), S. 212 Rn. 325
111 vgl. Haucap, Coenen (2010), S. 4
112 vgl. SVR (2009), S. 218 Rn. 338
113 vgl. BMWi (2008), S. 21
114 vgl. SVR (2009), S. 218 Rn. 338

und Verlustängste dürfen grundsätzlich auch in Krisenzeiten nicht als Rechtfertigung für die Aushöhlung des Wettbewerbsprinzips dienen.[115]

Als erste Maßnahme mit Auswirkung auf die industriepolitischen Rahmenbedingungen ist die Einrichtung des „Sonderfonds Finanzmarktstabilisierung“ (SoFFin) anzuführen. Aufgrund der zentralen Rolle der Finanzintermediäre für das reibungslose Funktionieren der Realwirtschaft war es wichtig, die Eigenkapitalbasis der Finanzunternehmen mit Hilfe des Fonds zu stärken.[116] Als der Abwärtstrend der deutschen Wirtschaft sich trotz der Initiierung des Finanzmarktstabilisierungsfonds fortsetzte, setze die Regierung Ende 2008 und Anfang 2009 zwei Konjunkturpakete mit einem Volumen von fast 100 Mrd. Euro in Kraft.[117] Die wirtschaftspolitischen Maßnahmen der beiden Pakete waren Ausdruck einer aktiven Konjunkturpolitik und verfolgten die Ziele: Sicherung von Arbeitsplätzen, Stärkung der inländischen Nachfrage und Verbesserung der Finanzierungsbedingungen für Unternehmen. Es handelte sich dabei weitestgehend um zeitlich begrenzte Stabilisierungsmaßnahmen.

Nicht alle Maßnahmen aus den Konjunkturpakten I und II sind jedoch unmittelbar als industriepolitische Eingriffe zu interpretieren. So umfassten die Konjunkturpakete auch Entlastungen für die Verbraucher, wie z.B. einen Kinderbonus in Höhe von 100 Euro je Kind[118], denen keine unmittelbare industriepolitische Intention zugesprochen werden kann. Die Rettungsmaßnahmen der Krise 2008/2009 können gemäß dem in Abschnitt 2.1.3 präsentierten Verständnis von einer aktuellen Industriepolitik in horizontale und vertikale Komponenten unterschieden werden.

Die eingeleiteten horizontalen Rettungsmaßnahmen versuchten die krisenbedingten Liquiditäts- und Solvenzprobleme der Unternehmen durch gezielte Eingriffe in den industriepolitischen Rahmen einzudämmen. Die getroffenen Maßnahmen zur Stabilisierung des Finanz- und Bankensektors, wie z.B. die Verabschiedung des Finanzmarktstabilisierungsgesetzes[119] im Oktober 2008 und der damit verbundenen Stärkung der Eigenkapitalbasis der Banken, reichten jedoch nicht aus, um die Abwärtsspirale der deutschen Wirtschaft zu stoppen. Die Bundesregierung entschied sich deshalb, auch außerhalb des Finanzsektors aktiv

---

115 vgl. Haucap, Coenen (2010), S. 3

116 vgl. SVR (2009), S. 218f. Rn. 339

117 Das Konjunkturpaket I „Beschäftigungssicherung durch Wachstumsstärkung“ wurde im November 2008 in Kraft gesetzt. Ihm folgte das Konjunkturpaket II im Januar 2009 (vgl. BMWi (2009a), S. 10).

118 vgl. BMWi (2009a), S. 11

119 Informationen zum Finanzmarktstabilisierungsgesetz sind der Homepage des BMWi zu entnehmen (http://www.bundesfinanzministerium.de/nn_128734/DE/BMF __Startseite/ Aktuelles/Aktuelle__Gesetze/Gesetze__Verordnungen/Finanzmarktstabi.html).

in das Wirtschaftsgeschehen einzugreifen. Neben der Stärkung der Banken als zentralen Finanzintermediären wurden die Unternehmen, z.B. durch befristete Sonderabschreibungsmöglichkeiten oder einer Senkung des Einkommenssteuertarifs, entlastet.[120] Als die wichtigsten horizontalen Rettungsmaßnahmen sind die zeitweise Verlängerung der Kurzarbeit als Instrument zur Sicherung potentiell gefährdeter Beschäftigungsverhältnisse sowie ein 115 Mrd. Euro schweres Kredit- und Bürgschaftsprogramm der Regierung zu nennen, das im Folgenden beschrieben wird.[121]

Der „Wirtschaftsfonds Deutschland"

Die Hauptaufgabe der industriepolitischen Rettungsmaßnahmen in der Finanz- und Wirtschaftskrise 2008/2009 bestand darin, die Kreditversorgung der deutschen Unternehmen sicherzustellen. Mit dem Ziel Beschäftigungsverhältnisse zu sichern und die Realwirtschaft zu stabilisieren, sollten der Handlungsspielraum der Unternehmen erhöht und kurzfristig auftretende Finanzierungsengpässe bei gesunden Unternehmen durch die Schaffung des sogenannten „Wirtschaftsfonds Deutschland" (auch Deutschlandfonds[122] genannt) verhindert werden.[123] Das Instrument zielte auf die Unterstützung gesunder Unternehmen ab, die über ein tragfähiges Geschäftsmodell verfügten und nur infolge der Krise mit Finanzierungsschwierigkeiten zu kämpfen hatten.[124]

Unter der Bezeichnung „Wirtschaftsfonds Deutschland" fasste die Bundesregierung ein Kredit- und Bürgschaftsprogramm zusammen. Im Rahmen der Konjunkturpakete I und II aufgelegt, verfügte der Fonds über ein Gesamtvolumen in Höhe von 115 Mrd. Euro, wobei 40 Mrd. Euro auf die Vergabe von Krediten an Unternehmen als Teil eines KfW-Kreditprogramms entfielen und die restlichen 75 Mrd. Euro als staatliche Bürgschaften bereitgestellt wurden.[125] Alle Maßnahmen des Deutschlandfonds sind zum Ende 2010 ausgelaufen.[126]

Das KfW-Sonderprogramm (40 Mrd. Euro), bei dem Kredite über die Hausbanken an Unternehmen vergeben wurden, lässt sich hinsichtlich der Adressaten in zwei Varianten unterteilen.[127] 15 Mrd. Euro des KfW-Sonderprogramms waren an kleine und mittelständische Unternehmen adressiert, die bei der KfW

---

120 vgl. BMWi (2009a), S. 11f.
121 vgl. SVR (2009), S. 218 Rn. 339
122 vgl. SVR (2009), S. 220f. Kasten 10
123 vgl. SVR (2009), S. 219 Rn. 340
124 vgl. BMWi (2009b), S. 16
125 vgl. Haucap, Coenen (2010), S. 17
126 vgl. BMWi (2011)
127 vgl. SVR (2009), S. 220f. Kasten 10

Kredite für Investitionen oder zur Finanzierung von Betriebsmitteln beantragen konnten. Die später hinzugekommene zweite Variante richtete sich an Großunternehmen (Jahresumsatz >500 Mio. Euro; Umfang 25 Mrd. Euro) und zeichnete sich neben der Möglichkeit von Konsortialfinanzierungen durch eine erweiterte Kredittoleranz aus. Der Staat fungierte für die KfW-Kredite als Garantiegeber.[128] Die Entscheidung über die Vergabe von Krediten <150 Millionen Euro basierte auf den bewährten Strukturen und erfolgte direkt bei der KfW (vgl. Abbildung 4).

Das Bürgschaftsprogramm des „Wirtschaftsfonds Deutschland" stockte den Bürgschaftsrahmen des Bundeswirtschaftsministeriums um 75 Mrd. Euro auf. D.h. der Staat bürgte in Form von Bundesbürgschaften entweder direkt für Unternehmenskredite, über sogenannte „Parallel Bund-Land-Bürgschaften" gemeinsam mit einzelnen Ländern oder übernimmt von den Bürgschaftsbanken vergebene Rückbürgschaften für Garantien.[129] Über die Gewährung von Bürgschaften <300 Millionen Euro wurde in den bestehende Strukturen des Bürgschaftsausschusses entschieden (vgl. Abbildung 4).[130]

Bei Krediten >150 Mio. Euro, Bürgschaften >300 Mio. Euro und in Fällen von grundsätzlicher Bedeutung trat ein gesondertes Entscheidungsverfahren in Kraft, das nicht allein auf den Entscheidungen der KfW bzw. dem Bürgschaftsausschuss basierte (vgl. Abbildung 4). In solchen Fällen entschied der sogenannte „Lenkungsausschuss Unternehmensfinanzierung", der aus Vertretern verschiedener Ministerien, des Bundeskanzleramts sowie der KfW gebildet wurde. Die Entscheidung des Lenkungsausschusses basierte auf den Empfehlungen des „Lenkungsrats Unternehmensfinanzierung", der sich aus acht Vertretern aus Wirtschaft, Gewerkschaften und Wissenschaft zusammensetzte, die über besondere Kompetenzen in Wirtschafts- und Finanzfragen verfügten.[131] Der Empfehlung des Lenkungsrats lag eine umfangreiche Analyse der betriebswirtschaftlichen und volkswirtschaftlichen Eignung des Antragstellers durch eine Wirtschaftsprüfungsgesellschaft zugrunde. Ob eine Förderung durch den „Wirtschaftsfonds Deutschland" gewährt wurde, hing von verschiedenen betriebswirtschaftlichen bzw. volkswirtschaftlichen Kriterien ab und musste „haushaltsrechtlich vertretbar" sein.

In folgenden Fällen war eine Förderwürdigkeit aus wirtschaftspolitischer Sicht grundsätzlich gegeben:[132]

---

128 vgl. BMWi (2009b), S. 16
129 vgl. SVR (2009), S. 220f. Kasten 10
130 vgl. BMWi (2009b), S. 17
131 vgl. SVR (2009), S. 220f. Kasten 10
132 vgl. BMWi (2009b), S. 20

- Letzte Finanzierungsmöglichkeit
- Besondere „volkswirtschaftliche Förderungswürdigkeit“ weil,
  - hohe innovations-, regional- und/oder beschäftigungspolitische Bedeutung
  - entscheidender Akteur einer Wertschöpfungskette
- Grundsätzlich tragfähiges und nachhaltiges Geschäftsmodell mit krisenbedingten temporären Finanzierungsschwierigkeiten

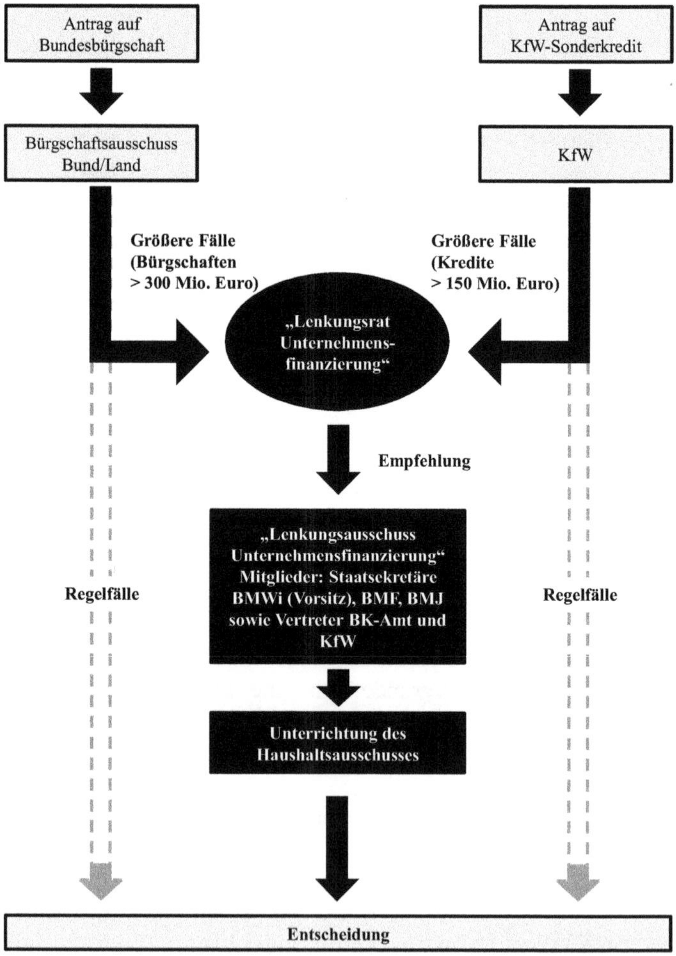

Quelle: BMWi (2009b), S. 18

Abbildung 4: Entscheidungsverfahren des „Wirtschaftsfonds Deutschland“

Als Folge der voranschreitenden europäischen Integration musste bei der Vergabe von Mitteln aus dem Deutschlandfonds das europäische Beihilfenrecht berücksichtigt werden, das zunächst einmal alle selektiven staatlichen Beihilfen untersagt.[133] Lediglich in Ausnahmefällen, bei denen zwischen den europäischen Interessen folgenden Zielen und den dadurch entstehenden Wettbewerbsverzerrungen abgewogene werden musste (Balancing Test), waren bestimmte Beihilfen erlaubt.[134] Angesichts der Finanz- und Wirtschaftskrise wurden die Kriterien für industriepolitische Interventionen durch die EU-Kommission gelockert, sodass der Deutschlandfonds die sich bietenden temporären Freiräume nutzen konnte. Die gelockerten Regelungen ermöglichten die Implementierung des Wirtschaftsfonds, untersagten gleichzeitig jedoch die Unterstützung für marode und bereits vor dem 1. Juli 2008 in Schieflage geratene Unternehmen.[135]

Im September 2009 nahm der „Lenkungsausschuss Unternehmensfinanzierung" ein paar Anpassung am „Wirtschaftsfonds Deutschland" vor, wie z.B. verbesserte Bedingungen bei Globaldarlehen für Geschäftsbanken, ein flexibleres Kreditangebot und die staatliche Absicherung von Warenkreditversicherungen.[136] Insgesamt wurden bis Ende 2010 Kredite und Bürgschaften in Höhe von 14 Mrd. Euro an fast 20.000 Unternehmen mit 2,7 Millionen Beschäftigten vergeben.[137] Ein Großteil der gewährten Finanzhilfen wurde an kleine und mittelständische Unternehmen vergeben. Als Beispiel für gewährte Kredite und Bürgschaften an Großunternehmen sind Heidelberger Druck und die Wadan Werft zu nennen.[138]

Vor dem Hintergrund der besonderen Krisensituation und dem bedrohlichen Szenario einer weiteren Erosion der Wirtschaftsstrukturen lässt sich die Installation des „Wirtschaftsfonds Deutschland" gemäß dem Sachverständigenrat als das womöglich geringere Übel rechtfertigen, da versucht wurde die Wettbewerbsverzerrungen so gering wie möglich zu halten.[139] Die Angst vor einer drohenden Kreditklemme bei den Unternehmen überwog die Befürchtungen vor signifikanten Wettbewerbsverzerrungen und hohen fiskalischen Kosten als Folge der interventionistischen Staatseingriffe. Die zentrale Kritik am Deutschlandfonds galt dem Sachverhalt, dass die Entscheidungsgrundlagen des Lenkungsausschuss sowie die Empfehlungen des Lenkungsrats unter Verschluss gehalten

133 vgl. Haucap, Coenen (2010), S. 2
134 vgl. Monopolkomission (2008)
135 vgl. Europäische Kommission (2009b)
136 vgl. BMWi (2010a), S. 15f.
137 vgl. BMWi (2011)
138 vgl. Haucap, Coenen (2010), S. 18
139 vgl. SVR (2009), S. 220 Rn. 345

wurden.[140] Die Entscheidung, warum einzelne Unternehmen unterstützt wurden, ist somit vollkommen intransparent und nicht nachzuvollziehen. In einer Anfrage an den Deutschen Bundestag zum Kredit- und Bürgschaftsprogram wurden die Entscheidungsprozesse des Deutschlandfonds als Black Box bezeichnet.[141]

Neben den beschriebenen horizontalen Maßnahmen, die zum Teil einen selektiven Charakter aufweisen, grundsätzlich aber verbesserte Rahmenbedingungen für Unternehmen am Arbeitsmarkt und bei ihrer Refinanzierung zum Ziel hatten, konnten während der Krise 2008/2009 auch vertikale interventionistische Eingriffe zur Unterstützung von Branchen bzw. einzelner Unternehmen beobachtet werden. Bei der Implementierung konjunkturstabilisierender Maßnahmen infolge einer Krise ist es kaum zu vermeiden, dass einzelne Branchen stärker von den initiierten Maßnahmen profitieren als andere.[142] So enthielten auch die verabschiedeten Konjunkturpakete I und II Maßnahmen, die bestimmte Branchen stärker und andere weniger stark unterstützten.

In diesem Zusammenhang sind die Zukunftsinvestitionen der öffentlichen Haushalte in Bildungseinrichtungen, die unterschiedlichen Infrastrukturinvestitionen sowie die verkürzte und erleichterte Vergabe von Bauleistungen zu nennen, die als Teil des Konjunkturpakets II verabschiedet wurden. Von diesen Maßnahmen profitierte maßgeblich die Bauwirtschaft. Die Wettbewerbsverzerrungen die von reinen Infrastrukturmaßnahmen ausgehen, sind jedoch verhältnismäßig gering.[143] Als Ursachen sind der breite konjunkturstabilisierende Fokus solcher Maßnahmen sowie die hohen Vorleistungsverflechtungen der Bauwirtschaft und die daraus resultierenden Ausstrahleffekte auf viele verschiedene Branchen anzuführen. Einen vergleichsweise gezielteren Eingriff auf eine bestimmte Branche stellte die Umweltprämie dar (auch als Abwrackprämie bekannt). Mit dem Ziel kurzfristig Beschäftigungsverhältnisse in der Automobilindustrie zu sichern, wurde privaten Autokäufern ein einmaliger staatlicher Zuschuss in Höhe von 2.500 Euro gewährt. Als Bedingung für die Inanspruchnahme musste ein privater Halter beim Kauf eines Neu- oder Jahreswagens einen mindestens neun Jahre alten PKW nachweislich verschrotten, der zum Zeitpunkt der Förderung über ein Jahr auf den Käufer zugelassen war.[144] Der selektive Charakter der Umweltprämie kommt durch die gezielte Stützung der Automo-

140 vgl. Haucap, Coenen (2010), S. 19
141 vgl. Deutscher Bundestag (2009), S. 1
142 vgl. SVR (2009), S. 222 Rn. 346
143 vgl. Haucap, Coenen (2010), S. 4
144 vgl. Höpfner et al. (2009), S. 1

bilindustrie zum Ausdruck, bei der das Ankurbeln der bereits vor der Krise rückläufigen PKW-Verkaufszahlen im Mittelpunkt stand.

Als Folge der selektiven Intervention durch die Abwrackprämie traten Wettbewerbsverzerrungen zwischen aber auch innerhalb mehrerer Branchen auf. Neben dem Auslösen von Mitnahmeeffekten und dem Einbrechen der Nachfrage in nachfolgenden Perioden aufgrund der kurzfristig angeheizten Nachfrage sind vor allem die gesamtwirtschaftlichen Kosten durch die auf die Automobilindustrie umgelenkte Nachfrage zu nennen.[145] Als Beispiel für intersektorale Verzerrungen sind die zurückgehende Nachfrage nach kurzfristigen Konsumgütern sowie das Aufschieben der Kaufentscheidungen bzgl. langfristiger Investitionen zugunsten einer künstlich gesteigerten Nachfrage nach Automobilen anzuführen.[146] Durch das aktive Eingreifen des Staates entstehen Gewinner, wie z.B. die Automobilhersteller, und Verlierer, wie z.B. die Werkstätten. Der tatsächliche gesamtwirtschaftliche Nettoeffekt lässt sich jedoch nur schwer ermitteln.[147]

Der in der Öffentlichkeit am kontroversesten diskutierte, industriepolitische Eingriff während der Finanz- und Wirtschaftskrise betraf den in Schieflage geratenen Automobilkonzern Opel.[148] Im Mittelpunkt der oftmals hitzig geführten Diskussion standen verschiedene industriepolitische Maßnahmen, um den angeschlagenen Autobauer mit staatlichen Hilfen vor der Insolvenz zu schützen. Nachdem Opel aus dem GM-Verbund herausgelöst und in eine Treuhandgesellschaft überführt wurde, gewährten die Bundesregierung und die vier Bundesländer mit Opel-Standorten im Mai 2009 eine auf sechs Monate befristete Brückenfinanzierung in Höhe von 1,5 Mrd. Euro, um die kurzfristige Zahlungsfähigkeit von Opel sicherzustellen.[149] Als Überbrückungskredit von einem Bankenkonsortium unter Leitung der KfW bereitgestellt und durch den Bund rückgarantiert, bestand die Aufgabe des Kredits darin, die Zeit zu überbrücken, bis ein Investor mit einem tragfähigen Zukunftskonzept gefunden ist.[150] Nach monatelangem hin und her entschied sich GM im November 2009 dann doch Opel behalten zu wollen und zahlte den staatlich gewährten Überbrückungskredit samt Zinsen vollständig zurück.[151] In der Folge beantragte GM staatliche Hilfen in Höhe von 2,7 Mrd. Euro bei den europäischen Ländern mit Opel-Standorten. Nachdem GM

145 vgl. SVR (2009), S. 222f.
146 vgl. Haucap, Coenen (2010), S. 11
147 vgl. SVR (2009), S. 223 Rn. 347
148 vgl. SVR (2009), S. 224 Rn. 349
149 vgl. Deutscher Bundestag (2009), S. 2
150 vgl. Deutscher Bundestag (2009), S. 4
151 vgl. Bundesregierung (2009)

eine Absage für Hilfen aus dem Deutschlandfonds erhalten hatte[152], kündigte GM an, alle europäischen Anträge auf staatliche Unterstützungen zurückzuziehen.[153] Mit demselben Argument wie im Fall von Opel, nämlich dass sich das Unternehmen bereits vor dem 1. Juli in Schieflage befand und die Förderwürdigkeit somit in Frage zu stellen sei, wurde auch ein Antrag von Arcandor auf Retttungsbeihilfe durch den Lenkungsausschuss abgelehnt.[154]

Der selektive Eingriff in das Marktgeschehen durch die Gewährung des Überbrückungskredits zur Stützung des von der Insolvenz bedrohten Autobauers Opel lässt sich ökonomisch nicht rechtfertigen. Im Gegensatz zur Ausgestaltung des „Wirtschaftsfonds Deutschland“, bei dem es darum ging die Risiken für die öffentlichen Haushalte auf ein Minimum zu begrenzen und die Unabhängigkeit zu wahren, wurden diese Grundsätze bei der gezielten Unterstützung von Opel verletzt.[155] Wie die Ablehnung des Antrags von GM auf weitere staatliche Hilfen aus dem Deutschlandfonds zeigt, konnte Opel die Voraussetzung für eine Förderung zu keiner Zeit vollständig erfüllen.

Dieser Abschnitt zeigt, dass in der Finanz- und Wirtschaftskrise 2008/2009 verschiedene industriepolitische Eingriffe seitens des Staates erfolgten. Neben flankierenden Maßnahmen, deren Ziel in der Förderung der Wachstumsperspektiven sowie der Behebung der Finanzierungsengpässe von Unternehmen bestand, waren auch selektive Eingriffe in das Marktgeschehen zu beobachten, die aufgrund ihrer negativen Effekte und hohen fiskalischen Kosten ökonomisch kaum zu rechtfertigen sind. Auch in schweren Rezessionen bedürfen industriepolitische Maßnahmen, die das Marktgeschehen aktiv beeinflussen, einer besonderen Legitimation, die die positiven Wirkungen des Eingriffs den damit verbunden Kosten für den Rest der Volkswirtschaft gegenüberstellt. Im nachfolgenden Abschnitt wird auf die aktuellen Herausforderungen hinsichtlich der Rechtfertigung industriepolitischer Maßnahmen eingegangen und es werden die sich daraus ergebenden Schlussfolgerungen für diese Arbeit gezogen.

2.3 Zentrale Schlussfolgerungen

Die industriepolitischen Rahmenbedingungen unterliegen seit Jahren einem stetigen Wandel. Ausgehend von aktuellen Trends, wie z.B. neuen Technologien, der europäischen Integration, der voranschreitenden Globalisierung, der zunehmenden Tertiärisierung, dem demographischen Wandel, dem Klimawandel und

152 vgl. BMWi (2010b)
153 vgl. Haucap, Coenen (2010), S. 16
154 vgl. BMWi (2009c)
155 vgl. SVR (2009), S. 224 Rn. 350

der überbordende Staatsverschuldung vieler Volkswirtschaften, nehmen die verschiedenen industriepolitischen Interessensgruppen seit Jahren Einfluss auf die Ausgestaltung der Industriepolitik. Insbesondere in Krisenzeiten, wenn durch Umstrukturierungsprozesse der Abbau von Arbeitsplätzen droht, wächst der Anpassungsdruck für viele Unternehmen und in der Politik werden die Rufe nach selektiven Eingriffen zum Schutz nationaler Interessen lauter. Durch diese Verlustängste sind gerade in Rezessionen verstärkt protektionistische Tendenzen zu konstatieren.

In Krisenzeiten besteht die Gefahr, dass intrinsische Motive, wie z.B. die Profilierung der Politik als Retter und Wohltäter, die Auswahl und Ausgestaltung der industriepolitischen Instrumente dominieren. Das übergeordnete Ziel, den Wohlstand der gesamten Gesellschaft zu fördern bzw. zu sichern, gerät da oftmals in den Hintergrund. Um diesem missbräuchlichen Umgang und der gezielten Verfolgungen partikularer Interessen zu begegnen, muss die Industriepolitik verantwortungsvoll und vor allem transparent sein. Die Auswahl geeigneter industriepolitischer Maßnahmen muss in Anbetracht von Knappheit unter der Prämisse erfolgen, die Kosten möglichst gering zu halten und gleichzeitig den Nutzen für die Gesellschaft zu optimieren.

Bei der Ausgestaltung des „Wirtschaftsfonds Deutschland“ bestand eine der zentralen Herausforderungen deshalb darin, die Förderungswürdigkeit eines antragstellenden Unternehmens zu beurteilen. Mit dem Ziel den größtmöglichen ökonomischen Nutzen für die Gesellschaft zu erzielen, muss die Auswahl eines förderungswürdigen Unternehmens auf Basis objektiver Kriterien und einem nachvollziehbaren Verfahren erfolgen. Die Prüfkriterien und das Eignungsverfahren zur abschließenden Beurteilung, welches Unternehmen eine Unterstützung aus dem Deutschlandfonds in Anspruch nehmen durfte, blieben jedoch entgegen dem Anspruch an eine transparente und objektive Industriepolitik hinter einer Black Box verborgen.[156] Als ein Grund sind die nur sehr allgemein formulierten Anforderungen, die ein Unternehmen hinsichtlich der Inanspruchnahme eines Kredits bzw. einer Bürgschaft erfüllen musste, wie z.B. das Kriterium der volkswirtschaftlichen Förderungswürdigkeit (vgl. Abschnitt 2.2), zu nennen. D.h. es wurden keine klaren und eindeutigen Kriterien festgelegt bzw. offiziell kommuniziert, anhand derer die getroffenen Entscheidungen nachvollzogen werden konnten. Zwar waren die allgemeinen Kriterien bekannt, die ein Unternehmen für eine Förderung erfüllen musste, jedoch blieben das angewendete Prüfverfahren sowie die letztendlich verwendeten Entscheidungskriterien der mit der Eignungsprüfung beauftragten Wirtschaftsprüfungsgesellschaft im Verborgenen. Die Intransparenz bei der Vergabe von Krediten und Bürgschaften

156 vgl. Deutscher Bundestag (2009), S. 1

im Rahmen des Deutschlandfonds zeigt den Bedarf an einem fundierten und transparenten Verfahren, das eindeutige Aussagen über die ökonomische Bedeutung eines bestimmten Unternehmens für die deutsche Volkswirtschaft ermöglicht.

Insbesondere vor dem Hintergrund der aktuellen Schuldenkrise, in der die Gefahr eines Übergreifens auf die Realwirtschaft als Folge einer Kreditklemme allgegenwärtig ist, nimmt die Bedeutung des Staates als industriepolitischem Akteur weiter zu. Sollten die in Schieflage geratenen Banken ihre Kreditvergabe an Unternehmen einschränken bzw. höhere Garantien dafür verlangen, wird aller Voraussicht nach der Staat erneut als Finanzintermediär auftreten, um gravierendere Folgen für die Gesamtwirtschaft und die Gesellschaft zu verhindern. D.h. auch künftig besteht eine zentrale Herausforderung der Industriepolitik darin, die ökonomische Bedeutung eines bestimmten Unternehmens für die deutsche Volkswirtschaft mit Hilfe eines geeigneten Instruments messen zu können.

Aufgrund der Verwendung von Steuergeldern und vor dem Hintergrund der rasant steigenden Staatsverschuldung bedürfen Entscheidungen über die staatliche Unterstützung einzelner Unternehmen auch in Krisenzeiten einer starken Begründung und besonderen Legitimation. Auch in „normalen Zeiten“ kommen industriepolitische Förderinstrumente zum Einsatz, die über Kredit- und Bürgschaftsprogramme Liquiditätshilfen für Unternehmen bereitstellen, und ebenfalls transparente Verfahren und objektive Kriterien als Entscheidungsgrundlage benötigen. Ob ein Unternehmen im Rahmen staatlicher Maßnahmen gestützt bzw. gefördert werden darf, ist dabei auf Grundlage einzelner Fallbegründungen zu prüfen. Im Mittelpunkt solcher Eignungsprüfungen stehen verschiedene Kosten- bzw. Nutzendimensionen, die gegeneinander abgewogen werden müssen. Die volkswirtschaftliche Förderungswürdigkeit eines Unternehmens zu identifizieren, beschreibt für den Staat eine große Herausforderung, da die Datenlage oft unübersichtlich ist und bestehende Bewertungsmethoden ein nur unzureichendes Bild über die volkswirtschaftliche Bedeutung eines Unternehmens liefern (vgl. Abschnitt 3.2). Ohne geeignete Bewertungsansätze besteht die Gefahr, dass Unternehmen mit Steuergeldern am Leben erhalten werden, deren ökonomische Bedeutung bzw. Beitrag für das Wohl der Gesellschaft in Frage zu stellen ist. Der Erfolg einer industriepolitischen Maßnahme hängt somit nicht immer davon ab, Gewinner auszusuchen sondern auch Verlierer aufzugeben.[157]

Der vorangegangen Ausführungen betonen den Bedarf an einem objektiven und transparenten Instrument zur Beurteilung der ökonomischen Bedeutung einzelner Unternehmen. Der ökonomische Wert bzw. die Bedeutung eines Unternehmens für den Staat und damit die Eignung des Unternehmens hinsichtlich

157 vgl. Rodrik (2010)

der Steigerung des Wohlstands der Bevölkerung entscheidet maßgeblich darüber, ob ein Unternehmen aus industriepolitischen Gesichtspunkten förderungswürdig ist oder nicht. Das in dieser Arbeit entwickelte Verfahren soll helfen die ökonomische Bedeutung eines bestimmten Unternehmens für die deutsche Volkswirtschaft zu messen, um darauf aufbauend die volkswirtschaftliche Förderungswürdigkeit anhand objektiver Kriterien beurteilen zu können. Vor dem Hintergrund der staatlichen Eingriffe während der Finanz- und Wirtschaftskrise und der aktuellen Schuldenkrise ist die Bedeutung objektiver und transparenter Bewertungsmethoden zur Legitimation industriepolitischer Entscheidungen stark gestiegen. Die Hauptaufgabe des entwickelten Verfahrens besteht darin, das Risiko von Fehleinschätzungen durch eine falsche Auswahl und damit verbundene Kosten für den Steuerzahler zu verringern. Das entwickelte Verfahren soll helfen, die bestehenden Intransparenzen, wie z.B. die mangelnde Nachvollziehbarkeit der Entscheidungsprozesse beim „Wirtschaftsfonds Deutschland“, zu beheben und gleichzeitig dem starken Begründungszwang selektiver Eingriffe in das Marktgeschehen gerecht zu werden.

Bevor das entwickelte Verfahren in den Fokus der Arbeit rückt, wird im nachfolgenden Kapitel zunächst die Rolle der Unternehmen innerhalb der deutschen Volkswirtschaft beschrieben. Neben der Funktion der Unternehmen als zentrale Wirtschaftseinheiten im Wirtschaftskreislauf wird die Leistungserstellung im System „Unternehmen“ kurz erläutert. Anschließend werden die zentralen Defizite der aktuellen Verfahren und Instrumente zur Messung der ökonomischen Bedeutung eines Unternehmens gemäß dem Verständnis in dieser Arbeit aufgezeigt. Erst durch die Darstellung der Defizite der bestehenden Ansätze wird der eigentliche Bedarf des entwickelten Verfahrens zur Analyse der ökonomischen Bedeutung eines bestimmten Unternehmens deutlich.

3 Das Unternehmen aus einzel- und gesamtwirtschaftlicher Perspektive

Der Wohlstand einer entwickelten Volkswirtschaft hängt maßgeblich von der wirtschaftlichen Leistung seiner Unternehmen ab. Sie schaffen und sichern Arbeitsplätze und reichen gleichzeitig Löhne, Steuern und Sozialabgaben sowie Dividenden an ihre Umwelt weiter. Für eine gesunde und dynamische Wirtschaft ist eine starke unternehmerische Basis somit Grundvoraussetzung. Die zentrale Zielsetzung des Staates Wohlstand und Beschäftigung seiner Bürger zu fördern, wird deshalb zu einem Großteil durch die gezielte Unterstützung der Wettbewerbsfähigkeit der Unternehmen in Deutschland sichergestellt. Maßgeblich verantwortlich für die Zielerreichung und die dauerhafte Erhaltung der Wettbewerbsfähigkeit - insbesondere der industriellen bzw. industrieabhängigen Produktion und Beschäftigung - ist die im letzten Kapitel beschriebene Industriepolitik. Der vorangegangene Abschnitt betont vor dem Hintergrund aktueller industriepolitischer Herausforderungen den Bedarf an einem objektiven und transparenten Instrument zur Beurteilung der ökonomischen Bedeutung einzelner Unternehmen. Der ökonomische Wert eines Unternehmens für den Staat und damit die Eignung des Unternehmens hinsichtlich der Steigerung des Wohlstands der Bevölkerung entscheidet maßgeblich darüber, ob ein Unternehmen aus industriepolitischen Gesichtspunkten förderungswürdig ist oder nicht.

In dem aktuellen Kapitel werden die wichtigsten Instrumente zur Beurteilung der ökonomischen Bedeutung eines bestimmten Unternehmens gemäß dem Verständnis in dieser Arbeit vorgestellt. Erst durch die Aufbereitung der Defizite der bestehenden Ansätze hinsichtlich der Beurteilung der volkswirtschaftlichen Förderungswürdigkeit wird der Bedarf an dem entwickelten Verfahren deutlich. Bevor auf die verschiedenen Konzepte und Verfahren, die Aussagen über die ökonomischen Bedeutung eines bestimmten Unternehmens bereithalten, näher eingegangen wird, werden zuvor die ökonomischen Effekte vorgestellt, die von dem betrachteten Unternehmen auf die deutsche Volkswirtschaft ausgehen und deren Quantifizierung für die Beurteilung der ökonomischen Bedeutung von zentralem Interesse sind. Um ein grundlegendes Verständnis hinsichtlich der relevanten volkswirtschaftlichen Zusammenhänge zu vermitteln und die Wirkungsweise der verschiedenen Effekte sowie die Funktionsweise der unterschiedlichen Analyseverfahren besser nachvollziehen zu können, werden nachfolgend zunächst wichtige Begrifflichkeiten des Wirtschaftens, die Rolle der Unternehmen im Wirtschaftskreislauf sowie die Leistungserstellung im System „Unternehmen“ aus betriebswirtschaftlicher Sicht erläutert. Das Kapitel schließt mit den zentralen Schlussfolgerungen für diese Arbeit.

3.1 Unternehmen als Wirtschaftseinheit

Bevor auf die Rolle der Unternehmen im Wirtschaftskreislauf und die Beziehungen zwischen den verschiedenen Teilnehmern einer Volkswirtschaft näher eingegangen wird, erfolgt eine kurze Einführung in die zentralen Grundlagen des Wirtschaftens in einem arbeitsteilig und marktwirtschaftlich geprägten Wirtschaftssystem. Die anschließende Darstellung der ökonomischen Verflechtungen zwischen den verschiedenen Wirtschaftssubjekten als auch der Einblick in die Prozesse der Leistungserstellung eines Unternehmens dienen als Grundlage für die weiteren Ausführungen in diesem Kapitel.

3.1.1 Grundlagen des Wirtschaftens

Das tägliche Leben ist geprägt von einer Vielzahl von Einzelentscheidungen, bei denen verschiedene Personen darüber entscheiden, welche Güter sie zur Befriedigung ihrer Bedürfnisse benötigen. Das wechselseitige Zusammenspiel zwischen der Herstellung von Produkten[158] (materielle Güter) und Dienstleistungen (immaterielle Güter) sowie ihrem Verkauf wird vom Ziel dominiert, die Lebenssituation der Menschen zu verbessern bzw. das Mangelempfingen der Menschen zu beheben. Alle Entscheidungen und Maßnahmen, die sich mit der Befriedigung der menschlichen Bedürfnisse vor dem Hintergrund knapper Güter beschäftigen, bilden die Wirtschaft eines Landes und beschreiben den zentralen Gegenstand der Wirtschaftswissenschaften.[159]

Das Wirtschaften wird von einem Spannungsverhältnis zwischen den nur begrenzt zur Verfügung stehenden Mitteln und den praktisch unbegrenzten menschlichen Bedürfnissen dominiert.[160] Das Ziel des Wirtschaftens besteht darin, genau jene Handlungsalternativen auszuwählen, die den größten Nutzen stiften bzw. Erfolg versprechen. Die verschiedenen Wirtschaftssubjekte einer Volkswirtschaft versuchen die knappen Ressourcen nach dem sogenannten ökonomischen Prinzip (auch Wirtschaftlichkeitsprinzip oder Rationalprinzip genannt) bestmöglich einzusetzen. Zur Lösung des Spannungsverhältnisses lassen sich grundsätzlich zwei unterschiedliche Ausprägungen des ökonomischen Prinzips unterscheiden:[161]

---

158 Auch Waren oder Sachgüter genannt (vgl. Kyrer, Penker (2000), S. 32).

159 vgl. Kampmann, Walter (2010b), S. 2f.

160 vgl. Behrens, Kirspel (2003), S. 57f.

161 vgl. Kampmann, Walter (2010b), S. 17; Bayer et al. (2006), S. 27

- *Maximumvariante*: Mit gegebenen Mitteln einen größtmöglichen Nutzen oder Erfolg erzielen (Gegebener Mitteleinsatz bei maximaler Bedürfnisbefriedigung)
- *Minimumvariante*: Ein gegebenes Ziel mit geringstmöglichem Mitteleinsatz erreichen (Gegebene Bedürfnisbefriedigung bei minimalem Mitteleinsatz)

Als Voraussetzung des ökonomischen Prinzips werden rational handelnde Wirtschaftssubjekte zugrunde gelegt (homo oeconomicus[162]). Allgemein ist das ökonomische Prinzip auch unter der Bezeichnung Extremumprinzip in den Wirtschaftswissenschaften bekannt und beschreibt das Verhalten durch die Maximierung des Verhältnisses von Nutzen zu Mitteleinsatz bestmöglich die knappen Mittel zu bewirtschaften.[163]

Durch das Handeln nach dem ökonomischen Prinzip wurde erkannt, das Arbeitsteilung zwischen Personen bzw. Wirtschaftssubjekten zu einer signifikanten Verringerung des Spannungsverhältnisses zwischen den vielfältigen Wünschen und Bedürfnissen der Menschen und den begrenzt zur Verfügung stehenden Mitteln führt.[164] Als Folge dieser Erkenntnis und der Suche nach effizienten Produktionsformen wurde die Erstellung von Gütern durch spezialisierte Arbeitskräfte übernommen und in spezielle Produktionsstätten ausgelagert.[165] Neben einer deutlichen Wohlfahrtssteigerung resultierte aus der zunehmenden Spezialisierung durch die arbeitsteilige Produktion eine höhere Produktivität, weil bei gegebenem Arbeitseinsatz mehr Güter hergestellt werden konnten.

Mit der Arbeitsteilung ist unmittelbar der Tausch verbunden, der als zentrales Element des Wirtschaftens die Übertragung von Gütern zwischen verschiedenen Wirtschaftssubjekten beschreibt. Auch als Transaktion bezeichnet ist der Tausch ein Resultat der spezialisierten Produktion, weil keiner der sich spezialisiert, alle zur Befriedung seiner Bedürfnisse benötigten Waren und Dienstleistungen durch Eigenproduktion erstellen kann.[166] Durch die Einführung des Geldes als Tausch- und Rechenmittel haben sich die Transaktionsprozesse deutlich erleichtert, Unterteilt in Tauschmittel-, Recheneinheits- und Wertaufbewahrungsfunktionen[167] erfüllt es als Zahlungsmittel viele verschiedene Funktionen und kann als zentrale Voraussetzung für die weit fortgeschrittene Arbeitsteilung gesehen werden.

---

162 vgl. u.a. Kirchgässner (2008), S. 12ff.

163 vgl. Lachmann (2006), S. 10

164 vgl. Lachmann (2006), S. 11

165 vgl. Kampmann, Walter (2010b), S. 24

166 vgl. Lachmann (2006), S. 11

167 vgl. Engelkamp, Sell (2005), S. 116

Die kurz vorgestellten Prinzipien des Wirtschaftens dienen zur Erklärung der Existenz von Unternehmen sowie der ökonomischen Transaktionen zwischen verschiedenen Wirtschaftsakteuren einer Volkswirtschaft. Durch die Vorteile der Arbeitsteilung und Spezialisierung entstanden, beschreiben Unternehmen produzierende Wirtschaftseinheiten, die durch die Bereitstellung von Waren und Dienstleistungen die vielfältigen Bedürfnisse der Menschen befriedigen. Unter der Prämisse der Fremdbedarfsdeckung treten Unternehmen auf den Güter- und Faktormärkten mit anderen Wirtschaftssubjekten in wechselseitige Tauschbeziehungen.[168]

3.1.2 Unternehmen im Wirtschaftskreislauf

Als Folge der Arbeitsteilung und Spezialisierung sind komplexe Verflechtungen und Strukturen entstanden, die das moderne Wirtschaftsleben charakterisieren. In einer marktwirtschaftlich organisierten Volkswirtschaft ist der Wirtschaftsprozess durch eine Vielzahl von Wirtschaftseinheiten gekennzeichnet, die in wechselseitigen ökonomischen Beziehungen zueinander stehen.[169] Um trotz der vielfältigen Verflechtungen einen grundlegenden Überblick über das Wirtschaftsgeschehen und das Verhalten der verschiedenen Teilnehmer untereinander zu gewinnen, ist aus makroökonomischer Sicht die Zusammenfassung gleicher Wirtschaftseinheiten und Aktivitäten zu Aggregaten zielführend.[170]

In Abbildung 5 sind die verschiedenen Geld- und Güterströme zwischen den Teilnehmern (Wirtschaftssubjekten) einer arbeitsteiligen Volkswirtschaft als vereinfachter Wirtschaftskreislauf[171] samt sozioökonomischem Rahmen dargestellt. Vor dem Hintergrund der Arbeit liegt der Fokus auf den Unternehmen und ihrer Funktion in einer arbeitsteiligen Volkswirtschaft. Aus der Abbildung 5 wird deutlich, dass die Unternehmen neben den wechselseitigen Beziehungen zu den anderen Wirtschaftssubjekten (Staat, Haushalte, Finanzintermediäre und dem Ausland) ganz entscheidend durch den gesellschaftlichen und ordnungspolitischen Rahmen beeinflusst werden.[172] Die Unternehmen entscheiden und handeln in einer Volkswirtschaft, die durch ihre Gesellschafts-, Rechts- und Sozial-

168 vgl. Kampmann, Walter (2010b), S. 94
169 vgl. Engelkamp, Sell (2005), S. 137
170 vgl. Engelkamp, Sell (2005), S. 137f.
171 Die Darstellung des Wirtschaftskreislaufs beschreibt eines der ältesten Modelle der Ökonomie, das auf den Arzt François Quesnay (1694-1774) zurückzuführen ist. In seinem berühmten „Tableau Economique“ stellt er in Analogie an den Blutkreislauf des Menschen erstmals rudimentär die wechselseitigen Verflechtungen sämtlicher Einnahme- und Ausgabenströme einer feudalen Wirtschaft dar (vgl. Helmedag, Weber (2002)).
172 vgl. Mikl-Horke (2009), S. 19

ordnung geprägt wird. Der Staat hat dabei die Aufgabe den Ordnungsrahmen so auszugestalten, dass die Funktionsfähigkeit der sozialen und marktwirtschaftlichen Prinzipien gewährleistet ist. Im Mittelpunkt stehen vielfältige politische Prozesse und die Administration der daraus resultierenden institutionellen und regulativen Bedingungen.[173]

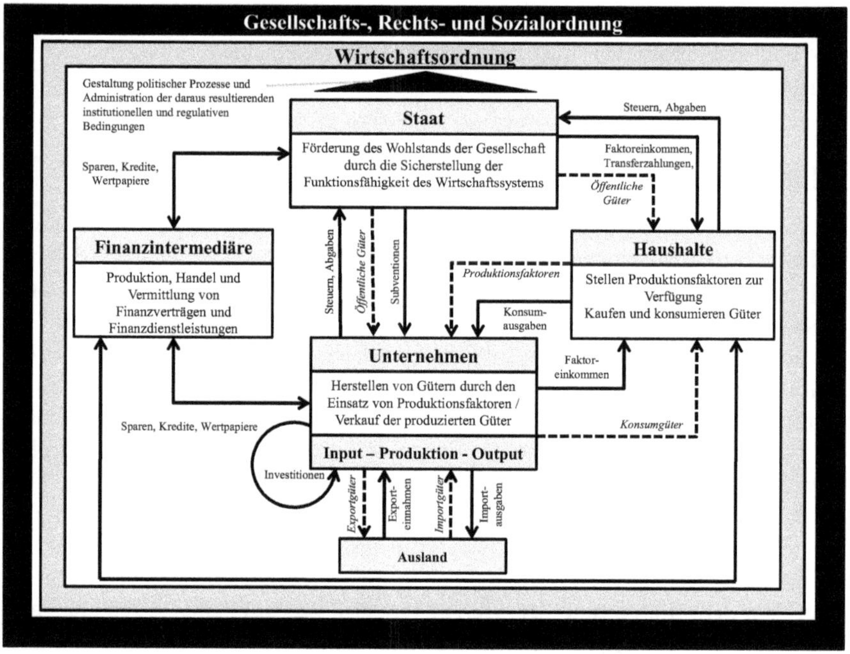

Quelle: in Anlehnung an Lüpertz (2009), Abschnitt D

Abbildung 5: Die Rolle der Unternehmen als Akteure im Wirtschaftskreislauf

Das wirtschaftliche Handeln der Unternehmen in einer Volkswirtschaft wird maßgeblich durch die Wirtschaftsordnung determiniert. Die Wirtschaftsordnung bestimmt all jene gesetzlichen Regelungen, die den Ablauf wirtschaftlicher Prozesse prägen. Vorschriften zum Umgang mit den knappen Mitteln, der Arbeitsteilung und dem Tausch stehen dabei im Mittelpunkt. Die Ausgestaltung der Eigentumsordnung[174] sowie der Koordinationsmechanismen[175] gehören zu den

173 vgl. Mikl-Horke (2009), S. 25

174 Diese umfasst Regelungen zu den Eigentumsverhältnissen (privat oder kollektiv).

zentralen system-konstituierenden Elementen jeder Wirtschaftsordnung.[176] Die Wirtschaftsordnung in Deutschland ist gekennzeichnet durch das Prinzip vom Privateigentum, von dezentraler Planung und der Steuerung über Märkte unter Wettbewerbsbedingungen.[177] Durch das eigenverantwortliche Handeln der Unternehmen und Haushalte können unter diesen ordnungspolitischen Gesichtspunkten und gemäß der Harmoniethese einzel- sowie gesamtwirtschaftliche Zielsetzungen gleichzeitig realisiert werden. Das Resultat der Autonomie und Anpassungsfähigkeit der Anbieter und Nachfrager sind ein Gleichgewicht auf allen Märkten sowie effizientes ökonomisches Handeln. Trotz der angeführten marktwirtschaftlichen Grundüberzeugung ist die deutsche Wirtschaftsordnung als Mischform[178] anzusehen, weil sie aus sozialpolitischen Gesichtspunkten bewusst staatliche Eingriffe in das Wirtschaftsgeschehen erlaubt. Aufgrund der bekannten Kritik an der marktwirtschaftlichen Steuerung und um die Defizite durch Missbräuche wirtschaftlicher Macht zu begrenzen, ist staatliches Handeln ein zentraler Bestandteil des deutschen Wirtschaftssystems.[179]

Unter Wahrung verschiedener marktwirtschaftlicher und sozialer Prinzipien obliegt dem Staat die bewusste Ausgestaltung der Wirtschaftsordnung. Die Konzeption der in Deutschland vorherrschenden Sozialen Marktwirtschaft zielt auf die bewusste Beeinflussung der Marktergebnisse durch den Staat in verschiedenen politischen Bereichen ab.[180] Sie basiert auf dem Gedankengut des Ordoliberalismus und dem Konzept der gelenkten Marktwirtschaft und lässt sich durch die Begriffspaare Freiheit und Gerechtigkeit, die als Wertefundament der Sozialen Marktwirtschaft fungieren, am besten zum Ausdruck bringen (siehe Abbildung 6).[181] Anders formuliert versucht die Soziale Marktwirtschaft rechtsstaatlich gesicherte, individuelle und wirtschaftliche Freiheiten sowie einen funktionierenden Preismechanismus auf den verschiedenen Märkten mit den sozialstaatlichen Prinzipien der sozialen Sicherheit und sozialen Gerechtigkeit

---

175 Diese beschäftigen sich mit den Handlungen und Pläne der Unternehmen und Haushalte (Markt oder Zentralplanung).

176 vgl. Kampmann, Walter (2010b), S. 48

177 vgl. Kampmann, Walter (2010b), S. 57

178 Die freie Marktwirtschaft (Marktwirtschaft) und die Zentralverwaltungswirtschaft (Planwirtschaft) beschreiben idealtypische Wirtschaftssysteme, welche die beiden Extreme einer möglichen Wirtschaftsordnung darstellen. In der politischen Praxis kommen die beiden Konzepte in Reinform jedoch kaum vor. Mischformen basieren in ihren Grundsätzen zwar zumeist auf einem der beiden Systeme, enthalten jedoch immer auch Prinzipien des jeweils anderen Wirtschaftssystems. (vgl. Wildmann (2010), S. 92ff.)

179 vgl. Schrüfer (2010), S. 57ff.

180 vgl. Kampmann, Walter (2010b), S. 59

181 vgl. Wildmann (2010), S. 99f.

zu kombinieren.[182] Als ordnungspolitischer Ansatz verfolgt die Soziale Marktwirtschaft das Ziel marktwirtschaftliche Grundelemente zu nutzen, um die gesamte Gesellschaft am wirtschaftlichen und sozialen Fortschritt teilhaben zu lassen.[183]

Freiheit	**Gerechtigkeit**
- Wettbewerb und Markt - Individuelle Freiheit - Verantwortung für sich selbst	- Gemeinschaft und Solidarität - Soziale Gerechtigkeit - Verantwortung für andere
Fundament der Sozialen Markwirtschaft	

Abbildung 6: Wertefundament der Sozialen Marktwirtschaft

Nach Eucken[184] muss der Staat bei der Ausgestaltung der Wettbewerbsordnung verschiedene konstituierende und regulierende Prinzipien berücksichtigen, um den Grundsätzen der Sozialen Marktwirtschaft und damit auch einer sachgerechten Wirtschaftspolitik, die den Regelungen des Grundgesetzes entspricht, gerecht zu werden. Zur Implementierung einer funktionsfähigen Wettbewerbsordnung durch den Staat ist nach Eucken der Fokus in der Wirtschaftspolitik auf die folgenden konstituierenden Prinzipien zu richten:[185]

1. Funktionsfähiges Preissystem
2. Stabilität der Währung
3. Freier Marktzugang
4. Dezentrale Verfügungsmacht über Sachkapital
5. Prinzip der vollen Haftung
6. Vertragsfreiheit
7. Konstanz der Wirtschaftspolitik

Neben diesen Prinzipien für die Grundausrichtung einer wettbewerblich organisierten Wirtschaftsordnung nennt Eucken vier regulierende Prinzipien zur Korrektur unerwünschter Marktentwicklungen. Die nachfolgend dargestellten regulierenden Prinzipien dienen dem Schutz des Wettbewerbs und der Verhinderung systemfremder Ordnungselemente:[186]

- Monopolkontrolle des Staates

182 vgl. Hayessen (2010), S. 6
183 vgl. Kampmann, Walter (2010b), S. 60
184 vgl. Eucken (2004)
185 vgl. Kampmann, Walter (2010b), S. 57ff.
186 vgl. Kampmann, Walter (2010b), S. 58f.

- Korrektur der leistungsgerechten Einkommensverteilung aus sozialen Motiven
- Eingriffe im Fall von anomalem Verhalten der Anbieter am Arbeitsmarkt
- Regulierende Eingriffe des Staates bei externen Effekten

Der Staat kann bei der Errichtung der Wirtschaftsordnung in Abhängigkeit der Ausgestaltung und des Ausmaßes der regulierenden Prinzipien entweder die Rolle eines Rahmengebers oder eine aktive, beeinflussende Position einnehmen (vgl. auch Abschnitt 2.1.3). Der Umfang der staatlichen Einflussnahme entscheidet darüber, ob die Wirtschaftsordnung klassisch liberal, durch Grundsätze des Ordoliberalismus oder interventionistische geprägt ist.[187]

Staatliche Eingriffe sind in Deutschland grundsätzlich durch die Grenzen der marktwirtschaftlichen Steuerung bedingt und zentraler Gegenstand der Ordnungs-, Wettbewerbs- und Industriepolitik.[188] Folgende staatliche Maßnahmen, die sich aus den regulierenden Prinzipien ableiten lassen, sollen aktiv den Steuerungsdefiziten des Marktes entgegenwirken, um insbesondere die soziale Gerechtigkeit zu wahren:[189]

- *Distributive Maßnahmen*: Auch als Umverteilungsmaßnahmen bezeichnet, soll der Staat bei der Nichterreichung gesellschaftlicher Ziele eingreifen und für eine soziale Sicherung all jener sorgen, die die Leistung, die es bedarf, um ihre benötigten Mittel am Markt zu besorgen, nicht selbst erbringen können. Als Beispiel sind die Sozialversicherungen zu nennen.
- *Allokative Maßnahmen*: Versagt die Marktsteuerung bei bestimmten Gütern (Marktversagen), rücken allokative Maßnahmen in den Fokus, durch die das privatwirtschaftlich erstellte Güterangebot im Rahmen staatlicher Eingriffe ergänzt bzw. korrigiert wird. Als Folge wird die Zusammensetzung der Produktion verändert, die zur Verfügung stehenden Mittel umverteilt und die Konsumstruktur der Nachfrager modifiziert.[190] Als Grund für allokative Eingriffe sind häufig externe Effekte anzuführen.
- *Stabilisierungspolitische Maßnahmen*: Kommt es zu kurzfristigen Störungen des gesamtwirtschaftlichen Gleichgewichts und damit verbunden zu einem signifikanten wirtschaftlichen Einbruch, durch den die politische Stabilität und der Wohlstand der Gesellschaft in Gefahr gerät, soll der Staat stabilisierend eingreifen. Als Beispiel für eine solche Situation ist die Finanz- und Wirtschaftskrise 2008/2009 anzuführen, infolgedessen viele Regierungen, auch Deutschland, massive in den Wirtschaftskreislauf eingriffen, um die

187 vgl. Wildmann (2010), S. 94
188 vgl. Kampmann, Walter (2010b), S. 162ff.
189 vgl. Bofinger (2007), S. 212ff.
190 vgl. Kampmann, Walter (2010b), S. 162

Folgen der Rezession zu mildern (vgl. Abschnitt 2.2). Stabilisierungspolitische Maßnahmen unterliegen jedoch immer einem besonderen Begründungszwang aufgrund der hohen fiskalischen Risiken und der daraus resultierenden gesellschaftlichen Verantwortung.

Die Unternehmen unterliegen vielfältigen äußeren Einflüssen, die sich aus der Ausgestaltung und der Administration der aus den politischen Prozessen resultierenden institutionellen und regulativen Bedingungen ergeben (siehe Abbildung 5). Unter Wahrung der Konzepte der Sozialen Marktwirtschaft und im Rahmen der Wirtschaftsordnung werden dem Staat über die Ordnungs- und Wettbewerbspolitik hinaus unterschiedliche Aufgaben übertragen.[191] Neben der Ausgestaltung und dem Sicherstellen der Rahmenbedingungen des Wirtschaftens sowie der Organisation des Wettbewerbs greift der Staat auch bewusst selektiv in das Marktgeschehen ein, um den Wohlstand seiner Gesellschaft sicherzustellen bzw. zu fördern. Alle staatlichen Maßnahmen müssen immer hinsichtlich ihrer Ordnungs- und Marktkonformität geprüft werden, d.h. sämtliche staatliche Eingriffe müssen mit den Grundsätzen der Wirtschaftsordnung zu vereinbaren sein.[192] Über die Ausgestaltung der Wirtschaftsordnung kann der Staat massiv Einfluss auf die wirtschaftlichen Aktivitäten einer Unternehmung nehmen.

Den Unternehmen obliegt im Wirtschaftskreislauf grundsätzlich die arbeitsteilige Produktion von Gütern zur Bedürfnisbefriedigung und Bedarfsdeckung. Sie stehen dabei über die Beschaffungs- und Absatzvorgänge in wechselseitigen Austauschbeziehungen zu den anderen Wirtschaftssubjekten des Wirtschaftskreislaufs (siehe Abbildung 5).[193] Von besonderer Bedeutung sind dabei die Austauschbeziehungen der Unternehmen zum Ausland. Über Export- und Importströme stehen die Unternehmen heutzutage in ständigen Wechselbeziehungen zu Wirtschaftseinheiten in anderen Ländern. Der Außenhandel beschreibt aus funktioneller Sicht den grenzüberschreitenden Waren- und Dienstleistungsverkehr, der in Form von Importen auf den Beschaffungsmärkten und als Exporte auf den Absatzmärkte zu beobachten ist.[194] Aufgrund der Globalisierung ist eine fortschreitende internationale Verflechtung der Wirtschaft durch global agierende Unternehmen festzustellen, für die der Außenhandel eine zentrale Rolle beim Erhalt ihrer Wettbewerbsfähigkeit spielt.[195] Der grenzüberschreiten-

191 vgl. Kampmann, Walter (2010b), S. 62
192 vgl. Kampmann, Walter (2010b), S. 62
193 vgl. Kampmann, Walter (2010b), S. 18
194 vgl. Haas, Neumair (2006), S. 608
195 vgl. Haas, Neumair (2006), S. 10

de Waren- und Dienstleistungsverkehr stellt eine der zentralen Herausforderung für das Wachstum und die Beschäftigung einer Volkswirtschaft dar.

Losgelöst von der Herkunft der Inputs bzw. Faktoreinsätze verwenden Unternehmen bei der Herstellung ihrer Güter verschiedene Produktionsfaktoren, die im Produktionsprozess miteinander kombiniert werden. Unter Produktion wird allgemein die Umformung von Rohstoffen in Güter unter dem Einsatz von Produktionsfaktoren, die Bereitstellung von Dienstleistungen sowie der Transport, Lagerung und Verteilung der produzierten Güter verstanden.[196] Die Volkswirtschaftslehre unterscheidet die Produktionsfaktoren in breite Kategorien wie Boden, Arbeit, Kapital und Rohstoffe.[197] Unter Anwendung des ökonomischen Prinzips werden die Produktionsfaktoren im Produktionsprozess so miteinander kombiniert, dass das Verhältnis zwischen den produzierten Gütern (Output) und dem Mitteleinsatz (Input) maximiert wird (ökonomische Effizienz).[198]

Für die Bereitstellung der verschiedenen Produktionsfaktoren (Faktoreinsatz) fließt den verschiedenen Wirtschaftssubjekten Einkommen in Form von Löhnen, Pachten, Dividenden oder Zinsen zu.[199] Bis auf die Rohstoffe gehen die Produktionsfaktoren nicht unmittelbar in das Produkt ein, sondern sind zentraler Bestandteil des Produktionsprozesses. Der Produktionsfaktor Arbeit beschreibt die menschlichen Tätigkeiten, die als Arbeitseinsatzstunden in den Produktionsprozess einfließen. Die Qualifikation und der Ausbildungsstand der Arbeitskräfte beeinflussen entscheidend die Qualität des zur Verfügung stehenden Humankapitals.[200] Boden und Grund spielen ebenfalls eine zentrale Rolle bei der Produktion von Gütern. Ob zur landwirtschaftlichen Produktion, als Betriebsstätten des Verarbeitenden Gewerbes oder als Standort für die Bereitstellung von Dienstleistungen, nimmt der Produktionsfaktor Boden direkt und indirekt Einfluss auf das Produktionsergebnis (Standortqualität). In der Regel werden auch die Rohstoffe als aus der Natur entnommene Ressourcen dem Produktionsfaktor Boden zugewiesen.[201]

In diesem Zusammenhang und vor dem Hintergrund eines bewussteren Umgangs mit der Natur finden zunehmend auch Aspekte des nachhaltigen Wirt-

---

196 vgl. Lachmann (2006), S. 15f.

197 vgl. Varian (2004), S. 326. Am weitesten verbreitet ist die Unterscheidung in die drei Hauptgruppen Boden, Kapital und Arbeit, wobei der Produktionsfaktor Rohstoffe in dieser Klassifikation dem Boden zugewiesen wird (vgl. Kampmann, Walter (2010b), S. 19).

198 vgl. Lachmann (2006), S. 16

199 vgl. Kampmann, Walter (2010b), S. 18

200 vgl. Welfens (2008), S. 17

201 vgl. Kampmann, Walter (2010b), S. 19

schaftens bei der Produktion von Gütern Berücksichtigung. Insbesondere der Rohstoffverbrauch und die Schadstoffmenge müssen gemäß dem ökonomischen Prinzip verringert werden, ohne die Versorgung der Gesellschaft mit Gütern zu verschlechtern. D.h. der Umgang mit den natürlichen Ressourcen ist so auszugestalten, dass auch in Zukunft die natürlichen Grundlagen der Produktion erhalten bleiben.[202] Nachhaltiges Wirtschaften heißt, nicht nur gewissenhaft mit den begrenzt vorhandenen Ressourcen umzugehen, sondern auch die Belastung der Umwelt durch Schadstoffe auf ein Minimum zu reduzieren. Um dauerhafte Schäden zu verhindern, muss nachhaltiges Wirtschaften im gesamten Produktionsprozess berücksichtigt werden.

Auch als derivativer Produktionsfaktor bezeichnet, umfasst das Kapital die produzierten Produktionsmittel.[203] D.h. alle jene Güter, die nicht wie natürliche Ressourcen bereits verfügbar sind, sondern zunächst produziert werden müssen.[204] Als solche Kapitalgüter, auch physisches Kapital[205] genannt, sind Geräte, Maschinen, Werkzeuge, Betriebstätten, Halbfabrikate oder auch bearbeitete Roh-, Hilfs- und Betriebsstoffe zu nennen. Unter dem Produktionsfaktor Kapital wird an dieser Stelle nur das Sachkapital (Realkapital) und nicht das Geldkapital (Finanzkapital) verstanden, das zur Bildung des Sachkapitals benötigt wird.

Ein weiterer Faktor, der die Herstellung von Gütern maßgeblich beeinflusst, ist das technische und organisatorische Wissen. Es entscheidet darüber, wie die verschiedenen Produktionsfaktoren verwendet bzw. miteinander kombiniert werden, um das jeweilige Gut zu erzeugen.[206] Das technische und organisatorische Wissen entscheidet über die Produktionstechnik, d.h. die in den Produktionsprozess einfließenden Inputs. Neben dem Aufzeigen des Zusammenhangs zwischen den Einsatzfaktoren und dem Produktionsergebnis kann das technische Wissen auch selbst als Produktionsfaktor aufgefasst werden.[207] Aus neuen Erkenntnissen im Bereich des technischen und organisatorischen Wissens resultiert der technische Fortschritt, der z.B. durch eine höhere Ausbringungsmenge bei gleichem Inputeinsatz zu einer gesteigert Produktivität führt.[208]

Zusammenfassend ist die Produktion einer Volkswirtschaft und damit die Versorgung mit Gütern von folgenden zentralen Einflussfaktoren abhängig:[209]

---

202 vgl. Kampmann, Walter (2010b), S. 19
203 vgl. Lachmann (2006), S. 16
204 vgl. Siebert, Lorz (2007), S. 42
205 vgl. Varian (2004), S. 326
206 vgl. Kampmann, Walter (2010b), S. 20
207 vgl. Siebert, Lorz (2007), S. 42
208 vgl. Kampmann, Walter (2010b), S. 21
209 vgl. Kampmann, Walter (2010b), S. 23

- Menge und Qualität der Produktionsfaktoren Arbeit, Boden und Kapital
- Qualität der verwendeten Produktionsverfahren, d.h. Stand des technischen Wissens und der organisatorischen Expertise

Unter Berücksichtigung der soziökonomischen Einflüsse der Gesellschafts-, Rechts-, Sozial- und Wirtschaftsordnung lässt sich der Zusammenhang zwischen den eingesetzten Produktionsfaktoren und der produzierten Gütermenge auch als Produktionsfunktion darstellen.

$$Y = f(A, B, R, K, W, S)$$

Die makroökonomische Darstellung der Wirtschaftssubjekte im Wirtschaftskreislauf fasst die verschiedenen Wirtschaftseinheiten zu Aggregaten zusammen. Demzufolge beschreibt die gesamtwirtschaftliche Produktionsfunktion den Zusammenhang zwischen dem gesamten Produktionsergebnis einer Volkswirtschaft (Y) und den insgesamt eingesetzten Produktionsfaktoren Arbeit (A), Boden (B), Rohstoffe (R), Kapital (K), technisch-organisatorisches Wissen (W) und dem sozioökonomischen Umfeld (S). Die Produktionsfunktion lässt sich aus mikroökonomischer Sicht grundsätzlich auch für jedes einzelne Unternehmen oder für die verschiedenen volkswirtschaftlichen Sektoren aufstellen.[210] D.h. in der makroökonomischen Darstellung werden theoretisch die unterschiedlichen mikroökonomischen Produktionsfunktionen aller Unternehmen der Volkswirtschaft zusammengefasst.

Abschließend bleibt festzuhalten, dass die Unternehmen ständigen Wechselwirkungen im Wirtschaftskreislauf unterliegen. Sie interagieren mit dem Staat, den Haushalten, den Finanzintermediären und dem Ausland. Der Wirtschaftskreislauf bringt die Stellung und Funktion der Unternehmen in einer Volkswirtschaft zum Ausdruck, indem er ihre zentrale Rolle bei der Produktion und Verteilung der zur Verfügung stehenden Güter zur Befriedigung der gesellschaftlichen Bedürfnisse darstellt.

3.1.3 Leistungserstellung im Unternehmen

Im letzten Abschnitt wurde die Rolle der Unternehmen bei der Produktion und Verwertung von Gütern in einer marktwirtschaftlich geprägten Volkswirtschaft erläutert. Im Mittelpunkt stand das makroökonomische Umfeld der Unternehmen also ihre Beziehungen zu den verschiedenen Akteuren einer arbeitseiligen Wirtschaft (Haushalte, Staat, Ausland, Finanzintermediäre). Dieser Abschnitt beschäftigt sich mit den ökonomischen Prozessen innerhalb eines Unternehmens

210 vgl. Siebert, Lorz (2007), S. 42

sowie den verschiedenen Aspekten, die Einfluss auf die Leistungserstellung ausüben. Vor dem Hintergrund der Arbeit liegt der Fokus dabei nicht auf der Führung, Steuerung oder richtigen Organisation einer Unternehmung, sondern auf den konstitutiven Faktoren, die ein grundlegendes Verständnis über die Funktion eines Unternehmens als Wirtschaftseinheit aus mikroökonomischer Perspektive vermitteln sollen.

Eine allgemein akzeptierte, bereichsübergreifend anerkannte und widerspruchsfreie Abgrenzung und Verwendung der Begriffe Betrieb und Unternehmen existiert derzeit nicht.[211] Im Folgenden werden Unternehmen zunächst ganz allgemein als Wirtschaftseinheiten verstanden, die unter einheitlicher Leitung stehend am arbeitsteiligen Wirtschaftsprozess teilnehmen und zur Fremdbedarfsdeckung Waren produzieren und Dienstleistungen erbringen. Der Zweck einer Unternehmung besteht darin, die Aktivtäten so zu bündeln, dass ein Output generiert wird, der als Systemleistung der Umwelt zur Verfügung steht.[212] Unternehmen beschreiben allgemein wirtschaftliche Einheiten, die unabhängig von ihrer Organisationsstruktur als selbstständige Entscheidungseinheit auftreten und dabei die in Abschnitt 3.1.2 beschriebenen Funktionen erfüllen. Vor dem Hintergrund der Arbeit und gemäß dem Verständnis Gutenberg's von einer Unternehmung[213] werden nachfolgend nur Marktproduzenten als Unternehmen betrachtet. Eine erkenntniszielorientierte Konkretisierung des Unternehmensbegriffs und Abgrenzung des Unternehmens als Untersuchungsgegenstand für die Analyse der ökonomischen Bedeutung erfolgt in Abschnitt 4.1.1.

In Abbildung 7 sind die zentralen konstitutiven Prinzipien, die den technischen Vorgang der Erzeugung oder Umformung innerhalb einer Unternehmung aus betriebswirtschaftlicher Sicht prägen, dargestellt. Die Einflüsse auf die Leistungserstellung können in vom Wirtschaftssystem abhängige und unabhängige Bestimmungsfaktoren unterschieden werden.[214] Als wichtigster vom System unabhängiger Bestimmungsfaktor ist die Kombination der für die Herstellung der Güter benötigten Produktionsfaktoren zu nennen. Darüber hinaus sind das bereits bekannte Wirtschaftlichkeitsprinzip (ökonomisches Prinzip) und das Prinzip des finanziellen Gleichgewichts als weitere unabhängige Bestimmungsfaktoren in Abbildung 7 dargestellt. Das finanzielle Gleichgewicht beschreibt den Zustand, dass jedes Unternehmen immer in der Lage sein muss, seinen fälligen Zahlungsverpflichtungen nachzukommen.[215]

---

211 vgl. Witte (2007), S. 4. In Abschnitt 4.1.1 wird auf die Begrifflichkeiten „Betrieb“ und „Unternehmen“ vor dem Hintergrund dieser Arbeit genauer eingegangen.

212 vgl. Schulte-Zurhausen (2005), S. 38

213 vgl. Domschke, Scholl (2005), S. 4f.

214 vgl. Schierenbeck (2003), S. 23

215 vgl. Hentze et al. (2001), S. 27

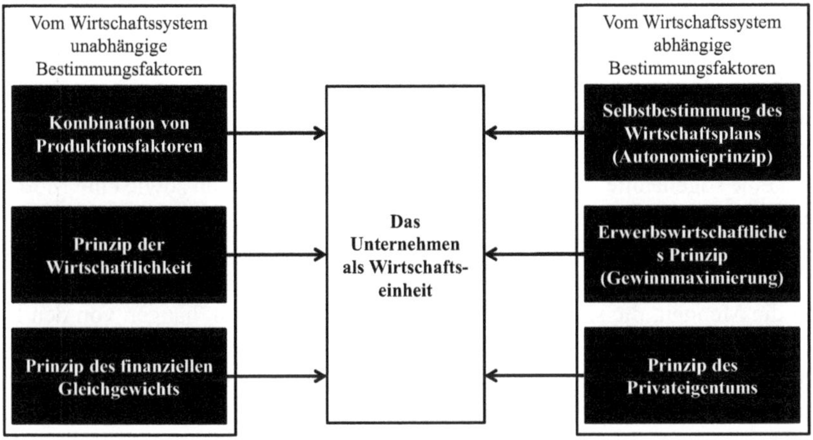

Quelle: Schierenbeck, Wöhle (2008), S. 31

Abbildung 7: Bestimmungsfaktoren eines Unternehmens

Die vom Wirtschaftssystem abhängigen Prinzipien sind bereits aus dem vorherigen Abschnitt bekannt und sollen deswegen an dieser Stelle nur kurz aus Sicht einer einzelnen Unternehmung interpretiert werden:[216]

- *Autonomieprinzip*: Jedes Unternehmen kann in Abhängigkeit der Marktverhältnisse über den Wirtschaftsplan und damit die zu erbringenden Leistungen frei entscheiden.
- *Erwerbswirtschaftliches Prinzip*: Unternehmerische Handlungen basieren auf dem Ziel einen nachhaltigen Ertrag zu erwirtschaften und dem Streben nach langfristiger Gewinnmaximierung.
- *Prinzip des Privateigentums*: Basiert grundsätzlich auf den Eigentumsrechten der Eigenkapitalgeber, woraus sich ein Anspruch auf Alleinbestimmung ableiten lässt. Dieser wird jedoch durch Mitbestimmungsrechte der Arbeitnehmer und beauftragte Führungsorgane aufgeweicht.[217]

Die Hauptaufgabe eines Unternehmens liegt in der Bereitstellung von Waren und Dienstleistungen zur Befriedigung der Bedürfnisse der Menschen. Im Rahmen der Erfüllung dieser Funktion tritt jedes Unternehmen auf verschiedenen Absatz- und Beschaffungsmärkten gleichzeitig als Anbieter und Nachfrager von Waren und Dienstleistungen auf. Aus mikroökonomischer Sicht variieren die Angebots- und Nachfragemengen eines Unternehmens in Abhängigkeit der

216 vgl. Hentze et al. (2001), S. 27

217 vgl. Domschke, Scholl (2005), S. 5

Marktpreise, die ihrerseits wiederum aus dem Zusammenspiel von Angebot und Nachfrage auf den Märkten resultieren.[218] In der neoklassischen Theorie führt der Zusammenhang zwischen Angebot und Nachfrage immer zu einem Gleichgewichtspreis zu dem alle produzierten Güter verkauft werden. Darüber hinaus erfüllt der Preismechanismus in einem marktorientierten Wirtschaftssystem noch eine sogenannte Informations- und Allokationsfunktion sowie eine Motivations- und Sanktionsfunktion.[219]

Die Preise, die Unternehmen für ihre produzierten Güter erzielen bzw. die sie für die Beschaffung der benötigten Produktionsfaktoren ausgeben müssen, und die Mengen, die sie herstellen bzw. einkaufen müssen, hängen von den Bedingungen auf den jeweiligen Märkten ab. Folgende unterschiedliche Marktstrukturen entscheiden maßgeblich über die Höhe der Angebotspreise (-mengen) und Nachfragepreise (-mengen) eines Unternehmens:[220]

- *Marktform*: Anzahl der Unternehmen, die ein bestimmtes Gut anbieten (Polypol, Oligopol und Monopol)
- *Vollkommenheit des Marktes*:
  - *Vollkommende Märkte* zeichnen sich durch homogene Produkte und vollkommene Markttransparenz aus.
  - *Unvollkommene Märkte* liegen dann vor, wenn entweder die gehandelten Güter heterogen sind, die Marktübersicht unvollständig ist oder aber schnelle Marktanpassungen durch Blockaden verhindert werden.
- *Marktzutritt*: Hemmnisse und Barrieren entscheiden über die Kosten eines Marktein- und -austritts für ein Unternehmen.

Die Marktstruktur beeinflusst ganz entscheidend das Verhalten eines Unternehmens am Markt. So steigt der Einfluss eines Unternehmens auf den Preis umso deutlicher, je geringer die Zahl der Anbieter am Markt ist. Des Weiteren nehmen die Preissetzungsspielräume eines Unternehmens umso mehr zu, je geringer die Preiselastizität der Nachfrage ist und je heterogener die gehandelten Güter aus Sicht der Nachfrager sind.[221] D.h. die Nachfrager sind bereit für qualitativ hochwertigere Güter oder Produkte eines bestimmten Herstellers mehr Geld auszugeben. Auch die Markteintrittsbarrieren üben einen signifikanten Einfluss auf das Preissetzungsverhalten der Unternehmen aus, da je weniger mit einem Eintritt weiterer Wettbewerber zu rechnen ist, umso mehr können die etablierten

---

218 vgl. Kampmann, Walter (2010b), S. 121

219 An dieser Stelle wird nicht vertiefend auf die verschiedenen Funktionen des Preismechanismus eingegangen (vgl. dazu Rogall (2006), S. 151).

220 vgl. Kampmann, Walter (2010b), S. 121ff. oder Rogall (2006), S. 151ff.

221 vgl. Kampmann, Walter (2010b), S. 123f.

Unternehmen für ihre Güter verlangen.[222] Die Struktur des Marktes in Kombination mit dem daraus resultierenden Verhalten der Unternehmen am Markt entscheidet im Wesentlichen über das Marktergebnis. Neben der Erfüllung ihrer Angebotsfunktion auf den Absatzmärkten tritt ein Unternehmen auch als Preisnehmer bzw. Preissetzer bei der Nachfrage nach Produktionsfaktoren auf. Über das Auftreten als Preisnehmer oder Preissetzer entscheidet die Verhandlungsmacht der beteiligten Akteure, die wiederum unmittelbar durch die Marktstruktur und das Verhalten der Unternehmen bestimmt wird.

Der Output eines bestimmten Unternehmens entsteht ganz allgemein durch die Transformation von Inputs bzw. Produktionsfaktoren (Input-Output Beziehung). Die in der Volkswirtschaftslehre als Arbeit, Kapital und Boden bezeichneten Produktionsfaktoren werden in der Betriebswirtschaftslehre als menschliche Arbeitskraft, Betriebsmittel (Einrichtungen und technische Anlagen) und Werkstoffe (Roh-, Hilfs- und Betriebsstoffe sowie Vorprodukte) bezeichnet.[223] Neben den Elementarfaktoren üben auch die sogenannten dispositiven Faktoren einen Einfluss auf die Leistungserstellung innerhalb eines Unternehmens aus. Aus betriebswirtschaftlicher Sicht lasen sich grundsätzlich die folgenden Produktionsfaktoren unterscheiden:[224]

- Elementarfaktoren
  - Menschliche Arbeit
  - Betriebsmittel
  - Werkstoffe
  - Wissen (Daten, Informationen)
- Dispositive Faktoren
  - Betriebsführung
  - Planung
  - Organisation

Vor dem Hintergrund dieser Arbeit sind insbesondere die für die Leistungserstellung benötigten Elementarfaktoren von Interesse, die sich das jeweilige Unternehmen auf den Beschaffungsmärkten besorgen muss. Bei der Versorgung eines Unternehmens mit materiellen Inputs, wie z.B. Betriebsmitteln und Werkstoffe, treten die Lieferanten als Akteure in Erscheinung und befriedigen die Nachfrage des produzierenden Unternehmens nach materiellen Inputfaktoren. Innerhalb der Unternehmung werden diese anschließend in den Produktionsprozessen unter Anwendung menschlicher Arbeitskraft und Wissen so miteinander

222 vgl. Rogall (2006), S. 152f.

223 vgl. Domschke, Scholl (2005), S. 2

224 vgl. Fortmann (2010), S. 144f.

kombiniert, dass die gewünschten Waren und Dienstleistungen entstehen, die schlussendlich auf den Absatzmärkten veräußert werden.[225] In Abbildung 8 ist der beschriebene Transformationsprozess in einem Unternehmen nochmal grafisch aufbereitet. Die Bearbeitung und Transformation der Inputs wird auch als güterwirtschaftlicher Prozess bezeichnet, der vom Beschaffen der Produktionsfaktoren bis zum Erstellen und Verwerten der Güter reicht.[226]

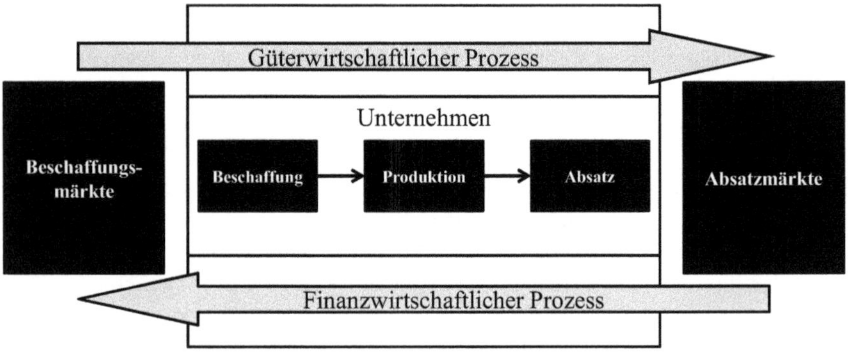

Abbildung 8: Leistungserstellung als güter- und finanzwirtschaftlicher Prozess

Der ebenfalls in Abbildung 8 dargestellte finanzwirtschaftliche Prozess verläuft in umgekehrter Richtung und spiegelt die Rolle des Unternehmens als Anbieter wieder. Durch die Veräußerung der Güter auf den Absatzmärkten fließt dem Unternehmen Geld in Form von Erlösen (Umsätze) zu.[227] Diese werden entweder wieder zur Beschaffung und Bezahlung von Produktionsfaktoren eigesetzt oder als Anlagekapital verwendet.[228] Dieser Zusammenhang wird als finanzwirtschaftlicher Prozess bezeichnet (siehe Abbildung 8). Neben der Gewinnung von Finanzmitteln durch die Erzielung von Umsätzen, kann sich ein Unternehmen auch am Kapitalmarkt Eigen- und/oder Fremdkapital besorgen. In besonderen Fällen (siehe Abschnitt 2.2) tritt auch der Staat als Finanzintermediär auf und stellt dem Unternehmen Finanzmittel zur Verfügung, z.B. in Form von Subventionen oder Krediten. Der finanzwirtschaftliche Prozess in einem Unternehmen umfasst somit das Aufnehmen, Erwirtschaften, Einsetzen und Anlegen finanzieller Mittel zur Leistungserbringung bzw. Aufrechterhaltung der

225 vgl. Domschke, Scholl (2005), S. 5f.
226 vgl. Hayessen (2010), S. 10
227 vgl. Hayessen (2010), S. 11
228 vgl. Domschke, Scholl (2005), S. 6

Geschäftstätigkeit. Der beschriebene Kreislauf aus güter- und finanzwirtschaftlichen Prozessen wird auch als Umsatzprozess eines Unternehmens bezeichnet.[229]

Die Erfassung und Kontrolle sämtlicher Güter- und Finanzströme erfolgt im betrieblichen Rechnungswesen. Die Aufbereitung der ökonomischen Transaktionen im Rechnungswesen trägt dem Informationsbedürfnis der verschiedenen Interessensgruppen eines Unternehmens Rechnung. Das betriebliche Rechnungswesen ist insbesondere für die Koordination und Steuerung des Informationsflusses zwischen den verschiedenen internen und externen Stakeholder von zentraler Bedeutung.[230]

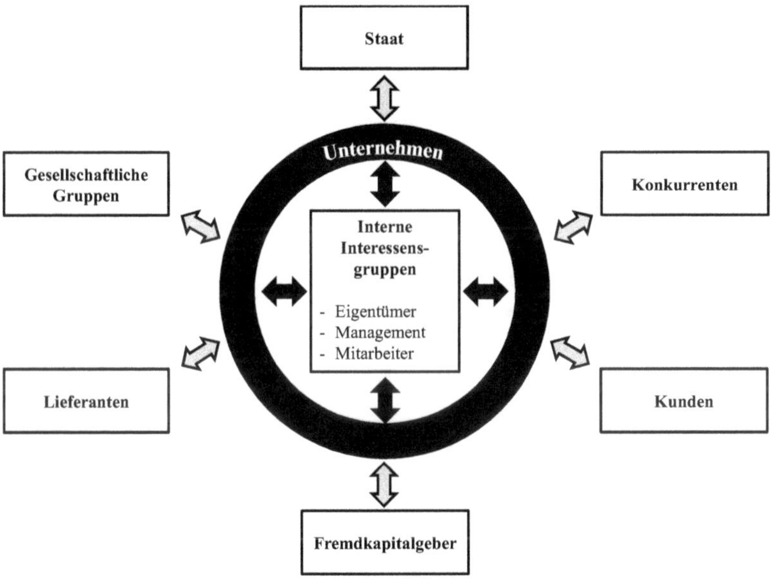

Quelle: Thommen, Achleitner (2006), S. 51

Abbildung 9: Interne und externe Interessensgruppen eines Unternehmens

Durch die Einbeziehung der Umwelt, mit der das Unternehmen in ständigen Wechselwirkungen steht, wird das Unternehmen zu einem multifunktionalen System, das unterschiedliche Funktionen für verschiedene Interessensgruppen erfüllt. Die unterschiedlichen Güter-, Finanz- und Informationsströme werden auf den Beschaffungs- und Absatzmärkten sowie im Unternehmen selbst von

229 vgl. Domschke, Scholl (2005), S. 7
230 vgl. Hayessen (2010), S. 11

verschiedenen Teilnehmern mit unterschiedlichen Blickwinkeln verfolgt.[231] Diese Teilnehmer lassen sich gemäß Abbildung 9 grundsätzlich in interne (Eigentümer, Management und Mitarbeiter) sowie externe Interessensgruppen (Fremdkapitalgeber, Lieferanten, gesellschaftliche Gruppen, Staat, Konkurrenten und Kunden) unterscheiden. Die verschiedenen Interessensgruppen stehen in unterschiedlichen Beziehungen zum Unternehmen. In Abhängigkeit der Ursache und der Art der Beziehungen bestehen zwischen dem Unternehmen und dem jeweiligen Stakeholder unterschiedliche Wechselwirkungen.

Die vorangegangenen Abschnitte vermitteln ein grundlegendes Verständnis über die den Leistungserstellungsprozess eines Unternehmens beeinflussenden Faktoren, die Rolle der Unternehmen im Wirtschaftskreislauf sowie die betriebswirtschaftlichen Prozesse, die im Rahmen der Leistungserbringung ablaufen. Zunächst ging es darum, aus makroökonomischer Sicht die Rolle der Unternehmen im Wirtschaftskreislauf darzustellen und aufzuzeigen, inwiefern die (sozial-) marktwirtschaftlichen Prinzipien und die Ausgestaltung der volkswirtschaftlichen Rahmenbedingungen die Unternehmen in ihrer Leistungserbringung beeinflussen. Anschließende wurde kurz auf die betriebswirtschaftlichen Bestimmungsfaktoren der Leistungserstellung hingewiesen sowie die güter- und finanzwirtschaftlichen Prozesse vorgestellt, die mit der Leistungserbringung in einem Unternehmen einhergehen.

In den nachfolgenden Abschnitten werden die wichtigsten Datenkonstrukte und Verfahren vorgestellt, die Aussagen über die ökonomische Bedeutung eines bestimmten Unternehmens für die deutsche Volkswirtschaft ermöglichen. Im Mittelpunkt stehen dabei die Defizite der bestehenden Instrumenten hinsichtlich ihrer Eignung zur Quantifizierung der ökonomischen Bedeutung als Entscheidungsgrundlage für die Auswahl förderungswürdiger Unternehmen im Rahmen der Umsetzung industriepolitischer Maßnahmen. Das Kapitel schließt mit den zentralen Erkenntnissen für diese Arbeit, die aufzeigen das der Bedarf an einem Verfahren zur Messung der ökonomischen Bedeutung eines Unternehmens gemäß dem Verständnis in dieser Arbeit grundsätzlich gegeben ist.

3.2 Instrumente zur Ermittlung der ökonomischen Bedeutung eines Unternehmens

Das Erkenntnisziel dieser Arbeit besteht in der Ermittlung der ökonomischen Bedeutung eines bestimmten Unternehmens für die deutsche Volkswirtschaft als Entscheidungskriterium für die Gewährung staatlicher Hilfen im Rahmen in-

231 vgl. Olfert, Rahn (2010), S. 35

dustriepolitscher Maßnahmen. Die Anforderungen an die Informationen und Verfahren zur Befriedigung des Informationsbedürfnisses des Staates sind vielfältig und anspruchsvoll. Aufgrund des starken Begründungszwangs durch die Verwendung von Steuergeldern besteht ein hoher Anspruch an die Qualität der Ergebnisse. D.h. der Staat benötigt objektive und transparente Informationen über die ökonomische Bedeutung eines Unternehmens[232], um diese zur Beurteilung der volkswirtschaftlichen Förderungswürdigkeit heranziehen zu können. Der Fokus richtet sich deshalb auf quantitative Verfahren, die anhand faktischer Informationen helfen, Aussagen über die ökonomische Bedeutung eines bestimmten Unternehmens zu gewinnen.

Bevor auf die unterschiedlichen Ansätze zur Quantifizierung der ökonomischen Bedeutung eines bestimmten Unternehmens näher eingegangen wird, muss zunächst geklärt werden, was darunter zu verstehen ist. Die bisherigen Ausführungen beschränken sich auf eine vereinfachte Darstellung der mit der Leistungserstellung verbundenen Prozesse und der verschiedenen ökonomischen und ordnungspolitischen Umwelteinflüsse, denen ein Unternehmen bei der Ausübung seiner wirtschaftlichen Tätigkeiten ausgesetzt ist. Für die Ermittlung der ökonomischen Bedeutung als Indikator für die Beurteilung der volkswirtschaftlichen Förderungswürdigkeit sind jedoch nicht die Wirkungen auf das jeweilige Unternehmen von Interesse, sondern die Effekte, die von der Geschäftstätigkeit auf die Umwelt des Unternehmens ausgehen. Im nachfolgenden Abschnitt werden deshalb zunächst ganz allgemein die unterschiedlichen Wirkungen eines Unternehmens als Resultat der Geschäftstätigkeit vorgestellt, bevor eine Abgrenzung der für die Analyse der ökonomischen Bedeutung relevanten Effekte gemäß der Zielsetzung dieser Arbeit erfolgt.

3.2.1 Die ökonomische Bedeutung - ein mehrdimensionales Konzept

Der Begriff „ökonomische Bedeutung" ist nicht klar definiert und wird oft nicht einheitlich verwendet. Eine erste Annäherung lässt sich am besten über den weitgefassten Begriff der Leistung erreichen. Die Leistung eines Unternehmens definiert sich allgemein durch alle Handlungen sowie die Ergebnisse der ver-

232 Unter einem Unternehmen werden zunächst ganz allgemein alle Wirtschaftseinheiten verstanden, die unter einheitlicher Leitung stehend am arbeitsteiligen Wirtschaftsprozess teilnehmen und zur Fremdbedarfsdeckung Waren produzieren und Dienstleistungen erbringen (vgl. Abschnitt 3.1.3). Eine erkenntniszielorientierte Konkretisierung des Unternehmensbegriffs und Abgrenzung des Unternehmens als Untersuchungsgegenstand für die Analyse der ökonomischen Bedeutung erfolgt in Abschnitt 4.1.1.

schiedenen Aktivitäten.[233] Willeke[234] unterscheidet die Lenkung des Produktionsprozesses (Leistung als Tätigkeit) und die hervorgebrachten Güter (Leistung als Ergebnis). Aus verhaltensorientierter Perspektive umfasst die Leistung einer Unternehmung die Ausgestaltung der Aktivtäten hinsichtlich einer optimalen Zielerreichung. Um dieses Ziel zu erreichen, werden in jedem Unternehmen kontinuierlich interne Leistungsmessungen durchgeführt, deren Ergebnisse zur innerbetrieblichen Steuerung der Unternehmensprozesse und als Hilfsmittel für die strategische Planung der Unternehmung dienen. Die innerbetriebliche Leistungsmessung zur Identifizierung der richtigen Unternehmensstrategie oder zur Analyse bestehender Prozess und zur Optimierung der Unternehmensprozesse und -strukturen spielt in dieser Arbeit jedoch keine Rolle, da für die Darstellung der ökonomischen Bedeutung ausschließlich die externen Wirkungen von Interesse sind.

Für die Außendarstellung der Leistungsfähigkeit einer Unternehmung ist die ergebnisorientierte Perspektive auschlaggebend, die sich mit den Resultaten der wirtschaftlichen Aktivitäten eines Unternehmens befasst und zentraler Bestandteil der externen Berichterstattung ist.[235] D.h. der Wert der hergestellten Güter sowie die damit verbundenen wirtschaftlichen Transaktionen entscheiden über die ökonomische Bedeutung eines Unternehmens. Die qualitative Leistungsmehrung sowie der Nutzen volkswirtschaftlicher Leistungen für die Gesellschaft finden sowohl im volkswirtschaftlichen Leistungsverständnis als auch für die Darstellung der ökonomischen Bedeutung eines Unternehmens im Rahmen dieser Arbeit keine Berücksichtigung.[236]

In den letzten Jahren hat hinsichtlich der Erfassung der ergebnisorientierten Leistung eines Unternehmens das Konzept der Nachhaltigkeit stark an Beachtung gewonnen.[237] Das Ziel einer nachhaltigen Bewertung ist es, ein verlässliches und aussagekräftiges Gesamtbild der ökonomischen, ökologischen und sozialen Performance eines Unternehmens zu erhalten.[238] Die Suche nach der Nachhaltigkeitsleistung von Unternehmen ist nicht zuletzt das Resultat eines stetig steigenden Umweltbewusstseins bei allen Wirtschaftsakteuren, sondern auch der Identifikation und Berücksichtigung der verschiedenen Interessen der vielen Anspruchsgruppen geschuldet, die unterschiedliche Anforderungen an die Unternehmen stellen und die Wirkungen, die von einem Unternehmen ausgehen, unterschiedlich interpretieren. Um einen grundlegenden Eindruck über die ver-

233 vgl. Gleich (2001), S. 36
234 vgl. Willeke (1963)
235 vgl. Schedler (2005), S. 11; Becker (2009), S. 32
236 vgl. Becker (2009), S. 32
237 vgl. u.a. Langer (2011); Raisch et al. (2010); Hahn et al. (2007)
238 vgl. Hahn et al. (2007), S.11

schiedenen ökonomischen, ökologischen und sozialen Wirkungen zu gewinnen, die von einer Unternehmung auf ihre Umwelt ausgehen, werden die wichtigsten Ausprägungen der unterschiedlichen Wirkungsdimensionen nachfolgend kurz vorgestellt (siehe Abbildung 10).

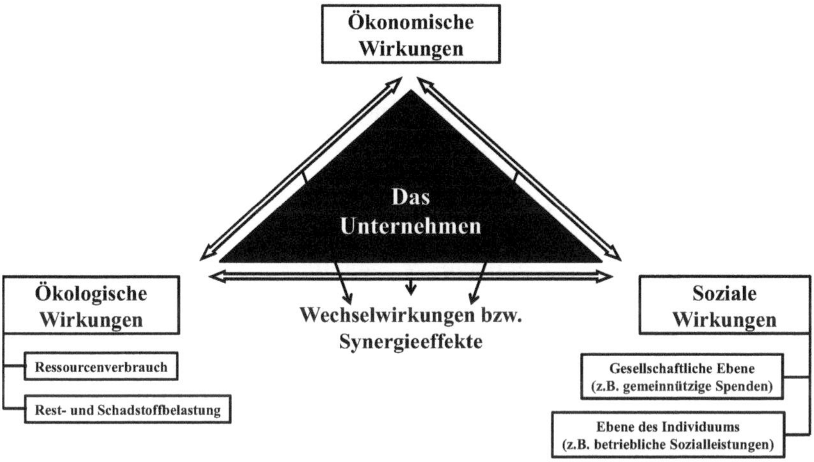

Abbildung 10: Unterschiedliche Wirkungen eines Unternehmens auf seine Umwelt

Ökonomische Wirkungen

Das zentrale Interesse empirischer Wirkungsanalysen gilt zumeist der Quantifizierung der ökonomischen Effekte, die durch die Geschäftstätigkeit eines Unternehmens ausgelöst werden. Durch die Nachfrage nach Produktionsfaktoren und dem Verkauf von Gütern entfaltet ein Unternehmen vielfältige Wirkungen auf die verschiedenen Akteure einer Volkswirtschaft. In Abhängigkeit des Erkenntnisziels lassen sich die aus der Geschäftstätigkeit resultierenden ökonomischen Effekte auf unterschiedliche Zielvariablen differenziert aufbereiten und analysieren. In der empirischen Wirtschaftsforschung sind insbesondere die Wirkungen, die von den Geschäftsaktivitäten auf die Produktion, die Wertschöpfung, das Einkommen oder die Erwerbstätigen ausgehen, von Interesse. Diese differenzierte Darstellung der ökonomischen Wirkungen bringt die wirtschaftliche Leistung der betrachteten Unternehmung auf die verschiedenen Zielvariablen zum Ausdruck.

Die ökonomischen Wirkungen eines Unternehmens auf eine bestimmte Region, die gesamte deutsche Volkswirtschaft oder ausgewählte Wirtschaftsbereiche sind vielfältig und werden maßgeblich durch den wirtschaftlichen Erfolg des Unternehmens determiniert. Die generierten Umsätze, die Wettbewerbsfähigkeit und die langfristige Geschäftsentwicklung entscheiden darüber, wie viele Arbeitsplätze durch das Unternehmen geschaffen oder gesichert werden und wie hoch die unternehmensinduzierten Produktions- und Einkommenssteigerungen sowie die geschaffene Wertschöpfung tatsächlich ausfallen. Bei der Beurteilung der ökonomischen Tragweite der Geschäftstätigkeit beschreibt die Sicherung bestehender und die Schaffung neuer Arbeitsplätze ein zentrales Element. Neben kurzfristigen Beschäftigungseffekten in Wachstumsphasen stehen vor allem die Sicherung und Errichtung langfristiger Beschäftigungsverhältnisse durch die Stärkung der Wettbewerbsfähigkeit im Mittelpunkt. Als Folge der Bereitstellung von Arbeitsplätzen zahlt das Unternehmen Löhne und Gehälter an seine Mitarbeiter, die wiederum für den privaten Konsum verausgabt werden können und dadurch zumindest teilweise[239] in den Wirtschaftskreislauf zurückfließen.

Neben den Beschäftigungs- bzw. Einkommenseffekten eines Unternehmens beschreiben vor allem die Produktions- und Wertschöpfungseffekte wichtige Kenngrößen, die im Zeitverlauf betrachtet wertvolle Erkenntnisse über das Wachstum und die Wettbewerbsfähigkeit eines Unternehmens liefern. Durch die Herstellung und den Verkauf von Waren und Dienstleistungen leistet das Unternehmen einen positiven volkswirtschaftlichen Beitrag. Die Effekte auf die Wertschöpfung bzw. die Produktion entstehen durch die Nachfrage nach Vorleistungen und die im Rahmen der Leistungserstellung eingesetzten Primärinputs. Durch die zunehmenden internationalen Verflechtungen der Wirtschaft nehmen auch die Außenhandelseffekte der Unternehmen, die aus dem grenzüberschreitenden Waren- und Dienstleistungsverkehr resultieren, stetig zu. International agierende Unternehmen beeinflussen durch ihre Export- und Importströme sowohl das nationale Wirtschaftsgeschehen als auch die wirtschaftliche Prosperität ausländischer Volkswirtschaften. Als Beispiel ist der Import von Vorleistungsgütern aus dem Ausland zu nennen, der in der exportierenden Volkswirtschaft die Produktion steigert, Wertschöpfung generiert und für zusätzliche Beschäftigung sorgt oder bestehende sichert.

Bei den bisher betrachteten ökonomischen Wirkungen auf die Produktion, die Wertschöpfung und die Beschäftigung handelt es sich um ökonomische Effekte der Leistungserstellung. Die gesteigerten Nachfrage nach Produktionsfaktoren, die das Unternehmen für die Erzeugung der Güter benötigt, wie z.B. Personal, Sachmittel, Anlagen und Gebäude, löst auf den Beschaffungsmärkten ökonomische Wirkungen aus.[240] D.h. alle Ausgaben, die das Unternehmen aufbringt um den operativen Produktionsprozess aufrecht zu erhalten, werden unter den Effekten der Leistungserstellung subsumiert. Auf der anderen Seite lösen

239 Der andere Teil des Einkommens wird von den privaten Haushalten gespart.

240 vgl. Miller, Blair (2009), S. 555

die durch die Unternehmung auf den Absatzmärkten angebotenen Waren und Dienstleistungen auch Angebotseffekte bzw. Effekte der Leistungsabgabe aus. Im Gegensatz zu den Effekten der Leistungserstellung, die auf die Beschaffungsmärkte gerichtet sind, entfalten die Angebotseffekte ökonomische Wirkungen auf die Konsumenten und die nachgelagerten Wirtschaftseinheiten, die die Güter des Unternehmens im Rahmen ihrer Herstellungsprozesse verwenden.[241]

Durch das Auftreten als Anbieter von Gütern auf den Absatzmärkten und als Nachfrager von Produktionsfaktoren auf den Beschaffungsmärkten entfaltet das Unternehmen auch als Preissetzer ökonomische Effekte. In Abhängigkeit der Verhandlungsmacht kann ein Unternehmen die Preise für seine angebotenen Güter bzw. die für die Leistungserstellung benötigten Produktionsfaktoren maßgeblich beeinflussen und somit Einfluss auf die wirtschaftliche Leistung der beteiligten Akteure ausüben. Durch den Missbrauch wirtschaftlicher Macht kann ein Unternehmen durch seine Preisgestaltung andere Unternehmen vom Markt drängen und dadurch die ökonomischen Strukturen und die gesamtwirtschaftliche Leistungsfähigkeit einer Volkswirtschat nachteilig beeinflussen. In solchen Fällen greift der deutsche Staat regulierend ein und versucht den Missbrauch wirtschaftlicher Macht durch bestimmte Unternehmen im Rahmen seiner Möglichkeiten und unter Anwendung der sozialstaatlichen Wirtschaftsordnung zu unterbinden.

Neben den Angebots- und Nachfrageeffekten eines Unternehmens zählen auch dessen fiskalische Wirkungen zu den ökonomischen Effekten. Unter fiskalischen Effekten werden alle monetären Ströme eines Unternehmens an den Staat zusammengefasst. Die öffentlichen Gebietskörperschaften bzw. Sozialversicherungen profitieren in unterschiedlicher Höhe von den durch die unternehmensspezifischen Produktions- und Beschäftigungseffekten ausgelösten direkten und indirekten Steuern sowie den gesteigerten Sozialversicherungsbeiträgen. Auch Minderausgaben im Sozialetat aufgrund der gestiegenen Beschäftigung, wie z.B. das entfallene Wohngeld von ehemals Arbeitslosen, sorgen für eine Entlastung der öffentlichen Hand.

Als letzte Dimension der ökonomischen Effekte sind die räumlich-induzierten bzw. katalytischen Wirkungen eines Unternehmens auf seine Region zu nennen. Durch die Ansiedlung eines Unternehmens können positive Effekte auf bereits in der Region verankerte Institutionen (Spillovereffekte) entstehen. Zudem werden durch das Unternehmen neue Unternehmen und Haushalte angezogen (Sogmechanismen und Clusterwirkungen), die ihrerseits wiederum ökonomische Effekte auf die Region entfalten. Ein Unternehmen leistet daher in Abhängigkeit seiner Größe und wirtschaftlichen Leistung indirekt einen bedeu-

241 vgl. Miller, Blair (2009), S. 555

tenden Beitrag zur Prosperität einer Region. In diesem Zusammenhang sind auch die positiven Wirkungen eines Unternehmens durch Investitionen in die Technologie- und Qualifizierungsinfrastruktur zu nennen. Ergänzend dazu wirken sich auch die sonstigen Ausgaben für Forschung und Entwicklung eines Unternehmens positiv aus, da z.B. durch ein ausgeprägtes Innovationsverständnis das Kompetenzniveau[242] der jeweiligen Region gesteigert wird. Ein hohes Kompetenzniveau kann beispielsweise durch hochwertige Arbeitsplätze für positive Wirkungen hinsichtlich der Wettbewerbsfähigkeit einer Region sorgen. Auch die innovationsorientierte enge Zusammenarbeit von Unternehmen mit der öffentlichen Hand, wissenschaftlichen Institutionen und Technologiezentren wirkt sich positiv auf die Bildung von Humankapital, Wissenstransfers oder auch Produktivitäts- und Wissensfortschritte sowohl im privatwirtschaftlichen als auch im öffentlichen Bereich aus.[243]

Ökologische Wirkungen

Die Herstellung von Waren und die Bereitstellung von Dienstleistungen zur Bedarfsdeckung der Menschen wirken unmittelbare auf die Umwelt. Neben den Produktionsfaktoren Arbeit und Kapital fließen auch ökologische Ressourcen in den Erstellungsprozess ein. D.h. die Unternehmen verbrauchen im Rahmen der Leistungserstellung zahlreiche Rohstoffe, wie z.B. Energieträger und Wasser sowie Flächen als Standorte für ihre Produktions- und Konsumaktivitäten.[244] Darüber hinaus belasten die Unternehmen die Ökosysteme durch bei der Produktion entstehende Rest- und Schadstoffe, wie z.B. Luftemissionen, Abfälle und Abwasser. Sowohl der Ressourcenverbrauch als auch die Rest- und Schadstoffbelastung durch die Unternehmen verändern den Umweltzustand und das Naturvermögen.[245] Zu unterscheiden sind diesbezüglich quantitative Veränderungen, die sich durch die Verringerung fossiler, nicht erneuerbarer Ressourcen bemerkbar machen, und qualitative Aspekte, wie z.B. eine schlechtere Luftqua-

242 Allgemein wird unter der Kompetenz eines bestimmten geographischen Raums die Qualifikation der Erwerbspersonen in diesem Gebiet, die Fähigkeiten der dort angesiedelten Unternehmen zu vorausschauender Planung, das Erlernen und Fördern neuer Berufe und Technologien sowie die Fähigkeiten der öffentlichen Hand, unter komplexen Bedingungen zukunftsgerichtete Entscheidungen zur Verbesserung der Standortqualität zu treffen und ein professionelles Standortmarketing zu betreiben, verstanden (vgl. Spehl et al. (2005)).

243 vgl. Spehl et al. (2006), S. 4

244 vgl. Destatis (2010a), S. 9

245 vgl Schäfer, Lindenmayer (2005), S. 15

lität als Folge des Schadstoffausstoßes.[246] Aufgrund der sich langsam bemerkbarmachenden, negativen Auswirkungen auf die Natur und der stärkeren Wahrnehmung umweltpolitischer Themen in der Öffentlichkeit spielt die ökologische Dimension eine zunehmend wichtigere Rolle.[247] Als Folge des steigenden Umweltbewusstseins wird in den letzten Jahren verstärkt versucht die Umweltbelastungen zu verringern und gezielt nach Lösungen gesucht, um die negativen Wirkungen auf die Natur einzudämmen. Erste Fortschritte werden beispielsweise durch die Entwicklung und Einführung innovative Technologien zur proaktiven Schonung der Umwelt erzielt.

Soziale Wirkungen

Neben den ökonomischen und ökologischen Effekten entfalten Unternehmen auch soziale Wirkungen. Diese können entweder auf der Ebene des Individuums, z.B. durch die Gewährung von Aus- und Weiterbildungsmöglichkeiten, oder aber der gesellschaftlichen Ebene, wie beispielsweise ein sozial verantwortliches Marketing und Werbung, angesiedelt sein.[248] Soziale Wirkungen sind sehr vielfältig, teilweise schwierig gegenüber den ökonomischen Effekten abzugrenzen und nicht ohne weiteres auf einfache Wirkungsgefüge zurückzuführen. Die sozialen Themen in einem Unternehmen reichen von Korruption, Bestechung über Kinderarbeit und Diskriminierung bis hin zu Fragen der Transparenz oder sozialen Produkteigenschaften.[249] In Abhängigkeit des Umgangs mit solchen Themen variieren auch die sozialen Wirkungen eines Unternehmens auf die verschiedenen Anspruchsgruppen.

Gegenüber den ökologischen Wirkungen, die oftmals indirekt auf die Individuen wirken, ist bei den sozialen Wirkungen die direkte Betroffenheit deutlich höher. Als Beispiele sind die direkte Spende an eine gemeinnützige Institution, besonders familienfreundliche Regelungen für die Mitarbeiter für eine bessere Vereinbarkeit von Job und Familie oder auch der Verzicht auf Tierversuche bzw. Kinderarbeit, um den Kunden sozialverträglich hergestellte Güter offerieren zu können, anzuführen. Eine gerechte Entlohnung, Arbeitsplatzsicherheit, gute Arbeitsbedingungen, Mitbestimmung und betriebliche Sozialleistungen stehen für die soziale Verantwortung eines Unternehmens gegenüber seinen Mitarbeitern und sind auf der individuellen Ebene maßgeblich verantwortlich für die soziale Außenwirkung eines Unternehmens.

---

246 vgl. Destatis (2010a), S. 9
247 vgl. Gans et al. (2003), S. 95ff.
248 vgl. Dubielzig (2008), S. 33
249 vgl. Dubielzig (2008), S. 33

Einen besonderen Stellenwert im Rahmen der sozialen Wirkungen nimmt die gesteigerte Bedeutung des Unternehmensstandorts durch die Aktivitäten des Unternehmens ein. Die Ansiedlung eines Unternehmens kann neben den bereits angesprochenen räumlich-induzierten Effekten zu einer Stärkung der regionalen Identität beitragen und für eine Aufwertung des Images des entsprechenden Gebiets sorgen (Verbesserung der Außenwahrnehmung).[250] Dies steigert wiederum das Selbstbewusstsein der Bevölkerung und löst gleichzeitig einen positiven Impuls hinsichtlich der öffentlichen und politischen Akzeptanz des Unternehmens aus. Als Resultat einer verbesserten Identifizierung der Bevölkerung mit ihrer Region ist eine Steigerung des individuellen Einsatzes für das Gemeinwesen zu beobachten.[251]

Auch der Aufbau neuer Kooperationen und Netzwerke lassen sich zum Teil auf die sozialen Wirkungen eines Unternehmens zurückführen. Insbesondere durch die Einführung, Förderung und Optimierung von Kooperationen zwischen dem Unternehmen einerseits und sozialen Einrichtungen, politischen Institutionen und sonstigen gesellschaftlichen Gruppen andererseits kann das Unternehmen seine gesellschaftliche Verantwortung betonen. Die soziale Verantwortung drückt sich durch die Anstrengungen aus, die Lebensqualität und den Wohlstand der Beschäftigten sowie der Gesellschaft nachhaltig zu sichern. Die Unternehmensentscheidungen werden jedoch i.d.R. gemäß dem Prinzip der Erwerbswirtschaftlichkeit getroffen, infolgedessen negative soziale Wirkungen zugunsten der Steigerung des Unternehmensgewinns oftmals billigend in Kauf genommen werden.

In Abbildung 10 sind die ökonomischen, ökologischen und sozialen Wirkungen, die von der Geschäftstätigkeit eines Unternehmens ausgehen, nochmal stichpunktartig dargestellt. Die Abbildung soll zeigen, dass die einzelnen Wirkungen nicht isoliert nebeneinander stehen, sondern sich infolge von Wechselwirkungen auch gegenseitig beeinflussen. Als Beispiels ist der Gewinneinbruch durch das Bekanntwerden der Förderung von Kinderarbeit zu nennen. Darüber hinaus sind auch Wechselwirkungen zwischen den verschiedenen Effekten innerhalb eines Wirkungsbereiches zu beobachten, wie z.B. der unmittelbare Zusammenhang zwischen den direkten Steuerzahlungen eines Unternehmens und den generierten Umsätzen. Neben den Wechselwirkungen sind auch Synergieeffekte zwischen den verschiedenen Wirkungen auszumachen. Als Beispiel sind geringere

---

250 vgl. Kronenthaler, Franz. (2003), S. 441

251 vgl. Gans et al. (2003), S. 95ff.

Vorleistungsausgaben durch den Einsatz innovativer Umwelttechnologien zu nennen.

Eine aussagekräftige Quantifizierung der Synergieeffekte zwischen den verschiedenen Wirkungen eines Unternehmens stellt jedoch ein kaum zu lösendes methodisches Problem dar.[252] Die fundierte Erfassung der Wirkungsmechanismen von Synergien setzt eine hinreichend genaue Isolierung eben jener Synergieeffekte voraus, ohne die eine Quantifizierung der Wechselwirkungen bzw. Synergieeffekte zwischen den einzelnen Wirkungen nicht möglich ist. Eine solch strikte Trennung von der Gesamtwirkung ist in der Realität jedoch kaum zu bewerkstelligen. Als Folge sind in den von einer Unternehmung ausgehenden Wirkungen grundsätzlich auch Synergieeffekte und Wechselwirkungen enthalten, die nicht ohne weiteres gesondert ausgewiesen bzw. quantifiziert werden können. Lediglich eine qualitative Beschreibung ist möglich.

Die Wirkungen, die von der Geschäftstätigkeit eines Unternehmens auf seine Umwelt ausgehen, sind gemäß Abbildung 10 sehr unterschiedlich. In Abhängigkeit der zu beantwortenden Fragestellung und des zu befriedigenden Informationsbedürfnisses können entweder alle Wirkungen oder auch nur ausgewählte Teilbereiche, wie z.B. die ökonomischen Effekte, analysiert werden. Die Entscheidung darüber, welche Wirkungen differenziert betrachtet werden, hängt maßgeblich vom Kontext der Analyse ab und kann nicht absolut gesehen werden.[253] Auch die wirtschaftliche Leistung eines Unternehmens kann aus den unterschiedlichen Blickwinkeln der verschiedenen externen Stakeholder differenziert interpretiert werden und variiert in Abhängigkeit des Leistungsverständnisses des Messenden bzw. dem Adressat der Informationen (z.B. Kunden, Lieferanten, Staat, gesellschaftliche Gruppen, usw.). So hat beispielsweise Greenpeace einen anderen Anspruch an die Leistung eines Unternehmens, als dies für die Fremdkapitalgeber der Fall ist. Vor dem industriepolitischen Hintergrund der Arbeit ist die Perspektive des Staates ausschlaggebend, weil dieser darüber entscheidet, welche industriepolitischen Maßnahmen implementiert werden und welches Unternehmen in welchem Umfang diese in Anspruch nehmen darf. Als Legitimation bzw. zusätzliche Entscheidungshilfe für die Beurteilung der volkswirtschaftlichen Förderungswürdigkeit eines bestimmten Unternehmens stehen die ökonomischen Wirkungen aus der Sicht des Staates im Mittelpunkt dieser Arbeit.

Als Begründung für die Fokussierung auf die ökonomischen Wirkungen kann das „Gesetz zur Förderung der Stabilität und des Wachstums der Wirtschaft“ (StabG - 1967) herangezogen werden. In dessen §1 ist festgehalten, dass

---

252 vgl. Kaiser, Bornemann (2004), S. 207ff.

253 vgl. Schedler (2005), S. 12

Bund und Länder bei der Implementierung ihrer wirtschaftspolitischen Maßnahmen den Erfordernissen des gesamtwirtschaftlichen Gleichgewichts Rechnung zu tragen haben. D.h. die Umsetzung der wirtschaftspolitischen Maßnahmen durch den Staat und die damit einhergehende Auswahl förderungswürdiger Unternehmen, wie z.B. im Rahmen des Deutschlandfonds geschehen, muss unter der Prämisse erfolgen, dass die geförderten Unternehmen einen positiven Beitrag „zur Stabilität des Preisniveaus, zu einem hohen Beschäftigungstand und außenwirtschaftlichen Gleichgewicht bei stetigem und angemessenem Wirtschaftswachstum“[254] leisten.[255] Um den genannten Anforderungen hinsichtlich der Stabilisierung und Förderung des Wohlstands der Gesellschaft auch bei der Auswahl förderungswürdiger Unternehmen gerecht zu werden, ist es zielführend auf die ökonomischen Effekte als Entscheidungsgrundlage abzustellen.

Die in Abbildung 10 dargestellten ökologischen und sozialen Wirkungen werden für die Beurteilung der volkswirtschaftlichen Förderungswürdigkeit vor dem industriepolitischen Hintergrund der Arbeit nicht herangezogen. Obwohl in den letzten Jahren die Anzahl der wissenschaftlichen Ausarbeitungen, die sich mit den ökologischen und sozialen Wirkungen eines Unternehmens beschäftigen, stark gestiegen ist[256], ist die Belastbarkeit der verfügbaren Ergebnisse dennoch in Frage zu stellen.[257] Als Grund dafür ist die sehr schwierige und mit ho-

---

254 §1 Satz 2 StabG

255 In diesem Zusammenhang wird auch vom magischen Viereck der Wirtschaftspolitik gesprochen (vgl. Bofinger (2011), S. 273ff.).

256 Insbesondere der Begriff Sustainable-Value steht für das steigende Interesse der verschiedenen Anspruchsgruppen an einer kombinierten Darstellung der ökonomischen, ökologischen sozialen Wirkungen einer Unternehmung. Über den Sustainable-Value-Ansatz wird die Nachhaltigkeitsleistung eines Unternehmens in monetären Einheiten bewertet (vgl. Hahn et al. (2007), S. 13). Das wachsende Interesse an der nachhaltigen Entwicklung von Unternehmen wird u.a. durch die wissenschaftlichen Beiträge von Langer (2011) und Raisch et al. (2010) deutlich. Des Weiteren ist anzumerken, dass auch auf den politischen Ebenen das Konzept der Nachhaltigkeit schon zum Teil etabliert ist (vgl. hierzu u.a. http://www.dialog-nachhaltigkeit.de/ oder European Commission (2011)).

257 Die ökologischen Arbeiten der letzten Jahre befassen sich vornehmlich mit dem nachhaltigen Ressourcenverbrauch sowie den ökologischen Prozessen in einem Unternehmen. Als Stichwörter sind diesbezüglich das Umweltmanagement (vgl. u.a. Engelfried (2011), Figge (2004), von Brühl (2011)) oder das Konzepts des Environmental Performance Measurement (EPM)-Modell zu nennen (vgl. Sturm (2000)). Ein Vorteil für künftige Arbeiten über die ökologische Bedeutung von Unternehmen stellt die kontinuierlich besser werdende empirische Datenbasis dar, die mittlerweile differenzierte Analysen der Wechselwirkungen zwischen der Wirtschaft und deren Auswirkungen auf die Umwelt sowie dem Umweltzustand bzw. bestimmten Umweltschutzmaßnahmen ermöglicht. Als Beispiele sind die Umweltökonomischen Gesamtrechnungen des Statisti-

hen Unsicherheiten verbundene Quantifizierbarkeit der ökologischen und sozialen Wirkungen, die von einem Unternehmen auf seine Umwelt ausgehen, anzuführen.

Ein großes Problem bei der Analyse sozialer Effekte liegt in deren schlechten Abgrenzbarkeit.[258] Dieses Defizit wird beispielsweise in den Bemühungen der Wohlfahrtsforschung deutlich, die seit Jahren versucht u.a. die Wirkungen eines Unternehmens auf die Lebensqualität seiner Mitarbeiter und der Gesellschaft anhand harter Faktoren messbar zu machen. Die Quantifizierung sozialer Effekte scheitert vor allem an der monetären Bewertung sozialer Wirkungen. Sie beschreiben i.d.R. subjektiv empfundene Wahrnehmungen, wie z.B. das persönliche Wohlbefinden oder auch die wahrgenommene Lebensqualität, die dem Anspruch an eine objektive Bewertung nicht gerecht werden. Abschätzungen und Aussagen über die sozialen Wirkungen eines Unternehmens sind somit lediglich qualitativ auf Basis von Fallstudien oder Expertengesprächen möglich. Eine allgemein anerkannte und valide Quantifizierung der sozialen Wirkungen eines Unternehmens scheitert am Fehlen wissenschaftlich belastbarer Evidenzen und dem zentralen Problem subjektive Empfindungen anhand harter Kennzahlen messen zu können.

Vor dem industriepolitischen Hintergrund der Arbeit und aufgrund der zuvor genannten Punkte sind für die Analyse der ökonomischen Bedeutung eines Unternehmens die ökonomischen Effekte, die von der Geschäftstätigkeit auf die deutsche Volkswirtschaft ausgehen, ausschlaggebend. Die Nettostellung des auf die Geschäftstätigkeit zurückzuführenden volkswirtschaftlichen Beitrags beschreibt in diesem Zusammenhang die zentrale Herausforderung für die Ermittlung der ökonomischen Bedeutung einer Unternehmung. Mitnahme-, Verlagerungs- und Verdrängungseffekte als Folge der Geschäftsaktivitäten bleiben aufgrund von Abgrenzungsproblemen und Defiziten in Bezug auf ihre Messbarkeit unberücksichtigt. Auch die Angebotseffekte (Effekte der Leistungsabgabe) werden vernachlässigt, weil die wenigen Studien, die sich damit beschäftigen, entweder auf sehr umfangreichen Datenerhebungen aufbauen, rein qualitativer Natur sind und/oder hinsichtlich der Übertragung der erzielten Ergebnisse auf die

---

schen Bundesamts (vgl. Destatis (2010a)) oder auch das umfangreiche Datenmaterial der OECD zu nennen (vgl. dazu die Informationen über „Environment“ oder „Sustainable Development“ auf der Homepage: http://www.oecd.org).

258 vgl. Dubielzig (2008), S. 34. Die Messbarkeit der sozialen Effekte eines Unternehmens wird durch die Vermischung von ökonomischen und sozialen Wirkungen erschwert, weil zahlreiche soziale Aspekte bereits durch die ökonomischen Wirkungen zum Ausdruck kommen. Als Beispiel sind die Beschäftigungseffekte zu nennen, die im Zeitverlauf betrachtet auch eine Aussage über die Arbeitsplatzsicherheit in dem betrachteten Unternehmen ermöglichen.

Fragestellung in dieser Arbeit wenig Aussagekraft besitzen.[259] Darüber hinaus spielen auch verhaltensorientierte Aspekte, wie z.B. die optimale Unternehmensstrategie, die aus ökonomischen Gesichtspunkten beste Aufstellung des Unternehmens am Markt oder der optimale Einsatz von Investitionsmitteln unter Berücksichtigung alternativer Verwendungsmöglichkeiten, keine Rolle. Auch alle anderen Opportunitätskosten finden keine Beachtung, weil eine „Was-wäre-wenn" Betrachtung den hohen Anforderungen an die Qualität und Aussagekraft der Ergebnisse als Entscheidungsgrundlage für die Inanspruchnahme industriepolitischer Maßnahmen nicht gerecht wird. Aufgrund der besonderen Legitimation industriepolitischer Entscheidungen steht vielmehr eine objektive und nachvollziehbare Darstellung der ökonomischen Ist-Situation im Mittelpunkt.

Durch die Beschränkung auf die Ist-Situation werden für die Ermittlung der ökonomischen Bedeutung eines Unternehmens ausschließlich Daten über die vergangenen Leistungen des Unternehmens verwendet. Dieser ergebnisorientierte Charakter ist dem hohen Anspruch an die Qualität und Aussagekraft des gesamten Verfahrens geschuldet. Künftige Leistungen eines Unternehmens orientieren sich an noch nicht bekannten Ereignissen und weisen somit einen unsicheren, hypothetischen und für subjektive Einschätzungen empfänglichen Charakter auf.[260] Eine objektive und aussagekräftige Analyse der künftigen wirtschaftlichen Bedeutung eines Unternehmens ist deshalb ohne restriktive Annahmen und Hypothesen nicht gewährleistet. Bestenfalls lassen sich Prognosen hinsichtlich potentieller Ereignisse und Eintrittswahrscheinlichkeiten ableiten, die als grobe Abschätzung über die Entwicklung des Unternehmens dem hohen Anspruch an die Objektivität der Ergebnisse als Entscheidungsgrundlage für die Verwendung von Steuergeldern nicht gerecht werden. Aus diesem Grund werden künftige Entwicklungen nicht zur Beurteilung der ökonomischen Bedeutung einbezogen.

Das zentrale Ziel der Arbeit besteht darin, ein aussagekräftiges Gesamtbild der ökonomischen Bedeutung eines bestimmten Unternehmens zu erstellen, das als Entscheidungshilfe für die Inanspruchnahme industriepolitischer Maßnahmen verwendet werden kann. Um dieses Ziel zu erreichen, müssen die ökonomischen Wirkungen des Unternehmens auf die deutsche Volkswirtschaft unter dem Aspekt der volkswirtschaftlichen Förderungswürdigkeit quantifiziert und ausgewertet werden. Um der gebotenen Objektivität und Nachvollziehbarkeit bezogen auf den starken Begründungszwang industriepolitischer Maßnahmen gerecht zu werden, ist es zielführend, für die Ermittlung der ökonomischen Be-

---

259 vgl. u.a. Miller, Blair (2009), S. 543ff.; Spehl et al. (2005), S. 7
260 vgl. Schedler (2005), S. 21

deutung eines Unternehmens nur rein quantitative, harte Faktoren[261] zu verwenden. Durch die Beschränkung auf rein quantitative Kriterien soll gewährleistet werden, dass die Aussagekraft nicht durch qualitative bzw. subjektive Einflüsse verfälscht wird.

In der nachfolgenden Abbildung 11 sind die verschiedenen ökonomischen Wirkungen, die von einem Unternehmen auf sein Umfeld ausgehen, noch einmal zusammengefasst. Vor dem Hintergrund dieser Arbeit sind die ökonomischen Effekte auf die inländische Produktion und die Wertschöpfung sowie die Beschäftigungseffekte, die von der Geschäftstätigkeit eines Unternehmens auf die deutsche Volkswirtschaft ausgehen, ausschlaggebend für die Beurteilung der ökonomischen Bedeutung. Je größer die Effekte ausfallen, umso größer ist auch die ökonomische Bedeutung des Unternehmens für die deutsche Volkswirtschaft. Alle anderen ökonomischen Effekte, sprich die fiskalischen Wirkungen, die Preiseffekte und die sogenannten räumlich induzierten bzw. katalytischen Effekte, werden für die Beurteilung des ökonomischen Beitrags im Rahmen des entwickelten Verfahrens nicht herangezogen.

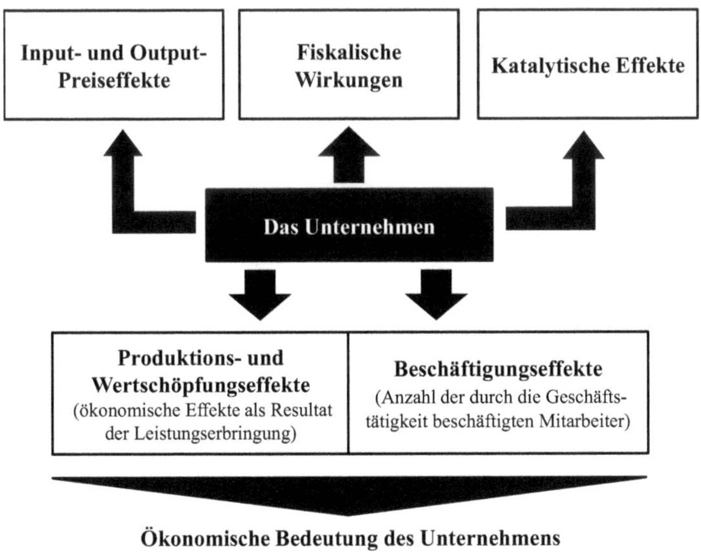

Abbildung 11: Ökonomische Wirkungen eines Unternehmens

261 Die Bedeutung des Begriffs harte Faktoren ist in der Literatur nicht eindeutig definiert und wird in unterschiedlichen Zusammenhängen verwendet. In dieser Arbeit weisen harte Faktoren folgende Eigenschaften auf: Sie sind messbar, objektiv und ergebnisorientiert.

Die innerhalb der deutschen Volkswirtschaft durch die Geschäftsaktivtäten eines Unternehmens ausgelösten Wachstums- und Beschäftigungseffekte lassen sich als Wirkungskette darstellen, die sich aus verschiedenen Teileffekten zusammensetzt. Folgende drei Hauptwirkungen zeichnen zusammen ein vollständiges Bild der ökonomischen Bedeutung eines Unternehmens gemäß dem Verständnis in dieser Arbeit:

- *Direkte Effekte*: Unter den direkten Effekte sind alle ökonomischen Wirkungen zusammenzufassen, die unmittelbar durch die Geschäftstätigkeit der Unternehmung, d.h. die Herstellungs- und Investitionsaktivitäten, ausgelöst werden. Anders formuliert umfassen die direkten Effekte alle ökonomischen Wirkungen auf die inländische Produktion, Wertschöpfung und Beschäftigung, die unmittelbar aus den wirtschaftlichen Prozessen als Folge der Geschäftsaktivitäten des zu analysierenden Unternehmens resultieren. Die direkten Wirkungen ergeben sich aus der Nachfrage nach Produktionsfaktoren und Investitionsgütern, die für die Herstellung der Waren und die Bereitstellung der Dienstleistungen benötigt werden, wie z.B. Personal, Sachmittel, Rohstoffe, Anlagen und Gebäude. D.h. alle Ausgaben, die das Unternehmen aufbringt um den operativen Produktionsprozess aufrecht zu erhalten, wie z.B. Vorleistungsbezüge und Investitionen oder auch die Löhne und Gehälter der Mitarbeiter bestimmen die direkten Effekte und spiegeln die unmittelbare unternehmensinduzierte Nachfrage wieder. Die direkten Wirkungen eines Unternehmens, z.B. als Folge der Ausgaben für Roh-, Hilfs- und Betriebsstoffe, wirken jedoch durch die Vorleistungsbezüge auch unmittelbar auf die Produktion und Beschäftigung vorgelagerter Unternehmen bzw. Wirtschaftssektoren und zeichnen daher nur ein unvollständiges Bild der insgesamt durch ein Unternehmen ausgelösten Effekte. Die direkten Produktions- und Beschäftigungseffekte sowie die Investitionsgüternachfrage eines Unternehmens wirken als Impuls auf die deutsche Volkswirtschaft und lösen weitere sogenannte indirekte und induzierte Effekte in den vorgelagerten Wirtschaftseinheiten aus, die die Wirkungskette komplettieren.[262]
- *Indirekte Effekte*: Die Beschränkung der ökonomischen Bedeutung eines Unternehmens auf seine direkten Effekte greift eindeutig zu kurz. Durch die Geschäftsaktivitäten werden als Folge der gesteigerten Nachfrage nach Vorleistungen und Investitionsgütern weitere indirekte Produktions-, Wertschöpfungs- und Beschäftigungseffekte bei ihren Zulieferern ausgelöst. Die indirekten Effekte werden deshalb auch als Ausstrahleffekte des Unternehmens auf die vorgelagerten Wirtschaftsbereiche bzw. Unternehmungen bezeich-

262 Die direkten Effekte werden auch als Primäreffekte und die indirekten bzw. induzierten Wirkungen als Sekundäreffekt bezeichnet (vgl. u.a. Spehl et al (2005), S. 15).

net.[263] Durch die direkte Auftragsvergabe an vorgelagerte Unternehmen (Nachfrageimpuls) entstehen weitere ökonomische Effekte für die Volkswirtschaft, da erneut die Produktion gesteigert und die Beschäftigung erhöht wird.[264] Da die Lieferanten ihrerseits auch wieder Güter und Dienstleistungen zur Erstellung der georderten Vorleistungen bei anderen Unternehmen nachfragen müssen, entsteht ein Multiplikatorprozess, der eine Wirkungskette über theoretisch unendlich viele Wirkungsrunden in Gang setzt. Theoretisch deshalb, weil sich der Effekt in jeder Runde aufgrund diverser Faktoren (wie z.B. Steuern, Sozialabgaben oder auch Sparen) reduziert und letztendlich gegen einen Grenzwert strebt.[265] Anstatt jede einzelne Wirkungsrunde dieser geometrischen Reihe einzeln zu untersuchen, kommen in der empirischen Wirtschaftsforschung analytische Modelle zur Erfassung der Gesamtheit der indirekten Effekte zum Einsatz.[266]

- *Induzierte Effekte*: Um ein vollständiges Gesamtbild der ökonomischen Bedeutung eines bestimmten Unternehmens zeichnen zu können, müssen neben den direkten und indirekten Effekten auch die sogenannten induzierten Wirkungen berücksichtigt werden.[267] Analog zu den indirekten Effekten, die durch die direkte Nachfrage des Unternehmens nach Vorleistungsgütern ausgelöst werden, entstehen die induzierten Wirkungen über die Wirkungskette „Einkommensentstehung – Konsumnachfrage". D.h. die durch die direkten und indirekten Effekte generierten Löhne und Gehälter lösen zusätzlichen Konsum aus, der wiederum positive Effekte auf die Wirtschaft entfaltet. Die Wiederverausgabung der direkten und indirekten Einkommen sorgt für Rückkopplungseffekte, die ihrerseits auch wieder volkswirtschaftliche Wirkungen auf die Produktion, die Wertschöpfung und die Beschäftigung entfalten. Analog zu den indirekten Effekten laufen auch die Prozesse der Wiederverausgabung theoretisch unendlich lange weiter und können mittels geeigneter empirischer Modelle approximiert werden.

Abschließend bleibt festzuhalten, dass in dieser Arbeit die ökonomische Bedeutung eines Unternehmens aus der Perspektive des Staates anhand der Produktions-, Wertschöpfungs- und Beschäftigungseffekte beurteilt wird, die das Unternehmen innerhalb der deutschen Volkswirtschaft auslöst. D.h. der volkswirtschaftliche Beitrag wird durch den Einfluss des Unternehmens auf die inländische Produktion, die Wertschöpfung und die Erwerbstätigen determiniert. Erst

263 vgl. RWI (2004), S. 11

264 vgl. Bulwien et al. (1999), S. 212

265 vgl. Holub, Schnabl (1994a), S. 102ff.

266 vgl. Spehl et al. (2006), S. 16

267 vgl. Schneider et al. (2007), S. 80

die Summe der direkten, indirekten und induzierten Wirkungen zeichnet ein vollständiges Bild der ökonomischen Bedeutung eines Unternehmens und kann als Grundlage für die Beurteilung der volkswirtschaftliche Förderungswürdigkeit bei der Umsetzung industriepolitischer Maßnahmen eingesetzt werden (vgl. Abbildung 12). Eine Beschränkung auf die direkten ökonomischen Effekte greift zu kurz, weil sie nur ein Teil der tatsächlichen Auswirkungen auf die deutsche Volkswirtschaft darstellen.

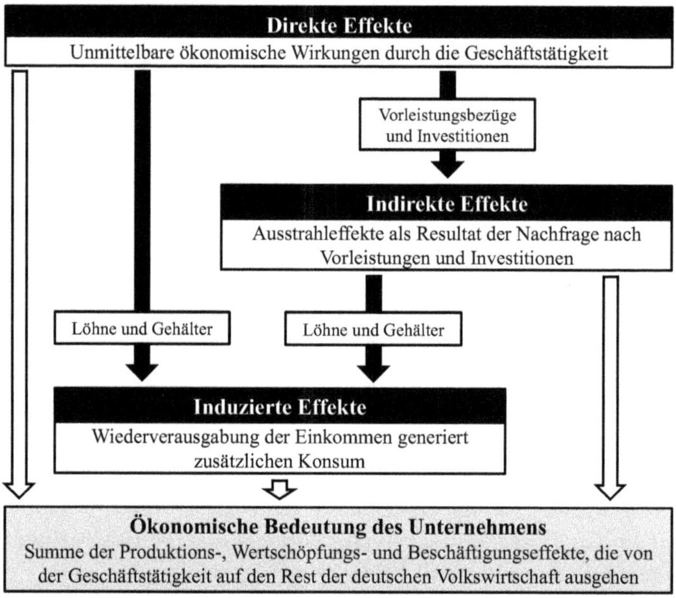

Abbildung 12: Ökonomische Wirkungskette eines Unternehmens

Aus den Ausführungen über den Begriff der ökonomischen Bedeutung eines bestimmten Unternehmens wird deutlich, dass es sich dabei um keinen klar abgegrenzten bzw. normierten Begriff handelt, der den Wert eines Unternehmens anhand fest vorgegebener Indikatoren eindeutig determiniert. Vielmehr variiert der ökonomische Wert einer Unternehmung in Abhängigkeit des Erkenntnisziels und dem Kontext, in welchem er dargestellt werden soll. Die beschriebene Auffassung resultiert aus dem zentralem Ziel der Arbeit, die Anwendung industriepolitischer Maßnahme auf ein bestimmtes Unternehmen durch die Quantifizierung der ökonomischen Wirkungen dieser Unternehmung zu rechtfertigen bzw. zu legitimieren. Der Staat benötigt aufgrund der Ausführungen in Abschnitt 2.3 objektive und transparente Indikatoren, die als Entscheidungskriterien für die

Inanspruchnahme staatlicher Hilfen herangezogen werden können und helfen, die volkswirtschaftliche Förderungswürdigkeit eines Unternehmens zu beurteilen.

Die nachfolgenden Ausführungen zeigen den Bedarf für den in dieser Arbeit entwickelten Ansatz, indem sie die Qualitäts- und Informationslücke der bestehenden Instrumente zur Beurteilung der ökonomischen Bedeutung eines Unternehmens vor dem Erkenntnisziel der Arbeit aufzeigen. Die Informationslücke resultiert aus der Abweichung zwischen den benötigten Informationen gemäß den Anforderungen des Staates und der Publizität solcher Informationen in den verfügbaren Berichtssystemen.[268] Eine Qualitätslücke entsteht im übertragenen Sinne dann, wenn wichtige Informationen, wie z.B. die Summe der ökonomischen Effekte eines Unternehmens gemäß Abbildung 12, auf Basis bestehender Verfahren und Konzepte nicht bereitgestellt oder ermittelt werden können.[269] In den nächsten Abschnitten soll deshalb der Fragestellung nachgegangen werden, ob und in welchem Maß die bestehenden Berichtssysteme und Verfahren zur Ermittlung der ökonomischen Bedeutung eines Unternehmens gemäß dem Verständnis in dieser Arbeit geeignet sind.

Nachfolgend stehen zunächst wichtige betriebswirtschaftliche Informationsquellen und Verfahren der Unternehmensanalyse im Mittelpunkt, die differenzierte Aussagen über die wirtschaftliche Leistung eines Unternehmens aus einzelwirtschaftlicher Perspektive ermöglichen. Eine Beschränkung auf betriebswirtschaftliche Instrumente ist bezüglich der Analyse der operativen Unternehmensleistung über den Erfolg und die Liquidität sinnvoll, greift in Bezug auf den gesamtwirtschaftlichen Fokus in dieser Arbeit jedoch zu kurz. D.h. die betriebswirtschaftliche Ebene ist zwar für die Darstellung der direkten Effekten auf die inländische Produktion, Wertschöpfung und Beschäftigung von zentraler Bedeutung, sie lässt jedoch hinsichtlich der indirekten und induzierten Ausstrahleffekte auf den Rest der Volkswirtschaft keine Aussagen zu. Um das daraus resultierende zusätzliche Informationsbedürfnis des Staates befriedigen zu können, muss die traditionell betriebswirtschaftliche Unternehmensanalyse um makroökonomische Aspekte erweitert und auf die volkswirtschaftliche Ebene übertragen werden. Deshalb werden im Anschluss an die Ausführungen über die betriebswirtschaftlichen Instrumente ausgewählte volkswirtschaftliche Konzepte und Verfahren vorgestellt, die helfen sollen die zentralen Defizite der betriebswirtschaftlichen Unternehmensanalyse vor dem Hintergrund dieser Arbeit zu beheben.

---

268 vgl. Fischer, Wenzel (2005) S. 72

269 vgl. Fischer, Wenzel (2005) S. 11

3.2.2 Methoden und Konzepte der Unternehmensanalyse

In der Betriebswirtschaftslehre existieren zahlreiche Ansätze, die versuchen ein den tatsächlichen Verhältnissen entsprechendes Bild über die wirtschaftliche Leistung eines Unternehmens zu gewinnen[270] und unter dem Oberbegriff der Unternehmensanalyse subsumiert werden können. Allgemein handelt es sich bei einer Unternehmensanalyse um ein systematisches Verfahren zur Gewinnung relevanter Informationen über das soziotechnische System „Unternehmung".[271] Dafür wird das Unternehmen in seine Komponenten zerlegt und unter Beachtung bestimmter Ziele analysiert, um daraus ein aussagekräftiges Gesamtergebnis zu erhalten.[272] Die Unternehmensanalyse beschreibt ein zweckorientiertes Instrument, das aufgrund der Komplexität und der Dynamik der Analysefelder einen selektiven Informationsverarbeitungsprozess darstellt und keine vollständige Beschreibung aller Unternehmensressourcen gewährleistet.[273] In Abhängigkeit des Analysezwecks findet eine Selektion der Informationen und Methoden statt, die zur Beurteilung des Unternehmens vor dem Hintergrund des jeweiligen Erkenntnisziels erforderlich sind. Eine allgemein gültige normative Theorie zur Entscheidungsnützlichkeit von Informationen existiert nicht[274], sodass die Nützlichkeit einzelner Informationen in Abhängigkeit des Erkenntnisziels der jeweiligen Prüfung variiert.[275] Die Nützlichkeit einer Information bzw. eines Instruments für diese Arbeit hängt von dem Beitrag zur Ermittlung der ökonomischen Bedeutung des zu analysierenden Unternehmens ab.

Die Unternehmensanalyse ist aufgrund ihrer einzelwirtschaftlichen Orientierung dem Bereich der Betriebswirtschaftslehre zuzuordnen und wird in Abhängigkeit ihrer Funktion in unterschiedlichen Teilgebieten eingesetzt, z.B. zur Unternehmensbewertung, im Controlling oder bei Schwachstellen- bzw. Problemanalysen.[276] Ihr Aufbau und Ablauf werden durch die Zielsetzung des Trägers der Analyse determiniert. In dieser Arbeit nimmt diese Rolle der Staat ein, der an fundierten Erkenntnissen über die ökonomische Bedeutung eines Unternehmens interessiert ist. D.h. das breite Anwendungsgebiet der Unternehmensanalyse als unternehmensinternes Führungsinstrument zur Steuerung, Planung und Kontrolle von Prozessen innerhalb einer Unternehmung spielt keine Rolle.

---

270 vgl. Fischer, Wenzel (2005) S. 24f.

271 vgl. Henseler (1979), S. 13

272 vgl. Zdrowomyslaw, Kasch (2002), S. 22

273 vgl. Kraut (2002), S. 13. Die „eine" Unternehmensanalyse, die ein eindeutiges Gesamturteil über die „wirtschaftliche Lage" eines Unternehmens ermöglicht, existiert nicht.

274 vgl. Ruhwedel, Schultze (2002), S. 605

275 Die Entscheidungsrelevanz sowie die Zuverlässigkeit einer Information bestimmen maßgeblich ihre Entscheidungsnützlichkeit (vgl. u.a. Lopatta (2006), S. 24).

276 vgl. Kraut (2002), S. 14

In Abhängigkeit der Zielsetzung des Trägers und dem Gegenstand der Analyse existieren verschiedene Arten der Unternehmensanalyse, die anhand der folgenden Merkmale und Kriterien unterschieden werden können:[277]

- Die *Quantifizierbarkeit der Informationen* entscheidet über den Einsatz quantitativer oder qualitativer Verfahren.
- Der *Zeitbezug der Analyse* bestimmt, ob die wirtschaftliche Lage eines Unternehmens für einen bestimmten Zeitpunkt dargestellt oder über einen definierten Zeitraum analysiert werden soll.
- Nach der *Art der Informationen* sind rein vergangenheitsorientierte (Ist-Analysen), vergangenheits- und zukunftsorientierte (Soll-Ist-Analysen) sowie rein zukunftsorientierte Unternehmensanalysen (strategische Potentialanalysen) zu unterscheiden.
- Der *Umfang der Analyse* variiert zwischen reinen Faktenanalysen, die auf Basis faktischer Informationen den Ist-Zustand beschreiben, und Ursachenanalysen, die über explanatorische Informationen die Gründe für eine bestimmte Entwicklung zu erklären versuchen.

Der Fokus dieser Arbeit ist auf quantitative, zeitpunktbezogene, ergebnis- bzw. vergangenheitsorientierte Verfahren gerichtet, die auf Basis faktischer Informationen objektive und transparente Ergebnisse hinsichtlich der ökonomischen Bedeutung eines bestimmten Unternehmens liefern. Neben einem hohen Grad der Fehlervermeidung durch die Verwendung harter Faktoren kommt auch der Transparenz der Informationen und des verwendeten Verfahrens eine hohe Bedeutung zu.[278] Subjektive strategische Unternehmensanalysen, die auf die Beurteilung der wirtschaftliche Tragfähigkeit und das Erfolgspotential einer Unternehmung abstellen, sind aufgrund ihrer geringen Belastbarkeit und Aussagekraft nicht von Interesse.

Als zentrale Voraussetzung für eine aussagekräftige Unternehmensanalyse werden umfangreiche Daten über die ökonomischen Transaktionen durch die Leistungserstellung der betrachteten Unternehmung benötigt. Diese zu messen, stellt eine zentrale Herausforderung für die Ermittlung der ökonomischen Bedeutung dar. Messungen erfüllen in diesem Zusammenhang die Aufgabe, „betriebliche Sachverhalte zu erfassen, abzubilden und vergleichbar zu machen. Sie dienen der Erkenntnisgewinnung durch das Sichtbarmachen von Strukturen und Zusammenhängen zwischen betriebswirtschaftlich relevanten Tatbeständen.“[279] Messungen beschreiben somit eine zentrale Voraussetzung für die quantitative

277 vgl. Kraut (2002), S. 19f.

278 vgl. Ballwieser (2011), S. 1f.

279 Becker (2009), S. 144; unter Verweis auf Szyperski, Richter (1981), Sp. 1206

Analyse der ökonomischen Bedeutung eines Unternehmens. Quantitativ erfasste Kenngrößen repräsentieren jedoch nicht automatisch einen Wert, da dieser erst durch einen zusätzlichen Interpretations- bzw. Bewertungsakt festgestellt werden muss.[280] D.h. die gemessenen Ergebnisgrößen müssen für die Beurteilung der wirtschaftlichen Leistung, wenn sie nicht schon unmittelbar die gewünschte Aussage zulassen, im Rahmen der Unternehmensanalyse speziell aufbereitet werden.[281]

Die zahlenmäßige Darstellung aller im Unternehmen auftretenden Geld- und Leistungsströme bildet das Fundament für eine aussagekräftige Ermittlung der ökonomischen Bedeutung für die deutsche Volkswirtschaft. Nachfolgend wird deshalb in einem ersten Schritt das Rechnungswesen als betriebliches Berichtssystem und zentrale Ausgangsdatenbasis vorgestellt. Im Anschluss wird ein Überblick über den diversifizierten Bereich der unternehmensspezifischen Kennzahlen und Kennzahlensysteme gewährt, die unmittelbare Erkenntnisse über die wirtschaftliche Leistung des betrachteten Unternehmens bereithalten. Betriebliche Kennzahlen bilden das Grundgerüst für die Bilanzanalyse als das bedeutendste betriebswirtschaftliche Verfahren zur Unternehmensanalyse, deren Inhalte, Funktion und Teilereiche anschließend beschrieben werden. Eine Aufzählung der zentralen Defizite und Kritikpunkte an der traditionellen Kennzahlenrechnung sowie eine kurze Darstellung neuerer Ansätze zur Unternehmensanalyse, die helfen sollen die bestehenden Defizite zu beheben, runden den Abschnitt ab.

3.2.2.1 Das betriebliche Rechnungswesen

Als wichtigste Informationsquelle für die Beurteilung der ökonomischen Bedeutung eines Unternehmens ist das betriebliche Rechnungswesen anzuführen. Seine Hauptaufgabe besteht darin, „alle in der Unternehmung auftretenden Geld- und Leistungsströme durch ihre mengen- und/oder wertmäßige Erfassung im Hinblick auf die finanzielle(n) Zielgröße(n) transparent zu machen. Damit verbunden ist die Dokumentation wirtschaftlicher Vorgänge in zeitlicher und sachlicher Hinsicht.“[282] Im engeren Sinne erfüllt das betriebliche Rechnungswesen somit folgende Aufgaben:[283]

- Erfassung sämtlicher Veränderungen der Vermögens- und Kapitalstruktur
- Kontrolle der Wirtschaftlichkeit des Betriebsgebarens (Kosten/Leistungen)

---

280 vgl. Becker (2009), S. 145
281 vgl. Hering (2006), S. 4
282 Schöttler, Spulak (2003), S. 12
283 Zimmermann et al. (2003), S. 4

- Ermittlung des Unternehmens- und Betriebserfolgs
- Schaffung von betrieblichen Vergleichs- und Kennzahlen sowie Kalkulationsunterlagen
- Erstellen von Plandaten zur Entscheidungsvorbereitung

In Abhängigkeit der Aufgaben und Adressaten der bereitzustellenden Daten sind das externe und interne Rechnungswesen zu unterscheiden. Das interne Rechnungswesen[284] bildet die wirtschaftlichen Prozesse im Unternehmen ab und leistet neben der Wahrnehmung der Dokumentationsfunktion einen Beitrag zur Planung, Steuerung und Kontrolle der Unternehmensaktivitäten durch die Unternehmensleitung.[285] Die Kosten- und Leistungsrechnung, die Geld- und Finanzrechnung, die Statistik und betriebliche Vergleichsrechnung sowie die Planungsrechnung beschreiben traditionelle Instrumente, die bei der internen Informationsverarbeitung zum Einsatz kommen.[286] Zu den wichtigsten Aufgaben der zentralen Kosten und Leistungsrechnung zählen

- „die Kostenerfassung und –verteilung auf Kostenstellen und Kostenträger - kurzfristige Betriebsergebnisrechnung,
- die Selbstkosten- und Deckungskostenbeitragsrechnung sowie
- die Analyse der Kostenabweichungen und ihrer Ursachen im Rahmen einer Plankostenrechnung“[287].

Das externe Rechnungswesen ist auch unter den Begriffen Rechnungslegung, Bilanz- und Erfolgsrechnung (Finanzbuchhaltung) oder dokumentarisches Rechnungswesen bekannt.[288] Es baut auf den Daten des internen Rechnungswesens auf und richtet sich an alle Interessenten außerhalb der Unternehmung. Zu den zentralen Aufgaben des externen Rechnungswesens gehören

- die Erfassung der Vermögens- und Kapitalveränderungen (Bilanz),
- die Fixierung und Kontrolle des Jahreserfolgs des Unternehmens (Gewinn- und Verlustrechnung) sowie

---

284 Das interne Rechnungswesen wird auch als Betriebsbuchhaltung (vgl. Müller (2010), S. 44) oder instrumentales Rechnungswesen (vgl. Schöttler, Spulak (2003), S. 12) bezeichnet.

285 vgl. Müller (2010), S. 44

286 vgl. Schöttler, Spulak (2003), S. 13. Das interne Rechnungswesen beschäftigt sich sowohl mit den Kosten und Leistungen, den Einzahlungen und Auszahlungen als auch den Einnahmen und Ausgaben eines Unternehmens (vgl. Zimmermann et al. (2003), S. 1ff.). Als Grundlage für die zahlenmäßige Erfassung aller Geld- und Leistungsströme in einem Unternehmen sind der Vollständigkeit halber die Buchführung und die Inventur zu nennen.

287 Zimmermann et al. (2003), S. 4

288 vgl. Klein (1999), S.12; Zimmermann et al. (2003), S. 4; Schöttler, Spulak (2003), S. 13

- das Informieren der externen Stakeholder.[289]

Anders als das interne Rechnungswesen[290] unterliegt die Rechnungslegung eines Unternehmens handels- und steuerrechtlichen Vorschriften, welche die Aufstellung und den Ausweis der unternehmensspezifischen Informationen genau festlegen.[291] Als zentrales Ergebnis der Rechnungslegung ist der in § 242 HGB festgeschriebene Jahresabschluss aufzustellen, der sich bei Einzelunternehmen und Personengesellschaften aus der Bilanz[292] sowie der Gewinn- und Verlustrechnung (GuV)[293] zusammensetzt.[294] Kapitalgesellschaften müssen darüber hinaus ihren Jahresabschluss um einen Anhang[295] und einen Lagebericht[296] erweitern. Zusammengefasst soll der Jahresabschluss einer Kapitalgesellschaft gemäß dem HGB ein den tatsächlichen Verhältnissen entsprechendes Bild der Vermögens-, Finanz- und Ertragslage des Unternehmens vermitteln.[297] D.h. die gesetzlichen Regelungen schreiben dem Unternehmen vor, die externen, unternehmensbezogenen Interessensgruppen regelmäßig über die wirtschaftliche Lage des Unternehmens zu unterrichten.

Aus der Perspektive des Staates als Adressat der unternehmensspezifischen Informationen ist im Wesentlichen der handels- und steuerrechtliche Erfolg eines Unternehmens von Interesse, der weitestgehend durch die finanzwirtschaftliche Darstellung im Jahresabschluss zum Ausdruck gebracht wird. Über die Darstellung des finanzwirtschaftlichen Erfolgs hinaus können für die Beurteilung der wirtschaftlichen Situation eines Unternehmens jedoch auch zusätzliche Daten aus dem internen Rechnungswesen relevant sein. Eine strikte Trennung zwischen den Einflüssen des externen und des internen Rechnungswesen für die

---

289 Zimmermann et al. (2003), S. 4

290 Das interne Rechnungswesen unterliegt ebenfalls indirekt handelsrechtlichen Vorschriften, da es z.B. auch auf Buchführungsdaten zurückgreift, die den sogenannten Grundsätzen der ordnungsgemäßen Buchführung (GoB) unterliegen (vgl. §§ 238 ff. HGB). Die Adressaten des internen Rechnungswesens haben freien Zugang zum gesamten Zahlenmaterial und können die Verwendung von internen Daten selbst bestimmen, sodass Fehler „lediglich" zu einer falschen Selbstinformation führen (vgl. Schöttler, Spulak (2003), S. 13).

291 vgl. Sturm (2000), S. 30

292 vgl. § 242 Abs. 1 HGB

293 vgl. § 242 Abs. 2 HGB

294 vgl. § 242 Abs. 3 HGB

295 vgl. §§ 284-288 HGB. Die Pflichtangaben variieren dabei in Abhängigkeit der Größe der Kapitalgesellschaft (vgl. § 288 HGB).

296 vgl. §§ 289 & 289a HGB

297 vgl. § 264 Abs. 2 S. 1 HGB

Beurteilung der wirtschaftlichen Situation eines Unternehmens ist somit grundlegend nicht möglich und auch nicht zielführend.[298]

Zusammengefasst fungiert das Rechnungswesen (internes und externes) als zentrale Informationsplattform zur Befriedigung der Informationsbedürfnisse der verschiedenen Anspruchsgruppen hinsichtlich der wirtschaftlichen Aktivitäten eines Unternehmens. Aus dem betrieblichen Rechnungswesen können vielfältige Kennzahlen über das Unternehmen gewonnen werden[299]. Entsprechende Kennzahlen liefern entweder unmittelbare Erkenntnisse oder werden im Rahmen spezieller Verfahren zur Beurteilung der wirtschaftlichen Situation eines Unternehmens weiterverarbeitet.

3.2.2.2 Betriebswirtschaftliche Kennzahlen und Kennzahlensysteme

Langwierige Diskussionen vorangegangen existiert mittlerweile ein allgemein akzeptiertes, relativ einheitliches Verständnis des Kennzahlenbegriffs.[300] Demnach beschreiben Kennzahlen i.e.S. hochverdichtete Messgrößen, die quantitativ erfassbare Sachverhalte in konzentrierter Form wiedergeben.[301] Weiter gefasst sind Kennzahlen „hochverdichtete Messgrößen, die in präziser, konzentrierter und dokumentierter Form als Verhältniszahlen oder absolute Zahlen über einen zahlenmäßig erfassbaren Sachverhalt berichten, über Entwicklungen einer Unternehmung informieren und strategische Erfolgsfaktoren bilden."[302] Eine Kennzahl zeichnet sich gemäß der genannten Definition durch ihren Informationscharakter, die Quantifizierbarkeit und die spezifische Form der Informationen aus.[303] Die Begriffe Leistungsindikator, Performance Measure, Schlüsselzahl und Messgröße werden synonym verwendet.

---

298 vgl. Sturm (2000), S. 37. Es ist grundsätzlich richtig, dass externen Anspruchsgruppen nur die frei zugänglichen Informationen des externen Rechnungswesens zur Verfügung stehen, jedoch bestehen aufgrund sogenannter Sonderrechte auch für externe Stakeholder Zugriffsmöglichkeiten auf internes Informationsmaterial (vgl. Küting, Weber (2009), S. 4f). Zur Begründung und Legitimation staatlicher Eingriffe sollte dem Staat in beiderseitigem Einvernehmen (d.h. der Staat hat ein Interesse an genauen Informationen und das Unternehmen ein Interesse an der staatlichen Unterstützung) ein umfassender Einblick in das betriebliche Rechnungswesen gewährt werden. Im Rahmen des Deutschlandfonds wurde diesem Sachverhalt durch die Übertragung der Eignungsprüfung auf eine Wirtschaftsprüfungsgesellschaft Rechnung getragen.

299 vgl. Börner (1972), S. 267

300 vgl. Reichmann (2011), S. 23

301 vgl. Reichmann (2006), S. 19

302 Preißler (2008), S. 11

303 vgl. Reichmann (2011), S. 24

Kennzahlen erläutern und veranschaulichen die wirtschaftlichen Aktivitäten eines Unternehmens und stellen sie überschaubar, nachvollziehbar und vergleichbar dar.[304] Durch die konzentrierte Erfassung betrieblicher Situationen in Form von Kennzahlen gelingt es, komplizierte Strukturen und Prozesse relativ einfach und schnell verständlich aufzubereiten. Des Weiteren werden Kennzahlen benötigt, um das Wesentliche aus der Masse an Informationen aus dem Rechnungswesen herauszufiltern und gleichzeitig Maßstäbe zu setzen, die helfen die wirtschaftliche Situation des Unternehmens objektiv zu beurteilen.[305] Steuern, planen, analysieren, reagieren und entscheiden ist ohne Kennzahlen nicht möglich. Anders ausgedrückt erfüllen Kennzahlen viele unterschiedliche Funktionen, von denen die wichtigsten in Abbildung 13 zusammengefasst sind.

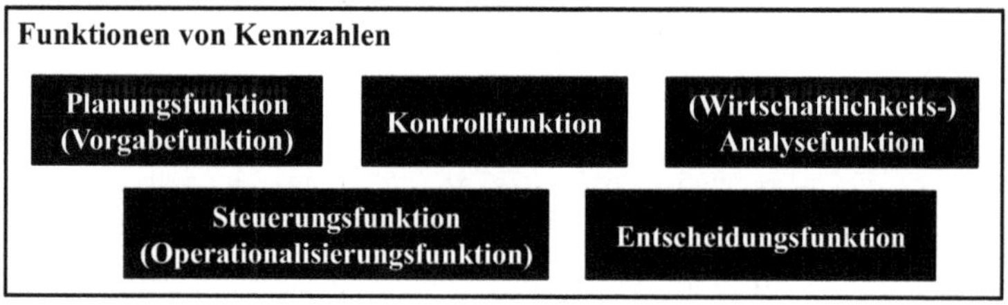

Abbildung 13: Unterschiedliche Funktionen von Kennzahlen

Kennzahlen können sowohl für interne als auch für externe Zwecke eines Unternehmens eingesetzt werden und erfüllen in Abhängigkeit der zu beantwortenden Fragestellung unterschiedliche Aufgaben.[306] Zur Befriedigung externer Informationsbedürfnisse werden Kennzahlen vor allem im Rahmen der Bilanzanalyse[307] verwendet, bei der aus den externen Jahresabschlüssen diejenigen Kennzahlen ausgewählt werden, die vor dem jeweiligen Analysezweck die höchste Aussagekraft besitzen und als Informationsbasis für die zu treffenden Entscheidungen am besten geeignet sind. Auch bei Betriebsvergleichen geht es darum, anhand verschiedener Maßgrößen zielführende Erkenntnisse über die ökonomische Situation des zu analysierenden Unternehmens zu gewinnen. Grundsätzlich sind die gewonnen Erkenntnis aber immer nur so gut wie die Erklärungskraft der verwendeten Kennzahlen.

Neben der Befriedigung externer Informationsbedürfnisse dienen Kennzahlen intern als Grundlage für betriebliche Entscheidungsfindungsprozesse und als Zielvorgabe der Unternehmensführung zur Steuerung und Planung sowie der

304 vgl. Preißler (2008), S. 11
305 vgl. Preißler (2008), S. 3
306 vgl. Reichmann (2011), S. 24
307 vgl. Coenenberg et al. (2009), S. 1013ff.

Durchführung aussagekräftiger und wirksamer Kontrollen.[308] Kennzahlen erfüllen demnach die Funktion rein deskriptiver Messgrößen, die normative Informationen für die Unternehmenssteuerung bzw. das Controlling bereitstellen. Das zentrale Merkmal aller Kennzahlen, unabhängig davon, ob sie für interne oder externe Zwecke verwendet werden, ist deren informativer Charakter. D.h. zweckorientiertes Wissen wird zunächst quantifiziert und anschließend für konkrete Entscheidungssituationen aufbereitet.[309]

In der Literatur existieren verschiedene Möglichkeiten die unterschiedlichen Kennzahlen anhand markanter Merkmalsausprägungen zu klassifizieren.[310] In Abbildung 14 sind Unterscheidungskriterien bzw. Systematisierungsmerkmale für Kennzahlen dargestellt, welche ihre Vielfältigkeit zum Ausdruck bringen und gleichzeitig deutlich machen, dass nicht alle Kennzahlen zur Befriedigung des Erkenntnisziels in dieser Arbeit geeignet sind.

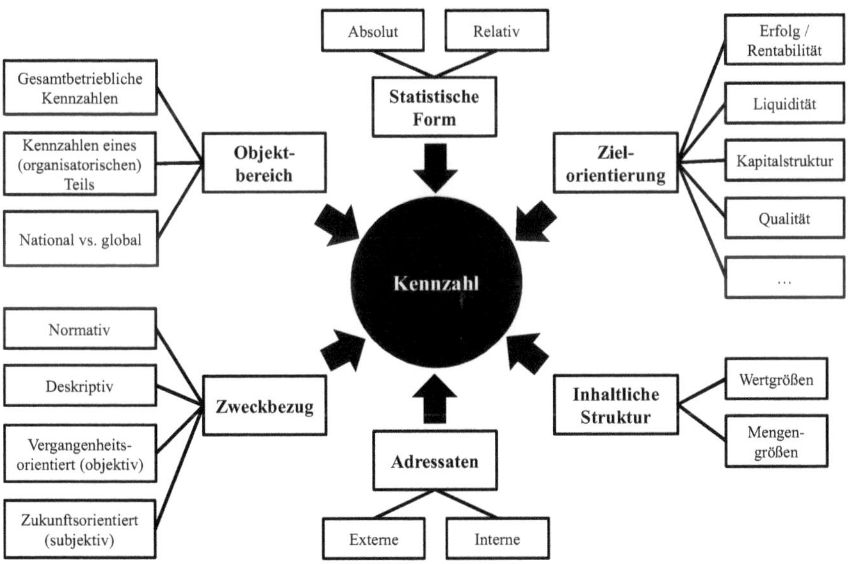

Abbildung 14: Unterschiedliche Arten von Kennzahlen

Als Informationsbasis für die Versorgung der internen und externen Interessenten mit Informationen über die wirtschaftliche Leistung eines Unternehmens

---

308 vgl. Reichmann, Lachnit (1976), S. 714; Sturm (2000), S. 37f.

309 vgl. Reichmann (2011), S. 24f.

310 vgl. Meyer (2006); S. 21; Reichmann (2011), S. 25; Schedler (2005), S. 50; Schneider (1996), S. 16

dient das betriebliche Rechnungswesen.[311] Die im betrieblichen Rechnungswesen erfassten und ausgewiesenen Geld- und Leistungsströme können durch Kennzahlen ausgedrückt werden, die unmittelbar aus den Daten des Berichtsystems gewonnen oder daraus abgeleitet werden.[312] Einen maßgeblichen Einfluss auf die Auswahl der richtigen Kennzahl übt der Adressat der Information aus, dessen Informationsbedürfnis befriedigt werden soll.

Des Weiteren sind Kennzahlen gemäß Abbildung 14 entlang ihrer inhaltlichen Struktur und statistischen Form zu unterscheiden.[313] Neben diesen allgemeinen Systematisierungsmerkmalen, welche die Kennzahlen in Absolut- und Verhältniszahlen (vgl. Abbildung 15), Wert- und Mengengrößen oder Zeitpunkt- und Zeitraumgrößen klassifizieren, üben vor allem der Zweckbezug, die Zielorientierung und der Objektbereich einen entscheidenden Einfluss auf die Auswahl der „richtigen" Kennzahl aus (vgl. Abbildung 14). Vor dem Erkenntnisziel dieser Arbeit sind ergebnisorientierte, finanzielle, deskriptive und vergangenheitsorientierte Kennzahlen zur Unternehmensanalyse von Interesse, deren Objektbereich das gesamte Unternehmen auf nationaler Ebene umfasst.

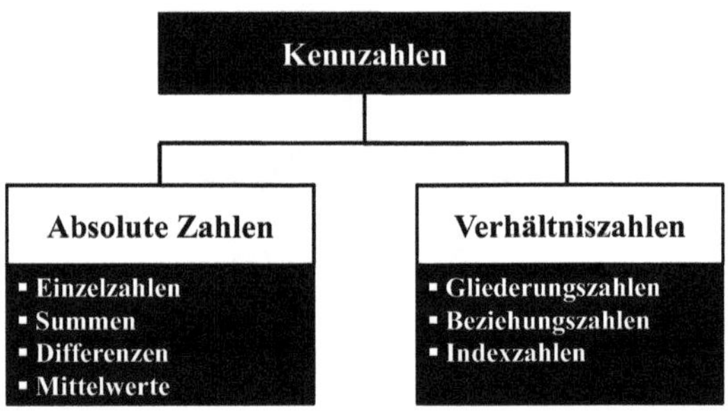

Quelle: in Anlehnung an Küting, Weber (2009), S. 54

Abbildung 15: Mathematisch-statistische Einteilung von Kennzahlen

Aufgrund der begrenzten Aussagefähigkeit einzelner Kennzahlen wird in Abhängigkeit des Analysezwecks üblicherweise auf sogenannte Kennzahlensysteme zurückgegriffen.[314] Durch die integrative Erfassung von Kennzahlen in ei-

311 Auch diejenigen Informationen, die von einer externen Institution bereitgestellt werden, entstammen ursprünglich dem betrieblichen Rechnungswesen des jeweiligen Unternehmens, wie z.B. die Informationen im Unternehmensregister (vgl. https://www.unter nehmensregister.de).

312 vgl. Börner (1972), S. 267

313 vgl. Schneider (1996), S. 16ff.

314 vgl. Sturm (2000), S. 38

nem Kennzahlensystem sollen Abhängigkeitsbeziehungen zwischen verschiedenen Systemelementen erfasst und Mehrdeutigkeiten in der Interpretation aufgrund einer umfassenden Systemkonzeption behoben werden.[315] Allgemein wird unter einem Kennzahlensystem „eine Zusammenstellung von quantitativen Variablen verstanden, wobei die einzelnen Kennzahlen in einer sachlich sinnvollen Beziehung zueinander stehen, einander ergänzen oder erklären und insgesamt auf ein gemeinsames übergeordnetes Ziel ausgerichtet sind."[316]

Die Beziehungen zwischen den zu einem Kennzahlensystem zusammengefassten Kenngrößen können systemischer, mathematischer oder empirischer Natur sein.[317] Beim systemischen Ansatz ist das Kennzahlensystem hierarchisch auf ein Oberziel ausgerichtet, bei dem die einzelnen Kennzahlen in deduktiven Beziehungen zueinander stehen und die wechselseitigen Auswirkungen betriebswirtschaftliche Zusammenhänge erkennen lassen. In der Regel unterteilt der systemische Ansatz das Oberziel je nach Bedarf in operationale Subziele.[318] Ein mathematisch aufgebautes Kennzahlensystem zeichnet sich durch quantifizierbare Relationen zwischen erfassten Kennzahlen aus. Empirische Beziehungen sind nicht auf mathematische Zusammenhänge zurückzuführen, sondern werden aus Modellen hergeleitet. Ein betrachtetes Realsystem wird dafür durch die vereinfachte Darstellung empirisch beobachtbarer Zusammenhänge in einem Modell abgebildet, das sich anschließend in ein Kennzahlensystem übertragen lässt.[319]

Die verschiedenen Beziehungsdimensionen gehen mit einer unterschiedlichen Konstruktion des Systems einher. Ein auf rein sachlogischen Verknüpfungen zwischen den einzelnen Kennzahlen aufbauendes System wird auch als Ordnungssystem bezeichnet.[320] Die Beziehungen zwischen den Kennzahlen in einem Ordnungssystem sind i.d.R. nicht quantifizierbar. Kennzahlensysteme, bei denen die Verknüpfungen durch mathematische Relationen zum Ausdruck gebracht werden, heißen Rechensysteme. Die mathematische Verknüpfung von Kennzahlen in einem Rechensystem ermöglicht die Aggregation verschiedener Kenngrößen über mehrere Stufen zu einer Spitzenkennzahl (Kennzahlenpyramide).[321] Die aggregierte Aufbereitung dient vornehmlich zur Unterstützung von Entscheidungen, wohingegen die disaggregierte Darstellung sich insbesondere für Analysezwecke eignet.

---

315 vgl. ZVEI (1989), S. 8
316 Reichmann (2011), S. 26f.
317 vgl. Reichmann (2011), S. 27
318 vgl. Reichmann (2011), S. 27
319 vgl. Morich (2007), S. 152
320 vgl. Küting (1991), S. 1326
321 vgl. Schneider (1996), S. 19

Kennzahlensysteme erfüllen die Funktion, Informationen, z.B. über die betriebliche Lage eines Unternehmens, durch die Darstellung der finanz- und güterwirtschaftlichen Vorgänge in konzentrierter Form zu verdichten bzw. abzubilden (Abbildungsfunktion).[322] Durch die übersichtliche Darstellung der Kennzahlen in einem Kennzahlensystem soll ein zielgerichtetes Verhalten von Entscheidungsträgern ermöglicht werden.[323] Darüber hinaus erfüllt ein Kennzahlensystem auch eine Erklärungsfunktion mit dem Ziel, die wesentlichen Zusammenhänge zwischen den verwendeten Kennzahlen zu verdeutlichen. Analog zu den Ausführungen über einzelne Kennzahlen kann auch ein Kennzahlensystem retrospektiv oder prospektiv aufgebaut sein und dabei die einzelnen Kenngrößen zeitpunkt- oder zeitraumbezogen erfassen.[324] Einen über die Einzelkennzahl hinausgehenden Erklärungsbeitrag leisten Kennzahlensysteme insbesondere hinsichtlich der sachlichen und objektiven Beschreibung betriebswirtschaftlicher Modelle.[325] Adressatenbezogen kann auch bei den Kennzahlensystem zwischen einer internen (z.B. für das Controlling) und einer externen Funktion (z.B. im Rahmen von Unternehmensanalysen) unterschieden werden.

Zusammengefasst generieren Kennzahlensysteme durch die logisch-deduktive Anordnung von betriebswirtschaftlichen Kennzahlen sinnvolle Aussagen über die wirtschaftliche Situation eines Unternehmens. Stellvertretend für die Vielzahl an Kennzahlensystemen werden in Tabelle 3 das DU Pont-, das ZVEI- und das RL-Kennzahlensystem[326] als wichtige Ansätze zusammengefasst. Die Balanced Scorecard als relativ neues und innovatives Kennzahlensystem wird als Managementsystem verstanden und aufgrund seiner primär strategischen Ausrichtung nicht näher betrachtet.[327]

Als wichtigstes betriebswirtschaftliches Instrument zur Analyse der wirtschaftlichen Situation eines Unternehmens wird im nachfolgenden Abschnitt die traditionelle Bilanzanalyse als Kennzahlenrechnung vorgestellt. Anschließend wird auf die zentralen Kritikpunkte der Kennzahlenrechnung hingewiesen und neuere Ansätze der Unternehmensanalyse als Resultat der Kritik an der traditionellen Bilanzanalyse vorgestellt.

---

322 vgl. Schneider (1996), S. 19

323 vgl. Reichmann (2011), S. 27

324 vgl. Reichmann (2011), S. 27f.

325 vgl. Reichmann (2011), S. 28

326 ZVEI = Zentralverband der elektrotechnischen Industrie; RL-Kennzahlensystem = Rentabilitäts-Liquiditäts-Kennzahlensystem

327 vgl. Burkert (2008), S. 18f.

Tabelle 3: Zentrale Merkmale des Du Pont-, ZVEI- und RL-Kennzahlensystems[328]

Kennzahlen-system	Aufbau / Ziel / Funktion
Du Pont-Kennzahlensystem	- Rechensystem in Form einer Kennzahlenpyramide (hierarchische Baumstruktur) mit der Kapitalrentabilität (ROI) als Spitzenkennzahl - Auf der zweiten Hierarchieebene folgen die Umsatzrentabilität und der Kapitalumschlag (Umschlagshäufigkeit des Gesamtkapitals) - Berücksichtigt rein monetäre Größen zur Ertrags-, Aufwands-, Vermögens- und Kapitalanalyse
ZVEI-Kennzahlensystem	Weiterentwicklung des Du Pont-Systems, das Merkmale eines Rechen- und Ordnungssystems kombiniert Zwei zentrale Teilbereiche: Wachstums- und Strukturanalysen Die Wachstumsanalyse soll anhand neun absoluter Kennzahlen im Rahmen eines Zeitvergleichs Rückschlüsse auf die nachhaltige Unternehmensentwicklung zulassen Die Strukturanalyse mit der Eigenkapital-Rentabilität als Spitzenzahl und zahlreichen Untergruppen, die definitionslogisch miteinander verknüpft sind, sollen die Effizienz des Unternehmens anhand von Beziehungs- und Gliederungszahlen analysieren Analytisches Instrument, das durch Zeit- und Betriebsvergleiche sachliche Feststellungen über die Lage eines Unternehmens ermöglicht
RL-Kennzahlensystem	Ein Ordnungssystem, das gleichrangig den Erfolg (Rentabilitätsteil) und die Liquidität (Liquiditätsteil) als zentrale Kenngrößen in zwei voneinander getrennten Kennzahlenhierarchien darstellt Neben rein formalen Beziehungen halten auch empirische Überlegungen Einzug Der Rentabilitäts- und der Liquiditätsteil besitzen einen allgemeinen Bereich zur Steuerung und einen Sonderteil mit unternehmensspezifischen Informationen zur Ursachenanalyse

328 vgl. u.a. Küting, Weber (2009), S. 60ff.; Laier (2011), S. 61ff.; Burkert (2008), S. 12ff.; Reichmann (2011), S. 28ff.

3.2.2.3 Die traditionelle Bilanzanalyse als Kennzahlenrechnung

Das betriebliche Rechnungswesen umfasst umfangreiche Datensätze, aus denen sich detaillierte Erkenntnisse über die ökonomische Bedeutung einer Unternehmung gewinnen lassen. Einen weiterverbreiteten Ansatz, der die erfassten Informationen nutzt und unter Anwendung spezieller Aufbereitungs- und Auswertungsmethoden Aufschluss über die Finanz- und Ertragslage eines Unternehmens liefert, stellt die Bilanzanalyse dar. In der Literatur wird oft der Begriff Jahresabschlussanalyse als Synonym verwendet.[329] Das zentrale Ziel der Bilanzanalyse besteht darin, „ein den tatsächlichen Verhältnissen entsprechendes Bild der wirtschaftlichen Lage, konkret der Vermögens-, Finanz- und Ertragslage eines Unternehmens"[330] zu vermitteln. Dafür muss das schwer überschaubare Datenmeer des betrieblichen Rechnungswesens speziell aufbereitet werden.

An die Informationsgewinnung und Aufbereitung schließt sich die Auswertung und Interpretation der neuen Erkenntnisse unter Beachtung vordefinierter Ziele an.[331] Das grundlegende Erkenntnisziel der Bilanzanalyse zielt dabei auf die Bereitstellung von Maßgrößen zur Beurteilung der gegenwärtigen sowie zur Prognose der künftigen wirtschaftlichen Situation eines Unternehmens ab.[332] Anders formuliert besteht die Aufgabe der Bilanzanalyse darin, die Zielerreichung eines Unternehmens hinsichtlich der Dimensionen Erfolg und Liquidität (operative Unternehmensleistung) sowie dem Erfolgspotenzial (strategische Unternehmensleistung) zu beurteilen.[333] Die zentrale Herausforderung der Bilanzanalyse besteht in der Auswahl der richtigen Unternehmensinformationen, die dem Zweck der Analyse entsprechen und helfen, genau die Sachverhalte und Zusammenhänge aufzudecken, die der Befriedigung des Erkenntnisziels dienen.

In Analogie zu den Ausführungen in Abschnitt 3.2.2.1 über das betriebliche Rechnungswesen kann die Bilanzanalyse sowohl auf externen als auch internen Unternehmensdaten aufbauen. In der Literatur wird deshalb in Abhängigkeit des verwendeten Zahlenmaterials zwischen einer internen und externen Bilanzanalyse unterschieden.[334] Bei einer internen Analyse besteht Zugriff auf sämtliche

---

329 vgl. Baetge (1998), S. 4; Peemöller (2003) S. 205f.; Vgl. Küting, Weber (2009), S. 1. Allgemein hat sich in der Literatur der Begriff Bilanzanalyse durchgesetzt (vgl. Küting, Weber (2009), S. 6).

330 Küting, Weber (2009), S. 1

331 vgl. Zdrowomyslaw, Kasch (2002), S. 22

332 vgl. Küting, Weber (2009), S. 2

333 vgl. Sturm (2000), S. 29

334 Die interne Bilanzanalyse wird auch als Betriebsanalyse bezeichnet (vgl. Küting, Weber (2009), S. 3). Des Weiteren wird die externe Bilanzanalyse gelegentlich synonym mit dem Begriff der Unternehmensanalyse verwendet (vgl. Coenenberg et al. (2009), S. 1013ff.). Die konventionelle Bilanzanalyse stellt die zielgerichtete Aufbereitung der In-

Informationen, die dem Unternehmen verfügbar sind. Demgegenüber beschränkt sich die externe Bilanzanalyse auf öffentliche, frei zugängliche Informationen, wie z.B. den Jahresabschluss, Lagebericht oder die Kapitalflussrechnung.[335] Eine externe Bilanzanalyse basiert somit auf freiwillig oder als Resultat gesetzlicher bzw. normativer Vorschriften veröffentlichen Informationen. Darüber hinaus kann für die Bilanzanalyse auf eine Vielzahl zusätzlicher, frei verfügbarer externer Informationen zurückgegriffen werden, z.B. Brancheninformationen, Veröffentlichungen der Industrie- und Handelskammern oder Beiträge in der Wirtschaftspresse, die zusätzliche wertvolle Erkenntnisse für die Analyse der wirtschaftlichen Situation eines Unternehmens bereithalten. Durch den uneingeschränkten Zugriff auf sämtlichen Informationen eines Unternehmens im Rahmen einer internen Analyse sind die Verlässlichkeit und die Aussagekraft solcher Untersuchungen grundsätzlich besser als die externer Bilanzanalysen.[336] So können beispielsweise neben den aggregierten Zahlen aus dem Jahresabschluss aktuellere, für die Beantwortung der Fragestellung besser geeignete Informationen aus der Finanzbuchhaltung berücksichtigt werden. Die Qualität der Analyseergebnisse hängt somit stark von dem verwendeten bzw. zur Verfügung stehenden Datenmaterial ab.

Eine Unterscheidung zwischen der internen und externen Bilanzanalyse in Abhängigkeit des Adressatenkreises[337] (Insider/Outsider) ist dabei nicht immer zielführend. Zwar entscheidet die Stellung des Adressaten grundsätzlich über die verfügbaren Informationen, jedoch können besondere Informationsrechte auch externen Analytikern den Zugang zu internen Informationen ermöglichen.[338] Die Informationsqualität und –quantität einer Bilanzanalyse variiert somit in Abhängigkeit der Informationsrechte des Analytikers.[339] D.h. sogenannte Sonderrechte beeinflussen den Informationsgrad und somit die Machtposition des Analysten, die letztendlich darüber entscheidet, welche Informationen in die Analyse ein-

---

formationen aus dem Jahresabschluss und dem Lagebericht eines Unternehmens in den Mittelpunkt (vgl. u.a. Riebell (2006), S. 250; Kerth, Wolf (1986), S.21f.; Krumnow (1985), S. 783).

335 vgl. Küting, Weber (2009), S. 4

336 vgl. Groll (2004), S. 7

337 Die Unterscheidung zwischen der internen und externen Bilanzanalyse erfolgt regelmäßig in Abhängigkeit des Adressatenkreises (vgl. u.a. Peemöller (2003) S. 206).

338 vgl. Küting, Weber (2009), S. 4f; Vgl. Groll (2004), S. 7

339 vgl. Lange (1989), S.9

fließen.[340] Die Grenzen zwischen dem Informationsgrad externer und interner Adressaten sind somit fließend und variieren von Fall zu Fall.[341]

Ausgehend von den Funktionen des betrieblichen Rechnungswesens kann die Bilanzanalyse allgemein "als ein Hilfsmittel bei der Transformation der zur Verfügung stehenden Unternehmensdaten in bedarfsgerechte und entscheidungsrelevante Informationen betrachtet werden"[342]. Dieser Abschnitt rückt nicht die neueren Ansätzen der Bilanzanalyse in den Fokus, sondern stellt die grundlegenden Funktionen, Bestandteile und einzelnen Phasen der traditionellen Bilanzanalyse[343] als Kennzahlenrechnung vor.[344] Sie basiert auf quantitativen Methoden der Kennzahlenbildung sowie des Kennzahlenvergleichs und zielt auf die Erstellung eines objektiven Gesamtbilds über die wirtschaftliche Lage eines Unternehmens ab.[345] Als Ausgangspunkt dienen die monetären bzw. mengenmäßig erfassten Größen des betrieblichen Rechnungswesens, die Aussagen über die Vermögens-, Finanz- und Erfolgslage des Unternehmens gewährleisten.[346] Die traditionelle Bilanzanalyse stellt daher betriebswirtschaftliche Ist-Kennzahlen in den Mittelpunkt, die zur Beurteilung des Erfolgs und der Liquidität des zu analysierenden Unternehmens geeignet sind.[347]

Die traditionelle Bilanzanalyse als Kennzahlenrechnung beschreibt ein geeignetes einzelwirtschaftliches Verfahren, dass grundsätzlich dem hohen Anspruch des Staates an die Qualität und Aussagekraft der Ergebnisse gerecht

340 vgl. Perridon, Steiner (2007), S. 536

341 Als Beispiel ist die Prüfung der Förderwürdigkeit eines Unternehmens für die Gewährung staatlicher Hilfen aus dem Deutschlandfonds zu nennen. Die Beurteilung der wirtschaftlichen Situation erfolgte durch die Wirtschaftsprüfungsgesellschaft PWC (siehe Abschnitt 2.2). In solchen Fällen ist mit großer Wahrscheinlichkeit davon auszugehen, dass obwohl es sich mit dem Staat um einen externen Adressat handelte, die verwendeten Informationen bezüglich ihrer Qualität und Quantität einer internen Bilanzanalyse gleichkommen.

342 Küting, Weber (2009), S. 7.

343 vgl. u.a. Coenenberg et al. (2009), S. 1013ff. oder Küting, Weber (2009), S. 13.

344 vgl. Reichmann (2011), S. 28.; Küting, Weber (2009), S. 13. „Die Kennzahlenrechnung ist das in der Analysepraxis vorherrschende Analyseinstrument" (Küting, Weber (2009), S. 60).

345 vgl. Küting, Weber (2009), S. 13

346 Die Ausführungen zur traditionellen Bilanzanalyse beschränken sich aufgrund der externen Fokussierung i.d.R. auf die quantitativen Informationen des Jahresabschlusses (vgl. u.a. Laier (2011), S. 14). Die Erweiterung auf das gesamte betriebliche Rechnungswesen ist an dieser Stelle jedoch zweckdienlich, da für den Staat als Adressat der Informationen neben dem handelsrechtlichen Jahresabschluss z.B. auch die Steuerbilanz des Unternehmens (vgl. Peemöller (2003) S. 116ff.) oder zusätzliche Informationen aus dem internen Rechnungswesen von Interesse sind.

347 vgl. Reichmann (2011), S. 28

wird. Sie erfüllt eine Informations-, Beurteilung- und Interpretationsfunktion[348], die es ermöglicht, wichtige Erkenntnisse über den unmittelbaren wirtschaftlichen Beitrag eines Unternehmens als Resultat der Geschäftstätigkeit zu gewinnen. Die Durchführung einer traditionellen Bilanzanalyse lässt sich allgemein in die folgenden Phasen bzw. Prozessabschnitte unterteilen:[349]

1. *Informationsbeschaffung*
   Vollständige Erfassung der Jahresabschlussdaten und sammeln aller relevanten Informationen über die wirtschaftliche und rechtliche Situation sowie die Rahmenbedingungen des zu analysierenden Unternehmens, die zur Befriedung des Erkenntnisziel benötigt werden. Als Beispiel sind Branchendaten oder wichtige Informationen aus dem internen Rechnungswesen (wie beispielsweise der Finanzplan des Unternehmens) anzuführen. Die Informationen variieren maßgeblich in Abhängigkeit der Zielsetzung und dem Zweck der Analyse.

2. *Aufbereitung der Daten*
   Zur besseren Fassbarkeit und Erschließung sowie einer betriebswirtschaftlich akzeptierten und überbetrieblich vergleichbaren Datenbasis müssen die gesammelten Daten durch rechentechnische Umstrukturierungen (Umbewertung/Umgliederung[350]) für die eigentliche Kennzahlenrechnung aufbereitet werden.[351] Als Ergebnisse sind beispielsweise die Strukturbilanz oder Struktur-GuV anzuführen, die durch die Zusammenfassung, Ausspaltung und Saldierung der Daten des Jahresabschlusses ergeben.[352] Diese und weitere aufbereitete Datenkonstrukte dienen anschließend als Grundlage für die Auswahl und Bildung zielführender Kennzahlen.

3. *Auswahl und Gewichtung der Kennzahlen*
   Kennzahlen und Kennzahlensysteme sind die zentralen Instrumente der traditionellen Bilanzanalyse und müssen in Abhängigkeit des bilanzanalytischen Zwecks aufbereitet bzw. ausgewählt und gewichtet werden. Das Ergebnis der Bilanzanalyse hängt maßgeblich von der richtigen Auswahl der Kennzahlen und der zielführenden Zerlegung bzw. Neuordnung der Kennzahlen ab.

---

348 vgl. Küting, Weber (2009), S. 8

349 vgl. Peemöller (2003), S. 207; Baetge (1998), S. 16f.; Rehkugler, Poddig (1998), S. 10ff.; Baetge et al. (2004), S. 24ff.

350 vgl. Küting, Weber (2009), S. 83

351 vgl. Lachnit (2004), S. 15f.

352 vgl. Vollmuth (2009), S. 167ff.

4. *Auswertung und Analyse*
Erst die Relation zu Vergleichswerten ermöglicht die Beurteilung der wirtschaftlichen Situation eines Unternehmens, da die Kennzahlen an sich nur eine eingeschränkte Aussagekraft besitzen.[353] Auf Basis der ausgewählten Kennzahlen können Zeit-, Betriebs- und Soll-Ist-Vergleiche durchgeführt werden, die wichtige Erkenntnisse über das zu analysierende Unternehmen liefern.[354]

5. *Interpretation der Ergebnisse*
Die aus den Kennzahlenvergleichen und der Auswertung aller verfügbaren Daten gewonnenen Erkenntnisse müssen abschließend noch interpretiert werden. Als Ziel wird ein Gesamturteil hinsichtlich der wirtschaftlichen Lage des Unternehmens vor dem Erkenntnisziel der Analyse angestrebt.[355]

Die Erstellung eines den tatsächlichen Verhältnissen entsprechenden wirtschaftlichen Gesamtbilds eines Unternehmens ist ohne geeignete Kennzahlen nicht möglich. Genauso wichtig wie die erkenntniszielorientierte Aufbereitung und richtige Auswahl der Kennzahlen ist jedoch auch die Auswertung der verwendeten Kenngrößen bzw. der Ergebnisse der durchgeführten Kennzahlenrechnung. Erste Anhaltspunkte diesbezüglich liefert die sogenannte statische Analyse, die ohne Berücksichtigung des Zeitablaufs eine Moment- bzw. Zustandsaufnahme des wirtschaftlichen Geschehens in einem Unternehmen liefert.[356] Sie berücksichtigt nur Größen, die den gleichen Zeitpunkt oder die gleiche Periode betreffen. Die Aussagefähigkeit einer rein statischen, auf ein Unternehmens beschränkte Auswertung ist jedoch begrenzt, da kein Maßstab existiert, an dem die Kenngrößen der Höhe und ihrem Wert nach gemessen werden können. Erst durch einen Vergleich mit anderen Kennzahlen können Erkenntnisse zur Entscheidungsfindung bereitgestellt werden.[357]

Somit erhalten Kennzahlen erst durch „die Gegenüberstellung mit normativen Richtwerten oder empirisch abgeleiteten Kenngrößen“[358] eine eigene Aussagequalität. Zu einer Bilanzanalyse gehört deshalb immer explizit oder implizit auch eine Vergleichsrechnung.[359] „Ein Vergleich liegt vor, wenn gleichartige oder ähnliche Größen, die sich auf unterschiedliche Perioden oder Zeitpunkte beziehen oder bei unterschiedlichen Betrieben bzw. betrieblichen Teilbereichen

---

353 vgl. Peemöller (2003), S. 207
354 vgl. Vollmuth (2009), S. 45
355 vgl. Sturm (2000), S. 44
356 vgl. Küting, Weber (2009), S. 69
357 vgl. Küting, Weber (2009), S. 70
358 Reinhart (1998), S.41
359 vgl. Gräfer (2008), S. 20

gemessen wurden, ins Verhältnis zueinander gesetzt werden."[360] Als wichtige Voraussetzung für zielführende Vergleiche muss das verwendete Datenmaterial nach den gleichen Prinzipien und Kriterien aufbereitet vorliegen und darüber hinaus auch inhaltlich vergleichbar sein.[361] Als Vergleichsmaßstäbe kommen Daten aus früheren Perioden, anderen Unternehmen oder auch Soll-Normen in Frage. Folgende Vergleiche sind zu unterscheiden:[362]

- *Zeitvergleich*: Zeitabläufe werden sichtbar gemacht und Entwicklungstendenzen verdeutlicht, indem Größen einander gegenübergestellt werden, die sich zwar auf dasselbe Objekt beziehen, dabei aber unterschiedliche Zeitpunkte bzw. Zeiträume betreffen. Ein Zeitvergleich zielt grundsätzlich auf Aussagen über Veränderungen im Zeitverlauf ab, ohne Erkenntnisse über deren Ursache zu liefern.
- *Betriebsvergleich*: Ganze Unternehmen oder einzelne Unternehmensteile ein und desselben Unternehmens bzw. fremde Unternehmensteile gleicher oder verschiedener Branchen werden miteinander verglichen.
- *Soll-Ist-Vergleich*: Auch als normativer Vergleich bezeichnet, werden den Ist-Angaben Richt- oder Plangrößen als Soll-Werte gegenübergestellt, die eine normative Prägung bzw. einen Vorgabecharakter aufweisen.

Die einzelnen Vergleichsmethoden werden in der Praxis allerdings nicht nur isoliert angewendet, sondern können auch miteinander kombiniert werden. Beispielsweise sind zwischenbetriebliche Vergleiche auf Basis unterschiedlicher Zeiträume möglich.

Die zentrale Zielsetzung der traditionellen Bilanzanalyse besteht in der Beurteilung der wirtschaftlichen Lage eines Unternehmens. § 264 HGB (Abs. 2 Satz 1) konkretisiert den unbestimmten Begriff der wirtschaftlichen Gesamtlage durch die Unterscheidung in die Vermögens-, Finanz- und Ertragslage eines Unternehmens. Darauf aufbauend lässt sich die traditionelle Bilanzanalyse in die folgenden zwei Teilbereiche untergliedern:[363]

- *Finanzwirtschaftliche Unternehmensanalyse*: Durch die Analyse der Vermögens- und Finanzlage soll die finanzielle Stabilität bzw. die Liquidität der Unternehmung beurteilt werden.

---

360 Küting, Weber (2009), S. 70.

361 vgl. Gräfer (2008), S. 20f.

362 vgl. Küting, Weber (2009), S. 70ff.; Coenenberg et al. (2009), S. 1033f.; Sturm (2000), 44ff.

363 vgl. Bitz et al. (2003), S. 475; Lachnit (2004), S. 4f.; Coenenberg et al. (2009), S. 1015

- *Erfolgswirtschaftliche Unternehmensanalyse*: Die Analyse der Ertragslage soll Erkenntnisse über die wirtschaftliche Ertragskraft bzw. den Erfolg einer Unternehmung liefern.

Die Analyse der Vermögens- und Finanzlage einerseits und die Beurteilung der Ertragslage auf der anderen Seite beschreiben Teilbereiche der Bilanzanalyse, die nicht als eigenständige Partialanalysen losgelöst voneinander gesehen werden können. Da die finanzielle Stabilität eine unmittelbare Voraussetzung für künftige Erfolge darstellt und umgekehrt nur dann eine finanzielle Stabilität eintritt, wenn längerfristig von einer positiven Ertragslage auszugehen ist, stehen sie vielmehr in ständigen Wechselwirkungen zueinander.[364] Dies macht eine integrierte, zielbezogene Gesamtbetrachtung erforderlich, die die Interdependenzen zwischen der Vermögens-, Finanz- und Ertragslage aufzeigt und die unterschiedlichen Einflüsse auf die wirtschaftliche Gesamtlage eines Unternehmens transparent macht.[365] Die einzelnen Kennzahlen ermöglichen zwar eine individuelle Beurteilung der finanziellen Stabilität bzw. der Ertragslage einer Unternehmung, müssen aber zur Beurteilung der wirtschaftlichen Gesamtlage des Unternehmens wieder ganzheitlich interpretiert werden. In Abbildung 16 sind die beiden Teilbereiche der traditionellen Bilanzanalyse als Kennzahlenrechnung nochmal dargestellt.[366]

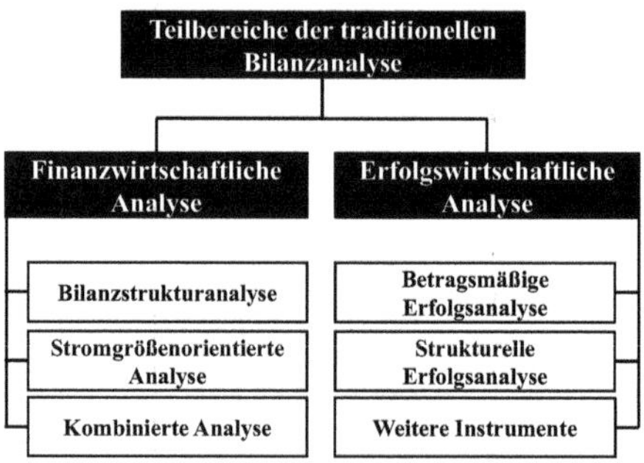

Quelle: in Anlehnung an Küting, Weber (2009)

Abbildung 16: Teilgebiete der traditionellen Unternehmensanalyse

364 vgl. Coenenberg et al. (2009), S. 1014

365 vgl. Peemöller (2003) S. 218

366 In der aktuellen Literatur wird die Bilanzanalyse noch um qualitative Verfahren und strategische Analysen des Erfolgspotentials erweitert (vgl. u.a. Coenenberg et al. (2009), S. 1175 oder Küting, Weber (2009), S. 414ff.), die in dieser Arbeit aufgrund ihrer subjektiven Einflüsse und zugrundeliegenden Wertungsprozesse jedoch keine Rolle spielen.

Im Mittelpunkt der finanzwirtschaftlichen Bilanzanalyse steht die Beurteilung der Liquiditätslage eines Unternehmens.[367] Die Aufrechterhaltung der Liquidität stellt die wichtigste Voraussetzung für den Fortbestand eines Unternehmens und gleichzeitig eine unabdingbare Nebenbedingung für das zentrale Unternehmensziel der langfristigen Gewinnmaximierung dar.[368] Die Aufgabe der finanzwirtschaftlichen Analyse besteht deshalb in der Informationsgewinnung hinsichtlich der Kapitalaufbringung, der Kaptalverwendung sowie der Beziehung zwischen Kapitalaufbringung und –verwendung.[369]

Die Beschaffung von Informationen und Erkenntnissen zur Beurteilung der finanziellen Stabilität eines Unternehmens ist ein komplexer Prozess, der durch die Aufbereitung und Auswertung zahlreicher Kennzahlen aus unterschiedlichen Bereichen geprägt wird. Zu den wichtigsten Teilgebieten der finanzwirtschaftlichen Analyse gehören die Bilanzstrukturanalyse und die stromgrößenorientierten Analyse, deren zentralen Ziele und Ausprägungen sowie ausgewählte Kennzahlen in Tabelle 4 und Tabelle 5 zusammengefasst sind. Darüber hinaus existieren auch kombinierte Analysen, die sowohl Elemente der Bilanzstrukturanalyse als auch der stromgrößenorientierten Analyse vereinen, z.B. die sogenannte Bayer-Formel.[370]

Tabelle 4: Ziele, Aufgaben und Kennzahlen der Teilgebiete der Bilanzstrukturanalyse[371]

Bilanzstrukturanalyse Die bestandsgrößenorientierte Analyse liefert Erkenntnisse über das Liquiditätssicherungsvermögen		
Teilgebiet	**Ziel / Aufgabe**	**Kennzahlen**
Vermögensstrukturanalyse	Untersuchung der Grobstruktur des Vermögens anhand von Kennzahlen der Anlage- bzw. Umlaufintensität und Strukturierung anhand der Dauer der Vermögensbindung	$\text{Anlageintensität} = \frac{\text{Anlagevermögen}}{\text{Gesamtvermögen}}$ $\text{Umlaufintensität} = \frac{\text{Umlaufvermögen}}{\text{Gesamtvermögen}}$ $\text{Vorratsintensität} = \frac{\text{durchschnittlicher Bestand an Forderungen}}{\text{Bilanzsumme}}$

367 vgl. Küting, Weber (2009), S. 113

368 vgl. Küting, Weber (2009), S. 120

369 vgl. Coenenberg et al. (2009), S. 1047

370 vgl. Küting, Weber (2009), S. 210f.

371 vgl. u.a. Coenenberg et al. (2009), S. 1047ff.; Küting, Weber (2009), S. 113ff.; Laier (2011), S. 15ff.

Kapitalstrukturanalyse	Abschätzung von Finanzierungsrisiken und Aufschluss über die Kreditwürdigkeit anhand der Zusammensetzung des zur Verfügung gestellten Kapitals	$\text{Eigenkapitalquote} = \frac{\text{Eigenkapital}}{\text{Gesamtkapital}}$ $\text{Fremdkapitalquote} = \frac{\text{Fremdkapital}}{\text{Gesamtkapital}}$ $\text{Verschuldungsgrad} = \frac{\text{Fremdkapital}}{\text{Eigenkapital}}$ $\text{Selbstfinanzierungsgrad} = \frac{\text{Gewinnrücklagen}}{\text{Eigenkapital}}$
Horizontalstrukturanalyse	Analyse der Beziehungen zwischen dem Vermögen und dem Kapital bzw. der Mittelherkunft und -verwendung durch die Verhältnisbildung bestimmter Aktiv- und Passivposten	$\text{Deckungsgrad A} = \frac{\text{Eigenkapital}}{\text{Anlagevermögen}}$ $\text{Liquidität 1. Grades} = \frac{\text{Zahlungsmittel}}{\text{kurzfristiges Fremdkapital}}$ $\text{Liquidität 2. Grades} = \frac{\text{Zahlungsmittel} + \text{kurzfristige Forderungen}}{\text{kurzfristiges Fremdkapital}}$ $\text{Liquidität 3. Grades} = \frac{\text{Umlaufvermögen}}{\text{kurzfristiges Fremdkapital}}$

Tabelle 5: Teilbereiche der stromgrößenorientierten Analyse[372]

Stromgrößenorientierte Analyse Analyse der Zahlungsströme zur Beurteilung der Finanz- und Ertragskraft		
Teilgebiet	**Ziel / Aufgabe**	**Vorgehensweise / Kennzahlen**
Cashflow-Analyse	**Cashflow als Finanzindikator** Indikator für Innenfinanzierungspotential bzw. Finanzkraft Eliminierung der Bilanzpolitik durch Korrektur aller zahlungsunwirksamen Aufwendungen und Erträge in der GuV Zahlungsmittelüberschuss zwischen einzahlungswirksamen Erträgen und auszahlungswirksamen Auf-	**Cashflow als absolute Größe:** Direkte Methode: einzahlungswirksame Erträge ./. auszahlungswirksame Aufwendungen = Cashflow Indirekte Methode: Jahreserfolg ./. nicht einzahlungswirksame Erträge + nicht auszahlungswirksame Aufwendungen = Cashflow **Verhältniszahlen:** $\text{Entschuldungsgrad} = \frac{\text{Cashflow}}{\text{Effektivverschuldung}}$

372 vgl. u.a. Coenenberg et al. (2009), S. 1069ff.; Küting, Weber (2009), S. 156ff.; Laier (2011), S. 25ff.

	wendungen, die in der betrachteten Periode zu Ein- und Auszahlungen geführt haben	(dynamischer) Verschuldungsgrad = $\frac{\text{Effektivverschuldung}}{\text{Cashflow}}$
Kapital-fluss-rechnung	Zeitraumrechnung, die bestimmte Finanzmittelbewegungen (z.B. Liquiditätsentwicklungen oder die Kapitalbeschaffung und –verwendung) während einer Periode darstellt und erklärt Einblick in Struktur der Zahlungsströme durch Rückgängigmachen der Periodisierung der Jahresabschlussdaten Ergänzt die statische Liquiditätskontrolle um eine dynamische Betrachtungsweise	Dynamischer Aspekt am Beispiel der erweiterten Bewegungsbilanz: Jahresergebnis des Geschäftsjahres ($J\ddot{U}_t$) ./. Rücklagenveränderung ggü. dem Vorjahr (ΔRL_t) ./. Ausschüttung aus Bilanzgewinn des Vorjahres (ΔDiv_{t-1}) = Veränderung des Bilanzgewinns ggü. dem Vorjahr (ΔBG_t) Zahlungsmittelsaldo aus der gewöhnlichen Geschäftstätigkeit (operativer Cashflow) + Zahlungsmittelsaldo aus dem Investitionsbereich + Zahlungsmittelsaldo aus dem Finanzierungsbereich = Veränderung des Zahlungsmittelbestands

Gegenüber der finanzwirtschaftlichen zielt die traditionelle erfolgswirtschaftliche Bilanzanalyse darauf ab, die gegenwärtige Ertragslage eines bestimmten Unternehmens besser beurteilen zu können.[373] Die aktuelle Ertragslage dient als Ausgangspunkt für die Beurteilung der Ertragskraft des Unternehmens, die allgemein die Fähigkeit zur nachhaltigen Gewinnerzielung beschreibt.[374] Um dieses Ziel zu erreichen, muss die Analyse zum einen die in der Vergangenheit tatsächlich erwirtschafteten Erfolge ermitteln (Ermittlungsfunktion) und zum anderen das Zustandekommen der erzielten Erfolge und die Abweichungen von gesetzten bzw. vermuteten oder unterstellten Erfolgszielen erklären (Erklärungsfunktion).[375]

Die Informationen aus dem Jahresabschluss vermitteln jedoch nur bedingt einen Einblick in die tatsächliche Ertragslage eines Unternehmens.[376] Aufgrund zahlreicher bilanzpolitischer Möglichkeiten der Erfolgsregulierung und –gestaltung liefern die Daten der GuV nur ein unscharfes, verzerrtes und unge-

373 vgl. Hahn, Wilkens (2000), S. 418
374 vgl. Gräfer (2008), S. 52f.
375 vgl. Hahn, Wilkens (2000), S. 418
376 vgl. Küting, Weber (2009), S. 223

naues Bild über den Erfolg eines Unternehmens.[377] Um die Kluft zwischen dem ausgewiesenen und dem tatsächlichen betriebswirtschaftlichen Erfolg, z.B. hervorgerufen durch stille Reserven, zu beheben, müssen die Daten des Jahresabschlusses im Rahmen der Erfolgsanalyse zunächst speziell aufbereitet werden. Neben der Ermittlung des tatsächlichen Unternehmenserfolgs (betragsmäßige Erfolgsanalyse) ist die strukturelle Erfolgsanalyse zu nennen, die sich einerseits mit den verschiedenen Erfolgsquellen und -ursachen sowie andererseits mit der Analyse der Aufwands- und Ertragsstruktur auseinandersetzt.[378] Darüber hinaus existieren noch weitere Instrumente, die versuchen ein möglichst umfassendes Bild über den Erfolg eines Unternehmens zu vermitteln.

Die wichtigsten Teilgebiete und Ansätze der erfolgswirtschaftlichen Bilanzanalyse sind in den nachfolgenden Tabellen zusammengefasst. Neben den verschiedenen Kennzahlen in Form absoluter Zahlen (Grundzahlen) oder Verhältniszahlen, die sich wiederum in Gliederungszahlen, Beziehungszahlen und Indexzahlen untergliedern lassen, kommen auch Kennzahlensystem zur Beurteilung der wirtschaftlichen Situation eines Unternehmens im Rahmen der Bilanzanalyse zum Einsatz. Durch das Zusammenfassen nebeneinander stehender Kennzahlen in einem System werden betriebswirtschaftliche Interdependenzen von Einzelaussagen sichtbar gemacht, infolgedessen die Qualität der Gesamtaussage signifikant gesteigert wird.[379]

Die Ausführungen über die Ziele, Funktionen und wichtigsten Teilbereiche der traditionellen Bilanzanalyse als Kennzahlenrechnung zeigen, dass die Beurteilung der wirtschaftlichen Situation eines Unternehmens ein komplexes Vorhaben darstellt. In Abhängigkeit des Zwecks der Analyse besteht das zentrale Ziel darin, aussagekräftige Informationen über die wirtschaftliche Lage und die Perspektiven eines Unternehmens durch die Aufbereitung, Auswertung und Interpretation von Kennzahlen zu erhalten.[380] Die Auswertung der aufbereiteten Kenngrößen erfolgt zumeist im Rahmen von Zeit-, Betriebs- und/oder Soll-Ist-Vergleichen. Das Gesamtbild hinsichtlich der wirtschaftlichen Situation eines Unternehmens setzt sich aus den Ergebnissen vieler verschiedener Partialanalysen zusammen, die sich differenziert mit der Liquidität, der Finanzierung und dem Erfolg befassen.

---

377 vgl. Hahn, Wilkens (2000), S. 419

378 vgl. Küting, Weber (2009), S. 215

379 vgl. Küting, Weber (2009), S. 56

380 vgl. Gräfe (2008), S. 4

Tabelle 6: Ziele, Aufgaben und Kennzahlen der betragsmäßigen Erfolgsanalyse[381]

Betragsmäßige Erfolgsanalyse Ableiten eines bereinigten Jahreserfolgs, um dem tatsächlich erwirtschafteten Unternehmenserfolg[382] näher zu kommen		
Teilgebiet	**Ziel / Aufgabe**	**Vorgehensweise / Kennzahlen**
Erfolgskorrekturrechnung	Eliminierung der betragsmäßigen Auswirkungen der Bilanzpolitik zur Identifikation des tatsächlich erwirtschafteten Unternehmensergebnisses	Stufe 1: Betragsmäßige Bereinigung um stille Reserven Stufe2: Berücksichtigung weiterer bereinigungsfähiger Tatbestände Stufe 3: Qualitative Ergänzung der Bereinigungsrechnung
Vergleich von Börsen und Finanzwert	Anhaltspunkte über den Umfang stiller Reserven Börsenwert als Indikator für die Ertragskraft	$\text{Börsenkurs} = \frac{\text{Aktienpreis x 100}}{\text{(rechn.) Nominalwert einer Aktie}}$ $\text{Bilanzkurs} = \frac{\text{bilanzielles Eigenkapital x 100}}{\text{(rechn.) Nominalwert einer Aktie}}$
Cashflow als Erfolgsindikator	Beurteilung der gegenwärtigen und zukünftigen Ertragskraft[383]	Ermittlung durch Modifikationen des finanzwirtschaftlichen Cashflows
Geschätztes Steuerbilanzergebnis	Grundsatz der periodengerechten Gewinnermittlung und daraus resultierende engere Spielräume und Wahlrechte führen zu einer reduzierten Verzerrung der Steuerbilanz durch bilanzpolitische Maßnahmen Quantifizierung stiller Reservenbewegungen auf Basis des Steuerbilanzergebnisses und anschließender Eliminierung aus dem handelsrechtlichen Erfolg	

381 vgl. u.a. Coenenberg et al. (2009), S. 1088ff.; Küting, Weber (2009), S. 216ff.

382 Wird auch als betriebswirtschaftlich richtiger Unternehmenserfolg bezeichnet, der dadurch charakterisiert ist, „dass die bilanziell erfassten Aufwendungen auch dem tatsächlich eingetretenen Werteverzehr entsprechen und die bilanziell gebuchten Erträge die zutreffend periodisierten Einnahmen wiederspiegeln" (Küting, Weber (2009), S. 216).

383 Die Verwendung des Cashflows als Erfolgsindikator ist umstritten und sollte nicht isoliert als einzige Erfolgskennzahl eingesetzt werden (vgl. Küting, Weber (2009), S. 239).

Tabelle 7: Ziele, Aufgaben und Kennzahlen der strukturellen Erfolgsanalyse[384]

Strukturelle Erfolgsanalyse Untersuchung der Erfolgsquellen bzw. –ursachen sowie der dahinter stehenden Aufwands- und Ertragsstruktur		
Teilgebiet	**Ziel / Aufgabe**	**Vorgehensweise / Kennzahlen**
Erfolgsspaltung als Erfolgsquellenanalyse	Identifizierung des Zustandekommens des Erfolgs bzw. der Herkunft des erwirtschafteten Gewinns Trennung der nachhaltigen von den nicht nachhaltigen Erfolgskomponenten (gemäß dem Kriterium der Regelmäßigkeit) Feststellen des erwirtschafteten Periodenergebnisses, Beurteilung der aktuellen und zukünftigen Ertragskraft sowie differenzierte Darstellung der einzelnen Erfolgsquellen	Betriebswirtschaftliche Erfolgsspaltung nach den Kriterien der Regelmäßigkeit und Betriebszugehörigkeit: **1. Ordentlicher Betriebserfolg** Saldo aus Aufwendungen und Erträgen als Resultat regelmäßiger betrieblicher Tätigkeiten (Gesamtkosten- oder Umsatzkostenverfahren) **2. Ordentlicher Finanzerfolg** Betriebsfremdes Ergebnis: Zusammenfassung der finanzwirtschaftlichen Aktivitäten, die nicht unmittelbar Gegenstand des Betriebs sind **3. Außerordentlicher Betriebserfolg** Saldo aus unregelmäßigen Aufwendungen und Erträgen $(1) + (2) + (3) = Unternehmenserfolg\ (4)$ $(4) - Ertrags\text{-}und\ Einkommenssteuern = Jahresüberschuss$
Analyse der Aufwands- und Ertragsstruktur	Analyse des anteiligen Beitrags der Ergebnisquellen am Gesamtergebnis anhand geeigneter Strukturkennzahlen (Analyse der Struktur des Gesamtergebnisses) sowie einzelner Erfolgsquellen	**Allgemeine Kennzahlen** (beim GKV[385]): Struktur des Gesamtergebnisses: $\frac{\text{ordentliches Betriebsergebnis}}{\text{Gesamtergebnis vor Steuern}}$ Struktur des ordentlichen Betriebserfolgs: z.B. $\frac{\text{Auslandsumsatz}}{\text{Gesamtumsatz}}$ oder $\frac{\text{Nettowertschöpfung}}{\text{Produktionswert}}$ **Spezifische Kennzahlen** (beim UKV[386]): z.B. $\frac{\text{Personalaufwand}}{\text{Umsatz}}$ oder $\frac{\text{FuE-Kosten}}{\text{Umsatz}}$

384 vgl. u.a. Coenenberg et al. (2009), S. 1102ff.; Küting, Weber (2009), S. 242ff.; Laier (2011), S. 36ff.

385 GKV = Gesamtkostenverfahren

386 UKV = Umsatzkostenverfahren

Tabelle 8: Zusätzliche Instrumente der erfolgswirtschaftlichen Unternehmensanalyse[387]

Instrument	Ziel / Aufgabe	Vorgehensweise / Kennzahlen
Ergebnis je Aktie	Einfache und schnelle Überprüfung der Preiswürdigkeit von Aktien und Beurteilung der Anlagewürdigkeit	$\text{Gewinn je Aktie} = \frac{\text{Jahresüberschuss/-fehlbetrag}}{\text{Anzahl der Aktien}}$ $\text{Price Earnings Ratio} = \frac{\text{Börsenkurs}}{\text{Gewinn je Aktie}}$
Rentabilitätsanalyse	Relevante wirtschaftliche Kennzahl für die Ertragskraft bzw. die Fähigkeit Gewinne zu erwirtschaften Relative Analyse des Erfolgs durch eine Beziehungszahl, die eine Ergebnisgröße ins Verhältnis zu einer dieses Ergebnis maßgebend beeinflussenden Größe setzt	$\text{GK-Rentabilität} = \frac{\text{Jahresüberschuss/-fehlbetrag} + \text{Fremdkapitalzinsen}}{\text{Gesamtkapital}}$ ROI[388] $= \frac{\text{Betriebsergebnis}}{\text{betriebsbedingtes Gesamtkapital}}$ $\text{EK-Rentabilität} = \frac{\text{Jahresüberschuss/-fehlbetrag}}{\text{Eigenkapital}}$ $\text{Umsatzrentabilität} = \frac{\text{Ordentliches Ergebnis}}{\text{Umsatzerlöse}}$ Beispiele für weitere Renditekennzahlen: Earnings Before Interest and Taxes (**EBIT**) oder Earnings Before Interest, Taxes and Amortization (**EBITA**)
Wertschöpfungsanalyse	Ausdehnung des eigenkapitalorientierten Erfolgsbegriffs durch Einbeziehung von FK-, Gemein- und Arbeitserträgen Ausdruck für Wertezuwachs/Eigenleistung Aufzeigen Effizienz und Effektivität der Leistungserstellung und deren Verteilung auf die Stakeholder Beitrag zur gesamtwirtschaftlichen Wohlfahrt	Entstehungsrechnung (subtraktive Methode): Produktionswert ./. Vorleistungen = Wertschöpfung Verteilungsrechnung (additive Methode): Arbeitseinkommen + Kapitaleinkommen + Gemeineinkommen (Steuern) = Wertschöpfung Grundlage für verschieden Kennzahlen, z.B. $\text{Arbeitsproduktivität} = \frac{\text{Wertschöpfung}}{\text{durchn. \#Beschäftigte}}$

387 vgl. u.a. Coenenberg et al. (2009), S. 1132ff.; Küting, Weber (2009), S. 307ff.; Laier (2011), S. 40ff.; Sturm (2000), S. 90ff.

388 ROI = Return on Investment

Die in diesem Abschnitt beschriebenen Aspekte der traditionellen Bilanzanalyse sollen einen Eindruck von der Breite der Einsatzmöglichkeiten sowie der Fülle an zur Verfügung stehenden Informationen vermitteln, die auf einzelwirtschaftlicher Ebene zur Analyse der ökonomischen Bedeutung von Unternehmen verwendet werden können. Im Rahmen der Bilanzanalyse als dem zentralen betriebswirtschaftlichen Instrument der Unternehmensanalyse lässt sich die wirtschaftliche Lage eines Unternehmens auf Basis unterschiedlichster Kennzahlen differenziert darstellen. Die Quantität und Qualität der zur Verfügung stehenden Informationen hängt im Wesentlichen von der Zielsetzung der Analyse und der Informationsversorgung durch das Unternehmen ab. Die Aussagekraft der Analyseergebnisse wird dadurch entscheidend beeinflusst. Im nächsten Abschnitt wird zunächst auf die zentralen Kritikpunkte der traditionellen Kennzahlenrechnung hingewiesen, bevor anschließend neuere betriebswirtschaftliche Ansätze der Unternehmensanalyse vorgestellt werden, die an den bestehenden Defizite ansetzen und einen Überblick über den aktuellen Stand der wissenschaftlichen Diskussion im Bereich der Unternehmensanalyse vermitteln.

3.2.2.4 Kritische Anmerkungen zur Bilanzanalyse als Kennzahlenrechnung

Die traditionelle Bilanzanalyse als Kennzahlenrechnung ist ein weitverbreitetes Instrument in der betrieblichen Praxis zur Beurteilung der wirtschaftlichen Lage eines Unternehmens.[389] Die verschiedenen Kennzahlen, auf denen die Bilanzanalyse aufbaut, unterliegen jedoch Restriktionen und Grenzen, die sich zum Teil erheblich auf ihre Aussagekraft auswirken können.[390] Um die Ergebnisse einer Bilanzanalyse richtig einschätzen und interpretieren zu können, muss sich der Analytiker dieser Grenzen und Unzulänglichkeiten bewusst sein. Nachfolgend sind die zentralen Kritikpunkt an der traditionellen Kennzahlenrechnung aufgeführt, die es zu beachten gilt, um Fehlurteile und daraus resultierende folgenschwere Fehlentscheidungen zu vermeiden:

- Als größter Kritikpunkt an der Bilanzanalyse wird ihr vergangenheitsorientierte Charakter[391] angeführt.[392] Der Jahresabschluss als Abrechnung vergangener Perioden weist einen ausgeprägten Vergangenheitsbezug auf, der durch das pagatorische Anschaffungskostenprinzip und das Vorsichtsprinzip zur

389 vgl. Prätsch et al. (2007), S. 105

390 vgl. Küting, Weber (2009), S. 75; Baetge et al. (2004), S. 54

391 vgl. u.a. Baetge et al. (2004), S. 55ff.

392 vgl. Wohlgemuth et al. (2001), S. 663ff.

Ausdruck kommt.[393] Zudem sorgt eine Zeitlücke zwischen dem Bilanzstichtag und dem Zeitpunkt der Veröffentlichung dafür, dass die Kennzahlen bereits zum Zeitpunkt der Analyse nicht mehr aktuell sind.[394] Insbesondere stichtagsbezogene Kennzahlen zur Vermögens- und Liquiditätslage sind davon betroffen und stehen wegen ihrer Vergangenheitsorientierung immer wieder in der Kritik.

- Die verfügbaren Informationsquellen der traditionellen Bilanzanalyse sind unvollständig.[395] Die Daten aus der Bilanz und Erfolsrechnung spiegeln nur das quantitativ erfasste, unternehmerische Handeln wieder, infolgedessen sich nicht quantifizierbare Informationen der Kennzahlenrechnung entziehen.[396] Qualitative Aspekte, wie z.B. die Qualität des Managements und der Mitarbeiter oder das technische und organisatorische Know-how, finden selbst dann keine Berücksichtigung, wenn sie bedeutende Erkenntnisse bereithalten, die einen signifikanten Mehrwert zur Beurteilung der wirtschaftlichen Lage leisten könnten.[397] Des Weiteren berücksichtigt die traditionelle Kennzahlenrechnung nur vermögens-, finanz- und erfolgswirksame Effekte bereits begonnener oder abgeschlossener Vorgänge, infolgedessen strategische Aspekte, wie z.B. das Wettbewerbsumfeld eines Unternehmens, vernachlässigt werden.[398]
- Durch die Nichtberücksichtigung strategischer Faktoren[399] sind Aussagen über die Unternehmensentwicklung auf Basis der traditionellen Bilanzanalyse vorsichtig zu interpretieren, da zur Beurteilung der Perspektiven des zu analysierenden Unternehmens lediglich subjektive Soll-Kenngrößen verwendet werden. Eine allgemein anerkannte Theorie zur Festlegung von Sollwerten für „gesunde" Unternehmen, die als objektive Vergleichsmaßstäbe dienen könnten, fehlt bislang.[400]
- Ein zentraler Kritikpunkt der externen Bilanzanalyse gilt der bewussten und zweckorientierten Beeinflussung der publizierten Unternehmensdaten durch die Bilanzpolitik.[401] Dieses Defizit beschreibt das Resultat unterschiedlicher Bilanzierungs- und Bewertungsvorschriften sowie Wahlrechte und Ermessensspielräume, die in erheblichem Maße die Daten des Jahresabschlusses

393 vgl. Küting, Weber (2009), S. 75
394 vgl. Prätsch et al. (2007), S. 106
395 vgl. Baetge et al. (2004), S. 69
396 vgl. Küting, Weber (2009), S. 75f.
397 vgl. Prätsch et al. (2007), S. 106
398 vgl. Küting, Weber (2009), S. 76
399 vgl. Wohlgemuth et al. (2001), S. 663ff.
400 vgl. Prätsch et al. (2007), S. 106
401 vgl. Küting, Weber (2009), S. 51

beeinflussen.[402] Auch durch die sogenannte Sachverhaltsgestaltung, z.B. die Wahl des Zahlungstermins, die Bildung stiller Reserven oder die Kreditpolitik innerhalb eines Konzernverbunds[403], kann eine Kennzahl erheblich verfälscht werden.[404] Aufgrund der vielfältigen Möglichkeiten einer zweckorientierte Bewertungspolitik und Sachgestaltung enthält der Jahresabschluss keine eindeutig definierten Größen[405], was in Abhängigkeit des Zwecks der Analyse zu Lasten des Informationsgehalts und der Aussagekraft gehen kann. Insbesondere für externe Interessenten werden der Nutzwert und die Vergleichbarkeit von publizierten Unternehmensergebnissen durch die genannten Wahlrechte und Spielräume eingeschränkt.[406] Die Daten des externen Rechnungswesens können daher überspitzt auch als Ergebnisse subjektiver Wertungsprozesse interpretiert werden.[407] An dieser Stelle sei auch auf die begrenzte Aussagekraft von vergleichenden Analysen von Konzernabschlüssen hingewiesen, die auf Basis unterschiedlicher Rechnungslegungsnormen erstellt werden.[408]

- Ein ebenfalls häufig genannter Kritikpunkt der Bilanzanalyse bezieht sich auf die komprimierte, kennzahlenorientierte Darstellung des Unternehmensgeschehens. Durch das Aggregieren von Einzelpositionen zu Sammelposten und das Reduzieren komplexer Sachverhalte auf einen bestimmten Wert besteht die Gefahr, das wichtige Erkenntnisse, die nur durch eine differenzierte bzw. disaggregierte Analyse des entsprechenden Sachverhalts gewonnen werden können, verloren gehen.[409]

Die veralteten und vergangenheitsorientierten Ausgangsdaten, die unvollständigen Informationen, die bilanzpolitischen Wahlrechte und Spielräume sowie die aggregierte Darstellung komplexer Sachverhalte beschreiben wichtige Aspekte, die bei der Beurteilung der Ergebnisse der traditionellen Bilanzanalyse berücksichtigt werden müssen. Ein Großteil der Kritikpunkt bezieht sich auf die externe Bilanzanalyse, die im Wesentlichen auf den Daten des Jahresabschlusses aufsetzt. Interne Informationen, wie z.B. Daten aus Planabschlüssen, der Investiti-

402 vgl. Baetge et al. (2004), S. 64ff.

403 An dieser Stelle ist darauf hinzuweisen, dass durch die konzerninternen Gestaltungsspielräume, z.B. die unübliche Verrechnung firmeninterner Lieferungen und Leistungen oder die Umschichtung liquider Mittel im Konzernverbund, die Aussagefähigkeit der Einzelabschlusse eingeschränkt wird (vgl. Küting, Weber (2009), S. 80).

404 vgl. Küting, Weber (2009), S. 78

405 vgl. Prätsch et al. (2007), S. 106

406 vgl. Laier (2011), S. 13

407 vgl. Nahlik (1984), S. 217

408 vgl. Küting, Weber (2009), S. 80

409 vgl. Küting, Weber (2009), S. 77

onsrechnung, der Kapitalergebnisrechnung oder der kurzfristigen Erfolgsrechnung, können aufgrund ihres höheren Aussagewertes helfen, die bestehenden Defizite der externen Bilanzanalyse zumindest teilweise zu verringern.[410] Durch den Zugriff auf aktuellere und für die Beantwortung der Fragestellung besser geeignete Daten aus dem internen Rechnungswesen ließe sich die Qualität der Aussagen über die wirtschaftliche Situation eines Unternehmens steigern. Insbesondere Aussagen über die wirtschaftliche Tragfähigkeit bzw. die Entwicklungsperspektiven eines Unternehmens sind aufgrund des vergangenheitsorientierten Charakters der traditionellen Bilanzanalyse vorsichtig zu interpretieren.[411] Valide Aussagen über das Erfolgspotential, zukünftige Wertsteigerungspotentiale oder eine drohende Wertvernichtung sind auf Basis der traditionellen Kennzahlenrechnung kaum möglich.

Auch die Gefahr von Fehlinterpretationen kann nie ganz ausgeschlossen werden. Sie ist jedoch nicht automatisch auf die inhaltliche Kritik an dem verfügbaren Datenmaterial und den verwendeten Kennzahlen zurückführen, sondern kann auch aus einer falschen Kennzahlenauswahl resultieren. Ob eine Kennzahl zum Einsatz kommt, entscheidet deren qualitative Eignung hinsichtlich dem Zweck und der Zielsetzung der Analyse. Diese Erkenntnis beruht auf dem Grundsatz der Wesentlichkeit, der besagt, dass nur solche betrieblichen Sachverhalte in die Analyse einbezogen werden, die zur Befriedigung des Informationsbedürfnisses des Adressaten zweckdienlich sind.[412] Folgende Kriterien können dabei maßgeblich zur Beurteilung der Eignung und Qualität einer Kennzahl herangezogen werden: Relevanz, Zuverlässigkeit, Konsistenz, Effektivität, Zuordenbarkeit, Vergleichbarkeit, Verfügbarkeit und Verständlichkeit.[413] Neben dem Grundsatz der Wesentlichkeit ist auch das Prinzip der Wirtschaftlichkeit als Grenze der Bilanzanalyse anzuführen. Es besagt, dass die Kosten der Informationsgewinnung den durch die betreffende Information erzielten Nutzen nicht übersteigen sollten.[414]

Trotz der kritischen Anmerkungen in diesem Abschnitt beschreibt die traditionelle Bilanzanalyse als Kennzahlenrechnung nach wie vor das wichtigste betriebswirtschaftliche Instrument zur Beurteilung der wirtschaftlichen Lage eines Unternehmens. Gelingt es, das verfügbare Datenmaterial unter Berücksichtigung der inhärenten Annahmen und Ungenauigkeiten sauber aufzubereiten und zu interpretieren, gewährleistet die traditionelle Bilanzanalyse eine objektive und

---

410 vgl. Küting, Weber (2009), S. 11f.

411 vgl. Laier (2011), S. 13

412 vgl. Küting, Weber (2009), S. 80

413 In Anlehnung an Schedler (2005), S. 51. Schedler zieht die aufgeführten Kriterien zur Beurteilung der Qualität von Leistungsindikatoren heran.

414 vgl. Prätsch et al. (2007), S. 107

nachvollziehbare Einschätzung der wirtschaftlichen Lage eines Unternehmens. Im nachfolgenden Abschnitt werden neuere Ansätze der Bilanzanalyse vorgestellt, die einerseits versuchen die genannten Defizite zu beheben und andererseits Weiterentwicklungen der traditionellen Bilanzanalyse darstellen.

3.2.2.5 Neuere Ansätze der Unternehmensanalyse

Die traditionelle Bilanzanalyse als Kennzahlenrechnung stellt das Fundament zur Analyse komplexer Unternehmensinformationen dar. Neue Herausforderungen haben in den letzten Jahren jedoch diverse Anpassungs- und Entwicklungsprozesse im Bereich der klassischen Bilanzanalyse ausgelöst. Folgende Gründe sind für die Weiterentwicklung der traditionellen Bilanzanalyse als Kennzahlenrechnung maßgeblich verantwortlich:

- Die Kritik an der aufgeblähte und übertriebenen Kennzahlenproduktion sowie die Zusammenhangslosigkeit der Kennzahlen[415]
- Steuerungsdefizite aufgrund des fehlenden Sachziels, Zukunfts- und Strategiebezugs sowie der geringen Aussagekraft von rein finanziellen Größen[416]
- Der vergangenheitsorientierte Charakter und die Nichtberücksichtigung qualitativer Informationen als analytische Zielgrößen[417]
- Die Anwendung moderner statistischer Verfahren und die verbesserten Einsatzmöglichkeiten von Computern zur Erfassung, Aufbereitung und Auswertung großer Datenmengen[418]

Daraufhin sind neue mathematisch-statistische Verfahren, die sogenannte qualitative Bilanzanalyse, Methoden der unternehmenswertorientierten Performancemessung sowie neue adressatenorientierte, strategische Verfahren als moderne Ansätze und Weiterentwicklungen der traditionellen Bilanzanalyse entstanden. Die wichtigsten Verfahren werden nachfolgend kurz vorgestellt und kritisch gewürdigt.

Mathematisch-statistische Verfahren

Durch die Anwendung moderner statistischer Verfahren in Kombination mit leistungsfähigen Datenverarbeitungssystemen wird versucht den Grenzen und Problemen der traditionellen Bilanzanalyse zumindest teilweise entgegenzuwirken. Die sogenannte *Diskriminanzanalyse* beschreibt eine Möglichkeit zur Iden-

415 vgl. Hauschildt (2000), S. 119
416 vgl. Voit (2010), S. 12ff.
417 vgl. Küting, Weber (2009), S. 13
418 vgl. Prätsch et al. (2007), S. 107

tifizierung geeigneter Kennzahlen, die für die Insolvenzdiagnose und –prognose oder die Früherkennung von Unternehmenskrisen geeignet sind.[419] Als mathematisch-statistischer Ansatz zielt die Diskriminanzanalyse auf die Analyse von Gruppenunterschieden ab, die anhand einer oder mehrere Merkmalsausprägungen (Kennzahlenwerte) erklärt werden können.[420] Als Ausgangpunkt wird eine Grundgesamtheit von Unternehmen anhand eines festgelegten Kriteriums (z.B. Solvenz / Insolvenz) in eine Test- (insolvent gewordene Unternehmen) und eine Kontrollgruppe (solvente Unternehmen) eingeteilt.[421] Anschließend wird in Abhängigkeit des angewendeten Verfahrens die Kennzahl bzw. Kennzahlenkombination ermittelt, die eine bestmögliche zutreffende Zuordnung der untersuchten Unternehmen in eine der beiden Gruppen gewährleistet. Die zentrale Aufgabe der Diskriminanzanalyse besteht daher in der Identifizierung signifikanter Merkmale, die es erlauben ein Unternehmen als „gut" oder „schlecht" in Abhängigkeit seiner nachhaltigen Ertragslage, Zukunftsperspektive und Zahlungsfähigkeit zu klassifizieren.[422]

Die Diskriminanzanalyse unterscheidet univariate und multivariate Verfahren. Im Rahmen der univariaten Analyse wird die Trennfähigkeit einer jeden Kennzahl einzeln untersucht, um darauf aufbauend diejenige auszuwählen, die zum besten Trennergebnis führt bzw. die wenigsten Fehlklassifikationen aufweist.[423] Aufgrund einiger grundlegender Mängel der univariaten Verfahren wird in der Praxis vornehmlich die multivariate Diskriminanzanalyse eingesetzt. Sie umfasst Verfahren, „die simultan verschiedene Kennzahlenverteilungen analysieren und eine Klassifikationsregel durch Verknüpfung von mind. zwei Kennzahlen zu einem Gesamtbeurteilungsindikator ermitteln."[424] Als Hauptkritikpunkt an der multivariaten Diskriminanzanalyse ist das Theoriedefizit zu nennen, das die multivariate Analyse als Black Box darstellt. Kennzahlen aus den Jahresabschlüssen werden als Inputs verwendet und liefern ohne Kenntnis der theoretischen Zusammenhänge zwischen der Kennzahlenverknüpfung und der Diskriminanzfunktion eine Eingruppierung des Unternehmens in eine bestimmte Gruppe.[425] Durch die Intransparenz bezüglich der Ergebnisgenerierung können keine Ursache-Wirkungszusammenhänge aufgezeigt werden, sodass „die Ursachen einer Insolvenzgefährdung nicht erkannt, sondern nur die Symp-

---

419 vgl. Baetge et al. (2004), S. 535ff.; Coenenberg et al. (2009), S. 1037ff.
420 vgl. Backhaus et al. (2008), S. 181ff.
421 vgl. Küting, Weber (2009), S. 371f.
422 vgl. Küting, Weber (2009), S. 14
423 vgl. Hauschildt (2000), S. 121
424 Küting, Weber (2009), S. 391
425 vgl. Prätsch et al. (2007), S. 119

tome gemessen werden.“[426] Weitere Kritikpunkte betreffen die zeitliche Instabilität von Diskriminanzfunktionen, die traditionelle Beschränkung auf finanzielle Daten, die Beeinträchtigung durch bilanzpolitische Einflüsse und die Probleme bei der Einbeziehung von Konzernunternehmen.[427] Aus den genannten Gründen hält auch die Diskriminanzanalyse nicht die „eine“ Kennzahl bereit, die eine eindeutige Prognose der Zahlungsfähigkeit bzw. Rentabilität eines Unternehmens gewährleistet.

Als weiteres mathematisch-statistisches Verfahren werden neben den multivariaten Diskriminanzanalysen sogenannte *Künstlich Neuronale Netze* zur Krisendiagnose bzw. Unternehmensklassifikation im Rahmen von Kreditwürdigkeitsentscheidungen eingesetzt.[428] Als sogenanntes lernendes System, das über die Fähigkeit zu lernen, zu tolerieren und Fehler zu ignorieren verfügt[429], finden Künstlich Neuronale Netze vor allem bei der Lösung komplexer und schlecht strukturierter Probleme Anwendung.[430] Auch bei diesen Verfahren erfolgt die Einteilung in „gute“ und „schlechte“ Unternehmen anhand trennfähiger Kennzahlen. Künstlich Neuronale Netze sind aufgrund der weniger restriktiven Annahmen bei den verwendeten Kennzahlen und der besseren Integrationsfähigkeit qualitativer Daten grundsätzlich universeller einsetzbar als die multivariate Diskriminanzanalyse.[431] Trotz ihrer hohen Komplexität beschreiben Künstlich Neuronale Netze ein leistungsfähiges Instrument zur Klassifikation von Jahresabschlüssen, um die Unsicherheit hinsichtlich der momentanen und künftigen Situation der Unternehmung zu verringern.

Ein wenig losgelöst von der Diskriminanzanalyse und den Künstlich Neuronalen Netzen ist der Vollständigkeit halber noch auf die sogenannten *Scoring-Verfahren* als mathematisch statistische Analyseform hinzuweisen. Scoring-Verfahren halten als Ergebnis ein Gesamturteil über das zu analysierende Unternehmen bereit, das sich aus der gewichteten Summe von Teilbeurteilungen zu-

---

426 Baetge et al. (1992), S. 753

427 vgl. Küting, Weber (2009), S. 389f.

428 Zu Ausführungen über den Einsatz Künstlich Neuronaler Netze im Rahmen der Bilanzanalyse vgl. u.a. Küting, Weber (2009), S. 391ff.; Coenenberg et al. (2009), S. 1041; Baetge et al. (2004), S. 552ff

429 vgl. Küting, Weber (2009), S. 392. Künstlich Neuronale Netzen können grundlegende Zusammenhänge (Muster) anhand von Beispieldatensätzen erlernen und diese dann bei anderen Datensätzen wiedererkennen, selbst wenn das Muster in den anderen Datensätzen teilweise verdeckt wird.

430 vgl. Erxleben et al. (1992), S. 1237ff.

431 vgl. Küting, Weber (2009), S. 14. Hinsichtlich der Früherkennung von Unternehmenskrisen verfügen sowohl Künstlich Neuronale Netze als auch die multivariate Diskriminanzanalyse über spezifische Stärken und Schwächen (vgl. Erxleben et al. (1992), S. 1257f.; Küting, Weber (2009), S. 404ff.).

sammensetzt. Als Beispiel für ein solches Scoring-Verfahren ist das RSW-Verfahren[432] zu nennen, dass zur Beurteilung börsennotierter Aktiengesellschaften entwickelt wurde.[433] Im Rahmen des Verfahrens wird ein bestimmtes Unternehmen anhand von sechs Kennzahlen aus den Bereichen Rendite, Sicherheit und Wachstum beurteilt, die mittels statistischer Verfahren zu einem Gesamtwert verdichtet und somit vergleichbar gemacht werden.[434] Auf Basis der Ergebnisse kann eine Rangliste der analysierten Unternehmen erstellt werden. Trotz des transparent gestalteten Beurteilungsmodells des RSW-Verfahrens unterliegen die Auswahl, die Eignung und die Gewichtung der Kennzahlen in Scoring-Modellen subjektiven Einschätzungen und Wertungsprozessen, sodass schlussendlich wieder nur ein subjektiv geprägtes, zusammenfassendes Urteil generiert wird.[435]

Qualitative Bilanzanalyse

Die traditionelle Bilanzanalyse stützt sich bei der Kennzahlenbildung und der anschließenden Auswertung der aufbereiteten Kennzahlen auf rein quantitative Daten. Aufgrund der Kritik an der traditionellen Kennzahlenrechnung (vgl. Abschnitt 3.2.2.4) wird die klassische quantitative Bilanzanalyse zunehmend um qualitative Aspekte ergänzt. Gegenstand der qualitativen Bilanzanalyse sind die Berichterstattung im Anhang und Lagebericht sowie sonstige verbale Ausführungen über das zu analysierende Unternehmen, die zusätzliches Potential zur Beurteilung der wirtschaftlichen Lage bereithalten.[436] Die qualitative Analyse lässt sich in zwei Teilgebiete unterteilen. Der erste Teilbereich beschäftigt sich mit der Analyse des bilanzpolitischen Instrumentariums und versucht durch die Untersuchung des Einsatzes der Bilanzpolitik zusätzliche Rückschlüsse über die tatsächliche Unternehmenssituation zu gewinnen.[437] Der zweite Teilbereich, die sogenannte semiotische Bilanzanalyse, befasst sich mit der Auswertung bzw. der Form der verbalen Berichterstattung.[438] Sie verfolgt Fragen auf der pragmatischen, syntaktischen und semantischen Ebene.

Die größten Schwierigkeiten der qualitativen Bilanzanalyse bestehen in der Auswertung der verbalen Informationen, weil keine gesetzlichen Vorschriften,

432 R = Rendite, S = Sicherheit und W = Wachstum
433 vgl. Küting, Weber (2009), S. 406ff.
434 vgl. Küting, Weber (2009), S. 407
435 vgl. Prätsch et al. (2007), S. 107; Küting, Weber (2009), S. 414
436 vgl. Küting, Weber (2009), S. 414f.
437 vgl. Küting, Weber (2009), S. 421ff.
438 vgl. Peemöller (2003), S. 226

Normen oder Richtlinien zum „richtigen“ Umgang mit verbalen Formulierungen existieren. Qualitative Informationen sind im Gegensatz zu formal reglementierten, quantitativen Daten aufgrund ihrer pragmatischen, syntaktischen und semantischen Beziehungen nicht direkt miteinander vergleichbar.[439] Des Weiteren schränken die bestehenden Ausweisrechte und Freiheiten die Vergleichbarkeit und den Umfang der Angaben im Anhang bzw. Lagebericht ein. Die qualitative Analyse wird somit deutlich stärker durch subjektive Wertungsprozesse beeinflusst, als dies bei einer rein quantitativen Analyse der Fall ist.[440] Als Fazit ist festzuhalten, dass die qualitative Bilanzanalyse zwar zur Aufhebung der strikten Beschränkung auf numerische Daten im Rahmen der traditionellen Kennzahlenrechnung beiträgt, die quantitative Bilanzanalyse jedoch nicht ersetzen kann.[441] Vielmehr ist künftig ein kombinierter Ansatz aus quantitativen und objektivierten, qualitativen Elementen vorzuziehen.

Externe unternehmenswertorientierte Performancemessung

Das bekannteste Konzept der unternehmenswertorientierten Performancemessung beschreibt der viel diskutiert *Shareholder Value-Ansatz*, der seit der Arbeit von Rappaport[442] auf breite Akzeptanz stößt.[443] Durch die Auswertung von Kapital- und Rechnungslegungsdaten anhand spezieller Verfahren findet das Ziel der Unternehmenswertsteigerung Berücksichtigung in dem Zielsystem großer börsennotierter Aktiengesellschaften.[444] Das Shareholder Value-Konzept hat ursprünglich als Steuerungs- und Kontrollinstrument in der wertorientierten Unternehmensführung Bekanntheit erlangt, wird jedoch aufgrund der verbesserte Verfügbarkeit von Unternehmensinformationen durch die quantitativ bzw. qualitativ ausgeweitete Berichterstattung mittlerweile verstärkt zur Unternehmensbewertung eingesetzt.[445]

Der Shareholder Value beschreibt den Unternehmenswert, der den Anteilseignern insgesamt zusteht.[446] Das zentrale Ziel des Shareholder Value-Konzepts liegt in der langfristigen und angemessenen Verzinsung des den Anteilseigern

439 vgl. Küting, Weber (2009), S. 420
440 vgl. Peemöller (2003), S. 225
441 vgl. Küting, Weber (2009), S. 436
442 vgl. Rappaport (1995)
443 vgl. u.a. Rappaport (1995); Gladen (2005), S. 117ff.; Laier (2011), S. 80ff.; Schedler (2005), S. 92ff.; Küting, Weber (2009), S. 436ff.
444 vgl. Küting, Weber (2009), S. 436f.
445 vgl. Lorson (2004), S. 28ff.
446 vgl. Laier(2011), S. 80

zustehenden Unternehmenswerts.[447] Im Mittelpunkt der Performancemessung steht die Beurteilung des Unternehmenserfolgs und der Managementleistung, die an der ökonomischen Wertsteigerung für die Eigenkapitalgeber bzw. Aktionäre gemessen werden.[448] Eine Unternehmensanalyse, die sich am Shareholder Value-Konzept orientiert, erfordert folgende Schritte:[449]

- Retrospektive Ermittlung der Aktionärsrendite
- Vergleich der ermittelten Aktionärsrendite mit einer angemessenen Rendite bzw. den risikoadäquaten Kapitalkosten
- Ermittlung und Prognose des Unternehmenswerts
- Einschätzung über die Unternehmenswertorientierung des Führungs-, Steuerungs- und Controllingsystems

Die auch als Eigenkapitalkosten zu interpretierenden Renditeforderungen der Aktionäre können z.B. auf Basis des realisierten Aktienkurses und der geleisteten Dividendenzahlungen berechnet werden.[450] Um die allgemeine Wertorientierung des Managements bzw. die Umsetzung unternehmenswertorientierter Strategien im Unternehmen besser einschätzen zu können, kann das Instrument der Balanced Scorecard[451] verwendet werden. Es ermöglicht eine konsistente und mehrdimensionale Ableitung individueller Strategien und die Ausrichtung an den entsprechenden Zielen des Unternehmens durch die Bereitstellung eines mehrdimensionalen Systems qualitativer und quantitativer Kennzahlen.[452] Darauf aufbauend kann sowohl der Unternehmenserfolg als auch die Managementleistung in Bezug auf die Erreichung der Unternehmensziele gemessen werden.[453] In den letzten Jahren hat die Balanced Scorecard als innovatives Instrument der Performancemessung für die Kommunikation gegenüber externen Anspruchsgruppen deutlich an Bedeutung gewonnen.[454]

Für die Unternehmensbewertung stehen kapitalmarktorientierte klassische Bewertungsmodelle zur Verfügung, die den Unternehmenswert als Barwert der Dividenden, der freien Cashflows, der Erträge nach Verzinsung sowie als Wert relativ zu den Wachstumsmöglichkeiten des Unternehmens modellieren.[455] Diese herkömmlichen Performancemaße bzw. traditionellen Kennzahlen stehen

447 vgl. Gladen (2005), S. 119
448 vgl. Schedler (2005), S. 92
449 vgl. Küting, Weber (2009), S. 439
450 vgl. Küting, Weber (2009), S. 442
451 vgl. Kaplan, Norton (1997); Schedler (2005), S. 145ff.
452 vgl. Schedler (2005), S. 145ff.
453 vgl. Küting, Weber (2009), S. 440
454 vgl. Küting, Weber (2009), S. 440f.
455 vgl. Küting, Weber (2009), S. 442ff.

aufgrund ihrer Unzulänglichkeiten jedoch in der Kritik. Konkret wird ihre auf kurzfristige Erfolge ausgerichtete Orientierung, ihre Bewertungsabhängigkeit durch die Gestaltungsspielräume des Managements, ihre fehlerhafte Kalibrierung sowie die mangelnde Berücksichtigung von Risikoaspekten und des Zeitwertes des Geldes moniert.[456]

Abhilfe verspricht der Einsatz sogenannter Discounted-Cash-Flow-Verfahren (DCF-Verfahren), die die Erfolgsplanung und –messung auf den Zukunftserfolgswert eines Unternehmens sowie dessen Veränderung ausrichten. Sie verfolgen das Ziel den Marktwert des Eigenkaptals (Shareholder Value) zu ermitteln.[457] Der Wert eines Unternehmen wird durch die DCF-Verfahren als Barwert, der zukünftig generierten und den Kapitalgebern zu Verfügung stehenden Zahlungsüberschüsse nach Abzug aller Investitionen (Free Cashflow) ermittelt.[458] Die Berechnung des Gegenwartwertes aller zu erwartenden Zahlungen (Geldflüsse) erfolgt im Rahmen der DCF-Verfahren durch die Diskontierung mit dem entsprechenden Kapitalkostensatz, um daraus den Unternehmenswert abzuleiten.[459] Eine zentrale Bedeutung kommt daher der Ermittlung der risikoadäquaten Gesamtkapitalkosten zu, die entweder als retrospektives Performancemaß zur Beurteilung vergangener Perioden oder als prospektives Entscheidungskriterium für Kapitalallokationen zur Beurteilung unsicherer Zahlungsströme herangezogen werden.[460] Obwohl die Unsicherheit bei der Ermittlung der Fremd- und Eigenkapitalkosten verhältnismäßig hoch ist, existieren zahlreiche Verfahren und Ansätze, z.B. das bekannte Capital Asset Pricing Model (CAPM).

Neben dem auf Rappaport zurückzuführenden DFC-Konzept existieren mittlerweile weitere Ansätze der unternehmenswertorientierten Performancemessung, die auf Basis bestimmter periodenbezogener Unternehmenswertindikatoren dem ex-post Bereich stärkere Beachtung schenken, z.B. der Economic Added Value-Ansatz nach Stewart (EVA-Konzept)[461] oder der Casflow-Return-On-Investment-Ansatz nach Lewis (CFROI-Konzept)[462]. Obwohl beide Ansätze auch zukunftsorientiert angewendet werden können, liegt ihr Hauptaugenmerk auf der Beantwortung kurzfristiger Fragestellungen und der Lösung operativer Probleme.[463] Die DFC-Konzepte sind aufgrund ihrer strategischen Ausrichtung

---

456 vgl. Copeland et al. (2002), S. 54

457 vgl. Gladen (2005), S. 119

458 vgl. Ballwieser (1998), S. 81

459 vgl. Laier (2011), S. 92

460 vgl. Küting, Weber (2009), S. 456

461 vgl. Stewart (1991)

462 vgl. Lewis (1995)

463 vgl. Küting, Weber (2009), S. 490f.

deutlich komplexer und schwieriger zu implementieren. Ihre Vorteile bestehen in der Beantwortung langfristiger Fragestellungen und der Analyse wertorientierter Strategien.[464]

Die Ausführungen zum Shareholder Value-Ansatz machen deutlich, dass derzeit viele innovative Instrumente zur unternehmenswertorientierten Performancemessung existieren und unter Beachtung der jeweiligen Restriktionen und Annahmen durchaus plausible Ergebnisse bereithalten.[465] Folgende Kritikpunkte müssen jedoch bei der Anwendung einer Shareholder-Value-orientierten Unternehmensbewertung berücksichtigt werden:[466]

- Einseitige Ausrichtung an den Ansprüchen der Anteilseigner
- Orientierung am kurfristen Erfolg anstelle der Verfolgung langfristiger Strategien
- Teilweise restriktive Annahmen und eine vereinheitlichte Sichtweise, wie z.B. die Unterstellung rein finanzieller Interessen aller Investoren oder die Zugrundelegung eines „idealen“ Kapitalmarkts
- Fehlende Vorgaben und einheitliche Berechnungsmethoden in Bezug auf die Ermittlung der Wertsteigerungen, des Free Cashflows und der Kapitalkosten sowie der Dauer des Planungshorizonts
- Mangelnde Vergleichbarkeit und geringe ergebnisorientierte Aussagekraft aufgrund vieler Freiräume bei der Ermittlung, Wahl und Darstellung der wertorientierten Ausgangsgrößen bzw. Kennzahlen
- Starke Präsenz subjektiver Wertungsprozesse und Einflüsse; dadurch geringe Objektivität, Transparenz und Nachvollziehbarkeit
- Beschränkter Kenntnisstand und schmale Datenbasis für externe Analytiker
- Orientierung am aktuellen Kurswert, der nicht unmittelbar den tatsächlichen Wert der Unternehmung wiederspiegelt

Der Shareholder Value-Ansatz als Verfahren der unternehmenswertorientierten Performancemessung stellt den Shareholdern sowie der Unternehmensführung ein Instrument zur Seite, das hilft das Wertschaffungspotential eines Unternehmens zu identifizieren. Durch die zielgerichtete Bewertung und Betonung der ökonomischen Wertentwicklung rückt der Fokus der Unternehmensführung stärker auf den wertsteigernden Einsatz des Kapitals.[467] Die unternehmenswertorientierte Leistungsmessung hat deshalb im Bereich des Planungs- und Kontrollgeschehens der Bilanzanalyse den Rang abgelaufen und findet breite Akzep-

464 vgl. Laier (2011), S. 103

465 vgl. Küting, Weber (2009), Prangenberg et al. (2005) S. 492

466 vgl. u.a. Lorson (2004), S. 440ff.; Düsterloh (2003); Ballwieser (2011), 132 ff.; Laier (2011), S. 82ff.; , S. 41; Prangenberg et al. (2005), S. 41ff.; Preißner (2008), S. 325ff.

467 vgl. Laier (2011), S. 88

tanz in der wertorientierten Unternehmensführung. Aufgrund der hohen Subjektivität und mangelnden Transparenz bzw. Vergleichbarkeit der Ergebnisse ist die unternehmenswertorientierten Performancemessung als Instrument zur Beurteilung der ökonomische Bedeutung eines Unternehmens vor dem Hintergrund dieser Arbeit jedoch ungeeignet.

Strategische Unternehmensanalyse als Erweiterung der traditionellen Bilanzanalyse

Um im Rahmen der traditionellen Bilanzanalyse die wirtschaftlichen Lage und Entwicklung eines Unternehmens beurteilen zu können, werden Unternehmensinformationen anhand von Kennzahlen speziell aufbereitet, verdichtet und ausgewertet. Die klassische Beschränkung auf quantitative finanzielle Kennzahlen ermöglicht kein vollständiges Abbild des komplexen Systems „Unternehmen", da zunehmend Informationen nicht finanzieller Natur an Beachtung gewinnen, wie z.B. das Humankapital der Mitarbeiter, Kunden- und Lieferantenbeziehungen oder auch strategische Allianzen.[468] Das auf die Vermittlung periodischer und vergangener Daten ausgerichtete betriebliche Rechnungswesen stellt in diesem Zusammenhang nur sehr eingeschränkt oder überhaupt keine Informationen zur Verfügung. Um die Auswertung des Jahresabschlusses um strategisch relevante Element zu erweitern, müssen die finanzwirtschaftliche und erfolgswirtschaftliche Analyse als Teilbereiche der traditionellen Bilanzanalyse um eine sogenannte strategische Unternehmensanalyse[469] ergänzt werden.

Die strategische Unternehmensanalyse versucht wichtige Informationen hinsichtlich der wirtschaftlichen Tragfähigkeit der Geschäftsaktivitäten, die weder aus dem Jahresabschluss noch aus dem Geschäftsbericht unmittelbar hervorgehen, in die Unternehmensanalyse zu integrieren. Folgende Maßnahmen zeichnen dabei eine moderne strategische Unternehmensanalyse aus:[470]

- *Branchenanalyse*: Sie zielt auf die Identifizierung der strukturellen Merkmale ab, die für die Stärke der Wettbewerbskräfte und die Rentabilität einer Branche ausschlaggebend sind.471 Vielfältige soziale, ökonomische und regulatorische Kräfte beeinflusse das unternehmerische Handeln, sodass es wichtig ist, exogene Einflussfaktoren und Rahmenbedingungen, die sich unmittelbar

468 vgl. Küting, Weber (2009), S. 499
469 vgl. hierzu Coenenberg et al. (2009), S. 1175
470 vgl. Küting, Weber (2009), S. 499; Wohlgemuth et al. (2001), S. 666
471 vgl. Küting, Weber (2009), S. 500

auf die Entwicklung der Branche auswirken, frühzeitig zu identifizieren, um einen etwaigen Strukturwandel rechtzeitig zu erkennen.472

- *Marktstellunganalyse*: Sie dient als Ausgangsbasis für die Ermittlung des voraussichtlichen Leistungspotentials einer Unternehmung.473 Durch Informationen über die Stellung des Unternehmens am Markt, wie z.B. die Nachfrage nach den Produkten des Unternehmens oder die Konkurrenzsituation in der Branche, soll die wirtschaftliche Lages des Unternehmens beurteilt werden.474 Damit ein Unternehmen seine Wettbewerbsvorteile gegenüber der Konkurrenz ausbauen bzw. maximieren kann, sind spezielle Kenntnisse über die eigene Position am Markt sowie die Marktstellung der Mitbewerber erforderlich.475 Deshalb zielt die Marktstellunganalyse auch auf die Identifizierung der Stärken und Schwächen der Wettbewerber in dem jeweiligen spezifischen Marktsegment ab. Als wichtige Instrumente der Marktstellungs- bzw. Konkurrenzanalyse sind die Wertkette nach Porter oder auch die SWOT-Analyse (Strengths, Weakness, Opportunities, Threats-Analyse) zu nennen.476
- *Geschäftsmodellanalyse*: Die Geschäftsmodellanalyse zielt auf die Überprüfung der Logik und Zukunftsfähigkeit des Geschäftsmodells ab.477 Sie setzt sich detailliert mit den Erfolgspotentialen des Geschäftsmodells auseinander, um aussagekräftige Erkenntnisse über die künftige Zahlungsfähigkeit eines Unternehmens liefern zu können.478 Von zentraler Bedeutung ist dabei die Identifikation der Erfolgsfaktoren, die über den Erfolg und Misserfolg der Geschäftstätigkeit entscheiden.479 Darüber hinaus erfordert eine fundierte Geschäftsmodellanalyse die Berücksichtigung weiterer Einflussfaktoren und deren Auswirkungen auf die Tragfähigkeit der unternehmensspezifischen Geschäftstätigkeit. Dies kann beispielsweise auf Basis von Portfolioanalysen der Investitionspolitik und Innenfinanzierungskraft oder Analysen der Wertgenerierung des Geschäftsportfolios erfolgen.480 Als Problematisch erweist sich dabei die Prognose der wirtschaftlichen Unternehmensentwicklung als

---

472 vgl. Keuper (2001), S. 256

473 vgl. Hayn (2003), S. 243

474 vgl. Küting, Weber (2009), S. 500f.

475 vgl. Wohlgemuth et al. (2001), S. 668f.

476 vgl. Küting, Weber (2009), S. 501ff.; Wohlgemuth et al. (2001), S. 668ff.

477 Dies kommt der Durchführung einer Market Due Diligence Prüfung recht nahe (vgl. Küting, Weber (2009), S. 504)

478 vgl. Küting, Weber (2009), S. 507

479 vgl. Wohlgemuth et al. (2001), S. 672

480 vgl. Coenenberg et al. (2009), S. 1196ff.

auch die Reaktion des Wettbewerbs auf die Entwicklung des Unternehmens.481

Die aus einer Branchen-, Marktstellungs- und Geschäftsmodelanalyse bestehende strategische Analyse erweitert die traditionelle Bilanzanalyse um verschiedene Faktoren, die in der klassischen Berichterstattung zu kurz kommen oder gar nicht berücksichtigt werden. Aus der heute weitverbreiteten ganzheitlichen Unternehmensbetrachtung ist die strategische Analyse nicht mehr wegzudenken, wenn es darum geht, Aussagen über die erfolgswirtschaftliche und finanzwirtschaftliche Tragfähigkeit eines Unternehmens zu generieren.

3.2.2.6 Zwischenfazit

Die Ausführungen der vorangegangenen Abschnitte haben gezeigt, dass Unternehmen komplexe Wirtschaftssysteme darstellen, deren Geld- und Leistungsströme im betrieblichen Rechnungswesen detailliert erfasst werden und unter Anwendung spezieller Verfahren differenziert analysiert werden können. Ein allgemeingültiges betriebswirtschaftliches Analysemodell, das auf Basis standardisierter Regeln und Methoden eine eindeutige Aussage über die wirtschaftliche Lage eines Unternehmens als Grundlage für die Beurteilung der volkswirtschaftlichen Förderungswürdigkeit ermöglicht, existiert derzeit nicht. Es ist nach wie vor der Traum eines jeden Analytikers mit Hilfe einer einzigen Kennzahl die finanz- und erfolgswirtschaftliche Situation eines Unternehmens absolut und realitätsgetreu abbilden zu können. Es existieren vielmehr zahlreiche Ausprägungen der Unternehmensanalyse, die in Abhängigkeit des Informationsbedürfnisses des Adressaten und dem Anlass der Analyse das Unternehmen systematisch in seine Komponenten zerlegen und unter Beachtung der Zielsetzung Teilaussagen ermöglichen, die anschließend wieder zu einem Gesamtergebnis verdichtet werden können. Über die Auswahl des richtigen Verfahrens entscheiden die Ansprüche und Vorstellungen der Adressaten hinsichtlich des Analyseergebnisses.

Als Ausgangpunkt für die Darstellung der wirtschaftlichen Situation bzw. der ökonomischen Bedeutung eines Unternehmens fungiert das betriebliche Rechnungswesen, in dem alle Leistungs- und Geldströme des Unternehmens erfasst werden. Es dient als Datenbasis für alle Analysen, die auf die Beurteilung der wirtschaftlichen Aktivitäten eines Unternehmens abstellen. Die Auswahl, Aufbereitung, Verdichtung und Auswertung der für die Analyse relevanten Daten hängt von der zu beantwortenden Fragestellung ab. In dieser Arbeit besteht der Bewertungsanlass für den Staat als Adressat der Informationen darin, die ökonomischen Wirkungen des Unternehmens quantifizieren und hinsichtlich der

481 vgl. Wohlgemuth et al. (2001), S. 671f.

volkswirtschaftlichen Förderungswürdigkeit beurteilen zu können, um darauf aufbauend eine transparente Entscheidung über die Gewährung staatlicher Hilfen treffen zu können. Die im betrieblichen Rechnungswesen erfassten Daten und ihr Aufbereitung im Rahmen der traditionellen Bilanzanalyse bieten diesbezüglich umfangreiche Auswertungsmöglichkeiten und Interpretationsspielräume. So lassen sich auf Basis der Daten aus dem betrieblichen Rechnungswesen valide Informationen über die aus den Leistungserstellungsprozessen resultierenden direkten Effekte auf die inländische Produktion, die Wertschöpfung und die Beschäftigung gewinnen.

Vor dem Hintergrund der zu beantwortenden Fragestellung ist es wichtig, dass dem Staat als neutralem Gutachter ein „freier" Blick auf die ökonomische Bedeutung des Unternehmens gewährt wird. D.h. subjektive Wertungsprozesse bzw. Einflüsse und individuelle Wertvorstellungen müssen weitestgehend eliminiert werden. Die hohen Anforderungen an die Qualität und Aussagekraft der Ergebnisse haben zur Folge, dass qualitative und strategische Elemente, die verstärkt bei der Unternehmensbewertung sowie der Analyse des Erfolgspotentials und der Tragfähigkeit von Geschäftsmodellen zum Einsatz kommen, in dieser Arbeit keine Rolle spielen. Dies bedeutet, dass die Vorteile der neueren Ansätze gegen ihre Anwendung zur Beurteilung der ökonomischen Bedeutung eines bestimmten Unternehmens im Rahmen dieser Arbeit sprechen. Aufgrund des zentralen Interesses an einer aussagekräftigen Darstellung der ökonomischen Bedeutung eines Unternehmens stellt die Beschränkung auf vergangenheitsorientierte, quantitative Ist-Kennzahlen eine wichtige Voraussetzung dar. Neben der traditionellen Bilanzanalyse als Kennzahlenrechnung und den vorgestellten Weiterentwicklungen existieren zahlreiche weitere interessante Analyse- und Bewertungsverfahren, die den Ansprüchen an eine ganzheitliche Betrachtung und/oder den hohen Anforderungen an die Qualität der Ergebnisse allerdings nicht gerecht werden, z.B. Nutzwertanalysen, Investitionsanalysen, Fundamentalanalysen, Break-Even-Analysen, usw.

Abschließend ist festzuhalten, dass mit dem betrieblichen Rechnungswesen eine umfangreiche Datenbasis existiert, die ausgehend von gesetzlichen Vorschriften und normierten Regelungen die wirtschaftlichen Aktivitäten eines Unternehmens detailliert und vollständig erfasst. Auf Grundlage der Daten aus dem Rechnungswesen können wertvolle Erkenntnisse gewonnen und spezielle Kennzahlen gebildet werden, die Aussagen über die direkten ökonomischen Wirkungen einer Unternehmung und somit deren Beitrag zur gesamtgesellschaftlichen Wohlfahrt ermöglichen. Die Erweiterung der traditionellen Kennzahlenrechnung um Branchen- und Wettbewerbsaspekte im Rahmen der strategischen Ausrichtung moderner Unternehmensanalysen zeigt, dass das alleinige Abstellen auf die ökonomischen Transaktionen des Unternehmens aus einzelwirtschaftlicher Perspektive wichtige Wirkungen vernachlässigt, die für eine vollständigen Darstellung der ökonomischen Bedeutung einbezogen werden müssen. Das Abstellen auf die direkten Effekte eines Unternehmens, die unmittelbar aus dem betrieblichen Rechnungswesen ausgelesen werden können, reicht nicht aus, um ein vollständiges Gesamtbild der in Abbildung 12 dargestellten ökonomischen Bedeutung zeichnen zu können. Für eine ganzheitliche Betrachtung müssen darüber hinaus auch die ökonomischen Effekte, die von der betrachteten Unternehmung auf den Rest der deutschen Volkswirtschaft ausgehen, ermittelt und einbezogen werden.

Zur Beurteilung der ökonomischen Bedeutung gemäß dem Verständnis in Abschnitt 3.2.1 bedarf es daher einer gesamtwirtschaftlichen Betrachtung, die ausgehend von den Daten des betrieblichen Rechnungswesens auch die Verflechtungen des Unternehmens mit dem Rest der Volkswirtschaft berücksichtigt. Dafür muss eine Verbindung zwischen den auf der Mikroebene verfügbaren betrieblichen Daten und den auf der Makroebene dargestellten volkswirtschaftlichen Verflechtungen hergestellt werden. Um die ökonomische Bedeutung eines bestimmten Unternehmens für die deutsche Volkswirtschaft vollständig gemäß dem Verständnis in Abbildung 12 ermitteln zu können, ist es erforderlich, das Unternehmen als Wirtschaftseinheit innerhalb der deutschen Volkswirtschaft abzugrenzen und die ökonomischen Verflechtungen mit den anderen inländischen Wirtschaftseinheiten differenziert aufzubereiten. In den nachfolgenden Abschnitten werden deshalb wichtige gesamtwirtschaftliche Datenquellen und Verfahren vorgestellt, mit deren Hilfe zielführende Erkenntnisse über die volkswirtschaftlichen Verflechtungen eines bestimmten Unternehmens gewonnen werden können.

3.2.3 Die gesamtwirtschaftliche Ebene - Datenkonstrukte und Instrumente zur volkswirtschaftlichen Wirkungsmessung

Das betriebliche Rechnungswesen als zentrale einzelwirtschaftliche Datenbasis fasst die wirtschaftlichen Aktivitäten eines Unternehmens aus betriebswirtschaftlicher Sicht zusammen. Um die gesamtwirtschaftlichen Verflechtungen eines Unternehmens analysieren, dessen ökonomische Wirkungen auf die deutsche Volkswirtschaft vollständig quantifizieren, mit dem Beitrag anderer Unternehmen vergleichen oder aber innerhalb einer Branche abgrenzen zu können, werden zusätzliche Informationen über die volkswirtschaftlichen Zusammenhänge benötigt.[482] Entsprechende Daten und Konzepte hält das System der Volkswirtschaftlichen Gesamtrechnungen (VGR) bereit, das als umfassendes Rechenwerk alle makroökonomischen Zusammenhänge der deutschen Volkswirtschaft quantitativ erfasst. Als zentrales System volkswirtschaftlicher Statistikergebnisse dient es als umfassende Informationsplattform für die meisten Fragestellungen gesamtwirtschaftlicher Art sowie als wichtige Grundlage für wirtschaftspolitische Entscheidungen. Die vom Statistischen Bundesamt erstellten Volkswirtschaftlichen Gesamtrechnungen stellen die Güter- und Leistungsströme der verschiedenen Wirtschaftseinheiten innerhalb der deutschen Volkswirtschaft sowie deren Verflechtungen mit dem Ausland aus empirisch-statistischer Sicht dar.[483] Die VGR halten grundsätzliche alle Informationen bereit, die für eine Analyse der volkswirtschaftlichen Verflechtungen eines bestimmten Unternehmens benötigt werden.

Vor dem Hintergrund der Arbeit kommt der sogenannten Input-Output-Rechnung (IO-Rechnung) als Teilrechnung der Volkswirtschaftlichen Gesamtrechnungen eine herausragende Bedeutung zu, weil sie als besonderes Merkmal die güter- und produktionsmäßigen Verflechtungen der deutschen Volkswirtschaft als ex-post Kreislauf detailliert abbildet. Die Aufbereitung der volkswirtschaftlichen Verflechtungen im Rahmen der Input-Output-Rechnung wird in der ökonomischen Praxis für zahlreiche statistische, prognostische sowie analytische Zwecke verwendet. Aufgrund der detaillierten, empirisch-statistischen Aufbereitung der volkswirtschaftlichen Zusammenhänge bietet sich die Input-Output-Rechnung theoretisch als analytisches Instrument zur Darstellung und Quantifizierung der produktions- und gütermäßigen Verflechtungen eines bestimmten Unternehmens mit dem Rest der deutschen Volkswirtschaft an. Theoretisch deshalb, weil aufgrund der gesamtwirtschaftlichen Perspektive die Daten der einzelnen Wirtschaftseinheiten in den Volkswirtschaftlichen Gesamtrechnungen nur aggregiert ausgewiesen werden, sodass Aussagen über die gesamtwirtschaftlichen Wirkungen eines einzelnen Unternehmens nicht unmittelbar gewährleistet sind. Abhilfe verspricht an dieser Stelle das Konzept der Satellitensysteme, das speziell für Fälle, in denen Fragestellungen beantwortet werden sollen, die sich nicht unmittelbar innerhalb der Klassifikationen und Konzepte der amtlichen IO-Rechnung beantworten lassen, zusätzliche Analysemöglichkeiten bietet. Das Hauptziel von Satellitensystemen besteht demzufolge darin, zusätzliche Erkenntnisse zu gewinnen, die aus den IO-Tabellen aufgrund ihres fest vorgegebenen Darstellungsrahmens nicht oder nur eingeschränkt gewonnen werden können.

---

482 vgl. Görgens, Ruckriegel (2007), S. 6

483 vgl. Görgens, Ruckriegel (2007), S. 8

Die Ausführungen in den nachfolgenden Abschnitten beschränken sich auf die Darstellung der Volkswirtschaftlichen Gesamtrechnungen als das wichtigste gesamtwirtschaftliche Berichtssystem. Nach einer kurzen Einführung in das System der Volkswirtschaftlichen Gesamtrechnungen und ihrer Teilrechenwerke rückt die Input-Output-Rechnung als zentrales Instrument zur volkswirtschaftlichen Wirkungsmessung in den Fokus. Anschließen wird auf die allgemeine Funktion und Aufgabe von Satellitensystemen hingewiesen, bevor die zentralen Erkenntnisse dieses Kapitels nochmal zusammengefasst werden.

3.2.3.1 Die Volkswirtschaftlichen Gesamtrechnungen

Der Begriff der Volkswirtschaftlichen Gesamtrechnungen bezeichnet allgemein gesamtwirtschaftliche Rechenwerke, „die eine umfassende, systematische quantitative Beschreibung gesamtwirtschaftlicher Größen einer Volkswirtschaft für eine abgelaufen Periode geben.“[484] Die zentrale Aufgabe der Volkswirtschaftlichen Gesamtrechnungen besteht anders formuliert darin, „für einen bestimmten Zeitraum ein möglichst umfassendes, übersichtliches, hinreichend gegliedertes, quantitatives Gesamtbild des wirtschaftlichen Geschehens in einer Volkswirtschaft“[485] zu vermitteln. Als ex-post Darstellung des Wirtschaftsgeschehens einer abgelaufenen Periode erfassen die Volkswirtschaftlichen Gesamtrechnungen sämtliche ökonomische Aktivitäten[486] aller Wirtschaftseinheiten eines bestimmten Wirtschaftsgebiets.

Die Volkswirtschaftlichen Gesamtrechnungen schaffen „ein begriffliches System zum Verständnis der makroökonomischen Zusammenhänge“[487] und stellen gleichzeitig eine wesentliche Informationsgrundlage für politische und wirtschaftliche Entscheidungen dar.[488] Die Rechenwerke der Volkswirtschaftlichen Gesamtrechnungen liefern Daten, die bei der Beantwortung zahlreicher gesamtwirtschaftlicher Fragestellungen helfen. Nachfolgend sind exemplarisch ein paar Themengebiete aufgelistet:[489]

- Analyse der Entwicklung des Wirtschaftswachstums
- Analyse des Produktionspotentials und der Produktivität
- Analyse der Wirtschaftsstrukturen

---

484 Brümmerhoff, (2007), S. 1.

485 Destatis (2010b), S. 3

486 Bestandsveränderungen finden nur teilweise Berücksichtigung, da Vermögenänderungen aufgrund von Umbewertungen von Bestandgrößen gegenüber Sonderabschreibungen vom Anlagevermögen nicht erfasst werden (vgl. Brümmerhoff (2007), S. 39).

487 Görgens, Ruckriegel (2007), S. 7

488 vgl. Destatis (2011a), S. 620

489 vgl. Brümmerhoff (2007), S. 4

- Messung der monetären Gesamtnachfrage und Einkommensverteilung

Die Volkswirtschaftlichen Gesamtrechnungen erfüllen aufgrund ihres umfassenden Charakters und konsistenten Aufbaus eine wichtige Informationsfunktion für die Wirtschaftspolitik. Sie informieren über den Stand und die Veränderung zentraler wirtschaftspolitischer Größen sowie ihre wechselseitigen Beziehungen.[490] Als Adressaten der Ergebnisse der Volkswirtschaftlichen Gesamtrechnungen sind an erster Stelle die öffentlichen Gebietskörperschaften zu nennen, aber auch Forschungsinstitute, Gewerkschaften, Verbände, Versicherungen, Banken und sonstigen Unternehmen nutzen aus unterschiedlichen Gründen die bereitgestellten Ergebnisse der VGR. Neben der Informationsfunktion muss auch die wechselseitige Wirkung zwischen gesamtwirtschaftlichen (makroökonomischen) Theorien und den Daten der Volkswirtschaftlichen Gesamtrechnungen beachtet werden.[491] Zum einen werden die Daten zur Validierung von Ursache-Wirkungs-Zusammenhängen und zur Überprüfung makroökonomischer Theorien eingesetzt und zum anderen können auf Basis gewonnener empirischer Erkenntnisse neue Theorien formuliert bzw. abgeleitet werden.[492] Anders herum ist es ebenfalls möglich, dass aufgrund neuer Erkenntnisse durch die entstandenen Theorien eine Anpassung der Rechenwerke der Volkswirtschaftlichen Gesamtrechnungen erfolgt.

Das vom Statistischen Bundesamt (Destatis) aufgestellte System der deutschen Volkswirtschaftlichen Gesamtrechnungen (VGR) fasst in seinen deskriptiven statistischen Rechenwerke explizit die wirtschaftlichen Tätigkeiten aller (gebietsansässigen) Wirtschaftseinheiten in Deutschland (Inland) zusammen.[493] Das Ausland wird in den VGR als „übrige Welt“ bezeichnet. „Wirtschaftseinheiten sind alle Personen und Institutionen mit ihren für die Beschreibung des Wirtschaftsablaufs wichtigen wirtschaftlichen Tätigkeiten und damit verbundenen Vorgängen (produzieren, verteilen, konsumieren, investieren, finanzieren).“[494] Anstelle der Staatsangehörigkeit entscheidet das Inlandkonzept über die Aufnahme einer Wirtschaftseinheit in die VGR. Für die Aufnahme ist dabei die Rechtsform der jeweiligen Wirtschaftseinheit unerheblich. D.h. losgelöst von den Eigentumsverhältnissen zählen alle ständig im Inland befindlichen Produk-

---

490 vgl. Görgens, Ruckriegel (2007), S. 7

491 vgl. Görgens, Ruckriegel (2007), S. 7

492 vgl. Brümmerhoff (2007), S. 4

493 vgl. (Brümmerhoff (2007), S. 32). Neben einer gesamtwirtschaftlichen Betrachtung werden auch regionale VGR-Angaben für die einzelnen Bundesländer durch den Arbeitskreis „Volkswirtschaftliche Gesamtrechnungen der Länder (VGRdL)“ erstellt (http://www.vgrdl.de). Regionale Daten spielen aufgrund der Fokussierung auf die gesamtwirtschaftliche Ebene für diese Arbeit jedoch keine Rolle.

494 Destatis (2010b), S. 3

tionsstätten, Verwaltungseinrichtungen usw. (gebietsansässige Einheiten) zu den inländischen Wirtschaftseinheiten und umgekehrt alle ständig im Ausland gelegenen Institutionen nicht zu den inländischen Einheiten, selbst wenn sie sich im Eigentum von Inländern befinden.[495]

Um ein übersichtliches Bild des wirtschaftlichen Geschehens und darauf aufbauende gesamtwirtschaftliche Aussagen zu ermöglichen, werden die Vielzahl der Wirtschaftseinheiten und ihre Aktivitäten nach bestimmten Kriterien zu möglichst homogenen Gruppen (Wirtschaftsbereiche, Sektoren) zusammengefasst. Die Aggregation der Wirtschaftseinheiten erfolgt entweder nach institutionellen Gesichtspunkten (Art und Kombination der in ihnen vereinigten Tätigkeit, ihrer Stellung zum Markt und ihren Finanzierungsmöglichkeiten) oder nach der Art der ökonomischen Transaktionen (z.B. Produktion, Vermögensbildung, Finanzierung).[496] Als kleinste Darstellungseinheit werden in den Konten und Tabellen der VGR alle Institutionen erfasst, „die selbst bilanzieren bzw. die eine eigene Haushalts- und ggf. Vermögensrechnung aufstellen (z.B. Unternehmen, Gebietskörperschaften, Kirchen, private Haushalte).“[497] Sie werden in den Volkswirtschaftlichen Gesamtrechnungen in den folgenden institutionellen Sektoren zusammengefasst:[498]

- *Gesamte Volkswirtschaft* (S. 1)[499]: Alle Wirtschaftseinheiten mit ständigem Sitz (Wohnsitz) innerhalb des Wirtschaftsgebiets
  - *Nichtfinanzielle Kapitalgesellschaften* (S. 11): Kapitalgesellschaften (AG, GmbH, Genossenschaften), Personengesellschaften (OHG, KG) und rechtlich unselbständige Betriebe des Staates und der Organisationen ohne Erwerbszweck mit Entscheidungsautonomie und selbstständigem Rechnungswesen, z.B. Krankenhäuser und Pflegeheime sowie Wirtschaftsverbände.
  - *Finanzielle Kapitalgesellschaften* (S. 12): Banken, Versicherungen, Hilfsgewerbe sowie Zusatzversorgungseinrichtungen der Gebietskörperschaften (Pensionskassen)
  - *Staat* (S. 13): Bund, Länder, Gemeinden und Sozialversicherungen
  - *Private Haushalte* (S. 14): Haushalte von Vermögensempfängern bzw. Renten und Pensionsempfängern, (sonstige) Arbeitnehmerhaushalte, Selb-

495 vgl. Destatis (2010b), S. 3

496 vgl. Brümmerhoff (2007), S. 2f.

497 Destatis (2011a), S. 620

498 vgl. ESVG 1995, 2.17-2.101 (S. 44ff.); Destatis (2010b), S. 3; Destatis (2011a), S. 620; Brümmerhoff (2007), S. 35ff.

499 Die Sektorbezeichnungen entsprechen dem Konzept des europäischen Systems Volkswirtschaftlicher Gesamtrechnungen (ESVG 1995).

ständigenhaushalte (mit und ohne Arbeitnehmer), wie z.B. Freiberufler, selbstständige Landwirte, Einzelunternehmer usw.
  - *Private Organisationen ohne Erwerbszweck* (S. 15): Sport- und Freizeitvereine, Parteien, Gewerkschaften, Forschungseinrichtungen, Kirchen usw.
- *Übrige Welt* (S. 2): Gesamtheit der Wirtschaftseinheiten mit ständigem Sitz (Wohnsitz) außerhalb des Wirtschaftsgebiets

Die Ergebnisse der amtlichen VGR werden durch ein geschlossenes Kontensystem mit doppelter Verbuchung aller nachgewiesenen Vorgänge ermittelt.[500] Ausgangspunk sind idealtypische Aktivitätskonten, die – zumindest theoretisch - für jede einzelne Wirtschaftseinheit geführt werden und alle Leistungstransaktionen der entsprechenden Einheit aufzeichnen.[501] Theoretisch deshalb, weil die VGR erst auf der sektoralen Eben ansetzen und dafür die einzelwirtschaftlichen Aktivitätskonten der verschiedenen Wirtschaftseinheiten zu den beschriebenen Sektoren zusammenfassen.[502] Um sämtliche wirtschaftliche Tätigkeiten und damit verbundene Vorgänge der deutschen Volkswirtschaft erfassen zu können, existieren die folgenden Konten:[503]

- *Zusammengefasstes, gesamtwirtschaftliches Güterkonto*: Umfassender Überblick über die Herkunft und Verwendung der Güter (Waren und Dienstleistungen) in der Volkswirtschaft
- *Außenkonten*: Darstellung der Güter-, Einkommens- und Vermögensänderungstransaktionen mit dem Ausland
- *Sektorkonten*: Stellen die laufenden Tätigkeiten und Vermögensänderungen für jeden Sektor untergliedert in folgende Teilabschnitte dar:
  - Produktionskonto (Abbildung der Produktion von Waren und Dienstleistungen)
  - Einkommensentstehungskonto (Erfasst die durch die inländische Produktion entstandenen Erwerbs- und Vermögenseinkommen)
  - Primäres Einkommensverteilungskonto (Verteilung des entstandenen Einkommens)
  - Konto der sekundären Einkommensverteilung nach dem Verbrauchs- oder Ausgabenkonzept (Umverteilung der Einkommen z.B. durch Einkommenssteuern, Sozialbeiträge und sonstige laufende Transfers)

---

500 vgl. Destatis (2011a), S. 620

501 vgl. Görgens, Ruckriegel (2007), S. 10ff.

502 vgl. Görgens, Ruckriegel (2007), S. 13

503 vgl. ESVG 1995, 8.01-8.87 (S. 199ff.); Destatis (2011a), S. 620; Brümmerhoff (2007), S. 41ff.

- Einkommensverwendungskonto nach dem Verbrauchs- oder Ausgabenkonzept (Verwendung der Einkommen)
- Vermögensänderungskonten (Darstellung der Ursachen für die Veränderung der Aktiva, der Verbindlichkeiten und des Reinvermögens (z.B. durch Sparen und Vermögenstransfers oder die Vermögensbildung z.B. durch Anlageinvestitionen bzw. Vorratsveränderungen))
- Finanzierungskonto (Veränderungen der Forderungen und Verbindlichkeiten)

Die auf dem Kontensystem des europäischen Systems Volkswirtschaftlicher Gesamtrechnungen (ESVG 1995) aufsetzende Kontenabfolge in der deutschen VGR fasst die verschiedenen Transaktionen hinsichtlich der Kriterien Produktion, Vermögensbildung und Finanzierung zusammen. Unter Anwendung des Prinzips der doppelten Buchführung wird jede Transaktion doppelt verbucht; einmal auf der Aufkommensseite (Veränderungen der Passiva) und einmal auf der Verwendungsseite (Veränderungen der Aktiva).[504] Die wirtschaftlichen Transaktionen in den Konten werden auf unterschiedlichen Aggregationsstufen, nach unterschiedlichen Kriterien zusammengefasst oder auch als Verhältniszahlen, z.B. je Einwohner, wiedergegeben. Die Darstellung der Ergebnisse der deutschen VGR erfolgt entweder unmittelbar in Kontenform oder über zahlreiche Tabellen, die das Kontensystem ergänzen und Informationen enthalten, die nicht unmittelbar aus den Konten entnommen und/oder nur mit hohem Aufwand generiert werden können.[505]

Bereits der Begriff Volkswirtschaftliche Gesamtrechnungen bringt zum Ausdruck, dass sich die VGR aus mehreren Teilrechnungen zusammensetzen (vgl. Abbildung 17). Das Hauptaugenmerk der VGR liegt auf der Berechnung des Inlandprodukts mit dem Bruttoinlandsprodukt (BIP) als zentralem Produktionsmaß und dem Bruttonationaleinkommen (BNE) als bedeutendem Einkommensmaß.[506] Das Niveau und die zeitliche Entwicklung des BIP und BNE können dabei sowohl über die Entstehungsseite als auch die Verwendungsseite berechnet werden. Die Entstehungsrechnung (Produktionsansatz) erfasst die wirtschaftliche Leistung aus Sicht der Produzenten, wohingegen die Verwendungsrechnung (Ausgabenansatz) die wirtschaftliche Leistung über den Endverwendung der Waren und Dienstleistungen ermittelt.[507] Als dritter Bestandteil der Inlandsproduktberechnung können Aggregate der Verteilungsrechnung auf Basis der im Produktionsprozess entstandenen Einkommen berechnet werden. Auf-

504 vgl. Destatis (2011a), S. 621
505 vgl. Brümmerhoff (2007), S. 31
506 vgl. Brümmerhoff (2007), S. 1
507 vgl. Destatis (2011a), S. 620

grund fehlender statistischer Informationen über die Gewinne der Unternehmen lässt sich das BIP und BNE allerdings nicht über die Verteilungsseite als eigenständige Berechnung ermitteln.[508] Dennoch kommt der Verteilungsrechnung große Bedeutung hinsichtlich der Stützung und Plausibilisierung des BIP und BNE zu.

Neben den Ergebnissen der Inlandsproduktberechnung liefern die Sektorkonten und Tabellen der VGR zusätzliche Informationen, die im Rahmen der Erwerbstätigen- (bzw. Volumen-), Vermögens-, Finanzierungs- und Einkommensrechnung sowie der Input-Output-Rechnung verdichtet bzw. speziell aufbereitet werden (vgl. Abbildung 17).[509] Während die Inlandsproduktberechnung im Wesentlichen auf die Darstellung von Marktvorgängen abzielt, liegt das Augenmerk der Input-Output-Rechnung auf der detaillierten, tiefgegliederten Darstellung der produktions- und gütermäßigen Verflechtungen zwischen den Wirtschaftseinheiten der deutschen Volkswirtschaft.[510] Die Input-Output-Rechnung und die Satellitensysteme als Ansatz zur erkenntniszielorientierten Aufbereitung der VGR-Daten werden in den nachfolgenden Abschnitten detailliert beschrieben.

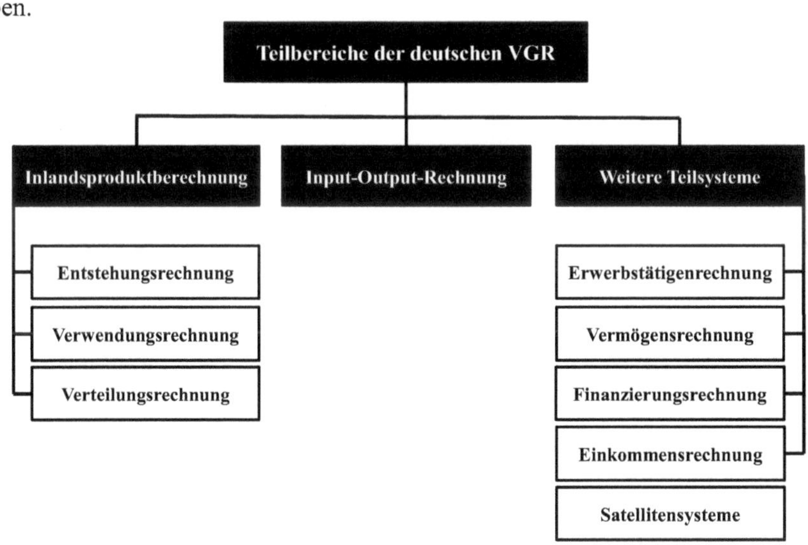

Abbildung 17: Teilbereiche der VGR

---

508 vgl. Destatis (2007), S. 28

509 Für eine vertiefende Darstellung der Methoden und Grundlage zur Berechnung der verschiedenen Teilbereiche der VGR siehe u.a. Brümmerhoff (2007), Destatis (2007), Görgens, Ruckriegel (2007).

510 vgl. Destatis (2010b), S. 4

In die Berechnungen der Ergebnisse der VGR fließen neben den Daten der durchgeführten wirtschaftsstatistischen Erhebungen (z.B. die Kostenstrukturerhebungen) auch administrative Daten (z.B. Finanz- und Steuerstatistiken), Geschäftsstatistiken und Jahresabschlüsse großer Unternehmen und Verbände sowie die Ergebnisse von Haushaltsbefragungen (z.B. die Einkommens- und Verbrauchsstichprobe (EVS)) ein.[511] Für die Erstellung der VGR wird auf das gesamte verfügbare sekundärstatistische Datenmaterial der Wirtschafts-, Sozial- und Finanzstatistik sowie geeignete, darüber hinausgehende Informationen zurückgegriffen.[512] Als struktureller Rahmen der VGR ist das Europäische System Volkswirtschaftlicher Gesamtrechnungen (ESVG 1995[513]) gesetzlich festgeschrieben. Gegenüber den Ausführungen im System of National Accounts (SNA 1993[514]) der Vereinten Nationen ist das ESVG 1995 stärker auf die Verwendung in der Europäischen Union (EU) ausgerichtet, stimmt aber im Wesentlichen damit überein.[515] Durch die einheitliche Anwendung des ESVG 1995 sind Definitionen, Konzepte, Abgrenzungen, Begriffe, Klassifikationen, Zeitpunkt und Häufigkeit der Lieferungen von Ergebnissen europaweit einheitlich geregelt.[516]

Aufgrund der einheitlichen Anwendung des ESVG 1995 stehen der Politik, Wirtschaft und Verwaltung europaweit vergleichbare und harmonisierte Ergebnisse für politische und wirtschaftliche Entscheidungen zur Verfügung.[517] Als Beispiel sei auf die Verwendung der Daten bei der Überprüfung der Einhaltung der Bedingungen des Euro-Stabilitätspakts oder als Grundlage für die Berechnung der Zahlungen an den EU-Haushalt hingewiesen. Trotz der einheitlichen Ausgestaltung steht die VGR immer wieder in der Kritik. Als ein Hauptkritikpunkt wird in den vergangenen Jahren immer wieder auf die Probleme der Wohlstandsmessung hingewiesen und eine Erweiterung der monetär geprägten VGR um soziale und ökologische Faktoren diskutiert.[518] Auf der anderen Seite werden Ungenauigkeiten bei der Datenerfassung und Aufbereitung der Ergebnisse kritisiert, die sich nachteilig auf die Qualität und Aussagekraft der Daten

---

511 vgl. Destatis (2010b), S. 4

512 vgl. Brümmerhoff (2007), S. 7

513 vgl. ESVG 1995

514 vgl. SNA 1993. Mittlerweile existiert auch eine aktualisierte bzw. weiterentwickelte Version des System of National Accounts von 2008, das an die Bedürfnisse der Nutzer angepasst wurde und aktuellen statistischen Entwicklungen Rechnung trägt (vgl. SNA 2008).

515 vgl. Brümmerhoff (2007), S. 31

516 vgl. Destatis (2010b), S. 4

517 vgl. Destatis (2011a), S. 620

518 vgl. Brümmerhoff (2007), S. 276 ff.; Görgens, Ruckriegel (2007), S. 33ff.; Diefenbacher, Zieschank (2009); Europäische Kommission (2009a); Stiglitz et al. (2009); Hoffmann, Speich (2010)

auswirken. Verantwortlich für etwaige Ungenauigkeiten sind z.B. der Einsatz von Schätzverfahren sowie die Fortschreibung von Zeitreihen, die fehlenden statistischen Erhebungen sogenannter Kleinunternehmen, der Rückgriff auf Sekundärstatistiken und sonstige stichprobenbedingten und nicht-stichprobenbedingte Fehler in den einfließenden Basisstatistiken.[519] Aufgrund der Komplexität der Rechnungen sowie der Masse an verwendeten Daten können Ungenauigkeiten in den Ergebnissen der VGR grundsätzlich nicht ausgeschlossen werden.

Der hohe Anspruch an die Qualität und Aktualität der Ergebnisse der VGR steht in einem ständigen Widerspruch zu den Forderungen nach einer stärkeren Ausdifferenzierung der VGR-Daten und der Aufnahme zusätzlicher Informationen. Insbesondere die Integration sozialer Komponenten würde die weitestgehend objektive Darstellung der volkswirtschaftlichen Zusammenhänge auf Basis harter Faktoren durch subjektive Einflüsse aufweichen.[520] Die Volkswirtschaftlichen Gesamtrechnungen befinden sich daher in einem kaum zu lösenden Spannungsverhältnis zwischen der Befriedigung des wachsenden Informationsbedürfnisses sowie der bestmöglichen Aktualität der Daten und dem hohen Anspruch an die Qualität der generierten Ergebnisse.[521]

Die VGR und ihre Teilrechnungen beschreiben ein umfangreiches statistisches Rechenwerk, das die wirtschaftlichen Aktivitäten der Wirtschaftseinheiten in Deutschland bestmöglich zusammenfasst und entsprechend der Informationsbedürfnisse der verschiedenen Interessensgruppen statistisch aufbereitet. Die Kritik an der VGR in Bezug auf die geringe Eignung des BIP als Wohlstandsindikator oder die Vernachlässigung ökologischer und sozialer Einflussfaktoren zur Beurteilung der nachhaltigen wirtschaftlichen Entwicklung spielt vor dem Hintergrund der Arbeit keine Rolle. Eine fundierte Analyse der ökonomischen Bedeutung eines Unternehmens zur Beurteilung der volkswirtschaftlichen Förderungswürdigkeit setzt vielmehr eine transparente und valide Datenbasis voraus, die ein den tatsächlichen wirtschaftlichen Verhältnissen entsprechendes Gesamtbild zeichnet. Die VGR beschreibt diesbezüglich das derzeit beste gesamtwirtschaftliche Berichtssystem.

Vor dem Hintergrund der Arbeit ist die Input-Output-Rechnung als Teilrechnung hervorzuheben, die differenzierte Aussagen über die produktions- und gütermäßigen Verflechtungen innerhalb der deutschen Volkswirtschaft ermöglicht. Aufgrund ihrer vielseitigen Analysemöglichkeiten und ihrem mathematisch analytischen Charakter ist Input-Output-Rechnung von zentraler Bedeu-

519 vgl. Destatis (2011b); Brümmerhoff (2007), S. 219ff.

520 vgl. Brümmerhoff (2007), S. 7

521 vgl. Thalheimer (2008, 2010)

tung für die Messung der gesamtwirtschaftlichen Wirkungen eines Unternehmens und wird deshalb nachfolgend detailliert vorgestellt.

3.2.3.2 Die Input-Output-Rechnung

Die Input-Output-Rechnung (IO-Rechnung) beschreibt ein wichtiges Teilrechenwerk der Volkswirtschaftlichen Gesamtrechnungen, das zur Beantwortung wirtschaftspolitischer und ökonomischer Fragestellungen eingesetzt wird. Die auf Wassily Leontief[522] zurückzuführende Input-Output-Rechnung beschreibt ein ökonomisches Modell, das vielfältige Interpretationen volkswirtschaftlicher Zusammenhänge auf Basis mathematischer Operationen ermöglicht und sich in der empirischen Wirtschaftsforschung als Prognose- und Analyseinstrument bewährt hat.[523] Die Input-Output-Rechnung kann in zwei zentrale Teilbereiche unterschieden werden:[524]

1. Der *empirisch-praktische Teil* beschäftigt sich mit der Beschaffung der Daten sowie der Konzeption, Aufbereitung und Generierung von Input-Output-Tabellen (IO-Tabellen).
2. Im *theoretisch-analytische Teil* werden die in den Tabellen gespeicherten Angaben interpretiert bzw. zielgerichtet ausgewertet. Unter Berücksichtigung der Zielgröße werden die aufbereiteten Daten im Rahmen der sogenannten Input-Output-Analyse (IO-Analyse) entweder rein deskriptiv oder unter Anwendung geeigneter Modelle ausgewertet.

Die beiden Teilbereiche der IO-Rechnung können nicht unabhängig voneinander betrachtet werden. Als definitorisches Rechenschema dienen die Tabellen zur Abbildung der intersektoralen Güteströme und liefern detaillierte Erkenntnisse über die strukturellen Zusammenhänge innerhalb der betrachteten Volkswirtschaft.[525] Sie beschreiben das formale Gerüst für die Input-Output-Analyse, geben durch ihre Gliederungstiefe den konzeptionellen Rahmen vor und beeinflussen maßgeblich durch ihre Genauigkeit und Korrektheit der in ihr enthaltenen Daten die Güte und Qualität der Analyseergebnisse.[526] Im Rahmen der Input-Output-Analyse wird die rein deskriptive Darstellung der strukturellen Verflechtungen in der Input-Output-Tabelle durch Hypothesen über produktionstheoreti-

---

522 Literatur von Leontief zur Input-Output-Systematik vgl. u.a. Leontief (1936), Leontief (1951), Leontief (1953).

523 vgl. Grötschel (2003), S. 53

524 vgl. Grötschel (2003), S. 53; Brümmerhoff (2007), S. 177

525 vgl. Holub, Schnabl (1994b), S. 32

526 vgl. Grötschel (2003), S. 55

sche Zusammenhänge und gezielte Verhaltensannahmen erweitert.[527] Die Tabellenerstellung und–auswertung müssen deshalb als untrennbare Einheit der Input-Output-Rechnung[528] verstanden werden. D.h. die Analyse kann nie mehr liefern, als es die Angaben in den erstellten Input-Output-Tabellen zulassen.

Die Entscheidung über die „richtige" Input-Output-Tabelle als Datengrundlage und das Analysemodell variiert in Abhängigkeit des Ziels und Zwecks der jeweiligen Analyse. Für die deutsche Volkswirtschaft existieren unterschiedliche IO-Tabellen, die vom Statistischen Bundesamt, DIW, Ifo-Institut, RWI oder anderen Forschungsinstituten erstellt wurden bzw. teilweise noch werden.[529] Sie unterscheiden sich in ihrem Aufbau, den zugrundeliegenden Daten sowie ihrer Aktualität teilweise erheblich. Den hohen Ansprüchen an die Transparenz, Objektivität und Vergleichbarkeit der als Grundlage für die Berechnung der ökonomischen Wirkungen eines Unternehmens verwendeten IO-Tabelle wird das Tabellenangebot des Statistischen Bundesamtes am besten gerecht. Als Gründe sind die freie Verfügbarkeit, die Masse an Informationen, die in die Erstellung der IO-Tabellen einfließen, die Konsistenz zu den Ergebnissen der VGR sowie der im Gegensatz zu den proprietären Tabellen der Forschungsinstitute transparente Erstellungsprozess zu nennen.[530] Vor dem Hintergrund dieser Arbeit beschreiben die Input-Output-Tabellen des Statistischen Bundesamtes derzeit die beste verfügbare Ausgangsdatenbasis für eine objektive Analyse der volkswirtschaftlichen Verflechtungen eines bestimmten Unternehmens.

---

527 vgl. Holub, Schnabl (1994b), S. 32f.

528 In den VGR wird das Zusammenspiel zwischen den IO-Tabellen und den darauf aufbauenden analytischen Auswertungen als Input-Output-Rechnung bezeichnet. In der wissenschaftlichen Literatur wird das Zusammenspiel der Tabellenerstellung und -auswertung oftmals auch direkt als Input-Output-Analyse oder ganz allgemein als Input-Output-Modell bezeichnet (vgl. Miller, Blair (2009)).

529 vgl. Holub, Schnabl (1994b), S. 102ff; Reich et al. (1995); http://www.gws-os.com/de/. Anstelle auf eine bereits existente IO-Tabellen zurückzugreifen, besteht auch die Möglichkeit in Abhängigkeit des Erkenntnisziels der Analyse eine komplett neue IO-Tabelle zu erstellen. Aufgrund des unverhältnismäßig hohen Arbeits- und Zeitaufwands sowie der damit verbundenen Kosten wurde auf die Erstellung einer eigenen IO-Tabelle in dieser Arbeit verzichtet.

530 In diesem Zusammenhang spielt auch eine fundierte und nachvollziehbare Dokumentation hinsichtlich der Konzepte, Methoden und Definitionen, die der IO-Tabelle zugrunde liegen bzw. gemäß denen die IO-Tabelle erstellt wird eine zentrale Rolle. Ohne detaillierte Kenntnisse über die Art und Genauigkeit des Datenmaterials bzw. der systeminhärenten Annahmen und Restriktionen sind keine validen Analysen möglich. Die Nachvollziehbarkeit des Erstellungsprozesses stellt diesbezüglich eine wichtige Voraussetzung dar.

Als integraler Bestandteil der Volkswirtschaftlichen Gesamtrechnungen sind die Daten der amtlichen Input-Output-Rechnung vollständig mit den Ergebnissen der Entstehung- und Verwendungsrechnung der Inlandsproduktberechnung abgestimmt.[531] Die Input-Output-Rechnung basiert auf den Definitionen, Methoden und Konzepte der Inlandsproduktberechnung. Der grundlegende Aufbau sowie die Vorschriften hinsichtlich der an das statistische Amt der Europäischen Union (Eurostat) zu liefernden Input-Output-Daten[532] sind in der Verordnung des ESVG 1995 geregelt und dadurch europaweit vergleichbar.[533]

Das Tabellenangebot der Input-Output-Rechnung, das in der Fachserie 18 Reihe 2 des Statistischen Bundesamts veröffentlicht wird, umfasst folgende Tabellen:[534]

- Symmetrische Input-Output-Tabellen
- Basistabellen: Die Aufkommens- und Verwendungstabellen beschreiben das Verbindungsglied zwischen der Inlandsproduktberechnung und den IO-Tabellen:
  - Aufkommenstabelle: Sie stellt den Wert der im Inland produzierten Waren und Dienstleistungen (Produktionswerte) ergänzt um Importe der einzelnen Wirtschaftsbereiche nach Gütergruppen dar und gibt dadurch die Produktionsstruktur der Wirtschaft wieder.[535]
  - Verwendungstabelle: Sie zeigt die Verwendung der im Inland produzierten und importierten Waren und Dienstleistungen nach Gütergruppen und nach Verwendungsarten, d.h. als Vorleistungen (nach Wirtschaftsbereichen), Konsum, Bruttoinvestitionen und Exporten.[536]
- Zusatztabellen: Eine zusätzliche Tabelle zu den Erwerbstätigen und Arbeitnehmer sowie eine Konsumverflechtungstabelle halten ergänzende Informationen bereit.
- Auswertungstabellen: Sie weisen Input- und Inverse-Koeffizienten der symmetrischen IO-Tabellen aus, die für die Analyse der volkswirtschaftlichen Verflechtungen von zentraler Bedeutung sind.

---

531 vgl. Destatis (2010c), S. 12f.

532 Neben symmetrischen Input-Output-Tabellen muss das Statistische Bundesamt fünfjährlich auch Aufkommens- und Verwendungstabellen als Basistabellen an Eurostat liefern (vgl. Bleses(2007), S. 87).

533 Vgl. ESVG 1995, 9.01-9.62. Das Statistische Amt der europäischen Union (Eurostat) hat zudem ein Handbuch herausgegeben, das detailliert Methoden und Empfehlungen bereithält, wie Aufkommens- und Verwendungstabellen sowie Input-Output-Tabellen in der EU erstellt werden sollten (vgl. Eurostat (2008)).

534 vgl. Destatis (2010c), S.14ff.; Destatis (2010d)

535 vgl. ESVG 1995, 9.03

536 vgl. ESVG 1995, 9.04

Der Überblick über die Input-Output-Rechnung des Statistischen Bundesamtes bringt die zwei unterschiedlichen Teilbereiche der IO-Rechnung zum Ausdruck Der empirisch-praktische Teil beschäftigt sich mit der Erstellung und Aufbereitung der Input-Output-, Basis- und Zusatztabellen, wohingegen die Auswertungstabellen dem theoretisch-analytischen Teil zuzuordnen sind und erste Aussagen über ökonomische und strukturelle Verflechtungen innerhalb der Volkswirtschaft ermöglichen. In den nachfolgenden Abschnitten wird zunächst auf die IO-Tabellen als Kernstück der Input-Output-Rechnung eingegangen, bevor die auf den IO-Tabellen aufbauende Input-Output-Analyse und ihre Verwendung als Instrument der Wirkungsanalyse in den Fokus rücken.

3.2.3.2.1 Die Input-Output-Tabellen

Input-Output-Tabellen als Kern der IO-Rechnung beschreiben für eine bestimmte Berichtsperiode quantitativ die güter- und produktionsmäßigen Verflechtungen zwischen den verschiedenen zu Produktionsbereichen aggregierten Wirtschafseinheiten der deutschen Volkswirtschaft sowie deren Beziehungen zur übrigen Welt über Export- und Importströme.[537] Eine IO-Tabelle wird allgemein als ein Ex-Post-Kreislauf charakterisiert, der alle realen Ströme abbildet, die mit der Produktion von Gütern und Dienstleistungen zusammenhängen.[538] Dabei werden die wirtschaftlichen Verflechtungen zwischen den zu homogenen Produktionsbereichen zusammengefassten Produktionseinheiten sowohl aufkommens- als auch verwendungsseitig betrachtet. D.h. Input-Output-Tabellen stellen nicht nur die im Produktionsprozess eingesetzten Inputs dar, sondern geben auch wieder, wie die hergestellten Güter in der Volkswirtschaft verwendet werden. Die Hautaufgabe einer Input-Output-Tabelle besteht demzufolge darin, die produktions- und gütermäßigen Verflechtungen innerhalb einer Volkswirtschaft und zwischen der Volkswirtschaft und der übrigen Welt je nach Ausgestaltung der IO-Tabelle differenziert darzustellen.[539]

In Tabelle 9 ist der formale Aufbau einer verallgemeinerten symmetrischen IO-Tabelle dargestellt. Die abgebildete IO-Tabelle umfasst n homogene Produktionssektoren, p Primärinputs und m Endnachfragekategorien. Die Zeilen 1-n geben darüber Auskunft, wie die in den verschiedenen Produktionssektoren hergestellten Güter verwendet werden, d.h. ob als intermediäre Vorleistungen für die Produktion anderer Güter oder als Güter für den Endverbrauch. Demgegenüber informieren die Spalten 1-n darüber, welche Produkte und Dienstleistungen durchschnittlich in den Produktionsprozess des jeweiligen Produktionsbereichs

537 vgl. Brümmerhoff (2007), S. 177
538 vgl. Holub, Schnabl (1994a), S. 1.
539 vgl. Destatis (2010c), S. 5.

als Vorleistungen einfließen und welche Primärinputs durchschnittlich in welcher Höhe im Rahmen der Produktion eingesetzt werden.

Tabelle 9: Allgemeiner schematischer Aufbau einer symmetrischen IO-Tabelle

		Produktionssektoren					**Endnachfrage**			
							C(Pr)	C(St)		Exp
		1	2	3	…	n	1	2	…	m
Output der Produktionssektoren	1	X(11)	X(12)	X(13)	…	X(1n)	Y(11)	Y(12)	…	Y(1m)
	2	X(21)	X(22)	X(23)	…	X(2n)	Y(21)	Y(22)	…	Y(2m)
	3	X(31)	X(32)	X(33)	…	X(3n)	Y(31)	Y(32)	…	Y(3m)
	…	…	…	…		…	…	…		…
	n	X(n1)	X(n2)	X(n3)	…	X(nn)	Y(n1)	Y(n2)	…	Y(nm)
Primärinputs	1	PI(11)	PI(12)	PI(13)		PI(1n)	Z(11)	Z(12)	…	Z(1m)
	2	PI(21)	PI(22)	PI(23)		PI(2n)	Z(21)	Z(22)	…	Z(2m)
	…						…	…		…
	p	PI(p1)	PI(p2)	PI(p3)		PI(pn)	Z(p1)	Z(p2)	…	Z(pm)

Die in Tabelle 9 bereits deutlich zu erkennenden, voneinander abgegrenzten Teilmatrizen (I – IV Quadrant) einer symmetrischen Input-Output-Tabelle sind in Abbildung 18 noch einmal schematisch hervorgehoben und werden anschließend kurz gegeneinander abgegrenzt.

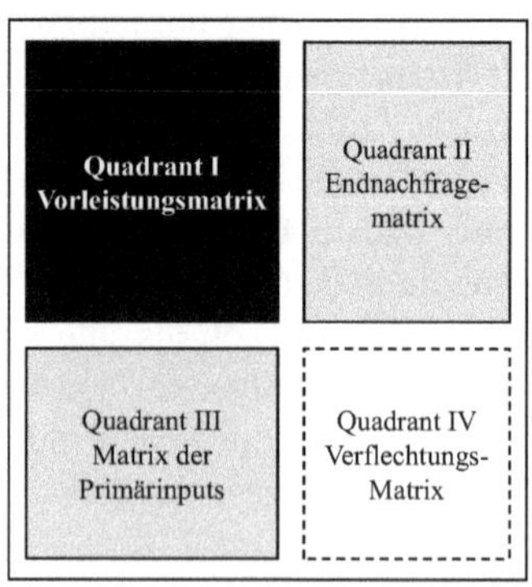

Quelle: Holub, Schnabl (1994a), S. 3

Abbildung 18: Teilmatrizen einer symmetrischen IO-Tabelle

Vorleistungsmatrix (Quadrant I)

Die Vorleistungsmatrix beschreibt das Herzstück einer symmetrischen IO-Tabelle.[540] Auch als Zentral- oder Vorleistungsverflechtungsmatrix bezeichnet, stellt der erste Quadrant die Vorleistungsverflechtungen der n Produktionssektoren dar. Die Zeilen geben dabei die nach n Produktionsbereichen gestaffelte intermediäre Verwendung wieder. D.h. Zeilenweise wird die Verwendung der in den jeweiligen Produktionssektoren hergestellten Waren und Dienstleistungen als Vorleistungen den entsprechenden Produktionsbereichen zugeordnet. In den Spalten werden demgegenüber die für die Produktion des jeweiligen homogenen Produktionssektors benötigten Produkte und Dienstleistungen (intermediäre Inputs) getrennt nach den n Gütergruppen ausgewiesen.[541] Die Spalten- bzw. Zeilensummen der Zentralmatrix beschreiben die gesamten Vorleistungsinputs bzw. die Summe der intermediären Verwendung der in den n Produktionssektoren hergestellten Güter. Die Vorleistungsmatrix ist der Grund, weshalb Leontief die Input-Output-Analysen als „Untersuchung der innergewerblichen Verflechtung oder der aufgenommenen und abgegebenen Leistung“ definierte.[542]

Endnachfragematrix (Quadrant II)

In der nicht quadratischen Endnachfragematrix wird zeilenweise die letzte Verwendung der in den n Produktionssektoren einer Volkswirtschaft hergestellten Güter dargestellt. D.h. die Endnachfragematrix fasst alle Güter zusammen, die nicht länger im volkswirtschaftlichen Kreislauf zirkulieren.[543] Spaltenweise wird die gütermäßige Zusammensetzung der jeweiligen Kategorien der Endnachfrage dargestellt, u.a. der Konsum, die Anlageinvestitionen und der Export. Die Kategorien der letzten Verwendung können dabei von IO-Tabelle zu IO-Tabelle variieren.[544]

---

540 vgl. Destatis (2010c), S. 6

541 vgl. Holub, Schnabl (1994a), S. 2f.

542 vgl. Leontief (1952), S. 153ff. Leontief bezog sich auf nach Wirtschaftsbereichen abgegrenzte symmetrische IO-Tabellen (vgl. Destatis (2010c), S. 6).

543 vgl. Destatis (2010c), S. 18

544 In den IO-Tabellen des Statistischen Bundesamts werden die folgenden zusammengefassten Komponenten der letzten Verwendung unterschieden: Konsum, Anlageinvestitionen, Vorratsveränderungen sowie Exporte (vgl. Destatis (2010c), S. 19).

Matrix der Primärinputs (Quadrant III)

Die Matrix der Primärinputs stellt die während des Produktionsprozesses eingesetzten Wertschöpfungskomponenten dar. Die im Inland eingesetzten Produktionsfaktoren und ihre Entgelte werden unmittelbar den jeweiligen Produktionsbereichen zugeordnet. Zu den Komponenten der nicht quadratischen Primärinputmatrix zählen neben Abschreibungen, sonstigen Produktionsabgaben abzüglich Subventionen, Arbeitnehmerentgelte, Betriebsüberschüssen in Abhängigkeit des Tabellentyps auch die sektoralen Importe.[545]

Verflechtungsmatrix (Quadrant IV)

Gelegentlich wird eine zusätzliche Verflechtungsmatrix im vierten Quadranten einer IO-Tabelle erstellt, um gezielt Zusammenhänge zwischen den Komponenten der Primärinputmatrix und der Endnachfrage aufzuzeigen bzw. zu analysieren.[546] In der Praxis wird die Verflechtungsmatrix jedoch regelmäßig vernachlässigt und nur bei Bedarf als alternatives Analysetool zur Beantwortung verschiedener Fragestellungen eingesetzt.[547]

Die symmetrischen IO-Tabellen bringt die Transformation von Inputs in Outputs unter Beachtung der wirtschaftlichen Produktionsprozesse zum Ausdruck. Diesbezüglich erfolgt spaltenweise eine Unterteilung der Inputs in Vorleistungen (Quadrant I) und Primärinputs (Quadrant II).[548] Analog wird auf der Outputseite zwischen intermediärer Verwendung (Quadrant I) und den verschiedenen Kategorien der Endnachfrage (Quadrant II) unterschieden, die die letzte Verwendung der hergestellten und in Abhängigkeit des Tabellentyps auch der importierten Güter darstellen. Wie im ESVG 1995 festgeschrieben[549] werden die symmetrischen Input-Output-Tabellen für Deutschland im Rahmen der Fachse-

545 vgl. Holub, Schnabl (1994a), S. 4f.

546 vgl. Holub, Schnabl (1994a), S. 5f.

547 Im ESVG 1995 findet der 4-Quadrant keine Berücksichtigung (vgl. Destatis (2010c), S.16).

548 vgl. Holub, Schnabl (1994a), S. 1.

549 Im ESVG 1995 werden die IO-Tabellen als bedeutende Teilrechnung des ESVG und wichtigster Bestandteil des Input-Output-Systems ausführlich im Kapitel 9 beschrieben (vgl. ESVG 1995, 9.01-9.62).

rie 18 Reihe 2 „Input-Output-Rechnung“ für jedes Jahr vom Statistischen Bundesamt mit einer gewissen zeitlichen Verzögerung veröffentlicht.[550]

Während die Aufkommens- und Verwendungstabellen nach Gütergruppen und Wirtschaftsbereichen unterteilt vorliegen, sind die IO-Tabellen der Input-Output-Rechnung des Statistischen Bundesamtes symmetrisch aufgebaut und funktional gegliedert. D.h. sowohl die Zeilen als auch die Spalten sind einheitlich nach Gütergruppen bzw. diese erzeugenden Produktionsbereiche unterteilt (siehe Abschnitt 4.1.1).[551] Das Statistische Bundesamt veröffentlicht gemäß den Anforderungen des ESVG 1995 folgende drei Typen von symmetrischen Input-Output-Tabellen:[552]

1. Input-Output-Tabelle der inländischen Produktion und Importe
2. Input-Output-Tabelle der inländischen Produktion
3. Importmatrix

Die IO-Tabelle der inländischen Produktion und Importe (Typ 1) fasst das Aufkommen an Gütern (Waren und Dienstleistungen) aus inländischer Produktion und Importen sowie die Verwendung dieser Güter zusammen und weist darüber hinaus noch die im Rahmen der Produktion entstandene Wertschöpfung nach Produktionsbereiche aus.[553] In der Importmatrix des Statistischen Bundesamtes (Typ 3) wird demgegenüber ausschließlich die Verwendung der importierten Waren und Dienstleistungen nach Gütergruppen und Produktionsbereichen (71x71) ausgewiesen.[554] Durch Abzug der Wertfelder der Importmatrix von den entsprechenden Positionen der IO-Tabelle vom Typ 1 ergibt sich die IO-Tabelle der inländischen Produktion (Typ 2), die den Vorteil besitzt, dass importierte Waren und Dienstleistungen getrennt ausgewiesen werden und somit volkswirt-

550 Die Input-Output-Rechnung des Statistischen Bundesamts erscheint etwa dreieinhalb Jahre nach Abschluss des jeweiligen Berichtsjahres (vgl. Bleses (2007), S. 87). Die aktuellste Version der Input-Output-Rechnung des Statistischen Bundesamts bezieht sich auf die Berichtsperiode 2007 (vgl. Destatis (2010d)). Da die neue IO-Tabelle für das Berichtsjahr 2008 voraussichtlich erst Ende 2012 erscheinen wird, basieren die Ausführungen in dieser Arbeit auf der Systematik und den Daten der IO-Tabellen für das Berichtsjahr 2007.

551 Die Input-Output-Tabellen können gemäß dem ESVG 1995 entweder nach Wirtschaftsbereichen (institutionell) oder aber nach Gütergruppen (funktional) aufgebaut sein (vgl. ESVG 1995, 9.09). Das Statistische Bundesamt veröffentlicht aktuell nur nach Gütergruppen gegliederte IO-Tabellen, denen als Darstellungseinheiten homogene Produktionseinheiten zugrunde liegen.

552 vgl. Destatis (2010c), S. 14

553 vgl. Destatis (2010c), S. 16.

554 vgl. Destatis (2010c), S. 16

schaftliche Effekte auf die inländische Volkswirtschaft isoliert betrachtet werden können.

Alle symmetrischen IO-Tabellen des Statistischen Bundesamtes weisen im vierten Quadranten nichts aus und werden funktional abgegrenzt in der Dimension 71 Gütergruppen x 71 Produktionsbereiche veröffentlicht. Um ein genaues Verständnis hinsichtlich des spezifischen Aufbaus und der Systematik der IO-Tabellen des Statistischen Bundesamtes zu vermitteln, ist in Abbildung 19 eine stark vereinfachte 3x3 Input-Output-Tabelle der inländischen Produktion und Importe (Typ 1) dargestellt.

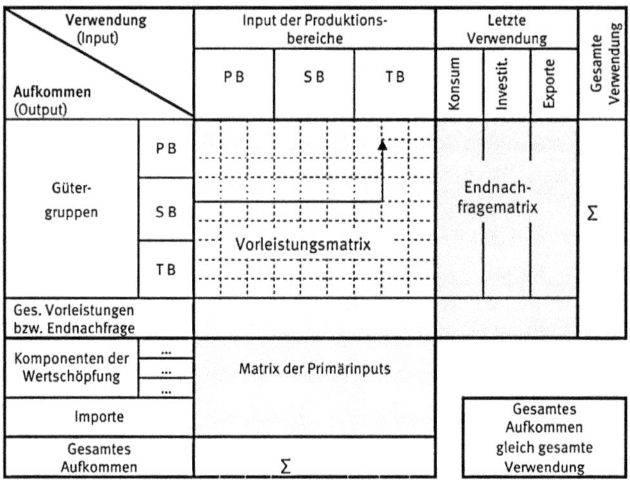

Abkürzungen:
PB = Primärer Bereich = Land- und Forstwirtschaft, Fischerei
SB = Sekundärer Bereich = Produzierendes Gewerbe
TB = Tertiärer Bereich = Private und öffentliche Dienstleistungen

Quelle: Destatis (2010c), S. 6

Abbildung 19: Aggregierte Darstellung einer symmetrischen Input-Output-Tabelle[555]

Die amtlichen IO-Tabellen beschreiben in mathematischer und tabellarischer Weise die deutsche Volkswirtschaft als geschlossenen Wirtschaftskreislauf.[556] D.h. die Summe aller Werte in einer Zeile (Gesamte Verwendung = Intermediäre Verwendung zuzüglich Endnachfrage) muss mit der Summe der Werte in der dazugehörigen Spalte (Gesamtes Aufkommen = Vorleistungen zu-

555 vgl. Destatis (2010c), S. 6
556 vgl. Destatis (2010c), S. 5

züglich der eingesetzten Primärinputs) übereinstimmen (vgl. Abbildung 19).[557] Diese wichtige Identitätsbeziehung besagt, dass die sektoralen Spaltensummen einer symmetrischen IO-Tabelle immer den sektoralen Zeilensummen entsprechen müssen.

Neben den symmetrischen Input-Output-Tabellen, welche die Inlandsproduktion und die Gütertransaktionen der Volkswirtschaft detailliert darstellen, kommt den Basistabellen als wichtiges Verbindungsglied zwischen der Inlandsproduktberechnung und den IO-Tabellen eine zentrale Bedeutung zu. In Tabelle 10 sind die konzeptionellen und methodischen Unterschiede zwischen den Basistabellen und den Input-Output-Tabellen zusammengefasst, die bei der Interpretation der Angaben aus der jeweiligen Tabellenform berücksichtigt werden müssen.

Als zentraler Unterschied zwischen den Basistabellen und den symmetrischen IO-Tabellen müssen die unterschiedlichen Preiskonzepte bei der Interpretation der Ergebnisse berücksichtigt werden (vgl. Tabelle 10). Während der Verwendungstabelle das Anschaffungspreiskonzept[558] zugrunde liegt, basiert die Aufkommenstabelle auf dem Herstellungspreiskonzept[559] mit Übergang zu Anschaffungspreisen. Die symmetrischen Input-Output-Tabellen des Statistischen Bundesamtes beruhen ebenfalls auf dem Herstellungspreiskonzept. Auch bezüglich der Berücksichtigung firmeninterner Lieferungen und Leistungen (der sogenannten Weiterverarbeitungsproduktion) unterscheidet sich die Darstellung in den Basistabellen von der in den veröffentlichten IO-Tabellen.[560] Darüber hinaus sind bei der Analyse der Ergebnisse in den Basistabellen und den Input-Output-Tabellen auch die den Tabellen zugrundeliegenden unterschiedlichen Darstellungseinheiten und damit verbundenen unterschiedlichen Klassifikationen zu berücksichtigen (siehe Abschnitt 4.1.1).

---

557 vgl. Bleses (2007), S. 91

558 Anschaffungspreis: Der Preis, den ein Käufer tatsächlich für Waren und Dienstleistungen zahlt; beinhaltet sämtliche Kosten, die für den Käufer durch Herstellung, Transport, Handel und Steuern entstehen. Durch Abzug der im Anschaffungspreis enthaltenen Gütersteuern abzüglich Gütersubventionen und dem Umbuchen der Handelsspannen von den gehandelten Gütern zu den Handelsleistungen wird das Anschaffungspreiskonzept in das Herstellungspreiskonzept überführt (vgl. Destatis (2010c), S. 37).

559 Der Herstellungspreis beschreibt die Summe aus den Kosten für Vorleistungen und dem aufgewendeten Betrag für die eingesetzten Produktionsfaktoren (gesamte Produktions- und Herstellungskosten), d.h. der Betrag den der Produzent vom Käufer seiner Waren und Dienstleistungen erhält ohne die zu zahlenden Gütersteuern zuzüglich aller empfangenen Subventionen (vgl. Destatis (2010c), S. 36f.).

560 vgl. Destatis (2010c), S. 36. Das Statistische Bundesamt stellt auf Anfrage auch IO-Tabellen ohne Berücksichtigung der firmeninterne Lieferungen und Leistungen zur Verfügung (vgl. Destatis (2010c), S. 36).

Tabelle 10: Konzeptionelle Unterschiede zwischen den IO-Tabellen und den Basistabellen[561]

	Input-Output-Rechnung	
	Basistabellen	**Input-Output-Tabellen**
Darstellungseinheit für Unternehmen	Unternehmen	Homogene Produktionseinheiten
Klassifikation	NACE[562] bzw. Klassifikation der Wirtschaftszweige (WZ)	Statistische Güterklassifikation in Verbindung mit den Wirtschaftszweigen in der Europäischen Wirtschaftsgemeinschaft (CPA)
Preiskonzept	Aufkommenstabelle: Herstellungspreise (mit Übergang zu Anschaffungspreisen) Verwendungstabelle: Anschaffungspreise	Herstellungspreise
Abgrenzung der Produktion	Firmeninterne Lieferungen und Leistungen nicht berücksichtigt	Firmeninterne Lieferungen und Leistungen enthalten

Als Vorgehensweise für die Erstellung der symmetrischen IO-Tabellen empfiehlt das ESVG 1995, diese aus den Aufkommens- und Verwendungstabellen abzuleiten.[563] Das Statistische Bundesamt wendet bislang jedoch ein anderes Verfahren an, das ausgehend von der Aufkommenstabelle und der Gütermatrix über verschiedene Rechenschritte die symmetrischen IO-Tabellen ableitet.[564] Im Rahmen des sogenannten allgemeinen Überleitungsverfahrens entstehen die IO-Tabellen des Statistischen Bundesamt unter Anwendung der sogenannten Output-Methode („Commodity-Flow-Rechnung“) und der Überleitung der wirtschaftsbereichsspezifischen Angaben in produktionsbereichsspezifische Inputstrukturen.[565]

561 vgl. Destatis (2010c), S. 13

562 NACE = Nomenclature statistique des activités économiques dans la Communauté européenne. NACE beschreibt die allgemeine europäische Systematik zur Klassifizierung von Wirtschaftszweigen.

563 vgl. ESVG 1995, 9.54. Die von Eurostat empfohlene Vorgehensweise wird ausführlich in Eurostat (2008) erläutert.

564 vgl. Destatis (2010c), S. 33f. Nach Rücksprache mit den Verantwortlichen im Statistischen Bundesamt wird voraussichtlich ab dem Berichtsjahr 2008 der deutsche Sonderweg aufgeben. Alle IO-Tabellen sollen künftig gemäß der von Eurostat empfohlenen Vorgehensweise aus der Aufkommens- und Verwendungstabelle abgeleitet werden.

565 vgl. Destatis (2010c), S. 34f.; Brümmerhoff (2007), S. 185ff. Eine vereinfachte Darstellung des allgemeinen Überleitungsverfahrens des Statistischen Bundesamts ist Holub,

Die Überleitung der Vorleistungen ist notwendig, weil die Produktionseinheit als funktionale Darstellungseinheit der IO-Tabellen nicht Gegenstand direkter statistischer Beobachtungen ist (vgl. Abschnitt 4.1.1). D.h. die Informationen, die für die Erstellung der Inputstrukturen der fiktiven homogenen Produktionsbereiche in den IO-Tabellen notwendig sind, werden statistisch nicht erfasst. Der Grund dafür ist, dass die Unternehmen i.d.R. mehrere Arten von Gütern herstellen, ohne dass es möglich ist die Kosten individuell auf den Herstellungsprozess der jeweiligen Erzeugnisse zu verteilen.[566] Als Folge müssen unter Verwendung verschiedener Annahmen für die Haupt- und Nebentätigkeiten einer Unternehmung Inputstrukturen abgeleitet bzw. geschätzt werden, um die volkswirtschaftlichen Zusammenhänge in den Input-Output-Tabellen gütermäßig darstellen zu können. Dafür kommen mathematische und EDV-gestützte Überleitungsverfahren zum Einsatz, die die nach Wirtschaftsbereichen gegliederten Angaben in Inputstrukturen für die fiktiven Produktionseinheiten der symmetrischen Input-Output-Tabellen überführen.[567] Als Hilfsmittel für die Überleitung wird die Produktionswertmatrix als Kernstück der Aufkommenstabelle verwendet.[568] Je heterogener die Strukturen der verschiedenen Wirtschafts- bzw. Produktionsbereiche sind, umso schwieriger ist die Ermittlung valider Inputstrukturen für den jeweiligen Bereich.

Bei der notwendigen Überleitung der Kenngrößen von Wirtschaftsbereichen auf homogene Produktionsbereiche arbeitet das Statistische Bundesamt überwiegend mit der sogenannten Gütertechnologieannahme („Commodity Technology“).[569] Sie besagt, dass Güter der gleichen Gütergruppe, unabhängig davon, wo sie hergestellt werden, immer mit der gleichen Technologie bzw. Inputstruktur produziert werden. Aufgrund des mathematisch analytischen Erstellungsprozesses können in den IO-Tabellen Ergebnisse entstehen, die nicht mehr unmittelbar mit den Inhalten der originären statistischen Erhebungen übereinstimmen und somit die tatsächlichen Gegebenheiten nicht mehr korrekt wiedergeben.[570]

Schnabl (1994a), S. 40ff. zu entnehmen; für eine detaillierte Darstellung siehe Stahmer (1979).

566 vgl. Destatis (2010c), S. 33

567 vgl. Destatis (2007), S. 49

568 vgl. Vgl. Destatis (2010c), S. 35

569 vgl. Destatis (2010c), S. 34. Lediglich bei der Überleitung der Sonstige Produktionsabgaben und sonstige Subventionen greift das Statistische Bundesamt - für den Fall das eine direkte Zuordnung nicht möglich ist - auf die sogenannte Unternehmenstechnologieannahme („Industry Technology“) zurück. „Diese besagt, dass für umzusetzende Nebentätigkeiten die Inputstruktur des abgebenden Wirtschaftsbereichs typisch ist“ (Destatis (2010c), S. 34).

570 vgl. Statistik Austria (2010), S. 96f.

Aus diesem Grund müssen die übergeleiteten Ergebnisse anschließend manuell geprüft und falls erforderlich mittels notwendiger Abstimmungsbuchungen korrigiert werden.[571]

Zusammenfassend bieten die in das Konzept der VGR eingebetteten Input-Output-Tabellen eine nach Produktionsbereichen gegliederte Aufbereitung der Entstehung und Verwendung der inländischen Produktion und in Abhängigkeit des Tabellentyps auch der Importe. Die IO-Tabellen des Statistischen Bundesamts stellen somit die produktions- und gütermäßigen Verflechtungen der deutschen Volkswirtschaft detailliert dar. Neben den in der Fachserie 18 Reihe 2 ausgewiesenen monetären IO-Tabellen, die für die Analyse vielfältiger ökonomischer Fragestellungen von zentraler Bedeutung sind, existieren auch physische und in Zeitwerten erstellte Input-Output-Tabellen. Für die Zielsetzung in dieser Arbeit spielen sowohl physische IO-Tabellen, die bei ökologischen Analysen Verwendung finden, z.B. im Rahmen der Umweltökonomischen Gesamtrechnungen[572], als auch Zeit-Input-Output-Tabellen, die zur Untersuchung sozialer Aspekte eingesetzt werden, jedoch keine Rolle.[573]

Das Tabellenangebot der Input-Output-Rechnung des Statistischen Bundesamtes wird in der Praxis häufig eingesetzt und dabei sowohl für statistische aber auch für analytische und prognostische Zwecke von Forschungsinstituten, Universitäten Wirtschaftsverbänden und Ministerien verwendet.[574] Neben reindeskriptiven Untersuchungen dienen die IO-Tabellen des Statistischen Bundesamts vor allem als aussagkräftige Ausgangsdatenbasis für die Anwendung unterschiedlicher Input-Output-Modelle zur Analyse der volkswirtschaftlichen Verflechtungen innerhalb der deutschen Volkswirtschaft. Der Input-Output-Rahmen spielt zunehmend auch für die Erstellung von Satellitensystemen und als Grundlage für ökonometrische Gleichgewichtsmodelle eine wichtigere Rolle.[575] D.h. erkenntniszielorientierte Erweiterungen und Modifikationen der amtlichen Input-Output-Tabellen und ihrer Konzepte haben in den letzten Jahrzehnten stark an Bedeutung gewonnen.[576]

Die Basistabellen und die symmetrischen IO-Tabellen weisen hinsichtlich ihrer Verwendung im Rahmen ökonomischer Wirkungsanalysen unterschiedli-

571 vgl. Destatis (2010c), S. 35

572 vgl. Destatis (2010a)

573 Für eine ausführliche Beschreibung der physischen und Zeit-Input-Output-Tabellen siehe. u.a. Eurostat (2008) oder Stahmer et al. (2000).

574 vgl. Destatis (2010c), S. 8

575 vgl. ESVG 1995, 9.14 u. 9.15

576 vgl. Miller, Blair (2009), S. 2ff. Für ein kurze Einführung in die zunehmend an Bedeutung gewinnende Interaktion zwischen der Input-Output-Rechnung und ökonometrischen Modellen siehe Miller, Blair (2009), S. 669ff.

che Vorteile auf. Während sich die Basistabellen vor allem zur Berechnung der direkten und indirekten Auswirkungen ersten Grades auf die Gesamtwirtschaft oder einzelner Teilbereiche eignen, liegt der Vorteil der IO-Tabellen in der Berechnung der indirekten und induzierten Wirkungen auf Grundlage der produktions- und gütermäßigen Verflechtungen in der Vorleistungsmatrix.[577] Die Quantifizierung der nicht sofort ersichtlichen kumulativen Wirkungen zweiten Grades entlang der Wertschöpfungskette ist ohne eine transparente und aussagekräftige Input-Output-Tabelle nicht gewährleistet. Im nachfolgenden Abschnitt wird genauer auf die unterschiedlichen Funktionen und Ausprägungen der Input-Output-Analyse als theoretisch-analytischer Teil der IO-Rechnung eingegangen.

3.2.3.2.2 Input-Output-Analyse

Die Input-Output-Analyse beschreibt ein in den Wirtschaftswissenschaften weitverbreitetes, modellgestütztes Verfahren, das mittels mathematischer Operationen volkswirtschaftliche Zusammenhänge auf Basis von IO-Tabellen interpretiert.[578] Die Hauptaufgabe der Input-Output-Analyse liegt in der modellgestützten Analyse der in einer Input-Output-Tabelle erfassten intersektoraler Güterströme einer Volkswirtschaft. Die auf Leontief zurückgehende Input-Output-Analyse wurde in den vergangenen Jahrzehnten kontinuierlich erweitert und modifiziert.[579] Die meisten Erweiterungen und Modifikationen zielen auf die Beschränkungen des verfügbaren Datenmaterials ab und versuchten bestimmte ökonomische Teilaktivitäten hervorzuheben, z.B. räumlich induzierte Wirkungen oder dynamische Entwicklungsprozesse im Zeitverlauf.[580]

Die rein-deskriptive Auswertung der Input-Output-Tabellen wird durch die Input-Output-Analyse um zahlreiche Analyseoptionen und Interpretationsmöglichkeiten erweitert. Die breite Verfügbarkeit moderner Computer und Datenverarbeitungssysteme in Kombinationen mit besseren Daten hat in den vergangenen Jahrzehnten dafür gesorgt, dass die Anwendungsmöglichkeiten der IO-Analyse stark zugenommen haben.[581] Als anerkanntes und weitverbreitetes Instrument der empirischen Wirtschaftsforschung wird die Input-Output-Analyse vor allem in den folgenden Bereichen eingesetzt:[582]

---

577 vgl. ESVG 1995, 9.13

578 vgl. Destatis (2010c), S. 8; Grötschel (2003), S. 53; Miller, Blair (2009), S. 1

579 Für eine ausführliche Darstellung der historischen Entwicklung und Anwendung der Input-Output-Analyse seit der Einführung des Modells durch Leontief siehe Rose, Miernyk (1989).

580 vgl. Miller, Blair (2009), S. 1

581 vgl. Miller, Blair (2009), S. 2

582 vgl. ESVG 1995, 9.14 u. 9.15; Destatis (2010c), S. 8f.; Miller, Blair (2009), S. 243ff.

1. *Wirkungsanalysen* (engl. „Impact Analysis"):
   - *Berechnung der Multiplikatoreffekte als Folge eines exogenen Impulses*: Quantifizierung der indirekten und induzierten Wirkungen auf die Gesamtwirtschaft bzw. einzelner Teilbereiche als Resultat exogener Nachfrage-, Preis-, Lohn- oder Outputänderungen.
   - *Strukturelle Analyse der volkswirtschaftlichen Verflechtungen*: Quantifizierung der ökonomischen Bedeutung einzelner Sektoren auf Basis ihrer produktions- und gütermäßigen Verflechtungen mit dem Rest der Volkswirtschaft, wie z.B. die Identifizierung von Schlüsselindustrien („Key Sectors")oder die Berechnung von „backward and forward linkages" eines bestimmten Sektors entlang der Wertschöpfungskette.[583]
2. *Projektionen und Prognosen* der Produktions- bzw. Technologiestruktur sowie künftiger struktureller und wirtschaftlicher Entwicklung einer Volkswirtschaft („projections and forecasting")

Aufgrund des Interesses an den ökonomischen Wirkungen eines bestimmten Unternehmens auf die deutsche Volkswirtschaft rückt die IO-Analyse als Instrument der Wirkungsmessung in den Mittelpunkt. Die IO-Analyse als Prognoseinstrument spielt im Rahmen dieser Arbeit keine Rolle. Auf Basis der in einer IO-Tabelle erfassten produktions- und gütermäßigen Verflechtungen lassen sich mit Hilfe der IO-Analyse die ökonomische Effekte auf bestimmte ökonomische Zielvariablen wie die Produktion, Einkommen, Beschäftigung und Wertschöpfung als Resultat von Lohn-, Preis oder Nachfrageänderungen oder als Folge der Produktionstätigkeiten einzelner Sektoren quantifizieren und differenziert analysieren.[584] Die IO-Analyse beschreibt im Vergleich zur „traditionellen" Multiplikatoranalyse einen umfassenderen Ansatz. Der Fokus der IO-Analyse liegt auf der Untersuchung der kumulativen Gesamtwirkungen als Ergebnis sich verändernder ökonomischer Variablen unter Berücksichtigung aller Anstoß-, Mitzieh- und Rückkopplungseffekte.

Die Quantifizierung kumulativer Effekte ermöglicht vielfältige Aussagen über die ökonomischen Verflechtungen bestimmter Sektoren mit der Gesamtwirtschaft oder ausgewählten Teilbereichen. Ein großes Anwendungsgebiet der IO-Analyse besteht demzufolge in der Identifizierung von Clustern oder „Schlüsselindustrien".[585] Auf Basis der IO-Analyse lassen sich die produktions- und gütermäßigen Verflechtungen zwischen verschiedenen Sektoren einer Volkswirtschaft aus unterschiedlichen Blickwinkeln heraus analysieren.

---

583 vgl. Miller, Blair (2009), S. 555ff.
584 vgl. Miller, Blair S. 243 u. S. 621
585 vgl. Miller, Blair S. 555

In der Praxis wird die IO-Analyse i.d.R. zur Quantifizierung der ökonomischen Wirkungen eingesetzt, die von einem bestimmten ökonomischen Impulse auf den Wirtschaftskreislauf ausgehen. Als Beispiele für einen solchen Anstoßeffekt sind ein gesteigerter Staatskonsum, eine Mehrwertsteuererhöhung, eine gesteigerte Nachfrage nach Investitionsgütern oder auch angebots- bzw. nachfrageseitige Wirkungen einer gesteigerten Produktionstätigkeit zu nennen. Die daraus resultierenden Folgeeffekte für die Volkswirtschaft können unter Verwendung eines geeigneten IO-Modells quantifiziert und differenziert analysiert werden. Aufgrund der komplexen produktions- und gütermäßigen Verflechtungen innerhalb einer Volkswirtschaft ist eine lediglich verbale Beschreibung der Folgeeffekte nicht ausreichend. Zur Quantifizierung dieser zirkulären Wirkungsmechanismen kommen bekannte Verfahren der linearen Algebra zum Einsatz, die in Abhängigkeit des Erkenntnisziels der Analyse variieren. Auf den mathematischen Aufbau und die modelltheoretischen Hintergründe der im Rahmen dieser Arbeit verwendeten Modelle wird an später Stelle genauer eingegangen (vgl. Abschnitt 4.2).

Seit den frühen fünfziger Jahren sind umfangreiche Forschungsarbeiten zum Thema der Input-Output-Analyse entstanden und haben dazu beigetragen, dass die IO-Analyse mittlerweile eines der weitverbreitetsten Instrumente innerhalb der empirischen Wirtschaftsforschung darstellt. Einen deutlichen Schub erhielt die IO-Analyse durch die gesteigerte Leistungsfähigkeit moderner Computer und die verbesserten Datenverarbeitungsmöglichkeiten durch den Einsatz moderne IT-Technologien. Die schnell voranschreitenden Entwicklungen im IT-Bereich erleichterten die Verarbeitung großer Datenmengen sowie die Durchführung komplexer Modellrechnungen, infolgedessen die Bedeutung der Input-Output-Analyse stetig zugenommen hat.[586] Zahlreiche Erweiterungen und Modifikationen haben dafür gesorgt, dass die IO-Systematik mittlerweile als Grundlage für die Erstellung und Auswertung verschiedener ökonomischer Modelle dient. So kommt die Input-Output-Systematik verstärkt in ökonometrischen Makromodellen bzw. allgemeinen Gleichgewichtsmodellen zum Einsatz.

Mittlerweile existieren unzählige Modellvarianten der IO-Analyse, die in Abhängigkeit der zu beantwortenden Fragestellung eine gezielte Auswertung ökonomischer Wirkungsverflechtungen ermöglichen. Die Eignung eines bestimmten Ansatzes hängt vom Erkenntnisziel der Analyse ab. Die zahlreichen Modelle der Input-Output-Analyse unterscheiden sich hinsichtlich der Ausgestaltung einzelner Funktionen, den Zusammenhängen zwischen den verschiedenen Modellvariablen sowie den modellinhärenten Annahmen und Restriktionen.

586 vgl. Miller, Blair S. 669

Eine angemessene Strukturierung der elementaren Modellansätze stützt sich dabei auf die folgenden drei Begriffspaare:[587]

- Offene und geschlossene Modelle
- Mengen- und Preismodelle
- Statische und dynamische Modelle

Sind die einer Input-Output-Analyse zugrundeliegenden Variablen teilweise unabhängig voneinander, wird von einem sogenannten offenen Input-Output-Modell gesprochen. D.h. Teile der Endnachfrage oder alle Komponenten der Endnachfrage werden exogen vorgegeben.[588] Aufgrund der daraus resultierenden mangelnden Verknüpfung mit anderen Größen des Modells bleiben die exogen vorgegebenen Werte während der gesamten Analyse konstant. Rückkopplungen auf die Komponenten der Endnachfrage durch die mit der Herstellung von Gütern und Dienstleistungen verbundenen wirtschaftlichen Prozesse, wie z.B. die Rückkopplung zwischen Einkommenssteigerungen infolge einer gesteigerten Produktion und dem daraus resultierenden höheren privaten Konsum, bleiben somit im offenen Standardmodell unberücksichtigt. Wird der private Konsum nicht exogen vorgegeben sondern über Konsumfunktionen abgebildet, die das im Modell erfasste Einkommen als Argument enthalten, so kann in weiteren Schritten durch eine Endogenisierung der exogenen Komponenten zum sogenannten geschlossenen Modell übergewechselt werden.[589] Bei geschlossenen Input-Output-Modellen sind alle Größen der Endnachfrage sowie der gesamte Primäraufwand endogen mit den übrigen Modellvariablen verknüpft.

Aufgrund des mathematischen Überleitungsverfahrens und der Verwendung einer Vielzahl von Güterbündeln und Produktionsverfahren innerhalb eines Produktionsbereichs werden die Ströme in den IO-Tabellen des Statistischen Bundesamts nicht in echten Mengeneinheiten dargestellt, sondern stattdessen in monetären Wertgrößen ausgewiesen. Die aus der Multiplikation der in den Input- und Outputströmen enthaltenen Gütern mit deren jeweiligen Preisen resultierenden Wertgrößen müssen anschließend als Mengeneinheiten interpretiert werden, um die güter- und produktionsbezogenen Verflechtungen exakt erfassen zu können.[590] Als Bezugseinheit wird jene Menge eines Produktionsbereichs definiert, die für eine Geldeinheit erstanden werden kann. Als Folge entstehen aus den errechneten Wertgrößen fiktive Mengengrößen, die in Preisen von Eins bewertet sind, auf die das Mengenmodell der IO-Analyse letztendlich abstellt. Das Mengenmodell nach Leontief zeigt nachfrageinduzierte, quantitative Mengenände-

---

587 vgl. Holub, Schnabl, H. (1994a), S. 80; Miller, Blair (2009), S. 10ff.

588 vgl. Holub, Schnabl, H. (1994a), S. 80.

589 vgl. Holub, Schnabl, H. (1994a), S. 80; Miller, Blair (2009), S. 35

590 vgl. Holub, Schnabl, H. (1994a), S. 92.

rungen in einer Volkswirtschaft bei konstanten Preisen an. Im Gegensatz zum Mengenmodell (fiktive Preise bei Eins) werden beim Preismodell unter der Annahme konstanter Mengen die Effekte einer hypothetischen Preisveränderung bei den Vorleistungsströmen bzw. den Primärfaktoren auf alle übrigen Preise untersucht.[591] Anstelle von Marktpreisen kommen diesbezüglich sogenannte Schattenpreise zum Einsatz mit deren Hilfe direkte und indirekte Preiswirkungen infolge von Kostenänderungen einzelner Produktionsfaktoren analysiert werden können.

Als letztes Begriffspaar sind statische und dynamische Modelle zu unterscheiden. Die statischen Ansätze modellieren keine Veränderungen über die Zeit. Obwohl sich die Höhe der einzelnen Größen eines statischen IO-Modells über die Länge des Zeitraums, auf den sich die Tabelle bezieht, bestimmt, werden Änderungen der verschiedenen Variablen von ihren Ausgangwerten zu ihren Endwerten nicht berücksichtigt.[592] Demgegenüber werden die Variablen in den Reaktionsgleichungen dynamischer IO-Modelle unterschiedlichen Zeitperioden zugeordnet und tragen dadurch den sich ändernden Kenngrößen Rechnung.[593]

Im nächsten Abschnitt wird ein Überblick über den aktuellen Stand der Literatur zur ökonomischen Wirkungsmessung auf Basis von Input-Output-Modellen vermittelt. Dabei stehen Studien und wissenschaftlichen Publikationen im Mittelpunkt, die nützliche Erkenntnisse hinsichtlich der Berechnung und Analyse der volkswirtschaftlichen Effekte eines bestimmten Unternehmens auf eine Region bzw. die gesamte Volkswirtschaft bereithalten.

3.2.3.2.3 Aktuelle Literatur zu ökonomischen Wirkungsanalysen auf Basis von Input-Output-Modellen

Der Input-Output-Ansatz ist aus dem Bereich der ökonomischen Wirkungsmessung nicht mehr wegzudenken. Unzählige Studien und wissenschaftliche Abhandlungen befassen sich seit Jahrzehnten mit der Theorie sowie der praktischen Anwendung von Input-Output-Modellen als Instrument der quantitativen Wirkungsmessung. Kontinuierlich wächst die Anzahl von Modellen und Ansätzen, die in Abhängigkeit des Analysezwecks bzw. der zu beantwortenden Fragestellung differenzierte Aussagen über die volkswirtschaftlichen Wirkungen ausgewählter Wirtschaftseinheiten in einem bestimmten Untersuchungsgebiet ermöglichen. Aufgrund dieser Vielfalt und vor dem Hintergrund der Arbeit ist der Fokus im Folgenden ausschließlich auf Studien, Paper und sonstige Abhandlungen gerichtet, die wertvolle Erkenntnisse hinsichtlich der Ermittlung der ökonomi-

591 vgl. Miller, Blair (2009), S. 41

592 vgl. Holub, Schnabl (1994a), S. 81.

593 vgl. Miller, Blair (2009), S. 639ff.

schen Bedeutung eines Unternehmens gemäß dem Verständnis in dieser Arbeit bereithalten.

Traditionell werden Input-Output-Modelle in makroökonomischen Analysen eingesetzt, um die Struktur ökonomischer Systeme in Abhängigkeit der produktions- und gütermäßigen Verflechtungen zwischen den verschiedenen Sektoren und Wirtschaftsbereichen zu analysieren. Ausgehend von den in den IO-Tabellen dargestellten volkswirtschaftlichen Beziehungen zwischen den Wirtschaftseinheiten können verschiedene Adressaten, wie z.B. Manger, Ökonomen oder auch Politiker, mit Hilfe der Input-Output-Analyse die Auswirkungen technologischer und ökonomischer Veränderungen auf regionaler, nationaler oder auch internationaler Ebene abschätzen.[594] In der Vergangenheit hat sich parallel zum Einsatz der Input-Output-Systematik zur Beantwortung makroökonomischer Fragestellungen eine noch vergleichsweise junge Gruppe von IO-Modellen etabliert, die sich mit dem System Unternehmung aus mikroökonomischer Sicht beschäftigen.

Erste Ansätze mikroökonomischer bzw. unternehmensspezifischer Input-Output-Modelle thematisierten bereits Stone (1969) sowie Harding und Houlden (1980). Der Begriff der Enterprise-Input-Output-Modelle (EIO-Modelle)[595] etablierte sich im Sprachgebrauch jedoch erst durch die Arbeit von Lin und Polenske (1998), die ein spezielles Enterprise-Input-Output-Modell zur Abbildung der Produktionsprozesse in einem Stahlwerk entwickelten. Mittlerweile existieren zahlreiche Arbeiten (u.a. Marangoni, Fezzi (2000, 2002), Marangoni et al. (2004), Dauner, Dauner-Lieb (1996) oder Čapek, Kraftová (2004)), die sich mit der Modellierung von Unternehmensprozessen befassen, um zusätzliche Erkenntnisse über die wirtschaftlichen Beziehungen in einem Unternehmen oder den Auswirkungen bestimmter Effekte auf ein Unternehmen als Ganzes oder einen bestimmten Teilbereich bereitstellen zu können. Albino et al. (2002, 2003, 2008b) entwickelte darüber hinaus ein IO-Modell, dass die wirtschaftlichen aber vor allem die ökologischen Effekte entlang der „Supply Chain" eines Produkts bzw. eines bestimmten Industriedistrikts erfasste.[596] Seitdem werden Enterprise-Input-Output-Modell verstärkt zur Analyse interner und externer Logistikabläufe eines Unternehmen oder Industriedistrikts sowie deren ökologischen Auswirkungen eingesetzt.[597]

594 Albino et al (2008b), S. 34

595 EIO-Modelle sind auch unter der Bezeichnung Business-Input-Output-Modelle bekannt (vgl. Manrique de Lara Penate, Langa Seva (2009), S. 2).

596 Für vertiefende Informationen über den Material- und Energieverbrauch einer produktspezifischen „Supply Chain" sowie deren Wirkung auf die Umwelt siehe u.a. auch Grubbström, Tang (2000).

597 vgl. Albino et al (2008a), S. 35; Albino et al. (2007)

Aufgrund der mikroökonomischen Orientierung und der vornehmlichen Verwendung im Rahmen von Umweltanalysen spielen Enterprise-Input-Output-Modelle für das Erkenntnisziel dieser Arbeit keine Rolle. Der Fokus liegt vielmehr auf den ökonomischen Wirkungen, die von den Aktivitäten im Rahmen der Leistungserstellung einer Unternehmung auf die deutsche Volkswirtschaft ausgehen, und nicht auf den Auswirkungen bestimmter Effekte auf ein Unternehmen, den wirtschaftlichen Prozessen in einem Unternehmen oder den ökologischen Wirkungen, die von der Produktion eines Unternehmens auf die Umwelt ausgehen. Bevor genauer auf Wirkungsanalysen eingegangen wird, die sich explizit mit den ökonomischen Effekten von Unternehmen auseinandersetzen, soll zunächst ein allgemeiner Überblick über den aktuellen Stand der Literatur zu ökonomischen Impact-Analysen unter Anwendung von IO-Modellen vermittelt werden.

Das allgemeine Angebot an wissenschaftlichen Ausarbeitungen und Studien, die sich mit den makroökonomischen Wirkungen und Verflechtungen ganzer Sektoren, Branchen, Industriedistrikten sowie Institutionen des öffentlichen Bereichs beschäftigen, ist sehr umfangreich und vielfältig. Die Zielsetzung solcher Ausarbeitungen ist mit der unternehmensspezifischer Impact-Analysen, die sich ausschließlich mit den ökonomischen Wirkungen einzelner Unternehmen auf die Volkswirtschaft bzw. eine bestimmte Region befassen, nahezu identisch. Grundsätzlich geht es darum, die ökonomischen Effekte eines bestimmten Untersuchungsgegenstands auf eine bestimmte Untersuchungsregion unter Verwendung der volkswirtschaftlichen Verflechtungen in den IO-Tabellen zu quantifizieren. Darauf aufbauend soll die ökonomische Bedeutung für die Untersuchungsregion aufgezeigt werden. Die analytischen Verfahren und Methoden zur Berechnung der volkswirtschaftlichen Wirkungen unterschieden sich nicht in Abhängigkeit des Untersuchungsgegenstands. Unterschiede bestehen lediglich hinsichtlich der Aufbereitung der Datenbasis und des Anstoßimpulses, die in Abhängigkeit der zu beantwortenden Fragestellung individuell gemäß der Input-Output-Systematik aufbereitet werden müssen. Aus den genannten Gründen halten auch makroökonomische Wirkungsanalysen auf Basis von Input-Output-Modellen, die sich nicht unmittelbar mit den ökonomischen Wirkungen eines bestimmten Unternehmens als Untersuchungsgegenstand auseinandersetzen, nützliche Erkenntnisse für diese Arbeit bereit.

Die verfügbare Literatur, die sich mit der Quantifizierung der ökonomischen Wirkungen ganzer Sektoren, Branchen, Industriebereiche und einzelner Institutionen des öffentlichen Sektors befasst, ist sehr umfangreich und vielfältig. Aufgrund des zentralen Interesses an den ökonomischen Wirkungen auf die deutsche Volkswirtschaft beschränken sich die nachfolgenden Ausführungen weitestgehend auf die deutschsprachige Literatur. Um einen besseren Überblick über das Angebot an ökonomischen Wirkungsanalysen auf Basis von Input-Output-Modellen zu erhalten, lassen sich die Studien und Publikationen entlang der folgenden Merkmalsausprägungen unterscheiden:

- *Konzeptioneller und methodischer Rahmen*: Welche Datenbasis und welcher Modellansatz liegen den Berechnungen zugrunde?
- *Untersuchungsgegenstand*: Sollen die ökonomischen Effekte für einen Sektor, eine Branche, ein Industriedistrikt, eine Institution des öffentlichen Bereichs oder ein bestimmtes Unternehmen quantifiziert werden?
- *Untersuchungsgebiet*: Sind die ökonomischen Wirkungen auf die gesamte Volkswirtschaft oder eine bestimmte Region von Interesse?

Die zur Quantifizierung der ökonomischen Effekte verwendeten Methoden und Ansätze sind das Ergebnis einer seit Jahrzehnten wachsenden Forschungsgemeinschaft, die sich intensiv mit den wissenschaftlichen Theorien und Konzepten der Input-Output-Modellierung auseinandersetzt. Gemäß der Unterscheidung der Input-Output-Rechnung in einen empirisch-praktischen und einen theoretisch-analytischen Teil beschäftigen sich ein Teil der Wissenschaftler mit der Erstellung von Input-Output-Tabellen und ein anderer Teil mit der Entwicklung analytischer Verfahren zur Auswertung der IO-Tabellen. Bei der Erstellung und Auswertung der IO-Tabellen im Rahmen ökonomischer Wirkungsanalysen sind besondere Wechselbeziehungen zu beachten, da der Aufbau der IO-Tabellen grundsätzlich in Abhängigkeit des Analyseziels erfolgt und umgekehrt die Analysemöglichkeiten maßgeblich durch die Form der IO-Tabellen determiniert werden.

Auf eine ausführliche Darstellung der wissenschaftlichen Literatur zur Erstellung von IO-Tabellen wird an dieser Stelle verzichtet, weil der in dieser Arbeit entwickelte Ansatz auf den IO-Tabellen des Statistischen Bundesamts aufbaut und somit keine neuen IO-Tabellen erstellt werden.[598] Einen aktuellen Überblick über die vielfältigen Einsatzmöglichkeiten und Ausprägungen der Input-Output-Analyse bietet Miller und Blair (2009). In den vergangenen Jahrzehnten ist die Zahl der wissenschaftlichen Publikationen zu ökonomischen Wirkungsanalysen auf Basis von Input-Output-Modellen kontinuierlich gewachsen.[599] Mittlerweile existieren viele verschiedene Ausprägungen der Input-

598 Die wissenschaftliche Literatur über die Erstellung von Input-Output-Tabellen ist sehr umfangreich, sodass an dieser Stelle nur auf eine kleine Auswahl an Veröffentlichungen zu diesem Thema hingewiesen wird. Für vertiefende Informationen siehe u.a. Holub, Schnabl (1994b), Stahmer (1979), Eurostat (2008), Kronenberg (2010), Thage (2005, 2011), Dedegkajeva (2011), Rueda-Cantuche, ten Raa (2009) oder Jansen et al. (1990).

599 Folgende Publikationen vermitteln einen Überblick über die unterschiedlichen Konzepte und Verfahren der IO-Analyse, die traditionell zur ökonomischen Wirkungsanalyse

Output-Analyse, die erkenntniszielorientiert zur Quantifizierung der ökonomischen Effekte auf unterschiedliche Zielvariablen eingesetzt werden. Die Auswahl des zur Beantwortung der Fragestellung geeigneten IO-Modells wird im Wesentlich durch die für die Berechnungen zur Verfügung stehende IO-Tabelle sowie die für die Aufbereitung und Abgrenzung des betrachteten Untersuchungsgegenstands verfügbaren Daten determiniert.

Weil auf regionaler Ebene nur selten offizielle, frei verfügbare und vor allem qualitativ hochwertige IO-Tabellen existieren, müssen für die Berechnung regionalökonomischer Wirkungen[600] regionale IO-Tabellen entweder komplett neu erstellt oder aus bestehenden gesamtwirtschaftlichen IO-Tabellen abgeleitet werden.[601] Sie bilden oftmals den zentralen Kern komplexer, integrierter Input-Output-Modelle[602], die als allgemeine Gleichgewichtsmodelle oder ökonometrische Makromodelle zur Quantifizierung regionaler aber auch gesamtwirtschaftlicher Effekte eingesetzt werden. Der genaue Aufbau und die methodischen Zusammenhänge solcher integrierten Modelle sind i.d.R. aus verschiedenen Gründen nicht bekannt. Als Hauptgrund ist die intrinsische Motivation der Forschungsinstitute bzw. Beratungsunternehmen als Entwickler der Modelle zu nennen, den genauen Aufbau ihre i.d.R. proprietären Ansätze nicht preisgeben zu wollen. Aufgrund des komplexen Modellierungsaufwands, dem damit verbundenen hohen Arbeits- und Zeitaufwand sowie den beachtlichen Kosten, die mit der Entwicklung eines entsprechenden Modells einhergehen, sind die Institutionen nicht gewillt den genauen „Quellcode" offenzulegen. Die entwickelten Modelle stellen ein Alleinstellungsmerkmal der jeweiligen Institution dar.

---

eingesetzt werden: Temurshoev, Oosterhaven (2010), Oosterhaven, Stelder (2002), Rasmussen (1956), ten Raa, Rueda-Cantuche (2007), Luptacik et al. (2008), Amores, Rueda-Cantuche (2011), Kim (2005), Koller, Luptacik (2007), Cardenete (2007), Dumaua (2010), Ho Un Gim, Koonchan Kim (2011), Sancho, F. (2011), Pischner, Stäglin (1976).

600 vgl. u.a. Booz Allen Hamilton et al. (2008). Ähnliches gilt auch für ökonomische Prognosen auf Basis von Input-Output-Modellen (vgl. u.a Schmidt, van Elkan (2010))

601 vgl. u.a. Kronenberg (2010) oder Miller, Blair (2009), S. 69ff.

602 I.d.R. verfügt jedes größere Forschungsinstitut bzw. Beratungsunternehmen, das Wirkungsanalysen unter Anwendung der Input-Output-Analyse anbietet über ein mehr oder weniger komplexes, integriertes Makromodell. Als Beispiele für solche integrierten Modelle sind das INFORGE-Modell (INterindustry FORecasting Germany) der Gesellschaft für Wirtschaftliche Strukturforschung mbH (www.gws-os.com/de), das speziell für regionale „Impact-Analysen" entwickelte IMPLAN-Modell der Firma MIG Inc. (http://implan.com), das „Oxford Economics' Macroeconomic Model" der Oxford Economics Ltd (http://www.oef.com/) oder das Frauenhofer Input-Output-Modells ISIS (http://isi.fraunhofer.de) zu nennen.

Demgegenüber existieren zahlreiche - insbesondere gesamtwirtschaftliche - Wirkungsanalysen, deren Berechnungen auf den öffentlich zugänglichen IO-Tabellen der statistischen Ämter bzw. anderer Institutionen aufbauen und sich durch eine ausführlichere Dokumentation ihrer methodischen Vorgehensweise auszeichnen.[603] Das frei verfügbare Datenmaterial wird in solchen Studien entweder unverändert für die Analyse übernommen oder aber anhand zusätzlicher empirischer Informationen erkenntniszielorientiert aufbereitet, um die ökonomischen Wirkungen des Untersuchungsgegenstands isoliert gegenüber dem Rest der Wirtschaft darstellen zu können. Über den Umfang der durchzuführenden Modifikationen entscheiden neben der Zielsetzung der Analyse und der verfügbaren Datenbasis maßgeblich der Untersuchungsgegenstand sowie das Untersuchungsgebiet.

In Tabelle 11 sind interessante ökonomische Impact-Studien in Abhängigkeit ihres Untersuchungsgegenstands bzw. Untersuchungsgebiets aufgelistet. Darüber hinaus existieren viele weitere volkswirtschaftliche Wirkungsanalysen, die sich z.B. mit den Wirkungen einzelner Produkte auf bestimmte Sektoren, den (regional-)ökonomischen Wirkungen ausgewählter Projekte oder den Effekten politischer Maßnahmen bzw. Gesetzesinitiativen auf die Volkswirtschaft beschäftigen, die vor dem Hintergrund dieser Arbeit jedoch keine zusätzlichen Erkenntnisse bereithalten.

Derzeit ist mit der Studie von Buttermann et al. (2010) nur eine deutschsprachige unternehmensspezifische Wirkungsanalyse verfügbar, in der unter Anwendung eines Input-Output-Modells die ökonomischen Wirkungen eines marktproduzierenden Unternehmens auf ein bestimmtes Untersuchungsgebiet quantifiziert und analysiert werden (vgl. Tabelle 11). Das zentrale Ziel der Studie besteht in der Analyse der ökonomischen Bedeutung der Braunkohleindustrie für ausgewählte Regionen sowie die Gesamtwirtschaft. Dafür werden die regional- und gesamtwirtschaftlichen Beschäftigungs- und Produktionseffekte der RWE Power AG unter Verwendung eines geeigneten Input-Output-Modells quantifiziert und differenziert analysiert.

Um die Frage beantworten zu können, warum lediglich eine Studie vorliegt, in der auf Basis der IO-Analyse die ökonomischen Effekte gemäß dem Verständnis in dieser Arbeit quantifiziert und analysiert werden, ist es zielführend, die Ursache für die Vergabe solcher Studien genauer zu betrachten. Unternehmensspezifische Wirkungsanalysen, deren Ziel darin besteht, die ökonomische Bedeutung eines bestimmten Unternehmens für ein bestimmtes Untersuchungsgebiet aufzuzeigen, werden i.d.R. als Informationsinstrument zur Vertretung der Interessen des Unternehmens gegenüber der Politik und der Gesellschaft einge-

603 vgl. u.a. Koller, Luptacik (2007) oder Schnabl et al. (2009).

setzt. Weil die unternehmensspezifischen Informationen, die für die Durchführung einer fundierten makroökonomischen Wirkungsanalyse benötigt werden, nicht frei verfügbar sind, werden die Analysen üblicherweise durch die Unternehmung selber beauftragt.

Tabelle 11: Interessante makroökonomische Wirkungsanalysen

Untersuchungsgebiet / Untersuchungsgegenstand	Ausgewählte Region	Gesamte Volkswirtschaft
Sektor / Branche	Bergmann (2006)	Legler et al. (2009); Rußig (2005); Bräuninger et al. (2010); Schneider et al. (2008a); Schnabl et al. (2009); Nussert et al. (2007); Koller, Luptacik (2007); Dumaua (2010)
Industriedistrikt bzw. Zusammenschluss mehrerer Unternehmen	DIW (2010); Prognos (2007); Hübl et al. (2008); Schneider et al. (2008b); Bulwien et al. (1999); Heuer Klophaus(2007)	Schneider et al.(2007); Nusser, Tischendorf (2006)
Institutionen des öffentlichen Bereichs	Hübl et al. (2011); Spehl et al. (2005). Analysen über die regionalen Wertschöpfungs- und Beschäftigungseffekte der Beteiligungen verschiedener Städte[604]	
Unternehmung bzw. Unternehmensverbund	Buttermann et al. (2010)	Buttermann et al. (2010)

Die öffentlich zugänglichen Daten aus den Geschäftsberichten und Jahresabschlüssen reichen nicht aus, um die ökonomischen Effekte auf Basis der volkswirtschaftlichen Verflechtungen in den amtlichen IO-Tabellen berechnen

604 Entsprechende Studien wurden durch das Pestel Institut in Hannover, z.B. für Saarbrücken oder Hannover, durchgeführt und von den jeweiligen Städten im Rahmen anderer Veröffentlichungen publiziert (vgl. http://www.pestel-institut.de/sites/0801171416160.html).

und analysieren zu können. Infolgedessen werden für eine aussagekräftige Input-Output-Analyse zusätzliche Daten aus dem betrieblichen Rechnungswesen benötigt, die seitens der betrachteten Unternehmung bereitgestellt werden müssen. Dies führt unmittelbaren zu einem Spannungsverhältnis zwischen der intrinsischen Motivation des Unternehmens sich in ein möglichst positives Licht rücken zu wollen und dem Anspruch des Adressaten der Informationen an eine objektive, den tatsächlichen Verhältnissen entsprechende Darstellung der unternehmensinduzierten Effekte. Die zentrale Kritik an unternehmensspezifischen Wirkungsanalysen gilt deshalb den Informationsasymmetrien zwischen dem Unternehmen und dem externen Adressaten der Information, der nicht unmittelbar nachvollziehen kann, ob die Darstellung des Unternehmens der Realität entspricht oder nicht. Die Qualität und Aussagekraft der Ergebnisse solcher Wirkungsanalysen sind deshalb grundsätzlich in Frage zu stellen.

Die den unternehmensspezifischen Wirkungsanalysen zugrundliegende intrinsische Motivation der Unternehmen und die damit einhergehende Kritik aufgrund der offenkundigen Informationsasymmetrien sind als Hauptgründe für die geringe Verfügbarkeit deutschsprachiger Unternehmens-Impact-Studien anzuführen. Darüber hinaus spielt die Verfügbarkeit der Daten, die für eine aussagekräftige Input-Output-Analyse benötigt werden, eine entscheidende Rolle. Ohne zusätzliche Daten aus dem betrieblichen Rechnungswesen des zu analysierenden Unternehmens ist eine aussagekräftige Wirkungsanalyse auf Basis der IO-Systematik nicht gewährleistet. Dies führt dazu, dass wissenschaftliche Publikationen über die ökonomischen Effekte eines Unternehmens nur in Zusammenarbeit mit dem jeweiligen Unternehmen erstellt werden können. Das daraus resultierende Dilemma zwischen dem wissenschaftlichen Anspruch an eine objektive und wertungsfreie Analyse bei gleichzeitiger Abhängigkeit von den Datenlieferungen des betrachteten Unternehmens sorgt dafür, dass wissenschaftliche Publikationen zu diesem Thema rar sind.

Auch die englischsprachige Literatur zu den ökonomischen Wirkungen eines bestimmten Unternehmens auf ein Untersuchungsgebiet ist überschaubar.[605]

---

605 In den USA sind einige Publikationen verfügbar, die die zentralen Ergebnisse durchgeführter Analyse über die ökonomischen Effekte bestimmter Unternehmen auf ausgewählte Regionen der USA zusammenfassen, z.B. Kelley School of Business (2009) oder Hodges et al. (2008). In England bietet das Forschungsinstitut „Oxford Economics" ausführliche ökonomische Wirkungsanalysen an und gibt in seinen Referenzen an, den ökonomischen Beitrag mehrerer großer Unternehmen für die UK-Volkswirtschaft bereits analysiert zu haben (vgl. http://www.oef.com/OE_Cons_Descns.asp oder Oxford Economics (2008)). In einer weiteren interessanten aber nicht ganz passenden Studie wird die sozioökonomische Bedeutung einer Brauerei auf die Volkswirtschaft von Ghana quantifiziert (vgl. Kapstein, Kim (2011)).

Die wenigen verfügbaren makroökonomischen Unternehmensanalysen stützen die Vermutung, dass die Ergebnisse entsprechender Studien von den Unternehmen meist gezielt zur Wahrung ihrer Interessen in Politik und Gesellschaft eingesetzt werden. Bei den verfügbaren Ausarbeitungen handelt es sich zumeist nur um Kurzfassung bzw. Handouts[606], deren inhaltlicher Schwerpunkt nicht auf der Methodik sondern auf der Auswertung und Interpretation der unter Verwendung bestimmter Input-Output-Modelle generierten Ergebnisse liegt. Auch in Deutschland existieren vergleichbare empirische Untersuchungen, die durch das zu analysierende Unternehmen beauftragt und von Forschungsinstituten, Universitäten oder Beratungsunternehmen, die über das entsprechende Know-how verfügen, erstellt werden.[607] Die vollständigen Studien werden von den Unternehmen anschließend oftmals unter Verschluss gehalten und nur ausgewählte Ergebnisse werden gezielt kommuniziert.

Zusammenfassend bleibt festzuhalten, dass derzeit nur eine Studie öffentlich verfügbar ist, die sich explizit mit der Quantifizierung und Analyse der ökonomischen Wirkungen eines bestimmten Unternehmens auf die deutsche Volkswirtschaft befasst. Neben dem Transparenzproblem aufgrund der Informationsasymmetrien sind insbesondere die konzeptionellen und methodischen Schwierigkeiten bei der Abgrenzung des Unternehmens in der Input-Output-Systematik sowie der damit einhergehende hohe Zeit- und Kostenaufwand ausschlaggebend für das geringe Literaturangebot. Viele nützliche Informationen für diese Arbeit mussten deshalb aus anderen Studien und Publikationen gewonnen werden, die anstelle eines Unternehmens die ökonomischen Wirkungen von Sektoren, Branchen oder sonstigen (aggregierten) Wirtschaftseinheiten unter Anwendung der Input-Output-Analyse untersuchten. Insbesondere die Studien von Schneider et al (2007) bzw. (2008b), in denen die ökonomischen Wirkungen verschiedener Unternehmenskohorten auf die österreichische Wirtschaft analysiert werden,

606 Als Beispiel sei auf eine zweiseitige Zusammenfassung des niederländischen NCDO (National Committee for International Cooperation and Suystainable Development) verwiesen, in der die regionalökonomische Bedeutung der Sierra Leone Brauerei zusammengefasst wird (http://www.ncdo.nl/docs/uploads/Onderzoek20.pdf).

607 Als Beispiel ist eine Studie zu nennen, die im Auftrag der E.ON Avacon AG durch das Pestel Institut in Hannover durchgeführt wurde und die regionalen Wertschöpfungs- und Beschäftigungseffekte der E.ON Avacon AG quantifiziert (http://www.pestel-institut.de/sites/0801171416160.html). Die gesamte Studie ist nicht verfügbar. Lediglich ausgewählte Ergebnisse der Studie wurden durch das Unternehmen im Rahmen einer Werbebroschüre veröffentlicht, die einen Überblick über die wichtigsten Fakten und Kennzahlen des Unternehmens vermitteln soll (http://www.eon-avacon.com/CMS/SnetWebControls/SnetShop/WebUI/Content/Downloads/Druckfassung%20Kurz%20und%20knapp%202011_200e.pdf).

lieferten wertvolle Erkenntnisse für diese Arbeit. Auch die zahlreichen wissenschaftlichen Publikationen über die Input-Output-Analyse als Instrument zur volkswirtschaftlichen Wirkungsmessung lieferten wertvolle Erkenntnisse darüber, wie die ökonomischen Wirkungen eines bestimmten Untersuchungsgegenstands auf Basis der in den IO-Tabellen erfassten volkswirtschaftlichen Verflechtungen quantifiziert und analysiert werden können und was diesbezüglich zu beachten ist.

3.2.3.3 Kritische Würdigung der IO-Rechnung und alternativer Ansätze zur Wirkungsmessung

Die Input-Output-Rechnung des Statistischen Bundesamts gewährleistet einen detaillierten Einblick in die produktions- und gütermäßigen Verflechtungen der deutschen Wirtschaftseinheiten. Sie beschreibt die derzeit beste, frei verfügbare Datenbasis für umfangreiche ökonomische Analysen, anhand derer Aussagen über die volkswirtschaftlichen Wirkungsbeziehungen zwischen den verschiedenen Wirtschaftseinheiten der deutschen Volkswirtschaft gewonnen werden können. Die verwendete IO-Tabelle und das darauf aufbauende Modell zur Analyse der volkswirtschaftlichen Verflechtungen müssen als untrennbare Einheit betrachtet werden. Das Zusammenspiel entscheidet maßgeblich über die Interpretations- und Analysemöglichkeiten sowie die Qualität und Aussagekraft der Ergebnisse. Die IO-Tabelle beschreibt dabei das formale Gerüst bzw. die Ausgangsdatenbasis, während die Input-Output-Analyse darauf aufbauend quantitative Aussagen über die in der Tabelle dargestellten volkswirtschaftlichen Zusammenhänger ermöglicht.[608]

Der größte Vorteil der Input-Output-Rechnung liegt in der Analyse der volkswirtschaftlichen Verflechtungen auf Basis nachvollziehbarer mathematischer Modelle unter Wahrung der Konsistenz gegenüber den Ergebnissen der VGR. Auf Grundlage der amtlichen IO-Tabellen ist ein detaillierter Nachweis der direkten sowie der indirekten produktions- und gütermäßigen Verflechtungen zwischen den einzelnen Wirtschaftseinheiten der deutschen Volkswirtschaft möglich. Ein großer Vorteil gegenüber einer „einfachen" Multiplikatoranalyse besteht in der Möglichkeit die verschiedenen Multiplikatoren nachvollziehbar berechnen und über die Vorleistungsverflechtungen verschiedenen Wirtschaftssektoren konkret zuordnen zu können, anstelle sie nur in der Summe auszuweisen.

Bei der Interpretation der Ergebnisse dürfen jedoch die Ungenauigkeiten bei der Erstellung der amtlichen IO-Tabellen (vgl. Abschnitt 4.1.4) sowie die der

608 vgl. Holub, Schnabl (1994a), S. 75ff.

Analyse der volkswirtschaftlichen Verflechtungen inhärenten Annahmen des verwendeten IO-Modells (vgl. Abschnitt 4.2.2.4) nicht vernachlässigt werden. Die Qualität der amtlichen IO-Tabellen als Ausgangsdatenbasis wird im Wesentlichen durch den mathematischen Überleitungsprozess im Rahmen der Aufbereitung der nicht beobachtbarer Inputstrukturen für die homogenen Produktionsbereiche sowie die stichproben- und nicht-stichprobenbedingten Fehler in den verwendeten Basisstatistiken beeinträchtigt. Darüber hinaus wird die Aussagekraft der berechneten Ergebnisse durch die der IO-Analyse zugrundeliegenden Annahmen beeinflusst. Folgende zentralen Modellannahmen liegen den Berechnungen zu den sich fortpflanzenden indirekten und induzierten Effekte auf Basis symmetrischer Input-Output-Tabellen zugrunde:[609]

- Konstante wertmäßige Inputstrukturen
- Konstante Zusammensetzung der Produktionswerte nach homogenen Produktionsbereichen
- Konstante gütermäßige Zusammensetzung der privaten Konsumausgaben

Anders formuliert besagen die Annahmen, dass sich beispielsweise Preisrelationen über die jeweilige Berichtperiode nicht verändern, die Produktionstechniken konstant bleiben und keine Substitution zwischen den Gütern der Endnachfrage stattfindet.[610] Durch die Berücksichtigung des technologischen Wandels oder Preisänderungen im Berichtszeitraum lassen sich die Modellannahmen grundsätzlich modifizieren. Abhilfe versprechen in diesem Zusammenhang ökonometrische und andere Schätzungen, die helfen, den Einfluss relativer Preise und anderer Einflussfaktoren auf die technischen Koeffizienten der Vorleistungsmatrix bzw. auf die Konsumstruktur der privaten Haushalte einzubeziehen.[611] In diesem Zusammenhang sind in den vergangenen Jahrzehnten weltweit unzählige sogenannte integrierte Modelle entstanden, die sich bemühen den offenkundigen Defiziten der Input-Output-Analyse entgegenzuwirken.[612] Sie versuchen die Annahmen der IO-Modelle aufzuheben und durch kontinuierliche Anpassungen der

609 vgl. ESVG 1995, 9.14

610 vgl. ESVG 1995, 9.14

611 vgl. Miller, Blair (2009), S. 303ff.; ESVG 1995, 9.14

612 Als Beispiele für solche integrierten Modelle sind u.a. das auf das INFORUM-Modelle (INterindustrie FORcasting at the University of Marryland) zurückzuführende INFORGE-Modell (INterindustry FORecasting Germany) der Gesellschaft für Wirtschaftliche Strukturforschung mbH (www.gws-os.com/de) sowie das speziell für regionale „Impact-Analysen“ entwickelte amerikanische IMPLAN-Modell der Firma MIG Inc. (http://implan.com) zu nennen.

Datenbasis sowie verknüpfte und fortlaufend aktualisierte Schätzungen die Modellstrukturen stärker der ökonomischen Realität anzupassen.[613]

Dabei ist festzuhalten, dass durch die Aufnahme von (ökonometrischen) Schätzgleichungen und der Berücksichtigung dynamischer Prozesse, die den innerperiodischen Veränderungen ausgewählter Variablen im Zeitverlauf Rechnung tragen, die statistisch erhobenen Primärdaten um subjektive, nicht statistisch erfassbare Einflüssen verfälscht werden können. Der Gewinn an Genauigkeit durch die Berücksichtigung dynamischer Prozesse im Zeitverlauf, wie z.B. die Berücksichtigung relativer Preisänderungen, steht in einem ständigen Spannungsverhältnis zur Wahrung der Konsistenz gegenüber den statistisch abgesicherten Daten der Inlandsproduktberechnung. D.h. der empirische Zusammenhang zwischen den Eckwerten der VGR und der IO-Rechnung wird durch die Aufnahme zusätzlicher Schätzgleichungen verwässert. Um ein möglichst objektives und transparentes Bild über die volkswirtschaftlichen Verflechtungen in Deutschland vermitteln zu können, muss die Konsistenz der IO-Tabellen gegenüber den Ergebnissen der VGR als objektive, gesamtwirtschaftliche Datenbasis gewahrt bleiben.

Anstelle punktuell Modifikationen an den amtlichen Input-Output-Tabellen vorzunehmen, können auch komplett neue Modelle entwickelt werden, um die Restriktionen der IO-Rechnung zumindest teilweise zu beheben. In diesem Zusammenhang sind sogenannte allgemeine Gleichgewichtsmodelle sowie ökonometrische Makromodelle anzuführen[614], die je nach Ausgestaltung und unter Anwendung unterschiedlicher kontextspezifischer Annahmen hinsichtlich der volkswirtschaftlichen Zusammenhänge ebenfalls für die Analyse volkswirtschaftlicher Wirkungen geeignet sind. Sie treten entweder als Konkurrenten zur IO-Rechnung auf oder verwenden diese als methodisches Grundgerüst, das sie in Abhängigkeit des zu simulierenden Sachverhalts anpassen.[615] Eine Gegenüberstellung der zentralen Vor- und Nachteile der einzelnen Ansätze hinsichtlich ihrer Eignung zur volkswirtschaftlichen Wirkungsmessung ist Tabelle 12 zu entnehmen.

Allgemein ist festzuhalten, dass das zentrale Problem der Modellierung volkswirtschaftlicher Zusammenhänge darin besteht, dass sie durch die Abstraktion von der Realität entstehen und sich somit im Realitätsgehalt, der Komplexität und der Realitätsnähe unterscheiden. Obwohl sie als Abbild der Wirklichkeit erstellt werden, können die Ergebnisse der auf ihnen aufbauenden, modellgestützten Berechnungen nicht unmittelbar als unumstößliche Aussagen über die

---

613 vgl. Holub, Schnabl (1994a), S. 328

614 Für vertiefende Einblicke siehe u.a. Kollegger (2005), von Auer (2011), Winker (2010).

615 vgl. Holub, Schnabl (1994a), S. 330

Wirklichkeit interpretiert werden.[616] Vielmehr müssen die Abhängigkeit von den modellinhärenten Definitionen und Annahmen sowie die Genauigkeit der Daten bei der Analyse der Ergebnisse mit einbezogen werden. Ist die Nachvollziehbarkeit eines Modells nicht mehr gewährleistet, ist auch die beste prognostische Annäherung an die Wirklichkeit nutzlos. Daraus resultiert unmittelbar ein zentrales Problem komplexer integrierter Modelle, die zwar sehr plastisch eine gute Annäherung an die Realität darstellen, jedoch aufgrund ihrer unüberschaubaren Interdependenzen zwischen den einzelnen Modellteilen nur eine geringe Transparenz aufweisen.

Tabelle 12: Unterschiedliche Ansätze zur volkswirtschaftlichen Wirkungsmessung

	Vorteil	Nachteil
Input-Output Rechnung des Statistischen Bundesamts	- Weitverbreiteter und anerkannter Ansatz zur volkswirtschaftlichen Wirkungsmessung - Ergebnisse sind einfach verständlich und leicht vermittelbar - Effektive Verflechtungen und nachvollziehbare Verbindung zu den Daten der Inlandsproduktberechnung (hoher Grad des empirischen Zusammenhangs) - Objektive/vergleichbare Datenbasis	- Teilweise intransparenter Erstellungsprozess und restriktive Modellannahmen - Künstlich-analytische Darstellungseinheiten in Form statistisch nicht beobachtbarer homogener Produktionseinheiten - späte Veröffentlichung der Ergebnisse - Definitorisch festgelegter Darstellungsrahmen (Aggregatsbetrachtung) schränkt die Analysemöglichkeiten ein
Ökonometrische Makromodelle	- Bessere Annäherung an theoretische ökonomische Realität durch Implementierung ökonometrischer Schätzgleichungen - Berücksichtigung dynamischer Entwicklungen, z.B. Lohn- und Preisänderungen im Zeitverlauf - Hohe Problemlösungskompetenz durch die spezifische Aufbereitung und Zusammenführung ökonomischer Theorien, mathematischer Methoden sowie statistischer Daten	- Hoher Komplexitätsgrad - Hoher Kosten- und Modellierungsaufwand - Vergangenheitsorientierter Charakter durch Anpassungen auf Basis historischer Verhaltensmuster - Problem subjektiver Einflüsse durch die Aufnahme von Wertungsprozessen

616 vgl. Holub, Schnabl (1994a), S. 328

Allgemeine Gleichgewichtsmodelle („General Equilibrium Models")	- Detaillierte Analysen ausgewählter Teilbereiche und gute Prognose bzw. Simulation volkswirtschaftlicher Effekte als Folge sich verändernder Rahmenbedingungen - Spezielle Darstellung des endogenen technischen Fortschritts - Fundierte ökonomisch-theoretische Basis	- Großer Kosten- und Modellierungsaufwand - Hohe Komplexität und starke Orientierung an der Theorie - Sehr einschneidende Annahmen und hohe Anforderungen an die Datenbasis - Subjektive und willkürliche Festlegung der exogenen und endogenen Variablen

Die Entscheidung für die Anwendung eines bestimmten Modellansatzes zur volkswirtschaftlichen Wirkungsmessung variiert im Wesentlichen in Abhängigkeit des zugrundeliegenden Analyseziels sowie dem zur Verfügung stehenden Datenmaterial. Aufgrund der Fokussierung auf die deutsche Volkswirtschaft und des intransparenten und proprietären Aufbaus der meisten integrierten Modelle beschreibt die IO-Rechnung des Statistischen Bundesamts als Teilrechenwerk der VGR die beste Ausgangsbasis für das entwickelte Modell in dieser Arbeit. Sie ist frei verfügbar und weist einen objektiven und transparenten Charakter auf, sodass der hohe Anspruch an die Nachvollziehbarkeit und Kommunikation der Ergebnisse grundsätzlich gewährleistet ist. Das Statistische Bundesamt veröffentlicht mit der Input-Output-Rechnung für jedes Jahr eine aussagekräftige und im zeitverlauf vergleichbare Datenbasis, die die produktions- und gütermäßigen Verflechtungen der deutschen Volkswirtschaft detailliert wiedergibt. Durch die Erstellung der IO-Tabellen aus den umfangreichen statistischen Datensätze des Statistischen Busdesamts, der statistischen Landesämter und weiterer Institutionen (z.B. der Bundesbank), wird ein konsistentes Bild der volkswirtschaftlichen Verflechtungen in Deutschland gezeichnet, das unter Berücksichtigung der dem Erstellungsprozess inhärenten Annahmen und Restriktionen ein wertvolles Hilfsmittel und Analyseinstrument für wirtschaftspolitische Entscheidungsprozesse darstellt.

Die Konten und Tabellen der VGR als Datenbasis für die Erstellung des Tabellenangebots der IO-Rechnung beschreiben grundsätzlich ein widerspruchsfreies System, das auf Konventionen, Normen und Reglements beruht, welche die Definitionen und Klassifikationen, die Abgrenzungen der verwendeten Größen, die Datenerhebung sowie die Verfahren, mit denen die Basisdaten weiterverarbeitet werden, einheitlich festlegt.[617] Die standardisierte Aufbereitung und Verdichtung der Basisdaten sowie die seitens des Statistischen Bundesamts

617 vgl. Brümmerhoff (2007), S. 6

durchgeführten Validierungs- und Plausibilisierungsrechnungen bilden die Grundlage für die Objektivität und Transparenz der amtlichen IO-Tabellen. Aufgrund des umfangreichen Datenmaterials, das in ihre Berechnungen einfließt, und dem methodisch fundierten und gewissenhaften Erstellungsprozess seitens des Statistischen Bundesamts beschreiben die amtlichen IO-Tabellen eine objektive und vergleichbare Ausgangsdatenbasis, die den Ansprüchen in dieser Arbeit unter Berücksichtigung der dem Erstellungsprozess inhärenten Ungenauigkeiten weitestgehend gerecht wird.

Neben der auf den IO-Tabellen des Statistischen Bundesamts aufbauenden Input-Output-Analyse oder der Verwendung eines geeigneten ökonometrischen bzw. allgemeinen Gleichgewichtsmodells (vgl. Tabelle 12) existieren weitere Verfahren, wie z.B. Kosten-Nutzen-Analysen oder Inzidenzanalysen, die ebenfalls Aussagen über die volkswirtschaftlichen Wirkungen eines Unternehmens ermöglichen. Die Kosten-Nutzen-Analyse ist jedoch aufgrund ihre Fokussierung auf die Ermittlung des „subjektiven" Nutzens ausgewählter Projekte und Maßnahmen sowie der Gegenüberstellung mit den jeweiligen Kosten für die Analyse der gesamtwirtschaftlichen Bedeutung eines Unternehmens vor dem Hintergrund dieser Arbeit nicht geeignet. Ausgehend von den unterschiedlichen Präferenzen der Individuen, die durch divergierende Vorstellungen von Nutzen bzw. Kosten des zu bewertenden Sachverhalts zum Ausdruck kommen, ist eine objektive Beurteilungen der ökonomischen Wirkungen im Rahmen von Kosten-Nutzen-Analysen nicht gewährleistet. Auch die Inzidenzanalyse, die sich maßgeblich mit der Analyse von Spillovereffekten ökonomischer Handlungen und veränderter volkswirtschaftlicher Rahmenbedingungen auseinandersetzt, ist letztendlich für eine ganzheitliche Betrachtung der volkswirtschaftlichen Wirkungen eines Unternehmens auf ausgewählte Zielvariablen ungeeignet.

Trotz der vielfältigen Anwendungsgebiete der amtlichen Input-Output-Rechnung können auf Basis des starren Darstellungsrahmens der originären Tabellen (71 homogene Produktionsbereiche in den symmetrischen IO-Tabellen und 59 Wirtschaftsbereiche in den Basistabellen) nicht alle ökonomischen Fragestellungen gleichermaßen beantwortet werden.[618] Oftmals ist eine erkenntniszielorientierte Aufbereitung des statistischen Datenmaterials unumgänglich, um ausgewählte Teilbereiche isoliert analysieren zu können. Vor diesem Hintergrund haben in den vergangenen Jahren sogenannte Satellitensysteme stark an Bedeutung gewonnen, die in Abhängigkeit des zu befriedigenden Informationsbedürfnisses die definierten und ausgewiesenen Größen der VGR und ihrer Teilrechnungen disaggregieren, um zusätzliche Daten erweitern und anschließend neu klassifizieren. Das Hauptziel von Satellitensystemen besteht darin, zusätzli-

618 vgl. Brümmerhoff (2007), S. 6

che Erkenntnisse zu gewinnen, die die IO-Tabellen aufgrund ihres fest vorgegebenen Darstellungsrahmens nicht oder nur eingeschränkt liefern.

3.2.3.4 Satellitensysteme

Die VGR und die Input-Output-Tabellen basieren auf exakten Definitionen, festgelegten Konzepten und logisch aufgebauten sowie breit abgestützten Übereinkünften, die die Vergleichbarkeit der Ergebnisse gegenüber anderen makroökonomischen Statistiksystemen gewährleisten. Die Kohärenz zwischen den Ergebnissen der einzelnen Rechenwerke und dem effektiven Wirtschaftsgeschehen in seiner Gesamtheit wird durch die Aufnahme zuweilen vernachlässigter Transaktionen und Informationen stetig verbessert.[619] Die Anwendung standardisierter Klassifikationen und Definitionen gewährleistet zwar transparente und international vergleichbare Ergebnisse, schränkt eine flexible Anpassung und Ausgestaltung der VGR aber in Bezug auf die Befriedigung bestimmter nationaler Informationsbedürfnisse ein. So sind detaillierte makroökonomische Analysen bestimmter Branchen oder Wirtschaftsbereiche, die nicht als eigenständige Produktionsbereiche in den Input-Output-Tabellen abgebildet werden, sondern in verschiedenen Aggregaten enthalten sind, nicht ohne weiteres möglich.

Für solche Fälle, in denen Fragestellungen beantwortet werden sollen, die sich nicht unmittelbar innerhalb der Klassifikationen und Konzepte der VGR beantworten lassen, bietet sich die Möglichkeit sogenannte Satellitensysteme zu erstellen.[620] Wie der Name bereits suggeriert, handelt es sich dabei um erkenntniszielorientiert aufbereitete Datenkonstrukte, die als Erweiterung bzw. Modifikation der VGR und ihrer Rechenwerke zur Beantwortung bestimmter Fragestellungen dienen. Als zentrales Merkmal von Satellitensystemen werden die Konzepte und Klassifikationen der VGR als Standard-Gesamtrechnungssystem grundsätzlich beibehalten und nur verändert, wenn dies aufgrund des speziellen Verwendungszwecks zwingend erforderlich ist.[621] Selbst wenn der standardisierte Aufbau der VGR verändert oder durch die Aggregation bzw. Disaggregation bestimmter Kennzahlen der Fokus auf einen bestimmten Teilbereich gelegt wird, sollte stets erkennbar bleiben, wie die zentralen Größen des Satellitensys-

---

619 vgl. Henke et al. (2009), S. 52

620 Im System of National Accounts (SNA) werden Satellitensysteme ausführlich beschrieben (vgl. SNA 2008, Chapter 29 (S. 523ff)). Das ESVG 1995 (1.18-1.23, S. 25ff.) geht nur kurz auf die Verwendung und Funktionsweise von Satellitensystemen ein und verweist ansonsten auf die Ausführungen im SNA (vgl. ESVG 1995, 1.24, a) (4)).

621 vgl. ESVG 1995, 1.20. „As its name indicates, it is linked to, but distinct from, the central system. Many satellite accounts are possible but, though each is consistent with the central system, they may not always be consistent with each other." (SNA 2008 (29,4))

tems mit denen der VGR zusammenhängen. Dadurch bleibt die VGR weiterhin als Bezugsrahmen bestehen, während speziellen Informationsbedürfnissen durch die zielführende Aufbereitung Rechnung getragen wird.[622]

„Satellitensysteme bauen also auf bereits in den VGR nachgewiesenen Sachverhalten (monetären Transaktionen) auf, die gesondert und eventuell in einer detaillierteren oder modifizierten Gliederungstiefe als dort selber dargestellt werden. Sie werden auch um Angaben außerhalb der Gesamtrechnungen ergänzt, wie z.B. um bewertete Aktivitäten außerhalb des Marktgeschehens oder um nicht-monetäre Größen."[623] Die konkrete Vorgehensweise bei der Erstellung eines Satellitensystems ist an die zu beantwortenden Fragestellung bzw. den Analysezwecke und die Datenverfügbarkeit anzupassen und gestaltet sich durchaus unterschiedlich. Nachfolgend sind exemplarisch einige Analysegebiete aufgeführt, deren jeweiliger Datenbedarf durch Satellitensysteme bereits gedeckt wird oder werden könnte:[624]

- Kosten und Finanzierung der Gesundheitswirtschaft
- Volkswirtschaftliche Bedeutung von Forschung, Entwicklung und Humankapital
- Beziehungen zwischen Umwelt und Wirtschaft
- Haushaltsproduktion
- Veränderung des gesellschaftlichen Wohlstands
- Unterschiede zwischen den Daten der Volkswirtschaftlichen Gesamtrechnungen und den Daten der betrieblichen Buchführung sowie ihr Auswirkungen auf Aktien- und Devisenmärkte

Die Eignung eines Satellitensystems zur Deckung des bestehenden Analysebedarfs ist dann gegeben, wenn es erkenntniszielbezogen einen größeren Detaillierungsgrad aufweist bzw. überflüssige Angaben weglässt, nicht monetäre Daten einschließt und dadurch eine Erweiterung des Darstellungsrahmens der VGR ermöglicht oder bestimmte grundlegende Konzepte erweitert.[625] Da Satellitensysteme einerseits konzeptionell und empirisch an den Eckgrößen der VGR anknüpfen und sich andererseits Freiräume bieten in der Darstellung und bei der Einbeziehung weiterer Tatbestände, die außerhalb des Produktionskonzeptes der VGR liegen, sind die Themenfelder in denen sie eingesetzt werden können sehr vielfältig.

622 vgl. SNA 2008, 29.3-4
623 Brümmerhoff (2007), S. 283
624 vgl. ESVG 1995, 1.18
625 vgl. ESVG 1995, 1.19

Mittlerweile existieren zahlreiche Satellitensysteme zu den Volkswirtschaftlichen Gesamtrechnungen, die als Erweiterungen entweder tiefer disaggregierte Ergebnisse oder über die üblichen Produktionsgrenzen und Darstellungsformen der VGR hinausgehende Daten bereitstellen.[626] Darauf aufbauend lassen sich zwei Typen von Satellitensystemen unterscheiden:

1. Satellitensysteme vom ersten Typ bereiten die zentralen Klassifikationen der VGR lediglich erkenntniszielorientiert auf bzw. ordnen sie neu an und ergänzen diese gegebenenfalls um relevante Elemente. Ihr wichtigstes Merkmal ist, dass die fundamentalen Konzepte der VGR nicht verändert, sondern lediglich der zu analysierende Teilbereich in disaggregierter Form detaillierter aufbereitet wird.[627]
2. Die andere Gruppe von Satellitensystemen entfernt sich dagegen weiter von den üblichen Definitionen und Konzepten der VGR. Sie beschränken sich nicht auf Modifikationen an der klassischen Darstellung, sondern entwickeln alternative Konzepte, die nur noch teilweise komplementär zum ursprünglichen Bezugssystem sind.[628] Solche Modifikationen bzw. Weiterentwicklungen der VGR-Konzepte betreffen z.B. die Abgrenzung des Vermögensbegriffs, die Erfassung neuer Produktionsaktivitäten oder auch die Berücksichtigung alternativer Bewertungsgrundsätze. Aufgrund ihrer Komplexität und dem Verlust an Transparenz und Vergleichbarkeit wird auf solche Satellitensystem nur zurückgegriffen, falls die Beantwortung der Fragestellung eine Abwandlung des grundlegenden Konzepts unumgänglich macht. Für Fälle in denen eine derartige Modifikation vorgenommen werden muss, sollten zusätzlich Überleitungstabellen erstellt werden, die die Verbindungen zwischen dem modifizierten und dem standardisierten Kontenrahmen aufzeigen.[629]

Derzeit existieren folgende Satellitensystem, die einen differenzierten Blick auf die Daten der VGR bzw. ergänzende Informationen zu den Ergebnissen der VGR bereithalten:[630] Das Haushaltssatellitensystem, die umweltökonomische Gesamtrechnung (Umweltsatellitensystem), die sozioökonomische Gesamtrechnung und Social Accounting Matrix (SAM), die Satellitensysteme zum Sport und Tourismus sowie das Gesundheitssatellitenkonto. Losgelöst von dem jeweiligen Analysefeld dient jedes Satellitensystem zur Befriedung bestimmter In-

626 vgl. Henke et al. (2009), S. 54

627 vgl. SNA 2008, 29.5

628 vgl. SNA 2008, 29.6

629 vgl. Eurostat (2008), S. 405ff.

630 Folgende Literaturquellen halten vertiefende Informationen zu den genannten Satellitensystemen bereit: Brümmerhoff (2007), S 283ff.; Henke et al. (2009), S. 57ff.; Schwarz (2005); Ahlert (2003); Destatis (2011c)

formationsbedürfnisse und erfüllt dabei eine oder mehrere der nachfolgend genannten Aufgaben:[631]

- Informationen für besondere Sachverhalte bereit zu stellen, die vor allem sozialer, funktionaler oder branchenübergreifender Natur sind,
- Zusätzliche und erweiternde Indikatoren und Aggregate zu erstellen,
- Ergänzende und alternative Konzepte in die verschiedenen Teilbereiche der VGR zu integrieren,
- Neue Bewertungsmethoden auszuprobieren, ohne die herkömmliche Darstellungsweise im Kernsystem zu verändern
- Neue Daten verwenden, die unter Umständen statistisch noch nicht völlig abgesichert sind
- Kosten-Nutzen-Verhältnisse wirtschaftlicher und sozialer Aktivitäten zu analysieren und/oder
- Vorhandene Datenquellen mit den Grunddaten der VGR methodisch zu verknüpfen.

Zusammenfassend lässt sich festhalten, dass Satellitensysteme den Vorteil besitzen ausgewählte Daten mit einem sehr viel höheren Detailierungsgrad als in den standardisierten Rechenwerken der VGR ausweisen und dabei gegebenenfalls überflüssige Angaben weglassen bzw. nur in aggregierter Form mitführen zu können, ohne den Bezug zum konsistenten System der VGR zu verlieren. Die dadurch gewonnene Freiheit bei der Modellierung ermöglicht es, die Datenbasis auf die zu beantwortende Fragestellung gezielt vorzubereiten. Die zweckdienliche Aufbereitung der Input-Output-Tabellen gemäß dem Konzept der Satellitensysteme ermöglicht die gezielte Beantwortung von Fragestellungen, die auf Basis der standardisierten Informationen nicht oder nur unzureichend beantwortet werden können.[632]

3.2.3.5 Zwischenfazit

Die vorangegangen Ausführungen beschreiben volkswirtschaftliche Datenkonstrukte und Verfahren, anhand derer Erkenntnisse über die ökonomischen Wirkungszusammenhänge zwischen den verschiedenen Wirtschaftseinheiten der deutschen Volkswirtschaft gewonnen werden können. Mit den Volkswirtschaftlichen Gesamtrechnungen existiert eine umfassende statistische Datenbasis, in der die vielfältigen ökonomischen Transaktionen der deutschen Wirtschaftseinheiten differenziert erfasst und dargestellt werden. Sie dient als zentraler Aus-

631 vgl. Henke et al. (2009), S. 53; Eurostat (2008), S. 405; Brümmerhoff (2007): 283ff.

632 Für mehr Informationen über modifizierte bzw. erweiterte Input-Output-Tabellen als zentralem Bestandteil von Satellitensystem vgl. u.a. Eurostat (2008), S. 405ff.

gangspunkt für die Beantwortung sämtlicher volkswirtschaftlicher Fragestellungen und hält grundsätzlich alle Informationen bereit, die für eine fundierte Analyse der volkswirtschaftlichen Verflechtungen eines bestimmten Unternehmens benötigt werden.

Mit der Input-Output-Rechnung als Teilrechenwerk der VGR stellt das Statistische Bundesamt ein in der empirischen Wirtschaftsforschung anerkanntes und vielfach eingesetztes Instrument der volkswirtschaftlichen Wirkungsanalyse zur Verfügung. Als Kernstück der Input-Output-Rechnung zeigen die amtlichen IO-Tabellen detailliert die Transformation von Inputs in Outputs unter Beachtung der wirtschaftlichen Produktionsprozesse und dienen als Ausgangsdatenbasis für differenzierte Analysen der produktions- und gütermäßigen Verflechtungen innerhalb der deutschen Volkswirtschaft. Die erkenntniszielorientierte Auswertung der vom Statistischen Bundesamt veröffentlichten IO-Tabellen im Rahmen der IO-Analyse liefert wertvolle Erkenntnisse über die volkswirtschaftlichen Verflechtungen und somit auch die kumulativen Auswirkungen bestimmter ökonomischer Aktivitäten auf die deutsche Volkswirtschaft. Die vielfältigen Einsatzmöglichkeiten und Anwendungsgebiete der IO-Analyse zur Wirkungsmessung werden durch die Ausführungen in Abschnitt 3.2.3.2.3 zum Ausdruck gebracht.

Gegenüber den komplexen ökonometrischen Makromodellen und allgemeinen Gleichgewichtsmodellen beschreibt die IO-Rechnung ein vergleichsweise einfaches mathematisches Modell der empirischen Wirtschaftsforschung, das sich in der Praxis als wirtschaftspolitisches Prognose- und Analyseinstrument bewährt hat. Der empirische Bezug zu den Ergebnissen der VGR, die freie Verfügbarkeit und der gewissenhafte Erstellungsprozess seitens des Statistischen Bundesamts sprechen vor dem Hintergrund dieser Arbeit für die Anwendung der Input-Output-Rechnung. Insbesondere aufgrund der Konsistenz gegenüber den Daten der VGR beschreiben die IO-Tabellen des Statistischen Bundesamts ein statistisch abgesichertes und vergleichbares Datengerüst, das sich grundsätzlich als Ausgangsdatenbasis für die Erstellung eines aussagekräftigen Gesamtbilds über die volkswirtschaftliche Bedeutung eines bestimmten Unternehmens eignet.

Neben den Vorteilen der amtlichen IO-Tabellen dürfen jedoch auch die methodischen Ungenauigkeiten und Annahmen im Erstellungsprozess sowie die zeitverzögerte Veröffentlichung der IO-Tabellen als zentrale Kritikpunkte nicht vernachlässigt werden (vgl. Abschnitt 4.1.4). Darüber hinaus zeigen die mit der Auswertung der IO-Tabellen verbundenen Annahmen (vgl. Abschnitt 4.2.2.4), dass auf Basis der IO-Rechnung nicht alle Wirkungszusammenhänge endogen und zeitnah erfasst bzw. analysiert werden können. Die IO-Rechnung des Statistischen Bundesamts stellt deshalb keinen geschlossenen Modellrahmen dar, der eine differenzierte Betrachtung aller Einkommenskreislaufeffekte sowie Preis- und Substitutionseffekte ermöglicht. Aufgrund der genannten Vorteile sowie des geringeren Modellierungsaufwands ist die IO-Rechnung vor dem Hintergrund dieser Arbeit den aufwendigeren ökonometrischen Makromodellen und allgemeinen Gleichgewichtsmodellen dennoch vorzuziehen.

Aufgrund der Aggregatsbetrachtung in den Volkswirtschaftlichen Gesamtrechnungen ist die Darstellung der produktions- und gütermäßigen Verflechtungen eines einzelnen Unternehmens auf Basis der amtlichen IO-Tabellen nicht unmittelbar gewährleistet. In die Input-Output-Tabellen fließen zwar theoretisch alle relevanten Informationen über ein den statistischen Berichtspflichten unterliegendes Unternehmen ein, jedoch ist aufgrund der aggregierten Ergebnisdarstellung eine isolierte Analyse der volkswirtschaftlichen Verflechtungen eines bestimmten Unternehmens nicht unmittelbar gewährleistet. Um trotz der Aggregatsbetrachtung durch die Verdichtung der Basisdaten in den Input-Output-Tabellen dennoch eine Aussage über die ökonomischen Effekte eines Unternehmens treffen zu können, muss das statistische Datenmaterial erkenntniszielorientiert aufbereitet werden. Vor diesem Hintergrund haben in den vergangenen Jahren sogenannte Satellitensysteme stark an Bedeutung gewonnen, die in Abhängigkeit des Informationsbedürfnisses die definierten und ausgewiesenen Größen der VGR und ihrer Teilrechnungen disaggregieren, um zusätzliche Daten erweitern und anschließend neu klassifizieren. Das Ziel von Satellitensystemen liegt in der Gewinnung zusätzliche Erkenntnisse, die die VGR bzw. die Input-Output-Tabellen als Resultat ihres fest vorgegebenen Darstellungsrahmens nicht oder nur eingeschränkt liefern.

Im nachfolgenden Abschnitt wird der Bedarf an einem ganzheitlichen Ansatz zur unternehmensspezifischen Wirkungsmessung aufgezeigt, der den hohen Ansprüchen der aktuellen Industriepolitik und dem Informationsbedürfnis des Staates hinsichtlich der Beurteilung der ökonomischen Bedeutung eines Unternehmens Rechnung trägt.

3.2.4 Bedarf an einem ganzheitlichen Ansatz zur unternehmensspezifischen Wirkungsmessung

Die Ausführungen in Kapitel 2 haben gezeigt, dass vor dem Hintergrund der staatlichen Eingriffe während der Finanz- und Wirtschaftskrise sowie der aktuellen Schuldenkrise die Bedeutung aussagekräftiger Bewertungsmethoden zur unternehmensspezifischen Wirkungsmessung für die aktuelle Industriepolitik stark gestiegen ist. Um die immer knapper werdenden Mittel möglichst effizient und nutzenbringend einzusetzen, werden Instrumente benötigt, die der besonderen

Legitimation industriepolitischer Eingriffe in das Marktgeschehen Rechnung tragen und helfen das Risiko von Fehlentscheidungen zu begrenzen. Eine Herausforderung für die aktuelle Industriepolitik stellt die Entscheidung über die Förderungswürdigkeit eines bestimmten Unternehmens durch den Staat dar (vgl. Abschnitt 2.3). Die Auswahl derjenigen Unternehmen, die von staatlichen Hilfen profitieren, ist von grundlegender Bedeutung für den Erfolg oder Misserfolg der eingeleiteten Maßnahme, da Fehlinvestitionen mit hohen fiskalischen Kosten einhergehen. D.h. der Entscheidungsfindungsprozess bezüglich der Eignung eines Unternehmens ist besonders wichtig und wird von umfangreichen Einzelfallprüfungen geprägt, die einem strengen Begründungszwang genügen müssen. Der Bedarf an einem Bewertungsansatz für die Industriepolitik, der auf Basis objektiver Kriterien und einem transparenten Verfahren Aussagen über die ökonomische Bedeutung eines bestimmten Unternehmens gewährleistet, ist grundsätzlich gegeben.

Während in Kapitel 2 aus industriepolitischer Sicht die Notwendigkeit eines aussagekräftigen Instruments zur unternehmensspezifischen Wirkungsmessung aufgezeigt wurde, beschäftigt sich das aktuelle Kapitel mit den bestehenden Ansätzen. Der Fokus ist auf diejenigen Datenkonstrukte und Verfahren gerichtet, die Aussagen über die ökonomische Bedeutung eines Unternehmens gemäß dem Verständnis in Abschnitt 3.2.1 ermöglichen. Als zentrale Erkenntnis dieses Kapitels besteht aus der Sicht des Staates sowohl eine Informations- als auch Qualitätslücke hinsichtlich der Quantifizierung der gesamtwirtschaftlichen Wirkungen eines bestimmten Unternehmens, um darauf aufbauend die volkswirtschaftliche Bedeutung valide beurteile zu können.

Die Informationslücke resultiert aus der Abweichung zwischen den Informationen, die für die Erstellung eines vollständigen Bildes der ökonomischen Bedeutung eines Unternehmens benötigt werden, und der Publizität entsprechender Informationen in den verfügbaren Berichtssystemen.[633] Sowohl das betriebliche Rechnungswesen als auch die Volkswirtschaftlichen Gesamtrechnungen halten unmittelbar keine aussagekräftigen Informationen bereit, die eine ganzheitliche Betrachtung der ökonomischen Wirkungen eines bestimmten Unternehmens auf die deutsche Volkswirtschaft gemäß dem Verständnis in dieser Arbeit gewährleisten. Auf Basis der zur Verfügung stehenden Daten lässt sich derzeit die volkswirtschaftliche Bedeutung eines Unternehmens nicht vollständig abbilden.

Mit dem betrieblichen Rechnungswesen existiert zwar eine fundierte und umfangreiche Informationsbasis, die ausgehend von gesetzlichen Vorschriften und normierten Regelungen die Geld- und Leistungsströme eines Unternehmens detailliert und vollständig erfasst, dabei jedoch die gesamtwirtschaftliche Per-

---

633 vgl. Fischer, Wenzel (2005) S. 72

spektive vernachlässigt. Die betrieblichen Daten liefern zwar wertvolle Erkenntnisse über den Erfolg, die Liquidität sowie die aus den ökonomischen Transaktionen resultierenden direkten Effekte, ermöglichen darüber hinaus jedoch keine Aussagen über die unternehmensinduzierten Ausstrahleffekte auf den Rest der Wirtschaft. Das alleinige Abstellen auf die im betrieblichen Rechnungswesen erfassten Daten vernachlässigt deshalb die kumulativen indirekten und induzierten Wirkungen, die für die Erstellung eines vollständigen Bildes der ökonomischen Bedeutung eines Unternehmens einbezogen werden müssen, und greift daher in Bezug auf den gesamtwirtschaftlichen Fokus in dieser Arbeit zu kurz.

Im Gegensatz zur einzelwirtschaftlichen Perspektive des betrieblichen Rechnungswesens werden in den Volkswirtschaftlichen Gesamtrechnungen sämtliche Güter- und Leistungsströme der inländischen Wirtschaftseinheiten zusammengefasst und differenziert aufbereitet. Die VGR-Daten ermöglichen grundsätzlich eine differenzierte Betrachtung der ökonomischen Wirkungszusammenhänge aus gesamtwirtschaftlicher Sicht. Durch das alleinige Abstellen auf die Daten der VGR lässt sich jedoch das Informationsbedürfnis des Staates in Bezug auf die Ermittlung der ökonomischen Bedeutung eines bestimmten Unternehmens nicht befriedigen. Aufgrund der Aggregatsbetrachtung in den VGR und ihren Teilrechnungen werden die ökonomischen Wirkungen, die von der Geschäftstätigkeit einzelner Unternehmen auf die deutsche Volkswirtschaft ausgehen, nicht isoliert ausgewiesen. Zusammenfassend bleibt festzuhalten, dass weder eine Beschränkung auf die Daten des betrieblichen Rechnungswesens noch auf die in den VGR ausgewiesen Informationen ausreicht, um ein vollständiges Bild der volkswirtschaftlichen Bedeutung eines bestimmten Unternehmens erstellen zu können. Vielmehr ist eine ganzheitliche Betrachtung notwendig, die einzel- und gesamtwirtschaftliche Elemente aus beiden Berichtssystemen miteinander kombiniert.

Aus den Ausführungen in diesem Kapitel wird deutlich, dass neben der beschriebenen Informationslücke auch eine Qualitätslücke besteht, weil derzeit kein anerkanntes Instrumente zur Quantifizierung der gesamtwirtschaftlichen Wirkungen eines Unternehmens existiert. Die betrachteten betriebswirtschaftlichen Verfahren zur Unternehmensanalyse beschränken sich i.d.R. auf die Beurteilung der Vermögens-, Finanz- und Ertragslage eines Unternehmens aus einzelwirtschaftlicher Perspektive. Eine quantitative Analyse der von der Geschäftstätigkeit auf die vorgelagerten inländischen Wirtschaftseinheiten ausgehenden ökonomischen Effekte ist weder Bestandteil der traditionellen Bilanzanalyse noch von einem der neueren Verfahren in Abschnitt 3.2.2.5. Aufgrund ihrer einzelwirtschaftlichen Ausrichtung an den Informationsbedürfnissen der Shareholder und den daraus resultierenden Defizite hinsichtlich der Ermittlung der gesamtwirtschaftlichen Effekte sind die betriebswirtschaftlichen Instrumente zur Unternehmensanalyse nicht für die Ermittlung der unternehmensinduzierten Wirkungen auf die deutsche Volkswirtschaft gemäß dem Verständnis in dieser Arbeit geeignet.

Im Gegensatz zu den Instrumenten der Unternehmensanalyse erfüllen die Verfahren zur volkswirtschaftlichen Wirkungsmessung zwar den Anspruch an eine gesamtwirtschaftliche Betrachtung, verlieren dabei jedoch das einzelne Unternehmen als Untersuchungsgegenstand aus den Augen. Das zentrale Ziel der Verfahren zur volkswirtschaftlichen Wirkungsmessung besteht darin, die ökonomischen Effekte auf unterschiedliche ökonomische Zielvariablen als Folge eines bestimmten exogenen Impulses zu quantifizieren und in Abhängigkeit des zugrundeliegenden Analysezwecks zu interpretieren. Auch wenn die gesamtwirtschaftlichen Verfahren nicht für die unternehmensspezifische Wirkungsmessung entwickelt wurden, so lassen sich aus ihnen dennoch wertvolle Erkenntnisse und Rückschlüsse für die Ermittlung der volkswirtschaftlichen Bedeutung eines inländischen Unternehmens im Rahmen dieser Arbeit gewinnen.

Ein vielversprechendes Instrument der volkswirtschaftlichen Wirkungsanalyse stellt die in der empirischen Wirtschaftsforschung anerkannte und weitverbreitete Input-Output-Analyse dar. Sie zeichnet sich durch das Zusammenspiel zwischen einer als Ausgangsdatenbasis verwendeten IO-Tabelle, die als formales Gerüst die intersektoralen Güterströme der betrachteten Wirtschaftsregion zusammenfasst, und der eigentlichen Analyse aus, die eine erkenntniszielorientierte quantitative Auswertung der in der Tabelle dargestellten ökonomischen Verflechtungen ermöglicht. Weil das Zusammenspiel beider Teile über die Interpretations- und Analysemöglichkeiten entscheidet, müssen die verwendete IO-Tabelle und das darauf aufbauende Analysemodell als untrennbare Einheit betrachtet werden. Die Ausführungen über die aktuelle Literatur in Abschnitt 3.2.3.2.3 bringen die vielfältigen Anwendungsgebiete der Input-Output-Analyse als Instrument zur volkswirtschaftlichen Wirkungsmessung zum Ausdruck.

Aus den Studien und Publikationen wird deutlich, dass die zentrale Herausforderung einer aussagekräftigen IO-Analyse darin besteht, den Untersuchungsgegenstand in der als Ausgangsdatenbasis verwendeten Input-Output-Tabelle abzugrenzen. Als Untersuchungsgegenstand werden Sektoren, Branchen, Industriebereiche, einzelne Institutionen des öffentlichen Sektors aber auch Unternehmen herangezogen (vgl. Abschnitt 3.2.3.2.3). Erst wenn der Untersuchungsgegenstand in den Konzepten der für die Analyse verwendeten IO-Tabelle aufbereitet und gegenüber dem Rest der Wirtschaft abgegrenzt ist, lassen sich die von ihm auf das betrachtete Untersuchungsgebiet ausgehenden Effekte quantifizieren. Entweder liegt die IO-Tabelle bereits in der für die Analyse benötigten Form vor oder sie muss in Abhängigkeit des Analyseziels erstellt bzw. speziell aufbereitet werden.

Die statistisch am besten abgesicherte und frei verfügbare Datenbasis für differenzierte Input-Output-Analysen der deutschen Volkswirtschaft beschreibt das Tabellenangebot der vom Statistischen Bundesamt herausgegebenen Input-Output-Rechnung (Fachserie 18 Reihe 2 – vgl. Abschnitt 3.2.3.2). Aufgrund der Aggregatsbetrachtung in den amtlichen IO-Tabellen sind aussagekräftige Analysen der ökonomischen Effekte einzelner Unternehmen jedoch nicht direkt gewährleistet. Um differenzierte Aussagen über die volkswirtschaftlichen Verflechtungen eines bestimmten Unternehmens zu ermöglichen, müssen die amtlichen IO-Tabellen so aufbereitet werden, dass eine isolierte Analyse der ökonomischen Wirkungen des jeweiligen Unternehmens gewährleistet ist, ohne dass die VGR als Bezugsrahmen verloren geht

Derzeit existiert kein anerkanntes Verfahren, anhand dessen die produktions- und gütermäßigen Verflechtungen eines bestimmten Unternehmens in den amtlichen IO-Tabellen gegenüber dem Rest der deutschen Volkswirtschaft abgegrenzt werden können. Die größte Herausforderung für die Aufbereitung der unternehmensspezifischen Verflechtungen in der amtlichen IO-Tabelle besteht in der Beschaffung der Daten, die für eine aussagekräftige Abgrenzung des betrachteten Unternehmens benötigt wird. Ohne valide Daten aus dem betrieblichen Rechnungswesen lassen sich die produktions- und gütermäßige Verflechtung des zu analysierenden Unternehmens nicht detailgetreu und nur unter Anwendung restriktiver Annahmen abbilden, die die Aussagekraft der Ergebnisse stark beeinträchtigen. Dies führt dazu, dass wissenschaftliche Publikationen und Studien über die ökonomischen Effekte eines Unternehmens nur in Zusammenarbeit mit dem jeweiligen Unternehmen erstellt werden können, da sich auf Basis der frei verfügbaren Unternehmensdaten keine aussagekräftigen Ergebnisse generieren lassen. Das daraus resultierende Dilemma zwischen dem wissenschaftlichen Anspruch an eine objektive und wertungsfreie Analyse bei gleichzeitiger Abhängigkeit von den Datenlieferungen des betrachteten Unternehmens ist dafür verantwortlich, dass derzeit nur eine ausführliche Studie zu diesem Thema frei verfügbar ist (vgl. Abschnitt 3.2.3.2.3). Aufgrund der Abhängigkeit von den Daten aus dem betrieblichen Rechnungswesen und den daraus resultierenden Informationsasymmetrien zwischen dem Adressat der Informationen und dem betrachteten Unternehmen lässt sich die Aussagekraft der Ergebnisse solcher Wirkungsanalysen nur schwer beurteilen.

Zusammenfassend bleibt festzuhalten, dass mit der Input-Output-Analyse zwar ein geeignetes Instrument zur unternehmensspezifischen Wirkungsmessung vorliegt, derzeit aber kein anerkannter Ansatz existiert, der eine objektive und transparente Abgrenzung der produktions- und gütermäßigen Verflechtungen eines bestimmten Unternehmens in den amtlichen IO-Tabellen gewährleistet. Die Abgrenzung des Untersuchungsgegenstands in den Konzepten der IO-

Tabelle, unabhängig davon, ob es ich dabei um ein einzelnes Unternehmen, eine öffentliche Institution oder einen bestimmten Industriebereich handelt, bleibt in den meisten Studien hinter einer Black-Box verborgen.[634] Diese Intransparenz beschreibt das zentrale Defizit der aktuellen Ansätze zur unternehmensspezifischen Wirkungsmessung und erschwert eine objektive Beurteilung der Qualität der berechneten Ergebnisse.

Das in dieser Arbeit vorgestellte Verfahren versucht die genannten Defizite der bestehenden Ansätze zu beheben, um dem hohen Anspruch des Staates an die Objektivität und Vergleichbarkeit der Ergebnisse als Entscheidungskriterium für die Inanspruchnahme industriepolitische Maßnahmen gerecht zu werden. In Anlehnung an das Konzept der Satellitensysteme wird im nachfolgenden Kapitel ein Verfahren vorgestellt, das es ermöglicht, die produktions- und gütermäßigen Verflechtungen eines bestimmten Unternehmens des Verarbeitenden Gewerbes in den amtlichen IO-Tabellen des Statistischen Bundesamts abzugrenzen. Das Hauptaugenmerk liegt dabei auf einem transparenten Erstellungsprozess, der sicherstellen soll, dass das entwickelte Verfahren grundsätzlich auf jedes beliebige Unternehmen des Verarbeitendes Gewerbes übertragen werden kann. Zudem versucht das entwickelte Verfahren durch die Verwendung objektiver und reproduzierbarer Daten den bestehenden Informationsasymmetrien zwischen dem Adressat der Informationen und dem betrachteten Unternehmen entgegenzuwirken.

Als Ergebnis des Abgrenzungsprozesses entsteht ein unternehmensspezifisches Satellitensystem, das die produktions- und gütermäßigen Verflechtungen des betrachteten Unternehmens in der Abgrenzung und den Konzepten der amtlichen IO-Tabelle differenziert dargestellt. Auf Basis des erstellten Satellitensystems lassen sich die volkswirtschaftlichen Wirkungen der jeweiligen Unternehmung analysieren und die Zusammenhänge zwischen den ökonomischen Größen des Unternehmens und den Daten der VGR differenziert aufzeigen. Da die neue Datenbasis und die darauf aufbauende IO-Analyse als untrennbare Einheit betrachtet werden müssen, beeinflusst die Gliederungstiefe des erstellten Satellitensystems und die Exaktheit der abgebildeten Informationen entscheidend die Qualität und Aussagekraft der Analyseergebnisse. Aus diesem Grund wird der konsistenten Aufbereitung der für die Erstellung des Satellitensystems benötigten betrieblichen Daten in der Abgrenzung und den Konzepten der amtlichen IO-Tabellen ein hoher Stellenwert beigemessen. D.h. die benötigten betriebli-

634 Als Ausnahme ist die Dokumentation zu den in Abschnitt 3.2.3.4 vorgestellten Satellitensystemen zu nennen, in denen das methodische und konzeptionelle Vorgehen zur Abgrenzung des jeweiligen Untersuchungsgegenstands ausführlich beschrieben ist (siehe u.a. Henke et al. (2009) oder Ahlert (2003)).

chen Daten müssen sorgfältig ausgewählt, transparent aufbereitet und nachvollziehbar in die Systematik der amtlichen Input-Output-Tabellen überführt werden.

Neben der Erstellung des unternehmensspezifischen Satellitensystems als Ausgangsdatenbasis spielt die analytische Auswertung der aufbereiteten volkswirtschaftlichen Verflechtungen eine zentrale Rolle. Während sich die direkten Effekte unmittelbar aus dem unternehmensspezifischen Satellitensystem auslesen lassen, wird für die Berechnung der indirekten und induzierten Ausstrahleffekte ein analytisches Modell benötigt, anhand dessen sich die von der Geschäftstätigkeit der betrachteten Unternehmung auf den Rest der Volkswirtschaft ausgehenden Wirkungen quantifizieren lassen. Als zweiter wichtiger Bestandteil des entwickelten Verfahrens wird deshalb im nachfolgenden Kapitel ein spezielles Input-Output-Modell vorgestellt, das hilft, die folgenden Fragestellungen gemäß dem Erkenntnisziel der Arbeit zu beantworten:

- Welche Produktion bzw. Wertschöpfung wird durch die Geschäftstätigkeit des betrachteten Unternehmens innerhalb der deutschen Volkswirtschaft insgesamt ausgelöst?
- Wie viele Arbeitsplätze (sowohl direkte als auch indirekte und induzierte) werden durch die unternehmerischen Aktivitäten gesichert bzw. geschaffen?

Das in dieser Arbeit entwickelte Verfahren beschreibt einen ganzheitlichen Ansatz zur unternehmensspezifischen Wirkungsmessung, der einzelwirtschaftliche und gesamtwirtschaftliche Elemente miteinander kombiniert und versucht, die beschriebenen Defizite der bestehenden Ansätze zu beheben. Das entwickelte Verfahren zielt darauf ab, das Informationsbedürfnis des Staates hinsichtlich der Beurteilung der volkswirtschaftlichen Förderungswürdigkeit einer bestimmten Unternehmung zu befriedigen. Insbesondere vor dem Hintergrund der neuen Herausforderungen in der Industriepolitik und der aktuellen Verschärfung der Schuldenkrise ist der Bedarf an einem aussagekräftigen Instrument zur Ermittlung der gesamtwirtschaftlichen Wirkungen eines bestimmten Unternehmens gegeben.

Abbildung 20 vermittelt einen Eindruck über das mögliche Einsatzgebiet des entwickelten Verfahrens als Entscheidungshilfe für die Beurteilung der volkswirtschaftlichen Förderungswürdigkeit eines bestimmten Unternehmens. Neben den auf Basis des entwickelten Verfahrens berechneten ökonomischen Effekten sind in Abhängigkeit der industriepolitischen Maßnahme jedoch noch weitere Kriterien, wie z.B. die Tragfähig- und Nachhaltigkeit des Geschäftsmodells, ausschlaggebend für die Entscheidung über die Förderung eines Unternehmens. Das in dieser Arbeit entwickelte Verfahren beschreibt zwar ein hilfreiches Instrument zur Unterstützung des Auswahlprozesses im Rahmen selektiver industriepolitischer Maßnahmen, kann dabei aber nicht als alleinige Entscheidungsgrundlage hinsichtlich der abschließenden Beurteilung der Förderungswürdigkeit des betrachteten Unternehmens dienen. Die Verwendung des entwickelten Verfahrens ist vielmehr als Ergänzung zu den bestehenden Ansätzen zu verstehen und soll helfen ein transparentes und vollständiges Gesamtbild des volkswirtschaftlichen Beitrags eines bestimmten Unternehmens zu erstellen.

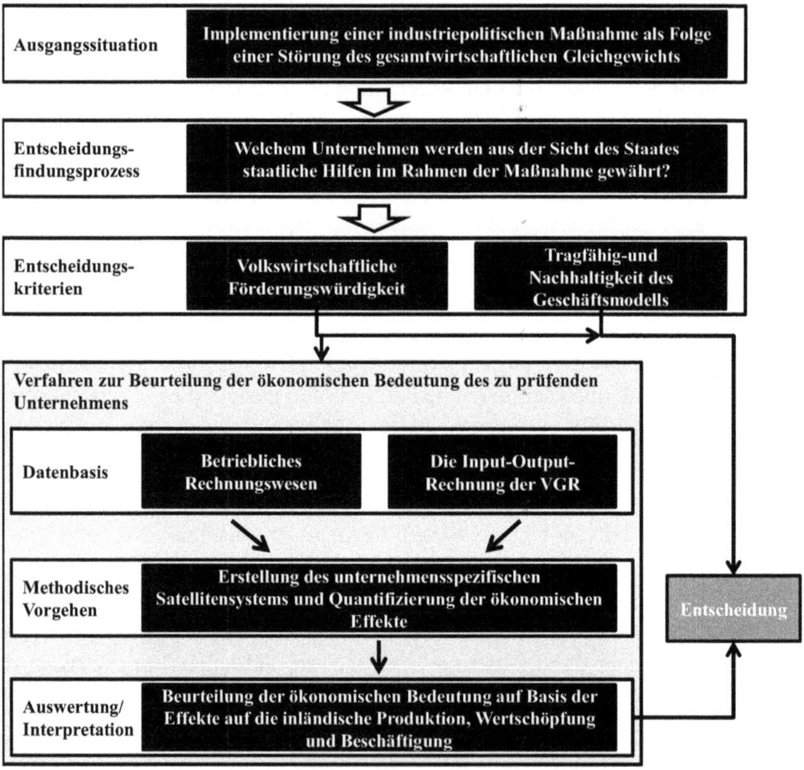

Abbildung 20: Einsatzgebiet des entwickelten Verfahrens

In dem nachfolgenden Kapitel wird detailliert auf die Daten, Konzepte und Methoden eingegangen, die dem entwickelten Modell zugrunde liegen und die für die Berechnung der ökonomischen Wirkungen eines Unternehmens gemäß dem Erkenntnisziel der Arbeit benötigt werden. Kapitel 4 beschreibt zunächst das konzeptionelle Vorgehen und das methodische Fundament des entwickelten Verfahrens. Neben einer schematischen Darstellung der verschiedenen Schritte zur Erstellung eines unternehmensspezifischen Satellitensystems ist der Fokus auf das verwendete analytische Modell zur Quantifizierung der relevanten ökonomischen Effekte gerichtet. Anschließend wird in Kapitel 5 das entwickelte Verfahren anhand eines konkreten Beispiels detailliert erläutert.

4 Methodischer Ansatz

Das zentrale Ziel des entwickelten Verfahrens ist es, die gesamtwirtschaftlichen Wirkungen eines bestimmten Unternehmens auf die deutsche Volkswirtschaft zu quantifizieren, um dessen ökonomische Bedeutung für den deutschen Wirtschaftsstandort aufzuzeigen. Aus den berechneten Effekten auf die Produktion, Wertschöpfung und die Erwerbstätigen können Rückschlüsse über die volkwirtschaftliche Förderungswürdigkeit des analysierten Unternehmens hinsichtlich der Inanspruchnahme industriepolitischer Fördermaßnahmen gewonnen werden.

Um die volkswirtschaftliche Bedeutung eines in Deutschland produzierenden und ansässigen Unternehmens ermitteln zu können, werden die Daten aus dem betrieblichen Rechnungswesen in die Konzepte und Abgrenzungen der Input-Output-Tabellen des Statistischen Bundesamts überführt und als Satellitensystem aufbereitet. Die Darstellung der volkswirtschaftlichen Verflechtungen in der IO-Systematik des Statistischen Bundesamts ermöglicht neben einer rein deskriptiven Darstellung des direkten ökonomischen Beitrags auch die modellgestützte Berechnung der indirekten und induzierten Ausstrahleffekte auf den Rest der deutschen Volkswirtschaft. Durch Vorleistungsbeziehungen und die konsumtive Wiederverausgabung gezahlter Einkommen entfaltet ein Unternehmen über die direkten ökonomischen Effekte hinausgehende ökonomische Wirkungen auf die inländische Wirtschaft, die mit Hilfe des entwickelten Verfahrens quantifiziert werden können.

Nachdem in den ersten Kapiteln die Informations- und Qualitätslücken in Bezug auf die Beurteilung der ökonomischen Bedeutung eines Unternehmens vor dem Hintergrund aktueller Herausforderungen in der Industriepolitik verdeutlicht und der Bedarf an einem geeigneten Instrument aufgezeigt wurde, soll in diesem Kapitel die dem entwickelten Ansatz zugrundeliegende Methodik vorgestellt werden. In den nachfolgenden Abschnitten werden zunächst die einzelnen Schritte zur Erstellung des unternehmensspezifischen Satellitensystems als Ausgangsdatenbasis für die Analyse der volkswirtschaftlichen Wirkungen des betrachteten Unternehmens beschrieben. Anschließend wird das verwendete Input-Output-Modell zur Quantifizierung der kumulativen ökonomischen Wirkungen vorgestellt, die von der Geschäftstätigkeit des zu analysierenden Unternehmens auf die deutsche Volkswirtschaft ausgehen.

Am Ende der Arbeit in Kapitel 5 wird das entwickelte Verfahren auf das Unternehmen Sanofi Aventis Deutschland GmbH angewendet. Die Darstellung an einem Beispiel zeigt, wie sich die nachfolgenden, allgemeingehaltenen Ausführungen zur Erstellung und Analyse eines unternehmensspezifischen Satellitensystems in der empirischen Praxis umsetzen lassen. Neben einem besseren

Verständnis hinsichtlich der praktischen Realisierung des entwickelten Verfahrens dient das Beispiel auch dazu, den industriepolitischen Stellenwert als Entscheidungshilfe für die Beurteilung der ökonomischen Bedeutung eines bestimmten Unternehmens für die deutsche Volkswirtschaft aufzuzeigen.

4.1 Erstellung eines unternehmensspezifischen Satellitensystems

Um den ökonomischen Beitrag eines Unternehmens innerhalb der deutschen Volkswirtschaft gemäß dem Erkenntnisziel dieser Arbeit analysieren zu können, muss das Unternehmen in den Abgrenzungen und Konzepten der Volkswirtschaftlichen Gesamtrechnungen abgebildet werden. Die einfachste Darstellung eines Unternehmens in den VGR lässt sich durch die Aufbereitung der unternehmensspezifischen Transaktionen in einem Produktionskonto realisieren, das den Aufwendungen die Erträge gegenüberstellt. Dadurch ist es zwar möglich die Wertschöpfung des Unternehmens zu berechnen, jedoch werden daraus die Wechselbeziehungen mit dem Rest der Wirtschaft nicht ersichtlich. Für eine differenzierte Analyse der gesamtwirtschaftlichen Verflechtungen innerhalb der deutschen Volkswirtschaft bietet sich die Input-Output-Rechnung als geeignetes methodisches Fundament an (vgl. Abschnitt 3.2.3.2).

Die Aufbereitung und disaggregierte Darstellung der wirtschaftlichen Transaktionen in der Input-Output-Systematik des Statistischen Bundesamts ermöglicht eine differenzierte Analyse der volkswirtschaftlichen Verflechtungen des Untersuchungsgegenstands. Durch die Erstellung eines unternehmensspezifischen Satellitensystems, das die produktions- und gütermäßigen Verflechtungen eines bestimmten Unternehmens isoliert gegenüber dem Rest der Wirtschaft darstellt, lassen sich vielfältige Erkenntnisse über die aufkommens- und verwendungsseitigen Wirkungen des betrachteten Unternehmens auf die Volkswirtschaft gewinnen. Entscheidend für die Ausgestaltung des Satellitensystems und die Auswahl des für die Analyse verwendeten Input-Output-Modells sind die Anforderungen hinsichtlich der zu beantwortenden Fragestellung sowie der Datenbasis, die zur Abgrenzung des Untersuchungsgegenstands zur Verfügung steht.

Das Interesse in dieser Arbeit gilt bekanntermaßen den kumulativen indirekten und induzierten ökonomischen Wirkungen, die von der produktions-und investitionsinduzierten Nachfrage eines bestimmten Unternehmens nach Vorleistungen und Investitionsgütern sowie der Wiederverausgabung der generierten Einkommen auf die inländischen Volkswirtschaft ausgehen. Die unternehmensinduzierten angebotsseitigen Effekte auf die nachgelagerten Bereiche werden in dieser Arbeit nicht einbezogen. Für die Quantifizierung der nachfrage- und einkommensinduzierten Effekte ist eine differenzierte Betrachtung der unternehmensspezifischen Vorleistungsverflechtungen erforderlich. Diese wird durch die Erstellung eines aussagekräftigen Satellitensystems sichergestellt, in dem die produktions- und gütermäßigen Wechselbeziehungen zwischen der betrachteten Unternehmung und dem Rest der Wirtschaft explizit herausgearbeitet sind.

Für die Erstellung eines unternehmensspezifischen Satellitensystems werden umfangreiche Daten benötigt, die in zahlreichen Arbeitsschritten unter Berücksichtigung der Abgrenzungen und Konzepte sowie des amtlichen Erstellungsprozesses der IO-Tabellen aufbereitet und verdichtet werden müssen. Folgende Arbeitsschritte sind diesbezüglich zu unterscheiden:

1. Abgrenzung des Untersuchungsgegenstands
2. Informationsgewinnung / Datenbeschaffung
3. Aufbereitung des Datenmaterials und Erstellung des unternehmensspezifischen Satellitensystems

Als Ergebnis des Erstellungsprozesses liegt eine disaggregierte Input-Output Tabelle vor, die neben den direkten Effekten der Leistungserstellung des zu analysierenden Unternehmens auch dessen produktions- und gütermäßigen Verflechtungen mit dem Rest der Volkswirtschaft aufzeigt. Durch die Aufbereitung der gesamtwirtschaftlichen Wechselbeziehungen des Unternehmens wird dessen ökonomische Bedeutung als Wirtschaftseinheit im deutschen Wirtschaftskreislauf in den Mittelpunkt gestellt. Während des gesamten Erstellungsprozesses wird die Konsistenz gegenüber den Abgrenzungen und Definitionen der amtlichen IO-Tabellen gewahrt, sodass die VGR als Bezugsrahmen bestehen bleibt.

Aufgrund der Ausrichtung der aktuellen Industriepolitik beschränkt sich der in dieser Arbeit beschriebene Ansatz auf Unternehmen, deren wirtschaftlicher Schwerpunkt gemäß der deutschen Klassifikation der Wirtschaftszweige (WZ 2003)[635] dem Verarbeitenden Gewerbe zuzuordnen ist. Zwar ist das entwickelte Verfahren grundsätzlich auch auf Unternehmen mit anderen wirtschaftlichen Schwerpunkten übertragbar, jedoch sind dafür andere Daten zu beschaffen und die Aufbereitung der unternehmensspezifischen Informationen ist an die veränderte Ausgangsdatenlage und die spezifischen Sonderrechnungen des jeweilige Bereichs anzupassen.

---

635 Seit dem 1.1.2008 gilt eine neue Gliederung der Wirtschaftsbereiche (WZ 2008), auf die die einzelnen Statistiken nach und nach umgestellt werden. Die aktuellste derzeit verfügbare IO-Tabelle für das Berichtsjahr 2007 basiert jedoch noch auf der WZ 2003, infolgedessen das entwickelte Verfahren zur Ermittlung der ökonomischen Bedeutung eines bestimmten Unternehmen ebenfalls auf der WZ 2003 aufbaut.

In den nachfolgenden Abschnitten wird das allgemeine Vorgehen zur Erstellung eines unternehmensspezifischen Satellitensystems beschrieben. Die Komplexität und der Aufwand der einzelnen Arbeitsschritte variieren in Abhängigkeit des betrachteten Untersuchungsgegenstands. Die individuelle Organisationsstruktur, d.h. die Anzahl der betrachteten Unternehmenseinheiten, oder auch die Komplexität der ökonomischen Beziehungen innerhalb der Unternehmung, d.h. die vertikale und horizontale Arbeitsteilung, beeinflussen maßgeblich den Erstellungsprozess.

4.1.1 Abgrenzung des Untersuchungsgegenstands

Als zentrale Voraussetzung für die Erstellung des unternehmensspezifischen Satellitensystems muss in einem ersten Schritt das zu analysierende Unternehmen als Untersuchungsgegenstand abgegrenzt werden. Dabei steht die folgende Fragestellung im Mittelpunkt:

Für welches „Unternehmen" soll das Satellitensystem erstellt werden?

Diese Frage lässt sich nicht einfach durch die Nennung des Namens eines bestimmten Unternehmens beantworten, sondern erfordert eine genauere Betrachtung des Unternehmensbegriffs in der amtlichen Statistik und der verschiedenen statistischen Einheiten, die das Statistische Bundesamt zur Abbildung der wirtschaftlichen Transaktionen und Vorgänge eines Unternehmens gemäß dem bisherigen Begriffsverständnis heranzieht. Um das zu analysierende Unternehmen konsistent in den Konzepten der VGR abbilden und anschließend in die Systematik der IO-Tabellen überführen zu können, spielen die Art und Weise der statistischen Erfassung sowie die Abgrenzungen und Konzepte des verfügbaren Datenmaterials eine entscheidende Rolle.

Für die Aufbereitung der wirtschaftlichen Transaktionen in den IO-Tabellen werden umfangreiche Datensätze benötigt. In Abhängigkeit der Art der benötigten Angaben variiert die organisatorische Ebene, auf der die Informationen erhoben werden.[636] Nicht auf jeder organisatorischen Ebene lassen sich die gleichen statistischen Informationen abfragen. Die Erfassung der wirtschaftlichen Transaktionen innerhalb der deutschen Volkswirtschaft erfolgt auf Basis eines speziellen Systems statistischer Einheiten, das der unterschiedlichen Verfügbarkeit statistischer Angaben auf den unterschiedlichen organisatorischen Ebenen Rechnung trägt.

Für die Abgrenzung des zu analysierenden Unternehmens in den amtlichen IO-Tabellen ist es daher notwendig, das bisher als eine wirtschaftliche Einheit

636 vgl. Destatis (2008), S. 22

betrachtete Unternehmen gemäß der Systematik der statistischen Einheiten in der VGR aufzubereiten. D.h. um sämtliche ökonomische Transaktion der zu analysierenden Unternehmung in den Abgrenzungen und Definitionen der IO-Tabelle erfassen und darstellen zu können, müssen alle statistischen Einheiten des Untersuchungsgegenstands identifiziert und in die Erstellung des Satellitensystems einbezogen werden. Die Anzahl der zu berücksichtigenden statistischen Einheiten variiert in Abhängigkeit der Organisationsstruktur des Untersuchungsgegenstands (vgl. Abbildung 21). Im Folgenden wird zunächst allgemein auf die Funktionsweise und die Unterschiede zwischen den relevanten statistischen Einheiten hingewiesen, bevor anschließend gezeigt wird, inwiefern sich die amtliche Systematik der statistischen Einheiten auf die Abgrenzung des Untersuchungsgegenstands für die Erstellung des Satellitensystems auswirkt.

Der amtlichen Statistik liegen verschiedene Einheiten zugrunde, die eindeutig gegeneinander abgegrenzt sind und als spezifische Gesamtheit nicht mit anderen Einheiten verwechselt werden können.[637] Sie unterscheiden sich in Abhängigkeit der an sie gestellten Anforderungen und Erfordernisse. Als statistische Einheiten werden auf europäischer Ebene grundsätzlich Unternehmensgruppen, Unternehmen, fachliche Einheiten, örtliche Einheiten, fachliche Einheiten auf örtlicher Ebene, institutionelle Einheiten, homogene Produktionseinheiten und homogene Produktionseinheiten auf örtlicher Ebene unterschieden.[638] Bevor auf die statistischen Einheiten genauer eingegangen wird, ist es zielführend auf ihre unterschiedlichen Funktionen und die daraus resultierenden Aufgabenbereiche hinzuweisen. Die statistischen Einheiten lassen sich grundsätzlich entlang der folgenden Hauptfunktionen unterscheiden:[639]

- *Erhebungseinheiten*: Direkt befragte Einheiten, von (bei) denen Daten gefordert (erhoben) werden
- *Darstellungseinheiten*: Kleinste Bausteine für die Aggregation der statistischen Ergebnissen und deren Darstellung in den Tabellen und Teilrechnungen der VGR– sie können weiter unterschieden werden in:
  - Beobachtungseinheiten, aus deren gesammelten Daten unmittelbar die Statistiken erstellt werden, und
  - Analyseeinheiten oder Berechnungseinheiten, die statistisch nicht erfasst werden und deshalb künstlich generiert werden müssen (z.B. die homogenen Produktionsbereiche in den IO-Tabellen).

637 vgl. Destatis (2008), S. 22

638 Verordnung (EWG) Nr. 696/93 des Rates vom 15. März 1993 betreffend die statistischen Einheiten für die Beobachtung und Analyse der Wirtschaft in der Gemeinschaft - Anhang: Die statistischen Einheiten der Wirtschaft in der Gemeinschaft.

639 vgl. Voy (2008), S. 26f.

Um ein vollständiges und gegenüber der amtlichen Statistik konsistentes Gesamtbild der wirtschaftlichen Transaktionen erstellen zu können, müssen die statistischen Angaben aller Erhebungseinheiten des zu analysierenden Unternehmens berücksichtigt werden. Vor dem Hintergrund unterschiedlicher organisatorischer Ebenen und der damit verbunden divergierenden Datenverfügbarkeit wird bei der Erfassung der wirtschaftlichen Transaktionen von Marktproduzenten in den Konzepten der VGR grundsätzlich zwischen den folgenden beiden Typen von Erhebungseinheiten unterschieden:

- *Unternehmen*: In den VGR wird das statistische Unternehmen als „kleinste rechtliche Einheit, die aus handels- und/oder steuerrechtlichen Gründen Bücher führen und einen Jahresabschluss aufstellen muss, einschl. aller Verwaltungs- und Hilfsbetriebe u.Ä. sowie auch aller nichtproduzierenden Teile (z.B. Handelsabteilungen), jedoch ohne Zweigniederlassungen im Ausland und ohne rechtlich selbstständige Tochtergesellschaften“[640], verstanden. Die EG-Verordnung über die statistischen Einheiten zur Beobachtung und Analyse der Wirtschaft definiert das statistische Unternehmen folgendermaßen: „Das Unternehmen entspricht der kleinsten Kombination rechtlicher Einheiten, die eine organisatorische Einheit zur Erzeugung von Waren und Dienstleistungen bildet und insbesondere in Bezug auf die Verwendung der ihr zufließenden laufenden Mittel über eine gewisse Entscheidungsfreiheit verfügt. Ein Unternehmen übt eine Tätigkeit oder mehrere Tätigkeiten an einem Standort oder an mehreren Standorten aus. Ein Unternehmen kann einer einzigen rechtlichen Einheit entsprechen.“[641] Ein Unternehmen kann aber genauso auch aus mehreren rechtlichen Einheiten bestehen. Dieser Fall tritt dann ein, wenn eine rechtliche Einheit ausschließlich zugunsten einer anderen rechtlichen Einheit tätig ist, sie lediglich wirtschaftlich unbedeutende verwaltungstechnische Aufgaben erfüllt oder die wirtschaftlichen Tätigkeiten nur als Hilfstätigkeiten[642] der rechtlichen Muttereinheit anzusehen sind.[643]
- *Betrieb*: In den VGR werden Betriebe als örtliche Einheiten verstanden:[644] „Die örtliche Einheit ist ein an einem räumlich festgestellten Ort gelegenes Unternehmen oder Teil eines Unternehmens (Werkstätte, Werk, Verkaufsla-

640 Destatis (2010e), S. 10

641 Destatis (2008), S. 586

642 „Hilfstätigkeiten dienen allein zur Unterstützung der Haupt- oder Nebentätigkeiten einer Einheit, indem sie Waren oder Dienstleistungen für den ausschließlichen Einsatz in dieser Einheit bereitstellen.“ (Destatis (2008), S. 21) Als Beispiele für Hilfstätigkeiten sind das Rechnungswesen, der Transport, die Lagerung, der Einkauf sowie Reparatur und Wartungstätigkeiten zu nennen.

643 vgl. Destatis (2008), S. 586

644 vgl. Destatis (2010e), S. 10

den, Büro, Grube, Lagerhaus). An diesem Ort oder von diesem Ort aus werden Wirtschaftstätigkeiten ausgeübt, für die - mit Ausnahmen – eine oder mehrere Personen (unter Umständen auch zeitweise) im Auftrag ein und desselben Unternehmens arbeiten.“[645] Dem Betrieb als Erhebungseinheit sind auch örtlich verbundene oder in dessen Nähe liegende Verwaltungs-, Reparatur-, Montage- und Hilfsbetriebe zuzuordnen. Demgegenüber sind örtlich getrennte Hauptverwaltungen als eigenständige Betriebe zu erfassen.[646]

Die in den Unternehmen und Betrieben erhobenen primärstatistischen Angaben fließen in die Sektorenbildung der VGR ein, versorgen die Konjunktur- und Strukturstatistiken mit Informationen und werden bei der Ermittlung der volkswirtschaftlichen Produktionsvorgänge einbezogen. Die amtlichen Erhebungen dienen als wichtigste Datenquelle für die Aufbereitung der Ergebnisse der VGR. Die auskunftspflichtigen Unternehmen erfüllen dabei nicht nur eine Funktion als Erhebungseinheiten sondern fungieren gleichzeitig auch als statistisch beobachtbare Darstellungseinheiten. In den Konzepten der VGR und des ESVG werden als Systembausteine zur Darstellung des statistischen Datenmaterials drei Arten von statistischen Einheiten unterschieden:[647]

- Institutionelle Einheiten
- Örtliche fachliche Einheiten
- Homogene Produktionseinheiten

„Eine institutionelle Einheit ist ein wirtschaftlicher Entscheidungsträger, der durch einheitliches Verhalten und Entscheidungsfreiheit bezüglich seiner Hauptfunktion[648] gekennzeichnet ist. Eine gebietsansässige institutionelle Einheit sollte neben der Entscheidungsfreiheit in ihrer Hauptfunktion entweder über eine vollständige Rechnungsführung verfügen, oder es sollte erforderlichenfalls aus wirtschaftlicher und juristischer Sicht möglich und sinnvoll sein, eine vollständige Rechnungsführung zu erstellen.“[649] Diese Definition zeigt, dass die institu-

645 Destatis (2008), S. 592

646 vgl. Destatis (2010e), S. 10

647 vgl. Destatis (2007), S.48; Destatis (2011b), S. 3

648 Eine statistische Einheit kann grundsätzliche mehrere wirtschaftliche Tätigkeiten ausüben. Als Haupttätigkeit bzw. Hauptfunktion wird jene Tätigkeit bezeichnet, die den größten Beitrag zur gesamten Wertschöpfung der entsprechenden Einheit leistet. Als Nebentätigkeit(en) gilt (gelten) die (alle) andere(n) Tätigkeit(en) der Einheit, deren Produktionsergebnis(se) Waren und Dienstleistungen für Dritte sind. (vgl. Destatis (2008), S. 20f.)

649 ESVG 1995, 2.12.

Zusätzliche hilfreiche Anmerkungen:

tionelle Einheit gemäß dem Konzept des ESVG 1995 dem statistischen Unternehmen als die zentrale Erhebungseinheit der Marktproduzenten entspricht.[650] Die institutionellen Einheiten bzw. das Unternehmen liefern die Daten für die Konjunktur- und Strukturstatistiken und dienen gleichzeitig als wichtige Bausteine für die Abgrenzung der volkswirtschaftlichen Sektoren.[651]

Gegenüber den institutionellen Einheiten wird die örtliche fachliche Einheit im ESVG 1995 folgendermaßen definiert:

> „Die örtliche fachliche Einheit[652] (örtliche FE) ist der Teil einer FE, der einer örtlichen Einheit entspricht. Die FE fasst innerhalb einer institutionellen Einheit sämtliche Teile zusammen, die zur Ausübung einer Produktionstätigkeit auf vierstelliger Ebene (Klasse) der Klassifikation der Wirtschaftszweige (NACE Rev. 1[653]) beitragen. Es handelt sich um eine Einheit, die einer oder mehreren operationellen Unterabteilungen einer institutionellen Einheit entspricht. Die institutionelle Einheit muss über ein Informationssystem verfügen, das es ermöglicht, für jede örtliche FE mindestens den Produktionswert, die Vorleistungen, die Arbeitnehmerentgelte, den Betriebsüberschuss, die Beschäftigten und die Bruttoanlageinvestitionen festzustellen oder zu berechnen."[654]

Wenn die Rechnungslegungsdaten es hergeben, sind theoretisch so viele örtliche fachliche Einheiten zu bilden, wie es in einer institutionellen Einheit Nebentätigkeiten gibt. Eine Einheit, die lediglich Hilfstätigkeiten für ein Unternehmen ausübt, darf nicht gesondert als örtliche fachliche Einheit dargestellt werden. Alle örtlichen fachlichen Einheiten werden nach dem Konzept des ESVG 1995 entsprechend ihrer Haupttätigkeit zu Wirtschaftsbereichen zusammengefasst.[655] Aufgrund der verschiedenartigen horizontalen und vertikalen Integrationsformen

---

„Entscheidungsfreiheit in der Ausübung ihrer Hauptfunktion heißt, dass sie für ihre Entscheidungen und Handlungen verantwortlich und haftbar ist." (Destatis (2008), S. 586)

„Das Vorhandensein einer vollständigen Rechnungsführung bedeutet, dass die Einheit sowohl Rechnungsunterlagen, aus denen die Gesamtheit ihrer wirtschaftlichen und finanziellen Transaktionen für den Berichtszeitraum hervorgeht, als auch eine Bilanz ihrer Aktiva und Passiva besitzt." (Destatis (2008), S. 586f.)

650 vgl. Destatis (2008), S. 587

651 vgl. Destatis (2007), S. 49

652 Die örtliche fachliche Einheit ist im SNA und der ISIC Rev. 3 (International Standard Industrial Classification of All Economic Activities, Rev.3) unter der Bezeichnung „establishment" bekannt.

653 NACE = Nomenclature statistique des activités économiques dans la Communauté européenne. Die WZ Klassifikation 2003 des Statistischen Bundesamts ist in den ersten vier Positionen identisch mit der NACE Rev. 1,1 (vgl. Destatis (2007), S. 48). Seit dem 1. Januar ist die WZ 2008 in Kraft, die identisch mit der NACE Rev. 2 ist (vgl. Destatis (2008), S. 11ff.).

654 ESVG 1995, 2.106

655 vgl. Destatis (2007), S. 49

auf Unternehmensebene wurden die örtlichen fachlichen Beobachtungseinheiten mit der Intention geschaffen, die Gleichartigkeit der Ergebnisse statistischer Erhebungen nach Tätigkeiten zu verbessern.[656] Durch die Aufspaltung eines Unternehmens entlang seiner verschiedenen wirtschaftlichen Tätigkeiten soll ein genaueres Bild der tatsächlich volkswirtschaftlichen Verflechtungen und eine homogenere Zusammensetzung der Wirtschaftsbereiche erzielt werden.

Für die praktische statistische Arbeit in Deutschland beschreibt das Konzept der örtlichen fachlichen Einheiten jedoch nur eine idealtypische Lösung, die auf Grundlage der jahrzehntelang gewachsenen wirtschaftsstatistischen Strukturen derzeit nicht umgesetzt werden kann. Als Hauptgrund ist die mangelnde Datenverfügbarkeit auf örtlich fachlicher Ebene zu nennen. Die erforderlichen Angaben aus dem betrieblichen Rechnungswesen liegen zumeist nur für das gesamte Unternehmen als kleinste rechtlich selbstständige Einheit vor.[657] Hinzu kommt das Problem bei der statistischen Erfassung der unternehmensinternen Lieferungen und Leistungen zwischen den einzelnen Betrieben und dem verbundenen Unternehmen, das aufgrund der zunehmend komplexeren Organisationsstrukturen und der wachsenden Arbeitsteilung stetig an Bedeutung gewinnt. Aus Gründen der Klarheit und Interpretierbarkeit ist somit eine Überleitung auf örtliche fachliche Einheiten derzeit nicht möglich, sodass in der praktischen statistischen Arbeit der nationalen VGR in den „Unternehmenssektoren“ das Unternehmenskonzept beibehalten wurde.[658]

Neben den institutionellen und örtlichen fachlichen Einheiten als beobachtbare statistische Einheiten unterscheidet das Konzept des ESVG 1995 noch die homogenen Produktionseinheiten als analytische Einheiten. Sie werden in den Volkswirtschaftlichen Gesamtrechnungen zur Darstellung der Produktionsverflechtungen in den IO-Tabellen eingesetzt und im ESVG 1995 folgendermaßen definiert:

> „Die homogene Produktionseinheit ist durch eine Tätigkeit gekennzeichnet, die mit Hilfe der eingesetzten Produktionsfaktoren, des Produktionsprozesses und der produzierten Güter identifiziert werden kann. Die eingesetzten und produzierten Güter werden nach ihrer Beschaffenheit, ihrem Verarbeitungsgrad und der angewandten Produktionstechnik unterschieden und sind einer Güterklassifikation zugeordnet.“[659]

---

656 vgl. Destatis (2008), S. 591

657 vgl. Destatis (2007), S. 49f.

658 vgl. Destatis (2007), S. 50

659 ESVG 1995, 2.112. „Die in den Input-Output-Tabellen ausgewiesenen Produktionsbereiche werden nach der Güterklassifikation in Verbindung mit den Wirtschaftszweigen (CPA) gegliedert. Die CPA ist eine Güterklassifikation, deren Positionen den Wirtschaftszweigen, in denen die Güter produziert werden, d. h. den Positionen der NACE Rev. 1, voll entsprechen.“(ESVG 1995, 2.118)

Die einzelnen homogenen Produktionseinheiten beschreiben eine Verfeinerung der örtlichen fachlichen Einheiten hinsichtlich einer genaueren Beschreibung der jeweiligen Produktionstechnik und Inputstruktur.[660] Gegenüber den örtlichen fachlichen Einheiten werden bei den homogenen Produktionseinheiten nur Haupttätigkeiten berücksichtigt. Nebentätigkeiten, wie z.B. die Erzeugung von Strom durch ein Unternehmen, das ansonsten einer anderen Haupttätigkeit nachgeht, werden als separate Produktionseinheiten erfasst. Für die Darstellung in den IO-Tabellen werden die einzelnen Produktionseinheiten zu homogenen Produktionsbereichen aggregiert (vgl. Abschnitt 3.2.3.2.1). Weil die Produktionseinheiten im Allgemeinen nicht Gegenstand direkter statistischer Beobachtungen sind, sondern als Resultat mathematischer Überleitungsverfahren und statistischer Schätzverfahren aus den verfügbaren statistischen Daten künstlich erzeugt werden, spielen sie zunächst für die Abgrenzung des Untersuchungsgegenstands keine Rolle. Erst bei der Überführung der unternehmensspezifischen Daten in die Systematik der IO-Tabellen des Statistischen Bundesamts rücken sie in den Fokus.

Tabelle 13: Beziehungen zwischen den statistischen Einheiten[661]

	Ein oder mehrere Standorte	Ein einziger Standort
Eine oder mehrere Tätigkeiten	Unternehmen Institutionelle Einheit	Betrieb (örtliche Einheit)
Eine einzige Tätigkeit	Homogene Produktionseinheit	Örtliche fachliche Einheit

Zusammenfassend bleibt festzuhalten, dass in Deutschland als statistisch beobachtbare Einheiten für die Erhebung und Darstellung der wirtschaftlichen Transaktionen von Markproduzenten das Unternehmen (institutionelle Einheit) und in bestimmten Teilbereichen auch der Betrieb (örtliche Einheit) verwendet wird.[662] Der Betrieb als Erhebungseinheit für die differenzierte Darstellung der volkswirtschaftlichen Produktionsvorgänge entspricht dabei nicht 1:1 dem Konzept der örtlichen fachlichen Einheit gemäß dem ESVG 1995. In Tabelle 13 sind die Beziehungen zwischen den verschiedenen Arten statistischer Einheiten, die zur Erhebung und Darstellung der wirtschaftlichen Tätigkeiten eines Unterneh-

---

CPA: „Statistische Güterklassifikation in Verbindung mit den Wirtschaftszweigen in der Europäischen Wirtschaftsgemeinschaft" gemäß der Verordnung (EWG) Nr. 3696/93 des Rates vom 29. Oktober 1993 (engl. Statistical Classification of Products by Activity in the European Economic Community).

660 vgl. Stahmer, Meyer (2000), S. 33.

661 in Anlehnung an Destatis (2008), S. 22

662 vgl. Destatis (2008), S. 23

mens in den VGR zum Einsatz kommen und gemäß dem Konzept des ESVG 1995 empfohlen werden, nochmal dargestellt.

Aus den vorangegangenen Ausführungen wird deutlich, dass das Unternehmen als statistische Einheit nicht mit dem bisherigen Verständnis von einem Unternehmen in dieser Arbeit übereinstimmt. In der amtlichen Wirtschaftsstatistik beschreibt das Unternehmen gemäß den vorangegangenen Ausführungen eine Erhebungs- bzw. Beobachtungseinheit, bei der die statistischen Angaben für die Sektorrechnungen, die Konjunktur- und Strukturstatistiken sowie die Darstellung der volkswirtschaftlichen Produktionsstrukturen erhoben werden.[663] Die statistischen Unternehmenseinheiten stellen zunehmend jedoch nicht mehr die relevanten Entscheidungseinheiten dar, sondern werden durch komplexere Einheiten abgelöst, die als Konzerne oder Unternehmensgruppen auftreten und in der Öffentlichkeit als wirtschaftliche Einheit wahrgenommen werden. Die in der Berichterstattung und der öffentlichen Diskussion oftmals auch als Unternehmen bezeichneten Konzerne und Unternehmensgruppen können eine Vielzahl von Unternehmen gemäß dem Verständnis der amtlichen Statistik in sich vereinen. Die einzelnen statistischen Unternehmenseinheiten einer Unternehmensgruppe sind dabei auf unterschiedlichste Art und Weise horizontal und vertikal miteinander verflochten.

Die öffentliche Wahrnehmung über die wirtschaftliche Leistung einer Unternehmensgruppe[664] wird zumeist auf die Holding- bzw. Muttergesellschaft reduziert, sodass die verbundenen Unternehmen (legal entities), in denen die eigentlichen Umsätze durch die Produktion von Waren und Dienstleistungen generiert werden, zu einer nicht weiter differenzierten Masse verschmelzen. Als Folge sind viele Unternehmen großer Konzerne in der Öffentlichkeit völlig unbekannt. Ein konsolidierter Konzernabschluss vermittelt das Bild einer „großen" Unternehmung und lässt die Unternehmensgruppe nach außen als eine wirtschaftliche Einheit auftreten. Des Weiteren werden in den Medien und der öffentlichen Diskussion i.d.R. lediglich die konsolidierten weltweiten Erfolge einer Unternehmensgruppe kommuniziert, d.h. eine differenzierte Darstellung des wirtschaftlichen Beitrags, beispielsweise für den deutschen Wirtschaftsstandort, erfolgt aufgrund der internationalen Ausrichtung vieler Konzerne kaum noch. Erst das genauere Studieren der Geschäftsberichte bzw. Jahresabschlüsse offenbart Erkenntnisse über die nationalen und funktionalen Geschäftsaktivitäten und gewährt in Abhängigkeit der Rechtsform der betrachteten Unternehmung und

---

663 vgl. Sturm et al. (2009), S. 764

664 Im Folgenden wird die wirtschaftliche Einheit, deren ökonomische Wirkungen auf die deutsche Volkswirtschaft berechnet werden sollen, als Unternehmensgruppe bezeichnet, um sie besser von dem Unternehmen als statistische Einheit unterscheiden zu können.

der damit einhergehenden Veröffentlichungspflichten einen detaillierteren Einblick in die Organisationsstruktur der Unternehmensgruppe.

Aufgrund der unterschiedlichen Auslegung des Unternehmensbegriffs ist die Abgrenzung des Untersuchungsgegenstands, also der zu analysierenden Unternehmensgruppe, für die Erstellung des unternehmensspezifischen Satellitensystems[665] von zentraler Bedeutung. Alle Unternehmen, die gemäß der Systematik der VGR als institutionelle Einheiten der Unternehmensgruppe zuzuordnen sind und durch ihre wirtschaftlichen Tätigkeiten einen ökonomischen Beitrag leisten, müssen bei der Erstellung eines konsistenten Gesamtbilds über die ökonomischen Transaktionen der entsprechenden Unternehmensgruppe berücksichtigt werden. Um die ökonomischen Wirkungen auf die deutsche Volkswirtschaft vollständig ermitteln zu können, ist es wichtig, die Unternehmensgruppe als Ganzes, d.h. unter Berücksichtigung aller Unternehmenseinheiten, in den Volkswirtschaftlichen Gesamtrechnungen abzugrenzen. Je heterogener eine Unternehmensgruppe in Bezug auf die ausgeübten wirtschaftlichen Tätigkeiten ihrer verbundenen Unternehmenseinheiten ist und je komplexer die Verflechtungen zwischen den verbundenen Unternehmen ausfallen, desto schwieriger ist es, die Unternehmensgruppe in den Konzepten der amtlichen IO-Tabellen vollständig abzugrenzen.

Für eine objektive und transparente Abgrenzung einer bestimmten Unternehmensgruppe in den Abgrenzungen und Konzepten der VGR wird eine klare und operationale Definition benötigt.[666] Die Europäische Union definiert in einer Rahmenverordnung die Unternehmensgruppe als statistische Einheit folgendermaßen:

> „Die Unternehmensgruppe vereinigt Unternehmen, die rechtlich-finanzielle Bindungen untereinander haben. In der Unternehmensgruppe kann es – insbesondere, was die Produktions-, Verkaufs-, Gewinnpolitik usw. anbetrifft – mehrere Entscheidungszentren geben. Sie kann gewisse Aspekte der finanziellen Unternehmensleitung und des Steuerwesens vereinen. Sie bildet eine wirtschaftliche Einheit, die Entscheidungen treffen kann, die sich vor allem auf die miteinander verbundenen Einheiten beziehen, aus denen sie sich zusammensetzt."[667]

---

665 Das endgültige Satellitensystem, auf dessen Basis die ökonomischen Effekte berechnet werden, wird in der gesamten Arbeit als unternehmensspezifisches Satellitensystem bezeichnet, obwohl es sich strenggenommen um ein unternehmensgruppenspezifisches Satellitensystem handelt.

666 vgl. Sturm et al. (2009), S. 766

667 Verordnung (EWG) Nr. 696/93 des Rates vom 15. März 1993 betreffend die statistischen Einheiten für die Beobachtung und Analyse der Wirtschaft in der Gemeinschaft; Anhang: Die statistischen Einheiten der Wirtschaft in der Gemeinschaft, Abschnitt III C.

In Abbildung 21 sind verschiedene Typen von Unternehmensgruppen schematisch dargestellt, die zeigen, dass die Organisationsstruktur zwischen Unternehmensgruppen stark divergieren kann. Insbesondere hinsichtlich der Anzahl der verbundenen Unternehmen sowie der Komplexität ihrer Wechselbeziehungen existieren grundlegende Unterschiede, die den Arbeits- und Zeitaufwand zur Abgrenzung der zu betrachtenden Unternehmensgruppe für die Erstellung des unternehmensspezifischen Satellitensystems beeinflussen.

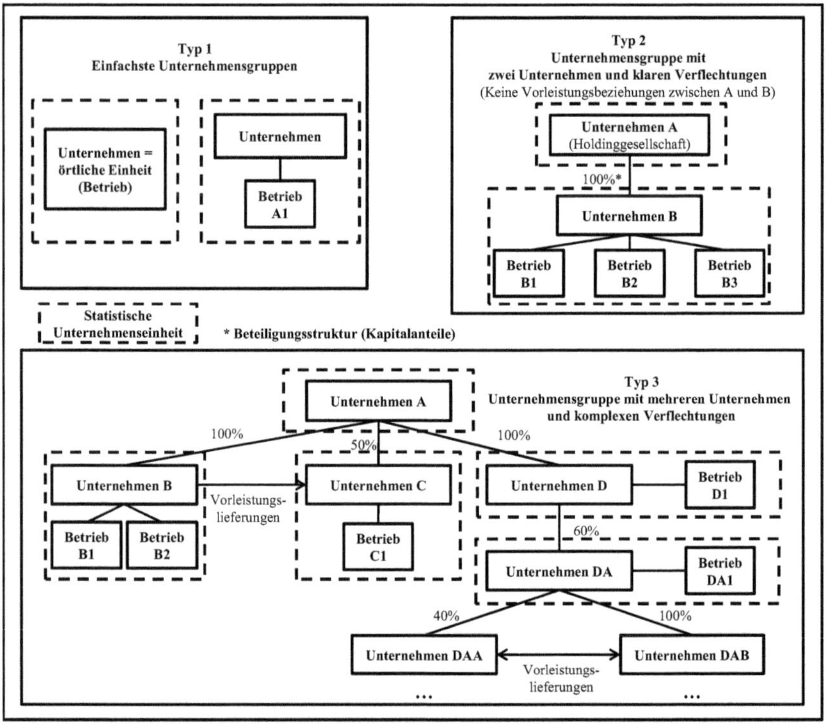

Abbildung 21: Unterschiedliche Arten von Unternehmensgruppen

Für die Erstellung des Satellitensystems und die anschließende Quantifizierung der ökonomischen Wirkungen der zu analysierenden Unternehmensgruppe müssen die wirtschaftlichen Transaktionen aller verbundenen Unternehmenseinheiten berücksichtigt werden. Um alle statistischen Unternehmen einer Unternehmensgruppe zu identifizieren bzw. den Unternehmensgruppenbegriff operational anwenden zu können, hat das Statistische Bundesamt ein Konzept entwickelt, dass sich an der tatsächlich ausgeübten Kontrolle zwischen den Mitgliedern einer Unternehmensgruppe orientiert.[668] Gemäß dem statistischen Kontrollkonzept bedeutet Kontrolle „die Möglichkeit, die allgemeine Unternehmenspolitik der beherrschenden Einheit festzulegen oder zu bestimmen.“[669] Als Ausgangspunkt für die statistische Abgrenzung einer Unternehmensgruppe dient das sogenannte Gruppenoberhaupt, das als rechtliche Einheit andere rechtliche Einheiten kontrolliert, selbst aber nicht durch andere kontrolliert wird. Um die gruppenabhängigen Unternehmen, die durch das Gruppenoberhaupt oder eine andere rechtliche Einheit, die vom Gruppenoberhaupt kontrolliert wird, zu identifizieren, hat das Statistische Bundesamt folgende operationale Regeln aufgestellt, die anzeigen, ob eine Kontrolle einer Einheit über eine andere gegeben ist:[670]

- Eine rechtliche Einheit besitzt direkt mehr als 50 % der Kapitalanteile einer anderen rechtlichen Einheit (direkte Kontrolle).
- Eine rechtliche Einheit besitzt über Tochtereinheiten mehr als 50 % der Kapitalanteile an einer anderen rechtlichen Einheit (indirekte Kontrolle, auch in Form der indirekten kumulierten Kontrolle).
- Das Rechnungswesen einer rechtlichen Einheit ist in das Rechnungswesen einer anderen Einheit vollständig integriert (konsolidiertes Rechnungswesen).
- Aus administrativen Quellen ergibt sich, dass eine rechtliche Einheit eine andere rechtliche Einheit kontrolliert, auch wenn sie weniger als 50 % der Kapitalanteile besitzt.

Diese Entscheidungskriterien zeigen, dass die Abgrenzung der Unternehmensgruppe als statistische Einheit im Wesentlichen aus den Kapitalbeziehungen abgeleitet wird. In besonderen Fällen werden auch vertragliche Kontrollbeziehungen (z.B. Gewinnabführungsverträge) oder der Tatbestand der faktischen Kontrolle (z.B. eine identische Unternehmensführung) einbezogen.[671] Innerhalb der hierarchischen Struktur von Unternehmensgruppen mit mehr als einer Unternehmenseinheit lassen sich neben dem Gruppenoberhaupt sogenannte intermediäre Einheiten, die kontrolliert werden und selber andere rechtliche Einheiten kontrollieren (z.B. Unternehmen D bzw. DA in Abbildung 21), und reine Tochtergesellschaften, die kontrolliert werden selber aber keine anderen rechtlichen Einheiten kontrollieren (z.B. Unternehmen B bzw. C in Abbildung 21), unterscheiden.[672] Aufgrund der objektiven und transparenten Vorgehensweise wird das statistische Kontrollkonzept des Statistischen Bundesamts auch zur Abgren-

668 vgl. Sturm et al. (2009), S. 766
669 Sturm et al. (2009), S. 766
670 Sturm et al. (2009), S. 766
671 vgl. Kleber et al. (2010), S. 528
672 vgl. Sturm et al. (2009), S. 767

zung des Untersuchungsgegenstands im Rahmen des entwickelten Verfahrens verwendet. D.h. die zu analysierende Unternehmensgruppe wird auf Grundlage ihrer Besitz und Kontrollbeziehungen gemäß den operationalisierten Regeln des Statistischen Bundesamts identifiziert und abgegrenzt.

Im Rahmen dieser Arbeit sind nur rein nationale Unternehmensgruppen von Interesse. Dies bedeutet, dass nur jene Unternehmenseinheiten einer Unternehmensgruppe einbezogen werden, die als institutionelle Einheiten der deutschen amtlichen Statistik zuzuordnen sind und im Unternehmensregister erfasst werden. Des Weiteren bezieht sich das entwickelte Verfahren ausschließlich auf nichtfinanzielle Kapitalgesellschaften. Im Umkehrschluss bedeutet dies, dass finanzielle Kapitalgesellschaften, d.h. Kreditinstitute und Versicherungsunternehmen, aufgrund ihrer besonderen Eigenschaften und Anforderungen, die sich auch in ihrer statistischen Erfassung und Abgrenzung wiederspiegeln, nicht einbezogen werden. Als Beispiel sind die Hausbanken großer Automobilhersteller zu nennen, die gemäß dem derzeitigen Stand des entwickelten Verfahrens nicht als statistische Einheiten in die Berechnungen der ökonomischen Wirkungen des Automobilherstellers einbezogen werden.

Das vor dem Hintergrund aktueller Herausforderungen in der Industriepolitik entwickelte Verfahren ist auf nichtfinanzielle Kapitalgesellschaften ausgerichtet, die als Marktproduzenten auftreten und deren wirtschaftlicher Schwerpunkt in der mechanischen, physikalischen oder chemischen Umwandlung von Stoffen oder Teilen in Waren besteht.[673] Egal ob es sich bei dem Untersuchungsgegenstand um ein einziges statistisches Unternehmen oder eine Unternehmensgruppe mit mehreren Unternehmenseinheiten handelt, muss der Schwerpunkt der wirtschaftlichen Tätigkeit (Haupttätigkeit), gemessen am Beitrag zur Bruttowertschöpfung, dem Verarbeitenden Gewerbe gemäß der WZ-Klassifikation[674] zuzuordnen sein. Die Haupttätigkeit einer statistischen Einheit bzw. einer Unternehmensgruppe beschreibt unter allen ausgeübten wirtschaftlichen Tätigkeiten diejenige, auf die der höchste Wertschöpfungsanteil entfällt.[675] Um die Haupttätigkeit einer einzelnen statistischen Einheit, die mehrere Tätigkeiten verrichtet, oder die einer ganzen Unternehmensgruppe, die sich aus mehreren horizontal und vertikal miteinander verbundenen Unternehmenseinheiten

---

673 vgl. Destatis (2008), S. 186

674 Die aktuellste, verfügbare IO-Tabelle bezieht sich auf das Berichtsjahr 2007 und basiert noch auf der WZ 2003. Um Missverständnisse durch widersprüchliche Gliederungsangaben zu vermeiden, wird in dieser Arbeit, wenn eine Unterscheidung zwischen der WZ 2008 und der WZ 2003 notwendig ist, auf die WZ-Klassifikation von 2003 Bezug genommen.

675 Für eine detailliertere Darstellung der Grundregeln über die Klassifikationen des Statistischen Bundesamts siehe Destatis (2008), S. 23ff.

zusammensetzt, ermitteln zu können, kommt die sogenannte Top-down-Methode zum Einsatz.[676] Im Fall einer Unternehmensgruppe muss dafür zunächst die Haupttätigkeit einer jeden statistischen Einheit mittels der Top-down-Methode bestimmt werden, um darauf aufbauend ebenfalls mit Hilfe des selben Verfahren die Haupttätigkeit der gesamten Unternehmensgruppe identifizieren zu können.

Demzufolge ist es möglich, dass eine oder mehrere Unternehmenseinheiten einer Unternehmensgruppe auch Tätigkeiten außerhalb des Verarbeitenden Gewerbes als Haupttätigkeiten ausüben. Solange die dadurch generierte Wertschöpfung nicht zu einer Verschiebung der wirtschaftlichen Klassifikation der gesamten Unternehmensgruppe aufgrund veränderter Mehrheitsverhältnisse bei der Bruttowertschöpfung führt, bleibt der industriepolitische Anspruch an den Untersuchungsgegenstand gewahrt. Als typische Beispiele solcher horizontal bzw. vertikal integrierten Einheiten, die schwerpunktmäßig andere Haupttätigkeiten ausüben, sind Holdinggesellschaften als unternehmensnahe Dienstleistungsgesellschaften oder auch Handelsgesellschaften zu nennen, deren wirtschaftlichen Aktivitäten aufgrund bestehender Kontrollbeziehungen der zu analysierenden Unternehmensgruppe zuzurechnen sind. Aufgrund ihres i.d.R. geringeren Wertschöpfungsanteils im Verhältnis zu den dominierenden Anteilen der produzierenden Einheiten sorgen sie nicht für eine Verschiebung der Zuordnung der Unternehmensgruppe.

Abschließend bleibt festzuhalten, dass die differenzierte Aufbereitung der verschiedenen Unternehmenseinheiten der zu analysierenden Unternehmensgruppe in den Konzepten der VGR eine zentrale Voraussetzung für die Erstellung des unternehmensspezifischen Satellitensystems darstellt. Ohne eine disaggregierte Betrachtung der einzelnen statistischen Einheiten ist es nicht möglich, den Untersuchungsgegenstand konsistent in den Konzepten der amtlichen IO-Tabellen abzubilden. Erst durch die Zerlegung der betrachteten Unternehmensgruppe in seine statistischen Einheiten wird die Vergleichbarkeit mit den Ergebnissen der VGR sichergestellt. Daher ist es von zentraler Bedeutung, den Untersuchungsgegenstand bzw. die in die Berechnungen einzuschließenden statistischen Einheiten objektiv und nachvollziehbar abzugrenzen. Erst durch die Identifizierung und Berücksichtigung aller verbundenen Unternehmenseinheiten ist es möglich ein konsistentes Gesamtbild der ökonomischen Bedeutung der Unternehmensgruppe für die deutsche Volkswirtschaft zu zeichnen. Der Aufwand und die Durchführung des Abgrenzungsprozesses variieren in Abhängigkeit der Anzahl der statistischen Einheiten der zu untersuchenden Unternehmensgruppe

676 Eine vertiefende Darstellung der Top-down-Methode erfolgt in Destatis (2008), S. 25ff..

sowie deren Verflechtungen untereinander. Die Abgrenzung des Untersuchungsgegenstands bedarf daher immer einer Fall zu Fall Überprüfung.

4.1.2 Das Datenmaterial

Ist die zu analysierende Unternehmensgruppe eindeutig in der Systematik der statistischen Einheiten der VGR abgegrenzt, muss im nächsten Schritt das Datenmaterial, das für die Erstellung des unternehmensspezifischen Satellitensystems benötigt wird, beschafft werden. Abbildung 22 zeigt, dass sich das benötigte Datenmaterial aus einem Mix aus gesamtwirtschaftlichen und mikroökonomischen Daten zusammensetzt.

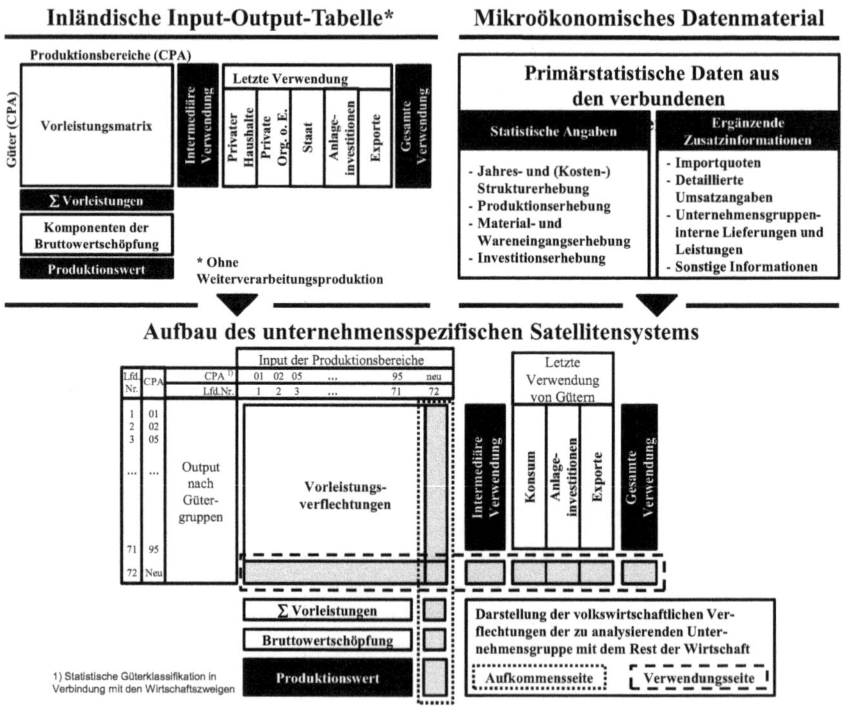

Abbildung 22: Datenbasis und Aufbau des unternehmensspezifischen Satellitensystems

Im nachfolgenden Abschnitt wird die als gesamtwirtschaftliche Ausgangsdatenbasis und Bezugsrahmen für das Satellitensystem verwendete inländische Input-Output-Tabelle (ohne Weiterverarbeitungsproduktion) des Statistischen

Bundesamts vorgestellt. Anschließend werden die statistischen Angaben und betrieblichen Zusatzinformationen erläutert, die für die Darstellung der produktions- und gütermäßigen Verflechtungen der zu analysierenden Unternehmensgruppe in den Abgrenzungen der amtlichen IO-Tabelle erhoben werden müssen.

4.1.2.1 Die inländische Input-Output-Tabelle als Ausgangstabelle

Das Hauptziel des entwickelten Ansatzes dient der Berechnung der kumulativen ökonomischen Effekte, die von der betrachteten Unternehmensgruppe auf die deutsche Volkswirtschaft ausgehen, als Indikator zur Beurteilung der ökonomischen Bedeutung. Um die indirekten und induzierten Wirkungen unter Anwendung eines geeigneten empirischen Modells quantifizieren zu können, werden detaillierte Informationen über die produktions- und gütermäßigen Verflechtungen in der deutschen Volkswirtschaft benötigt. Weil eine vollständige bottom-up Erstellung des unternehmensspezifischen Satellitensystems aufgrund fehlender statistischer Informationen nicht möglich ist, wird auf die amtlichen IO-Tabellen des Statistischen Bundesamts als Bezugsrahmen für die Erstellung des unternehmensspezifischen Satellitensystems zurückgegriffen. Die IO-Tabellen erfassen die Transformation von Inputs in Outputs unter Beachtung der wirtschaftlichen Produktionsprozesse und stellen somit die relevanten Informationen dar, die zur Berechnung der kumulativen ökonomischen Wirkungen benötigt werden. Aufgrund des umfangreichen Datenmaterials, das in ihre Berechnungen einfließt, und dem methodisch fundierten und gewissenhaften Erstellungsprozess seitens des Statistischen Bundesamts beschreiben die amtlichen IO-Tabellen eine objektive und vergleichbare Ausgangsdatenbasis, die den Ansprüchen in dieser Arbeit gerecht wird.

Der allgemeine Aufbau und die unterschiedlichen Typen von IO-Tabellen, die das Statistische Bundesamt in der Fachserie 18 Reihe 2 „Input-Output-Rechnung" veröffentlicht, wurden bereits ausführlich im Abschnitt 3.2.3.2.1 erläutert. In Abhängigkeit des Erkenntnisziels bzw. der zu beantwortenden Fragestellung hat jeder Tabellentyp seine individuellen Vorteile. Für die Messung der ökonomischen Bedeutung der betrachteten Unternehmensgruppe im Rahmen dieser Arbeit sind ausschließlich die wirtschaftlichen Effekte auf die deutsche Volkswirtschaft von Interessen. D.h. die ökonomischen Effekte, die durch die inländische Produktion im Ausland angestoßen werden, sollen nicht berücksichtigt werden. Diesem zentralen Anspruch wird die IO-Tabelle der inländischen Produktion gerecht. Sie stellt nur die im Inland produzierten Güter dar und weist die für die Produktionsprozesse benötigten importierten Waren und Dienstleistungen getrennt und außerhalb der Vorleistungsmatrix aus.[677] Auf Basis der inländischen IO-Tabelle ohne Importe ist es somit möglich, die produktions- und gütermäßigen Verflechtungen innerhalb der deutschen Volkswirtschaft isoliert zu analysieren.

Entgegen den Ausführungen des ESVG 1995 ist in den veröffentlichten nationalen Input-Output-Tabellen die sogenannte Weiterverarbeitungsproduktion enthalten.[678] Auch unter der Bezeichnung firmeninterne Lieferungen und Leistungen bekannt umfasst die Weiterverarbeitungsproduktion alle Waren und Dienstleistungen, die von der gleichen Unternehmenseinheit produziert und verbraucht werden.[679] Die Weiterverarbeitungsproduktion trägt dem Sachverhalt Rechnung, dass es Unternehmen gibt, deren Produktion sich über mehrere Stufen erstreckt (vertikale Integration).[680] In solchen Unternehmen werden verschiedene Produktionsstufen nacheinander ausgeführt, infolgedessen der Output einer Fertigungsstufe als Input für die nächste Stufe dient und nur die Güter der letzten Stufe am Markt verkauft werden.[681] Nach dem ESVG 1995 sollen diese firmeninternen Lieferungen und Leistungen nicht in den symmetrischen IO-Tabellen erfasst werden, weil sie in Abhängigkeit der zu beantwortenden Fragestellung die Aussagekraft der Ergebnisse beeinträchtigen können.

Das Statistische Bundesamt hat sich bei der Veröffentlichung der symmetrischen IO-Tabellen entgegen dem ESVG 1995 für das umfassendere Produktionskonzept inklusive der Weiterverarbeitungsproduktion entschieden, um insbesondere umweltökonomische Fragestellungen besser beantworten zu können. Für die Analyse der im Herstellungsprozess verbrauchten Ressourcen (z.B. Energieverbrauch) ist eine umfassende und vollständige Betrachtung aller in einer Volkswirtschaft produzierten Güter zielführend.[682] Weil in dieser Arbeit jedoch ausschließlich die ökonomischen Ausstrahleffekte der betrachteten Unternehmensgruppe auf den Rest der deutschen Wirtschaft quantifiziert werden sollen, dürfen die firmeninternen Lieferungen und Leistungen nicht einbezogen werden. Unter Berücksichtigung der Weiterverarbeitungsproduktion in den Vorleistungen und Produktionswerten käme es zu Mehrfachzählungen und somit einer Überschätzung der tatsächlichen Wirkungen auf die deutsche Volkswirtschaft, weil die einzelnen Zwischenprodukte bereits in den am Markt verkauften Endprodukt enthalten sind. Um eine solche Überschätzung der Ergebnisse zu

677 Der allgemeine Aufbau und die Struktur der IO-Tabelle der inländischen Produktion ist der Fachserie 18 Reihe 2, Tabelle 1.3 zu entnehmen.

678 vgl. ESVG 1995, 9.29 b)

679 vgl. Bleses (2007), S. 89; ESVG 1995, 9.29 b)

680 vgl. Destatis (2010c), S. 36

681 vgl. Destatis (2008), S. 30

682 vgl. Bleses (2007), S. 94

vermeiden, muss wie vom ESVG 1995 empfohlen die zum Einsatz kommende IO-Tabelle um die Weiterverarbeitungsproduktion bereinigt werden. Als Bezugsrahmen und Ausgangsdatenbasis für die Erstellung des unternehmensspezifischen Satellitensystems wird deshalb die nicht veröffentlichte, aber auf Anfrage beim Statistischen Bundesamt erhältliche, inländische Input-Output-Tabelle ohne Weiterverarbeitungsproduktion verwendet.

Die Input-Output-Tabellen des Statistischen Bundesamts erscheinen etwa drei Jahre nach Abschluss der jeweiligen Berichtsperiode. Diese Verzögerung bei der Veröffentlichung wirkt sich nachteilig auf die Bearbeitung aktueller Fragestellungen aus. Aufgrund zahlreicher Umstellungsprozesse und Modernisierungsmaßnahmen im Statistischen Bundesamt ist die aktuellste IO-Tabelle sogar nur für das Berichtsjahr 2007 verfügbar.[683] Verantwortlich für diese Verzögerung ist neben der Klassifikationsumstellung (WZ 2003 auf WZ 2008) die Anpassung des Erstellungsverfahrens der amtlichen IO-Tabellen an die von EUROSTAT empfohlene Vorgehensweise.[684]

Bevor die inländische IO-Tabelle ohne Weiterverarbeitungsproduktion als Ausgangsdatenbasis und Bezugsrahmen für die Erstellung des Satellitensystems verwendet wird, muss sie um statistische Angaben über die Erwerbstätigen innerhalb der deutschen Volkswirtschaft erweitert werden. Für die Berechnung der Beschäftigungseffekte wird die inländische IO-Tabelle ohne Weiterverarbeitungsproduktion um einen Zeilenvektor erweitert, der die Erwerbstätigen nach Produktionsbereichen in der Abgrenzung der IO-Tabelle darstellt.[685] Gemeinsam mit den im Folgenden beschriebenen mikroökonomischen Unternehmensdaten beschreibt die um den Erwerbstätigenvektor erweiterte inländische Input-Output-Tabelle ohne Weiterverarbeitungsproduktion die empirische Datenbasis für die Erstellung des unternehmensspezifischen Satellitensystems.

4.1.2.2 Mikroökonomisches Datenmaterial

Neben der Ausgangstabelle[686] als gesamtwirtschaftliche Datenbasis und Bezugsrahmen für das neue Satellitensystem werden zur Abgrenzung der produktions-

683 Siehe Fachserie 18 Reihe 2 des Statistischen Bundesamts

684 vgl. EUROSTAT (2008). Nach Rücksprache mit dem Statistischen Bundesamt werden die neuen symmetrischen IO-Tabellen für das Berichtsjahr 2008 voraussichtlich im Herbst 2012 und die 2009er Tabellen Anfang 2013 veröffentlicht.

685 Der Erwerbstätigenvektor ergibt sich aus der transponierten Aufbereitung des Spaltenvektors im Arbeitsblatt 3.1 der Fachserie 18 Reihe 2, der die Erwerbstätigen für die jeweilige Berichtsperiode in der Abgrenzung der amtlichen IO-Tabelle ausweist.

686 Die um den Erwerbstätigenvektor erweiterte inländische Input-Output-Tabelle ohne Weiterverarbeitungsproduktion wird nachfolgend als Ausgangstabelle bezeichnet.

und gütermäßigen Verflechtungen der zu analysierenden Unternehmensgruppe zusätzliche mikroökonomische Daten benötigt (vgl. Abbildung 22). Erst die Informationen über die ökonomischen Transaktionen der verbundenen Unternehmenseinheiten ermöglichen die Abgrenzung der Unternehmensgruppe in den Abgrenzungen und Definitionen der Ausgangstabelle. Um die Konsistenz gegenüber den Konzepten der VGR sicherzustellen, bietet es sich an, die benötigten statistischen Angaben über die amtlichen Erhebungsunterlagen der Wirtschaftsstatistiken zu gewinnen. Bei den offiziellen amtlichen Erhebungsunterlagen handelt es sich um standardisierte Fragebögen, mit deren Hilfe die für die jeweilige Statistik relevanten Angaben bei den Erhebungseinheiten erhoben und an das Statistische Bundesamt[687] als primärstatistisches Datenmaterial übersandt werden. Die speziell gestalteten Fragebögen helfen, die im betrieblichen Rechnungswesen erfassten Güter- und Leistungsströme der auskunftspflichtigen Einheiten entsprechend den Anforderungen der jeweiligen Statistik aufzubereiten. Für die Erstellung des unternehmensspezifischen Satellitensystems bietet es sich an, die auf festen Zuordnungsvorschriften basierenden und unter Berücksichtigung der Abgrenzungen und Definitionen der VGR aufbereiteten Erhebungsunterlagen als Datengrundlage heranzuziehen.

Durch das Zurückgreifen auf die Erhebungsunterlagen der amtlichen Statistiken liegen die benötigten Angaben über die ökonomischen Transaktionen der einzelnen statistischen Einheiten der zu analysierenden Unternehmensgruppe bereits in der Systematik der VGR vor. Neben der dadurch sichergestellten Vergleichbarkeit zwischen den Daten verschiedener Erhebungseinheiten und der Wahrung der Konsistenz gegenüber der VGR als Bezugsrahmen entfallen umfangreiche Überleitungsprozesse der betrieblichen Rechnungslegungsdaten in die Konzepte der Ausgangstabelle. Die in den amtlichen Fragebögen aufbereiteten Daten können ohne zusätzliche Zwischenschritte im Rahmen der Erstellung des Satellitensystems weiterverarbeitet werden. Liegen sogar bereits ausgefüllte und versendete Erhebungsbögen in den zu analysierenden statistischen Einheiten vor, reduziert sich der Kosten- und Zeitaufwand für die Beschaffung der Daten deutlich.

---

687 Bestimmte Erhebungen werden seitens der Statistischen Landesämtern durchgeführt, wie z.B. die Produktionserhebungen, die anschließend aufbereitet und aggregiert für das jeweilige Bundesland an das Statistische Bundesamt weitergeleitet werden (vgl. Destatis (2012b), S. 6). Aufgrund der gesamtwirtschaftlichen Orientierung spielt es jedoch keine Rolle, an welches Amt die ausgefüllten Fragebögen von den statistischen Erhebungseinheiten versandt werden, sodass vereinfacht davon ausgegangen wird, dass alle primärstatistischen Datenlieferungen letztendlich beim Statistischen Bundesamt gebündelt werden.

Ein ganz entscheidendes Argument, das für die Verwendung der Erhebungsunterlagen der verschiedenen Fachstatistiken spricht, ist die objektive und transparente Aufbereitung bzw. Darstellung der unternehmensspezifischen Daten. Den verschiedenen amtlichen Erhebungsbögen liegen eindeutige Definitionen und Abgrenzungskriterien zugrunde, die den statistischen Einheiten genau vorschreiben, für welche Positionen der Fragebögen welche Angaben aus dem betrieblichen Rechnungswesen benötigt werden. Diese eindeutigen Zuordnungsvorschriften lassen beim Ausfüllen der Erhebungsunterlagen keine Wahlrechte und Ermessensspielräume zu und stellen dadurch die Vergleichbarkeit der erhobenen primärstatistischen Daten zwischen verschiedenen Erhebungseinheiten sicher.

Die Verwendung einheitlich aufbereiteter Daten für die Erstellung des unternehmensspezifischen Satellitensystems beschreibt eine notwendige Bedingung, um die berechneten Wirkungen verschiedener Unternehmensgruppen miteinander vergleichen zu können. Durch das Zurückgreifen auf bereits ausgefüllte und übersandte Erhebungsunterlagen wird zudem der in Abschnitt 3.2.4 angeführten Kritik an den bestehenden Studien zur unternehmensspezifischen Wirkungsmessung, die auf die Informationsasymmetrien hinsichtlich der für die Analyse bereitgestellten Unternehmensdaten gerichtet ist, entgegengewirkt. Als Grund ist die fehlende intrinsische Motivation der Unternehmen zu nennen, sich durch absichtlich geschönte Angaben beim Statistischen Bundesamt hervorzutun. Dies bedeutet jedoch nicht, dass die von den statistischen Einheiten der zu analysierenden Unternehmensgruppe an das Statistische Bundesamt übersendete Daten grundsätzlich fehlerfrei sind (vgl. Abschnitt 4.1.4). Dennoch liefern die ausgefüllten Erhebungsunterlagen objektive und transparente statistische Angaben über die wirtschaftlichen Transaktionen der jeweiligen Berichtseinheit in der betrachteten Berichtsperiode.

Für die Erstellung des unternehmensspezifischen Satellitensystems werden von allen Unternehmenseinheiten der betrachteten Unternehmensgruppe, deren Existenz sich mit Hilfe des statistischen Unternehmensregisters[688] validieren lässt, unterschiedliche primärstatistische Datensätze benötigt. Insofern möglich wird aus den zuvor genannten Gründen für die Abgrenzung der Unternehmensgruppe in der Ausgangstabelle nur auf bereits an die statistischen Ämter gelieferten Erhebungsunterlagen als Datenquellen zurückgegriffen. Von dieser Vorgehensweis wird nur dann abgewichen, wenn entweder keine ausgefüllten Fragebögen verfügbar sind, weil das Unternehmen nicht zu den Erhebungseinheiten

688 Das Unternehmensregister beschreibt eine umfangreiche Datenbank mit Informationen über Unternehmen und Betrieben innerhalb der deutschen Volkswirtschaft (wie z.B. dem steuerbaren Umsatz und dem Wirtschaftszweigschlüssel).

der entsprechenden Statistik gehört, oder aber die erfassten Informationen nicht ausreichen, um die produktions- und gütermäßige Verflechtungen in den Abgrenzungen und Konzepten der amtlichen IO-Tabelle aufzuarbeiten (vgl. Abbildung 22). In den nachfolgenden Ausführungen wird genauer darauf eingegangen, welche statistischen Einheiten im Rahmen welcher amtlichen Erhebungen welche statistischen Angaben für die Erstellung des Satellitensystems bereitstellen und welche Zusatzinformationen darüber hinaus für die Erstellung des Satellitensystems bei den Unternehmenseinheiten erhoben werden müssen.

Um herauszufinden, welche Erhebungsunterlagen relevante statistische Angaben für die Erstellung des Satellitensystems enthalten, ist es notwendig, sich in einem ersten Schritt die für die Abgrenzung der ökonomischen Transaktionen zur Verfügung stehenden amtlichen Erhebungen und ihre Erhebungsinhalte genauer anzuschauen. Diesbezüglich ist festzuhalten, dass nicht jede statistische Erhebungseinheit die gleichen statistischen Angaben bzw. Erhebungsunterlagen an die Statistikämter liefert. Jeder amtlichen Statistik liegt eine bestimmte Erhebungsgesamtheit zugrunde, die darüber entscheidet, welche statistischen Angaben welcher statistischen Einheiten in die Ergebnisse der jeweiligen Erhebung einbezogen werden. Die Zuordnung der Unternehmen bzw. Betriebe zu den verschiedenen amtlichen Statistiken erfolgt auf Grundlage ihres wirtschaftlichen Schwerpunkts[689]. D.h. die ausgeübte Haupttätigkeit entscheidet darüber, ob eine statistische Einheit in die Erhebungsgesamtheit einer bestimmten Statistik einbezogen wird oder nicht.

Das den amtlichen Statistiken zugrundeliegende Zuordnungsprinzip legt jedoch ausschließlich den Bereich der jeweiligen Erhebung fest.[690] Nur im Falle einer Totalerhebung ist jede statistische Einheit, die der Erhebungsgesamtheit zugeordnet wird, auch auskunftspflichtig. In allen anderen Fällen lässt das Zuordnungsprinzip keine unmittelbare Aussage darüber zu, welche der in der Grundgesamtheit enthaltenen statistischen Einheiten als Erhebungseinheit verpflichtet ist, die amtlichen Fragebögen auszufüllen und anschließend an das verantwortliche Statistikamt zu übermitteln. Die Auswahl der auskunftspflichtigen Erhebungseinheiten erfolgt i.d.R. mittels speziell ausgestalteter Stichprobenverfahren, die sich in Abhängigkeit der Erhebungsmethodik der jeweiligen Statistik

689 Alle im Unternehmensregistern erfassten statistischen Einheiten müssen gemäß ihrer Haupttätigkeit einem Wirtschaftsbereich in der WZ-Klassifikation zugeordnet werden (vgl. Destatis (2008), S. 23). Bei mehreren oder integrierten Tätigkeiten wird zur Identifizierung der Haupttätigkeit auf die sogenannte Top-down-Methode zurückgegriffen (vgl. Destatis (2008), S. 25ff.).

690 vgl. u.a. Destatis (2011d), S. 5

unterscheiden.[691] Die aus der Stichprobe gewonnenen Ergebnisse werden anschließend auf die jeweilige Erhebungsgesamtheit hochgerechnet.

Über das Zuordnungsprinzip lassen sich für jede statistische Einheit der zu analysierenden Unternehmensgruppe die Erhebungen identifizieren, zu deren Erhebungsgesamtheit sie gehören. Der Schwerpunkt ihrer wirtschaftlichen Tätigkeiten entscheidet darüber, welche Erhebungsunterlagen die statistischen Einheiten in Abhängigkeit ihrer Auskunftspflichten ausfüllen und an das jeweilige Statistikamt übermitteln müssen. Handelt es sich bei der betrachteten Einheit um eine auskunftspflichtige Erhebungseinheit, so können deren an die statistischen Ämter versandten Erhebungsunterlagen unmittelbar für die Erstellung des Satellitensystems verwendet werden. Für den Fall, dass eine betrachtete Einheit bislang keine Auskunft erteilen musste, können die Erhebungsunterlagen ohne weiteres nachträglich unter Beachtung der Erläuterungen zum Fragebogen ausgefüllt werden. Der Arbeits- und Zeitaufwand für die Beschaffung aller relevanten ausgefüllten Erhebungsunterlagen hängt insgesamt von der Anzahl der einzubeziehenden statistischen Einheiten und deren Auskunftspflichten ab. Je mehr Fragebögen bereits ausgefüllt vorliegen, umso niedriger ist der Erhebungsaufwand seitens der einzelnen Unternehmen bzw. Betriebe.

Für eine valide Darstellung der unternehmensspezifischen Transaktion in der Ausgangstabelle werden statistische Angaben aus unterschiedlichen Erhebungsunterlagen benötigt. Als wichtigste Datenquelle sind die Strukturerhebungen zu nennen, die umfassende Informationen über die Produktionsergebnisse, die eingesetzten Vorleistungen sowie die Komponenten der Wertschöpfung in den auskunftspflichtigen Unternehmenseinheiten zusammentragen. In Abhängigkeit des wirtschaftlichen Schwerpunkts der Unternehmenseinheiten werden in der amtlichen Statistik verschiedene Strukturerhebungen unterschieden. Neben der unterschiedlichen Erhebungsgesamtheit variieren sie hinsichtlich der abgefragten Erhebungsinhalte sowie der Bezeichnung der Erhebung. In Tabelle 14 sind die vor dem Hintergrund dieser Arbeit wichtigsten Strukturerhebungen aufgeführt.[692]

Aufgrund des industriepolitischen Hintergrunds in dieser Arbeit ist der entwickelte Ansatz nur auf Unternehmensgruppen ausgerichtet, deren wirtschaftlicher Schwerpunkt gemäß der WZ-Klassifikation dem Verarbeitenden Gewerbe zuzuordnen ist. Aus diesem Grund stellt die jährliche Kostenstrukturerhebung, die bei den Unternehmenseinheiten des Verarbeitenden Gewerbes durchgeführt

---

691 vgl. u.a. Destatis (2011d), S. 6f.

692 Ausführliche Informationen über die jeweilige Erhebung, wie z.B. über die zugrundeliegende Erhebungsmethodik, den Zweck der Statistik oder die Erhebungsinhalte, können den jeweiligen Qualitätsberichten des Statistischen Bundesamts entnommen werden.

wird, die wichtigste Informationsquelle dar. Die Erhebungsunterlagen der Kostenstrukturstatistik geben detailliert Auskunft über die Anzahl der beschäftigten Personen, den Umsatz nach Umsatzarten, die Höhe der selbsterstellten Anlagen, die Veränderungen bei den Material- und Warenbeständen, die Kosten nach Kostenarten, die Umsatzsteuer sowie die Subventionen der jeweiligen statistischen Unternehmenseinheit.[693] Auch werden spezielle Angaben zu den Ausgaben für innerbetriebliche Forschung und Entwicklung erhoben. Aufgrund der detaillierten Angaben über die Ergebnisse der Leistungserstellung sowie der dafür benötigten Produktionsfaktoren hält die Kostenstrukturerhebung wichtige statistische Informationen für die Erstellung des unternehmensspezifischen Satellitensystems bereit.

Tabelle 14: Überblick über die wichtigsten amtlichen Strukturerhebungen

Haupttätigkeit der Unternehmenseinheit	Ausführliche Informationen (inkl. Muster der Erhebungsunterlagen)
im Verarbeitenden Gewerbe	Qualitätsbericht: Kostenstrukturerhebung im Verarbeitenden Gewerbe, im Bergbau sowie in der Gewinnung von Steinen und Erden
im Handel	Qualitätsbericht: Jahreserhebung im Handel sowie in der Instandhaltung und Reparatur von Kfz
im Bereich der unternehmensnahen Dienstleistungen	Qualitätsbericht: Strukturerhebung im Dienstleistungsbereich

Um auch die Handelsgesellschaft einer Unternehmensgruppe gemäß den Abgrenzungen und Definitionen der VGR valide aufbereiten zu können, bieten sich die Erhebungsunterlagen der „Jahreserhebung im Handel sowie in der Instandhaltung und Reparatur von Kfz“[694] an. Das Erhebungsprogramm umfasst den Gesamtumsatz, Investitionen, den Wareneingang, die Lagerbestände am Anfang und am Ende eines Jahres, die Anzahl der Beschäftigten, die Bruttoentgelte sowie die Sozialabgaben.[695] Auch im Bereich der unternehmensnahen Dienstleistungen[696] werden Strukturerhebungen durchgeführt, die für die Ab-

693 vgl. Destatis (2011d), S. 6

694 Detailliertere Informationen über die zugrundeliegende Methodik, die Erhebungsinhalte und -merkmale sowie sonstige Angaben über die Jahreserhebung im Handel können dem Qualitätsbericht des Statistischen Bundesamts entnommen werden (vgl. Destatis (2011e)).

695 vgl. Destatis (2011e), S. 4

696 Dem Bereich der unternehmensnahen Dienstleistungsbereich werden gemäß der Klassifikation der Wirtschaftszweige (Ausgabe 2003) der Abschnitt I (Verkehr und Nachrich-

grenzung der produktions- und gütermäßigen Verflechtungen der Dienstleistungseinheiten der Unternehmensgruppe benötigt werden (vgl. Tabelle 14). Zu den zentralen Erhebungsinhalten der „Strukturerhebung im Dienstleistungsbereich“ [697] gehören Angaben über die beschäftigten Personen, den Personalaufwand, die Umsätze und sonstige betriebliche Erträge, die Vorleistungen, Steuern und Subventionen sowie die Investitionen.[698]

Die Berücksichtigung der Erhebungsunterlagen von verbundenen Unternehmenseinheiten, die nicht dem Verarbeitenden Gewerbe zuzuordnen sind, trägt dem Sachverhalt Rechnung, dass für die Erstellung eines vollständigen Bildes der ökonomischen Bedeutung der betrachteten Unternehmensgruppe alle statistischen Einheiten einbezogen werden müssen. Zwar beschreibt die schwerpunktmäßige Zugehörigkeit der betrachteten Unternehmensgruppe zum Verarbeitenden Gewerbe eine notwendige Voraussetzung für die Anwendung des entwickelten Verfahren, jedoch bedeutet dies nicht, dass die Haupttätigkeiten aller verbundenen Unternehmenseinheiten ausschließlich im Bereich des Verarbeitenden Gewerbes liegen müssen. Neben den bereits genannten Unternehmenseinheiten aus dem Verarbeitenden Gewerbe, dem Handel oder dem Bereich der unternehmensnahen Dienstleistungen kann die Unternehmensgruppe auch institutionelle Einheiten einschließen, deren wirtschaftliche Schwerpunkte sich keinem der drei genannten Teilbereiche zuordnen lässt. Auch für solche Einheiten führt das Statistische Bundesamt entweder Strukturerhebungen durch oder setzt spezielle Ersatzverfahren ein, deren Ergebnisse ebenfalls bei der jeweiligen Einheit abgefragt werden können.[699] Aufgrund des industriepolitischen Bezugs in dieser Arbeit spielen solche statistischen Einheiten nur eine untergeordnete Rolle.

Zusätzlich zu den Angaben aus den jährlichen Strukturerhebungen werden für die Erstellung des unternehmensspezifischen Satellitensystems auch statistische Daten anderer Erhebungen verwendet. Die Fragebögen der folgenden amtlichen Erhebungen liefern wertvolle Informationen, die für die Abgrenzung der produktions- und gütermäßigen Verflechtungen von grundlegender Bedeutung

---

tenübermittlung) sowie der Abschnitt K (Grundstücks- und Wohnungswesen, Vermietung beweglicher Sachen, Erbringung von wirtschaftlichen Dienstleistungen, anderweitig nicht genannt) zugeordnet (vgl. Destatis (2009c), S. 21).

697 Detailliertere Informationen über die Strukturerhebung im Dienstleistungsbereich, wie z.B. die Erhebungsmethodik oder die Erhebungsinhalte und -merkmale, können dem Qualitätsbericht des Statistischen Bundesamts entnommen werden (vgl. Destatis (2010f)).

698 vgl. Destatis (2010f), S. 4

699 vgl. Destatis (2007), S. 60

sind und deshalb ebenfalls bei den statistischen Einheiten der betrachteten Unternehmensgruppe abgefragt werden:

- *Investitionserhebung*[700]: In der Investitionserhebung werden jährlich bei den Unternehmen des Verarbeitenden Gewerbes sowie des Bergbaus und der Gewinnung von Steinen und Erden die Investitionen nach Arten, gemietete und gepachtete Sachanlagen, die Verkaufserlöse aus dem Abgang von Sachanlagen und die immateriellen Vermögensgegenstände (Konzessionen, Patente und erworbene Software) erhoben.[701] Der Erhebungsumfang für Betriebe fällt demgegenüber geringer aus und umfasst ausschließlich die Investitionen nach Arten sowie gemietete und gepachtete Sachanlagen.
- *Produktionserhebung*[702]: Die Produktionserhebung wird monatlich und vierteljährlich in den Betrieben durchgeführt. Sie erfasst die inländische Produktion sowie inländische Reparatur-, Montage- und Lohnveredelungsarbeiten.[703] Die Gesamtproduktion wird getrennt nach der zum Absatz bestimmten Produktion und der zur Weiterverarbeitung im berichtenden Betrieb, einem anderen Betrieb desselben Unternehmens oder im Lohnauftrag in einem anderen Unternehmen bestimmten Produktion ausgewiesen.
- *Material- und Wareneingangserhebung*[704]: In der Material- und Wareneingangserhebung werden alle vier Jahre die Material- und Wareneingänge nach Warenarten bei den Unternehmen des Verarbeitenden Gewerbes sowie des Bergbaus und der Gewinnung von Steinen und Erden erhoben. „Zum Material- und Wareneingang der Unternehmen zählen sämtliche im Berichtszeitraum bezogene Roh-, Hilfs- und Betriebsstoffe, also Materialien (Stoffe), die zum Zwecke der Produktion im Unternehmen be- oder verarbeitet, verbraucht oder zur Be- oder Verarbeitung an andere Unternehmen weitergegeben werden."[705]

---

700 Detailliertere Informationen über die Investitionserhebung, wie z.B. die Erhebungsmethodik oder die Erhebungsinhalte und -merkmale, können dem Qualitätsbericht des Statistischen Bundesamts entnommen werden (vgl. Destatis (2012a)).

701 vgl. Destatis (2012a), S. 4

702 Detailliertere Informationen über die Produktionserhebung, wie z.B. die Erhebungsmethodik oder die Erhebungsinhalte und -merkmale, können dem Qualitätsbericht des Statistischen Bundesamts entnommen werden (vgl. Destatis (2012b)).

703 vgl. Destatis (2012b), S. 5

704 Detailliertere Informationen über die Material- und Wareneingangserhebung im produzierenden Gewerbe, wie z.B. die Erhebungsmethodik oder die Erhebungsinhalte und -merkmale, können dem Qualitätsbericht des Statistischen Bundesamts entnommen werden (vgl. Destatis (2009b)).

705 Destatis (2009b), S. 12

Bei einer genauerer Betrachtung fällt auf, dass außer der Produktionserhebung alle anderen Erhebungen auf das Unternehmen als statistische Erhebungseinheit abstellen. Des Weiteren wird deutlich, dass bis auf die Material- und Wareneingangserhebung alle Angaben jährlich (i.d.R. für das Kalenderjahr) erhoben werden oder im Fall der Produktionserhebung ausgehend von den monatlichen bzw. vierteljährlichen Abschlüssen zumindest berechnet werden können. In Tabelle 15 sind die verschiedenen amtlichen Erhebungen, deren Erhebungsunterlagen wichtige Informationen für die Erstellung des unternehmensspezifischen Satellitensystems bereithalten, getrennt nach der wirtschaftlichen Haupttätigkeit der betrachteten statistischen Einheiten nochmal zusammengefasst. Die Übersicht verdeutlicht, dass die wirtschaftlichen Transaktionen der statistischen Einheiten des Verarbeitenden Gewerbes gegenüber den Handels- oder Dienstleistungsgesellschaften in der amtlichen Statistik grundsätzlich besser erfasst werden.

Tabelle 15: Auswahl wichtiger amtlicher Erhebungen

Haupttätigkeit der statistischen Einheit	Name der amtlichen Erhebung	Periodizität	Statistische Erhebungseinheit
im Verarbeitenden Gewerbe	Kostenstrukturerhebung	jährlich	Unternehmen
	Produktionserhebung	monatlich und vierteljährlich	Betrieb
	Investitionserhebung	jährlich	Unternehmen und Betrieb
	Material- und Wareneingangserhebung	vierjährlich	Unternehmen
im Handel	Jahreserhebung im Handel	jährlich	Unternehmen
im Bereich der unternehmensnahen Dienstleistungen	Strukturerhebung im Dienstleistungsbereich	jährlich	Unternehmen
andere statistische Einheiten des Untersuchungsgegenstands, deren wirtschaftliche Haupttätigkeit keinem der zuvor genannten Bereiche zugeordnet werden kann	Unterschiedliche Strukturerhebungen, Investitionserhebungen oder sonstige Ergebnisse von Ersatzverfahren	jährlich	Unternehmen/ Betrieb

Die vorangegangenen Ausführungen machen deutlich, dass als Voraussetzung für die Erhebung der mikroökonomischen Daten zunächst die zu analysierende Unternehmensgruppe vollständig in ihre einzelnen statistischen Einheiten gemäß der Systematik der amtlichen Statistik zerlegt werden muss (vgl. Abschnitt 4.1.1). Es müssen alle statistischen Einheiten inklusive ihres wirtschaftlichen Schwerpunkts auf Basis der WZ-Klassifikation identifiziert sein, um mit der Erhebung der benötigten statistischen Angaben in den verbundenen Einheiten beginnen zu können. Der wirtschaftliche Schwerpunkt einer Einheit entscheidet darüber, welche ausgefüllten Erhebungsunterlagen für die Abgrenzung der wirtschaftlichen Transaktionen benötigt werden (vgl. Tabelle 15). Liegen keine bereits an das Statistische Amt übersandten Erhebungsunterlagen vor, weil das Unternehmen bzw. der Betrieb in dem Untersuchungszeitraum nicht zu den auskunftspflichtigen Erhebungseinheiten gehörte, können die benötigten statistischen Angaben auch nachträglich aus den betrieblichen Rechnungslegungsdaten ausgelesen werden. Durch die Verwendung des standardisierten amtlichen Fragebogens wird sichergestellt, dass die betrachtete statistische Einheit die benötigten Angaben in Anlehnung an die Methodik der jeweiligen Erhebung konsistent und vergleichbar aufbereitet.

Neben den umfassenden Informationen aus der Kostenstrukturerhebung sind die Angaben aus der Material- und Wareneingangserhebung von besonderer Bedeutung für die Aufbereitung der Produktionsstruktur einer bestimmten Unternehmenseinheit. Weil der Erhebungsaufwand für die auskunftspflichtigen Erhebungseinheiten verhältnismäßig groß ist, werden die Material- und Wareneingänge nur alle vier Jahre vom Statistischen Bundesamt erhoben (vgl. Tabelle 15). Aufgrund des hohen Stellenwerts für die Ermittlung der Vorleistungsverflechtungen empfiehlt es sich, die Angaben der Material- und Wareneingangserhebung gegebenenfalls nachträglich für alle verbundenen Unternehmenseinheiten, deren wirtschaftlicher Schwerpunkt dem Verarbeitenden Gewerbe zuzuordnen ist, für den Untersuchungszeitraum zu erheben.

Die Angaben aus den Erhebungsunterlagen der betrachteten statistischen Einheiten machen zwar den deutlich größeren Anteil der für die Erstellung des unternehmensspezifischen Satellitensystems benötigten mikroökonomischen Daten aus, müssen aber dennoch an bestimmten Stellen durch zusätzliche unternehmensspezifische Informationen ergänzt werden. Durch die Aufnahme zusätzlicher Unternehmensdaten wird der Einsatz restriktiver Annahmen und Hypothesen, wie z.B. die Verwendung durchschnittlicher gesamtwirtschaftlicher Strukturen, im Rahmen des Erstellungsprozesses auf ein Minimum reduzieren, sodass eine bessere Annäherung an die tatsächlichen Gegebenheiten erzielt wird. Um die Unternehmensgruppe möglichst genau in der Ausgangstabelle abgrenzen zu können, müssen die folgenden Zusatzinformationen in den verbundenen Unternehmenseinheiten abgefragt werden:

- *Importquoten*: Zur Beurteilung der ökonomischen Bedeutung der betrachteten Unternehmensgruppe sind ausschließlich die ökonomischen Wirkungen auf den deutschen Wirtschaftsstandort von Interesse. Um die Unternehmensgruppe in der Ausgangstabelle abgrenzen und darauf aufbauend die Effekt auf die inländische Wirtschaft berechnen zu können, muss bei den Vorleistungen zwischen importierten und aus dem Inland bezogenen Waren und Dienstleistungen unterschieden werden. Nur die aus dem Inland bezogenen Güter entfalten eine positive Wirkung auf die deutsche Volkswirtschaft und müssen deshalb isoliert betrachtet werden. Da die Vorleistungen in den Strukturerhebungen jedoch nur inklusive der Importe erhoben werden, sind ergänzende Angaben über die absolute Höhe der Importe bzw. spezielle Importquoten notwendig. Um die Konsistenz zu den amtlichen Erhebungen zu wahren, werden für alle relevanten Positionen in den Strukturerhebungen (z.B. die Angaben für die Roh-, Hilfs- und Betriebsstoffe, die Handelswaren oder die verschiedenen Kostenpositionen) spezielle Importquoten bei den Unternehmen abgefragt. D.h. die Unternehmenseinheiten müssen in Anlehnung an die Methodik der jeweiligen Strukturerhebung Angaben über die Importanteile der relevanten Erhebungsmerkmale bereitstellen. Als geeignete Methode, um die Importquoten abzuschätzen, ist es möglich über die Kontokorrentkonten eine Sortierung der Lieferanten nach Inland und Ausland vorzunehmen, um darauf aufbauend die Anteile der Vorleistungen von Lieferanten mit Sitz im Ausland zu ermitteln. Auch für die Bereinigung der Angaben in der Investitionserhebung bzw. der Material- und Wareneingangserhebung werden spezielle Importquoten benötigt. Neben den wichtigen Importquoten kann die Qualität der Ergebnisse zudem durch den Einsatz sogenannte unternehmensspezifischer Handelswareneinsatzquoten gesteigert werden. Sie ermöglichen es, die Angaben der Material- und Wareneingangserhebung um die darin enthaltenen Handelswaren, die keine Vorleistungen darstellen, zu bereinigen.
- *Detaillierte Umsatzangaben*: Um ein möglichst genaues Bild der ökonomischen Wirkungen zeichnen zu können, die von der Unternehmensgruppe auf die deutsche Volkswirtschaft ausgehen, werden zusätzliche Informationen über die unterschiedlichen wirtschaftlichen Tätigkeiten der statistischen Einheiten benötigt. Das Zuordnungsprinzip, das die Unternehmenseinheiten in Abhängigkeit ihrer wirtschaftlichen Haupttätigkeit den verschiedenen Erhebungen zuweist, ermöglicht keine Aussagen über deren Nebentätigkeiten. Üben die statistischen Einheiten mehrere Tätigkeiten aus, liefern die Erhe-

bungsunterlagen der Strukturerhebungen diesbezüglich ein verzerrtes Bild, da die Angaben nicht für jede Tätigkeiten getrennt sondern aggregiert erhoben und somit vollständig der wirtschaftlichen Haupttätigkeit zugewiesen werden. Je höher der Anteil der Nebentätigkeiten gegenüber der Haupttätigkeit ausfällt, desto verzerrter ist das Bild hinsichtlich der tatsächlich ausgeübten wirtschaftlichen Tätigkeiten der betrachteten Unternehmenseinheit. Um ein aussagekräftigeres Bild der wirtschaftlichen Aktivitäten der jeweiligen Unternehmenseinheit zeichnen zu können, werden zusätzliche Informationen darüber benötigt, welche wirtschaftlichen Tätigkeiten in welchem Maße zu den in den Strukturerhebungen ausgewiesen Umsätzen beitragen. Dies gilt insbesondere für die Nebentätigkeiten der schwerpunktmäßig im Handel bzw. im unternehmensnahen Dienstleistungsbereich tätigen Unternehmenseinheiten, die gegenüber den Nebentätigkeiten der Unternehmen des Verarbeitenden Gewerbes, die auf Basis der Produktionserhebungen identifiziert werden können, deutlich untererfasst sind. Um darüber hinaus die unternehmensspezifische Verwendungsstruktur besser abbilden und gleichzeitig die Bedeutung der Unternehmenseinheit für den deutschen Außenhandel bzw. die Exportwirtschaft darstellen zu können, werden die Anteile der Exporte an den in den Strukturerhebungen ausgewiesenen sowie den diese ergänzenden Umsatzangaben erhoben. Während die Höhe der Exporte nicht Bestandteil des Erhebungsprogramms der Kostenstrukturerhebung des Verarbeitenden Gewerbes ist, wird in der Strukturerhebung des Dienstleistungsbereichs (Position 1.1.1706) der Umsatz durch Auftraggeber mit Sitz im Ausland bei größeren Unternehmen (Umsatz >250.000 Euro) sehr wohl abgefragt.

- *Unternehmensgruppeninterne Lieferungen und Leistungen*: Setzt sich die zu analysierende Unternehmensgruppe aus mehreren Unternehmenseinheiten zusammen müssen die Waren- und Leistungsströme zwischen den verbundenen institutionellen Einheiten differenziert betrachtet werden. Bezieht beispielsweise eine Unternehmenseinheit A Vorleistungen von einer anderen Unternehmenseinheit B der gleichen Unternehmensgruppe, handelt es sich dabei um unternehmensgruppeninterne Lieferungen und Leistungen, die nicht in die Berechnungen der indirekten und induzierten Wirkungen des zu analysierenden Unternehmens auf die inländischen Vorleistungsindustrien einbezogen werden dürfen. Durch die Berücksichtigung der unternehmensgruppeninternen Lieferungen und Leistungen wird die Aussagekraft der Ergebnisse der Wirkungsanalyse beeinträchtigt, weil für die Beurteilung der ökonomischen Bedeutung nur die ökonomischen Effekte auf den Rest der Volkswirtschaft und nicht die Effekte innerhalb der Unternehmensgruppe betrachtet

706 vgl. den amtlichen Fragebogen aus Destatis (2010f).

werden sollen. Um diesbezüglich die erhobenen statistischen Angaben bereinigen zu können, werden von jeder Unternehmenseinheit zusätzliche Informationen über die Höhe der Waren- und Leistungsströme benötigt, die zwischen dem betrachteten Unternehmen und anderen verbundenen Unternehmen bestehen. Abhilfe versprechen spezielle Quoten, die anzeigen, welcher Anteil des Umsatzes einer Unternehmenseinheit im Untersuchungszeitraum durch Lieferungen und Leistungen an eine verbundene Einheit erzielt wurde. Umgekehrt sind auch Vorleistungsquoten denkbar, die Aussagen über die von verbundenen Unternehmen bezogenen Vorleistungen zulassen.

Der Umfang des zusätzlich zu den statistischen Angaben benötigten Datenmaterials variiert stark in Abhängigkeit der zu analysierenden Unternehmensgruppe. Besteht die Unternehmensgruppe beispielsweise nur aus einer einzigen Unternehmenseinheit, werden keine zusätzlichen Informationen über unternehmensgruppeninterne Lieferungen und Leistungen benötigt. Stellt eine institutionelle Einheit z.B. ausschließlich eine Art von Gütern her, bedarf es keiner ergänzenden Umsatzinformationen. In Abhängigkeit der Organisationsstruktur der betrachteten Unternehmensgruppe sowie der Heterogenität der Tätigkeitsstruktur der verbundenen statistischen Einheiten unterscheidet sich nicht nur der Umfang der abzufragenden amtlichen Erhebungsunterlagen sondern auch der Bedarf an diese ergänzenden Informationen. Die Datenerhebung für die Erstellung des unternehmensspezifischen Satellitensystems wird somit durch den Untersuchungsgegenstand determiniert und bedarf immer einer Fall-zu-Fall Betrachtung. In Abbildung 23 sind die verschiedenen mikroökonomischen Datenquellen, der Datenerhebungsprozess sowie die Weiterverarbeitung der erhoben Daten dargestellt.

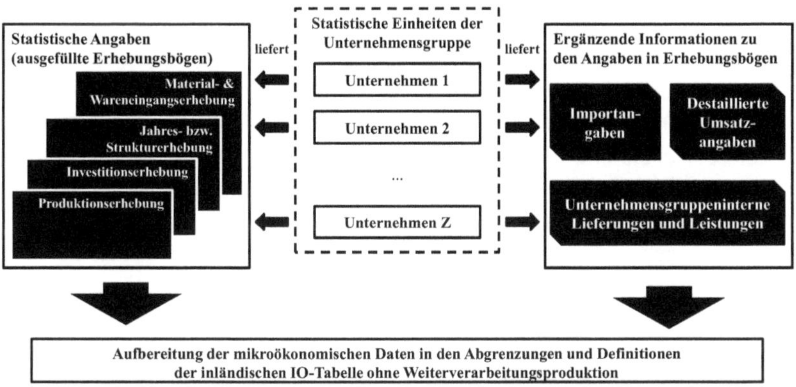

Abbildung 23: Erhebungs- und Aufbereitungsprozess der mikroökonomischen Daten

Abschließend ist festzuhalten, dass sich das benötigte mikroökonomische Datenmaterial aus einer Kombination aus Angaben aus den Erhebungsunterlagen der amtlichen Erhebungen und diese punktuell ergänzenden Informationen der verschiedenen statistischen Einheiten der betrachteten Unternehmensgruppe zusammensetzt. Um die produktions- und gütermäßigen Verflechtungen der betrachteten Unternehmensgruppe vollständig ermitteln und aus den Aggregaten der Ausgangstabelle herauslösen zu können, werden die beschriebenen mikroökonomischen Daten sämtlicher verbundenen Unternehmenseinheiten benötigt. Erst durch die Abgrenzung der unternehmensgruppenspezifischen Transaktionen gegenüber dem Rest der Wirtschaft im unternehmensspezifischen Satellitensystem lassen sich die ökonomischen Wirkungen der betrachteten Unternehmensgruppe samt ihrer Ausstrahleffekte auf die den Rest der Volkswirtschaft quantifizieren. In den nachfolgenden Abschnitten wird die Vorgehensweise zur Erstellung des unternehmensspezifischen Satellitensystems anhand des beschriebenen Datenmix ausführlich beschrieben, bevor das darauf aufbauende Modell zur Berechnung der kumulativen ökonomischen Effekte vorgestellt wird.

4.1.3 Aufbereitung der produktions- und gütermäßigen Verflechtungen in der Ausgangstabelle

Die ökonomischen Transaktionen, die mit der Produktion von Waren und Dienstleistungen und ihrer Verwendung einhergehen, werden in den Volkswirtschaftlichen Gesamtrechnungen entweder in der Entstehungs- und Verwendungsrechnung oder aber der Input-Output-Rechnung erfasst. Das Alleinstellungsmerkmal von Input-Output-Tabellen besteht in der integrierten Darstellung der produktions- und gütermäßigen Verflechtungen innerhalb eines Rechenwerks, das als Ausgangsdatenbasis für die Input-Output-Analyse und somit zur Beantwortung zahlreicher empirischer Fragestellungen dient. Die IO-Tabellen des Statistischen Bundesamts ermöglichen somit gleichzeitig eine entstehungs- und verwendungsseitige Betrachtung aller wirtschaftlichen Transaktion innerhalb der deutschen Volkswirtschaft.

Um die ökonomischen Wirkungen einer bestimmten Unternehmensgruppe auf die deutsche Volkswirtschaft mit Hilfe der Input-Output Analyse quantifizieren zu können, müssen zunächst die auf die Herstellung der Güter zurückzuführenden wirtschaftlichen Transaktionen des Unternehmensverbunds identifiziert und in der inländischen IO-Tabelle ohne Weiterverarbeitungsproduktion (Ausgangstabelle) aufbereitet werden. Für die Erstellung des Satellitensystems wird die amtliche Gliederung der Ausgangstabelle aufgebrochen. D.h. die volkswirtschaftlichen Anteile der zu analysierende Unternehmensgruppe werden anhand der erhobenen Informationen aus der originären Ausgangstabelle herausgelöst und in einem neuen Produktionsbereich und einer neuen Gütergruppe zusammengefasst. Erst durch die disaggregierte Darstellung der produktions- und gütermäßigen Verflechtungen des Untersuchungsgegenstands gegenüber dem Rest der Volkswirtschaft ergibt sich das gesuchte unternehmensspezifische Satellitensystem (vgl. Abbildung 24). Neben der Möglichkeit rein deskriptiver Auswertungen, z.B. Aussagen über die direkten wirtschaftliche Effekte der Unternehmensgruppe auf die inländische Volkswirtschaft, dient das unternehmensspezifische Satellitensystem vor allem als Ausgangsdatenbasis für die Berechnung der kumulativen ökonomischen Wirkungen, die von der betrachteten Unternehmensgruppe auf die deutsche Volkswirtschaft ausgehen.

Die hervorgehobene Zeile und Spalte in Abbildung 24 stellen die aufkommens- und verwendungsseitigen Kenngrößen der Unternehmensgruppe in den Konzepten der Ausgangstabelle dar. Durch die disaggregierte Aufbereitung der in der Ausgangstabelle bereits enthaltenen ökonomischen Anteile der Unternehmensgruppe wird lediglich die Dimension bzw. Gliederung der symmetrischen Ausganstabelle modifiziert. Es findet nur eine Umverteilung der in der Ausgangstabelle erfassten Transaktionen statt, ohne dass neue Werte hinzugefügt werden und die VGR als Bezugsrahmen verloren geht. D.h. die Gesamtaggregate des Satellitensystems, wie z.B. die Summe der Produktionswerte oder der Bruttowertschöpfung, stimmen nach wie vor mit den Ergebnissen der Inlandsproduktberechnung überein.

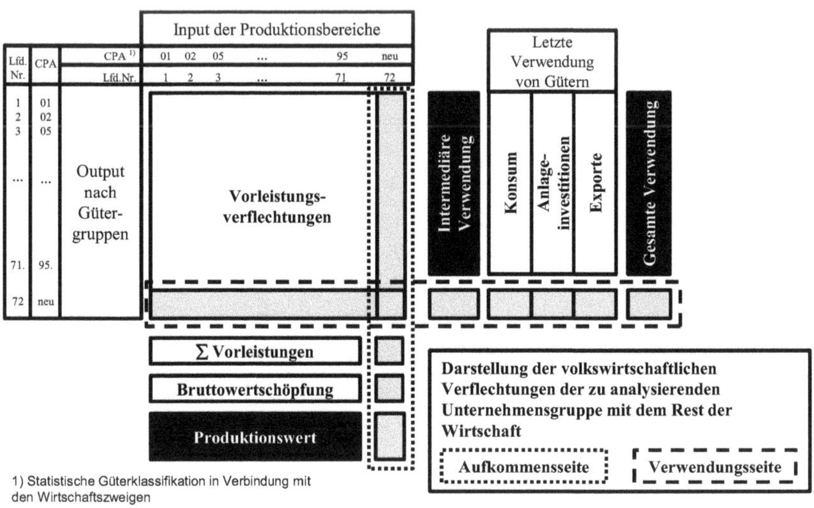

Abbildung 24: Schematische Darstellung des unternehmensspezifischen Satellitensystems

Um die produktions- und gütermäßigen Verflechtungen der Unternehmensgruppe in der Ausgangstabelle abgrenzen zu können, sind detaillierte Kenntnisse über die zugrundeliegenden Abgrenzungen und Konzepte sowie die Methodik zur Erstellung der IO-Tabellen seitens des Statistischen Bundesamts nötig. Während des gesamten Erstellungsprozesses müssen die den Werten in der Ausgangstabelle zugrundeliegenden Konzepte eingehalten sowie die Konsistent gegenüber dem „allgemeine Überleitungsmodell“ des Statistischen Bundesamtes sichergestellt werden. Die Aufbereitung der erhobenen Daten und die anschließende Darstellung im Satellitensystem beschreibt einen iterativen Prozess, dem zahlreiche, aufeinander aufbauende Rechenschritte zugrunde liegen.

In den nachfolgenden Abschnitten wird die Vorgehensweise zur Ermittlung der verschiedenen aufkommens- und verwendungsseitigen Kenngrößen der betrachteten Unternehmensgruppe in den Abgrenzungen und Definitionen der Ausgangstabelle erläutert. Im ersten Schritt müssen entstehungsseitig die Input- bzw. Produktionskenngrößen und verwendungsseitig die Outputkenngrößen für jede einzelne Unternehmenseinheit j (j=1,…,z) der zu analysierenden Unternehmensgruppe[707] gemäß der Darstellung in der Ausgangstabelle und auf Basis der erhobenen Daten aufbereitet werden. Aus der Summe der Input- und Outputkenngrößen aller verbundenen Unternehmenseinheiten ergibt sich anschließend der produktions- und gütermäßige Beitrag der gesamten Unternehmensgruppe für die inländische Wirtschaft. Das endgültige Satellitensystem entsteht erst durch das Herauslösen der ermittelten Anteile aus der Ausgangstabelle und ihrer disaggregierten Darstellung. Der direkte wirtschaftliche Beitrag der betrachteten Unternehmensgruppe wird in einer neue Spalte bzw. Zeile zusammengefasst und an die um die unternehmensgruppenspezifischen Anteile bereinigten Ausgangstabelle angehängt (vgl. Abbildung 24). Die neue Spalte (Produktionsbereich 72) stellt die für die Herstellung der Güter der Unternehmensgruppe benötigten Inputs dar, während die neue Zeile (Gütergruppe 72) die Verwendung der Erzeugnisse der Unternehmensgruppe anzeigt.

Die Aufbereitung der produktions- und gütermäßigen Verflechtungen der Wirtschaftseinheiten in der Systematik der Ausgangstabelle unterscheidet sich von der Darstellung der wirtschaftlichen Vorgänge in der Inlandsproduktberechnung hinsichtlich der zugrundeliegenden Darstellungseinheit. Während in der Inlandsproduktberechnung das statistische Unternehmen als Darstellungseinheit dient, erfolgt der detaillierte Nachweis der volkswirtschaftlichen Transaktionen

707 Für ein besseres Verständnis der nachfolgenden Ausführungen wird die Variable j (j=1,..,z) eingeführt. Sie verweist auf die j-te Unternehmenseinheit der betrachteten Unternehmensgruppe. Setzt sich die Unternehmensgruppe nur aus einer statistischen Unternehmenseinheit zusammen, so ist z=1.

in den IO-Tabellen auf Basis homogener Produktionseinheiten.[708] Diese werden für die Darstellung in den symmetrischen IO-Tabellen zu homogenen Produktionsbereichen zusammengefasst, die definitionsgemäß ausschließlich Güter einer Gütergruppe herstellen.

Weil die homogenen Produktionseinheiten jedoch nicht Gegenstand direkter statistischer Beobachtungen sind, liegen die erhobenen betrieblichen Daten nicht in der benötigten Form vor. Aufgrund der unterschiedlichen Darstellungseinheiten ist die direkte Abgrenzung der aufkommens- und verwendungsseitigen Anteile der j-ten Unternehmenseinheit in der Ausgangstabelle ohne Überleitungsmaßnahmen nicht möglich. D.h. die gemäß dem wirtschaftlichen Schwerpunkt einem bestimmten Wirtschaftsbereich zugeordneten Unternehmensdaten müssen für die Erstellung des Satellitensystems zunächst in den Konzepten der Ausgangstabelle aufbereitet und anschließend in die funktionelle Darstellung der amtlichen IO-Tabellen übergeleitet werden.

Die Vorgehensweise zur Ermittlung der unternehmensspezifischen Input- und Outputstrukturen lässt sich in vier Phasen unterteilen, deren jeweiliger Output als Input für die nachfolgende Phase dient:

1. Aufbereitung der erhobenen Unternehmensdaten in den Konzepten der Ausganstabelle – Ermittlung der institutionellen volkswirtschaftlichen Eckwerte
2. Überleitung der institutionellen Angaben über die im Rahmen der Herstellungsprozesse der betrachteten Unternehmenseinheit j verbrauchten Inputs in die funktionelle Darstellung der inländischen IO-Tabelle ohne Weiterverarbeitungsproduktion
3. Aufbereitung der Verwendungsseite in Abhängigkeit der hergestellten Güter
4. Bereinigung der Ausgangstabelle um die ermittelten produktionsbereichsspezifischen Anteile der betrachteten Unternehmenseinheit und Zusammenführung der funktionell abgegrenzten Input- und Outputkenngrößen in einem unternehmensspezifischen Produktions- bzw. Verwendungsvektor

Im SNA und dem ESVG 1995 werden unter dem Begriff der Überleitung die verschiedenen Arbeitsschritte verstanden, die für die Ableitung von Input-Output-Tabellen aus vorhandenen statistischen Daten durchgeführt werden müssen.[709] Eine weiter gefasste Formulierung beschreibt Überleitungsverfahren all-

708 Weil die neuen IO-Tabellen des Statistischen Bundesamts voraussichtlich erst Ende 2012 verfügbar sind, basieren die Ausführungen in dieser Arbeit noch auf der Systematik der derzeit verfügbaren Tabellen - die aktuellste Version liegt für das Berichtsjahr 2007 vor.

709 vgl. Holub, Schnabl (1994a), S. 46. Das in der Europäischen Union angewendeten Überleitungsverfahrens zur Erstellung von Input-Output-Tabellen wird ausführlich in

gemein als „Verfahren, mit denen aus Angaben, die nach Wirtschaftsbereichen gegliedert sind, solche für Produktionsbereiche abgeleitet werden“[710]. Eine Kombination beider Ansichten wird der Funktion, die die Überleitung im Rahmen dieser Arbeit einnimmt, am ehesten gerecht. So geht es nicht darum, aus vorhanden statistischen Daten eine komplett neue IO-Tabelle zu erstellen, sondern die aggregierte Darstellung der bestehenden Ausgangstabelle aufzubrechen und die volkswirtschaftlichen Anteile der zu analysierenden Unternehmenseinheit anhand der erhobenen Informationen als eigenständigen Produktionsbereich bzw. separate Gütergruppe gegenüber dem Rest der Wirtschaft abzugrenzen. Das entwickelte Überleitungsverfahren dient somit zur Überführung der institutionell vorliegenden Informationen in die funktionale Systematik der inländischen IO-Tabelle ohne Weiterverarbeitungsproduktion als Voraussetzung für die anschließende Abgrenzung der unternehmensspezifischen Input- und Outputvektoren in der Ausgangstabelle.

Um die volkswirtschaftlichen Anteile der j-ten Unternehmenseinheit aus der aggregierten Darstellung der Input-Output Tabelle herauslösen und als eigenständigen Produktionsbereich und separate Gütergruppe darstellen zu können, müssen die wirtschaftlichen Transaktionen der betrachteten Unternehmenseinheit in der funktionellen Darstellung der Ausgangstabelle aufbereitet werden. Die erhobenen Unternehmensdaten beziehen sich jedoch fast vollständig auf das institutionelle Unternehmen als Darstellungseinheit, das i.d.R. mehrere Arten von Gütern produziert und somit nicht den Anforderungen an eine homogene Produktionseinheit entspricht. Dies hat zur Folge, dass die betrachtete Unternehmenseinheit für die Darstellung in der funktionell abgegrenzten Ausgangstabelle in homogene Produktionsbereiche zerlegt werden muss, die ausschließlich die Erzeugnisse einer bestimmten Gütergruppe herstellen.[711] Von jedem homogenen Produktionsbereich der betrachteten Unternehmensgruppe j wird ein individueller Produktions- bzw. Verwendungsvektor in den Konzepten der Ausganstabelle benötigt, der als Elemente ausschließlich die für die Herstellung der jeweiligen Art von Gütern benötigten Inputs bzw. die Verwendung der jeweiligen Erzeugnisse darstellt.[712]. Die Anzahl der unternehmensspezifischen Produktionsbereiche variiert in Abhängigkeit der Art der hergestellten Güter. D.h. für

---

dem Dokument „Eurostat Manual of Supply, Use and Input-Output Tables“ (EUROSTAT (2008)) beschrieben.

710 Destatis (2010c), S. 33

711 Die Abgrenzung der unternehmensspezifischen Produktionsbereiche erfolgt gemäß der CPA, wie sie auch in den IO-Tabellen des Statistischen Bundesamts verwendet wird (Statistische Güterklassifikation in Verbindung mit den Wirtschaftszweigen).

712 vgl. Destatis (2010c), S. 33

jede Gütergruppe, der mindestens ein Gut der Unternehmenseinheit j zuzuordnen ist, ist ein eigener unternehmensspezifischer Produktionsbereich zu bilden.

In den nachfolgenden Abschnitten wird ausführlich dargelegt, wie sich die für die Erstellung des Satellitensystems benötigten Input- und Outputgrößen in den Konzepten der Ausgangstabelle für eine bestimmte Unternehmenseinheit j der betrachteten Unternehmensgruppe ermitteln lassen. Erst wenn alle unternehmensspezifischen Kenngrößen vorliegen, d.h. die wirtschaftlichen Transaktionen aller verbundener Unternehmenseinheiten vollständig in der Systematik der Ausgangstabelle erfasst sind, kann durch die Zusammenführung der Teilergebnisse die Erstellung des Satellitensystem abgeschlossen werden.

4.1.3.1 Die Aufkommensseite

Die in den Spalten des ersten und dritten Quadranten (vgl. Abbildung 18) der Ausgangstabelle dargestellten Werte bringen die Inputstruktur bzw. Produktionsstruktur der gesamtwirtschaftlichen Produktionsbereiche x (x=1,...,71)[713] zum Ausdruck. Sie zeigen, in welcher Höhe intermediäre und primäre Inputs für die Herstellung der Güter eines bestimmten Produktionsbereichs x benötigt werden. Zu den Vorleistungen bzw. intermediären Inputs zählen sämtliche Waren und Dienstleistungen, die der betrachtete Produktionsbereich von anderen Wirtschaftseinheiten bezogen und im Zuge der Leistungserstellung verbraucht, verarbeitet oder umgewandelt hat.[714] Bei den Vorleistungen handelt es sich demnach bereits um Waren oder Dienstleistungen anderer Produktionseinheiten, die als ein Teil des Wirtschaftskreislaufs erfasst werden. Demgegenüber beschreiben die Primärinputs den Einsatz der Produktionsfaktoren Kapital und Arbeit, die bei der Produktion von Gütern eingesetzt und als neue Werte dem Wirtschaftskreislauf hinzugefügt werden, z.B. die Arbeitnehmerentgelte.[715]

Neben den nach 71 Gütergruppen gegliederten Vorleistungen und den verschiedenen Komponenten der Bruttowertschöpfung weist die Ausgangstabelle in der Matrix der Primärinputs (dritter Quadrant) weitere Kennzahlen und Übergangspositionen aus (vgl. Tabelle 16). Zu nennen sind die Kenngröße „Gütersteuern abzüglich Gütersubventionen“ für die Überleitung der Vorleistungen vom Herstellung- zum Anschaffungspreiskonzept, die nicht in der Vorleis-

713 Die Variable x entspricht der Nummerierung der Spalten der Vorleistungsmatrix in der Ausgangstabelle. Jede Nummer x (Lfd. Nr. 1-71) verweist eindeutig auf einen der 71 Produktionsbereiche, sodass der Variablen x unmittelbar eine vergleichbare Position der CPA bzw. der WZ 2003 zugeordnet wird (vgl. Fachserie 18, Reihe 2, Übersicht 1).

714 vgl. Destatis (2010c), S. 20. Die Investitionsausgaben der Wirtschaftseinheiten sind demnach nicht in den Vorleistungen enthalten.

715 vgl. Destatis (2010c), S. 20

tungsmatrix berücksichtigten importierten Vorleistungen sowie der Produktionswert als Wert der im Inland produzierten Güter.[716] In Analogie zur Darstellung der Inputkenngrößen der homogenen Produktionsbereiche in der Ausgangstabelle müssen auch für die Unternehmenseinheit j die im Rahmen der Leistungserstellung verbrauchten Inputs (Vorleistungen und Primärinputs) sowie die Übergangspositionen gemäß der Systematik der Ausgangstabelle ermittelt werden. Für jede verbundene Unternehmenseinheit der betrachteten Unternehmensgruppe muss ein entsprechender unternehmensspezifischer Inputvektor, der als Elemente die aufkommensseitigen Kenngrößen der Ausgangstabelle enthält, ermittelt werden. In Tabelle 16 sind die unterschiedlichen Kennzahlen, die die Aufkommensseite eines homogenen Produktionsbereichs in der Abgrenzung der Ausgangstabelle beschreiben, nochmal zusammengefasst.

Tabelle 16: Aufkommensseitige Kenngrößen der inländischen IO-Tabelle

	Lfd. Nr.	CPA	Kenngrößen der Aufkommensseite
Vorleistungsmatrix	**1 - 71**	**01 - 95**	**Waren (Lfd. Nr. 1-42; CPA 01-41) und Dienstleistungen (Lfd. Nr. 43-71; CPA 45-95), die als Vorleistungen in den Produktionsprozess einfließen**
Matrix der Primärinputs	72		Vorleistungen aus inländischer Produktion
	73		Vorleistungen aus Importen
	74		Gütersteuern abzüglich Gütersubventionen
	75		**Vorleistungen zu Anschaffungspreisen**
	76		Arbeitnehmerentgelt im Inland
	77		Sonstige Produktionsabgaben abzüglich sonstiger Subventionen
	78		Abschreibungen
	79		Nettobetriebsüberschuss
	80		**Bruttowertschöpfung zu Herstellungspreisen**
	81		**Produktionswert zu Herstellungspreisen**

Die Inputstrukturen der in der Ausgangstabelle als Darstellungseinheiten verwendeten und zu Produktionsbereiche zusammengefassten homogenen Produktionseinheiten, die nur eine Art von Gütern produzieren, können statistisch nicht erhoben werden. Weil die Unternehmen i.d.R. mehrere Arten von Gütern

716 vgl. Destatis (2010c), S. 20

herstellen, ohne die Kosten den einzelnen Erzeugnissen zuordnen zu können, ergeben sich die gesamtwirtschaftlichen Inputstrukturen der homogenen Produktionsbereiche aus dem „allgemeinen Überleitungsverfahren" des Statistischen Bundesamts.[717] Das bedeutet, dass aus den abgefragten Erhebungsunterlagen der amtlichen Fachstatistiken nur die institutionellen Inputgrößen für die jeweilige Unternehmenseinheit als Ganzes abgeleitet werden können, die sich sowohl auf die Haupttätigkeit als auch die Nebentätigkeiten beziehen. Durch die auf das statistische Unternehmen als Erhebungseinheit ausgerichtete Erhebungsmethodik ist eine funktionelle Darstellung der in den Herstellungsprozessen der betrachteten Unternehmenseinheit verwendeten Inputs nicht unmittelbar gewährleistet.

Aufgrund der statistisch nicht beobachtbaren homogenen Produktionseinheiten besteht die zentrale Herausforderung darin, auf Basis der erhobenen mikroökonomischen Daten die Transaktionen der betrachteten Unternehmenseinheit in den homogenen Produktionsbereichen der Ausgangstabelle zu identifizieren. Für die Erstellung eines gegenüber den VGR konsistenten Satellitensystems ist es zwingend erforderlich, die Ausgangstabelle um die volkswirtschaftlichen Anteile zu bereinigen, die der betrachteten Unternehmenseinheit zuzuordnen sind. Um die für die Herstellung der Güter verbrauchten Inputs in der Ausgangstabelle ermitteln zu können, müssen die erhobenen institutionellen Angaben speziell aufbereitet und in die funktionelle Darstellung der Ausgangstabelle übergeleitet werden.

Für die Erstellung des Satellitensystems werden für jeden Produktionsbereich x individuelle unternehmensspezifische Inputvektoren $\widehat{PB}_x^j$ (x=1,…,71; j=1,…,z) gebildet, die als Elemente die für die Herstellung der jeweiligen Güter benötigten Inputs in der Abgrenzung und den Konzepten Ausgangstabelle darstellen. Die verbrauchten Vorleistungen und eingesetzten Primärinputs müssen in Abhängigkeit der in der betrachteten Unternehmenseinheit hergestellten Güter auf die homogenen Produktionsbereiche verteilt werden, zu denen sie von der Art der hergestellten Güter her gehören.[718] Dies bedeutet, dass für alle homogenen Produktionsbereiche x, die nicht zum Produktionsprogramm der betrachteten Unternehmenseinheit j zählen, die Elemente in den entsprechenden Inputvektoren $\widehat{PB}_x^j$ gleich Null sind. Aus der Summe der einzelnen funktionellen Inputvektoren $\widehat{PB}_x^j$ ergibt sich der unternehmensspezifische Inputvektor $\widehat{PB}^j$, der die in der gesamten Unternehmenseinheit verbrauchten Inputs anzeigt. Um die Konsistenz und Vergleichbarkeit zwischen dem unternehmensspezifischen Satellitensystem und der originären IO-Tabelle zu wahren, erfolgt die Ermittlung

717 vgl. Destatis (2010c), S. 33

718 vgl. Holub, Schnabl (1994b), S. 40

der einzelnen funktionell bzw. fachlich abgegrenzten Inputvektoren $\widehat{PB}_x^j$ für die j-te Unternehmenseinheit in Anlehnung an das Überleitungsmodell des Statistischen Bundesamts.[719]

Bevor die Vorgehensweise zur Überleitung der institutionellen Angaben der in den Herstellungsprozessen der betrachteten Unternehmenseinheit j verbrauchten Inputs in die funktionelle Darstellung der Ausgangstabelle erläutert wird, steht im nachfolgenden Abschnitt zunächst die zielgerichtete Aufbereitung der erhobenen primärstatistischen Erhebungsunterlagen im Mittelpunkt. Auf Basis der Angaben in den erhobenen Fragebögen lassen sich die wichtigsten aufkommensseitigen Eckwerte ermitteln, die die direkten ökonomischen Effekte der betrachteten Unternehmenseinheit auf die deutsche Volkswirtschaft anzeigen und gleichzeitig als Elemente des unternehmensspezifischen Inputvektors $\widehat{PB}^j$ für die Aufbereitung der Aufkommensseite im Satellitensystem von zentraler Bedeutung sind.

4.1.3.1.1 Aufbereitung der institutionellen Eckwerte

Für die Darstellung der Aufkommensseite der betrachteten Unternehmenseinheit j werden in einem ersten Schritt anhand der erhobenen primärstatistischen Erhebungsunterlagen die volkswirtschaftlichen Eckwerte der Primärinputmatrix der Ausgangstabelle aufbereitet. Als zentrale Kennzahlen sind die Vorleistungen, die Bruttowertschöpfung sowie der Produktionswert zu nennen. Zusätzlich sind die Arbeitnehmerentgelte als wichtigste Komponente der Bruttowertschöpfung sowie die Anzahl der Erwerbstätigen von besonderer Bedeutung und müssen für die spätere Berechnung der indirekten und induzierten Wirkungen ebenfalls ermittelt werden. Die genannten Kenngrößen zeigen den direkten ökonomischen Beitrag der betrachteten Unternehmenseinheit auf die deutsche Volkswirtschaft. Darüber hinaus dienen sie als Ausgangsbasis für die Erstellung der funktionellen Inputvektoren, die für die Bereinigung der gesamtwirtschaftlichen Produktionsbereiche um die auf die Herstellungsprozesse der Unternehmenseinheit zurückzuführenden Anteile benötigt werden. Die Vorgehensweise zur Berechnung der in Tabelle 17 nochmal zusammengefassten Eckwerte der Primärinputmatrix werden im Folgenden unter Beachtung der Konzepte der Ausgangstabelle und in Anlehnung an die Methodik der Entstehungsrechnung (auch Produktionsansatz genannt[720]) beschrieben.

---

719 Das Überleitungsmodell des Statistischen Bundesamts wird detailliert in Stahmer (1979) erläutert. Eine vereinfachte Darstellung findet sich in Holub, Schnabl (1994b), S.40 ff.

720 vgl. Destatis (2007), S. 47

Tabelle 17: Zentrale Eckwerte der Aufkommensseite

Kenngröße	Unternehmens-einheit j
Vorleistungen zu Anschaffungspreisen	VL^j
Bruttowertschöpfung zu Herstellungspreisen	BWS^j
darunter: Arbeitnehmerentgelte	AE^j
Produktionswert zu Herstellungspreisen	PW^j
Erwerbstätige	ET^j

Alle benötigten Informationen zur Ermittlung der Vorleistungen zu Anschaffungspreisen VL^j, der Bruttowertschöpfung BWS^j, der Arbeitnehmerentgelte AE^j und des Produktionswerts PW^j sind den in der j-ten Unternehmenseinheit erhobenen, ausgefüllten Fragebögen der jeweiligen amtlichen Erhebung zu entnehmen.[721] Die verwendete Berechnungslogik, d.h. welche Angaben aus den abgefragten Erhebungsunterlagen in welche Kennzahl wie einfließen, basiert auf der Methodik der Entstehungsrechnung. Diese unterscheidet sich, solange es sich um einen Marktproduzenten handelt,[722] grundsätzlich nicht in Abhängigkeit des wirtschaftlichen Schwerpunkts der zu betrachtenden Unternehmenseinheit. D.h. die Vorgehensweise zur Berechnung der in Tabelle 17 ausgewiesenen Kennzahlen ist für alle Marktproduzenten weitestgehend identisch und unabhängig davon, ob sie gemäß ihrer Haupttätigkeit dem Verarbeitenden Gewerbe, dem Handel oder dem Bereich der unternehmensnahen Dienstleistungen zugeordnet werden. Auf dennoch existierende Unterschiede in der Berechnungslogik, die auf unterschiedlich abgegrenzte Positionen in den Fragebögen der Erhebungen zurückzuführen sind, wird an entsprechender Stelle hingewiesen.

„Der Produktionswert ist der Wert aller Güter, die im Rechnungszeitraum produziert werden."[723] Die Berechnung des Produktionswerts erfolgt für alle Unternehmenseinheiten, die als Marktproduzenten auftreten, auf Basis der sogenannten Umsatzmethode.[724] Demnach wird der Produktionswert als Summe aller

---

721 Im Gegensatz zu den anderen in Tabelle 17 dargestellten Kenngrößen kann die Zahl der Erwerbstätigen ET^j der j-ten Unternehmenseinheit direkt - ohne Aufbereitungsmaßnahmen - aus den abgefragten Erhebungsunterlagen ausgelesen werden.

722 Vor dem Hintergrund der Arbeit werden ausschließlich Unternehmenseinheiten berücksichtigt, die als Marktproduzenten auftreten.

723 Brümmerhoff (2007), S. 56

724 vgl. Destatis (2007), S. 55. Neben der Umsatzmethode als meistgenutztes Verfahren für nichtfinanzielle Kapitalgesellschaften sind noch die Differenzenmethode für finanzielle Kapitalgesellschaften sowie die Bewertungsmethode für Wirtschaftseinheiten aus der Land- und Forstwirtschaft zu unterscheiden. Weil entsprechende Wirtschaftseinheiten in

Umsätze aus den Verkäufen von Waren und Dienstleistungen aus eigener Produktion zuzüglich der Bestandsveränderungen an produzierten und noch nicht verkauften Waren (fertige/unfertige Erzeugnisse) sowie den selbsterstellten Anlagen ermittelt (vgl. Tabelle 18).

Tabelle 18: Berechnung des Produktionswerts[725]

	Umsatz insgesamt
±	Bestandveränderungen unfertige und fertige Erzeugnissen aus eigener Produktion
+	Selbsterstellte Anlagen
-	Nettostellung der Handelswaren
=	**Produktionswert (zu Herstellungspreisen)**

Im Gegensatz zu den Unternehmenseinheiten des Verarbeitenden Gewerbes sind im Gesamtumsatz der Unternehmenseinheiten aus dem Handel und dem Bereich der unternehmensnahen Dienstleistungen auch die sogenannten sonstigen betrieblichen Erträge (ohne Subventionen) enthalten. Bis auf die teilweise unterschiedliche Namensgebung der einzubeziehenden Positionen und der divergierenden Gliederungstiefe bestimmter Merkmale in den amtlichen Erhebungsunterlagen unterscheidet sich die Berechnung der Produktionswerte für die marktproduzierenden Unternehmenseinheiten nicht in Abhängigkeit ihres wirtschaftlichen Schwerpunkts. Alle Informationen bzw. Werte, die für die Berechnung des Produktionswerts PW^j gemäß Tabelle 18 benötigt werden, sind unmittelbar der abgefragten (Kosten-) Strukturerhebung[726] der betrachteten Unternehmenseinheit zu entnehmen.

Die Position „Nettostellung der Handelswaren" beschreibt eine konzeptionelle Umbuchung, die hilft die aufbereiteten Ausgangsdaten an die Vorschriften des ESVG 1995 anzupassen.[727] Bei der Nettostellung der Handelswaren wird der Bruttoproduktionswert um den Einsatz an Handelswaren bereinigt.[728] „Als Han-

dieser Arbeit jedoch keine Rolle spielen, ist ausschließlich die Umsatzmethode von Bedeutung.

725 vgl. Destatis (2011d), S. 11ff.; Destatis (2007), S. 64 u. 78.

726 Über die zu verwendende Strukturerhebung (Kostenstrukturerhebung, Strukturerhebung im Dienstleistungsbereich oder Jahreserhebung im Handel) entscheidet der wirtschaftliche Schwerpunkt der betrachteten Unternehmenseinheit j.

727 vgl. Brümmerhoff (2007), S. 119

728 vgl. Destatis (2007), S. 64. Der Einsatz bzw. Verbrauch an Handelswaren beschreibt die Aufwendungen bzw. Eingänge an Handelswaren zuzüglich der Bestandsveränderungen (Bestand am Anfang minus Bestand am Ende des Geschäftsjahres).

delsware gelten Waren fremder Herkunft, die im Allgemeinen unbearbeitet und ohne fertigungstechnische Verbindung mit eigenen Erzeugnissen weiterverkauft werden."[729] Das Ziel der Nettostellung ist die Betonung der Produktionsaktivitäten der Wirtschaftseinheiten anstelle der Handelstätigkeiten, bei denen Waren lediglich verteilt und nicht mehr im Produktionsprozess verändert werden.[730] Der gemäß der in Tabelle 18 dargestellten Methodik berechnete Produktionswert ist zu Herstellungspreisen bewertet.

Der Produktionswert ist als zentraler Eckwert der Entstehungsrechnung jedoch nur bedingt als Maß für die wirtschaftliche Leistung der j-ten Unternehmenseinheit geeignet, da der Wert der von anderen Wirtschaftseinheiten bezogenen Vorleistungen implizit im Umsatz enthalten ist.[731] Der Wert der Vorleistungen VL^j zeigt an, in welcher Höhe Waren und Dienstleistungen von (in- und ausländischen) Wirtschaftseinheiten bezogen und im Zuge der eigenen Produktion verbraucht, verarbeitet oder umgewandelt werden.[732] In Tabelle 19 sind die Kenngrößen, die zur Berechnung der Vorleistungen gemäß der Entstehungsrechnung benötigt werden, dargestellt.

Tabelle 19: Berechnung der Vorleistungen[733]

	Materialverbrauch
+	Sonstige Vorleistungen
	Vorleistungen (zu Anschaffungspreisen)

Der Materialverbrauch einer Unternehmenseinheit umfasst den Verbrauch an Roh-, Hilfs- und Betriebsstoffen, die im Berichtszeitraum in den Produktionsprozess einfließen oder zur Bereitstellung von Dienstleistungen benötigt werden. In den Kostenstrukturerhebungen der Unternehmen des Verarbeitenden Gewerbes wird der Verbrauch an Roh-, Hilfs- und Betriebsstoffen direkt erhoben, wohingegen er den Jahreserhebungen der Handelsunternehmen und den Strukturerhebungen der Dienstleistungsunternehmen nur indirekt entnommen werden kann. D.h. der Materialverbrauch muss in den Fällen, in denen er nicht direkt abgefragt wird, anhand der in Tabelle 20 beschriebenen Angaben aus den Erhebungsunterlagen aufbereitet werden.

729 vgl. Destatis (2011d), S. 15
730 vgl. Brümmerhoff (2007), S. 120
731 vgl. Brümmerhoff (2007), S. 56
732 vgl. Destatis (2010c), S. 5
733 vgl. Destatis (2007), S. 79

Tabelle 20: Allgemeine Vorgehensweise zur Ermittlung des Materialverbrauchs

	Bezüge an Roh-, Hilfs- und Betriebsstoffen
+	Bestand an Roh-, Hilfs- und Betriebsstoffen am Anfang des Geschäftsjahres
-	Bestand an Roh-, Hilfs- und Betriebsstoffen am Ende des Geschäftsjahres
=	**Materialverbrauch**

Bei den Unternehmen des Verarbeitenden Gewerbes fließen neben dem Verbrauch an Roh-, Hilfs- und Betriebsstoffen zusätzlich noch die Kosten für durch andere Unternehmen ausgeführte Lohnarbeiten in den Materialverbrauch ein.[734] Die sonstigen Vorleistungen aus Tabelle 19 als zweiter zentraler Bestandteil der Vorleistungen fassen gegenüber dem Materialverbrauch, der die im Produktionsprozess eingesetzten Waren wiedergibt, alle Aufwendungen für die zur Herstellung der Güter der j-ten Unternehmenseinheit in Anspruch genommenen Dienstleistungen zusammen. In Tabelle 21 sind die verschiedenen Bestandteile der sonstigen Vorleistungen aufgelistet.

Tabelle 21: Zusammensetzung der sonstigen Vorleistungen

	Sonstige Kosten
+	Mieten, Pachten und Leasing
+	Kosten für Leiharbeitnehmer
=	**Sonstige Vorleistungen**

Der große Posten der sonstigen Kosten umfasst u.a. Versicherungsprämien, Aufwendungen für Forschung und Entwicklung sowie sonstige Dienstleistungen, wie z.B. Kosten für den Abtransport von Gütern durch fremde Unternehmen oder Werbekosten für Marketingagenturen.[735] In den Kostenstrukturerhebungen der Unternehmen des Verarbeitenden Gewerbes werden die Kosten für Reparaturen, Instandhaltungen, Installationen, Montagen u.Ä. in einer getrennten Position erhoben. Für die Berechnung der Gesamtvorleistungen muss diese Position ebenfalls zu den sonstigen Kosten gezählt werden.[736] Sind die sonstigen Vorleistungen und der Materialverbrauch für die j-te Unternehmenseinheit berechnet, so ergibt sich aus der Summe beider Kenngrößen der Wert für die Vorleistungen zu Anschaffungspreisen. Alle Daten, die zur Berechnung der Vorleis-

734 vgl. Destatis (2007), S. 79

735 vgl. Destatis (2011d), siehe Erläuterungen zu Position F7 (Nr. 67) in den amtlichen Erhebungsunterlagen

736 vgl. Destatis (2011d), Erhebungsposition F5 (Nr. 65) in den Erhebungsbögen.

tungen zu Anschaffungspreisen benötigt werden, sind den (Kosten-) Strukturerhebungen der jeweiligen Unternehmenseinheit zu entnehmen.

Im Gegensatz zum Produktionswert PW^j stellt die Bruttowertschöpfung BWS^j als die zentrale Größe der Entstehungsrechnung ein valides Maß zur Beurteilung der wirtschaftlichen Leistung der j-ten Unternehmenseinheit dar.[737] Als Wert für die in einer Berichtsperiode produzierten Güter bereinigt um die von anderen Wirtschaftseinheiten bezogenen Waren und Dienstleistungen stellt sie ein additives Maß dar, das den Beitrag der jeweiligen Unternehmenseinheit am Bruttoinlandsprodukt aufzeigt.[738] Gemäß der sogenannten Subtraktionsmethode ergibt sich die Bruttowertschöpfung der j-ten Unternehmenseinheit aus der Differenz zwischen dem Produktionswert und den Vorleistungen (vgl. Tabelle 22).[739]

Tabelle 22: Produktionswert, Vorleistungen und Bruttowertschöpfung

	Produktionswert (zu Herstellungspreisen)
-	Vorleistungen (zu Anschaffungspreisen)
=	**Bruttowertschöpfung (zu Herstellungspreisen)**

Anstelle über den Produktionsansatz kann die Bruttowertschöpfung als Kennzahl für die tatsächlich erbrachte Leistung auch über die Einkommensseite ermittelt werden. Der Einkommensansatz unterscheidet verschiedene Wertschöpfungskomponenten, die in der Primärinputmatrix der inländischen IO-Tabelle differenziert aufgelistet sind (vgl. Tabelle 16) und in der Summe wieder die Bruttowertschöpfung zu Herstellungspreisen ergeben.[740] Den mit Abstand größten Teil, der in Tabelle 23 zusammengetragenen Wertschöpfungskomponenten, machen die Arbeitnehmerentgelte aus.[741]

In der VGR erfolgt die Berechnung der Bruttowertschöpfung grundsätzlich auf Basis der Subtraktionsmethode gemäß Tabelle 22, weil aufgrund fehlender statistischer Angaben über die Nettobetriebsüberschüsse eine originäre Berech-

737 vgl. Destatis (2007), S. 30

738 vgl. Destatis (2008), S. 24. Das Bruttoinlandsprodukt ergibt sich aus der Summe der Bruttowertschöpfung aller Wirtschaftseinheiten bzw. Wirtschaftsbereiche zuzüglich dem Saldo aus Gütersteuern abzüglich Gütersubventionen (vgl. Destatis (2007), S. 47).

739 vgl. Destatis (2007), S. 55

740 vgl. Destatis (2010c), S. 23

741 2009 lag der Anteil der Arbeitnehmerentgelte an der Bruttowertschöpfung bei 58,1% - die Berechnung basiert auf den Werten aus dem Arbeitsblatt „3.2.7-2009“ der Fachserie 18 Reihe 1.4 („Inlandsproduktberechnung - Detaillierte Jahresergebnisse 2010“, erschienen am 16.09.2011).

nung der Bruttowertschöpfung über den Einkommensansatz nicht gewährleistet ist.[742] Die Nettobetriebsüberschüsse einschließlich der Selbstständigeneinkommen lassen sich lediglich als Residualgröße der Entstehungsrechnung ermittelt. Aufgrund der fehlenden statistischen Angaben wird auch für die Berechnung der Bruttowertschöpfung BWS^j der jeweiligen Unternehmenseinheiten j der betrachteten Unternehmensgruppe auf die Subtraktionsmethode zurückgegriffen.

Tabelle 23: Einkommensseitige Ermittlung der Bruttowertschöpfung

	Arbeitnehmerentgelt im Inland
+	Sonstige Produktionsabgaben abzüglich sonstiger Subventionen
+	Abschreibungen
+	Nettobetriebsüberschuss
=	**Bruttowertschöpfung (zu Herstellungspreisen)**

Vor dem Hintergrund der Arbeit stellt die Subtraktionsmethode ohnehin die geeignetere Berechnungsmethode dar, weil bis auf die statistisch gut abgesicherten Arbeitnehmerentgelte alle anderen Wertschöpfungskomponenten nicht für die Berechnung der Ausstrahleffekte der Unternehmensgruppe herangezogen werden. D.h. auf die Ermittlung der anderen in Tabelle 23 dargestellten Wertschöpfungskomponenten kann verzichtet werden. Das Arbeitnehmerentgelt einer Unternehmenseinheit umfasst sämtliche Geld- und Sachleistungen, die von dem Arbeitgeber an die Arbeitnehmer als Entgelt für die geleistete Arbeit erbracht werden.[743] Es setzt sich aus dem gezahlten Bruttoentgelt und den erbrachten Sozialbeiträgen des Arbeitgebers zusammen. Die benötigten Angaben zur Berechnung des Arbeitnehmerentgelts AE^j für die Unternehmenseinheit j sind unmittelbar den abgefragten Erhebungsbögen der jeweiligen (Kosten-) Strukturerhebung zu entnehmen. Auch die für die Berechnung der Beschäftigungseffekte benötigte Anzahl an Erwerbstätigen wird in den Strukturerhebungen unmittelbar ausgewiesen.

Zusammenfassend bleibt festzuhalten, dass als zentrale Voraussetzung für die Abgrenzung der betrachteten Unternehmensgruppe in der Ausgangstabelle die aufkommensseitigen Eckwerte aus Tabelle 17 für jede Unternehmenseinheit j gemäß der beschriebenen Vorgehensweise ermittelt werden müssen. Die dafür benötigten Angaben lassen sich direkt aus den ausgefüllten amtlichen Erhebungsunterlagen entnehmen. Die institutionellen Eckwerte dienen als Ausgangsbasis für die Aufbereitung der Produktionsvorgänge der betrachteten Un-

742 vgl. Destatis (2007), S. 175
743 vgl. Destatis (2007), S. 181

ternehmenseinheit j in der funktionellen Abgrenzung der Ausgangstabelle und liefern darüber hinaus erste Erkenntnisse über den direkten volkswirtschaftlichen Beitrag der betrachteten Unternehmung für die deutsche Wirtschaft. In dem nachfolgenden Abschnitt wird beschrieben, wie ausgehend von den berechneten institutionellen Eckwerten und den sonstigen betrieblichen Daten die Aufkommensseite der Unternehmenseinheit j vollständig in der Abgrenzung und den Konzepten der Ausgangstabelle aufbereitet wird.

4.1.3.1.2 Erstellung des institutionellen Inputvektors

Aus den statistischen Angaben der erhobenen Erhebungsunterlagen lassen sich gemäß den vorangegangenen Ausführungen die in Tabelle 17 zusammengefassten volkswirtschaftlichen Eckwerte für die j-te Unternehmenseinheit ermitteln. Die Summe der Vorleistungen (VL^j), die Bruttowertschöpfung (BWS^j), die darin enthaltenen Arbeitnehmerentgelte (AE^j), der Produktionswert (PW^j) sowie die Erwerbstätigen (ET^j) zeigen jedoch lediglich die direkten volkswirtschaftlichen Effekte der betrachteten Unternehmenseinheit auf die inländische Produktion.

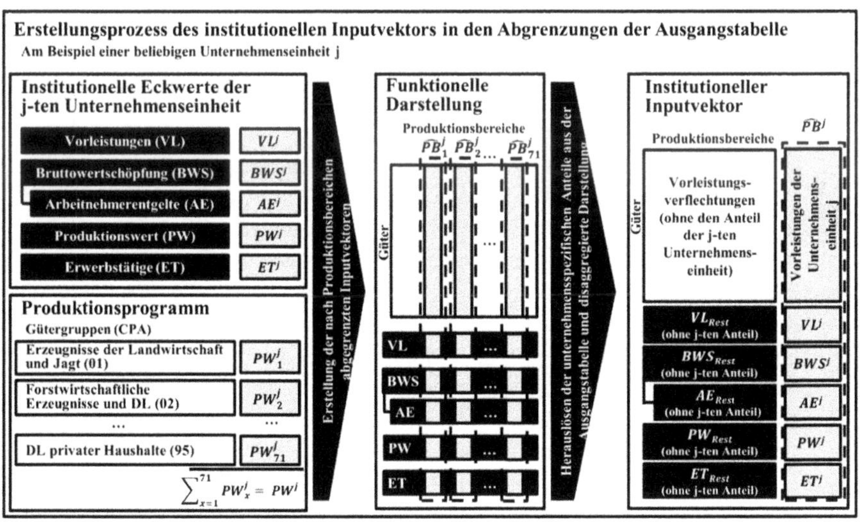

Abbildung 25: Vorgehensweise zur Erstellung des institutionellen Inputvektors

Um darüber hinaus die indirekten und induzierten Wirkungen, die von den wirtschaftlichen Tätigkeiten der Unternehmenseinheit auf die deutsche Volkswirtschaft ausgehen, mittels einem geeigneten Modell berechnen zu können, müssen auch die in den Herstellungsprozess einfließenden intermediären Inputs

(Vorleistungen) in der Abgrenzung der Ausgangstabelle aufbereitet werden. Für die Ermittlung des vollständigen institutionellen Inputvektors $\widehat{PB}^j$ inklusive der nach 71 Gütergruppen gegliederten Vorleistungen bedarf es zahlreicher Rechenschritte, die in Abbildung 25 schematisch dargestellt sind und nachfolgend beschrieben werden.

Als Resultat des Erstellungsprozesses entsteht der gütermäßig abgegrenzte Inputvektor $\widehat{PB}^j$, der als Elemente die eingesetzten Inputs (Vorleistungen und Primärinputs) der j-ten Unternehmenseinheit in der betrachteten Berichtsperiode wiedergibt. Um Doppelzählungen im Satellitensystem zu vermeiden und die Inputstruktur der betrachteten Unternehmenseinheit isoliert analysieren zu können, müssen die im Produktionsvektor $\widehat{PB}^j$ zusammengefassten Anteile der Unternehmenseinheit j aus den homogenen Produktionsbereichen der Ausgangstabelle herausgelöst und als eigenständiger Produktionsbereich gegenüber dem Rest der Volkswirtschaft abgegrenzt werden.

Wie Abbildung 25 verdeutlicht, wird durch die disaggregierte Aufbereitung der unternehmensspezifischen Inputs lediglich die Darstellungsform bzw. Dimension der amtlichen Ausgangstabelle erkenntniszielorientiert modifiziert. Die Eckwerte der originären IO-Tabelle, die mit den Ergebnissen der Inlandsproduktberechnung übereinstimmen, bleiben von den Modifikationen unberührt. Im Folgenden wird das Überleitungsverfahren zur Ermittlung der funktionell abgegrenzten Inputvektoren $\widehat{PB}_x^j$ als Ausgangspunkt für die Aufbereitung des institutionellen Inputvektors $\widehat{PB}^j$ detailliert erläutert.

Um die Unternehmenseinheit j in den Abgrenzungen der Ausgangstabelle funktional abgrenzen zu können, werden für jeden Produktionsbereich x individuelle unternehmensspezifische Inputvektoren $\widehat{PB}_x^j$ (x=1,…,71; j=1,…,z) ermittelt, die als Elemente die für die Herstellung der jeweiligen Güter benötigten Inputs in der Abgrenzung und den Konzepten Ausgangstabelle darstellen. Die verbrauchten Vorleistungen und eingesetzten Primärinputs müssen in Abhängigkeit der in der betrachteten Unternehmenseinheit hergestellten Güter auf die homogenen Produktionsbereiche verteilt werden, zu denen sie von der Art der hergestellten Güter her gehören.[744] Ausgehend von den institutionellen Eckwerten, die die gesamten in den Herstellungsprozessen der Unternehmenseinheit j verbrauchten (intermediären und primären) Inputs der Haupt- und Nebentätigkeiten ausweisen, müssen für jeden homogenen Produktionsbereich x individuelle Inputvektoren $\widehat{PB}_x^j$ ermittelt werden, die ausschließlich die mit der jeweiligen Produktionstätigkeit verbunden Inputs der betrachteten Unternehmenseinheit j abbilden (vgl. Abbildung 25).

744 Destatis (2010c), S. 33

Der konzeptionelle Rahmen für die gesuchten Inputvektoren wird durch die Systematik der Ausgangstabelle determiniert und geht aus Tabelle 24 hervor. Gegenüber der offiziellen Darstellung der aufkommensseitigen Kenngrößen in der inländischen IO-Tabelle ohne Weiterverarbeitungsproduktion (vgl. Tabelle 16) weist die in Tabelle 24 dargestellte Inputstruktur nur die Inputgrößen auf, die für die zu beantwortende Fragestellung in dieser Arbeit relevant sind. Für die Erstellung des unternehmensspezifischen Satellitensystems werden alle abgebildeten Inputgrößen sowohl in der institutionellen als auch der funktionellen Darstellung für die betrachteten Unternehmenseinheit j benötigt.

Tabelle 24: Funktionelle Inputvektoren und aggregierter institutioneller Inputvektor

Inputkenngröße	Funktioneller Inputvektor $\widehat{PB}_x^j$ der betrachteten Unternehmenseinheit j				institutioneller Inputvektor $\widehat{PB}^j$
	$\widehat{PB}_1^j$	$\widehat{PB}_2^j$	...	$\widehat{PB}_{71}^j$	Σ
Vorleistungen aus inländischer Produktion nach Gütergruppen[1]	$\widehat{IM}_{p1}^j$	$\widehat{IM}_{p2}^j$	...	$\widehat{IM}_{p71}^j$	$\widehat{IM}_p^j$
Summe der Vorleistungen aus inländischer Produktion zu Herstellungspreisen	$VL\_d_1^j$	$VL\_d_2^j$	...	$VL\_d_{71}^j$	VL_d^j
Vorleistungen zu Anschaffungspreisen	VL_1^j	VL_2^j	...	VL_{71}^j	VL^j
Arbeitnehmerentgelte	AE_1^j	AE_2^j	...	AE_{71}^j	AE^j
Bruttowertschöpfung	BWS_1^j	BWS_2^j	...	BWS_{71}^j	BWS^j
Produktionswert	PW_1^j	PW_2^j	...	PW_{71}^j	PW^j
Erwerbstätige	ET_1^j	ET_2^j	...	ET_{71}^j	ET^j

[1] Waren (Lfd. Nr. 1-42; CPA 01-41) und Dienstleistungen (Lfd. Nr. 43-71; CPA 45-95) in der aktuellen Abgrenzung der inländischen IO-Tabelle ohne Weiterverarbeitungsproduktion

In Tabelle 24 sind der schematische Aufbau und der additive Zusammenhang zwischen den funktionellen, nach Produktionsbereichen gegliederten Inputvektoren $\widehat{PB}_x^j$ und dem aggregierten unternehmensspezifischen Inputvektor $\widehat{PB}^j$ beschrieben. Der Inputvektor $\widehat{PB}^j$ stellt die durchschnittliche Produktionsstruktur der j-te Unternehmenseinheit dar und ergibt sich aus der Summe der einzelnen Elemente der funktionell aufbereiteten Inputvektoren $\widehat{PB}_x^j$. Die gestrichelten Felder in Tabelle 24 entsprechen den aufkommensseitigen Eckwerten der Unternehmenseinheit, die, wie in Abschnitt 4.1.3.1.1 beschrieben, im Rahmen der Entstehungsrechnung aus den erhobenen statistischen Angaben berechnet werden (vgl. Tabelle 17). Die weißen Felder bringen das Produktionsprogramm der j-ten Unternehmenseinheit zu Ausdruck, dessen Funktion im weiteren Verlauf detailliert erläutert wird und allgemein in Tabelle 25 dargestellt ist.

Im Gegensatz zu den gestreiften und weißen Kennzahlen können die einzelnen Elemente des nach Gütergruppen gegliederten Vorleistungsvektors $\widehat{IM}_p^j$ (p=1,...,71)[745] als zentraler Bestandteil des unternehmensspezifischen Inputvektors $\widehat{PB}^j$ nur zum Teil anhand des verfügbaren statistischen Datenmaterials direkt bestimmt werden (grün hinterlegter Bereich in Tabelle 24). Da der Verbrauch bestimmter Gütergruppen p in den Herstellungsprozessen der Unternehmenseinheit j nicht differenziert in den statistischen Angaben ausgewiesen wird, muss für die Ermittlung der in den Produktionsprozess einfließenden inländischen Vorleistungen in der geforderten Abgrenzung nach 71 Gütergruppen auf geeignete Annahmen[746] zurückgegriffen werden. Die Verwendung ökonomisch plausibler Annahmen ist erforderlich, weil das statistische Ausgangsdatenmaterial keine vollständige bottom-up Erstellung des nach Gütergruppen abgegrenzten unternehmensspezifischen Vorleistungsvektors $\widehat{IM}_p^j$ zulässt. Für eine valide bottom-up Erstellung würden genaue Informationen darüber benötigt, welches Gut p in welcher Höhe IM_p^j in die Herstellungsprozesse der j-ten Unternehmenseinheit einfließt bzw. welcher Anteil an der gesamten inländischen Produktion eines bestimmten Gutes im Rahmen der Herstellungsprozesse der Unternehmenseinheit verbraucht wird. Der ebenfalls grün hervorgehobene Wert der Vorleistungen aus inländischer Produktion zu Herstellungspreisen ergibt sich entweder aus der Summe der einzelnen Komponenten des Vorleistungsvektors $\widehat{IM}_p^j$ ($\sum_{p=1}^{71} IM_p^j$) oder aus dem Wert der berechneten Vorleistungen zu Anschaffungspreisen VL^j abzüglich der importierten Vorleistungen und der Übergangsposition "Gütersteuern abzüglich Gütersubventionen".[747]

---

745 Die Variable p entspricht der Nummerierung der Zeilen der Vorleistungsmatrix in den IO-Tabellen des Statistischen Bundesamts. Jede Nummer (Lfd.Nr. 1-71) verweist eindeutig auf eine der 71 Gütergruppen und ist dadurch unmittelbar mit einer Position der CPA bzw. der WZ 2003 identisch (vgl. Fachserie 18, Reihe 2, Übersicht 1).

746 Auf die verwendeten Annahmen wird an später Stelle genauer eingegangen.

747 vgl. die offizielle Darstellung der Aufkommensseite in der inländischen Input-Output-Tabelle (Tabelle 1.3) der Input-Output-Rechnung des Statistischen Bundesamts (Fachserie 18, Reihe 2).

Um die mit der Leistungserbringung verbundenen Tätigkeiten der Unternehmenseinheit j gemäß der vereinfachten Systematik der Ausgangstabelle in Tabelle 24 erfassen zu können, müssen die folgenden zentralen Fragestellungen beantwortet werden:

1. Welche Güter stellt die Unternehmenseinheit j in der Abgrenzung der Ausgangstabelle (CPA 2002) her?
2. Wie können die funktionell abgegrenzten Vorleistungsvektoren $\widehat{IM}_{px}^{j}$ anhand der verfügbaren Daten aufbereitet werden?
3. Wie lassen sich die aufbereiteten institutionellen Inputkenngrößen auf die Produktionsbereiche $\widehat{PB}_{x}^{j}$ verteilen?
4. Wie sieht der aggregierte unternehmensspezifische Inputvektor $\widehat{PB}^{j}$ für die gesamte Unternehmenseinheit j aus?

Punkt 1 verdeutlicht, dass für die funktionelle Darstellung der Unternehmenseinheit j zunächst die Gütergruppen identifiziert werden müssen, zu denen die j-te Unternehmenseinheit von der Art der hergestellten Güter her gehört. Das sogenannte Produktionsprogramm[748] liefert diesbezüglich alle relevanten Informationen, indem es den aus den erhobenen Unternehmensdaten berechneten Produktionswert PW^{j} (vgl. Tabelle 18) entsprechend der Art der hergestellten Güter auf die jeweiligen Gütergruppen in der Ausgangstabelle verteilt (vgl. Tabelle 25 oder die weißen Felder in Tabelle 24). Das Produktionsprogramm zeigt somit den unternehmensspezifischen Anteil an der inländischen Produktion getrennt nach den 71 Gütergruppen in der Ausgangstabelle. Für alle Gütergruppen, denen aufgrund der Art der in der Unternehmenseinheit j erzeugten Güter kein Wert zugewiesen wird, ist der entsprechende Produktionswert PW_{x}^{j} im Produktionsprogramm gleich Null zu setzen ist.

Der Eckwert des in Tabelle 25 dargestellten Produktionsprogramms $PW^{j} = \sum_{i=1}^{71} PW_{x}^{j}$ ist identisch mit dem auf Basis der Entstehungsrechnung berechneten institutionellen Produktionswert der j-ten Unternehmenseinheit (vgl. Tabelle 18). Das Produktionsprogramm erweitert die institutionelle Darstellung in fachlicher Hinsicht, indem es den Wert der im Inland produzierten Güter der betrachteten Unternehmenseinheit auf die zugehörigen Gütergruppen gemäß der CPA in der amtlichen Ausgangstabelle verteilt (vgl. Tabelle 25). Neben dem Produktionswert der Haupttätigkeit gibt das Produktionsprogramm somit detailliert Auskunft über die Produktionswerte, die aus den ausgeübten Nebentätigkei-

748 Das Produktionsprogramm einer einzelnen Unternehmenseinheit ist vom Aufbau und der Bedeutung mit der gesamtwirtschaftlichen Produktionswertmatrix als zentralem Bestandteil der Aufkommenstabelle der Input-Output-Rechnung vergleichbar (Fachserie 18, Reihe 2). Der Aufbau und die Bedeutung der Produktionswertmatrix wird in Destatis (2010c), S. 24f. erläutert.

ten resultieren. D.h. je mehr Güter ein Unternehmen aus verschiedenen Gütergruppen gemäß der CPA herstellt, umso heterogener fällt das Produktionsprogramm aus.

Tabelle 25: Das Produktionsprogramm

	Produktionswerte der Unternehmenseinheit j
Gütergruppe	PW_1^j
	PW_2^j
	…
	PW_{71}^j
	$\boldsymbol{PW^j = \sum_{x=1}^{71} PW_x^j}$

Für die Aufteilung des institutionellen Produktionswerts PW^j auf die einzelnen Gütergruppen entsprechend der Art der hergestellten Güter werden u.a. die Angaben aus den abgefragten (Kosten-) Strukturerhebungen genutzt. Sie liefern die benötigten Informationen, um beispielsweise die Handelstätigkeiten der betrachteten Unternehmenseinheit als Differenz aus den erzielten Umsätzen aus Handelswaren und dem Einsatz an Handelswaren (sogenannte Handelsspanne) zu berechnen.[749] Neben den Angaben aus den Strukturerhebungen stellen die zusätzlich erhobenen Umsatzangaben[750] wertvolle Informationen über das unternehmensspezifische Produktionsprogramm bereit und ermöglichen eine differenzierte Darstellung der in den amtlichen Erhebungen ausgewiesenen Umsätzen nach Gütergruppen. Als wichtigste Datenquelle für die Aufbereitung des Produktionsprogramms einer Unternehmenseinheit des Verarbeitenden Gewerbes sind die Produktionserhebungen zu nennen, in denen die hergestellten und zum Absatz bestimmten Waren detailliert für jeden Betrieb der betrachteten Unternehmenseinheit gemäß dem Güterverzeichnis für Produktionsstatistiken[751]

749 Dieses Verfahren gilt nicht für die Unternehmenseinheiten, die gemäß ihrem wirtschaftlichen Schwerpunkt dem Handel zugeordnet werden.

750 Die zusätzlich erhobenen Umsatzangaben zeigen differenziert auf, welche wirtschaftlichen Tätigkeiten in welchem Maße zu den in den Strukturerhebungen ausgewiesen Umsätzen beitragen (vgl. Abschnitt 4.1.2.2). D.h. die in den amtlichen Erhebungsunterlagen ausgewiesenen Umsatzangaben werden vor dem Erkenntnisziel der Arbeit entlang der hergestellten Güter disaggregiert.

751 vgl. Destatis (2012b)

aufgelistet sind. Sie dienen als fundierte Ausgangsbasis, um die Produktionstätigkeiten der Unternehmen des Verarbeitenden Gewerbes entsprechend der im Inland produzierten Waren differenziert darstellen und auf die entsprechenden Gütergruppen im Produktionsprogramm verteilen zu können. Anhand der Angaben aus den abgefragten Produktionserhebungen ist eine genaue Verteilung der in den Kostenstrukturerhebungen ausgewiesenen Position „Umsätze aus eigenen Erzeugnissen“[752] entlang der produzierten Güter gewährleistet.

Das unternehmensspezifische Produktionsprogramm in Tabelle 25 dient als Ausgangsbasis für die Ermittlung der funktionellen Inputvektoren $\widehat{PB}_x^j$. Stellt beispielsweise die betrachtete Unternehmenseinheit j ausschließlich ein oder mehrere Güter aus der Gütergruppe $x = 21$ her, so sind bis auf den Inputvektor $\widehat{PB}_{21}^j$ die Elemente aller anderen Inputvektoren in Tabelle 24 gleich Null zu setzen. Für diesen besonderen Fall sind der funktionelle und institutionelle Inputvektor identisch - $\widehat{PB}_{21}^j = \widehat{PB}^j$. Ist die Anzahl der von der Leistungserbringung betroffenen Gütergruppen größer als eins verteilt sich der institutionelle Produktionswert gemäß der Darstellung im Produktionsprogramm auf die entsprechenden Produktionsbereiche (weißer Bereich in Tabelle 24). Aufgrund fehlender statistischer Angaben über die Verteilung der im Rahmen der Herstellungsprozesse eingesetzten Inputs entlang der homogenen Produktionsbereiche lassen sich bis auf die im Produktionsprogramm ausgewiesenen Produktionswerte die restlichen Elemente der unternehmensspezifischen Inputvektoren $\widehat{PB}_x^j$ in Tabelle 24 nicht direkt anhand der erhobenen Unternehmensdaten aufbereiten. Davon ausgenommen sind die Spaltenelemente der Produktions-vektoren $\widehat{PB}_x^j$, deren unternehmensspezifischer Produktionswert PW_x^j gemäß dem Produktionsprogramm Null beträgt, und die deshalb alle ebenfalls gleich Null gesetzt werden.

Die in Tabelle 24 grau hinterlegten Felder, die nicht bereits Null sind, müssen im Rahmen des entwickelten Verfahrens aus den bekannten institutionellen Inputgrößen und auf Basis ökonomisch plausibler Annahmen berechnet bzw. übergeleitet werden. Nachfolgend wird zunächst die Vorgehensweise zur Ermittlung der einzelnen Elemente der funktionellen unternehmensspezifischen Vorleistungsvektoren $\widehat{IM}_{px}^j$ beschrieben, bevor die berechneten Eckwerte für die Primärinputs in die funktionelle Darstellung übergeleitet werden. Um die Vergleichbarkeit zwischen dem Satellitensystem und den originären IO-Tabellen zu wahren sowie die Nachvollziehbarkeit der gewählten Vorgehensweise sicherzustellen, erfolgt die Ermittlung der fachlich abgegrenzten Inputvektoren $\widehat{PB}_x^j$ für

752 vgl. Destatis (2011d), Erhebungsposition C6 (Nr. 35) in den Erhebungsbögen.

die betrachtete Unternehmenseinheit in Anlehnung an das „allgemeine Überleitungsverfahren“ des Statistischen Bundesamts.[753]

Die einzelnen Elemente IM^j_{px} der nach 71 Gütergruppen gegliederten Vorleistungsvektoren $\widehat{IM}^j_{px}$ der unternehmensspezifischen Produktionsbereiche, d.h. die Produktionsbereiche deren unternehmensspezifischer Produktionswert gemäß dem Produktionsprogramm ungleich Null ist, lassen sich allgemein über den in Tabelle 26 dargestellten Zusammenhang ermitteln. Das dargestellte Überleitungsschema ist allerdings nur anwendbar, wenn die Höhe der in der Unternehmenseinheit j verbrauchten Vorleistungen IM^j_p für jede Gütergruppe p (p=1,...,71) bekannt ist. D.h. für die Ermittlung der funktionell abgegrenzten Vorleistungen IM^j_{px} der betrachteten Unternehmenseinheit anhand des in Tabelle 26 dargestellten Schemas müssen eindeutige statistische Angaben über die institutionellen Vorleistungsverbräuche IM^j_p für jede Gütergruppe p vorliegen.

Tabelle 26: Allgemeines Überleitungsschema

	Unternehmensspezifischer Produktionsbereich x			Σ
Güter-gruppe p	$IM^j_{1\,1} = b^j_{1\,1} * IM^j_1$	...	$IM^j_{1\,71} = b^j_{1\,71} * IM^j_1$	IM^j_1
	...		...	...
	$IM^j_{71\,1} = b^j_{71\,1} * IM^j_{71}$	...	$VL^j_{71\,71} = b^j_{71\,71} * IM^j_{71}$	IM^j_{71}
Σ	$VL\_d^j_1$	...	$VL\_d^j_{71}$	VL_d^j

Ein Element b^j_{px} (x = 1,...,71; p=1,..., 71; j=1,...,z) bezeichnet den Vorleistungskoeffizienten der p-ten Gütergruppe für die Herstellung der Erzeugnisse im x-ten Produktionsbereich der j-ten Unternehmenseinheit. Sind die Vorleistungskoeffizienten b^j_{px} bekannt und liegen für alle Gütergruppen p (p=1,...,71) eindeutige statistische Daten über den Verbrauch IM^j_p der p-ten Gütergruppe in der betrachteten Unternehmenseinheit j vor, können daraus unmittelbar die einzelnen Komponenten IM^j_{px} der funktionell abgegrenzten Vorleistungsvektoren $\widehat{IM}^j_{px}$ berechnet werden.

$$IM^j_{px} = b^j_{px} IM^j_p$$

753 Das Überleitungsmodell des Statistischen Bundesamts wird detailliert in Stahmer (1979) erläutert. Eine vereinfachte Darstellung findet sich in Holub, Schnabl (1994b), S. 40 ff.

Die Spaltensumme $VL\_d_x^j$ ($\sum_{p=1}^{71} IM_{px}^j$) stellt den Wert der aus dem Inland bezogenen und im Herstellungsprozess des x-ten Produktionsbereichs der j-ten Unternehmenseinheit verbrauchten Vorleistungen zu Herstellungspreisen dar.

Leider ist das verfügbare Ausgangdatenmaterial in Bezug auf die vollständige Darstellung des institutionellen Vorleistungsvektors $\widehat{IM}_p^j$ sehr lückenhaft. I.d.R. liegen die Vorleistungsverbräuche für die Unternehmenseinheit j nicht in der nach 71 Gütergruppen gegliederten Systematik der Vorleistungsmatrix der Ausgangstabelle vor. Aufgrund fehlender Angaben über die eingesetzten Vorleistungen IM_p^j jeder einzelnen Gütergruppe p können die intermediären puts IM_{px}^j für den Herstellungsprozess im Produktionsbereich x nicht anhand des verallgemeinerten Schemas in Tabelle 26 abgeleitet werden. Der Verbrauch vieler Vorleistungsgüter wird in den primärstatistischen Erhebungsunterlagen oftmals nur aggregiert in Form von Sammelpositionen ausgewiesen, die den Verbrauch mehrerer Gütergruppen zusammenfassen und die Überleitung der institutionell verfügbaren Daten in die funktionelle Darstellung der IO-Tabellen erschweren.

Für die Ermittlung der Vorleistungen IM_{px}^j müssen deshalb auf Basis des verfügbaren Datenmaterials und unter Anwendung ökonomisch plausibler Annahmen geeignete Koeffizienten gebildet werden, anhand derer die Vorleistungsstrukturen der unternehmensspezifischen Produktionsbereiche abgeleitet werden können. Die Koeffizienten und Annahmen, die zur Berechnung der funktionellen Vorleistungsvektoren der Unternehmenseinheit j eingesetzt werden, orientieren sich am „allgemeine Überleitungsmodell" des Statistischen Bundesamts. Die Vorgehensweise variiert in Abhängigkeit der zur Verfügung stehenden Informationen über die im Herstellungsprozess verbrauchten Vorleistungen der betrachteten Unternehmenseinheit. Grundsätzlich sind in diesem Zusammenhang die drei im Folgenden beschriebenen Fälle zu unterscheiden.

Fall1

Im ersten Fall sind die in der betrachteten Unternehmenseinheit verbrauchten Vorleistungen IM_p^j für die p-te Gütergruppe bekannt. D.h. es liegen eindeutige statistische Informationen über die Höhe der Vorleistungen vor, die für die Herstellung der Güter der Unternehmenseinheit in der betrachteten Berichtsperiode aufgewendet wurden. Die Überleitung von IM_p^j in die funktionelle Darstellung nach Produktionsbereichen IM_{px}^j erfolgt gemäß dem in Tabelle 27 dargestellten Schema.

Tabelle 27: Übergangstabelle bei bekannten institutionellen Vorleistungsverbräuchen

	Unternehmensspezifischer Produktionsbereich x			Σ
Güter-gruppe p	$IM_{p1}^{j} = b_{p1}^{j} IM_{p}^{j}$	...	$IM_{p71}^{j} = b_{p71}^{j} IM_{p}^{j}$	IM_{p}^{j}

Die Vorleistungskoeffizienten b_{px}^{j} (x=1,…,71; p=1,…,71; j=1,…,z) werden, unter der Voraussetzung, dass geeignete primärstatistische Informationen vorliegen, individuell auf Basis der erhobener Unternehmensdaten berechnet.[754] Andernfalls, d.h. wenn keine Erkenntnisse über den Verbrauch der jeweiligen Gütergruppe in den unternehmensspezifischen Produktionsbereichen vorliegen, wird unterstellt, dass sich die Vorleistungen gemäß der im Produktionsprogramm zum Ausdruck kommenden Verhältnisse auf die verschiedenen Produktionsbereiche x verteilen. Die Überleitung des bekannten Vorleistungswerts IM_{p}^{j} erfolgt sodann unter der Annahme, dass das Verhältnis zwischen den Vorleistungen IM_{px}^{j} der p-ten Gütergruppe des x-ten Produktionsbereichs und der Summe der Vorleistungen IM_{p}^{j} gleich dem Anteil des Produktionswerts PW_{x}^{j} des x-ten Produktionsbereichs am gesamten Wert der im Inland produzierten Güter PW^{j} ist. In diesem Fall sind die Vorleistungskoeffizienten b_{px}^{j} aus Tabelle 27 identisch mit den sogenannten Produktionswertkoeffizienten v_{x}^{j}, die die Verhältnisse des Produktionsprogramms wiederspiegeln und sich folgendermaßen berechnen lassen:

$$v_{x}^{j} = \frac{PW_{x}^{j}}{PW^{j}} \qquad 4.1$$

Ein Element v_{x}^{j} beschreibt den Anteil der Produktion PW_{x}^{j} des x-ten Produktionsbereichs am gesamten Wert der im Inland produzierten Güter der j-ten Unternehmenseinheit PW^{j}.

Durch die Multiplikation des Vorleistungskoeffizienten b_{px}^{j} mit dem institutionellen Verbrauch IM_{p}^{j} wird der für die Herstellung der Erzeugnisse in der j-ten Unternehmenseinheit verbrauchte Wert der Gütergruppe p dem unternehmensspezifischen Produktionsbereiche x zugeordnet. Dadurch ergeben sich die im x-ten Produktionsbereich verbrauchten Anteilswerte $IM_{px}^{j} = b_{px}^{j} IM_{p}^{j}$ (vgl. Tabelle 27).

754 Dies ist z.B. der Fall, wenn detaillierte Informationen aus der Material- und Wareneingangserhebung über den Rohstoffverbrauch der Unternehmenseinheit vorliegen. Auf Basis der ausgewiesenen Rohstoffverbräuche lassen sich passgenaue Vorleistungskoeffizienten für die Berechnung der in den verarbeitenden Produktionsbereichen verbrauchten Vorleistungen der jeweiligen Gütergruppe ermitteln.

Im besten Fall sind für alle Gütergruppen p (p=1,...,71) eindeutige statistische Angaben über deren Verbrauch IM_p^j in der betrachteten Unternehmenseinheit verfügbar, sodass davon ausgehend die einzelnen Elemente IM_{px}^j der funktionell abgegrenzten Vorleistungsvektoren $\widehat{IM}_{px}^j$ auf Basis des in Tabelle 26 dargestellten allgemeinen Schemas ermittelt werden können. Leider ist das verfügbare Ausgangsdatenmaterial diesbezüglich sehr lückenhaft, sodass für die Berechnung der funktionellen Vorleistungen IM_{px}^j oftmals auf die in den nachfolgenden Fällen beschriebene Vorgehensweise zurückgegriffen werden muss.

Fall 2

Der zweite Fall beschreibt im Gegensatz zu Fall 1 die konträre Situation, dass überhaupt keine institutionellen Angaben über den gütermäßigen Einsatz von Waren und Dienstleistungen in der betrachteten Unternehmenseinheit gemäß der CPA der Ausgangstabelle vorliegen. Über die Höhe der benötigten Vorleistungen IM_p^j ist nichts bekannt. Lediglich die Summe der inländischen Vorleistungen zu Herstellungspreisen VL_d^j (vgl. Tabelle 24) kann über die berechnete Inputkenngröße „Vorleistungen zu Anschaffungspreisen" (VL^j) durch die Subtraktion der importierten Vorleistungen zuzüglich dem Wert für die Gütersteuern abzüglich Gütersubventionen ermittelt werden.[755] Die funktionell abgegrenzten Vorleistungen IM_{px}^j der unternehmensspezifischen Produktionsbereiche werden unter diesen Voraussetzungen ausgehend von der Summe der inländischen Vorleistungen zu Herstellungspreisen VL_d^j gemäß dem in Tabelle 28 abgebildeten Schema berechnet.

Tabelle 28: Überleitungsschema für Fall 2

	Unternehmensspezifischer Produktionsbereich x			Σ
Gütergruppe p	$IM_{1\,1}^j = b_{1\,1}^j * VL\_d_1^j$	...	$IM_{1\,71}^j = b_{1\,71}^j * VL\_d_{71}^j$	IM_1^j
	...		...	...
	$IM_{71\,1}^j = b_{71\,1}^j * VL\_d_1^j$	...	$IM_{71\,71}^j = b_{71\,71}^j * VL\_d_{71}^j$	IM_{71}^j
Σ	$VL\_d_1^j$	...	$VL\_d_{71}^j$	VL_d^j

Für die Berechnung der Elemente der Vorleistungsvektoren $\widehat{IM}_{px}^j$ wird zunächst unterstellt, dass das Verhältnis zwischen der Summe der inländischen

755 Der Wert für die importierten Vorleistungen wird auf Basis der erhoben Importquoten berechnet.

Vorleistungen des x-ten Produktionsbereichs $VL\_d_i^j$ und der Summe der gesamten inländischen Vorleistungen VL_d^j ($\sum_{x=1}^{71} VL\_d_x^j$) der Unternehmenseinheit j gleich dem Anteil des Produktionswerts des x-ten Produktionsbereichs PW_x^j an der Summe der im Inland produzierten Güter der betrachteten Unternehmenseinheit PW^j ist. Unter Anwendung dieser ökonomisch plausiblen Annahme werden die inländischen Vorleistungen zu Herstellungspreise VL_d^j durch die Multiplikation mit den bereits bekannten Produktionswertkoeffizienten v_x^j (vgl. 4.1) auf die funktionellen unternehmensspezifischen Produktionsbereiche (PB_x^j) verteilt.

$$VL\_d_x^j = v_x^j * VL\_d^j$$

$VL\_d_x^j$ steht für die Summe der im x-ten Produktionsbereich verbrauchten inländischen Vorleistungen (vgl. Tabelle 24). Im nächsten Schritt wird der Wert $VL\_d_x^j$ in die gütermäßige Abgrenzung der Ausgangstabelle überführt. Unter Anwendung der sogenannte Gütertechnologieannahme („Commodity Technology")[756] werden die im x-ten Produktionsbereich verbrauchten inländischen Vorleistungen $VL\_d_x^j$ mit Hilfe spezieller Vorleistungskoeffizienten b_{px}^j auf die 71 Gütergruppen verteilt (vgl. Tabelle 28). Die Gütertechnologieannahme besagt allgemein, dass gleichartige Güter, unabhängig davon, welche institutionelle Einheit sie herstellt, immer mit der gleichen Technologie bzw. Inputstruktur hergestellt werden.[757] Im übertragenen Sinne bedeutet dies, dass die Vorleistungsstruktur des unternehmensspezifischen Produktionsbereichs (PB_x^j), im Rahmen dessen die Unternehmenseinheit eine bestimmte Art von Gütern herstellt, gleich der Vorleistungsstruktur des entsprechenden gesamtwirtschaftlichen Produktionsbereichs (PB_x^{iot}) in der Ausgangstabelle ist, dem sie zugeordnet wird.

Ausgehend von der Gütertechnologieannahme wird für die Ermittlung der Vorleistungen IM_{px}^j unterstellt, dass die Inputkoeffizienten b_{px}^j des Produktionsbereichs x in Tabelle 28 identisch mit den gesamtwirtschaftlichen Inputkoeffizienten b_{px} des entsprechenden Produktionsbereichs x aus der Ausgangstabelle sind. Sie lassen sich folgendermaßen berechnen:

---

756 vgl. Destatis (2010c), S. 34. Im SNA oder im ESVG 1995 wird die Gütertechnologieannahme als eine von zwei zentralen Technologieannahmen (die andere ist unter der Bezeichnung Wirtschaftsbereichsannahme, Unternehmenstechnologieannahme oder „Industry Technology" bekannt) zur Umsetzung der zu den Nebentätigkeiten eines Wirtschaftsbereichs bzw. einer institutionellen Wirtschaftseinheit gehörenden Inputs verwendet (vgl. ESVG 1995, 9.58).

757 vgl. Destatis (2010c), S. 34

$$b_{px}^{j} = b_{px} = \frac{IM_{px}^{iot}}{VL\_d_{x}^{iot}} \qquad 4.2$$

IM_{px}^{iot} steht für die inländischen Vorleistungen der p-ten Gütergruppe, die in der deutschen Volkswirtschaft für die Herstellung der Erzeugnisse des x-ten Produktionsbereichs eingesetzt werden, und $VL\_d_{x}^{iot}$ für die Summe der im x-ten Produktionsbereich insgesamt verbrauchten inländischen Vorleistungen. Auf Basis der abgeleiteten Vorleistungskoeffizienten b_{px}^{j} wird anschließend der Verbrauch IM_{px}^{j} für jede Gütergruppe p der unternehmensspezifischen Produktionsbereiche berechnet.

$$IM_{px}^{j} = b_{px}^{j} * VL\_d_{x}^{j}$$

Zusammenfassend bleibt festzuhalten, dass für den beschriebenen Fall, bei dem keine statistischen Daten über die institutionellen Verbräuche IM_{p}^{j} in der j-ten Unternehmenseinheit vorliegen, die Vorleistungen IM_{px}^{j} unter Anwendung der Gütertechnologieannahme, d.h. auf Basis der durchschnittlichen Vorleistungsstrukturen (vgl. 4.2) in der Ausgangstabelle, berechnet werden müssen (vgl. Tabelle 28). Als Ergebnis liegen die nach Gütergruppen abgegrenzten Vorleistungsvektoren $\widehat{IM}_{px}^{j}$ für die unternehmensspezifischen Produktionsbereiche der Unternehmenseinheit j vor (vgl. Tabelle 24).

Die beiden bisher beschrieben Fälle decken noch nicht alle Möglichkeiten ab, die in Bezug auf die Berechnung der funktionell gegliederten intermediären Inputs IM_{px}^{j} zu berücksichtigen sind. Insbesondere der nachfolgend beschriebene dritte Fall, bei dem der Verbrauch einer Gütergruppe in einer Sammelposition gemeinsam mit den Angaben anderer Gütergruppen ausgewiesen wird, ist für die praktische Aufbereitung der funktionellen unternehmensspezifischen Vorleistungsvektoren von besonderer Bedeutung.

Fall 3

Der letzte Fall, der im Rahmen der Ermittlung der Vorleistungsvektoren zu berücksichtigten ist, trägt dem unterschiedlichen Aggregationsniveau der verfügbaren Ausgangsdaten hinsichtlich der im Herstellungsprozess verwendeten Waren und Dienstleistungen Rechnung. Für etliche Vorleistungen liegen nur aggregierte Informationen vor, die den Vorleistungsverbrauch der betrachteten Unternehmenseinheit für mehrere Gütergruppen zusammen in einer Sammelposition ausweisen. Um die gütermäßigen Vorleistungsstrukturen der j-ten Unternehmenseinheit dennoch differenziert abbilden zu können, müssen die als Aggregate verfügbaren Verbrauchsangaben auf die betroffenen Gütergruppen in den unternehmensspezifischen Produktionsbereichen verteilt werden. Dies erfolgt auf Basis des in Tabelle 29 dargestellte Überleitungsschemas.

Tabelle 29: Überleitungsschema für Fall 3

	Unternehmensspezifischer Produktionsbereich x			Σ
Gütergruppe k	$IM^j_{1\,1} = b^j_{1\,1} * SP^j_1$	...	$IM^j_{1\,71} = b^j_{1\,71} * SP^j_{71}$	IM^j_1
	...		...	...
	$IM^j_{m\,1} = b^j_{m\,1} * SP^j_1$	...	$IM^j_{m\,71} = b^j_{m\,71} * SP^j_{71}$	IM^j_m
Σ	SP^j_1	...	SP^j_{71}	SP^j

Die aus Tabelle 26 bekannte Variable p (p=1,…,71), die auf die p-te Vorleistungsart der nach 71 Gütergruppen gegliederten Vorleistungsmatrix der Ausgangstabelle verweist, wird in Tabelle 29 durch die Hilfsvariable k (k=1,…,m) ersetzt. Dies ist notwendig, um dem divergierenden Aggregationsniveau der verfügbaren Ausgangsdaten hinsichtlich der im Herstellungsprozess verwendeten Waren und Dienstleistungen Rechnung zu tragen. Das Element m zeigt die Anzahl der Gütergruppen, für die in der Sammelposition SP^j der Vorleistungsverbrauch zusammen ausgewiesen wird ($SP^j = \sum_{k=1}^{m} IM^j_k$). Ist m=4 fasst das Aggregat SP^j den institutionellen Verbrauch von insgesamt 4 der 71 Gütergruppen zusammen. Jedes k (k=1,…,m) wird dabei immer genau einer Gütergruppe p (p=1,…,71) in der Abgrenzung der Vorleistungsmatrix der Ausgangstabelle zugeordnet, d.h. f(k) = p . Dieser Sachverhalt wird anhand des Beispiels in Tabelle 30 deutlich.

Für keine der Gütergruppen k (k=1,…,4) in Tabelle 30 liegen spezifische Informationen über deren Verbrauch IM^j_k vor. Aus den erhobenen Unternehmensdaten kann lediglich die Sammelposition SP^j ermittelt werden, in der der Verbrauch der 4 Gütergruppen (m=4) aggregiert ausgewiesen wird. Im dritten Fall geht es nun darum anhand ökonomisch plausibler Annahmen und unter Verwendung geeigneter Koeffizienten den in der Sammelposition SP^j ausgewiesenen Vorleistungsverbrauch der m Gütergruppen für die benötigte funktionellen Darstellung auf die unternehmensspezifischen Produktionsbereiche zu verteilen.

Tabelle 30: Beispiel für die Beziehung zwischen den Variablen k und p

CPA	Gütergruppe	Variable	
		k (k=1,...,m)	p (p=1,...,71)[1]
24.4	Pharmazeutische Erzeugnisse	**1**	**21**
29	Maschinen	**2**	**31**
74	Unternehmensbezogene Dienstleistungen	**3**	**62**
93	Sonstige Dienstleistungen	**4**	**70**

[1]Die Variable p ist identisch mit der laufenden Nummer (Lfd. Nr.) der Zeilen der Vorleistungsmatrix in der Ausgangstabelle

Für die Ermittlung der in den unternehmensspezifischen Produktionsbereichen eingesetzten Vorleistungen IM_{kx}^{j} wird zunächst unterstellt, dass sich die in der Sammelposition SP^{j} zusammengefassten Vorleistungen gleich dem Verhältnis des Produktionswerts des x-ten Produktionsbereichs PW_{x}^{j} zu der Summe der im Inland produzierten Güter der betrachteten Unternehmenseinheit PW^{j} auf die unternehmensspezifischen Produktionsbereiche verteilen lassen. Der dem x-ten Produktionsbereich zuzuordnende Anteil SP_{x}^{j} resultiert demzufolge aus der Multiplikation des Aggregats SP^{j} mit dem entsprechenden Produktionswertkoeffizienten v_{i}^{j} (vgl. 4.14.1).

$$SP_{x}^{j} = v_{x}^{j} * SP^{j}$$

Die Anteilswerte der verschiedenen Gütergruppen k, die bislang nur aggregiert in der übergeleiteten Sammelposition SP_{x}^{j} für den jeweiligen Produktionsbereich x ausgewiesen werden, müssen anschließend mit Hilfe spezieller Vorleistungskoeffizienten b_{kx}^{j} der entsprechenden Gütergruppen k zugewiesen werden (vgl. Tabelle 29). Ein Koeffizient b_{kx}^{j} bezeichnet den Anteil der für die Herstellung der Erzeugnisse im x-ten Produktionsbereich verbrauchten Vorleistungen der Gütergruppe k Die Vorleistungskoeffizienten b_{kx}^{j} werden, wie in Fall 2, unter Anwendung der Gütertechnologieannahme auf Basis der Vorleistungsstrukturen der Ausgangstabelle ermittelt (vgl. 4.2).

Um die Vorleistungskoeffizienten b_{kx}^{j} auf Basis der Strukturen in der Ausgangstabelle berechnen zu können, müssen zunächst die in der Sammelposition zusammengefassten Gütergruppen in der Abgrenzung der amtlichen Ausgangstabelle identifiziert werden. Dies geschieht über die Zuordnungsvorschrift f(k) = p $(k \in K | k = \{1, \dots, m\}, 1 < m < 71$ und $p \in P | P = \{1, \dots, 71\})$, die jeder Gütergruppe k (k=1,…,m) eindeutig eine Gütergruppe p (p=1,…,71) in der CPA der Ausgangstabelle zuordnet (siehe Beispiel in Tabelle 30).

Sind alle Zuordnungsvorschriften bekannt, d.h. die Gütergruppen und betroffenen Produktionsbereiche in der Ausgangstabelle identifiziert, können die Vorleistungskoeffizienten b_{kx}^{j} unter Anwendung der Gütertechnologieannahmen berechnet werden. Dafür wird die zentrale Annahme identischer Strukturen für die Herstellung gleichartiger Güter auf den betrachteten Teilbereich bzw. die in der Sammelposition SP_{x}^{j} zusammengefassten Gütergruppen übertragen. Der jeweilige Vorleistungskoeffizient b_{kx}^{j} ist identisch mit den gesamtwirtschaftlichen Inputkoeffizienten b_{px} der inländischen IO-Tabelle (ohne Weiterverarbeitungsproduktion).

$$b_{kx}^{j} = b_{px} = \frac{IM_{px}^{iot}}{SP_{x}^{iot}}$$

IM_{px}^{iot} steht, wie in 4.2, für die Vorleistungen der p-ten Gütergruppe, die in der deutschen Volkswirtschaft für die Herstellung der Erzeugnisse des x-ten Produktionsbereichs verbraucht werden. In der Sammelposition SP_{x}^{iot} werden alle Vorleistungen IM_{px}^{iot} des gesamtwirtschaftlichen Vorleistungsvektors $\widehat{IM}_{px}^{iot}$ des x-ten Produktionsbereichs aufaddiert, die durch die Zuordnungsvorschrift f(k) = p als relevante Gütergruppen des in der Sammelposition zusammengefassten Güterbündels eindeutig festgelegt sind.

$$SP_{x}^{iot} = \sum_{p=\mathrm{f}(1)}^{f(m)} IM_{px}^{iot}$$

Bezogen auf das Beispiel in Tabelle 30 bedeutet dies, das sich der Wert für SP_{x}^{iot} aus den Vorleistungen der Gütergruppen 21, 31, 55 und 70 des x-ten Produktionsbereichs zusammensetzt. Der Vorleistungskoeffizient b_{2x}^{j} für die Gütergruppe „Maschinen“ (k=2) eines beliebigen unternehmensspezifischen Produktionsbereichs x lässt sich beispielsweise anhand der in Tabelle 30 ausgewiesenen Relationen folgendermaßen berechnen:

$$b_{2x}^{j} = b_{31\,x} = \frac{IM_{31\,x}^{iot}}{IM_{21\,x}^{iot} + IM_{31\,x}^{iot} + IM_{55\,x}^{iot} + IM_{70\,x}^{iot}}$$

Auf Basis der ermittelten Vorleistungskoeffizienten b_{kx}^{j} wird anschließend der gesuchte Verbrauch IM_{kx}^{j} für jede Gütergruppe k des unternehmensspezifischen Produktionsbereichs x wie folgt berechnet (vgl. Tabelle 29).

$$IM_{kx}^{j} = b_{kx}^{j} * SP_{x}^{j}$$

Der dritte Fall ist von zentraler Bedeutung für die Ermittlung der intermediären Inputs der zu analysierenden Unternehmenseinheit. Häufig liegen nur aggregierte Informationen über den Einsatz von Vorleistungen mehrerer Gütergruppen einer institutionellen Einheit vor, sodass mittels geeigneter Annahmen und Koeffizienten die benötigten Strukturen in der gütermäßigen Abgrenzung der Ausgangstabelle abgeschätzt werden müssen. Die Anwendung der Gütertechnologieannahme auf Basis der Vorleistungsstrukturen der Ausgangstabelle beschreibt diesbezüglich eine ökonomisch plausible Herangehensweise, um die gütermäßig abgegrenzten Vorleistungen der unternehmensspezifischen Produktionsbereiche transparent und nachvollziehbar ermitteln zu können.

Für eine den tatsächlichen Gegebenheiten entsprechende Abbildung der unternehmensspezifischen Vorleistungsstrukturen wäre es ideal, wenn jede Unternehmenseinheit eindeutige Angaben über die im Herstellungsprozess eingesetzten Produkte und Dienstleistungen in den Abgrenzungen und den Konzepten der Vorleistungsmatrix (IM_{px}^{j}) bereitstellen könnte. Weil auf entsprechende Daten in der Realität jedoch nicht zurückgegriffen werden kann, muss zur Berechnung der Vorleistungsstrukturen der unternehmensspezifischen Produktionsbereiche eine andere Herangehensweise gewählt werden. Die vorangegangene Fallunterscheidung (Fall 1-3) trägt der divergierenden Datenverfügbarkeit in Bezug auf den individuellen Verbrauch der 71 Gütergruppen in der betrachteten Unternehmenseinheit Rechnung. Welcher Fall für die Ermittlung welcher Vorleistungswerte anzuwenden ist, wird in Abhängigkeit des verfügbaren Datenmaterials entschieden.

Als primärstatistisches Ausgangsdatenmaterial für die Berechnung der funktionell abgegrenzten Vorleistungsstrukturen fungieren im Wesentlichen die abgefragten Erhebungsunterlagen der (Kosten-) Strukturerhebungen sowie der Material- und Wareneingangserhebung. In den Strukturerhebungsbögen werden jedoch lediglich der Gesamtwert der Warenbezüge sowie einzelne Sammelpositionen über den Verbrauch bestimmter Güterbündel in der Unternehmenseinheit abgefragt. D.h. die Angaben in den Erhebungsunterlagen der Strukturerhebungen weisen die intermediären Inputs der jeweiligen institutionellen Einheit weder differenziert nach Gütergruppen noch nach unternehmensspezifischen Produktionsbereichen aus. Unter Zuhilfenahme der Gütertechnologieannahme und mittels der in Fall 3 beschriebenen Vorgehensweise lassen sich anhand der bekannten Sammelpositionen dennoch die verbrauchten Vorleistungen in den Abgrenzungen und Konzepten der Ausgangstabelle abschätzen.

Im Gegensatz zu den Angaben in den Strukturerhebungen liefern die Material- und Wareneingangserhebungen ein sehr viel detaillierteres Bild über die für den Herstellungsprozess der produzierenden Unternehmenseinheit benötigten Waren und Materialien. Sie weisen „sämtliche im Berichtszeitraum bezogenen

Roh-, Hilfs- und Betriebsstoffe, also Materialien (Stoffe), die zum Zwecke der Produktion im Unternehmen be- oder verarbeitet, verbraucht oder zur Be- oder Verarbeitung an andere Unternehmen weitergegeben werden“[758], aus. Unter Berücksichtigung des Preiskonzepts[759] sowie der zugrundeliegenden Definitionen und Abgrenzungen[760] liefern die erhobenen Daten aus der Material- und Wareneingangserhebungen wertvolle Informationen über die Vorleistungsstruktur der zu analysierenden Unternehmenseinheit. Insbesondere die im Rahmen der Leistungserstellung verbrauchten Rohstoffe lassen sich detailliert nachweisen. Der Nachteil der Material- und Wareneingangserhebung besteht darin, dass sie nur bei Unternehmen des Verarbeitenden Gewerbes durchgeführt wird und daher für die anderen Unternehmenseinheiten, die ihrem Schwerpunkt nach dem Handel oder dem Bereich der unternehmensnahen Dienstleistungen zuzuordnen sind, keine vergleichbaren Erhebungsbögen vorliegen.

Neben den Angaben aus der (Kosten-)-Strukturerhebung und der Material- und Wareneingangserhebung können auch ergänzende Unternehmensdaten, die für die Ermittlung der Vorleistungsstruktur der zu analysierenden Unternehmenseinheit zielführend sind, hinzugezogen werden. Grundsätzlich gilt, je mehr Informationen über die zur Herstellung der unternehmensspezifischen Güter benötigten Vorleistungen in der Abgrenzung der Vorleistungsmatrix der Ausgangstabelle verfügbar sind, umso weniger muss auf Annahmen zurückgegriffen werden.

Letztendlich müssen für die Erstellung des unternehmensspezifischen Satellitensystems alle Vorleistungen IM_{px}^{j} der unternehmensspezifischen Produktionsbereiche in der gütermäßigen Abgrenzung der Ausgangstabelle auf Basis des verfügbaren Datenmaterials (Fall 1-3) ermittelt werden. D.h. für jede Gütergruppe p müssen die im Herstellungsprozess des x-ten Produktionsbereichs verbrauchten Vorleistungen IM_{px}^{j} der Unternehmenseinheit j aufbereitet werden. In Tabelle 24 sind die berechneten Vorleistungswerte IM_{px}^{j} des jeweiligen unternehmensspezifischen Produktionsbereichs PB_{x}^{j} spaltenweise in den Vorleistungsvektoren $\widehat{IM}_{px}^{j}$ zusammengefasst. Durch die zeilenweise Addition der einzelnen Vorleistungen IM_{px}^{j} einer bestimmten Gütergruppe p über alle unternehmensspezifischen Produktionsbereiche PB_{x}^{j} ergibt sich der Wert für die insge-

758 Destatis (2009b), S. 12

759 Die Material- und Warenbezüge werden im Gegensatz zu den Vorleistungen in der IO-Tabelle zu Anschaffungskosten bewertet (vgl. Destatis (2009b), S. 12).

760 Die Ausgangstabelle und die Material- und Wareneingangsstatistik unterscheiden sich hinsichtlich der zugrundeliegenden Abgrenzungen und Konzepte, wie z.B. die unterschiedliche Erfassung der Handelswaren, die Berücksichtigung von importierten Vorleistungen oder der Behandlung der Anlageinvestitionen. (vgl. Destatis (2009b), S. 12).

samt in der Unternehmenseinheit j benötigten Vorleistungen IM_p^j der entsprechenden Gütergruppe p.

Der gütermäßig abgegrenzte Vorleistungsvektor $\widehat{IM}_p^j$ fasst alle Vorleistungen IM_p^j, die für die Herstellung der Güter der betrachteten Unternehmenseinheit j benötigt werden, zusammen (vgl. Tabelle 24). Er spiegelt als Kernstück des unternehmensspezifischen Inputvektors $\widehat{PB}^j$ die nach 71 Gütergruppen abgegrenzte Vorleistungsstruktur der Unternehmenseinheit j wieder und ist von zentraler Bedeutung für die Quantifizierung der ökonomischen Wirkungen des Untersuchungsgegenstands im Rahmen der Input-Output-Analyse. Der unternehmensspezifische Vorleistungsvektor zeigt den direkten ökonomischen Beitrag der betrachteten Unternehmenseinheit als Nachfrager von Vorleistungen auf die vorgelagerten Wirtschaftseinheiten. Die Struktur des institutionellen Vorleistungsvektors entscheidet maßgeblich über die Höhe und die Zusammensetzung der kumulativen Effekte auf den Rest der inländischen Volkswirtschaft. Auf die besondere Rolle des unternehmensspezifischen Vorleistungsvektors wird bei der Vorstellung des Berechnungsmodells näher eingegangen (vgl. Abschnitt 4.2). Nachdem sich die bisherigen Ausführungen ausschließlich mit der Aufbereitung und Überleitung der Vorleistungen befassten, rücken im Folgenden die anderen in Tabelle 24 abgebildeten Inputgrößen in den Mittelpunkt, die für die vollständige Darstellung der Inputvektoren der Unternehmenseinheit j ebenfalls benötigt werden.

Die Vorleistungen aus inländischer Produktion zu Herstellungspreisen ergeben sich für jeden unternehmensspezifischen Produktionsbereich x aus der Summe der gütermäßig abgegrenzten Vorleistungen IM_{px}^j.

$$VL\_d_x^j = \sum_{p=1}^{71} IM_{px}^j$$

Analog dazu ergibt sich der Wert für die aus dem Inland insgesamt bezogenen Vorleistungen VL_d^j für die gesamte Unternehmenseinheit j aus der Summe der institutionellen Vorleistungen IM_p^j.

Der Übergang von den inländischen Vorleistungen zu Herstellungspreisen zu den in Tabelle 24 ebenfalls ausgewiesenen Vorleistungen zu Anschaffungspreisen erfolgt durch die Addition der importierten Vorleistungen sowie der Position "Gütersteuern abzüglich Gütersubventionen". Die Korrektheit der Berechnungen kann an diesem Punkt durch den Vergleich des auf Basis der Entstehungsrechnung berechneten Eckwerts für die institutionellen gen VL^j (vgl. Tabelle 19) mit der Zeilensumme der produktionsbereichsspezifischen Vorleistungen VL_x^j plausibilisiert werden.

$$VL^j = \sum_{x=1}^{71} VL_x^j$$

Für die Erstellung des unternehmensspezifischen Satellitensystems, das den institutionellen Inputvektor $\widehat{PB}^j$ in der Ausgangstabelle als neuen bzw. eigenständigen Produktionsbereich gegenüber den übrigen homogenen Produktionsbereichen abgegrenzt, müssen auch die Primärinputs sowie die Erwerbstätigen in die funktionelle Darstellung überführt werden. Ohne die Überleitung der institutionellen Eckwerte in die funktionelle Darstellung der Ausgangstabelle ist es nicht möglich, den volkswirtschaftlichen Anteil zu identifizieren, der auf die Geschäftstätigkeit der betrachteten Unternehmenseinheit j zurückzuführen und in den Inputkenngrößen der gesamtwirtschaftlichen Produktionsbereiche enthalten ist (vgl. Abbildung 25). Die Aufteilung der institutionellen Eckwerte auf die unternehmensspezifischen Produktionsbereiche ist daher notwendig, um die Ausgangstabelle für die disaggregierte Darstellung der unternehmensspezifischen Verflechtungen im Satellitensystem vollständig um die unternehmensspezifischen Anteile bereinigen zu können.

Die funktionelle Aufteilung der Arbeitnehmerentgelte AE^j auf die Produktionsbereiche PB_x^j erfolgt mit Hilfe der bereits bekannten Produktionswertkoeffizienten v_x^j (vgl. 4.1). Durch die Multiplikation der gesamten, in der Unternehmenseinheit j gezahlten Arbeitnehmerentgelte AE^j mit dem entsprechenden Produktionswertkoeffizienten v_x^j ergeben sich die dem x-ten Produktionsbereich zuzuordnenden Arbeitnehmerentgelte AE_x^j.

$$AE_x^j = v_x^j AE^j$$

Für die Überleitung der Erwerbstätigen ET^j in die funktionelle Darstellung ET_x^j wird die gleiche Vorgehensweise gewählt. D.h. die Aufteilung der im gesamten Unternehmen beschäftigten Personen entlang der unternehmensspezifischen Produktionsbereiche erfolgt ebenfalls auf Basis der Produktionswertkoeffizienten v_x^j. Die Bruttowertschöpfung BWS_x^j wird demgegenüber unter Verwendung der in Tabelle 22 dargestellten Subtraktionsmethode berechnet. Von dem Produktionswert PW_x^j des x-ten Produktionsbereichs werden die berechneten Vorleistungen zu Anschaffungspreisen VL_x^j abgezogen, um die gesuchte Bruttowertschöpfung BWS_x^j zu erhalten.

Die Inputkenngrößen des unternehmensspezifischen Vektors $\widehat{PB}^j$ aus Abbildung 25 liegen nun vollständig vor. Zusammen mit den bereits im vorangegangenen Abschnitt aufbereiteten volkswirtschaftlichen Eckwerten (gestrichelte Felder in Tabelle 24) geben die berechneten Vorleistungswerte die vollständige Produktionsstruktur der Unternehmenseinheit j in den Abgrenzungen und Konzepten der Ausgangstabelle wieder. Der unternehmensspezifische tor $\widehat{PB}^j$ zeigt genau an, welche Vorleistungen und Primärinputs für die Herstellung der Güter in der Unternehmenseinheit j im Berichtszeitraum verbraucht wurden. Er bringt die entstehungsseitigen Verflechtungen der Unternehmenseinheit j mit der deutschen Volkswirtschaft zum Ausdruck und zeigt die direkten volkswirtschaftlichen Effekte, die von der betrachteten Unternehmenseinheit j auf den Rest der deutschen Wirtschaft ausgehen.

Die ebenfalls in Tabelle 24 ausgewiesenen Inputvektoren $\widehat{PB}_x^j$ der unternehmensspezifischen Produktionsbereiche tragen der funktionellen Darstellung in den IO-Tabellen des Statistischen Bundesamts Rechnung. Sowohl für die Erstellung des Inputvektors $\widehat{PB}^j$ als auch für dessen disaggregierte Darstellung im Satellitensystem beschreibt die fachlich, in Abhängigkeit der Art der hergestellten Güter abgegrenzte Darstellung der Unternehmenseinheit j eine unabdingbare Voraussetzung. Erst durch die Aufbereitung der funktionell gegliederten Inputvektoren $\widehat{PB}_x^j$ können die produktionsmäßigen Anteile der Unternehmenseinheit j an den gesamtwirtschaftlichen Aggregaten identifiziert und im Rahmen des entwickelten Satellitensystems disaggregiert aufbereitet werden.

Um neben den produktions- auch die gütermäßigen Verflechtungen der betrachteten Unternehmenseinheit im Satellitensystem abbilden zu können, muss die unternehmensspezifische Verwendungsseite ebenfalls aufbereitet werden (vgl. Abbildung 24). In Anlehnung an die beschriebene Vorgehensweise zur Berechnung der Inputstruktur wird im nächsten Abschnitt die Outputseite der Unternehmenseinheit j betrachtet und gemäß der Abgrenzung und den Konzepten der Ausgangstabelle aufbereitet.

4.1.3.2 Die Verwendungsseite

Die Zeilen des ersten und zweiten Quadranten der Input-Output-Tabellen des Statistischen Bundesamts (vgl. Abbildung 18) stellen die durchschnittliche Outputstruktur (Verwendung) der verschiedenen in Deutschland produzierten Erzeugnisse dar. Sie zeigen, in welcher Höhe die hergestellten Waren und Dienstleistungen der unterschiedlichen Gütergruppen p (p=1,…,71) in welchem Produktionsbereich x (x=1,…,71) intermediär verwendet werden bzw. in welcher Höhe sie über die letzte Verwendung (Endnachfrage) den Wirtschaftskreislauf verlassen.[761] Im ersten Quadranten (Vorleistungsmatrix) weisen die Zeilen den Einsatz der jeweiligen Gütergruppe p als Vorleistungen in den entsprechenden homogenen Produktionsbereichen PB_x^{iot} (sogenannte intermediäre Verwendung) aus (vgl. Tabelle 31). Demgegenüber weisen die Zeilen des zweiten Quadranten (Endnachfragematrix) die Waren und Dienstleistungen der letzten Verwendung in der Gliederung nach 71 Gütergruppen aus, d.h. all jene Güter, die in der Volkswirtschaft nicht weiter zirkulieren. Das in Tabelle 31 dargestellte Aggregat „Komponenten der letzten Verwendung" fasst die Endnachfragekenngrößen

761 vgl. Destatis (2010c), S. 18

Konsum, Anlageinvestitionen, Vorratsveränderungen sowie Exporte zusammen.[762]

Tabelle 31: Vereinfachte Outputstruktur der Ausgangstabelle

Lfd. Nr.	1 – 71	72	73-80	81	82
CPA	01 – 95				
Kenngrößen des Outputvektors $\widehat{GG}_p^{iot}$ der Gütergruppe p	**Intermediäre Verwendung der Erzeugnisse der p-ten Gütergruppe**	Summe der intermediären Verwendung	Komponenten der letzten Verwendung	Summe der Endnachfrage	Gesamte Verwendung der p-ten Gütergruppe

In Analogie zu den in Tabelle 24 dargestellten funktionellen unternehmensspezifischen Inputvektoren $\widehat{PB}_x^j$ bzw. des daraus resultierenden institutionellen Inputvektors $\widehat{PB}^j$ müssen für jede j-te Unternehmenseinheit der zu analysierenden Unternehmensgruppe auch die dazugehörigen Outputvektoren erstellt werden (vgl. Abbildung 26). Die unternehmensspezifische Outputseite in den Abgrenzungen der Ausgangstabelle zeigt, wie die in Deutschland hergestellten Waren und Dienstleistungen der Unternehmenseinheit j verwendet werden. Durch die Darstellung der verwendungsseitigen Verflechtungen wird deutlich, welcher Teil der produzierten Erzeugnisse und erbrachten Dienstleistungen als Vorleistungen in andere Produktionsbereiche fließt und welcher Teil über die Endnachfrage den Wirtschaftskreislauf verlässt.

Im Gegensatz zu den Kenngrößen des institutionellen Inputvektors $\widehat{PB}^j$, der die direkte volkswirtschaftliche Leistung der Unternehmenseinheit j zum Ausdruck bringen, wird der institutionelle Outputvektor $\widehat{GG}^j$ vor dem Hintergrund der Arbeit ausschließlich für die Berechnung der kumulativen indirekten und induzierten Effekte benötigt. Als Grund dafür ist die Fokussierung auf die produktions- und investitionsinduzierten Effekte, die von der Geschäftstätigkeit der zu analysierenden Unternehmenseinheit auf den Rest der deutschen Volkswirtschaft ausgehen, zu nennen. Die Verwendungsstruktur ist insbesondere für die Analyse der nachgelagerten Effekte (Angebotseffekte) von Bedeutung, die jedoch im Rahmen dieser Arbeit keine Berücksichtigung finden.

762 Ein genauer Überblick über die Komponenten der letzten Verwendung in der Ausgangstabelle ist der Fachserie 18 Reihe 2 zu entnehmen.

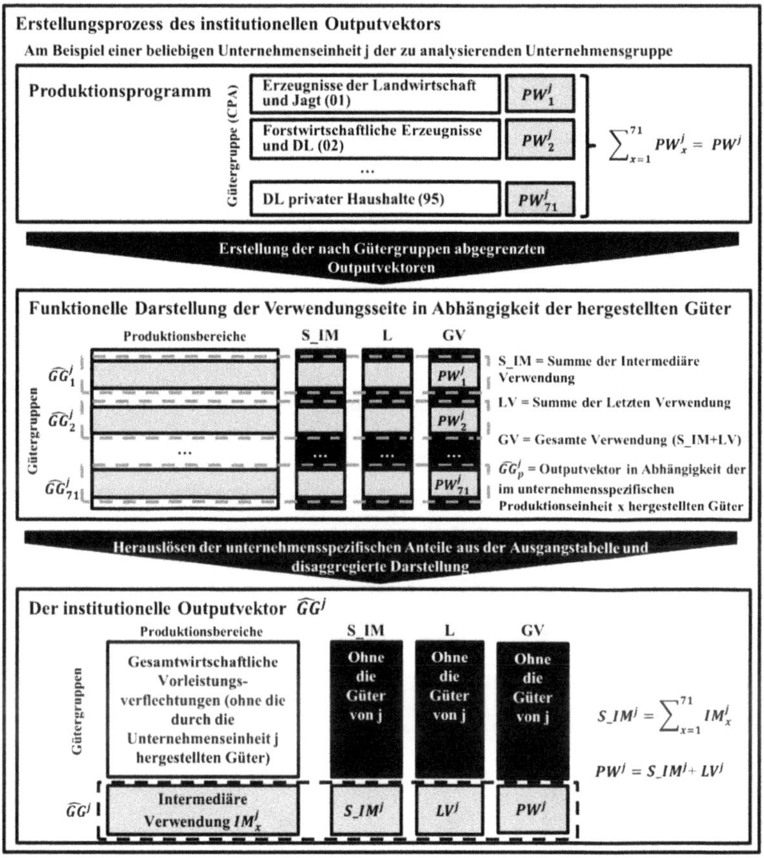

Abbildung 26: Vorgehensweise zur Erstellung des institutionellen Outputvektors

Insbesondere der nach 71 Produktionsbereichen gegliederte Zeilenvektor der intermediären Verwendung $\widehat{IM}_x^j$ (x=1,...,71) ist für die Berechnung der Multiplikatoren auf Basis des verwendeten Input-Output-Modells von besonderer Bedeutung (vgl. Abschnitt 4.2). Durch die Berücksichtigung der als Vorleistungen in anderen Produktionsbereichen verwendeten Güter der Unternehmenseinheit j wird sichergestellt, dass die ökonomischen Effekte, die aufgrund der Rückkopplungseffekte bei der betrachteten Unternehmenseinheit selber wirksam werden, nicht in die Berechnung der kumulativen Effekte einfließen. Die Aufbereitung und disaggregierte Darstellung der gütermäßige Verflechtungen der Unternehmenseinheit ist somit notwendig, um eine Überschätzung der indirekten und induzierten Effekte auf den Rest der Volkswirtschaft zu verhindern.

Die vollständige Aufbereitung der volkswirtschaftlichen Verflechtungen der Unternehmenseinheit j im unternehmensspezifischen Satellitensystem erfordert sowohl die Darstellung der entstehungs- als auch der verwendungsseitigen Verflechtungen. Weil jedoch lediglich die intermediäre Verwendung der unternehmensspezifischen Güter die Berechnungen der ökonomischen Wirkungen beeinflusst, werden die über die Endnachfrage abfließenden Güter der betrachteten Unternehmenseinheit nicht differenziert betrachtet. D.h. auf die Erstellung des vollständigen Outputvektors, der alle Kenngrößen gemäß der Darstellung in der IO-Tabelle des Statistischen Bundesamts detailliert ausweist, kann vor dem Erkenntnisziel dieser Arbeit verzichtet werden. Für die Erstellung des Satellitensystems sowie die darauf aufbauende Berechnung der indirekten und induzierten Wirkungen ist es ausreichend die in Tabelle 32 dargestellten vereinfachten unternehmensspezifischen Outputvektoren $\widehat{GG}_p^j$ (p=1,...,71) zu ermitteln.

Tabelle 32: Vereinfachte Outputstruktur

		Intermediäre Verwendung (x=1,...,71)	**Summe intermediäre Verwendung**	**Summe letzte Verwendung**	**Gesamte Verwendung**
Funktionelle Outputvektoren $\widehat{GG}_p^j$ der Unternehmenseinheit j	$\widehat{GG}_1^j$	$\widehat{IM}_{1\,x}^j$	$S\_IM_1^j$	LV_1^j	PW_1^j
	$\widehat{GG}_2^j$	$\widehat{IM}_{2\,x}^j$	$S\_IM_2^j$	LV_2^j	PW_2^j
	...	...	...	...	...
	$\widehat{GG}_{71}^j$	$\widehat{IM}_{71\,x}^j$	$S\_IM_{71}^j$	LV_{71}^j	PW_{71}^j
Institutioneller Outputvektor $\widehat{GG}^j$	Σ	$\widehat{IM}_x^j$	S_IM^j	LV^j	PW^j

Die Verwendungsseite der betrachteten Unternehmenseinheit j muss analog zur Ermittlung des institutionellen Inputvektors $\widehat{PB}^j$ in den Konzepten der Ausgangstabelle aufbereitet werden. Dafür sind in Abhängigkeit der hergestellten Güter spezielle unternehmensspezifische Outputvektoren $\widehat{GG}_p^j$ zu bilden (vgl. Tabelle 32), die gemäß der Abgrenzung der Ausgangstabelle ausschließlich die Verwendung der Erzeugnisse des jeweiligen Produktionsbereichs x darstellen. D.h. für die Güter eines jeden unternehmensspezifischen Produktionsbereichs $\widehat{PB}_x^j$ ist ein funktioneller Outputvektor $\widehat{GG}_p^j$ zu erstellen, der die volkswirtschaftlichen Anteile der betrachteten Unternehmenseinheit j gegenüber der jeweiligen gesamtwirtschaftlichen Gütergruppe p ausweist.

Die funktionellen Outputvektoren stellen die intermediäre und letzte Verwendung der in den unternehmensspezifischen Produktionsbereichen hergestellten Güter gemäß der vereinfachten Struktur in Tabelle 32 dar. Aus ihrer Summe resultiert der gesuchte institutionelle Outputvektor $\widehat{GG}^j$, der die durchschnittliche Verwendung für die gesamte Unternehmenseinheit j anzeigt. Die gewählte Vorgehensweise zur Ermittlung des vollständigen Outputvektors $\widehat{GG}^j$ inklusive des nach 71 Produktionsbereichen gegliederten Zeilenvektors der intermediären Verwendung $\widehat{IM}_x^j$ (x=1,…,71) ist in Abbildung 26 vereinfacht dargestellte.

Grundsätzlich kommen verschiedene Ansätze zur Ermittlung der verwendungsseitigen Verflechtungen der zu analysierenden Unternehmenseinheit in Betracht. Neben unmittelbaren Befragungen der Käufer bzw. Verwender der hergestellten Güter sind sowohl Befragungen der betrachteten Unternehmenseinheit über ihre Lieferungen an Konsumenten, Investoren und die übrige Welt als auch Schätzungen bzgl. der Verwendungsstrukturen (Güterstrommethode - Commodity-Flow-Ansatz) möglich.[763] Da theoretisch alle drei Ansätze zum gleichen Ergebnis führen, hängt die Entscheidung für einen der drei Ansätze bzw. eine Kombination aus den genannten Verfahren maßgeblich von den statistischen Gegebenheiten und den Anforderungen an die Ergebnisse ab.

Im Gegensatz zu den aufkommensseitigen Kenngrößen liegen für die Berechnung der Outputgrößen kaum statistische Informationen auf Ebene der institutionellen Einheiten vor. Während die amtliche (Kosten-) Strukturerhebung, Produktionserhebung, Investitionserhebung sowie die Material- und Wareneingangserhebung statistische Angaben über die Inputstruktur der befragten Unternehmenseinheiten bereitstellen, werden seitens der Statistischen Ämter keine Erhebungen bei den institutionellen Einheiten durchgeführt, die individuelle Angaben über die Verwendung der hergestellten Güter abfragen. Die für die Darstellung der Outputstruktur der Unternehmenseinheit j benötigten Kenngrößen zählen somit nicht zu den Erhebungsmerkmalen der amtlichen Unternehmensstatistiken. Lediglich die Vorratsveränderungen lassen sich anhand der abgefragten Erhebungsunterlagen ermitteln. Aufgrund der aggregierten Darstellung der letzten Verwendung im Satellitensystem werden diese jedoch nicht gesondert ausgewiesen (vgl. Tabelle 32).

Auch das zusätzlich bei den Unternehmen erhobene Datenmaterial, das die Angaben in den amtlichen Fragebögen zielführend ergänzt, reicht nicht aus, um die Outputvektoren der Unternehmenseinheit vollständig in der Systematik der Ausgangstabelle abzubilden. Anhand der verfügbaren Unternehmensdaten ist lediglich die Anpassung der gesamtwirtschaftlichen Outputstrukturen an die unternehmensspezifischen Gegebenheiten möglich. Für eine valide bottom-up Erstellung der unternehmensspezifischen Outputvektoren in der funktionellen Darstellung der Ausgangstabelle müssten genaue Angaben über die als Vorleistun-

763 vgl. Destatis (2007), S. 224f.

gen verwendeten Güter nach Produktionsbereichen sowie die Lieferungen an die Konsumenten (Private Haushalte, Staat und private Organisationen ohne Erwerbszweck), die Investoren und die übrige Welt vorliegen. Losgelöst vom unverhältnismäßigen Aufwand[764], der seitens der betrachteten Unternehmen anfallen würde, um die benötigten Informationen bereitzustellen, liegen die relevanten Angaben zum Teil gar nicht in der benötigten Form vor. Insbesondere die gütermäßige Darstellung der intermediären Verwendung in der fachlichen Abgrenzung nach Produktionsbereichen ist auf Basis der Daten aus dem betrieblichen Rechnungswesen nicht gewährleistet.[765]

Aus den genannten Gründen liegen keine tiefgegliederten Daten über die Verwendung der Güter einer bestimmten inländischen Unternehmenseinheit in der Abgrenzung der Ausgangstabelle vor. Um dennoch die unternehmensspezifischen Anteile gegenüber der gesamtwirtschaftlichen Verwendung im Satellitensystem abgrenzen zu können, müssen ausgehend von den in den unternehmensspezifischen Produktionsbereichen hergestellten Gütern die in Tabelle 32 dargestellten Outputvektoren für die betrachtete Unternehmenseinheit speziell aufbereitet werden. Als Ausgangspunkt für die Ermittlung der funktionellen Outputvektoren dienen die im Produktionsprogramm dargestellten Produktionswerte PW_x^j, die die Werte der in den verschiedenen unternehmensspezifischen Produktionsbereichen hergestellten Waren und erbrachten Dienstleistungen anzeigen. Die Verwendung der funktionell aufbereiteten Produktionswerte als Ausgangsbasis für die Erstellung der unternehmensspezifischen Outputvektoren resultiert aus der sogenannten Identitätsbeziehung in den symmetrischen IO-Tabellen. Die Identitätsbeziehung besagt, dass die sektoralen Spaltensummen (intermediäre Inputs zuzüglich der eingesetzten Produktionsfaktoren) in einer symmetrischen IO-Tabelle immer den sektoralen Zeilensummen (Summe der Intermediären Verwendung zuzüglich der letzten Verwendung) entsprechen müssen.[766] D.h. das Güteraufkommen muss gleich der Güterverwendung sein.

Aufgrund dieser Identitätsbeziehung und der Beschränkung auf die inländische Produktion bilden die in der funktionellen Gliederung der Ausgangstabelle aufbereiteten und im Produktionsprogramm erfassten Produktionswerte den Ausgangspunkt für die Berechnung der unternehmensspezifischen Outputvekto-

764 Unverhältnismäßig deshalb, weil sich Ungenauigkeiten bei der Erstellung der Outputstruktur kaum auf die Höhe der berechneten indirekten und induzierten Wirkungen der Unternehmenseinheit (Unternehmensgruppe) auswirken. Der geringe Genauigkeitsgewinn rechtfertigt deshalb nicht den beträchtlichen Mehraufwand.

765 Die fachlich abgegrenzten intermediären Verflechtungen können statistisch nicht erhoben werden, weil die Unternehmen i.d.R. mehrere Arten von Gütern herstellen, ohne die Kosten den einzelnen Erzeugnissen zuordnen zu können (vgl. Destatis (2010c), S. 33).

766 vgl. Destatis (2010c), S. 22

ren $\widehat{GG}_p^j$. D.h. der Produktionswert PW_x^j des Produktionsbereichs x ist gleich der gesamten Verwendung der entsprechenden p-ten Gütergruppe (vgl. Abbildung 26). Stellt das Unternehmen j beispielsweise pharmazeutische Erzeugnisse her, so muss der Produktionswert der pharmazeutischen Erzeugnisse PW_{21}^j gleich dem Wert der gesamten Verwendung des pharmazeutischen Outputvektors $\widehat{GG}_{21}^j$ sein.

Wegen fehlender primärstatistischer Daten über die Verwendung der in den Produktionsbereichen hergestellten Güter wird für die Ermittlung der verschiedenen Outputkenngrößen der funktionellen Outputvektoren $\widehat{GG}_p^j$ der jeweilige Produktionswert PW_x^j mit speziellen Outputkoeffizienten multipliziert. Diese werden auf Basis der gesamtwirtschaftlichen Strukturen vergleichbarer Teilbereiche gebildet. Analog zur Verwendung der Gütertechnologieannahme bei der Ermittlung der unternehmensspezifischen Inputstrukturen wird auch für die Berechnung der Outputkoeffizienten auf die Annahme identischer Strukturen zurückgegriffen. Unabhängig davon, welche institutionelle Einheit die Erzeugnisse einer bestimmten Güterart produziert, so wird unterstellt, dass diese immer gemäß der gleichen Struktur verwendet werden.

Unter der Annahme identischer Strukturen für die Verwendung gleichartiger Güter lassen sich die Koeffizienten zur Berechnung der einzelnen Kenngrößen der funktionellen Outputvektoren auf Basis der gesamtwirtschaftlichen Verflechtungen ermitteln. Eine hohe Genauigkeit hinsichtlich der Erstellung der unternehmensspezifischen Outputvektoren wird durch die Verwendung von speziellen Outputkoeffizienten erreicht, die anstelle auf der zu 71 Gütergruppen aggregierten Ausgangstabelle auf der tiefgegliederten inländischen Gütermatrix des Statistischen Bundesamtes aufbauen. In der inländischen Gütermatrix[767], die als Ausgangsdatenbasis für die Erstellung der symmetrischen inländischen Input-Output-Tabellen dient, ist das Güteraufkommen von derzeit 3118 Gütern[768] getrennt nach der letzten Verwendung und der intermediären Verwendung in den homogenen Produktionsbereichen[769] abgebildet.[770] Sind die Güter, die die betrachtete Unternehmenseinheit herstellt, in der tiefgegliederten Systematik der Gütermatrix bekannt, lassen sich auf Basis dieser Erkenntnisse und der in der

767 Die inländische Gütermatrix, die das heimische Güteraufkommen ohne Importe darstellt, ergibt sich aus der tiefgegliederten Gütermatrix (Produktion und Importe) abzüglich der Importmatrix auf derselben Gliederungsebene.

768 Im Rahmen der derzeit stattfinden Umstellungsmaßnahmen in der amtlichen IO-Rechnung, die ab dem Berichtsjahr 2008 greifen, wird auch die Anzahl der Güter in der Gütermatrix, die weiterhin als Ausgangsdatenbasis für die Erstellung der amtlichen IO-Tabellen dienen wird, auf voraussichtlich weniger als 3000 reduziert.

769 Die Rechenebene in der Gütermatrix umfasst 120 homogene Produktionsbereiche.

770 vgl. Destatis (2010c), S. 34f.

Gütermatrix aufbereiteten gesamtwirtschaftlichen Zusammenhänge spezielle Outputkoeffizienten ermitteln, die eine ökonomisch plausible Annäherung hinsichtlich der tatsächlichen Verwendung der unternehmensspezifischen Güter darstellen.

Die in der Gütermatrix abgebildeten Strukturen ermöglichen ein detaillierteres Bild über die gütermäßige Verwendung der in den unternehmensspezifischen Produktionsbereichen hergestellten Gütern, da im Gegensatz zur stark aggregierten Darstellung in der Ausgangstabelle differenzierte Aussagen über die Verwendungsstrukturen einzelner Güter möglich sind. Die auf Grundlage der Gütermatrix gebildeten unternehmensspezifischen Outputvektoren beschreiben somit eine bessere Annäherung an die den tatsächlichen Gegebenheiten entsprechenden Verhältnissen. Insbesondere für diejenigen Güter, die in den amtlichen IO-Tabellen in sehr heterogenen Gütergruppen zusammengefasst werden, wie z.B. die Gütergruppe der Großhandelsleistungen (p=46), stellt die Ermittlung der Outputkoeffizienten auf Basis der Strukturen der tiefgegliederten Gütermatrix eine grundsätzlich realistischere Annäherung dar. Demzufolge ist die tiefgegliederte Gütematrix des Statistischen Bundesamts gut für die Aufbereitung der unternehmensspezifischen Verwendungsseite in der Abgrenzung der Ausgangstabelle geeignet. Die Gütermatrix ist jedoch kostenpflichtig und muss für den jeweiligen Analysezeitraum beim Statistischen Bundesamt eingekauft werden.

Weil die Gütermatrix nicht frei zugänglich ist, wird in den nachfolgenden Ausführungen hinsichtlich der weiteren Vorgehensweise zur Ermittlung der unternehmensspezifischen Outputvektoren auf die frei verfügbare inländische IO-Tabelle ohne Weiterverarbeitungsproduktion als Bezugsrahmen und Ausgangsdatenbasis abgestellt. Durch die Verwendung spezifischer Outputkoeffizienten, die auf Basis der gesamtwirtschaftlichen Strukturen der Ausgangstabelle gebildet werden, lassen sich die einzelnen Schritte des entwickelten Verfahrens besser nachvollziehen. Die Aufbereitung der Outputkenngrößen ausgehend von den gesamtwirtschaftlichen Strukturen in der Ausgangstabelle erfolgt unter der Annahme identischer Strukturen für die Verwendung gleichartiger Güter. Das bedeutet, dass die Verwendungsstruktur der im x-ten unternehmensspezifischen Produktionsbereich hergestellten Güter, gleich der gesamtwirtschaftlichen Verwendungsstruktur der Gütergruppe p in der Ausgangstabelle ist, zu der sie von der Art der hergestellten Güter her gehören.[771]

771 Wird anstelle der Ausgangstabelle die Gütermatrix als Datenbasis für die Ermittlung der gütermäßigen Outputkoeffizienten herangezogen, müssen die in den unternehmensspezifischen Produktionsbereichen hergestellten Güter in der Abgrenzung der Gütermatrix aufbereitet werde. D.h. die durch die betrachtete Unternehmenseinheit produzierten Erzeugnisse und erbrachten Dienstleistungen müssen eindeutig den Gütern in der tiefen Gliederung der Gütermatrix zugeordnet werden.

In Tabelle 33 sind die verschiedenen Outputkoeffizienten, die für die Erstellung der unternehmensspezifischen Outputvektoren $\widehat{GG}_p^j$ auf Basis der Verflechtungen in der Ausgangstabelle gebildet werden, nochmal zusammengefasst. Auf Grundlage der Ausgangstabelle ergibt sich beispielsweise der Koeffizient d_p^j für die p-te Gütergruppe der Unternehmenseinheit j aus dem Quotient zwischen der gesamten letzten Verwendung LV_p^{iot} und dem dazugehörigen Produktionswert PW_p^{iot} als Wert für die gesamte Verwendung der p-ten Gütergruppe. Bei Vorliegen der Gütermatrix können die auf Basis der Ausgangstabelle ermittelten Outputkoeffizienten durch passgenaue Koeffizienten ersetzt werden, die ausgehend von den gesamtwirtschaftlichen Verflechtungen in der tiefgegliederten Gütermatrix ein genaueres Bild hinsichtlich der Verwendungsstrukturen der hergestellten Güter ermöglichen, ohne dass die im Folgenden beschriebene Vorgehensweise grundlegend modifiziert werden muss.

Tabelle 33: Einfache Outputkoeffizienten

	Intermediäre Verwendung (x=1,...,71)	Summe IV	Summe LV	GV
Outputkoeffizienten des unternehmensspezifischen Outputvektors $\widehat{GG}_p^j$	$\widehat{b}_{px}^j = \left(\frac{IM_{p1}^{iot}}{PW_p^{iot}} \quad \cdots \quad \frac{IM_{p71}^{iot}}{PW_p^{iot}}\right)$	$c_p^j = \frac{S\_IM_p^{iot}}{PW_p^{iot}}$	$d_p^j = \frac{LV_p^{iot}}{PW_p^{iot}}$	1

Die einzelnen Kenngrößen der funktionellen unternehmensspezifischen Outputvektoren aus Tabelle 32 ergeben sich letztendlich aus der Multiplikation der aufbereiteten gesamtwirtschaftlichen Outputkoeffizienten mit den nach Gütergruppen gegliederten Produktionswerten PW_x^j aus dem Produktionsprogramm (vgl. Tabelle 34). Für den Fall, dass keine tiefgegliederte Gütermatrix vorliegt, wird gemäß der in Tabelle 33 dargestellten Outputkoeffizienten jeder unternehmensspezifische Outputvektor $\widehat{GG}_p^j$ auf Basis der gesamtwirtschaftlichen Verwendungsstrukturen der zugehörigen Gütergruppe p aus der Ausgangstabelle erstellt.

In Tabelle 34 ist die Ermittlung der nach Gütergruppen gegliederten unternehmensspezifischen Outputvektoren auf Basis der abgeleiteten Outputkoeffizienten[772] dargestellt. Der gesuchte institutionelle Outputvektor $\widehat{GG}^j$, der die

772 Die verwendeten Outputkoeffizienten können in Abhängigkeit des verfügbaren Datenmaterials entweder auf Basis der gesamtwirtschaftlichen Strukturen in der inländischen Gütermatrix oder den aggregierten Strukturen in der inländischen IO-Tabelle ohne Weiterverarbeitungsproduktion ermittelt werden.

durchschnittliche Verwendungsstruktur für die gesamte Unternehmenseinheit j darstellt (vgl. Abbildung 26), ergibt sich als Spaltensumme der funktionell abgegrenzten Kenngrößen der unternehmensspezifischen Outputvektoren (vgl. Tabelle 34). Bis auf den statistisch abgesicherte Wert für die gesamte Verwendung (GV) des jeweiligen Outputvektors $\widehat{GG}_p^j$, der mit dem Produktionswert PW_x^j des unternehmensspezifischen Produktionsbereichs x identisch ist, basieren die unternehmensspezifischen Outputvektoren auf durchschnittlichen gesamtwirtschaftlichen Strukturen. Dem Anspruch an eine realitätsgetreue, den tatsächlichen Verhältnisse entsprechende Darstellung wird der institutionelle Outputvektor $\widehat{GG}^j$ deshalb nur bedingt gerecht.[773]

Tabelle 34: Berechnung der unternehmensspezifischen Outputvektoren

		Intermediäre Verwendung (x=1,...,71)	Summe der IV	Summe der LV	GV
Funktionelle Outputvektoren $\widehat{GG}_p^j$ (i=1,..., n)	$\widehat{GG}_1^j$	$\widehat{IM}_{1x}^j = \hat{b}_{1x}^j PW_1^j$	$S\_IM_1^j = c_1^j PW_1^j$	$LV_1^j = d_1^j PW_1^j$	PW_1^j
	$\widehat{GG}_2^j$	$\widehat{IM}_{2x}^j = \hat{b}_{2x}^j PW_2^j$	$S\_IM_2^j = c_2^j PW_2^j$	$LV_2^j = d_2^j PW_2^j$	PW_2^j
	...	...	...	...	...
	$\widehat{GG}_{71}^j$	$\widehat{IM}_{71x}^j = \hat{b}_{71x}^j PW_{71}^j$	$S\_IM_{71}^j = c_{71}^j PW_{71}^j$	$LV_{71}^j = d_{71}^j PW_{71}^j$	PW_{71}^j
Institutioneller Outputvektor tor $\widehat{GG}^j$	Σ	$\widehat{IM}_x^j = \sum_{p=1}^{71} \widehat{IM}_{px}^j$	$S\_IM^j = \sum_{p=1}^{71} S\_IM_p^j$	$LV^j = \sum_{p=1}^{71} LV_p^j$	PW^j

Eine realistischere, weniger auf Annahmen gestützte Darstellung der unternehmensspezifischen Outputvektoren, die den spezifischen Besonderheiten der betrachteten Unternehmenseinheit Rechnung trägt, ist nur mit einem beträchtlichen Mehraufwand in Bezug auf die Beschaffung der dafür benötigten Daten möglich. Der dadurch generierte Genauigkeitsgewinn schlägt sich jedoch kaum in den berechneten indirekten und induzierten Effekten nieder, sodass vor dem

773 Es ist festzuhalten, dass auf Basis der gesamtwirtschaftlichen Strukturen aus der tiefgegliederten inländischen Gütermatrix eine höhere Genauigkeit erzielt werden kann, als dies auf Basis der aggregierten Ausgangstabelle der Fall ist. Dennoch handelt es sich auch bei den in der inländischen Gütermatrix dargestellten Verflechtungen um das Resultat gesamtwirtschaftliche Aggregatbetrachtungen, die nur einen Eindruck hinsichtlich der durchschnittlichen Strukturen vermitteln.

Hintergrund der Wahrung der Transparenz im Erstellungsprozess sowie der Konsistenz gegenüber der VGR als Bezugsrahmen auf den Einsatz zusätzlicher Unternehmensdaten verzichtet wird.

Wenn die Verwendungsseite der betrachteten Unternehmenseinheit j vollständig in der Abgrenzung und den Konzepten der Ausgangstabelle vorliegt, sind alle Voraussetzungen erfüllt, um im nächsten Schritt mit der eigentlichen Erstellung des in Abbildung 24 dargestellten Satellitensystems fortfahren zu können. Im Mittelpunkt steht dabei die Zusammenführung der institutionellen Input- und Outputvektoren der verbundenen Unternehmenseinheiten der zu analysierenden Unternehmensgruppe sowie die disaggregierte Aufbereitung der produktions- und gütermäßigen Verflechtungen für die gesamte Unternehmensgruppe in den Abgrenzungen der Ausgangstabelle.

4.1.3.3 Zusammenführung der verbundenen Unternehmenseinheiten und disaggregierte Darstellung der ökonomischen Verflechtungen im Satellitensystem

In den vorangegangenen Abschnitten wurde die Vorgehensweise zur Erstellung der Input- und Outputvektoren in den Abgrenzungen und Definitionen der Ausgangstabelle vorgestellt. Die bisherigen Ausführungen beschränken sich auf die Aufbereitung der produktions- und gütermäßigen Verflechtungen einer einzelnen Unternehmenseinheit j als Teil einer übergeordneten Unternehmensgruppe. Um den gesuchten Input-Output-kompatiblen Produktions- bzw. Verwendungsvektor für die gesamte Unternehmensgruppe zu erhalten, müssen die entstehungs- und verwendungsseitigen Verflechtungen aller verbundenen Unternehmenseinheiten im Satellitensystem zusammengeführt werden. Für die Erstellung des unternehmensspezifischen Satellitensystems werden der aggregierte Input- und Outputvektor der Unternehmensgruppe als neuer Produktionsbereich (Spalte) und neue Gütergruppe (Zeile) in der Ausgangstabelle aufbereitet (vgl. Abbildung 28).

Für die Erstellung des unternehmensspezifischen Satellitensystems müssen die Input- und Outputvektoren für jede Unternehmenseinheit j (j=1,…,z) der zu analysierenden Unternehmensgruppe bekannt sein(vgl. Tabelle 24 und Tabelle 34). Ist diese Voraussetzung erfüllt, wird in einem ersten Schritt der Input- und Outputvektor für die gesamte Unternehmensgruppe aus der Summe der institutionellen Vektoren der einzelnen Unternehmenseinheiten gebildet. Für die Ermittlung des vollständigen Inputvektors $\widehat{PB}$ der Unternehmensgruppe gilt der folgende Zusammenhang:

$$\widehat{PB} = \sum_{j=1}^{z} \widehat{PB}^{j}$$

Aus der elementeweisen Addition der Produktionsvektoren $\widehat{PB}^j$ der verschiedenen Unternehmenseinheiten resultiert der gesuchte Inputvektor $\widehat{PB}$, der anzeigt, in welcher Höhe (intermediäre und primäre) Inputs insgesamt für die Herstellung der Güter der zu analysierenden Unternehmensgruppe aufgewendet werden. Für den einfachsten Fall, dass die Unternehmensgruppe nur aus einer einzigen Unternehmenseinheit besteht (z=1), ergibt sich folgender Sachverhalt:

$$\widehat{PB} = \widehat{PB}^j$$

Analog zur Berechnung des unternehmensgruppenspezifischen Inputvektors $\widehat{PB}$ setzt sich auch der Outputvektor $\widehat{GG}$, der die Verwendung der in der gesamten Unternehmensgruppe hergestellten Güter anzeigt, aus den zuvor ermittelten institutionellen Outputvektoren $\widehat{GG}^j$ zusammen.

$$\widehat{GG} = \sum\nolimits_{j=1}^{z} \widehat{GG}^j$$

Die auf diese Art und Weise berechneten Vektoren $\widehat{PB}$ und $\widehat{GG}$ spiegeln die direkten ökonomischen Effekte der Unternehmensgruppe auf die inländische Produktion sowie die Verwendung der hergestellten Waren und Dienstleistungen wieder. Bei der Interpretation der entstehungs- und verwendungsseitigen Kenngrößen muss neben den statistischen Fehlern im Ausgangsdatenmaterial und den Annahmen, die dem Erstellungsprozess zugrunde liegen, auch der nachfolgend beschriebene Sachverhalt berücksichtigt werden (vgl. Abschnitt 4.1.4).

Die Zusammenführung der Input- und Outputvektoren der verbundenen Unternehmenseinheiten rückt ein bekanntes Problem bei der Betrachtung volkswirtschaftlicher Verflechtungen von Unternehmensgruppen auf Basis der Volkswirtschaftlichen Gesamtrechnungen in den Mittelpunkt. Weil in den amtlichen Wirtschaftsstatistiken zumeist das Unternehmen als statistische Erhebungseinheit fungiert, liegen keine statistischen Informationen über die Verflechtungen zwischen verbundenen Unternehmenseinheiten vor.[774] D.h. eine gesamtwirtschaftliche Einordnung von Unternehmensgruppen ist anhand des statistischen Ausgangsdatenmaterials derzeit nicht gewährleistet.[775]. Dies wirft die Frage auf, ob es durch die Vorleistungsbeziehungen zwischen verbundenen Unternehmenseinheiten zu Doppel- bzw. Mehrfachzählungen in den unternehmensgruppenspezifischen Kenngrößen kommt?

Durch die Erfassung der wirtschaftlichen Transaktionen auf der organisatorischen Ebene der institutionellen Einheiten kann es in dem aggregierten Input-

---

774 vgl. Sturm et al. (2009), S. 764f.

775 Künftig soll durch die Aufnahme zusätzlicher Informationen über Unternehmensverflechtungen in das statistische Unternehmensregister eine verbesserte Darstellung der Wirtschaftsstrukturen ermöglicht werden (vgl. Sturm et al. (2009), S. 765).

bzw. Outputvektor der zu analysierenden Unternehmensgruppe durchaus zu Doppel- bzw. Mehrfachzählungen kommen. Diese entstehen dadurch, dass der Güteroutput einer Unternehmenseinheit zum Teil oder vollständig als Input in die Produktion einer verbundenen Unternehmenseinheit einfließt. Die daraus resultierenden Mehrfachzählungen beschreiben das Ergebnis der amtlichen Erhebungsmethodik. In Abhängigkeit der Transaktionsverflechtungen zwischen den verbundenen Unternehmenseinheiten kann es deshalb zu einer Überschätzung der wirtschaftlichen Leistung der betrachteten Unternehmensgruppe auf die inländische Produktion kommen. Die Höhe der Mehrfachzählungen hängt vom Grad der Arbeitsteilung und von der vertikalen Konzentration innerhalb der Unternehmensgruppe ab.[776] D.h. je mehr verbundene Unternehmenseinheiten an der Herstellung eines Produkts beteiligt sind, desto höher fallen die Mehrfachzählungen in den aggregierten Kenngrößen für die gesamte Unternehmensgruppe aus. Im Umkehrschluss spielt diese Problematik für all jene Unternehmensgruppen, die lediglich aus einer Unternehmenseinheit bestehen (z=1) oder sich aus mehreren Unternehmenseinheiten zusammensetzen, zwischen denen keine gütermäßigen Verflechtungen existieren, keine Rolle.

Aufgrund der beschriebenen Doppel- bzw. Mehrfachzählungen bei den Vorleistungsbezüge ist der Produktionswert, wie er in den IO-Tabellen des Statistischen Bundesamts oder im aggregierten Inputvektor $\widehat{PB}$ der Unternehmensgruppe ausgewiesen wird, als Maß für die Beurteilung der wirtschaftliche Leistung nur bedingt geeignet.[777] Um den Einfluss von Mehrfachzählungen zu eliminieren, wird der tatsächliche ökonomische Beitrag von Sektoren, Produktionsbereichen oder Unternehmensgruppen deshalb über die Kennzahl der Bruttowertschöpfung ausgedrückt. Sie enthält keine Vorleistungen mehr und ist somit unabhängig von den sektor-, produktionsbereichs- und unternehmensgruppeninternen Lieferungen und Leistungen. Dieser Sachverhalt wird durch das Beispiel in Abbildung 27 verdeutlicht.

Das Beispiel in Abbildung 27 zeigt, dass es im Rahmen der nichtkonsolidierten Erfassung der unternehmensgruppeninternen Lieferungen und Leistungen in den Vorleistungen zur Doppel- bzw. Mehrfachzählungen kommt, die sich unmittelbar auf die Höhe des Produktionswerts auswirken. Diese den aggregierten Daten der VGR inhärente Darstellungsform sorgt dafür, dass dem Produktionswert nur eine untergeordnete Bedeutung bei der Analyse wirtschaftlicher Strukturen zukommt und er vorrangig zur Berechnung der Bruttowertschöpfung dient. Die Bruttowertschöpfung beschreibt das geeignetere Maß zur Beurteilung der ökonomischen Bedeutung einer Unternehmensgruppe, da sie

776 vgl. Brümmerhoff (2007), S. 119
777 vgl. Brümmerhoff (2007), S. 43

unabhängig von den wirtschaftlichen Verflechtungen zwischen den verbunden Unternehmenseinheiten eine eindeutige Aussage über die wirtschaftliche Leistung der Unternehmensgruppe zulässt. Im Gegensatz zu den Vorleistungen bzw. dem Produktionswert sind in der Bruttowertschöpfung keine Doppel- bzw. Mehrfachzählungen enthalten, die zu einer Überschätzung und somit einer Fehleinschätzung der tatsächlichen volkswirtschaftlichen Bedeutung des Untersuchungsgegenstands führen. Die Gegenüberstellung der konsolidierten und nicht-konsolidierten Darstellung in Abbildung 27 verdeutlicht nochmal, dass lediglich die Bruttowertschöpfung, die in beiden Fälle 900 Euro beträgt, eine belastbare Kenngröße hinsichtlich der wirtschaftlichen Leistung der Unternehmensgruppe darstellt.

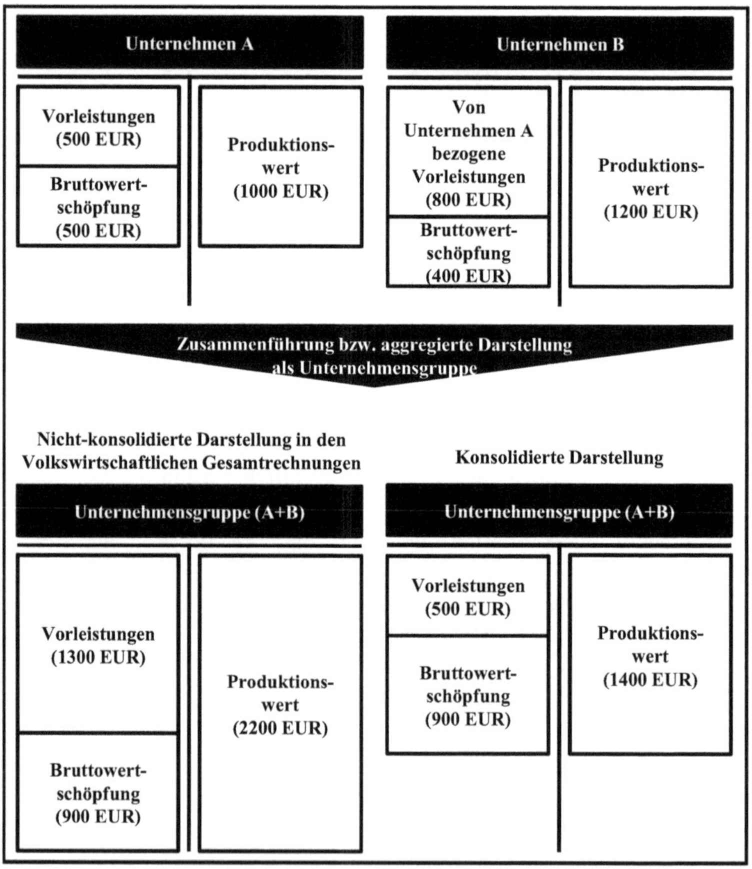

Abbildung 27: Problem von Mehrfachzählungen in den VGR

Das Problem der Mehrfachzählungen, das aus der Zusammenführung der institutionellen Vektoren der verschiedenen Unternehmenseinheiten resultiert, spielt nicht nur für die Interpretation der aufkommensseitigen Eckwerte eine zentrale Rolle. Auch im Rahmen der Erstellung des Satellitensystems müssen die volkswirtschaftlichen Verflechtungen zwischen den Unternehmenseinheiten der betrachteten Unternehmensgruppe berücksichtigt werden. Für die Darstellung der produktions- und gütermäßigen Verflechtungen der gesamten Unternehmensgruppe im Satellitensystem werden zunächst der aufaddierte institutionelle Inputvektor $\widehat{PB}$ und der aggregierte Outputvektor $\widehat{GG}$ als 72ster Produktionsbereich bzw. 72ste Gütergruppe in die Ausgangstabelle übernommen. Durch die disaggregierte Darstellung der unternehmensgruppenspezifischen Input- und Outputstrukturen in Form eines neuen Produktionsbereichs und einer neuen Gütergruppe wird die amtliche Gliederung der Ausgangstabelle (71 Gütergruppen x 71 Produktionsbereiche), wie in Abbildung 28 dargestellt, um eine zusätzliche Dimension erweitert.

Der Produktionsvektor $\widehat{PB}$ wird als zusätzliche Spalte (72ster Produktionsbereich $\widehat{PB}_{72}$) an die Vorleistungs- und die Primärinputmatrix der Ausgangstabelle angehängt (vgl. Abbildung 28). In der Abgrenzung der Ausgangstabelle stellt er die in der gesamten Unternehmensgruppe eingesetzten intermediären und primären Inputs sowie die dafür benötigten Erwerbstätigen dar. Er weist somit den direkten Effekt der Unternehmensgruppe auf die inländische Produktion bzw. den deutschen Arbeitsmarkt aus. Der aggregierte Outputvektor $\widehat{GG}$ wird demgegenüber als neue Zeile (72ste Gütergruppe $\widehat{GG}_{72}$) an die Vorleistungs- und Endnachfragematrix der Ausgangstabelle angehängt. Er zeigt, welche der hergestellten Güter der Unternehmensgruppe in der deutschen Volkswirtschaft als Vorleistungen verwendet werden und welche als Endprodukte den Wirtschaftskreislauf verlassen.

An dieser Stelle ist darauf zu achten, dass durch die disaggregierte Darstellung der produktions- und gütermäßigen Verflechtungen der Unternehmensgruppe keine zusätzlichen Werte geschaffen werden, sondern lediglich die Darstellungsform bzw. die Dimension der amtlichen Ausgangstabelle modifiziert wird. Die Eckwerte des Satellitensystems müssen stets mit den entsprechenden Kenngrößen aus der Ausgangstabelle übereinstimmen. Die Wahrung der Konsistenz gegenüber den Volkswirtschaftlichen Gesamtrechnungen als Bezugsrahmen beschreibt eine notwendige Bedingung, die während des gesamten Erstellungsprozesses sicherzustellen ist.

Um Doppelzählungen durch die disaggregierte Aufbereitung der betrachteten Unternehmensgruppe im Satellitensystem zu vermeiden, müssen die Anteilswerte aller Unternehmenseinheiten, die als Aggregate im neuen Input- bzw. Outputvektor ausgewiesen werden, aus den homogenen Produktionsbereichen bzw. Gütergruppen der Ausgangstabelle, in denen sie noch enthalten sind, herausgelöst werden. Die originären Werte der homogenen Produktionsbereiche bzw. Gütergruppen in der Ausgangstabelle müssen daher um die wertmäßigen Anteile der Unternehmenseinheiten bereinigt werden. Die spaltenweise Bereinigung der originären Produktionsbereiche in der Ausgangstabelle lässt sich allgemein folgendermaßen ausdrücken:

$$\widehat{PB}_x = \widehat{PB}_x^{iot} - \sum_{j=1}^{z} \widehat{PB}_x^j$$

Der bereinigte Inputvektor $\widehat{PB}_x$ für den x-ten Produktionsbereich ergibt aus der Differenz zwischen dem originären Produktionsvektor $\widehat{PB}_x^{iot}$ in der amtlichen Ausgangstabelle und der Summe der unternehmensspezifischen Inputvektoren derjenigen Unternehmenseinheiten, die ebenfalls Güter des Produktionsbereichs x herstellen. D.h. der offizielle amtliche Produktionsvektor $\widehat{PB}_x^{iot}$ wird um all jene intermediären und primären Inputs sowie Erwerbstätigen bereinigt, die in den Unternehmenseinheiten der Unternehmensgruppe für die Herstellung der gleichen Güter wie im Produktionsbereich x benötigt werden. Welche und wie viele funktionelle unternehmensspezifische Inputvektoren für die Bereinigung der entsprechenden Anteilswerte einbezogen werden müssen, hängt von der Anzahl der verbundenen Unternehmenseinheiten ab, die Güter des Produktionsbereichs x herstellen.

Die zeilenweise Bereinigung der Gütergruppen erfolgt in Analogie zu den beschriebenen Korrekturmaßnahmen der amtlichen Produktionsvektoren. Der bereinigte Outputvektor $\widehat{GG}_p$ für die jeweilige Gütergruppe p wird aus der Differenz des originären Verwendungsvektors $\widehat{GG}_p^{iot}$ der Ausgangstabelle und der Summe der unternehmensspezifischer Outputvektoren derjenigen Unternehmenseinheiten gebildet, die ebenfalls Güter des Produktionsbereichs x herstellen.

$$\widehat{GG}_p = \widehat{GG}_p^{iot} - \sum_{j=1}^{z} \widehat{GG}_p^j$$

Beim Herauslösen der unternehmensspezifischen Anteilswerte aus den originären homogenen Produktionsbereichen und Gütergruppen ist darauf zu achten, dass keine negativen Elemente in den bereinigten Inputvektoren $\widehat{PB}_x$ bzw. Outputvektoren $\widehat{GG}_p$ verbleiben. Negative Elemente als Folge der disaggregierten Darstellung der produktions- und gütermäßigen Verflechtungen der Unternehmensgruppe sind nicht plausibel.[778] Der auf die Herstellungsprozesse der ver-

778 Lediglich die „Vorratsveränderungen" in der Endnachfragematrix sowie die „Nettobetriebsüberschüsse" und „Sonstige Produktionsabgaben abzüglich sonstige Subventionen" in der Primärinputmatrix können in der Empirie negative Werte annehmen. Weil

bundenen Unternehmenseinheiten entfallene Anteilswert bzw. der Wert für die in den Produktionsbereichen verbrauchten und für die Endnachfrage bereitgestellten Güter kann und darf somit nicht größer sein, als der entsprechende gesamtwirtschaftliche Wert in der Ausgangstabelle. Zudem müssen als notwendige Bedingung für die Anwendung des in Abschnitt 4.2 beschriebenen IO-Modells alle Werte der Vorleistungsmatrix insgesamt größer oder gleich Null sein.[779]

Durch die Bereinigung der originären amtlichen Produktionsbereiche und Gütergruppen in der Ausgangstabelle wird die Konsistenz des in Abbildung 28 dargestellten Satellitensystems gegenüber den Ergebnissen der VGR sichergestellt. Die VGR bleibt somit trotz der Erweiterung der Ausgangstabelle um einen neuen Produktionsbereich und eine neue Gütergruppe als Bezugsrahmen bestehen.

Bevor das unternehmensspezifische Satellitensystem in seiner endgültigen Form vorliegt, ist der Fokus abschließend noch auf die Schnittstelle zwischen dem neuen aggregierten Inputvektor $\widehat{PB}_{72}$ und dem Outputvektor $\widehat{GG}_{72}$ zu richten (vgl. Abbildung 28). Die Kenngröße $IM_{72\,72}$ zeigt an, in welcher Höhe Güter der Gütergruppe 72 als intermediäre Inputs in die Herstellungsprozesse des Produktionsbereichs 72 einfließen. Anders formuliert steht der Wert $IM_{72\,72}$ für die unternehmensgruppeninternen Lieferungen und Leistungen, die zur Herstellung der Güter der Unternehmensgruppe benötigt werden. Er ist genau dann Null, wenn entweder keine Lieferungen und Leistungen zwischen den verbundenen Unternehmenseinheiten der betrachteten Unternehmensgruppe stattfinden oder aber die ökonomischen Wirkungen nur für eine Unternehmenseinheit analysiert werden (z=1).

In den Ausführungen der vorangegangen Abschnitte fanden die unternehmensgruppeninternen Lieferungen und Leistungen bislang keine Berücksichtigung, da sie bei der Ermittlung und Darstellung der Input- und Outputstrukturen einer einzelnen Unternehmenseinheit keine Rolle spielen. Erst im Rahmen der aggregierten Aufbereitung der volkswirtschaftlichen Verflechtungen für die gesamte Unternehmensgruppe und der disaggregierten Darstellung in der Ausgangstabelle rücken sie in den Fokus. Über die Lieferungen und Leistungen zwischen den verbundenen Unternehmenseinheiten einer Unternehmensgruppe werden in der amtlichen Unternehmensstatistik bekanntermaßen keine statistischen Angaben erhoben. Um dennoch Aussagen über die unternehmensgruppeninternen Waren- und Dienstleistungsströme treffen zu könne, muss auf Informa-

---

diese Komponenten in der vereinfachten Darstellungsform des unternehmensspezifischen Satellitensystems nicht differenziert ausgewiesen werden, dürfen als notwendige Bedingung keine negativen Elemente durch die Bereinigung der unternehmensspezifischen Anteilwerte entstehen.

779 vgl. Miller, Blair (2009), S. 32

tionen aus den betrachteten Unternehmenseinheiten zurückgegriffen werden muss.

Anhand der erhobenen Zusatzangaben muss jeder einzelne Wert des aggregierten Vorleistungsvektors $\widehat{IM}'_{p\,72}$ (p=1,...,71) sowie des nach Produktionsbereichen gegliederte Vektors der intermediäre Verwendung $\widehat{IM}'_{72\,x}$ (x=(1,...,71) um den jeweiligen Anteil der unternehmensgruppeninternen Lieferungen und Leistungen $\widehat{IM}^{int}_{p\,72}$ bzw. $\widehat{IM}^{int}_{72\,x}$ bereinigt werden (vgl. Abbildung 28).

$$\widehat{IM}_{p\,72} = \widehat{IM}'_{p\,72} - \widehat{IM}^{int}_{p\,72}$$
$$\widehat{IM}_{72\,x} = \widehat{IM}'_{72\,x} - \widehat{IM}^{int}_{72\,x}$$

Der Wert für die gesamten unternehmensgruppeninternen Vorleistungen $IM_{72\,72}$ ergibt sich letztendlich aus der Summe der einzelnen Elemente des Spaltenvektors $\widehat{IM}^{int}_{p\,72}$, der mit der Summe des entsprechenden Zeilenvektors $\widehat{IM}^{int}_{72\,x}$ übereinstimmt. Dieser Zusammenhang resultiert aus der Identitätsbeziehung in den symmetrischen IO-Tabellen.

$$IM_{72\,72} = \sum_{p=1}^{71} \widehat{IM}^{int}_{p\,72} = \sum_{x=1}^{71} \widehat{IM}^{int}_{72\,x}$$

In der empirischen Praxis sind valide Informationen über die unternehmensgruppeninternen Lieferungen und Leistungen in den Abgrenzungen der Ausgangstabelle aufgrund komplizierter konzerninterner Verflechtungsbeziehungen nur schwer zu ermitteln. Problematisch ist insbesondere die Erfassung von Fällen, in denen Produkte an verbundene Unternehmen verkauft, dort weiterverarbeitet und anschließend von der gleichen Unternehmenseinheit wieder zurückgekauft werden. Während für die Bereinigung des unternehmensgruppenspezifischen Vorleistungsvektors zumindest teilweise Angaben über die nach Gütergruppen gegliederten unternehmensgruppeninternen Vorleistungen auf Basis der Lieferantenrechnungen ermittelt werden können, ist die Datenlage hinsichtlich der nach Produktionsbereichen abgegrenzten intermediär verwendeten Güter ungenügend. Sind keine eindeutigen Angaben über die unternehmensgruppeninternen Waren- und Dienstleistungsströme in den Abgrenzungen der Vorleistungsmatrix verfügbar, muss anhand geeigneter Koeffizienten der Anteil der Lieferungen und Leistungen zwischen den verbundenen Unternehmenseinheiten auf Basis des verfügbaren Datenmaterials bestmöglich abgeschätzt werden.

Die Bereinigung der Vorleistungsverflechtungen um die unternehmensgruppeninternen Lieferungen und Leistungen und ihre aggregierte Darstellung in $IM_{72\,72}$ beschreibt die letzte Aktion, bevor das unternehmensspezifische Satellitensystem in seiner endgültigen Form gemäß Abbildung 28 vorliegt. Das erstellte unternehmensspezifische Satellitensystem dient als Ausgangsdatenbasis für die Analyse der direkten Effekte auf die inländische Produktion sowie zur

Berechnung der indirekten und induzierten Wirkungen, die von der Geschäftstätigkeit der betrachteten Unternehmensgruppe auf den Rest der Volkswirtschaft ausgehen. Im nachfolgenden Abschnitt wird auf die Ungenauigkeiten, unterschiedlichen Annahmen und Restriktionen hingewiesen, die dem Erstellungsprozess zugrunde liegen und bei der Analyse der produktions- und gütermäßigen Verflechtungen der betrachteten Unternehmensgruppe berücksichtigt werden müssen.

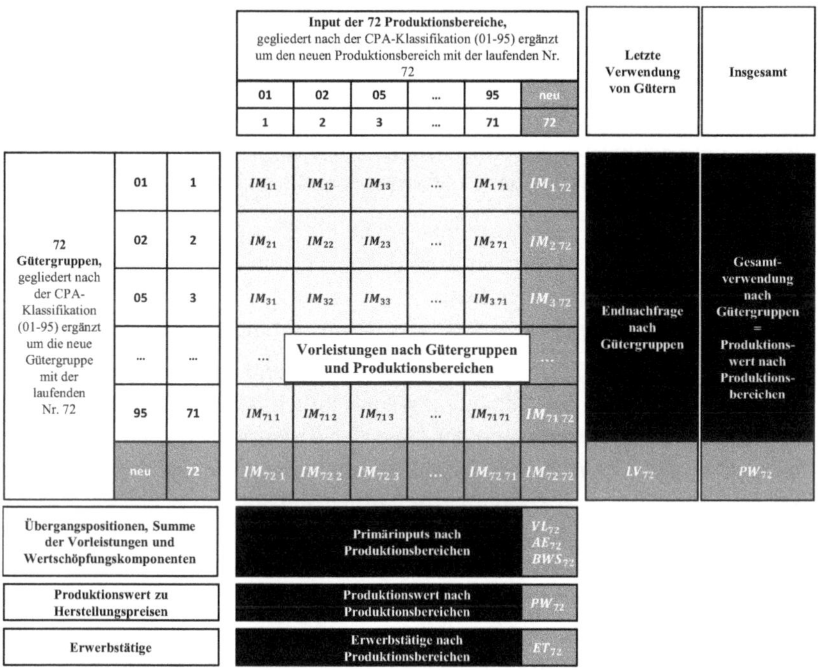

Abbildung 28: Schematische Darstellung des unternehmensspezifischen Satellitensystems

4.1.4 Aussagekraft und Qualität

Für die Interpretation der Ergebnisse ist es wichtig, sich die Grenzen und Einschränkungen vor Augen zu führen, die die Aussagekraft und Qualität des unternehmensspezifischen Satellitensystems beeinflussen. Ohne genaue Kenntnisse über die dem Erstellungsprozess zugrundeliegenden methodischen und konzeptionellen Annahmen sowie die Qualität der verwendeten Daten ist eine valide Beurteilung der wirtschaftlichen Bedeutung der Unternehmensgruppe auf Basis des entwickelten Satellitensystems nicht möglich. Insbesondere der hohe Anspruch, die volkswirtschaftlichen Verflechtungen einer beliebigen Unternehmensgruppe objektiv und transparent in den Abgrenzungen der Ausgangstabelle abzubilden, erfordert eine detaillierte Betrachtung der inhärenten Annahmen und Restriktionen. Um diesem Anspruch gerecht zu werden, ist neben der Bezugnahme auf offizielle statistische Erhebungen, ergänzende unternehmensspezifische Angaben sowie der Anwendung anerkannter statistischer Methoden, stets die Kompatibilität mit den Makroaggregaten der VGR zu wahren. Auf die zusätzliche Verwendung vereinfachender Hypothesen kann bei der Realisierung des unternehmensspezifischen Satellitensystems aufgrund fehlender statistischer Angaben nicht vollständig verzichtet werden.

Die folgenden Faktoren üben einen signifikanten Einfluss auf die Aussagekraft und die Qualität des unternehmensspezifischen Satellitensystems aus und müssen bei der Interpretation der Ergebnisse berücksichtigt werden:

- Die Größe der Unternehmensgruppe sowie die Komplexität der wirtschaftlichen Beziehungen zwischen den verbundenen Unternehmenseinheiten
- Die Qualität der verwendeten Daten
- Die in den Erstellungsprozess einfließenden Annahmen und Hypothesen

Während die Anzahl der zu berücksichtigenden Unternehmenseinheiten im Wesentlichen den Arbeits- und Zeitaufwand hinsichtlich der Erstellung des Satellitensystems beeinflusst, wirkt sich der Grad der Arbeitsteilung und die vertikale Konzentration der Unternehmensgruppe unmittelbar auf die Qualität des Satellitensystems aus. Je komplexer die wirtschaftlichen Transaktionen zwischen den Unternehmenseinheiten sind, umso schwieriger lassen sich diese im Satellitensystem realitätsgetreu erfassen. Als Grund sind die fehlenden statistischen Angaben über die unternehmensgruppeninternen Vorleistungsverflechtungen zu nennen. Für die benötigten Informationen muss auf speziell aufbereitete Angaben der Unternehmenseinheiten zurückgegriffen werden, deren Korrektheit sich i.d.R. kaum überprüfen bzw. plausibilisieren lässt. Die beste Qualität weisen deshalb Satellitensysteme auf, die sich auf die Darstellung der volkswirtschaftlichen Verflechtungen einer einzigen institutionellen Unternehmenseinheit beschränken ($z=1$). Ihr Aussagekraft wird weder durch Doppelzählungen aufgrund nicht erkannter unternehmensgruppeninterner Lieferungen und Leistungen noch durch Informationsasymmetrien als Folge des Einsatzes schwer zu kontrollierender Unternehmensdaten verzerrt.

Neben der Struktur der Unternehmensgruppe hat die Qualität der verwendeten Daten einen ganz wesentlichen Einfluss auf die Aussagekraft der Ergebnisse. Eine zentrale Bedeutung kommt der für die Erstellung des Satellitensystems als Ausgangsdatenbasis verwendeten inländischen IO-Tabelle ohne Weiterverarbeitungsproduktion des Statistischen Bundesamts zu. Die in ihr abgebildeten Informationen stellen statistische Durchschnittswerte dar, die künstlich analytisch erzeugt die produktions- und gütermäßigen Transaktionen der (gebietsansässigen) Wirtschaftseinheiten zusammenfassen. Für die Darstellung der gesamtwirtschaftlichen Aktivitäten werden viele verschiedene Statistiken herangezogen, die mehrheitlich keine Totalerhebungen sondern lediglich Stichprobenerhebungen mit unterschiedlichen Umfängen beschreiben. Infolgedessen sind spezielle Hochrechnungen durchzuführen, die die Angaben aus den Datenlieferungen der Erhebungseinheiten auf die Grundgesamtheit aller relevanten Einheiten extrapolieren.

Trotz großer Stichprobenumfänge, geringer Antwortausfallraten, der Anwendung fundierter Hochrechnungsverfahren, umfangreicher Plausibilisierungs- und Abstimmungsprozesse sowie der nötigen Sorgfalt und Gründlichkeit seitens der statistischen Ämter haben die aggregierten Ergebnisse in den IO-Tabellen einen gewissen Unschärfebereich.[780] Die Differenzen zwischen den statistischen Ergebnissen und den tatsächlichen Werten werden als statistische Fehler bezeichnet.[781] Je nach Fehlerursache ist es üblich zwischen stichproben- und nicht-stichprobenbedingten Fehlern zu unterscheiden. Zu den stichprobenbedingten Fehlern gehören die Stichprobenzufallsfehler sowie die systematischen Fehler, die durch die Auswahlmethode oder das Hochrechnungsverfahren verursacht werden.[782] Demgegenüber werden Ergebnisverzerrungen aufgrund von Fehlern durch die Erfassungsgrundlage oder Antwortausfälle den nicht-stichprobenbedingten Fehlern zugeordnet. Neben den bekannten konzeptionellen und methodischen Defiziten, die dem Erstellungsprozess und der aggregierten Darstellung der Ergebnisse in den IO-Tabellen des Statistischen Bundesamts inhärent sind, müssen auch die Verzerrungen durch statistische Fehler in den Basisstatistiken bei der Interpretation der Ergebnisse des Satellitensystems berücksichtigt werden.

Die Qualität des gesamten Satellitensystems hängt somit ganz entscheidend von der Genauigkeit der vielfältigen Datenquellen ab, die für die Berechnung der Ergebnisse in der Ausgangstabelle verwendet werden Eine umfassende und exakte Quantifizierung der in den IO-Tabellen enthaltenen stichproben- und nicht-stichprobenbedingten Fehler ist aufgrund der komplexen Sachlage, ohne Analysemöglichkeit der zugrundeliegenden originären Daten der Wirtschafts-

---

780 Aussagen über die Genauigkeit und die zu berücksichtigenden Fehlerarten in den Ausgangsstatistiken sind den jeweiligen Qualitätsberichten der Erhebungen zu entnehmen (vgl. u.a. Destatis (2011d), S. 5f.).

781 vgl. Destatis (2011d), S. 5

782 vgl. Destatis (2011d), S. 6

einheiten sowie aufgrund von Datenlücken nicht möglich.[783] Trotz der statistischen Fehler, die sich aufgrund der Masse an benötigten Daten und dem komplexen Erstellungsprozess nicht vollständig vermeiden lassen, beschreiben die IO-Tabellen des Statistischen Bundesamts derzeit die Beste frei verfügbare Datenbasis, die differenzierte Aussagen über die ökonomischen Wirkungszusammenhänge in der deutschen Volkswirtschaft ermöglicht.

Neben der als Ausgangsdatenbasis verwendeten, um einen Erwerbstätigenvektor erweiterten inländischen IO-Tabelle ohne Weiterverarbeitungsproduktion üben vor allem die zur Abgrenzung der ökonomischen Verflechtungen der Unternehmensgruppe benötigten Unternehmensangaben einen signifikanten Einfluss auf die Aussagekraft des erstellten Satellitensystems aus. Zur Beurteilung der Qualität der auf der Mikroebene erhobenen Daten ist es sinnvoll zwischen den Angaben aus den abgefragten Fragebögen der verschiedenen amtlichen Erhebungen und den diese ergänzenden Unternehmensinformationen zu unterscheiden.

Die Verwendung der ausgefüllten amtlichen Erhebungsunterlagen als Ausgangsbasis für die Abgrenzung der unternehmensspezifischen Verflechtungen in der Ausgangstabelle stellt einen transparenten Erstellungsprozess sicher und sorgt dafür, dass die VGR als Bezugsrahmen bestehen bleibt. Die Konsistenz der unternehmensspezifischen Angaben gegenüber den Ergebnissen der VGR und die Vergleichbarkeit mit den Ergebnissen anderer Unternehmen wird dadurch gewährleistet, dass die Erhebungsmerkmale in den Fragebögen bereits in den Konzepten der VGR erfasst werden und nur noch in die Abgrenzungen der Ausganstabelle überführt werden müssen. Die klare Struktur, die unmissverständlichen Formulierungen sowie die eindeutigen Zuordnungsvorschriften in den Erhebungsunterlagen sorgen dafür, dass die abgefragten Positionen bzw. Wertsummen eindeutig aus den Daten des betrieblichen Rechnungswesens der jeweiligen Unternehmenseinheit ausgelesen bzw. aufbereitet werden können. Gestaltungs-, Ermessens- und Bewertungsspielräume beim Ausfüllen der Erhebungsunterlagen werden durch die ausführlichen Erläuterungen und die eindeutigen Zuordnungsvorschriften im Fragebogen weitestgehend eliminiert. Dadurch ist die Vergleichbarkeit der statistischen Angaben in den Fragebögen derselben Erhebung zwischen verschiedenen Unternehmenseinheiten gewährleistet.

Trotz des objektiven und klar strukturierten Aufbaus der Fragebögen müssen die Datenlieferungen der Unternehmenseinheiten und insbesondere die daraus verwendeten Angaben plausibilisiert bzw. in Bezug auf ihre Korrektheit überprüft werden. Durch die Kontrolle der erhobenen Daten können etwaige Störungen und Fehler frühzeitig erkannt und in Rücksprache mit den Unterneh-

783 vgl. Henke et al. (2010), S. 161; Destatis (2011d), S. 6

menseinheiten behoben werden. Neben der Überprüfung der gelieferten Daten auf Basis von Informationen aus dem Unternehmensregister, den Geschäftsberichten und den amtlichen Ergebnissen der Unternehmensstatistiken bietet es sich an, die verwendeten Ausgangsdaten durch Vergleiche mit Daten anderer, ebenfalls verwendeter Quellen zu plausibilisieren. Als Beispiel muss der Gesamtwert des Material- und Wareneingangs aus der Material- und Wareneingangserhebung mit der Wertsumme aus „Eingänge an Rohstoffen und sonstigen fremdbezogenen Vorprodukten, Hilfs- und Betriebsstoffen" und „Eingänge aus Handelswaren" im Fragebogen der Kostenstrukturerhebung übereinstimmen. Eine weitere Möglichkeit zur Überprüfung der gelieferten Daten besteht in der Bildung von Verhältniskennzahlen, wie z.B. F&E Ausgaben pro Mitarbeiter oder Arbeitnehmerentgelt pro Beschäftigten, anhand derer die Angaben der Unternehmenseinheit plausibilisiert werden können.

Die Datenlieferungen der auskunftspflichtigen Unternehmenseinheiten, die als Erhebungseinheit ihre ausgefüllten Fragebögen bereits an das verantwortliche statistische Amt liefern musste, durchlaufen neben den individuell durchgeführten Abstimmungs- und Plausibilisierungsprozessen zusätzliche Qualitätssicherungsverfahren in den statistischen Ämtern. Durch die Qualitätskontrollen und Vollständigkeitsprüfungen können signifikante Fehler in den originären Erhebungsunterlagen der auskunftspflichtigen Unternehmenseinheiten frühzeitig erkannt und kommuniziert werden.[784] Demgegenüber gilt den Datenlieferungen von Unternehmenseinheiten, die nicht zur Erhebungsgesamtheit der jeweiligen Statistik gehören, eine besondere Aufmerksamkeit, weil sie nicht die genannten Qualitätssicherungsverfahren in den statistischen Ämtern durchlaufen.

Im Gegensatz zu den Angaben aus den bereitgestellten Erhebungsbögen ist eine qualitative Bewertung der Genauigkeit der zusätzlich erhobenen Unternehmensdaten deutlich schwieriger. Die Angaben in den Jahresabschlüssen und Geschäftsberichten sowie die Ergebnisse der VGR und die in den Erhebungsunterlagen abgefragten Merkmale eignen sich nur bedingt zur Plausibilisierung der zusätzlich erhobenen Unternehmensdaten. So lassen sich beispielsweise die Korrektheit der unternehmensspezifischen Importquoten oder Angaben über die Höhe der Lieferungen und Leistungen an verbundene Unternehmenseinheiten ohne Einblick in das interne Rechnungswesen kaum überprüfen. Aus diesem Grund ist es für die Qualität und die Aussagekraft des Satellitensystems wichtig, das für die Abgrenzung der produktions- und gütermäßigen Verflechtungen im Satellitensystem soweit möglich auf die statistischen Angaben aus den amtlichen Erhebungsunterlagen zurückgegriffen wird. Es werden nur dann ergänzende Unternehmensdaten verwendet, wenn keine alternativen statistischen Anga-

784 vgl. Destatis (2007), S. 380 ff.

ben zur Verfügung stehen. Das Problem von Informationsasymmetrien wird dadurch auf ein Mindestmaß beschränkt.[785] Die Validität der zusätzlich erhobenen Unternehmensdaten wird durch kontinuierliche Abstimmungsprozesse mit den Ergebnissen der VGR und den mikroökonomischen Angaben in den statistischen Erhebungsunterlagen, den Jahresabschlüssen und Geschäftsberichten bestmöglich sichergestellt. Die Qualität der Datenbasis, auf die für die Erstellung des Satellitensystems zurückgegriffen wird, lässt sich deshalb abschließend nur durch eine detaillierte Analyse der tatsächlich verwendeten Primärdaten differenziert und fallweise beurteilen.

Grundsätzlich gilt, je mehr Informationen für die Abgrenzung der ökonomischen Verflechtungen der Unternehmensgruppe aus den ausgefüllten amtlichen Erhebungsunterlagen der Unternehmenseinheiten gewonnen werden können, umso qualitativ hochwertiger ist das erstellte Satellitensystem. Der Umfang der verfügbaren primärstatistischen Daten variiert dabei in Abhängigkeit des wirtschaftlichen Schwerpunkts der jeweiligen Unternehmenseinheit. Nicht für jede Unternehmenseinheit sind die gleichen statistischen Angaben verfügbar. Insbesondere die Datenqualität der Unternehmenseinheiten des Verarbeitenden Gewerbes profitiert gegenüber den Unternehmenseinheiten aus dem Handel bzw. dem Bereich der unternehmensnahen Dienstleistungen von der höheren Anzahl an durchgeführten Erhebungen und dem damit verbunden Mehr an statistischen Angaben. Als Beispiel sind die Material- und Wareneingangserhebung oder die Produktionserhebung zu nennen, die ausschließlich in den Unternehmenseinheiten bzw. Betrieben des Verarbeitenden Gewerbes[786] erhoben werden und deren Erhebungsmerkmale einen wertvollen Beitrag zur Darstellung der produktions- und gütermäßigen Verflechtungen der jeweiligen Unternehmenseinheit in der Abgrenzung der Ausgangstabelle leisten. Die Fokussierung auf Unternehmensgruppen, deren wirtschaftlicher Schwerpunkt dem Verarbeitenden Gewerbe zuzuordnen ist, trägt auch der besseren Datenverfügbarkeit in diesem Bereich Rechnung.

Neben den stichproben- und nicht-stichprobenbedingten Fehlern in den Basisstatistiken und den fehlerhaften Angaben in den Unternehmensdaten resultieren auch aus dem amtlichen Erstellungsprozess der inländischen IO-Tabellen ohne Weiterverarbeitungsproduktion Ungenauigkeiten. Durch die Überleitung

---

785 Eine weitere Möglichkeit dem Problem der Informationsasymmetrien zu begegnen bestünde darin, die erhobenen Unternehmensdaten durch eine Wirtschaftsprüfungsgesellschaft, die Einblick in die internen Rechnungslegungsdaten der jeweiligen Unternehmenseinheit erhält, validieren zu lassen.

786 Der Vollständigkeit halber ist zu erwähnen, dass die beiden Erhebungen auch in den Unternehmen bzw. Betrieben des Bergbaus sowie der Gewinnung von Steinen und Erden durchgeführt werden.

der nach Wirtschaftsbereichen gegliederten Daten in die funktionelle Darstellung nach Produktionsbereichen, geschätzte Auf- und Abschläge, angewendete Schätzverfahren, wie z.B. die Commodity-Flow-Methode[787], sowie Fortschreibungen von Zeitreihen können Ungenauigkeiten entstehen, die bei der Interpretation des unternehmensspezifischen Satellitensystems zu berücksichtigen sind. Ohne genaue Kenntnisse über die im Rahmen der Erstellung der IO-Tabellen manuell vorgenommenen Korrektur- und Abstimmungsmaßnahmen ist eine Quantifizierung dieser Fehleranteile nicht zweifelsfrei möglich.[788] Die aus dem allgemeinen Überleitungsverfahren des Statistischen Bundesamtes resultierenden Ungenauigkeiten fließen somit direkt in das Satellitensystem ein und müssen im Rahmen der Analyse der Daten berücksichtigt werden.

Als letzter Aspekt beeinträchtigen die bei der Erstellung des Satellitensystems verwendeten Annahmen und Hypothesen die Qualität der Ergebnisse. Während die Unternehmenseinheiten genau angeben können, welche Güterarten sie produzieren bzw. verkaufen, sind sie nur bedingt in der Lage detaillierte Angaben über die Güterarten zu machen, die sie gekauft bzw. verwendet haben.[789] Aus diesem Grund stehen die für das Satellitensystem erforderlichen Daten nicht in der benötigten Gliederungstiefe zur Verfügung. Hinzu kommt, dass die Unternehmen i.d.R. mehrere Arten von Gütern herstellen, ohne dass es möglich ist die Vorleistungen und Wertschöpfungskomponenten eindeutig auf die Herstellungsprozesse der jeweiligen Erzeugnisse gemäß der Gliederungssystematik der Ausgangstabelle zu verteilen.

Für die Erstellung des Satellitensystems wäre es ideal, wenn die Unternehmenseinheiten der betrachteten Unternehmensgruppe alle Kosten den in der Vorleistungsmatrix erfassten 71 Güterarten zuordnen und getrennt nach der Art der hergestellten Güter ausweisen könnten sowie gleichzeitig eindeutige Angaben über die Verwendung ihrer Güter bereitstellen würden. Geeignete tiefgegliederte, statistische Angaben liegen jedoch nicht vor und lassen sich aus dem betrieblichen Rechnungswesen der Unternehmenseinheiten auch nur bedingt und mit einem hohen Arbeitsaufwand ermitteln. Für die Berechnung der Inputstruktur stellen die in den verarbeitenden Unternehmen erhobenen Material- und Wareneingangserhebungen aggregierte Informationen bereit, anhand derer zumindest die Wareneingänge in den Abgrenzungen und Konzepten der Ausgangstabelle aufbereitet werden können. Demgegenüber werden die im Herstel-

---

787 „Die Güterstrommethode (Commodity-Flow-Ansatz) im Rahmen der Input-Output-Rechnungen geht
von den gesamtwirtschaftlich verfügbaren Waren und Dienstleistungen aus und schätzt deren Verwendung als Konsum-, Investitions- oder Vorleistungsgüter“ (Destatis (2007), S. 39).

788 vgl. Rueda-Cantuche et al. (2011), S. 2

789 Vgl. ESVG 1995, 9.10

lungsprozess eingesetzten Dienstleistungen derzeit nicht gesondert in einer amtlichen Erhebung abgefragt.[790] Dadurch ist die Datenqualität für die Ermittlung der als Vorleistungen verbrauchten Dienstleistungen grundsätzlich schlechter als dies für die Erfassung der im Herstellungsprozess eingesetzten Waren der Fall ist.[791] Auch über die Verwendung der hergestellten Güter liegen kaum statistische Angaben vor, sodass entweder auf zusätzliche Unternehmensdaten oder ökonomisch plausible Annahmen zurückgegriffen werden muss.

Die Qualität bzw. Genauigkeit der einzelnen im Input- und Outputvektor aufbereiteten Kenngrößen ist somit sehr heterogen und unterscheidet sich in Abhängigkeit der Art ihrer Berechnung, die wiederum in Abhängigkeit der verfügbaren Daten variiert. Folgende zwei Fälle sind grundsätzlich zu unterscheiden:

1. Die Kenngröße lässt sich eindeutig auf Basis der erhobenen mikroökonomischen Daten berechnen oder
2. Die Kenngröße wird mittels geeigneter Annahmen auf Basis des Produktionsprogramms und den durchschnittlichen Strukturen der Ausgangstabelle bzw. der Gütermatrix abgeschätzt.

Unter Punkt 1 fallen beispielsweise die aufkommensseitigen Eckwerte des Inputvektors, d.h. die Summe der Vorleistungen, die Bruttowertschöpfung und ihre Komponenten sowie der Produktionswert, die sich eindeutig auf Basis der erhobenen statistischen Angaben berechnen lassen. In diesen Fällen wird die Aussagekraft ausschließlich durch die Qualität der dafür verwendeten Daten beeinflusst. Demgegenüber stehen für die gütermäßige Aufbereitung der Vorleistungsverflechtungen und der Verwendungsstruktur nur zum Teil valide Primärdaten zur Verfügung. Als Folge müssen die übrigen Größen, für die keine statistischen Angaben oder nur aggregierte Werte vorliegen, mittels ökonomisch plausibler Annahmen geschätzt werden. Durch die Verwendung entsprechender Annahmen kann es zu Verzerrungen zwischen den auf Basis der gesamtwirtschaftlichen Strukturen abgeschätzten Kenngrößen und den tatsächlichen Gegebenheiten kommen.

---

790 Dies betrifft auch die produktbegleitenden Dienstleistungen, die aufgrund ihrer verdeckten Verrechnung statistisch nicht erfasst werden. D.h. sie erscheinen nicht explizit auf der Kundenrechnung, sondern sind über Kalkulationszuschläge im Gesamtpreis enthalten (vgl. Opfermann (2004), S. 275).

791 Diese Aussage gilt aufgrund der Erhebungsmethodik der Material- und Wareneingangserhebung nur für Unternehmenseinheiten, deren wirtschaftlicher Schwerpunkt dem Verarbeitenden Gewerbe zuzuordnen ist. Für Unternehmenseinheiten aus dem Handel bzw. dem Bereich der unternehmensnahen Dienstleistungen liegen keine vergleichbaren Informationen über den Wareneinsatz vor.

Die exakte Abbildung der tatsächlichen wirtschaftlichen Leistung der Unternehmensgruppe anhand valider Unternehmensdaten weist naturgemäß einen höheren Detaillierungsgrad auf, als dies für Kenngrößen der Fall ist, die auf Basis gesamtwirtschaftlicher Durchschnittswerte berechnet werden. Grundsätzlich gilt deshalb, je mehr Kennzahlen sich unmittelbar aus den Primärdaten berechnen lassen, umso besser ist die Qualität des erstellen Satellitensystems. In Bezug auf die Anwendung der Gütertechnologieannahme ist festzuhalten, dass die Übertragung der gesamtwirtschaftlichen Strukturen auf eine Unternehmenseinheit bzw. einen einzelnen unternehmensspezifischen Produktionsbereich dann ein realistisches Bild liefert, wenn die Struktur der Unternehmenseinheit identisch mit der Referenzstruktur in der Ausgangstabelle ist.

Die zentrale Kritik an den IO-Tabellen bezieht sich auf die lediglich analytisch-idealtypische Betrachtung von Produktionsprozessen, die in dieser reinen Form in der realen Wirtschaft nur selten auftreten.[792] Durch den Einsatz umfangreicher mikroökonomischer Unternehmensdaten wird versucht dieser zentralen Kritik an den IO-Tabellen entgegenzuwirken. Um die Konsistenz und die Vergleichbarkeit gegenüber der VGR als Bezugsrahmen zu wahren, erfolgt die Erstellung des unternehmensspezifischen Satellitensystem in Anlehnung an die Konzepte, Definitionen und Abgrenzung der Ausgangstabelle. Durch die fortwährende Abstimmung der Arbeitstabellen mit den Ergebnissen der Volkswirtschaftlichen Gesamtrechnungen wird sichergestellt, dass notwendige Annahmen und Schätzungen methodisch sauber erfolgen und dadurch eine vergleichbare Darstellung der volkswirtschaftlichen Verflechtungen der betrachteten Unternehmensgruppe generiert wird. Obwohl das Satellitensystem als ein in sich stimmiges und methodisch plausibles Teilrechenwerk der VGR anzusehen ist, darf diese Tatsache nicht über eine gewisse Unschärfe in den erzielten Ergebnissen aufgrund der zuvor genannten Aspekte hinwegtäuschen.

Abschließend bleibt festzuhalten, dass die Qualität des unternehmensspezifischen Satellitensystems maßgeblich durch die Verflechtungsbeziehungen der verbundenen Unternehmenseinheiten, die Qualität des verfügbaren Datenmaterials sowie die dem Erstellungsprozess inhärenten Annahmen beeinflusst wird. Alle in diesem Abschnitt genannten Punkte müssen bei der Interpretation des erstellten Satellitensystems beachtet werden. Eine umfassende und exakte Quantifizierung der im Satellitensystem enthaltenen stichproben- und nichtstichprobenbedingten Fehlern sowie der Verzerrungen aufgrund der im Erstellungsprozess verwendeten Annahmen ist aufgrund der komplexen Sachlage, ohne detaillierte Kenntnisse hinsichtlich der tatsächlichen Verflechtungen der betrachteten Unternehmenseinheiten und aufgrund von Datenlücken nicht möglich.

792 vgl. Destatis (2010c), S. 14

Die Qualität des erstellten Satellitensystems lässt sich daher nur qualitativ und von Fall zu Fall beurteilen.

Unter Berücksichtigung der genannten Annahmen und Restriktionen liefern die im unternehmensspezifischen Satellitensystem dargestellten Ergebnisse wertvolle Erkenntnisse über die wirtschaftliche Leistung der betrachteten Unternehmensgruppe auf die inländische Produktion. Durch die transparente Vorgehensweise und die Fokussierung auf die Angaben aus den amtlichen Erhebungsunterlagen entsteht eine objektive, gegenüber der VGR konsistente und vergleichbare Datenbasis, die diversifizierte Analysen der volkswirtschaftlichen Verflechtungen der abgebildeten Unternehmensgruppe ermöglicht. Das entwickelte Verfahren lässt sich grundsätzlich auf jede beliebige Unternehmensgruppe, deren wirtschaftlicher Schwerpunkt dem Verarbeitenden Gewerbe zuzuordnen ist, anwenden.

Über die rein deskriptive Auswertung des unternehmensspezifischen Satellitensystems hinaus sind insbesondere die indirekten und induzierten Wirkungen von Interesse, die von der betrachteten Unternehmensgruppe auf die deutsche Volkswirtschaft ausgehen. In den nachfolgenden Abschnitten wird deshalb ein geeignetes Input-Output Modell vorgestellt, das es ermöglicht, die kumulativen ökonomischen Effekte der im Satellitensystem abgegrenzten Unternehmensgruppe auf den Rest der deutschen Volkswirtschaft zu quantifizieren.

4.2 Methodik des Analysemodells

Der Fokus in dieser Arbeit ist auf die Analyse der ökonomischen Wirkungen gerichtet, die von der Geschäftstätigkeit der betrachteten Unternehmensgruppe auf die deutsche Volkswirtschaft ausgehen. Die Höhe der Gesamteffekte auf unterschiedliche ökonomische Zielvariablen, wie z.B. die Wertschöpfung oder die Erwerbstätigen, liefern wertvolle Erkenntnisse über die volkswirtschaftliche Bedeutung einer bestimmten Unternehmensgruppe. Für die Quantifizierung der kumulativen indirekten und induzierten Wirkungen wird als methodisches Fundament die Input-Output-Analyse herangezogen. Sie stellt ein geeignetes Instrument der empirischen Wirtschaftsforschung dar, das speziell zur Modellierung und Analyse volkswirtschaftlicher Verflechtungsbeziehungen entwickelt wurde (vgl. Abschnitt 3.2.3.2). Auf Basis eines geeigneten Input-Output-Modells ist es möglich, die im unternehmensspezifischen Satellitensystem dargestellten Liefer- und Leistungsströme der betrachteten Unternehmensgruppe differenziert hinsichtlich ihrer ökonomischen Wirkungen auf die deutsche Wirtschaft zu analysieren.

Um ein vollständiges Bild über die volkswirtschaftliche Bedeutung der betrachteten Unternehmensgruppe zu erstellen, müssen neben den direkten ökonomischen Effekten der betrachteten Unternehmensgruppe[793], die unmittelbar aus dem unternehmensspezifischen Inputvektor im Satellitensystem ausgelesen werden können, auch die aus der Geschäftstätigkeit resultierenden indirekten und induzierten Effekte berücksichtigt werden. Die kumulativen Effekte ergeben sich aus der Nachfrage nach Vorleistungen und Investitionsgütern und der Wiederverausgabung der generierten Einkommen. Die im Berichtszeitraum getätigten Investitionen und die für die Herstellung der Güter benötigten Vorleistungen lösen entlang der Vorleistungskette ökonomische Effekte auf die deutsche Volkswirtschaft aus, die im Rahmen der ganzheitlichen Analyse der volkswirtschaftlichen Bedeutung der betrachteten Unternehmenseinheit genauso wie die Konsumeffekte durch die generierten Einkommen einbezogen werden müssen. Die durch die unternehmensgruppeninduzierte Nachfrage ausgelösten ökonomischen Folgewirkungen sind unter der Bezeichnung „backward linkages"[794] bekannt und lassen sich unter Anwendung eines geeigneten IO-Modells in Abhängigkeit der zu beantwortenden Fragestellung quantifizieren. Der gesuchte Gesamteffekt, der die ökonomische Bedeutung der betrachteten Unternehmensgruppe zum Ausdruck bringt, setzt sich aus den direkten, indirekten und induzierten Wirkungen als Folge der Produktions- und Investitionsaktivitäten der betrachteten Unternehmensgruppe zusammen (vgl. Abbildung 12).

Im nachfolgenden Abschnitt wird zunächst das im Rahmen der Analyse angewendete Output-zu-Output Modell, das auf dem klassischen, statischen offenen Leontief-Modell als methodischem Fundament aufsetzt, vorgestellt. Anschließend wird die Vorgehensweise zur Quantifizierung der kumulativen Wirkungen auf Basis der im unternehmensspezifischen Satellitensystem dargestellten Verflechtungen erläutert. Die Berechnung der indirekten und induzierten Effekte, die durch die Produktionsaktivitäten[795] der Unternehmensgruppe ausgelöst werden, wird aufgrund methodischer Unterschiede getrennt von der Vorge-

---

793 Gemäß dem Verständnis in dieser Arbeit werden unter den direkten Effekten die im 72sten Inputvektor des Satellitensystem dargestellten Kennzahlen verstanden, die die produktionsmäßigen Verflechtungen der Unternehmensgruppe zum Ausdruck bringen. Der Inputvektor weist u.a. die für die Herstellung der Erzeugnisse benötigte direkte Produktion (PW_{72}), Wertschöpfung (BWS_{72}), Beschäftigung (ET_{72}) sowie die nach Gütern gegliederte direkte Nachfrage nach inländischen Vorleistungen ($\widehat{IM}_{p\ 72}$) aus.

794 vgl. Miller, Blair (2009), S. 555ff.

795 Unter der Bezeichnung „Produktionsaktivitäten" werden nachfolgend alle Tätigkeiten subsumiert, die sich mit der Leistungserstellung in der betrachteten Unternehmensgruppe befassen. Entgegen dem eigentlichen Wortlaut zählen dazu auch alle Prozesse, die mit der Erbringung von Dienstleistungen als Nebentätigkeiten einhergehen.

hensweise zur Quantifizierung der investitionsinduzierten kumulativen Effekte beschrieben. Das Kapitel schließt mit Ausführungen über die modellinhärenten Annahmen und Restriktionen, die bei der Interpretation der Ergebnisse keinesfalls außer Acht gelassen werden dürfen.

4.2.1 Output-zu-Output Betrachtung auf Basis des offenen statischen Leontief-Modells

Der rein deskriptive Charakter einer IO-Tabelle wird erst durch den Einsatz eines geeigneten Input-Output-Modells um eine analytische Komponente erweitert. Im Mittelpunkt der IO-Analyse steht die Auswertung der in der IO-Tabelle dargestellten produktions- und gütermäßigen Interdependenzen zwischen den verschiedenen Wirtschaftssektoren. Ihre Haupteinsatzgebiete sind Strukturuntersuchungen der Wirtschaft sowie Analysen der direkten, indirekten und induzierten Auswirkungen von Output-, Nachfrage-, Preis-, Lohnänderungen usw. auf einzelne Wirtschaftsbereiche bzw. ausgewählte gesamtwirtschaftliche Zielgrößen, wie die Produktion, die Wertschöpfung, das Einkommen oder die Beschäftigung. Die Analysemöglichkeiten variieren in Abhängigkeit der verwendeten IO-Tabelle als Ausgangsdatenbasis.[796]

Um die produktions- und gütermäßigen Verflechtungen des unternehmensspezifischen Satellitensystems zielgerichtet für analytische Zwecke nutzen und im Rahmen einer Wirkungsanalyse auswerten zu können, wird die Formulierung eines ökonomischen Modells vorausgesetzt.[797] Als methodisches Fundament zur Ermittlung der kumulativen ökonomischen Effekte durch die Geschäftstätigkeit der im Satellitensystem aufbereiteten Unternehmensgruppe wird das bekannte offene statische Leontief-Modell verwendet (vgl. Abschnitt 3.2.3.2.2). Beim offenen statischen Modell ist die Endnachfrage größtenteils exogen vorgegeben (offen) und zeitliche Abfolgen von Reaktionen, wie z.B. Preisänderungen im Berichtszeitraum, finden keine Berücksichtigung (statisch). Für ein besseres Verständnis werden die folgenden Ausführungen zum offenen statischen Leontief-Modell an die Abgrenzungen und die Notation des unternehmensspezifischen Satellitensystems als Ausgangsdatenbasis angepasst.

Als Ausgangspunkt für die Formulierung des Modells ist es zielführend sich den im Satellitensystem dargestellten Zusammenhang zwischen dem gesamten Output eines Produktionsbereichs und der Verwendung der produzierten Güter als Vorleistungen bzw. für den Endverbrauch vor Augen zu führen. Das folgende Gleichungssystem bringt diese fundamentale Beziehung zwischen den Er-

796 vgl. Bleses (2007), S. 86ff.

797 vgl. Bulwien et al. (1999), S. 203

zeugnissen und ihrer Verwendung für alle 72 Produktionsbereiche des Satellitensystems zum Ausdruck (vgl. Abbildung 28):[798]

$$\begin{array}{cccccccc} IM_{11}+ & \ldots & +IM_{1x} & \ldots & +IM_{1\,72} & +LV_1 & = & PW_1 \\ \vdots & & \vdots & & \vdots & \vdots & & \vdots \\ IM_{p1}+ & \ldots & +IM_{px} & \ldots & +IM_{p\,72} & +LV_p & = & PW_p \\ \vdots & & \vdots & & \vdots & \vdots & & \vdots \\ IM_{72\,1}+ & \ldots & +IM_{72\,x} & \ldots & +IM_{72\,72} & +LV_{72} & = & PW_{72} \end{array} \quad 4.3$$

$$\boldsymbol{IM} = \begin{bmatrix} IM_{11} & \cdots & IM_{1\,72} \\ \vdots & \ddots & \vdots \\ IM_{72\,1} & \cdots & IM_{72\,72} \end{bmatrix}, \quad \widehat{LV} = \begin{bmatrix} LV_1 \\ \vdots \\ LV_{72} \end{bmatrix} \; und \; \widehat{PW} = \begin{bmatrix} PW_1 \\ \vdots \\ PW_{72} \end{bmatrix}$$

Jede einzelne Zeile p (p=1,...,72) des abgebildeten linearen Gleichungssystems stellt die Verwendungsstruktur für die in einem der 72 Produktionsbereiche erzeugten Güter dar. Der gesamte Output PW_p (Bruttoproduktionswert) des Produktionsbereichs p setzt sich aus den als Vorleistungen in den einzelnen Produktionsbereichen eingesetzten Vorleistungen IM_{px} (intermediäre Verwendung) sowie den an die Endnachfrag gelieferten Güter LV_p zusammen.[799] Die Spalten geben demgegenüber an, welche Güter in welcher Höhe in den Produktionsprozess eines jeden Produktionsbereichs einfließen bzw. als Vorleistungen für die Herstellung der bereichsspezifischen Produkte und Dienstleistungen benötigt werden. Die Vorleistungsmatrix **IM** wird auch als Transaktionsmatrix bezeichnet, die die Vorleistungsströme zwischen den Produktionsbereichen darstellt. Die einzelnen Elemente IM_{px} zeigen die in Geldeinheiten gemessenen Vorleistungen des Gutes p an, die für die Herstellung des Gutes x benötigt werden.

Anschließend wird durch die Einführung der sogenannten Inputkoeffizienten a_{px}ein proportionaler Zusammenhang zwischen dem gesamten Output PW_x des x-ten Produktionsbereichs und den intermediären Vorleistungen IM_{px} hergestellt:

$$a_{px} = \frac{IM_{px}}{PW_x} \quad 4.4$$

Die einzelnen Inputkoeffizienten a_{px} lassen sich als Elemente der Inputkoeffizientenmatrix **A** folgendermaßen darstellen:

798 vgl. Miller, Blair (2009), S. 12

799 vgl. Holub, Schnabl (1994a), S. 93.

$$A = \begin{bmatrix} a_{11} & \cdots & a_{1\,72} \\ \vdots & \ddots & \vdots \\ a_{72\,1} & \cdots & a_{72\,72} \end{bmatrix} = \begin{bmatrix} \frac{IM_{11}}{PW_1} & \cdots & \frac{IM_{1\,72}}{PW_{72}} \\ \vdots & \ddots & \vdots \\ \frac{IM_{72\,1}}{PW_1} & \cdots & \frac{IM_{72\,72}}{PW_{72}} \end{bmatrix}$$

Die Elemente a_{px} von **A** geben den Anteil des Gutes p an der Produktion einer Einheit des Gutes x an. Die Inputkoeffizienten werden auch als Technologiekoeffizienten bezeichnet, weil sie durch die Normierung der einzelnen Elemente der Vorleistungsmatrix mit den Spaltensummen produktionstheoretisch die durchschnittlich in einem Produktionsbereich angewendete Technologie darstellen.[800] Bei unveränderter Technologiestruktur ist das Verhältnis von eingesetzten Inputs zu den produzierten Gütermengen für jede produzierte Gütermenge konstant.

Für die Formulierung des Leontief-Modells müssen die Beziehungen zwischen den Vorleistungsströmen und den gesamten Outputs für jeden Produktionsbereich herausgestellt werden. Um diesen Zusammenhang aufzuzeigen, werden aus 4.4 spezielle Inputfunktionen des Typs $IM_{px} = a_{px}PW_x$ abgeleitet und in das Ausgangsgleichungssystem 4.3 eingesetzt. Aufgrund der Identitätsbeziehung in den symmetrischen IO-Tabellen gilt $PW_x = PW_p$:[801]

$$\begin{array}{ccccccccc} a_{11}PW_1 + & \ldots & +a_{1x}PW_p & \ldots & +a_{1\,72}PW_{72} & +LV_1 & = & PW_1 \\ \vdots & & \vdots & & \vdots & \vdots & & \vdots \\ a_{p1}PW_1 + & \ldots & +a_{px}PW_p & \ldots & +a_{p\,72}PW_{72} & +LV_p & = & PW_p \\ \vdots & & \vdots & & \vdots & \vdots & & \vdots \\ a_{72\,1}PW_1 + & \ldots & +a_{72\,x}PW_p & \ldots & +a_{72\,72}PW_{72} & +LV_{72} & = & PW_{72} \end{array} \qquad 4.5$$

Das modifizierte Gleichungssystem 4.5 sieht in Matrixschreibweise folgendermaßen aus:[802]

$$A * \widehat{PW} + \widehat{LV} = \widehat{PW}$$

A beschreibt die bekannte, nicht negative Inputkoeffizienten- bzw. Technologiematrix, $\widehat{PW}$ den 72-elementigen Spaltenvektor der Bruttoproduktion und $\widehat{LV}$ den 72-elementigen Spaltenvektor der gesamten Endnachfrage des unternehmensspezifischen Satellitensystems.

Um die Auswirkungen, die von einer Einheit der Endnachfrage auf die im Satellitensystem dargestellte inländische Güterproduktion ausgehen, ermitteln zu können, muss das Gleichungssystem nach dem Vektor der Bruttoproduktion

800 vgl. RWI (2004), S. 53

801 vgl. Miller, Blair (2009), S. 19

802 vgl. Holub, Schnabl (1994a), S. 94

aufgelöst werden.[803] Mit **I** als Einheitsmatrix in der Dimension 72x72 lässt sich das statische offene Leontief-Modell in Matrixschreibweise folgendermaßen formulieren:

$$\widehat{PW} = (\boldsymbol{I} - \boldsymbol{A})^{-1} * \widehat{LV} \quad 4.6$$

Den Kern des offenen statischen Leontief-Modells bildet die Matrix $\boldsymbol{L} = (\boldsymbol{I} - \boldsymbol{A})^{-1}$, die unter dem Namen Leontief-Inverse bekannt ist. Auf Basis der Elemente der Leontief-Inversen lassen sich unterschiedliche Aussagen über das Verhältnis zwischen der Endnachfrage und der inländischen Güterproduktion treffen:[804]

- Die Elemente l_{px} der Leontief-Inversen zeigen die Effekte auf die inländische Güterproduktion des x-ten Produktionsbereichs die von einer Einheit der p-ten Güterart für die Endnachfrage ausgehen.
- Die Spaltensummen $\sum_{p=1}^{72} l_{px}$ sind als Produktions-, Output- oder auch Input-Output-Multiplikatoren bekannt. Sie zeigen den gesamtwirtschaftlichen Produktionswert, der durch eine Einheit der Endnachfrage eines Gutes des Produktionsbereichs x generiert wird.[805]
- Die Zeilensummen $\sum_{x=1}^{72} l_{px}$ geben den zusätzlichen Output der p-ten Gütergruppe an, der durch jeweils eine Einheit der Endnachfrage nach den Gütern aller Produktionsbereiche ausgelöst wird.

Die Input-Output-Multiplikatoren der Leontief-Inversen beschreiben das wichtigste Instrument der quantitativen Wirkungsanalyse.[806] Sie ermöglichen in Abhängigkeit der verwendeten Input-Output-Tabelle eine differenzierte Analyse der direkten und indirekten Effekte, die von einer exogen vorgegebenen Endnachfrage auf die Produktion ausgehen. Die zuvor beschriebene Herleitung des Modells und die Notation der zentralen Gleichung in 4.6 ist speziell auf die Abgrenzung des unternehmensspezifischen Satellitensystems zugeschnitten. $\widehat{LV}$ beschreibt dabei den Vektor der Endverwendung aus inländischen Lieferungen und Leistungen.

Anstelle der aus dem Endnachfragevektor $\widehat{LV}$ resultierenden direkten und indirekten Wirkungen auf die inländische Produktion können auf Basis des Leontief-Modells die durch einen beliebig definierten Vektor einer exogenen Endnachfrage $\hat{Y}$ ausgelösten Effekte berechnet werden. Wichtig ist dabei nur, dass der Endnachfragevektor $\hat{Y}$ in der gütermäßigen Abgrenzung des unternehmensspezifischen Satellitensystems (72x1) vorliegt.

803 vgl. Miller, Blair (2009), S. 20f.

804 vgl. Holub, Schnabl (1994a), S. 103 oder Miller, Blair (2009), S. 243ff.

805 vgl. Miller, Blair (2009), S. 245

806 vgl. Ho Un Gim, Koonchan Kim (2011), S. 202

$$\widehat{PW} = (\boldsymbol{I} - \boldsymbol{A})^{-1} * \hat{Y} \qquad 4.7$$

Durch Anwendung des traditionellen Leontief-Modells auf das entwickelte Satellitensystem lassen sich die Wirkungen, die von unterschiedlichen Endnachfrageimpulsen auf die inländische Produktion ausgehen, differenziert analysieren. Als Beispiel sind die aus einer exogenen Endnachfrage resultierenden kumulativen Effekten auf die Produktion der betrachteten Unternehmensgruppe zu nennen. Auch können auf Basis der traditionellen Leontief-Multiplikatoren die gesamtwirtschaftlichen Wirkungen quantifiziert werden, die von einer gesteigerten Güternachfrage als Folge der Investitionstätigkeit der betrachteten Unternehmensgruppe auf den Rest der Wirtschaft ausgehen (vgl. Abschnitt 4.2.2.3).

Für ein vollständiges Gesamtbild über die ökonomischen Effekte, die von der Geschäftstätigkeit der betrachteten Unternehmensgruppe auf die deutsche Wirtschaft ausgehen, müssen neben den investitionsinduzierten Effekten vor allem die produktionsinduzierten Wirkungen erfasst werden. D.h. die aus der Leistungserbringung resultierenden direkten, indirekten und induzierten Effekte müssen ebenfalls ermittelt werden. Anstelle des gemäß der Formulierung des Leontief-Modells üblichen Endnachfrageimpulses handelt es sich bei der auf ihre Auswirkungen hin zu analysierenden Größe um den Produktionswert der im Satellitensystem abgegrenzten Unternehmensgruppe.

In Wirkungsanalysen ist es üblich, die ökonomische Bedeutung eines bestimmten Sektors, Produktionsbereichs oder Industriebereichs durch die Multiplikation der traditionellen Leontief-Multiplikatoren mit dem Produktionswert des jeweiligen Untersuchungsgegenstands zu messen.[807] Die Anwender dieses weitverbreiteten Ansatzes vernachlässigen jedoch ein fundamentales Problem, das die Anwendbarkeit der Leontief-Multiplikatoren in solchen Fällen grundlegend in Frage stellt.[808] Das Problem resultiert aus der fehlenden, sogenannten „consecutive connection"[809] zwischen den Elementen l_{px} der Leontief-Inversen **L** und dem jeweiligen Produktionswert PW_p des Outputvektors $\widehat{PW}$. Der Grund dafür ist, dass sich im klassischen Leontief-Modell der Index p eines ments l_{px} immer auf die Endnachfrage bezieht, während der Index p des entsprechenden Elements PW_p den gesamten Output repräsentiert.[810] D.h. die klassischen Leontief-Multiplikatoren sind modelltheoretisch nicht für die Multiplikation mit dem Produktionswert des zu analysierenden Bereichs geeignet. Demgegenüber ist die Multiplikation $l_{px} * Y_p$ zwischen einem Element der Leontief-

807 vgl. Koller, Luptacik (2007), S. 2; Ho Un Gim, Koonchan Kim (2011), S. 202; Szyrmer (1992)

808 vgl. Koller, Luptacik (2007),S. 2

809 vgl. Ho Un Gim, Koonchan Kim (2011), S. 209f.

810 vgl. Ho Un Gim, Koonchan Kim (2011), S. 202

Inversen l_{px} und einem Element des Endnachfragevektors Y_p legitim, da sich der Index p in beiden Fällen auf die Endnachfrage des Untersuchungsgegenstands bezieht.[811] Dieser Zusammenhang ergibt sich aus der beschriebenen Herleitung des offenen statischen Leontief-Modells.

Aufgrund dieser dem Leontief-Modell inhärenten Verbindung ergeben sich nur dann modelltheoretisch saubere Ergebnisse, wenn die Leontief-Inverse mit einem beliebigen Endnachfragevektor $\hat{Y}$ multipliziert wird. In allen empirischen Wirkungsanalysen, in denen die Leontief-Inverse trotzdem mit einem Produktionswertvektor $\widehat{PW}$ anstelle eines Endnachfrageimpulses $\hat{Y}$ multipliziert wird, muss der Produktionsimpuls gemäß der Formulierung des Leontief-Models als Endnachfrage interpretiert werden. Dies führt dazu, dass abgesehen von der fehlerhaften Anwendung durch die Missachtung der modellinhärenten Beziehungen es in den Berechnungsergebnissen zu Doppelzählungen und somit einer Überschätzungen der tatsächlichen ökonomischen Bedeutung des Untersuchungsgegenstands kommt. Trotz der offenkundigen Defizite ist es in empirischen Wirkungsanalysen weitverbreitet, die volkswirtschaftlichen Wirkungen eines Produktionsbereichs oder eines anderweitig abgegrenzten Wirtschaftsbereichs durch die Multiplikation der Leontief-Inversen **L** mit der gesamten Bruttoproduktion $\widehat{PW}$ zu messen.

Aufgrund des hohen Anspruchs an die Aussagekraft und Qualität der Ergebnisse dürfen die beschriebenen Probleme und Defizite in dieser Arbeit nicht einfach vernachlässigt werden. Für die Berechnung der kumulativen Wirkungen, die von der Produktion der im Satellitensystem betrachteten Unternehmensgruppe auf den Rest der inländischen Wirtschaft ausgehen, sind die traditionellen Leontief-Multiplikatoren deshalb nicht geeignet. Das offene statische Leontief-Modell bleibt zwar als methodisches Fundament bestehen, muss jedoch zielführend modifiziert werden, um die Effekte eines exogenen Produktionsimpulses methodisch sauber erfassen zu können.

Für die Quantifizierung der von einer beliebigen Produktion auf eine Volkswirtschaft ausgehenden kumulativen Effekte existieren mittlerweile verschiedene Ansätze.[812] Diesen Modellen ist gemein, dass sie auf Basis der volkswirtschaftlichen Verflechtungen in einer IO-Tabelle anstelle der Auswirkungen einer exogenen Endnachfrage die von einem bestimmten Output auf die betrachtete Volkswirtschaft ausgehenden Effekte betrachten. Als Ansatz für die Quantifizierung der kumulativen Effekte vor dem Hintergrund dieser Arbeit sind die

811 vgl. Ho Un Gim, Koonchan Kim (2011), S. 209f.

812 vgl. u.a. Dumaua (2010); Ho Un Gim, Koonchan Kim (2011); Sancho (2011); Koller, Luptacik (2007); Szyrmer (1992); Schneider et al. (2007); Schneider et al. (2008b)

Output-zu-Output Multiplikatoren, wie sie Miller und Blair (2009) definieren, am besten geeignet.[813]

Die klassischen Output-zu-Output Multiplikatoren von Miller und Blair (2009) weisen die direkte und indirekte Produktion aus, die für die Herstellung einer Einheit eines bestimmten Sektors bzw. Produktionsbereichs benötigt wird.[814] Die dafür benötigte Matrix der Output-zu-Output Multiplikatoren $\boldsymbol{T} = [t_{px}]$ wird aus der Leontief-Inversen $\boldsymbol{L}$ berechnet, indem jedes Element einer Spalte in $\boldsymbol{L}$ durch das Element auf der Hauptdiagonalen dieser Spalte dividiert wird.[815] In Matrixschreibweise lässt sich die Ableitung der Matrix der Output-zu-Output Multiplikatoren $\boldsymbol{T}$ folgendermaßen darstellen:[816]

$$\boldsymbol{T} = \boldsymbol{L}(\boldsymbol{H})^{-1} \qquad 4.8$$

Die Matrix $\boldsymbol{H}$ beschreibt eine Diagonalmatrix, die als Elemente die Werte der Hauptdiagonalen der Leontief-Inversen $\boldsymbol{L}$ darstellt. Die Elemente t_{px} der neuen Matrix **T** zeigen die direkten und indirekten Effekte auf die inländische Güterproduktion des x-ten Produktionsbereichs, die durch eine Einheit des Produktionswerts der p-ten Güterart induziert wird.[817] Die Output-zu-Output Multiplikatoren der Matrix $\boldsymbol{T}$ eignen sich somit zur Berechnung der von einem bestimmten Produktionsimpuls PW_p ausgehenden volkswirtschaftlichen Effekte. Durch die Multiplikation der Matrix $\boldsymbol{T}$ mit einem speziell aufbereiteten Vektor $\widehat{PW}'$, der bis auf den zu analysierenden Produktionsimpuls PW_p nur Nullen enthält, entsteht ein neuer Vektor $\widehat{PW}$, der die in den verschiedenen Sektoren benötigte Produktion ausweist, die durch den Produktionsimpuls PW_p im Sektor p induziert wird.[818]

$$\widehat{PW} = \boldsymbol{T} * \widehat{PW}' \qquad 4.9$$

Die von Miller und Blair (2009) definierten Output-zu-Output Multiplikatoren dürfen nur verwendet werden, wenn der Produktionsimpuls eines einzelnen Sektors bzw. Produktionsbereichs analysiert werden soll. D.h. für den Fall, dass die Produktion für mehrere Produktionsbereiche exogen vorgegeben ist, darf das beschriebene Output-zu-Output Modell nicht verwendet werden.

---

813 vgl. Miller, Blair (2009), S. 284f. Die Vorteile der Output-zu-Output Multiplikatoren nach Miller und Blair (2009) gegenüber anderen Netto-Multiplikatoren wird in De Mesnard (2007) erläutert.

814 vgl. Koller, Luptacik (2007), S. 2

815 vgl. Miller, Blair (2009), S. 284

816 vgl. Sancho (2011), S. 4

817 vgl. Schneider et al. (2007), Anhang - Input-Output-Analyse (Methodische Grundlagen)

818 vgl. Miller, Blair (2009), S. 284

Die aus der Leontief-Inversen abgeleiteten Output-zu-Output Multiplikatoren stellen einen geeigneten Ansatz zur Quantifizierung der Ausstrahleffekte der betrachteten Unternehmensgruppe auf den Rest der inländischen Wirtschaft dar. Durch die aggregierte Darstellung der wirtschaftlichen Leistung in einem Produktionsbereich und der Verwendung der hergestellten Güter in einer Gütergruppe ist die Voraussetzung für die Anwendbarkeit des beschriebenen Output-zu-Output Modells erfüllt. Die kumulativen volkswirtschaftlichen Effekte, die durch die Produktionsaktivitäten der Unternehmensgruppe ausgelöst werden, können zielgerichtet durch die Anwendung der Output-zu-Output Betrachtung auf Basis der im unternehmensspezifischen Satellitensystem dargestellten Verflechtungen berechnet werden. Durch den Einsatz der Output-zu-Output Multiplikatoren von Miller und Blair (2009) werden nur die ökonomischen Wirkungen berücksichtigt, die ausschließlich in den Bereichen wirksam werden, die nicht zur betrachteten Unternehmensgruppe gehören. Das Problem von Doppelzählungen und einer daraus resultierenden Überschätzung des gesamtwirtschaftlichen Beitrags durch die Berücksichtigung der Effekte, die die Unternehmensgruppe auf sich selber entfaltet, wird somit durch die Verwendung der Output-zu-Output Multiplikatoren behoben.

Die genaue Vorgehensweise zur Quantifizierung der verschiedenen kumulativen Wirkungen auf Grundlage des entwickelten unternehmensspezifischen Satellitensystems und unter Anwendung der Output-zu-Output Betrachtung wird in den kommenden Abschnitten detailliert erläutert.

4.2.2 Quantifizierung der kumulativen ökonomischen Wirkungen

Im Folgenden wird das methodische Vorgehen zur Berechnung der indirekten und induzierten Wirkungen beschrieben, die von der Geschäftstätigkeit der Unternehmensgruppe auf den Rest der deutschen Volkswirtschaft ausgehen. Aufgrund der unterschiedlichen methodischen Vorgehensweisen werden die aus den Produktionsaktivitäten resultierenden Effekte getrennt von den investitionsinduzierten Wirkungen betrachtet, die als Resultat der Nachfrage nach Investitionsgütern durch die betrachtete Unternehmensgruppe entstehen (vgl. Abbildung 12).

4.2.2.1 Produktionsinduzierte indirekte Effekte

Die produktionsinduzierten indirekten Effekt resultieren aus den für die Leistungserstellung benötigten Vorleistungen der betrachteten Unternehmensgruppe, die im Inputvektor des unternehmensspezifischen Satellitensystems aufbereitet sind (vgl. Abbildung 29). Auch als Ausstrahleffekte bezeichnet, entstehen die indirekten Effekte durch die Nachfrage nach Vorleistungen in den der Unternehmensgruppe vorgelagerten Wirtschaftseinheiten. Die Produktionstätigkeit der Unternehmensgruppe führt nachfragewirksam zu einer gesteigerten Produktion, die sich in Abhängigkeit der für die Herstellung der Güter benötigten Waren und Dienstleistungen auf die verschiedenen Produktionsbereiche entlang der Vorleistungskette verteilt. Da die von der Nachfrage der Unternehmensgruppe betroffenen Wirtschaftseinheiten ihrerseits auch wieder Güter zur Erstellung der georderten Vorleistungen bei anderen Wirtschaftseinheiten nachfragen müssen, entsteht ein Multiplikatorprozess, der, wie in Abbildung 29 dargestellt, eine Wirkungskette über theoretisch unendlich viele Wirkungsrunden in Gang setzt.

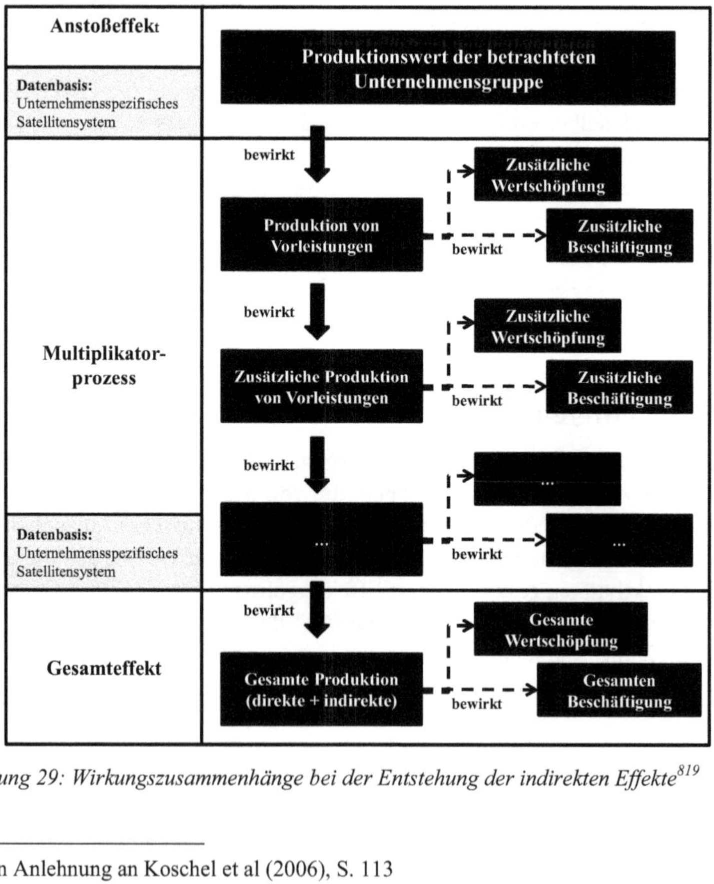

Abbildung 29: Wirkungszusammenhänge bei der Entstehung der indirekten Effekte[819]

819 in Anlehnung an Koschel et al (2006), S. 113

Theoretisch deshalb, weil sich der Effekt in jeder Runde abschwächt und letztendlich gegen einen Grenzwert strebt. Anstatt jede einzelne Wirkungsrunde separat als Bestandteil einer geometrischen Reihe zu untersuchen, werden in der empirischen Wirtschaftsforschung analytische Modelle, wie z.B. das im vorangegangen Abschnitt vorgestellte statische offene Leontief-Modell, zur Erfassung der Gesamtheit der kumulativen Effekte eingesetzt.[820] Für die Quantifizierung der indirekten Effekte, die von der Produktionstätigkeit der betrachteten Unternehmensgruppe auf den Rest der inländischen Wirtschaft ausgehen, wird das im vorangegangenen Abschnitt beschriebene Output-zu-Output Modell als Modifikation des offenen statischen Leontief-Modells verwendet.

Zur Quantifizierung der produktionsinduzierten indirekten Effekte auf Basis der Output-zu-Output Multiplikatoren ist zunächst der ökonomische Impuls festzulegen, vom dem ausgehend die kumulativen Wirkungen auf die deutsche Volkswirtschaft ermittelt werden sollen (vgl. Abbildung 29). Als Impuls wird der Produktionswert PW_{72} der betrachteten Unternehmensgruppe verwendet, der den direkten volkswirtschaftlichen Beitrag anzeigt, der aus dem Auftreten der Unternehmensgruppe als Wirtschaftseinheit bzw. Leistungserbringer innerhalb der deutschen Volkswirtschaft resultiert. Er ist unmittelbar dem unternehmensgruppenspezifischen Inputvektor des erstellten Satellitensystems zu entnehmen (vgl. Abbildung 28).

Für die modellgestützte Multiplikation mit der Matrix der Output-zu-Output Multiplikatoren $\boldsymbol{T}$ (vgl. 4.9), die auf Basis der Verflechtungen des unternehmensspezifischen Satellitensystems erstellt wird, muss der Produktionswert PW_{72} in einem speziellen Spaltenvektor $\widehat{PW}'$ gemäß der Gliederungssystematik des Satellitensystems aufbereitet werden. Als notwendige Bedingung für die Anwendbarkeit der Output-zu-Output Multiplikatoren darf der 72-elementige Vektor $\widehat{PW}'$ bis auf den Produktionswert der Unternehmensgruppe nur Nullen enthalten.

$$\widehat{PW}' = \begin{bmatrix} 0 \\ 0 \\ \vdots \\ PW_{72} \end{bmatrix} \tag{4.10}$$

Die direkten und indirekten Produktionseffekte $\widehat{PW}_{d+i\_prod}$, die durch die Produktionstätigkeit der Unternehmensgruppe auf die inländische Volkswirtschaft ausgelöst werden, lassen sich durch Multiplikation des aufbereiteten Produktionsvektors $\widehat{PW}'$ mit der Output-zu-Output Matrix $\boldsymbol{T}$ berechnen.

$$\widehat{PW}_{d+i\_prod} = \boldsymbol{T} * \widehat{PW}' \tag{4.11}$$

820 vgl. Miller, Blair (2009), S. 31ff.

Durch den besonderen Aufbau des Impulsvektors $\widehat{PW}'$ ergeben sich die Elemente des Ergebnisvektors $\widehat{PW}_{d+i\_prod}$ aus der Multiplikation des Produktionswerts PW_{72} mit den Elementen der 72sten Spalte der Output-zu-Output Matrix $\boldsymbol{T}$. Die einzelnen Elemente $t_{p\,72}$ (p=1,...,72) dieser Spalte zeigen an, wie viele Einheiten der jeweiligen Gütergruppe p (p=1,...,72) insgesamt für die Herstellung der Erzeugnisse der Unternehmensgruppe in den vorgelagerten Wirtschaftseinheiten benötigt werden. Im Rahmen der Output-zu-Output Betrachtung nach Miller und Blair (2009) erfolgt eine Normierung des Elements $t_{72\,72}$ auf 1, um die Effekte, die innerhalb des Unternehmensverbunds entstehen, nicht bei der Berechnung der direkten und indirekten Produktionseffekten zu erfassen. Durch die Verwendung der Output-zu-Output Multiplikatoren werden nur die produktionsinduzierten Wirkungen berücksichtigt, die von der betrachteten Unternehmensgruppe auf den Rest der Wirtschaft ausgehen. Eine Überschätzung der ökonomischen Bedeutung als Resultat der Berücksichtigung der Rückkopplungseffekte, die von der Produktionstätigkeit auf die verbundenen Unternehmenseinheiten wirken, wird dadurch vermieden.

Anstelle der gütermäßig gegliederten Darstellung der direkten und indirekten Effekte im Vektor $\widehat{PW}_{d+i\_prod}$ kann der ausgelöste Gesamteffekt auch als absolute Kenngröße ausgewiesen werden. Der absolute Wert für die produktionsinduszierten Wirkungen im Sinne von Leontief ergibt sich entweder aus der Summe der berechneten Elemente $PW_{p\,d+i\_prod}$ des Vektors $\widehat{PW}_{d+i\_prod}$

$$PW_{d+i\_prod} = \sum_{p=1}^{72} PW_{p\,d+i\_prod} \qquad 4.12$$

oder aus der Multiplikation des Produktionswerts PW_{72} mit dem unternehmensgruppenspezifischen Produktionsmultiplikator der Output-zu-Output Matrix $\boldsymbol{T}$.

$$PW_{d+i\_prod} = PW_{72} * \sum_{p=1}^{72} t_{p\,72}$$

Der auf Basis der Output-zu-Output Multiplikatoren berechnete Produktionseffekt PW_{d+i_prod} beschreibt den produktionsinduzierten Gesamteffekt, der sowohl den direkten Effekt PW_{72}[821] als auch die dadurch entlang der Vorleistungskette ausgelösten Folgewirkungen (indirekte Effekte) umfasst. Um die aus dem Anstoßeffekt resultierenden indirekten Ausstrahleffekte auf die vorgelagerten Wirtschaftseinheiten isoliert darstellen zu können, muss der als Impuls verwendete Produktionswert PW_{72} von dem berechneten Gesamteffekt subtrahiert werden.

---

821 Gemäß der Abgrenzung in dieser Arbeit entspricht der Anstoßeffekt dem direkten Produktionseffekt (Produktionswert PW_{72}) der betrachteten Unternehmensgruppe.

$$PW_{i\_prod} = PW_{d+i\_prod} - PW_{72}$$

Die durch die Produktionstätigkeit ausgelösten indirekten Effekte, d.h. ohne Berücksichtigung des direkten Produktionseffekts PW_{72}, lassen sich als absolute Kenngröße PW_{i_prod} auch aus den berechneten Elemente $PW_{p\ d+i\_prod}$ des Vektors $\widehat{PW}_{d+i\_prod}$ ermitteln.

$$PW_{i\_prod} = \sum_{p=1}^{71} PW_{p\ d+i\_prod}$$

Im Gegensatz zur Berechnung der Summe der direkten und indirekten Effekte in 4.12 dürfen für die isolierte Darstellung der indirekten Effekte nur die Ausstrahleffekt auf die Produktion der vorgelagerten Wirtschaftseinheiten berücksichtigt werden, d.h. das Element $PW_{72\ d+i\_prod}$ [822] wird nicht einbezogen.

Der in den Volkswirtschaftlichen Gesamtrechnungen ausgewiesene Produktionswert ist bekanntlich nur bedingt als Maß für die wirtschaftliche Leistung geeignet (vgl. Abschnitt 4.1.3.3) Weil auch in den berechneten Produktionseffekten noch die in den Herstellungsprozess einfließenden Vorleistungen anderer Wirtschaftseinheiten enthalten sind, liefern sie ein verzerrtes Bild hinsichtlich der volkswirtschaftlichen Bedeutung der betrachteten Unternehmensgruppe. Zudem beinhaltet der Produktionswert PW_{72} auch die unternehmensgruppeninternen Lieferungen und Leistungen (vgl. Abschnitt 4.1.3.3), die zwar durch die Verwendung der Output-zu-Output Multiplikatoren bei der Berechnung der produktionsinduzierten Folgeeffekte PW_{i_prod} nicht berücksichtigt werden, über den Produktionswert als Anstoßimpuls letztendlich aber doch im Gesamteffekt PW_{d+i_prod} auftauchen.

Der begrenzten Aussagekraft der gesamtwirtschaftlichen Produktionseffekte wird durch die Berechnung der produktionsinduzierten Wertschöpfungs- und Beschäftigungseffekte Rechnung getragen (vgl. Abbildung 29). Sie liefern wertvolle Erkenntnisse zur Beurteilung der ökonomischen Bedeutung der betrachteten Unternehmensgruppe (vgl. Abbildung 12). Um die Wirkungen auf unterschiedliche Zielvariablen, wie z.B. die Wertschöpfung, die Beschäftigung oder auch das Einkommen, im Rahmen der Output-zu-Output Betrachtung ermitteln zu können, muss der bisherige Ansatz um ein geeignetes Zurechnungsmodell erweitert werden.[823] Dies geschieht durch die Verknüpfung der Gleichung 4.11 mit speziellen Koeffizienten, die in Diagonalmatrizen aufbereitet werden.

822 Das Element $PW_{72\ d+i\_prod}$ ist wegen $t_{72\ 72} = 1$ identisch mit dem Produktionswert PW_{72}.

823 vgl. Holub, Schnabl (1994a), S. 461ff.

Für die Berechnung der Auswirkungen, die von der Produktionstätigkeit der betrachteten Unternehmensgruppe auf die inländische Wertschöpfung ausgehen, werden die folgenden Wertschöpfungskoeffizienten verwendet:

$$w_x = \frac{BWS_x}{PW_x} \qquad 4.13$$

Ein Wertschöpfungskoeffizient w_x (x=1,...,72) zeigt an, wie viel Wertschöpfung durch die Produktion einer Einheit des Gutes x entsteht. Für die Quantifizierung der direkten und indirekten Wertschöpfungseffekte als Folge der Produktionstätigkeit der betrachteten Unternehmensgruppe werden die ermittelten Wertschöpfungskoeffizienten als Diagonalmatrix $\boldsymbol{A_w}$ aufbereitet und mit der Gleichung 4.11 verknüpft.[824]

$$\widehat{BWS}_{d+i\_prod} = \boldsymbol{A_w T} * \widehat{PW}' \qquad 4.14$$

Anders formuliert ergeben sich die direkten und indirekten Wertschöpfungseffekte aus der Multiplikation der zuvor berechneten Produktionseffekte PW_{d+i_prod} mit der aufbereiteten Diagonalmatrix $\boldsymbol{A_w}$.

$$\widehat{BWS}_{d+i\_prod} = \boldsymbol{A_w} * \widehat{PW}_{d+i\_prod}$$

Aus den aufsummierten Elementen der Spalte 72 der Matrix $\boldsymbol{A_w T}$ ergibt sich der Wertschöpfungsmultiplikator für die gesamte Unternehmensgruppe. Er zeigt an, welche Wertschöpfung insgesamt in der deutschen Volkswirtschaft durch die Produktion einer Einheit der Unternehmensgruppe ausgelöst wird. Die berechneten Wertschöpfungseffekte $\widehat{BWS}_{d+i\_prod}$ lassen sich wie die Produktionseffekte unterschiedlich aufbereiten, um entweder die direkten und indirekten Effekte als absolute Kenngröße BWS_{d+i_prod} oder die durch die direkten Wertschöpfungseffekte BWS_{72} ausgelöste indirekte Wertschöpfung in den vorgelagerten Wirtschaftseinheiten BWS_{i_prod} isoliert darstellen zu können.

Analog zur Berechnung der Wertschöpfungseffekte lassen sich auch die direkten und indirekten Einkommens- und Beschäftigungseffekte als Resultat der Produktionstätigkeit der betrachteten Unternehmensgruppe quantifizieren. Anstelle der Diagonalmatrix $\boldsymbol{A_w}$ in Gleichung 4.14 werden dafür Matrizen benötigt, die auf ihrer Hauptdiagonalen die produktionsbereichsspezifischen Einkommens- bzw. Beschäftigungskoeffizienten in der Abgrenzung des Satellitensystems darstellen. Die Einkommenskoeffizienten ergeben sich aus dem Quotient der Nettolöhne und -gehälter[825] und dem Produktionswert des jeweiligen Pro-

824 vgl. Miller, Blair (2009), S. 250ff.

825 Die Nettolöhne und -gehälter liegen in den Ergebnissen der VGR leider nicht nach Produktionsbereichen gegliedert vor. Für die Ermittlung der bereichsspezifischen Nettolöhne und -gehälter werden deshalb die Arbeitnehmerentgelte der Produktionsbereiche mit

duktionsbereichs. Durch die Verknüpfung der Einkommensdiagonalmatrix $\boldsymbol{A_E}$ mit der Gleichung 4.11 lassen sich die direkten und indirekten Einkommenseffekte durch die Produktionstätigkeit folgendermaßen berechnen.

$$\hat{E}_{d+i\_prod} = \boldsymbol{A_E T} * \widehat{PW}' \qquad 4.15$$

Für die Berechnung der kumulativen Beschäftigungseffekte wird die Diagonalmatrix $\boldsymbol{A_E}$ durch die Matrix der Beschäftigungskoeffizienten $\boldsymbol{A_B}$ substituiert.

$$\widehat{ET}_{d+i\_prod} = \boldsymbol{A_B T} * \widehat{PW}' \qquad 4.16$$

Die in der Diagonalmatrix $\boldsymbol{A_B}$ angeordneten Beschäftigungskoeffizienten ergeben sich unter der Annahme der Homogenität der Arbeitskräfte innerhalb eines Produktionsbereichs aus dem Quotient zwischen der Anzahl der Erwerbstätigen und dem Produktionswert des entsprechenden Produktionsbereichs. Sie entsprechen somit den Kehrwerten der produktionsbereichsspezifischen Arbeitsproduktivitäten.

Anhand der in diesem Abschnitt beschriebenen methodischen Vorgehensweise lassen sich die direkten und indirekten Effekte durch die Produktionstätigkeit der Unternehmensgruppe quantifizieren. Unter Verwendung der Output-zu-Output Multiplikatoren können die durch die Produktionstätigkeit der Unternehmensgruppe ausgelösten direkten und indirekten Wirkungen auf die Produktion, die Wertschöpfung, das Einkommen und die Beschäftigung der deutschen Volkswirtschaft berechnet werden. Neben den direkten und indirekten Effekten müssen für die vollständige Erfassung sämtlicher ökonomischer Wirkungen, die von der Unternehmensgruppe auf den Rest der deutschen Volkswirtschaft ausgehen, auch die aus der Wiederverausgabung der generierten Einkommen resultierenden induzierten Effekte berücksichtigt werden. Die Methodik zur Berechnung der induzierten Wirkungen als Folge der Leistungserstellung wird nachfolgend beschrieben.

4.2.2.2 Gesamteffekt unter Berücksichtigung der induzierten Wirkungen

Das traditionelle Leontief-Modell und auch die auf Basis der Output-zu-Output Multiplikatoren berechneten indirekten Effekte vernachlässigen die durch die Wiederverausgabung von Löhnen und Gehältern entstehenden Konsumeffekte. Um ein vollständiges Bild der ökonomischen Bedeutung der betrachteten Unternehmensgruppe zu erhalten, ist es notwendig, auch die durch die Produktion

---

einem speziellen Nettoquotienten aus den Nettolöhne und -gehälter und dem Wert der Arbeitnehmerentgelte für die gesamte Volkswirtschaft multipliziert (Fachserie 18 Reihe 1.4 - Tabelle 2.1.8.1).

ausgelösten Einkommenseffekte im Sinne von Keynes bei der Berechnung des produktionsinduzierten Gesamteffekts zu berücksichtigen. Die Entstehung solcher Einkommenseffekte lässt sich analog zu den im vorangegangenen Abschnitt berechneten Produktionseffekten am einfachsten anhand des in Abbildung 30 dargestellten Multiplikatorprozess modellieren.

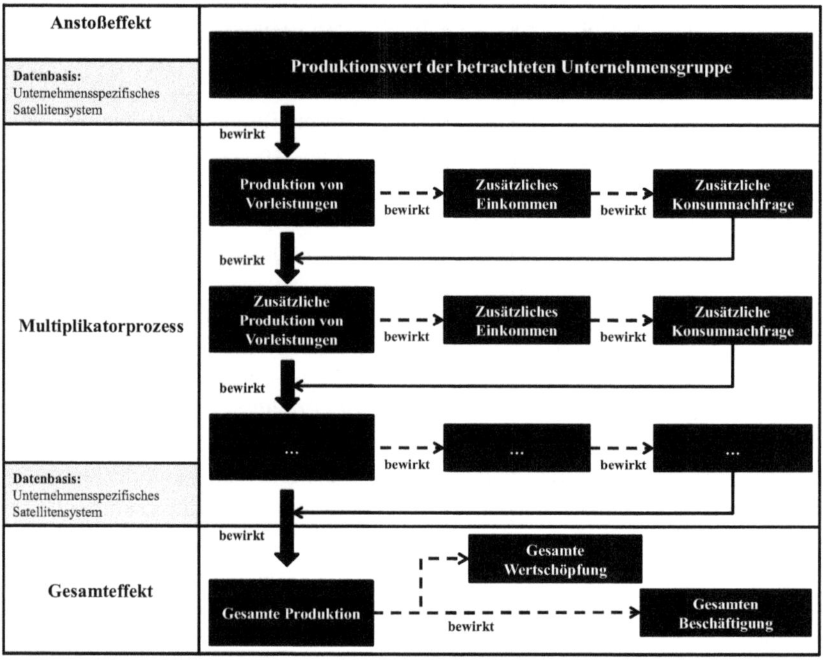

Abbildung 30: Wirkungszusammenhänge hinsichtlich der Entstehung induzierter Effekte[826]

Ausgelöst durch die Produktionstätigkeit werden in den verbundenen Unternehmenseinheiten Waren und Dienstleistungen für die Herstellung der Güter benötigt, die über die Vorleistungskette in den vorgelagerten Wirtschaftseinheiten für eine nachfrageinduzierte Produktion und gleichzeitig zusätzliches Einkommen sorgen. Das den Haushalten zufließende Einkommen wird zum Teil wieder für Konsumgüter verausgabt und bewirkt dadurch wiederum Produktion und Einkommen.[827] Dieser in Abbildung 30 abgebildete Rückkopplungseffekt zwischen Produktion, Einkommensentstehung und Konsumnachfrage setzt sich analog zum beschriebenen Wirkungsmechanismus theoretisch über unendlich

826 in Anlehnung an Koschel et al (2006), S. 115
827 vgl. Pischner, Stäglin (1976), S. 346

viele Wirkungsrunden fort.[828] Die durch die Wiederverausgabung der Einkommen entstehenden Produktionseffekte schwächen sich dabei von Wirkungsrunde zu Wirkungsrunde ab, da immer nur ein Teil der zusätzlichen Einkommen für Konsumzwecke verwendet wird.

Die Berechnung der Gesamteffekte, d.h. inklusive der induzierten Wirkungen, die aus der Leistungserstellung der betrachteten Unternehmensgruppe resultieren, erfolgt unter Berücksichtigung des beschriebenen Einkommen-Konsum-Kreislaufs (vgl. Abbildung 30). Um zusätzlich zu den bisher betrachteten Produktionseffekten im Sinne von Leontief auch die von der Unternehmensgruppe ausgehenden Einkommenseffekte im Sinne von Keynes in die Berechnungen einzuschließen, muss das als Fundament verwendete offene statische Leontief-Modell zielführend erweitert werden.[829] Im Rahmen der Modellerweiterung wird die bisher exogen vorgegebene Konsumnachfrage teilweise endogenisiert, um die durch die Wiederverausgabung der produktionsinduzierten Einkommen entstehenden Effekte zu erfassen. Dies geschieht durch die Aufnahme einer Konsumfunktion in das offene statische IO-Modell.[830]

Im Folgenden werden zunächst die notwendigen Modifikationen am traditionellen Leontief-Modell beschrieben, bevor das erweiterte Modell in die benötigte Output-zu-Output Betrachtung überführt wird. Als methodischer Ansatz zur Berechnung des produktionsinduzierten Gesamteffekts, d.h. die Summe aus direkten, indirekten und induzierten Effekten auf die inländischen Wirtschaft als Folge der Produktionstätigkeit der betrachteten Unternehmensgruppe, wird das von Pischner und Stäglin (1976) entwickelte, um den Keynes'schen Multiplikator erweiterten offenen statischen Input-Output-Modell verwendet. Das traditionelle, offene statische Leontief-Modell aus Gleichung 4.7 muss dafür folgendermaßen erweitert werden:

$$\widehat{PW} = \{(\boldsymbol{I} - \boldsymbol{A})^{-1}(\boldsymbol{I} - \boldsymbol{V})^{-1}\} * \hat{Y} \qquad 4.17$$

Das Leontief-Modell wird für die Berechnung des Gesamteffekts um die Matrix der sogenannten Verbrauchsmultiplikatoren $(\boldsymbol{I} - \boldsymbol{V})^{-1}$ erweitert. Die einzelnen Elemente n_{px} (p,x=1,...,72) der Inversen $(\boldsymbol{I} - \boldsymbol{V})^{-1}$ stellen spezielle Verbrauchmultiplikatoren dar, die angeben, „wie viel Endnachfrage insgesamt im Sektor p aufgrund der Nachfrage nach dem Gut x und der daraus resultierenden produktions- und einkommensbedingten Folgewirkungen entsteht"[831]. Die für

828 vgl. Bulwien et al. (1999), S. 203
829 vgl. Pischner, Stäglin (1976), S. 345
830 vgl. Koschel et al (2006), S. 114
831 Pischner, Stäglin (1976), S. 349

die Berechnung der Verbrauchsmultiplikatoren benötigte Matrix **V** ist dabei allgemein wie folgt spezifiziert:[832]

$$\boldsymbol{V} = \begin{bmatrix} \sum_{p=1}^{72} l_{p1} m_p c_p & \cdots & \sum_{p=1}^{72} l_{p72} m_p c_p \\ \vdots & \ddots & \vdots \\ \sum_{p=1}^{72} l_{p1} m_p c_p & \cdots & \sum_{p=1}^{72} l_{p72} m_p c_p \end{bmatrix} \qquad 4.18$$

mit

l_{px} = Koeffizient der Leontief-Inversen $(\boldsymbol{I} - \boldsymbol{A})^{-1}$

m_p = Inputkoeffizienten für die (Netto-) Löhne und Gehälter

c_p = marginale Konsumquote

Die Ermittlung der Elemente der Matrix **V** beschreibt den Kern des Prozesses zur Erweiterung des offenen statischen Leontief-Modells um die Einkommens- und Konsumeffekte. Das Hauptproblem besteht in der Schätzung der produktionsbereichsspezifischen Konsumfunktionen.[833] Während die Koeffizienten der Leontief-Inversen l_{px} für die Berichtsperiode bekannt sind, fehlen statistische Angaben zur Berechnung der sektoralen Inputkoeffizienten für die Nettolöhne und –gehälter sowie statistische Daten über die marginale Konsumquote c_p für die verschiedenen Gütergruppen. Aufgrund der fehlenden statistischen Angaben müssen alternative Inputkoeffizienten und Konsumquoten für die Ermittlung der Koeffizienten der Matrix **V** gefunden bzw. auf Basis der verfügbaren statistischen Informationen abgeschätzt werden. Für die nachfolgenden Berechnungen der induzierten Effekte wird daher eine modifizierte Koeffizientenmatrix $\boldsymbol{V}^*$ verwendet, die wie folgt spezifiziert ist:

$$\boldsymbol{V}^* = \begin{bmatrix} \sum_{p=1}^{72} l_{p1} m_p^* c^* & \cdots & \sum_{p=1}^{72} l_{p72} m_p^* c^* \\ \vdots & \ddots & \vdots \\ \sum_{p=1}^{72} l_{p1} m_p^* c^* & \cdots & \sum_{p=1}^{72} l_{p72} m_p^* c^* \end{bmatrix} \qquad 4.19$$

mit

l_{px} = Koeffizient der Leontief-Inversen $(\boldsymbol{I} - \boldsymbol{A})^{-1}$

m_p^* = Inputkoeffizienten für die Arbeitnehmerentgelte

c^* = spezielle Konsumquote

---

832 vgl. Koschel et al (2006), S. 116

833 vgl. Koschel et al (2006), S. 117

Für die Ermittlung der produktionsbereichsspezifischen Verbrauchsstrukturen werden Inputkoeffizienten auf Basis der Arbeitnehmerentgelte gebildet, die für jeden Produktionsbereich x (x=1,...,72) im Satellitensystem explizit ausgewiesen werden (vgl. Abbildung 28).

$$m_p^* = \frac{AE_x}{PW_x} \qquad 4.20$$

Der Einsatz bereichsspezifischer Arbeitnehmerentgeltkoeffizienten in 4.19 anstelle der Inputkoeffizienten für die Nettolöhne und –gehälter gemäß 4.18 sorgt für eine Überschätzung des konsumwirksamen Anteils durch die Berücksichtigung nicht-konsumwirksamer Bestandteile. Gemeint sind die Sozialbeiträge (Arbeitgeber- und Arbeitnehmeranteile) sowie die Lohnsteueranteile, die in den Arbeitnehmerentgelten enthalten sind, für den privaten Konsum aber nicht zur Verfügung stehen. Um diesem Sachverhalt Rechnung zu tragen, wird eine spezielle Konsumquote c^* verwendet, anhand derer der konsumwirksame Anteil in den Arbeitnehmerentgelten abgeschätzt wird.

$$c^* = c * \frac{Nettolöhne\ und - gehälter\ (gesamt)}{Arbeitnehmerentgelt\ (gesamt)} \qquad 4.21$$

Die Konsumquote c^* resultiert aus der Multiplikation der gesamtwirtschaftlichen marginalen Konsumquote c mit dem Quotienten aus den Nettolöhnen und –gehältern sowie dem Arbeitnehmerentgelt für die gesamte Wirtschaft.[834] Durch die Gewichtung der marginalen Konsumquote c mit der beschriebenen Nettoquote[835] entsteht eine neue gesamtwirtschaftliche Konsumquote, die der Überschätzung durch die Verwendung der Arbeitnehmerentgeltkoeffizienten Rechnung trägt, und anzeigt, welcher Anteil der als Bezugsgröße verwendeten Arbeitnehmerentgelte für den privaten Konsum zur Verfügung steht. Aufgrund der fehlenden statistischen Angaben über die sektoralen Konsumquote c_p (p=1,...,72) und die Nettolöhne und –gehälter nach Produktionsbereichen wird die in 4.21 berechnete Konsumquote c^* für die Berechnung aller Elemente der Matrix $\boldsymbol{V}^*$ konstant gehalten (vgl. Matrix 4.19).

Sind alle Elemente der modifizierten Matrix $\boldsymbol{V}^*$ bekannt, kann durch die Multiplikation der Matrix der sektoralen Verbrauchsmultiplikatoren $(\boldsymbol{I} - \boldsymbol{V}^*)^{-1}$ mit der bekannten Leontief-Inversen $(\boldsymbol{I} - \boldsymbol{A})^{-1}$ die gesuchte erweiterte Inverse $(\boldsymbol{I} - \boldsymbol{Z})^{-1} = (\boldsymbol{I} - \boldsymbol{A})^{-1} * (\boldsymbol{I} - \boldsymbol{V}^*)^{-1}$ berechnet werden (vgl. Gleichung

834 Die Werte für die Berechnung des Quotienten aus den Nettolöhnen und -gehältern sowie dem Arbeitnehmerentgelt für die gesamte Volkswirtschaft sind für den jeweiligen Berichtszeitraum den detaillierten Inlandsproduktergebnissen der VGR zu entnehmen (siehe Fachserie 18 Reihe 1.4 - Tabelle 2.1.8.1).

835 vgl. Koschel et al (2006), S. 122

4.17). Die einzelnen Koeffizienten der neuen Matrix **Z** setzen sich dabei folgendermaßen zusammen:

$$\boldsymbol{Z} = \begin{bmatrix} a_{11} + m_1^* c^* & \cdots & a_{11} + m_1^* c^* \\ \vdots & \ddots & \vdots \\ a_{72\,1} + m_{72}^* c^* & \cdots & a_{11} + m_{72\,1}^* c^* \end{bmatrix}$$

mit

a_{px} = Inputkoeffizienten der Vorleistungsmatrix (vgl. 4.4)

m_p^* = Inputkoeffizienten für die Arbeitnehmerentgelte (vgl. 4.20)

c^* = spezielle Konsumquote (vgl. 4.21)

Die auf Basis der Matrix **Z** berechnete erweiterte Inverse $(\boldsymbol{I} - \boldsymbol{Z})^{-1}$ erfasst neben den auf Leontief zurückgehenden Produktionseffekten auch die multiplikativen Einkommenseffekte im Sinne von Keynes. Folglich stellen die Koeffizienten z_{px} der neuen Matrix $(\boldsymbol{I} - \boldsymbol{Z})^{-1}$ die Gesamtproduktionsmultiplikatoren dar, die sich durch den Impuls einer beliebigen Endnachfrage $\hat{Y}$ und den daraus resultierenden Folgewirkungen ergeben.[836] Auf Basis des um den Keynes'schen Einkommensmultiplikator erweiterten offenen statischen Leontief-Modells können die aus einem beliebig definierten Endnachfragevektor $\hat{Y}$ resultierenden direkten, indirekten und induzierten Effekte (Gesamtwirkung) auf die inländische Produktion folgendermaßen berechnet werden:

$$\widehat{PW} = (\boldsymbol{I} - \boldsymbol{Z})^{-1} * \hat{Y} \qquad 4.23$$

Bekanntermaßen steht in diesem Abschnitt jedoch nicht die Quantifizierung der ökonomischen Effekte im Mittelpunkt, die von einem Endnachfrageimpuls ausgelöst werden, sondern die Gesamtwirkungen, die von den Produktionsaktivitäten der im Satellitensystem betrachteten Unternehmensgruppe auf die deutsche Volkswirtschaft ausgehen. Wie bereits gezeigt wurde, beschreibt die Output-zu-Output Betrachtung diesbezüglichen einen geeigneten Ansatz. Um diese auch im Rahmen der um den Keynes'schen Einkommensmultiplikator erweiterten Betrachtung anwenden zu können, muss die Matrix der Output-zu-Output Multiplikatoren $\boldsymbol{T}$ an das neue Fundament der erweiterte Inverse $(\boldsymbol{I} - \boldsymbol{Z})^{-1}$ angepasst werden.

Analog zur Ermittlung der Matrix der Output-zu-Output Multiplikatoren $\boldsymbol{T}$ aus der Leontief-Inversen $\boldsymbol{L}$ in 4.8 lässt sich auch die neue Matrix der Output-zu-Output Multiplikatoren $\boldsymbol{T}^*$ berechnen.

$$\boldsymbol{T}^* = (\boldsymbol{I} - \boldsymbol{Z})^{-1} * (\boldsymbol{H}^*)^{-1} \qquad 4.24$$

Die Matrix $\boldsymbol{H}^*$ beschreibt eine Diagonalmatrix, die als Elemente die Werte der Hauptdiagonalen der erweiterten Inversen $(\boldsymbol{I} - \boldsymbol{Z})^{-1}$ darstellt. Die neuen Ele-

836 vgl. Koschel et al (2006), S. 116

mente t_{px}^* der Matrix $\boldsymbol{T}^*$ zeigen, wie viele Einheiten der jeweiligen Gütergruppe p insgesamt, d.h. inklusive der durch die Wiederverausgabung der generierten Einkommen entstehende Nachfrage, für die Herstellung einer Einheit des Produktionsbereich x in den vorgelagerten Wirtschaftseinheiten benötigt werden. Auf Basis der modifizierten Output-zu-Output Multiplikatoren der Matrix $\boldsymbol{T}^*$ lassen sich anschließend die Gesamtwirkungen, die von der Produktionstätigkeit der Unternehmensgruppe auf die inländische Volkswirtschaft ausgehen, berechnen. Wird als Impuls wieder der Vektor $\widehat{PW}'$ verwendet, der gemäß den Anforderungen des Output-zu-Output Modells bis auf den Produktionswert PW_{72} der Unternehmensgruppen nur Nullen aufweist (vgl. 4.10), ergibt sich der folgende Zusammenhang:

$$\widehat{PW}_{prod} = \boldsymbol{T}^* * \widehat{PW}' \qquad 4.25$$

Anstelle der nach Gütergruppen bzw. Produktionsbereichen gegliederten Darstellung der Gesamteffekte im Vektor $\widehat{PW}_{prod}$ können die insgesamt auf die Produktionstätigkeit, d.h. inklusive der einkommensinduzierten Konsumnachfrage, zurückzuführenden Produktionseffekte auch als absolute Kennzahl ausgewiesen werden. Die Höhe der Gesamtwirkungen wird durch die Multiplikation des Produktionswerts PW_{72} mit dem dazugehörigen sektoralen Produktionsmultiplikator der Output-zu-Output Matrix $\boldsymbol{T}^*$ ermittelt.

$$PW_{prod} = PW_{72} * \sum_{p=1}^{72} t_{p\,72}^*$$

Die Spaltensumme $\sum_{p=1}^{72} t_{p\,72}^*$ der neuen Matrix $\boldsymbol{T}^*$ beschreibt den Gesamtproduktionsmultiplikator der betrachteten Unternehmensgruppe. Demzufolge setzt sich der Gesamteffekt PW_{prod} aus dem Anstoßeffekt PW_{72} sowie den daraus resultierenden Folgewirkungen zusammen, d.h. er umfasst die direkten, indirekten sowie induzierten Wirkungen, die von der Produktionstätigkeit auf die deutsche Volkswirtschaft ausgehen.

Die ausschließlich durch die Wiederverausgabung der Einkommen induzierten Effekte PW_{induz_prod} ergeben sich durch die Subtraktion der direkten und indirekten Produktionseffekten PW_{d+i_prod} von der Gesamtwirkung PW_{prod}.

$$PW_{induz\_prod} = PW_{prod} - PW_{d+i\_prod}$$

Wird auf den bisherige Ansatz in 4.25 das bereits bekannte Zurechnungsmodell aus Gleichung 4.14 angewendet, lassen sich auch die durch die gesteigerte Produktion entstehenden Wertschöpfungseffekte inklusive der einkommensinduzierten Wertschöpfungswirkungen quantifizieren. Auf Basis der in 4.13 dargestellten Inputkoeffizienten und der daraus erstellten Diagonalmatrix $\boldsymbol{A_w}$ ergibt sich folgende Gleichung für die Berechnung der gesamten produktionsinduzierten Wertschöpfungseffekte:

$$\widehat{BWS}_{prod} = \boldsymbol{A_w T^*} * \widehat{PW}' = \boldsymbol{A_w} * \widehat{PW}_{prod} \qquad 4.26$$

Neben den Wertschöpfungseffekten sind aus industriepolitischer Sicht insbesondere die insgesamt geschaffenen bzw. gesicherten Beschäftigungsverhältnisse von Interesse. Analog zur Vorgehensweise in Gleichung 4.26 lässt sich die beschäftigungspolitische Bedeutung der betrachteten Unternehmensgruppe für die deutsche Volkswirtschaft durch die Multiplikation der als Diagonalmatrix $\boldsymbol{A_B}$ aufbereiteten Beschäftigungskoeffizienten mit den gesamten Produktionseffekten $\widehat{PW}_{prod}$ ermitteln (vgl. Gleichung 4.16).

$$\widehat{ET}_{prod} = \boldsymbol{A_B T^*} * \widehat{PW}' = \boldsymbol{A_B} * \widehat{PW}_{prod} \qquad 4.27$$

Analog zur Berechnung der Wertschöpfungs- bzw. Beschäftigungseffekte können auch die Wirkungen auf andere ökonomische Zielvariablen, wie z.B. das Arbeitnehmerentgelt oder die Nettolöhne und -gehälter, auf Basis des verwendeten Zurechnungsmodells ermittelt werden.

Anhand der in diesem und im vorangegangen Abschnitt beschriebenen Methodik lassen sich die ökonomischen Wirkungen quantifizieren, die von der Produktionstätigkeit der betrachteten Unternehmensgruppe auf die deutsche Volkswirtschaft ausgehen. Als Datenbasis dient das erstellte unternehmensspezifische Satellitensystem, das die produktions- und gütermäßigen Verflechtungen der Unternehmensgruppe mit dem Rest der Wirtschaft dezidiert darstellt. Auf Basis der volkswirtschaftlichen Verflechtungen und der Output-zu-Output Betrachtung können die produktionsinduzierten Effekte auf unterschiedliche ökonomische Zielvariablen, wie z.B. die Produktion, die Wertschöpfung oder die Beschäftigung, ermitteln werden. Die unterschiedlichen Effekte und ihre Berechnungslogik sind in Tabelle 35 nochmal übersichtlich zusammengefasst.

Tabelle 35: Übersicht über die unterschiedlichen produktionsinduzierten Effekte

Zielvariable	Direkter Effekt[1]	Indirekte Effekte	Induzierte Effekte	Gesamteffekt
Produktion	PW_{72}	$\boldsymbol{T} * \widehat{PW}' - \widehat{PW}'$	$\boldsymbol{T^*} * \widehat{PW}' - \widehat{PW}_{d+i\_prod}$	$\boldsymbol{T^*} * \widehat{PW}'$
Wertschöpfung	BWS_{72}	$\boldsymbol{A_w}(\boldsymbol{T} * \widehat{PW}' - \widehat{PW}')$	$\boldsymbol{A_w T^*} * \widehat{PW}' - \widehat{BWS}_{d+i\_prod}$	$\boldsymbol{A_w T^*} * \widehat{PW}'$
Beschäftigung	ET_{72}	$\boldsymbol{A_B}(\boldsymbol{T} * \widehat{PW}' - \widehat{PW}')$	$\boldsymbol{A_B T^*} * \widehat{PW}' - \widehat{ET}_{d+i\_prod}$	$\boldsymbol{A_B T^*} * \widehat{PW}'$

[1] Die direkten Effekte können unmittelbar aus dem Inputvektor der betrachteten Unternehmensgruppe im Satellitensystem ausgelesen werden

Bevor auf die modellinhärenten Annahmen und Restriktionen hingewiesen wird, die bei der Interpretation der Ergebnisse berücksichtigt werden müssen, stehen nachfolgend zunächst die durch die Investitionstätigkeit der Unternehmensgruppe ausgelösten Effekt im Fokus. Neben den bisher betrachteten Wirkungen, die durch die Nachfrage nach Vorleistungen als Resultat der Produktionsaktivitäten entstehen, sorgen die Investitionsausgaben der Unternehmensgruppe für eine zusätzliche Nachfrage nach inländischen Investitionsgütern. Um ein vollständiges Bild der ökonomischen Bedeutung der Unternehmensgruppe für die deutsche Wirtschaft zu erhalten, ist es zielführend auch die von der Investitionsgüternachfrage ausgehenden Wirkungen einzubeziehen. Über die Vorleistungsverflechtungen des Satellitensystems und unter Anwendung eines geeigneten IO-Modells lassen sich diese bisher vernachlässigten Effekte, wie im Folgenden beschrieben, berechnen.

4.2.2.3 Investitionsinduzierte ökonomische Effekte

Die volkswirtschaftliche Bedeutung der im Satellitensystem abgegrenzten Unternehmensgruppe erschöpft sich nicht alleine in den kumulativen Effekte, die durch die laufenden Ausgaben für Vorleistungen entlang der Vorleistungskette und die Wiederverausgabung der daraus resultierenden Einkommen ausgelöst werden. Vielmehr entfalten auch die Investitionsaktivitäten der Unternehmensgruppe eine zusätzliche Nachfrage nach Investitionsgütern, die über die bereits skizzierten Multiplikatorprozesse (vgl. Abbildung 29 und Abbildung 30) weitere ökonomische Wirkungen auslöst.[837] D.h. die Nachfrage nach Investitionsgütern zur Aufrechterhaltung der Produktion oder nachhaltigen Verbesserung der Effizienz des Gesamtprozesses löst in den vorgelagerten Wirtschaftseinheiten zusätzliche indirekte und induzierte Effekte auf die inländische Produktion aus. Diese investitionsinduzierten Ausstrahleffekte dürfen im Rahmen der Analyse der ökonomischen Bedeutung der betrachteten Unternehmenseinheit nicht vernachlässigt werden.

Die Quantifizierung der direkten, indirekten und induzierten Wirkungen durch die Ausgaben für neue Produktionsstätten, den Erhalt bzw. die Erneuerung des Maschinenparks oder sonstige nachfragewirksamen Investitionen erfolgt analog zur Berechnung der produktionsinduzierten Effekte auf Basis der volkswirtschaftlichen Verflechtungen des unternehmensspezifischen Satellitensystems und unter Anwendung eines geeigneten IO-Modells. Anstelle der bisher verwendeten Output-zu-Output Betrachtung wird für die Ermittlung der investitionsinduzierten Wirkungen auf das klassische, offene statische Leontief-Modell

837 vgl. Butterman et al. (2010), S. 38

bzw. den um den Keynes'schen Einkommensmultiplikator erweiterten Ansatz zurückgegriffen. Die folgenden zwei Gründe sind dafür ausschlaggebend:

1. Bei dem durch die Nachfrage nach Investitionsgütern ausgelösten Anstoßeffekt handelt es sich um einen Endnachfrageimpuls. Aufgrund der modellinhärenten „consecutive conections" zwischen dem Impuls und der verwendeten Inversen ist die Voraussetzung für die Anwendbarkeit der Output-zu-Output Betrachtung nicht gegeben und es ist methodisch richtig, die auf den Endnachfrageimpuls zurückzuführenden Effekte auf Basis der traditionellen Leontief-Inversen zu berechnen.[838]
2. Die klassischen Output-zu-Output Multiplikatoren dürfen zudem nur verwendet werden, wenn die Auswirkungen, die von einer exogen vorgegebenen Produktion eines einzigen Produktionsbereichs ausgehen, quantifiziert werden sollen. Da die Investitionstätigkeit der Unternehmensgruppe jedoch zu einer Nachfragesteigerung nach Gütern aus mehreren Produktionsbereichen führt, ist auch die notwendige Bedingung für die Anwendbarkeit der Output-zu-Output Multiplikatoren nach Miller und Blair (2009) nicht erfüllt.[839]

Für die Berechnung der durch die Investitionsgüternachfrage auf die inländische Produktion ausgelösten indirekten Effekte (ohne Berücksichtigung der einkommensinduzierten Konsumnachfrage) wird das offene statische Leontief-Modell aus Gleichung 4.7 verwendet. Ist der nach 72 Gütergruppen gegliederte Vektor der Investitionsnachfrage $\hat{Y}_{inv}$ für die Unternehmensgruppe bekannt, lassen sich auf Basis der in der Leontief-Inversen erfassten volkswirtschaftlichen Wirkungsverflechtungen des unternehmensspezifischen Satellitensystems die durch diese Endnachfrage ausgelösten ökonomischen Wirkungen folgendermaßen berechnen:

$$\widehat{PW}_{d+i\_inv} = (\boldsymbol{I} - \boldsymbol{A})^{-1} * \hat{Y}_{inv} \qquad 4.28$$

Der Vektor $\widehat{PW}_{d+i\_inv}$ zeigt die direkte und indirekte Produktion in den homogenen Produktionsbereichen, die aus der unternehmensgruppenspezifischen Nachfrage nach Investitionsgütern auf die vorgelagerten Wirtschaftseinheiten entstehen. Ausschlaggebend für die Höher der Effekte ist der Endnachfragevektor $\hat{Y}_{inv}$, der die sektorale Bezugsstruktur der Investitionsgüternachfrage für den Beobachtungszeitraum darstellt. Als Ausgangsdatenbasis für die Ermittlung des nach Gütergruppen gegliederten Endnachfrageimpulses dienen die bei den Unternehmenseinheiten abgefragten Erhebungsunterlagen der amtlichen Investitionserhebung. Da in den amtlichen Fragebögen jedoch nur stark aggregierte An-

838 vgl. Ho Un Gim (2011), S. 209f.
839 vgl. Miller, Blair (2009), S. 284

gaben erhoben werden[840], fehlen Informationen, die es erlauben, die gütermäßige Bezugsstruktur der Investitionsgüternachfrage in den Abgrenzungen und Konzepten des Satellitensystems eindeutig abzubilden.

Um die einzelnen Elemente y_p (p=1,...,72) des Endnachfragevektors $\hat{Y}_{inv}$ entsprechend den tatsächlichen Gegebenheiten ermitteln zu können, werden zusätzliche Angaben benötigt. An erster Stelle wird eine Importquote benötigt, die anzeigt welcher Teil der ausgewiesenen Investitionen aus dem Ausland bezogen wird und somit nicht als Impuls für die inländische Produktion wirkt. Idealerweise können die betrachteten Unternehmenseinheiten darüber hinaus detaillierte Angaben bereitstellen, die es erlauben die aggregierten Daten aus der amtlichen Investitionserhebung entlang der funktionellen Abgrenzung im Satellitensystem zu verteilen.[841] Insbesondere der getrennte Ausweis der Investitionsgüter, die von verbundenen Unternehmen bezogen werden, ist von Bedeutung, um eine Überschätzung der ökonomischen Wirkungen der Unternehmensgruppe auf den Rest der Volkswirtschaft zu vermeiden.

Liegen die für die Ermittlung des Endnachfragevektors $\hat{Y}_{inv}$ benötigten Informationen nicht im Detail vor, muss auf Annahmen zurückgegriffen werden. Als ökonomisch plausible Annahmen können die aus den Investitionserhebungen ermittelten, in die Konzepte des Satellitensystem übergeleiten und um die Importe sowie unternehmensgruppeninternen Investitionen bereinigten statistischen Angaben gemäß der Struktur der gesamtwirtschaftlichen Investitionsgüternachfrage auf die Gütergruppen verteilt werden. D.h. der unternehmensgruppenspezifischen Investitionsgüternachfrage wird annahmegemäß die gleiche Struktur wie der in der Ausgangstabelle[842] erfassten gesamtwirtschaftlichen Nachfrage nach Anlageinvestitionen zugrunde gelegt.

Der Erstellungsprozess des investitionsinduzierten Endnachfragevektors $\hat{Y}_{inv}$ variiert in Abhängigkeit des verfügbaren Datenmaterials und bedarf somit einer Fall zu Fall Betrachtung. Allgemein hat der für die Berechnung der inves-

---

840 Detaillierte Informationen hinsichtlich der Erhebungsmethodik und –merkmale sind dem Qualitätsbericht zur Investitionserhebung zu entnehmen (vgl. Destatis (2012a)).

841 Nicht alle 72 Gütergruppen werden als Investitionsgüter nachgefragt. Insbesondere die Erzeugnisse der Dienstleistungsbereiche stellen bis auf wenige Ausnahmen keine Investitionsgüter dar, sodass der Wert des entsprechenden Elements im Endnachfragevektor gleich Null ist.

842 Ist die tiefgegliederte inländische Gütermatrix verfügbar und liegen genaue Erkenntnisse darüber vor, welche Güter in der Abgrenzung der 3118 Güter (SIO -Systematisches Güterverzeichnis der Input-Output-Rechnungen - Stand 2007) als Investitionsgüter durch die verbundenen Unternehmenseinheiten nachgefragt werden, so kann auf Basis der gesamtwirtschaftlichen Strukturen der inländischen Gütermatrix eine besser Annäherung an die tatsächlichen Strukturen erzielt werden.

titionsinduzierten Effekte speziell aufbereitete Endnachfragevektor die folgende Form:

$$\hat{Y}_{inv} = \begin{bmatrix} y_1 \\ y_2 \\ \vdots \\ y_{71} \\ 0 \end{bmatrix}$$

Ein Element y_p des Endnachfragevektors $\hat{Y}_{inv}$ zeigt die investitionsinduzierte Nachfrage der Unternehmensgruppe nach dem Gut p (p=1,…,72). Die Nachfrage in y_p ergibt sich aus den aggregierten Investitionsausgaben aller verbunden Unternehmenseinheiten für das Gut p abzüglich des unternehmensgruppenintern bezogenen Anteils. Die zwischen den verbundenen Unternehmen erbrachten, investitionsinduzierten Lieferungen und Leistungen werden in y_{72} zusammengefasst. Weil jedoch nur die investitionsinduzierten Ausstrahleffekte auf den Rest der Wirtschaft von Interesse sind, werden die durch die Nachfrage nach Investitionsgütern innerhalb der Unternehmensgruppe ausgelöste Produktion und ihre Folgewirkungen nicht berücksichtigt. Zudem ist die durch die unternehmensgruppeninterne Nachfrage nach Investitionsgütern ausgelöste Produktion bereits Im Produktionswert PW_{72} enthalten, sodass sie für die Berechnung der investitionsinduzierten Effekte nicht erneut berücksichtigt werden dürfen. Um eine Überschätzung der Effekte aus den genannten Gründen zu vermeiden, wird für die Berechnung der Wirkungen der Investitionsgüternachfrage die unternehmensgruppeninterne Nachfrage nicht berücksichtigt ($y_{72} = 0$).

Analog zur Vorgehensweise in Abschnitt 4.2.2.1 lassen sich auf Basis der in Gleichung 4.28 berechneten Effekte $\widehat{PW}_{d+i\_inv}$ auch die Wirkungen auf andere Zielvariablen ermitteln. Die zusätzliche Produktion $\widehat{PW}_{d+i\_inv}$ generiert ebenfalls Wertschöpfung und sichert bzw. schafft Beschäftigungsverhältnisse, die folgendermaßen quantifiziert werden:

$$\widehat{W}_{d+i\_inv} = \boldsymbol{A_w} * (\boldsymbol{I} - \boldsymbol{A})^{-1} * \hat{Y}_{inv} \text{ (vgl. 4.14)}$$
$$\widehat{ET}_{d+i\_inv} = \boldsymbol{A_B} * (\boldsymbol{I} - \boldsymbol{A})^{-1} * \hat{Y}_{inv} \text{ (vgl. 4.16)}$$

Ausgehend von der vektoriellen Darstellung der direkten und indirekten Produktions- ($\widehat{PW}_{d+i\_inv}$), Wertschöpfungs- ($\widehat{W}_{d+i\_inv}$) und Beschäftigungseffekte ($\widehat{ET}_{d+i\_inv}$) lässt sich analog zur Vorgehensweise in Abschnitt 4.2.2.1 auch der investitionsinduzierte Effekte auf die jeweilige Zielvariable als absolute Kennzahl (PW_{d+i_inv}, W_{d+i_inv} und ET_{d+i_inv}) aufbereiten.

Für die Berechnung der investitionsinduzierten Gesamteffekte, d.h. inklusive Berücksichtigung der einkommensinduzierten Konsumnachfrage, wird das um den Keynes'schen Einkommensmultiplikator erweiterten offenen statischen Leontief-Modells aus 4.23 verwendet. Der aus der Endnachfrage $\hat{Y}_{inv}$ und den daraus resultierenden Folgewirkungen entstehende Gesamteffekte (Summe der direkten, indirekten und induzierten Effekte) ergibt sich somit aus der Multiplikation des Endnachfrageimpulses mit der erweiterten Leontief-Inversen $(\boldsymbol{I}-\boldsymbol{Z})^{-\mathbf{1}}$.

$$\widehat{PW}_{inv} = (\boldsymbol{I} - \boldsymbol{Z})^{-1} * \hat{Y}_{inv} \qquad 4.29$$

Die daraus resultierenden Wirkungen auf die Wertschöpfung und die Beschäftigung ergeben sich aus der bereits bekannten Multiplikation des gesamten Produktionseffekts $\widehat{PW}_{inv}$ mit der jeweiligen Koeffizientenmatrix $\boldsymbol{A_w}$ bzw. $\boldsymbol{A_B}$:

$$\widehat{BWS}_{inv} = \boldsymbol{A_w} * (\boldsymbol{I} - \boldsymbol{Z})^{-1} * \hat{Y}_{inv}$$
$$\widehat{ET}_{inv} = \boldsymbol{A_B} * (\boldsymbol{I} - \boldsymbol{Z})^{-1} * \hat{Y}_{inv}$$

Abschließend bleibt festzuhalten, dass auch die Nachfrage nach Investitionsgütern ökonomische Folgewirkungen auf die inländische Volkswirtschaft auslöst, die hinsichtlich der Beurteilung der ökonomischen Bedeutung der betrachteten Unternehmensgruppe berücksichtig werden müssen. Die von dem Endnachfrageimpuls $\hat{Y}_{inv}$ ausgehenden Effekte auf die unterschiedlichen Zielvariablen lassen sich gemäß der beschriebenen Vorgehensweise quantifizieren.

Im Gegensatz zur produktionsinduzierten Nachfrage nach Vorleistungen, die im intertemporalen Vergleich kaum Schwankungen unterliegt, kann die Nachfrage nach Investitionsgütern sehr diskontinuierlich anfallen.[843] Bei der Interpretation der Investitionseffekte ist deshalb zu beachten, dass die Investitionsgüternachfrage deutlich volatiler ist als die aus den Produktionsprozessen resultierende Nachfrage nach Vorleistungen. Größer Differenzen zwischen den investitionsinduzierten Effekten verschiedener Berichtsperioden sind daher keine Seltenheit.

Bei der Auswertung der berechneten produktions- und investitionsinduzierten Effekte dürfen die Annahmen und Restriktionen nicht vernachlässig werden, die der gewählten Vorgehensweise inhärent sind. D.h. im Rahmen der Beurteilung der ökonomischen Bedeutung der betrachteten Unternehmensgruppe auf Basis der quantifizierten Wirkungen müssen auch die den verwendeten IO-Modellen zugrundeliegenden Annahmen und Restriktionen berücksichtigt werden. Diese werden im nachfolgenden Abschnitt erläutert.

4.2.2.4 Modellinhärente Annahmen und Restriktionen

Neben den Anmerkungen in Abschnitt 4.1.4, die sich auf die Aussagekraft und Qualität des unternehmensspezifischen Satellitensystems als Ausgangsdatenbasis beziehen, dürfen auch die den verwendeten IO-Modellen inhärenten Annah-

843 vgl. Butterman et al. (2010), S. 39

men und Grenzen bei der Interpretation der quantifizierten Effekte nicht vernachlässigt werden. Grundsätzlich beschreiben Input-Output-Modelle einfach verständliche, gut kommunizierbare und dadurch oft verwendete Instrumente der empirischen Wirtschaftsforschung, die häufig im Bereich der Wirkungsanalysen eingesetzt werden (vgl. Abschnitt 3.2.3.2.2). Die auf Basis der Modelle und der effektiven Verflechtungen in den IO-Tabellen berechneten Effekte dürfen jedoch nicht darüber hinwegtäuschen, dass den Ergebnissen teilweise restriktiven Annahmen zugrunde liegen.

An dieser Stelle soll grundsätzlich nicht die Eignung der Input-Output-Analyse zur Quantifizierung der ökonomischer Wirkungen der betrachteten Unternehmensgruppe in Frage gestellt werden, sondern lediglich auf die modellinhärenten Annahmen und Restriktionen aufmerksam gemacht werden. Ohne deren Nennung würde eine Genauigkeit suggeriert, die nicht den tatsächlichen Gegebenheiten entspricht. Die zentralen Einschränkungen und methodischen Grenzen der gewählten Vorgehensweise zur Quantifizierung der produktions- und investitionsinduzierten Effekte der betrachteten Unternehmensgruppe werden nachfolgend erläutert:

- Das als methodisches Fundament verwendete statische IO-Modell bietet als reines Mengenmodell keinen mikroökonomisch fundierten, konsistenten und geschlossenen Modellrahmen, der eine totalanalytische Betrachtungsweise möglich macht und gleichzeitig allokationstheoretische Zusammenhänge hinreichend würdigt.[844] Aufgrund der Verwendung konstanter Vorleistungskoeffizienten und der Nichtberücksichtigung von preisabhängigen Kostenfunktionen werden Preis- und Substitutionseffekte nicht endogen abgebildet.[845] D.h. eine sich im Berichtszeitraum verändernde Nachfragestruktur und damit verbundene Substitutionseffekte werden durch die konstanten, preisunabhängigen Vorleistungskoeffizienten nicht berücksichtigt. Neben den Preisen werden auch die Zinsen entgegen der Realität als konstant bzw. gegeben angesehen. Der statische Ansatz lässt des Weiteren den sektoralen technischen Fortschritt in Form exogen vorgegebener Änderungen im Prozessmix und der Vorleistungsstruktur unberücksichtigt.[846] D.h. sowohl Veränderungen der verwendeten Technologie als auch der beteiligten Preise werden im statischen IO-Modell nicht berücksichtigt.
- Das klassische statische offene Leontief-Modell berücksichtigt nicht die Einkommens- und Konsumeffekte im Sinne von Keynes. Um dieses zentrale Problem zu beheben, wurde die im klassischen Modell exogen vorgegebene

844 vgl. Koschel et al (2006), S. 126
845 vgl. Heeger (2009), S. 53
846 vgl. Holub, Schnabl (1994a), S. 83ff.; Schneider at al. (2008b), S. 86

Konsumnachfrage teilweise endogenisiert. Dies geschieht durch die Aufnahme einer Konsumfunktion in das offene statische IO-Modell.[847] Die beschriebene Vorgehensweise zur Ermittlung der konsumtiven Einkommensverwendung darf allerdings nicht darüber hinwegtäuschen, dass eine Schätzung sektoraler Konsumfunktionen problematisch ist und aufgrund fehlender statistischer Angaben auch in dieser Arbeit für die Ermittlung der produktionsbereichsspezifischen Konsumfunktionen auf gesamtwirtschaftliche Strukturen zurückgegriffen werden muss. Ohne sie können einkommensinduzierte Rückkopplungen nur anhand eines sehr allgemeinen Einkommensmultiplikators erfasst werden.

- Bei der Interpretation der berechneten Effekte muss berücksichtigt werden, dass die verwendete Methodik auf den produktions- und gütermäßigen Verflechtungen des unternehmensspezifischen Satellitensystems aufbaut. D.h. die Ergebnisse basieren auf Branchendurchschnittswerten. Zudem wird im Rahmen des verwendeten IO-Ansatzes von den Annahmen der Homogenität der Waren und Dienstleistungsströme, linear-limitationaler Produktionsfunktionen sowie der Stabilität der inländischen Vorleistungsgüter ausgegangen.[848]
- Als weiterer Schwachpunkte der statischen Betrachtung wird in der Literatur die Nichtberücksichtigung dynamischer Reaktionen angeführt, wie z.B. bestimmte Lagstrukturen oder durch Reaktionsschwellen.[849] D.h. Anpassungsprozesse als Reaktion sich verändernder Rahmenbedingungen finden im jeweiligen Betrachtungszeitraum keine Berücksichtigung. Insbesondere die Reaktionen der Unternehmen und Konsumenten auf Veränderungen der Nachfrage, wie z.B. eine Verschiebung der Nachfrage in der Berichtsperiode, werden in den verwendeten Modellen vernachlässigt.
- Den gemäß der beschriebenen Vorgehensweise berechneten Beschäftigungseffekten liegen ebenfalls methodische Defizite zugrunde. Diese beziehen sich auf die im Zurechnungsmodell verwendeten Inputkoeffizienten, die die sektoralen Erwerbstätigen zum Produktionswert des entsprechenden Produktionsbereichs ins Verhältnis setzen, das Fehlen von Rückkopplungen vom Arbeitsmarkt auf das IO-Modell und der Unterstellung einer sektoralen Homogenität der Arbeitskräfte.[850] Demnach wird für die Berechnung der Beschäftigungseffekte unterstellt, dass sich Konsumenten und Erwerbstätige nicht an eine Veränderung der Einkommen bzw. der Arbeitsplatzsituation anpassen.

---

847 vgl. Koschel et al (2006), S. 114

848 vgl. Schneider et al. (2007), Anhang - Input-Output-Analyse (Methodische Grundlagen)

849 vgl. Holub, Schnabl (1994a), S. 158ff.

850 vgl. Heeger (2009), S. 54

Auf Basis der berechneten Effekte kann auch keine Aussage darüber getroffen werden, inwiefern in den begünstigten Produktionsbereichen Arbeitsplätze gesichert oder neue geschaffen werden. Auch eine Unterscheidung nach der Art der entstandenen Beschäftigungsverhältnisse ist gemäß der verwendeten Methodik nicht gewährleistet (z.B. in a-typische oder Vollzeitäquivalente).

- Aufgrund der methodischen Unterschiede hinsichtlich der Quantifizierung der produktions- und investitionsinduzierten Wirkungen der betrachteten Unternehmenseinheit kann kein Multiplikator gebildet werden, der Aussagen über den berechneten Gesamteffekt im Verhältnis zum Anstoßimpuls ermöglicht.

$$\frac{Gesamteffekt}{Anstoßeffekt}$$

Der Grund dafür liegt in den unterschiedlichen Anstoßeffekten die nicht aufaddiert werden können.[851] D.h. der als Anstoßimpuls für die Berechnung der produktionsinduzierten Effekte verwendete Produktionswert und der für die Quantifizierung der investitionsinduzierten Wirkungen ermittelte Investitionsgüternachfragevektor lassen sich nicht aggregieren.

- In Abhängigkeit der Verfügbarkeit der Informationen über die getätigten Investitionen der betrachteten Unternehmensgruppe spielen Annahmen bei der Erstellung des Investitionsgüternachfragevektors als Anstoßimpuls für die Berechnung der investitionsinduzierten Effekte eine zentrale Rolle. Liegen keine verwertbaren Angaben über die Struktur der Investitionsnachfrage vor, müssen die Investitionsausgaben auf Basis der gesamtwirtschaftlichen Investitionsgüternachfrage auf die relevanten Gütergruppen in der Abgrenzung des unternehmensspezifischen Satellitensystems aufgeteilt werden.

Angesicht der beschriebenen Annahmen und methodischen Defizite wäre für eine exakte Quantifizierung der gesamtwirtschaftlichen Effekte der ausgewählten Unternehmensgruppe ein entsprechend dem Erkenntnisziel aufbereitetes allgemeines Gleichgewichtsmodell wünschenswert, das auf vollständigen Informationen über die produktions- und gütermäßigen Verflechtungen aller Wirtschaftseinheiten innerhalb der deutschen Volkswirtschaft aufbaut. Da ein solches Makromodell aufgrund beschränkter Informationen nicht existiert, wird auf die Input-Output-Analyse als lineares und mathematisch sehr robustes Modell zurückgegriffen.[852] Sie basiert auf den amtlichen IO-Tabellen, die durch die Kompatibilität mit den Ergebnissen der Volkswirtschaftlichen Gesamtrechnun-

---

851 vgl. Koller, Luptacik (2007), S. 3

852 Schneider at al. (2008b), S. 86

gen und den umfangreichen Qualitätsprüfungen der für ihre Erstellung verwendeten Primär- und Sekundärdaten die beste Ausgangsdatenbasis für die Berechnung der kumulativen Wirkungen der betrachteten Unternehmenseinheit darstellen. Dennoch darf aufgrund der beschriebenen methodischen Defizite bei der Interpretation der quantifizierten Effekte nicht außer Acht gelassen werden, dass es sich bei den Ergebnissen um eine Momentaufnahme und statistische Schätzung handelt. D.h. die auf Basis der Durchschnittswerte im unternehmensspezifischen Satellitensystem berechneten indirekten und induzierten Wirkungen müssen als Abschätzung der kurzfristigen gesamtwirtschaftlichen Effekte der betrachteten Unternehmensgruppe auf die inländische Volkswirtschaft interpretiert werden.

Das tatsächliche Ausmaß der aus den modellinhärenten Annahmen resultierenden Ungenauigkeiten und Verzerrungen lässt sich nicht eindeutig quantifizieren, da keine statistisch abgesicherten Referenzangaben über die von der ausgewählten Unternehmensgruppe ausgehenden indirekten und induzierten Effekte existieren. In der Literatur wird daher oftmals empfohlen, die im Rahmen einer Wirkungsanalyse auf Basis des statischen IO-Modells quantifizierten Ergebnisse anstelle als absolute Kenngröße als Spanne möglicher Werte bzw. als Intervall mit einem Verweis auf das zugrundliegende Kompetenzniveau auszuweisen.[853]

Unter Berücksichtigung der methodischen Defizite stellt die gewählte Vorgehensweise trotz der teilweise restriktiven Annahmen und Restriktionen ein geeignetes Instrument zur Abschätzung der ökonomischen Wirkungen durch die Geschäftstätigkeit der betrachteten Unternehmensgruppe dar. Losgelöst von den Verzerrungen und Ungenauigkeiten die aus den modellinhärenten Annahmen und Restriktionen resultieren, sprechen die Transparenz, die Objektivität sowie die Konsistenz gegenüber den Ergebnissen der VGR für die Anwendung des gewählten Verfahrens.

4.2.3 Zusammenfassung

Die vorangegangenen Abschnitte beschreiben die Methodik zur Berechnung der ökonomischen Wirkungen, die von der Geschäftstätigkeit der betrachteten Unternehmensgruppe auf die inländische Volkswirtschaft ausgehen. Erst die Berücksichtigung der durch die direkten Effekte ausgelösten indirekten und induzierten Wirkungen ermöglicht es, die ökonomische Bedeutung der Unternehmensgruppe vollständig abzubilden. In Abhängigkeit des wirtschaftlichen Impulses sind zwei Wirkungskanäle zu unterscheiden, die beide ihren Beitrag zum Gesamteffekt leisten.

---

853 vgl. Rueda-Cantuche et al. (2011), S. 4; Miller, Blair (2009), S. 253

Der deutlich größere Teil des Gesamteffekts entfällt auf die produktionsinduzierten ökonomischen Wirkungen, die als Resultat der Leistungserstellung durch die verbundenen Unternehmenseinheiten ausgelöst werden und neben den direkten Produktionseffekten auch die ökonomischen Folgewirkungen berücksichtigen. Unter den Folgewirkungen oder Ausstrahleffekten werden die indirekten und induzierten Effekte verstanden, die durch die Nachfrage nach Vorleistungen in den vorgelagerten Wirtschaftseinheiten und der Wiederverausgabung der generierten Einkommen entstehen. Während die direkten produktionsinduzierten Effekte unmittelbar aus dem Satellitensystems ausgelesen werden können, müssen die indirekten und induzierten Wirkungen auf Basis der Verflechtungen des Satellitensystems und unter Anwendung eines geeigneten IO-Modells quantifiziert werden (vgl. Tabelle 35). Für die Berechnung der aus der Produktionstätigkeit resultierenden gesamtwirtschaftlichen Produktions-, Wertschöpfungs- und Beschäftigungseffekte wird, wie in den Abschnitten 4.2.2.1 und 4.2.2.2 beschrieben, die Output-zu-Output Betrachtung nach Miller und Blair (2009) und ein um den Keynes'schen Einkommensmultiplikator erweiterter Ansatz verwendet.

In Abschnitt 4.2.2.3 wird die Vorgehensweise zur Berechnung der investitionsinduzierten Wirkungen als zweitem zentralem Bestandteil der Gesamteffekte beschrieben. Weil die seitens der Wirtschaftseinheiten getätigten Investitionen nicht als Vorleistungen in den produktionsmäßigen Verflechtungen der amtlichen IO-Tabellen berücksichtigt werden, sind die aus der Investitionstätigkeit resultierenden Effekte auch nicht in den produktionsinduzierten Wirkungen enthalten und müssen deshalb gesondert erfasst werden. Die unternehmensgruppenspezifische Nachfrage nach Investitionsgütern wird dafür als Endnachfragevektor in den Abgrenzungen des Satellitensystems aufbereitet und als Anstoßimpuls für die Berechnung der kumulativen investitionsinduzierten Effekte verwendet. Ist der nach 72 Gütergruppen gegliederte Endnachfragevektor $\hat{Y}_{inv}$ bekannt, lassen sich die durch diese Endnachfrage ausgelösten ökonomischen Wirkungen, wie beschrieben, auf Basis des traditionellen bzw. einen um die Einkommens- und Konsumeffekte erweiterten Modellansatz berechnen.

Die durch die Unternehmensgruppe getätigten Investitionen lösen genauso wie die Produktionsaktivitäten ökonomische Effekte innerhalb der deutschen Volkswirtschaft aus. Um ein vollständiges Gesamtbild über die ökonomische Bedeutung der Unternehmensgruppe für die deutsche Volkswirtschaft zu erhalten, müssen die beiden, bislang getrennt voneinander betrachteten Wirkungskanäle zusammengeführt werden. Der gesamte Produktionseffekt als absolute Kenngröße ergibt sich demnach aus der Addition der produktions- und der investitionsinduzierten Effekte.

$$PW_{gesamt} = PW_{prod} + PW_{inv} \qquad 4.30$$

Analog dazu lassen sich auch die insgesamt auf die Geschäftstätigkeit zurückzuführenden Wertschöpfung- und Beschäftigungseffekte ermitteln.

$$BWS_{gesamt} = BWS_{prod} + BWS_{inv} \qquad 4.31$$

$$ET_{gesamt} = ET_{prod} + ET_{inv} \qquad 4.32$$

Um zusätzliche Analysemöglichkeiten bereitzustellen, können die berechneten Effekte anstelle als absolute Kennzahl auch als Vektor ausgewiesen werden. Auf Basis der vektoriellen Darstellung lässt sich z.B. die auf die einzelnen Produktionsbereiche entfallene Wertschöpfung differenziert analysieren, u.a. mit dem Ziel diejenigen Produktionsbereiche zu identifizieren, die am stärksten von den Geschäftsaktivitäten der Unternehmensgruppe profitieren.

$$\widehat{BWS}_{gesamt} = \widehat{BWS}_{prod} + \widehat{BWS}_{inv} \qquad 4.33$$

Abschließend bleibt festzuhalten, dass durch die Geschäftstätigkeit der Unternehmensgruppe unterschiedliche ökonomische Wirkungen auf die inländische Volkswirtschaft ausgelöst werden, die sich mittels der beschriebenen methodischen Vorgehensweise quantifizieren bzw. abschätzen lassen. Die im Satellitensystem aufbereiteten direkten Wirkungen sowie die berechneten indirekten und induzierten Ausstrahleffekte auf den Rest der Volkswirtschaft liefern wertvolle Erkenntnisse über die volkswirtschaftliche Bedeutung der gesamten Unternehmensgruppe. Sie können als Indikator zur Beurteilung der volkswirtschaftlichen Förderungswürdigkeit vor dem Hintergrund neuer Herausforderungen in der Industriepolitik herangezogen werden. Bei der Interpretation der berechneten produktions- und investitionsinduzierten Effekte dürfen allerdings die der Vorgehensweise inhärenten Annahmen und Grenzen nicht vernachlässig werden. Neben den in Abschnitt 4.1.4 genannten Einschränkungen hinsichtlich der Aussagekraft und Qualität des unternehmensspezifischen Satellitensystems als Ausgangsdatenbasis dürfen auch die im vorangegangenen Abschnitt aufgeführten Annahmen und Grenzen der verwendeten IO-Modelle bei der Interpretation der quantifizierten Effekte nicht vernachlässigt werden.

Die vorangegangenen Ausführungen beschränken sich auf die allgemeine Darstellung der methodischen Vorgehensweise zur Erstellung des unternehmensspezifischen Satellitensystems bzw. der Quantifizierung der kumulativen ökonomischen Effekte für eine beliebige Unternehmensgruppe. Im nachfolgenden Kapitel wird das entwickelte Verfahren auf das Unternehmen Sanofi Aventis Deutschland angewendet, um sowohl den beschriebenen Erstellungsprozess als auch die Aussagemöglichkeiten bzw. die -qualität der modellgestützten Berechnungen anhand eines konkreten Beispiels zu verdeutlichen.

5 Ökonomische Bedeutung von Sanofi Aventis für die deutsche Volkswirtschaft

Nachdem im vorangegangenen Kapitel 4 der methodische Ansatz des in der vorliegenden Arbeit entwickelten Verfahrens ausführlich beschrieben wurde, soll in den nachfolgenden Abschnitten die Anwendbarkeit und Umsetzung des Instruments anhand eines konkreten Beispiels demonstriert werden. Durch die Erstellung eines unternehmensspezifischen Satellitensystems für die Sanofi Aventis Deutschland GmbH und der Quantifizierung der ökonomischen Effekte, die von der Unternehmung auf die inländische Volkswirtschaft ausgehen, sollen die einzelnen Schritte des entwickelten Verfahrens verdeutlicht werden. Die nachfolgenden Ausführungen liefern wertvolle Erkenntnisse hinsichtlich der praktischen Umsetzung des Verfahrens und der Auswertungsmöglichkeiten, die auf Basis des erstellten Satellitensystems gegeben sind. Darüber hinaus wird durch die kritische Würdigung der generierten Ergebnisse am Ende des Kapitels deutlich, inwiefern das entwickelte Verfahren Erkenntnisse zur Beurteilung der ökonomischen Bedeutung des Untersuchungsgegenstands bereithält.

Im Folgenden wird zunächst der Erstellungsprozess des unternehmensspezifischen Satellitensystems detailliert erläutert, bevor anschließend die Auswertung der neuen empirischen Datenbasis in den Fokus rückt. Eine kritische Würdigung der auf Basis des entwickelten Verfahrens berechneten Effekte schließt das Kapitel ab.

5.1 Erstellung des unternehmensspezifischen Satellitensystems

Als zentrale Voraussetzung für die Analyse und Quantifizierung der ökonomischen Wirkungen, die von Sanofi Aventis auf die deutsche Volkswirtschaft ausgehen, muss der betrachtete Untersuchungsgegenstand zunächst in der Ausgangstabelle abgegrenzt und gegenüber dem Rest der Wirtschaft disaggregiert dargestellte werden. Erst wenn das unternehmensspezifische Satellitensystem als Ausgangsdatenbasis vollständig vorliegt, lassen sich die direkten, indirekten und induzierten volkswirtschaftlichen Effekte, die die ökonomische Bedeutung von Sanofi Aventis für den deutschen Wirtschaftsstandort aufzeigen, berechnen.

5.1.1 Abgrenzung des Untersuchungsgegenstands

Sanofi Aventis ist ein führendes Gesundheitsunternehmen, das in über 100 Ländern mehr als 100.000 Mitarbeiter beschäftigt.[854] Nach zahlreichen Fusionen und der Integration einer Vielzahl pharmazeutischer Gesellschaften entstand das heute bekannte Sanofi Aventis letztendlich durch den Zusammenschluss der beiden Pharmaunternehmen Sanofi-Synthelabo und Aventis. Sanofi Aventis entwickelt und vermarktet medizinische Lösungen für Menschen weltweit mit dem Fokus auf hochinnovative Arzneimittel und Medizinprodukte sowie Dienstleistungen für den Patienten. Da das in dieser Arbeit entwickelte Verfahren darauf abzielt, die ökonomische Bedeutung einer bestimmten Unternehmensgruppe für die deutsche Volkswirtschaft zu quantifizieren, dürfen gemäß Abschnitt 4.1.1 nur diejenigen Einheiten des Konzerns in die Analyse eingeschlossen werden, die im Betrachtungszeitraum zum Unternehmensverbund gehörten, als institutionelle Einheiten der deutschen amtlichen Statistik zuzuordnen sind und im deutschen Unternehmensregister erfasst werden.

Um die ökonomischen Wirkungen von Sanofi Aventis auf den deutschen Wirtschaftsstandort vollständig erfassen zu können, muss deshalb zunächst die sogenannte nationale Unternehmensgruppe als Untersuchungsgegenstand identifiziert und abgegrenzt werden. Gegenstand der Untersuchung ist nicht der gesamte, global aufgestellte Konzern Sanofi Aventis, sondern ausschließlich diejenigen Wirtschaftseinheiten des Konzernverbunds, die durch ihre Geschäftigkeit unmittelbar wirtschaftliche Transaktionen innerhalb der deutschen Volkswirtschaft auslösen. Die Abgrenzung der zu analysierenden Unternehmensgruppe erfolgt gemäß den Ausführungen in Abschnitt 4.1.1 auf Basis des statistischen Kontrollkonzepts des Statistischen Bundesamts, das auf Grundlage der Besitz- und Kontrollbeziehungen darüber entscheidet, ob eine verbundene Unternehmenseinheit in die nationale Unternehmensgruppe aufgenommen wird oder nicht. In Anlehnung an die methodischen Ausführungen im vorangegangenen Kapitel wird der nach dem statistischen Kontrollkonzept abgegrenzte Unternehmensverbund, der sich aus allen in Deutschland aktiven Wirtschaftseinheiten des betrachteten Konzerns zusammensetzt, als Untersuchungsgegenstand für die Erstellung des unternehmensspezifischen Satellitensystems und den darauf aufbauenden Berechnungen der ökonomischen Ausstrahleffekte verwendet.

Für die Analyse und Quantifizierung der ökonomischen Wirkungen von Sanofi Aventis auf den deutschen Wirtschaftsstandort wird von dieser Vorgehensweise abgewichen. Anstatt alle statistischen Unternehmenseinheiten in die Analyse einzubeziehen, die gemäß dem statistischen Kontrollkonzept des Statistischen Bundesamts der nationale Unternehmensgruppe des Konzerns Sanofi

854 vgl. Homepage von Sanofi Aventis Deutschland: http://www.sanofi.de

Aventis zuzuordnen sind, wird nur eine statistische Unternehmenseinheit als Untersuchungsgegenstand stellvertretend für den gesamten nationalen Unternehmensverbund herangezogen. Bei der als Untersuchungsgegenstand festgelegten Unternehmenseinheit handelt es sich um die Sanofi Aventis Deutschland GmbH, die aufgrund ihres gesamtwirtschaftlichen Beitrags im Verhältnis zur Gesamtleistung der nationalen Unternehmensgruppe eine herausragende Stellung einnimmt. Fast alle wirtschaftlichen Transaktionen, die von den Geschäftsaktivitäten der nationalen Unternehmensgruppe auf die deutsche Volkswirtschaft ausgehen, sind auf die Sanofi Aventis Deutschland GmbH zurückzuführen. Alle anderen Unternehmenseinheiten[855], die gemäß dem Kontrollkonzept des Statistischen Bundesamts ebenfalls als statistische Einheiten der nationalen Unternehmensgruppe des Sanofi Aventis Konzerns zuzuordnen sind, werden aufgrund ihrer verhältnismäßig geringen gesamtwirtschaftlichen Bedeutung nicht in die Analyse einbezogen. Neben der geringen ökonomischen Bedeutung ist der zusätzliche Arbeits- und Zeitaufwand, der durch die Aufnahme jeder weiteren Unternehmenseinheit entsteht, als Grund für die Beschränkung auf die Sanofi Aventis Deutschland GmbH als Untersuchungsgegenstand anzuführen.

Die Sanofi Aventis Deutschland GmbH als institutionelle Einheit und Tochtergesellschaft des weltweit agierenden Konzerns Sanofi Aventis setzt sich aus mehreren Betrieben bzw. örtlichen Einheiten zusammen. Neben den Produktionsstätten am Hauptsitz in Frankfurt am Main ist insbesondere die Marketing- und Vertriebszentrale in Berlin als wichtiger Standort zu nennen. In den unterschiedlichen deutschen Betrieben erforscht, entwickelt, produziert und vermarktet die Sanofi Aventis Deutschland GmbH medizinische Produkte und Dienstleistungen und leistet dadurch einen Beitrag für die Gesellschaft sowie die deutsche Wirtschaft. Im Mittelpunkt des Interesses stehen jedoch nicht die positiven Wirkungen auf die medizinische Versorgung von Patienten und deren Gesundheitsvorsorge, sondern die gesamtwirtschaftlichen Effekte, die von der Sanofi Aventis Deutschland GmbH auf die deutsche Volkswirtschaft ausgehen.

Die Identifikation und Abgrenzung derjenigen statistischen Einheiten, die für die Beurteilung der ökonomischen Bedeutung des Untersuchungsgegenstands einbezogen werden sollen, beschreiben notwendige Bedingungen, um mit der Erhebung der benötigten Daten in den betroffenen Unternehmenseinheiten bzw. Betrieben beginnen zu können. Durch die Festlegung auf die Sanofi Aventis Deutschland GmbH als Untersuchungsgegenstand ist diese zentrale Voraussetzung erfüllt. Im nachfolgenden Abschnitt werden die mikro- und makroöko-

---

855 Als Beispiel für nicht berücksichtigte Unternehmenseinheiten sind die Hoechst GmbH als Holdingsgesellschaft bzw. Gruppenoberhaupt und die Winthrop Arzneimittel GmbH als 100%ige Tochtergesellschaft der Sanofi Aventis Deutschland GmbH zu nennen.

nomischen Daten beschrieben, die für die Aufbereitung der produktions- und gütermäßigen Verflechtungen der Sanofi Aventis Deutschland GmbH in den Abgrenzungen und Konzepten der VGR und somit für die Erstellung des unternehmensspezifischen Satellitensystems verwendet werden.

5.1.2 Die empirische Datenbasis

Das Datenmaterial, das für die Aufbereitung der volkswirtschaftlichen Verflechtungen der Sanofi Aventis Deutschland GmbH in der amtlichen IO-Systematik benötigt wird, besteht, wie in Abbildung 23 dargestellt, aus einem Mix aus makro- und mikroökonomischen Daten. Als gesamtwirtschaftliche Ausgangsdatenbasis und Bezugsrahmen für die Erstellung des unternehmensspezifischen Satellitensystems wird die, in Abschnitt 4.1.2.1 beschriebene, inländische Input-Output-Tabelle ohne Weiterverarbeitungsproduktion des Statistischen Bundesamts verwendet. Sie ist auf Anfrage beim Statistischen Bundesamt erhältlich und muss für die Berechnung der Beschäftigungseffekte lediglich um einen Zeilenvektor erweitert werden, der die Erwerbstätigen nach Produktionsbereichen in der funktionellen Abgrenzung der IO-Tabelle darstellt.

Die symmetrischen Input-Output-Tabellen des Statistischen Bundesamts werden bekanntermaßen jedoch erst drei Jahre nach Abschluss des jeweiligen Berichtsjahres veröffentlicht. Verantwortlich für die späte Veröffentlichung ist die große Zahl an statistischen Erhebungen und Primärdatensätzen, die in den Erstellungsprozess einfließen und zunächst vollständig vorliegen müssen. Neben der ohnehin späten Veröffentlichung sorgen die derzeit im Statistischen Bundesamt stattfindenden Umstellungsprozesse für eine zusätzliche Verzögerung (vgl. Abschnitt 4.1.2.1). Durch die Implementierung des neuen Erstellungsprozesses sowie der Umstellung der volkswirtschaftlichen Verflechtungen auf die neue Klassifikation bezieht sich die derzeit aktuellste IO-Tabelle auf das Berichtsjahr 2007.

Um Verzerrungen und Ungenauigkeiten zu vermeiden, die aus dem Einsatz eines Fortschreibungsverfahrens resultieren können, wird für die Erstellung des Satellitensystems der Sanofi Aventis Deutschland GmbH auf die derzeit aktuellste, inländische IO-Tabelle ohne Weiterverarbeitungsproduktion für das Berichtsjahr 2007 zurückgegriffen.[856] Für das zentrale Ziel dieses Kapitels, die einzelnen Schritte und Aussagemöglichkeiten des entwickelten Verfahrens anhand eines Beispiels besser nachvollziehen zu können, spielt das Berichtsjahr der als

856 Die für die Erstellung des Satellitensystems verwendete symmetrische Input-Output-Tabelle zu Herstellungspreisen (inländische Produktion ohne Weiterverarbeitungsproduktion), die sich auf das Berichtsjahr 2007 bezieht, ist im August 2010 erschienen.

Ausgangsdatenbasis verwendeten IO-Tabelle ohnehin keine Rolle. Durch die Festlegung auf die IO-Tabelle von 2007 wird automatisch auch das Berichtsjahr der anderen empirischen Daten determiniert, die für die Erstellung des unternehmensspezifischen Satellitensystems benötigt werden. D.h. sowohl die makro- als auch die mikroökonomischen Datensätze müssen sich auf ein und denselben Berichtszeitraum beziehen.

Neben der, um den Erwerbstätigenvektor, erweiterten, inländischen IO-Tabelle ohne Weiterverarbeitungsproduktion als Ausgangstabelle und Bezugsrahmen werden zur Abgrenzung der produktions- und gütermäßigen Verflechtungen der Sanofi Aventis Deutschland GmbH gegenüber dem Rest der Volkswirtschaft zusätzliche mikroökonomische Informationen benötigt. Diese setzten sich aus primärstatistischen Erhebungsunterlagen ausgewählter Wirtschaftsstatistiken sowie diese ergänzenden, unternehmensspezifischen Zusatzinformationen zusammen (vgl. Abschnitt 4.1.2.2). Gemäß dem statistischen Zuordnungsprinzip wird die betrachtete Sanofi Aventis Deutschland GmbH aufgrund ihres wirtschaftlichen Schwerpunkts dem Verarbeitenden Gewerbe zugeordnet. Dadurch wird eindeutig festgelegt, zu welcher Erhebungsgesamtheit welcher amtlichen Erhebung die betrachtete Unternehmenseinheit gehört und welche primärstatistischen Erhebungsunterlagen für die Aufbereitung der unternehmensspezifischen Verflechtungen im Satellitensystem zur Verfügung stehen. Die Erhebungsunterlagen der folgenden amtlichen Erhebungen werden für das Berichtsjahr 2007 bei der Sanofi Aventis Deutschland GmbH und ihren verbundenen örtlichen Einheiten erhoben:[857]

- *Kostenstrukturerhebung*: Die Erhebungsunterlagen der Kostenstrukturerhebung geben detailliert Auskunft über die beschäftigten Personen, den Umsatz nach Umsatzarten, die Höhe der selbsterstellten Anlagen, die Veränderungen bei den Material- und Warenbeständen, die Kosten nach Kostenarten, die Umsatzsteuer sowie die Subventionen der Sanofi Aventis Deutschland GmbH.[858] Die statistischen Angaben der Kostenstrukturerhebung beziehen sich auf das gesamte institutionelle Unternehmen inklusive aller inländischen produzierenden und nichtproduzierenden Einheiten. Aufgrund ihrer Größe (>500 Beschäftigte[859]) gehört die Sanofi Aventis Deutschland GmbH zu den auskunftspflichtigen Erhebungseinheiten, sodass unmittelbar auf die an das

857 Eine ausführliche Beschreibung der verschiedenen Datenquellen ist Abschnitt 4.1.2.2 zu entnehmen.

858 vgl. Destatis (2011d), S. 6

859 vgl. Destatis (2011d), S. 7

Statistische Bundesamt versandten Erhebungsunterlagen zurückgegriffen werden kann.[860]

- *Investitionserhebung*: Da es sich bei der Investitionserhebung um eine Vollerhebung handelt, können auch die benötigten statistischen Angaben über die Investitionstätigkeit der Sanofi Aventis Deutschland GmbH für das Berichtsjahr 2007 direkt aus den bereits ausgefüllt vorliegenden, primärstatistischen Erhebungsunterlagen entnommen werden. Für die Berechnung der investitionsinduzierten Effekte reichen die statistische Angaben über die Investitionen nach Arten, die Verkaufserlöse aus dem Abgang von Sachanlagen und die immateriellen Vermögensgegenstände (Konzessionen, Patente und erworbene Software) für die Unternehmenseinheit aus, sodass auf die statistischen Angaben der verbundenen Betriebe verzichtet werden kann.[861]
- *Produktionserhebung*: Auch bei den Produktionserhebungen handelt es sich um Vollerhebungen, sodass für alle produzierenden Betriebe der Sanofi Aventis Deutschland GmbH, die gemäß ihrem wirtschaftlichen Schwerpunkt dem Verarbeitenden Gewerbe zuzuordnen sind, die benötigten primärstatistischen Erhebungsunterlagen bereits vollständig vorliegen.[862] Für die Erstellung des Satellitensystems werden die monatlichen bzw. vierteljährlichen Produktionserhebungen der einzelnen Betriebe aufsummiert, damit die benötigten statistischen Angaben über die Höhe und Struktur der Produktion für das gesamte Berichtsjahr 2007 und alle Produktionseinheiten aggregiert vorliegen.
- *Material- und Wareneingangserhebung*: Der Material- und Wareneingang in seiner Zusammensetzung nach Warenarten wird nur alle vier Jahre seitens des Statistischen Bundesamtes bei den Unternehmen erfasst.[863] In den Jahren 2006 und 2010 führte das Statistische Bundesamt jeweils eine Erhebung durch, bei der mittels eines speziellen Stichprobenverfahrens repräsentativ ausgewählte Unternehmenseinheiten über ihre Material- und Wareneingänge befragt wurden. Aus diesem Grund liegen für die Sanofi Aventis Deutschland GmbH keine primärstatistischen Erhebungsunterlagen der Material- und Wa-

---

860 Die Erhebungsunterlagen der Kostenstrukturerhebung für das Berichtsjahr 2007 sind dem Anhang der Fachserie 4 Reihe 4.3 „Produzierendes Gewerbe - Kostenstruktur der Unternehmen des Verarbeitenden Gewerbes sowie des Bergbaus und der Gewinnung von Steinen und Erden“ zu entnehmen (vgl. Destatis (2009d)).

861 vgl. Destatis (2012a), S. 4. Die amtlichen Erhebungsunterlagen sind im Anhang des Qualitätsberichts der Investitionserhebung dargestellt (vgl. Destatis (2012a)).

862 vgl. Destatis (2012b), S. 6. Der amtlichen Fragebögen zur Produktionserhebung und die dazugehörigen Erläuterungen sind dem Anhang des Qualitätsberichts zu entnehmen (vgl. Destatis (2012b)).

863 vgl. Destatis (2009b), S. 12

reneingangserhebung für das Berichtsjahr 2007 vor. Um den Erhebungsaufwand für die Unternehmenseinheit so gering wie möglich zu halten, wird auf eine nachträgliche Primärerhebung der Material- und Wareneingänge für das Berichtsjahr 2007 verzichtet. Unter der ökonomisch plausiblen Annahme konstanter Produktions- bzw. Technologiestrukturen wird für die Sanofi Aventis Deutschland GmbH unterstellt, dass sich die Struktur der Material- und Wareneingänge im Zeitverlauf nicht grundlegend ändert. D.h. für das Analysejahr 2007 wird die gleiche Material- und Wareneingangsstruktur unterstellt, die sich auf Grundlage der vorliegenden primärstatistischen Erhebungsunterlagen für das Berichtsjahr 2010 ermitteln lässt.

Als Ergänzung zu den Angaben aus den Fragebögen der genannten amtlichen Erhebungen werden für die Erstellung des unternehmensspezifischen Satellitensystems zusätzliche unternehmensspezifische Informationen benötigt. Die aus dem betrieblichen Rechnungswesen ermittelten Zusatzinformationen liefern wichtige Erkenntnisse, um die produktions- und gütermäßigen Verflechtungen der Sanofi Aventis Deutschland GmbH in den Abgrenzungen und Konzepten der Ausgangstabelle möglichst realitätsgetreu abbilden zu können. Die Ausführungen in Abschnitt 4.1.2.2 zeigen, dass sich die unternehmensspezifischen Zusatzinformationen aus einem Datenmix aus Importquoten, detaillierten Umsatzangaben sowie Daten über unternehmensgruppeninterne Lieferungen und Leistungen zusammensetzen. Anstelle einer Unternehmensgruppe mit mehreren verbundenen Unternehmen, handelt es sich bei dem zu analysierenden Untersuchungsgegenstand jedoch nur um eine einzelne statistische Unternehmenseinheit. Als Folge sind keine zusätzlichen Angaben über unternehmensgruppeninterne Waren- und Leistungsströme zu erheben. Im vorliegenden Fall müssen somit nur Importquoten sowie detaillierte Umsatzangaben bei der betrachteten Unternehmenseinheit ergänzend zu den primärstatistischen Erhebungsunterlagen abgefragt werden.

Um die volkswirtschaftlichen Verflechtungen der Sanofi Aventis Deutschland GmbH in der Ausgangstabelle abgrenzen zu können, müssen die Vorleistungen in importierte und aus dem Inland bezogene Waren und Dienstleistungen unterschieden werden. Da die Vorleistungen in den Strukturerhebungen jedoch nur inklusive der Importe erhoben werden, sind ergänzende Angaben über die absolute Höhe der Importe oder unternehmensspezifische Importquoten notwendig. Für die folgenden Positionen aus der Kostenstrukturerhebung werden deshalb geeignete Importquoten bei der Sanofi Aventis Deutschland GmbH abgefragt:[864]

864 vgl. Destatis (2009d), siehe Erhebungsbogen im Anhang

- Rohstoffe und sonstige fremdbezogene Vorprodukte, Hilfs- und Betriebsstoffe (Abschnitt D)
- Handelsware (Abschnitt E)
- Kosten für Leiharbeitnehmer/-innen (Position F 63)
- Kosten für durch andere Unternehmen ausgeführte Lohnarbeiten (Position F 64)
- Kosten für Reparaturen, Instandhaltungen, Installationen, Montagen u.Ä. (Position F 65)
- Mieten und Pachten (Position F 66)
- Sonstige Kosten (Position F 68)

Die Importquote für die jeweilige Position lässt sich, auf Basis der Daten aus dem betrieblichen Rechnungswesen, als Quotient der aus dem Ausland bezogen Vorleistungen und den Gesamtbezügen der in der Position des Fragebogens zusammengefassten Vorleistungen ermitteln.

Neben den erhobenen Importquoten werden für die Erstellung des unternehmensspezifischen Satellitensystems detaillierte Umsatzangaben benötigt, die eine differenzierte Darstellung der Umsätze der Sanofi Aventis Deutschland GmbH in der funktionellen Abgrenzung der Ausgangstabelle ermöglichen (vgl. Abschnitt 4.1.2.2). Dies bedeutet, das die im abgefragten Fragebogen der Kostenstrukturerhebung ausgewiesenen Umsätze entlang der ausgeübten wirtschaftlichen Tätigkeiten differenziert dargestellt werden müssen. Während sich der Umsatz aus eigenen Erzeugnissen (C 35[865]) auf Grundlage der Angaben in den Produktionserhebungen eindeutig in die funktionelle Abgrenzung der IO-Tabelle überführen lässt, ist dies für die Umsätze aus sonstigen Tätigkeiten (C 39) nicht gewährleistet.

Aus diesem Grund werden für die disaggregierte Darstellung der Umsätze aus sonstigen Tätigkeiten entlang der ausgeübten Tätigkeiten bzw. hergestellten Güter ergänzende Informationen seitens der betrachteten Unternehmenseinheit benötigt. Um die Vergleichbarkeit zwischen verschiedenen, auf Basis des entwickelten Verfahrens erstellten, Satellitensystemen sicherzustellen, bietet es sich an, wenn die betrachteten Unternehmenseinheiten des Verarbeitenden Gewerbes ihre sonstigen Umsätze den in den Erläuterungen zum Fragebogen der Kostenstrukturerhebung aufgeführten Tätigkeiten eindeutig zuweisen.[866] Darauf auf-

865 Entspricht der Positionsnummer im Fragenbogen der Kostenstrukturerhebung für das Berichtsjahr 2007 (vgl. Destatis (2009d)).

866 Die Liste der sonstigen Tätigkeiten, gemäß derer die betrachteten Unternehmenseinheiten des Verarbeitenden Gewerbes ihre sonstigen Umsätze verteilen müssen, ist den Erläuterungen zum Fragebogen der Kostenstrukturerhebung zu entnehmen (vgl. Destatis (2009d), Anhang – Erläuterungen zum Fragebogen [9]).

bauend ist eine differenzierte Aufbereitung der sonstigen Umsätze in der funktionellen Angrenzung der IO-Tabellen möglich.

Im vorliegenden Fall lassen sich die in der Kostenstrukturerhebung ausgewiesenen Umsätze aus sonstigen Tätigkeiten der Sanofi Aventis Deutschland GmbH auf Basis der erhobenen Zusatzinformationen in „Erlöse aus der Veräußerung von Patenten und der Vergabe von Lizenzen“[867], „Provisionseinnahmen“[868], „Erlöse aus Beratungs- und Planungstätigkeiten“ sowie „sonstige Dienstleistungen“[869] unterteilen. Neben den zusätzlichen Informationen, die für die Aufteilung des Gesamtumsatzes entlang der ausgeübten wirtschaftlichen Tätigkeiten notwendig sind, werden bei der Sanofi Aventis Deutschland GmbH auch die Anteile der Exporte an den, in den Strukturerhebungen ausgewiesenen sowie den diese ergänzenden, Umsatzangaben abgefragt. Für die Umsätze aus eigenen Erzeugnissen, aus Handelswaren und den verschiedenen sonstigen Tätigkeiten liegen genaue Angaben darüber vor, in welcher Größenordnung die Umsätze des Berichtsjahres 2007 im Inland und Ausland erzielten wurden.

Die empirische Datenbasis zur Erstellung des Satellitensystems für die Sanofi Aventis Deutschland GmbH setzt sich aus den genannten makro- und mikroökonomischen Daten zusammen. Während die Ausgangstabelle beim Statistischen Bundesamt erhältlich ist, werden die mikroökonomischen Daten direkt bei der betrachteten Unternehmenseinheit abgefragt. In den nachfolgenden Abschnitten wird detailliert erläutert, wie auf Basis der empirischen Daten die Aufkommens- und Verwendungsseite der Sanofi Aventis Deutschland GmbH in den Abgrenzungen der Ausgangstabelle aufbereitet werden (vgl. Abbildung 28).

5.1.3 Aufbereitung der Aufkommensseite

Für die Erstellung des unternehmensspezifischen Satellitensystems wird in Anlehnung an die Ausführungen in Abschnitt 4.1.3.1 zunächst die Aufkommensseite der Sanofi Aventis Deutschland GmbH in den Abgrenzungen und Konzepten der inländischen IO-Tabelle ohne Weiterverarbeitungsproduktion ermittelt. Dies geschieht in zwei Schritten:

- Aufbereitung der institutionellen Eckwerte in den Konzepten der Ausgangstabelle auf Basis der erhobenen primärstatistischen Erhebungsunterlagen

867 vgl. Destatis (2009d), Anhang – Erläuterungen zum Fragebogen [9]

868 vgl. Destatis (2009d), Anhang – Erläuterungen zum Fragebogen [9]

869 Unter den sonstigen Dienstleistungen sind schwerpunktmäßig Forschungs- und Entwicklungsleistungen zusammengefasst, die die Sanofi Aventis Deutschland GmbH für andere Unternehmen erbringt.

- Überleitung der institutionellen Angaben der im Rahmen der Leistungserstellung verbrauchten Inputs in die funktionelle Darstellung der Ausgangstabelle

Bevor die Aufkommensseite der Sanofi Aventis Deutschland GmbH in Abhängigkeit der hergestellten Güter in der funktionellen Darstellung der Ausgangstabelle dargestellt werden kann, müssen zunächst die volkswirtschaftlichen Eckwerte der Unternehmenseinheit berechnet werden. In Anlehnung an die Ausführungen in Abschnitt 4.1.3.1.1 werden die entstehungsseitigen Kenngrößen - Produktionswert, Vorleistungen, Bruttowertschöpfung sowie die darin enthaltenen Arbeitnehmerentgelte und die Anzahl der Erwerbstätigen – aus den Angaben der erhobenen primärstatistischen Erhebungsunterlagen ermittelt. In Tabelle 36 sind die verschiedenen Positionen der Kostenstrukturerhebung, die in die Berechnung der jeweiligen Kenngröße einfließen, explizit aufgeführt.

Die Summe der Vorleistungen, die Bruttowertschöpfung, die darin enthaltenen Arbeitnehmerentgelte, der Produktionswert sowie die Erwerbstätigen zeigen lediglich den direkten volkswirtschaftlichen Beitrag der Sanofi Aventis Deutschland GmbH. Um darüber hinaus die indirekten und induzierten Wirkungen, die von den wirtschaftlichen Tätigkeiten der Unternehmenseinheit auf die deutsche Volkswirtschaft ausgehen, mittels der in Abschnitt 4.2 beschriebenen Input-Output-Modelle berechnen zu können, müssen auch die, in den Herstellungsprozess einfließenden, intermediären Inputs (Vorleistungen) in der Ausgangstabelle abgegrenzt werden. Da der Verbrauch zahlreicher Güter in den amtlichen Erhebungen jedoch ausschließlich in Sammelpositionen erfasst wird, lassen sich die institutionellen Vorleistungsverbräuche in der Gliederung nach 71 Gütergruppen, im Gegensatz zu den berechneten Eckwerten der Primärinputmatrix, nur teilweise eindeutig anhand des verfügbaren statistischen Datenmaterials bestimmen (vgl. Abschnitt 4.1.3.1.2).

Tabelle 36: Aufbereitung der institutionellen Eckwerte

Aufbereitung der institutionellen Eckwerte	Position[1]
Verbrauch an Roh-, Hilfs- und Betriebsstoffen	D 53
+ Kosten für durch andere Unternehmen ausgeführte Lohnarbeiten	F 64
+ Kosten für Reparaturen, Instandhaltungen, Installationen, Montagen u. Ä.	F 65
+ Mieten und Pachten	F 66
+ Kosten für Leiharbeitnehmer/-innen	F 63
+ Sonstige Kosten	F 68
= **Vorleistungen zu Anschaffungspreisen**	

	Umsatz aus eigenen Erzeugnissen	C 35
+	Umsatz aus Handelswaren	C 37
+	Umsatz aus sonstigen Tätigkeiten	C 38
+	Bestandsveränderung an unfertigen und fertigen Erzeugnissen aus eigener Produktion	C 43
+	Selbsterstellte Anlagen	C 44
-	Einsatz an Handelswaren	E 59
=	**Produktionswert zu Herstellungspreisen**	
	Produktionswert zu Herstellungspreisen	
-	Vorleistungen zu Anschaffungspreisen	
=	**Bruttowertschöpfung zu Herstellungspreisen**	
	Geleistete Bruttoentgelte	F 60
+	Gesetzlich vorgeschriebene Sozialkosten	F 61
+	Sonstige Sozialkosten	F 62
=	**Arbeitnehmerentgelt**	
	Tätige Personen	A 21

[1] Die Kürzel verweisen eindeutig auf eine feste Position im Fragebogen der amtlichen Kostenstrukturerhebung (siehe Destatis (2009d), Anhang – Erhebungsunterlagen)

Für die vollständige Erfassung der Aufkommensseite werden die im Rahmen der Leistungserstellung der Sanofi Aventis Deutschland GmbH verbrauchten Inputs in die funktionelle Darstellung der inländischen IO-Tabelle ohne Weiterverarbeitungsproduktion überführt. Erst dadurch ist es möglich, die auf die Herstellungsprozesse der Sanofi Aventis GmbH zurückzuführenden und in den homogenen Produktionsbereichen der Ausgangstabelle enthaltenen Inputs gegenüber dem Rest der Volkswirtschaft abzugrenzen. Ohne die differenzierte Darstellung der für die Herstellung der verschiedenen Güter benötigten Vorleistungen und Primärinputs können die in den gesamtwirtschaftlichen Produktionsbereichen ausgewiesenen Werte der Ausgangstabelle nicht um die unternehmensspezifischen Anteile bereinigt werden. Für die vollständige Darstellung der Aufkommensseite der Sanofi Aventis Deutschland GmbH in der Abgrenzung der Ausgangstabelle werden sämtliche in Tabelle 24 abgebildeten Inputkenngrößen benötigt.

In einem ersten Schritt wird hierfür das unternehmensspezifische Produktionsprogramm erstellt, das diejenigen Gütergruppen ausweist, zu denen die Unternehmenseinheit von der Art der hergestellten Güter her gehört (vgl. Tabelle 25). Neben der wirtschaftlichen Haupttätigkeit müssen auch die im Rahmen der Nebentätigkeiten hergestellten Güter für die Überleitung der institutionellen Angaben in die funktionelle Darstellung der inländischen IO-Tabelle ohne Weiterverarbeitungsproduktion ermittelt werden. Für die Identifizierung der relevanten Gütergruppen in Abhängigkeit der Art der hergestellten Güter werden neben den Angaben aus der Produktions- und Kostenstrukturerhebung vor allem die zusätzlichen Umsatzangaben der betrachteten Unternehmenseinheit herangezogen.[870] Während anhand der Angaben in den Produktionserhebungen eindeutige Aussagen über die unterschiedlichen Produktionstätigkeiten, d.h. welche Waren welcher Gütergruppe das Unternehmen produziert, möglich sind, liefern die detaillierten Umsatzangaben wertvolle Erkenntnisse über die als Nebentätigkeiten erbrachten Dienstleistungen.

In Tabelle 37 ist das auf Basis der erhobenen mikroökonomischen Daten ermittelte Produktionsprogramm für die Sanofi Aventis Deutschland GmbH vereinfacht dargestellt. Alle Gütergruppen, denen aufgrund der Art der erzeugten Güter kein Wert zugewiesen wird und deren Produktionswert PW_x^{SA} (x=1,…,71) somit Null ist, werden aus Gründen der Übersichtlichkeit in Tabelle 37 nicht mit ausgewiesen. Das aggregierte Produktionsprogramm für die Sanofi Aventis Deutschland GmbH in Tabelle 37 beschränkt sich auf die Darstellung der unternehmensspezifischen Anteile an der inländischen Produktion derjenigen Gütergruppen, zu denen das Unternehmen von der Art der hergestellten Güter her gehört. Da die betrachtete Unternehmung beispielsweise keine Erzeugnisse der Landwirtschaft und Jagt (lfd. Nr. 1; CPA 01) herstellt, ist der entsprechende Produktionswerte PW_1^{SA} gleich Null und wird deshalb nicht im abgebildeten Produktionsprogramm ausgewiesen.

Das vereinfachte Produktionsprogramm in Tabelle 37 zeigt, dass die Sanofi Aventis Deutschland GmbH unterschiedliche Güter innerhalb der deutschen Volkswirtschaft herstellt, die sich fünf verschiedenen Gütergruppen in der Ausgangstabelle zuordnen lassen. Durch die Produktion pharmazeutischer und chemischer Waren sowie der Erbringung von Handels-, Forschungs- und Entwicklungsdienstleistungen und unternehmensbezogenen Dienstleistungen leistet die Sanofi Aventis GmbH einen ökonomischen Beitrag für die inländische Produktion.

---

870 vgl. Destatis (2010c), S. 25. Zur Plausibilisierung der identifizierten Gütergruppen wird die amtliche Aufkommenstabelle aus der Input-Output-Rechnung (Fachserie 18 Reihe 2, Tabellenblatt 4.1) herangezogen.

Tabelle 37: Das aggregierte unternehmensspezifische Produktionsprogramm

Gütergruppe			Produktionswert
Lfd. Nr.[1]	CPA[2]	Name	
21	24.4	Pharmazeutische Erzeugnisse	PW_{21}^{SA}
22	24 (ohne 24.4)	Chemische Erzeugnisse (ohne pharmazeutische Erzeugnisse)	PW_{22}^{SA}
46	51	Handelsvermittlungs- und Großhandelsleistungen	PW_{46}^{SA}
61	73	Forschungs- und Entwicklungsleistungen	PW_{61}^{SA}
62	74	Unternehmensbezogene Dienstleistungen	PW_{62}^{SA}
		Produktionswert (insgesamt)	$PW^{SA} = \sum_{x=1}^{71} PW_x^{SA}$

[1] Die laufende Nummer in der Ausgangstabelle entspricht der Variablen x bzw. p (x, p=1,…,71) und verweist eindeutig auf eine homogene Gruppe von Gütern in der Vorleistungsmatrix.

[2] Statistische Güterklassifikation in Verbindung mit den Wirtschaftszweigen

Im Produktionsprogramm wird der aus den primärstatistischen Erhebungsunterlagen berechnete Produktionswert PW^{SA} entsprechend der Art der hergestellten Güter auf die zugehörigen Gütergruppen gemäß der CPA verteilt. Neben dem Produktionswert der Haupttätigkeit gibt das Produktionsprogramm somit auch Auskunft über die Produktionswerte, die aus den ausgeübten Nebentätigkeiten der Sanofi Aventis Deutschland GmbH resultieren, d.h. das Produktionsprogramm erweitert die institutionelle Darstellung in fachlicher Hinsicht. In Tabelle 38 ist das Schema dargestellt, nach dem die funktionell abgegrenzten Produktionswerte PW_x^{SA} für die Sanofi Aventis Deutschland GmbH berechnet werden.

Aus Tabelle 38 geht hervor, wie die ausgewiesenen Kenngrößen, die zusammen den institutionellen Produktionswert der Sanofi Aventis Deutschland GmbH ergeben, in Abhängigkeit der produzierten Waren und erbrachten Dienstleistungen in die funktionelle Darstellung der Ausgangstabelle übergeleitet werden. Tabelle 38 zeigt, wie die fachlich abgegrenzten Produktionswerte PW_x^{SA}, die den Wert der durch die betrachtete Unternehmenseinheit im Inland hergestellten Güter der jeweiligen Gütergruppe wiedergeben, berechnet werden.

Tabelle 38: Schema zur Ermittlung der funktionell abgegrenzten Produktionswerte

	Zusammensetzung des institutionellen Produktionswerts	Gütergruppe[1]				
		21	22	46	61	62
	Umsatz aus eigenen Erzeugnissen	o	o	-	-	-
+	Umsatz aus Handelswaren	-	-	x	-	-
+	Erlöse aus der Veräußerung von Patenten und der Vergabe von Lizenzen[2]	-	-	-	-	x
+	Provisionseinnahmen[2]	-	-	-	-	x
+	Erlöse aus Beratungs- und Planungstätigkeiten[2]	-	-	-	-	x
+	Umsatz aus sonstigen Dienstleistungen[2]	-	-	-	x	-
+	Bestandsveränderung an unfertigen und fertigen Erzeugnissen aus eigener Produktion	o	o	-	-	-
+	Selbsterstellte Anlagen	o	o	-	-	-
-	Einsatz an Handelswaren	-	-	x	-	-
=	Produktionswert zu Herstellungspreisen (PW)	PW_{21}^{SA}	PW_{22}^{SA}	PW_{46}^{SA}	PW_{61}^{SA}	PW_{62}^{SA}

x wird vollständig in die Berechnung aufgenommen

o wird nur anteilsmäßig berücksichtigt

\- spielt keine Rolle

[1] Die Unterscheidung der verschieden Gütergruppen erfolgt auf Basis der laufenden Nummer in der Ausgangstabelle

[2] Die „Erlöse aus der Veräußerung von Patenten und der Vergabe von Lizenzen", „Provisionseinnahmen", „Erlöse aus Beratungs- und Planungstätigkeiten" und sonstige Dienstleistungen ergeben zusammen die Umsätze aus sonstigen Tätigkeiten, die im Fragebogen der Kostenstrukturerhebung unter der Position C 38 abgefragt werden.

Als Beispiel ergibt sich der Produktionswert für die erbrachten Großhandelsleistungen (CPA 51) aus der Differenz der Umsätze aus Handelswaren und dem Einsatz an Handelswaren - der sogenannten Handelsspanne. Während der Großteil der Komponenten des institutionellen Produktionswerts, wie z.B. der Umsatz aus Handelswaren, vollständig einer bestimmten Gütergruppe zugeordnet wird, müssen die anderen institutionellen Angaben auf die beiden Gütergruppen „Pharmazeutische Erzeugnisse" (CPA 24.4) und „Chemische Erzeugnisse" (CPA 24 ohne 24.4) verteilt werden. Dies geschieht mittels spezieller Koeffizienten, die auf Grundlage der Angaben in den Erhebungsunterlagen der Produktionserhebungen gebildet werden. Der Umsatz aus eigenen Erzeugnissen, die Bestandsveränderungen sowie die selbsterstellten Anlagen werden auf Basis der, in den Produktionserhebungen ausgewiesenen zum Absatz bestimmten, Produktion auf die beiden Gütergruppen „Pharmazeutische Erzeugnisse“ (CPA 24.4) und „Chemische Erzeugnisse“ (CPA 24 ohne 24.4) verteilt.

Das Produktionsprogramm in Tabelle 37 dient als Ausgangsbasis für die funktionelle Abgrenzung der Sanofi Aventis Deutschland GmbH in der Ausgangstabelle. Für jeden unternehmensspezifischen Produktionsbereich aus dem Produktionsprogramm wird ein individueller Produktionsvektor $\widehat{PB}_x^{SA}$ erstellt, der ausschließlich die für die Herstellung der Erzeugnisse der entsprechenden Gütergruppe benötigten Inputs in der Abgrenzung der Ausgangstabelle darstellt. Ausgehend von den erhobenen institutionellen Angaben, die die in den Herstellungsprozessen verbrauchten (intermediären und primären) Inputs für die Haupt- und Nebentätigkeiten zusammen ausweisen, müssen für jeden unternehmensspezifischen Produktionsbereich individuelle Inputvektoren $\widehat{PB}_x^{SA}$ ermittelt werden, die ausschließlich die im Rahmen der jeweiligen Produktionstätigkeit eingesetzten Inputs abbilden (vgl. Abbildung 25). Als Beispiel fasst der Inputvektor $\widehat{PB}_{21}^{SA}$ alle Vorleistungen und Produktionsfaktoren zusammen, die für die Herstellung der pharmazeutischen Güter innerhalb der Sanofi Aventis Deutschland GmbH verbraucht werden.

Der konzeptionelle Rahmen für die gesuchten Inputvektoren wird durch den Aufbau der Ausgangstabelle determiniert. Die vereinfachte Inputstruktur, die alle relevanten, für die Erstellung des Satellitensystems und die anschließende Berechnung der indirekten und induzierten Effekte benötigten Kenngrößen ausweist, geht aus Tabelle 24 hervor. Um die ökonomische Bedeutung der Sanofi Aventis Deutschland GmbH mittels des entwickelten Verfahrens berechnen zu können, müssen alle abgebildeten Inputgrößen für das Unternehmen aufbereitet vorliegen. Aufgrund fehlender statistischer Angaben über die in den unternehmensspezifischen Produktionsbereichen verbrauchten Inputs können bis auf den im Produktionsprogramm ausgewiesenen Produktionswert die restlichen Elemente der funktionellen Inputvektoren nicht eindeutig anhand der erhobenen Unternehmensdaten bestimmt werden. Die in Tabelle 24 grau hinterlegten Elemente werden für die unternehmensspezifischen Produktionsvektoren deshalb auf Grundlage der institutionellen Angaben aus den erhobenen mikroökonomischen Daten und mittels ökonomisch plausibler Annahmen abgeschätzt.

Leider existieren keine amtlichen Erhebungsunterlagen, die eindeutige Angaben über die gütermäßigen Vorleistungsverbräuche der Sanofi Aventis Deutschland GmbH in der Gliederung der Vorleistungsmatrix erheben. Dies bedeutet, dass die institutionellen Vorleistungen nicht getrennt nach den 71 Gütergruppen in der Ausgangstabelle vorliegen. Der Verbrauch vieler Vorleistungsgüter wird in den primärstatistischen Erhebungsunterlagen oftmals nur aggregiert in Form von Sammelpositionen ausgewiesen, die den Verbrauch mehrerer Gütergruppen zusammenfassen und dadurch die Überleitung der institutionell verfügbaren Daten in die funktionelle Darstellung der Ausgangstabelle erschweren. Die Sammelpositionen in Tabelle 39, die bereits aus Tabelle 36 bekannt sind, liefern die Angaben über die insgesamt von der Sanofi Aventis Deutschland GmbH verbrauchten Vorleistungen, die in Anlehnung an das in Abschnitt 4.1.3.1.2 beschriebene methodische Vorgehen auf die unternehmensspezifischen Produktionsbereiche verteilt werden müssen.

Tabelle 39: Institutionelle Vorleistungsangaben aus der Kostenstrukturerhebung

	Institutionelle Vorleistungsangaben	Position[1]
	Verbrauch an Roh-, Hilfs- und Betriebsstoffen	D 53
+	Kosten für durch andere Unternehmen ausgeführte Lohnarbeiten	F 64
+	Kosten für Reparaturen, Instandhaltungen, Installationen, Montagen u. Ä.	F 65
+	Mieten und Pachten	F 66
+	Kosten für Leiharbeitnehmer/-innen	F 63
+	Sonstige Kosten	F 68
=	**Vorleistungen zu Anschaffungspreisen**	

[1] Die Kürzel verweisen eindeutig auf eine feste Position im Fragebogen der amtlichen Kostenstrukturerhebung (siehe Destatis (2009d), Anhang – Erhebungsunterlagen)

Die im Fragebogen der Kostenstrukturerhebung erhobenen und in Tabelle 39 dargestellten Angaben weisen die intermediären Inputs der Sanofi Aventis Deutschland GmbH weder differenziert nach Gütergruppen, noch entlang der unternehmensspezifischen Produktionsbereichen gemäß dem Produktionsprogramm aus. Um dennoch alle intermediären Inputs IM_{px}^{SA} (x=1,...,71; p=1,...,71) der funktionell gegliederten, unternehmensspezifischen Vorleistungsvektoren $\widehat{IM}_{px}^{SA}$ in den Konzepten der Ausgangstabelle darstellen zu können, werden ausgehend von den zur Verfügung stehenden institutionellen Angaben die funktionellen Vorleistungsverbräuche in Anlehnung an die in Abschnitt 4.1.3.1.2 beschriebenen Fälle aufbereitet.

Welcher der drei Fälle für die Berechnung welches intermediären Inputs IM_{px}^{SA} herangezogen wird, hängt davon ab, inwiefern es möglich ist, die Sammelpositionen in Tabelle 39 auf die 71 Gütergruppen in der Vorleistungsmatrix zu verteilen. Für die gütermäßige Aufbereitung des Verbrauchs an Roh-, Hilfs- und Betriebsstoffen stehen die detaillierten Ergebnisse der Material- und Wareneingangserhebung zur Verfügung, die wertvolle Informationen über die im

Berichtszeitraum bezogenen Roh-, Hilfs- und Betriebsstoffe bereithalten. Auf Basis der Ergebnisse der Material- und Wareneingangserhebung wird die Position „Verbrauch an Roh-, Hilfs- und Betriebsstoffen" mittels spezieller Koeffizienten disaggregiert, sodass der institutionelle Einsatz an Rohstoffen, Betriebsstoffen (inklusive Betriebsmittel) sowie Brenn- und Treibstoffen getrennt voneinander in der Abgrenzung der Vorleistungsmatrix dargestellt werden können. Im Gegensatz zu den institutionellen Wareneinsätzen (CPA 01-41; lfd. Nr. 1-42) lassen sich die für die Herstellung der Güter benötigten Dienstleistungen (CPA 45-95; lfd. Nr. 43-71), die im Wesentlichen in der Position der sonstigen Vorleistungen zusammengefasst sind, auf Grundlage der empirischen Daten nicht weiter disaggregieren. Lediglich die im Rahmen der Kostenstrukturerhebung getrennt erhobenen Kosten für Reparaturen, Mieten und Pachten sowie die Kosten für Leiharbeitnehmer ermöglichen eine zum Teil differenzierte Darstellung des institutionellen Dienstleistungseinsatzes in der gütermäßigen Abgrenzung der Ausgangstabelle.

Bei der Aufbereitung der institutionellen Vorleistungsverbräuche in der gütermäßigen Abgrenzung der Vorleistungsmatrix muss auch den unterschiedlichen Konzepten zwischen den unternehmensspezifischen Angaben in den Erhebungsunterlagen und der Darstellung in der Ausgangstabelle Rechnung getragen werden. D.h. die Angaben aus der Kostenstrukturerhebung und der Material- und Wareneingangserhebung sind in die Konzepte der Vorleistungsmatrix der Ausgangstabelle zu überführen. Die Konsistenz des Preiskonzepts wird durch die Subtraktion der Übergangsposition „Gütersteuern abzüglich Gütersubventionen" von den zu Anschaffungspreisen bewerteten Angaben in Tabelle 39 sichergestellt. Des Weiteren dürfen nur die inländischen Vorleistungen in der Vorleistungsmatrix der Ausgangstabelle erfasst werden, sodass die in den Fragebögen ausgewiesenen Vorleistungsverbräuche mittels der erhobenen Importquoten um die Importe bereinigt werden müssen. Die für die disaggregierte Darstellung des Warenverbrauchs benötigten Ergebnisse aus der Material- und Wareneingangserhebung müssen darüber hinaus um die enthaltenen Handelswaren gekürzt werden.

Die Vorbereitungsmaßnahmen für die Überleitung der institutionellen Vorleistungsangaben in die funktionelle Darstellung der Ausgangstabelle sind dann abgeschlossen, wenn entweder für jede Gütergruppe der institutionelle Verbrauch in den Konzepten der Vorleistungsmatrix eindeutig bekannt ist oder aber eine Sammelposition vorliegt, die sich auf Grundlage der verfügbaren empirischen Datenbasis nicht weiter disaggregieren lässt. Ist dies der Fall, werden auf Basis der Ausführungen in Abschnitt 4.1.3.1.2 die intermediären Inputs IM_{px}^{SA} für die unternehmensspezifischen Vorleistungsvektoren $\widehat{IM}_{px}^{SA}$ der Sanofi Aventis Deutschland GmbH ermittelt. Da es sich bei dem Untersuchungsgegenstand um eine Unternehmenseinheit des Verarbeitenden Gewerbes handelt und daher detaillierte Angaben aus der Material- und Wareneingangserhebung zur Verfügung stehen, spielt Fall 2 an dieser Stelle keine Rolle. Welcher der beiden anderen Fälle (1 oder 3) letztendlich greift, ist abhängig davon, ob der institutionelle Verbrauch für eine bestimmte Gütergruppe eindeutig vorliegt oder nur zusammen mit anderen Gütern in einer Sammelposition ausgewiesen wird.

Die in Fall 1 beschriebene Vorgehensweise wird angewandt, wenn der institutionelle Verbrauch einer bestimmten Gütergruppe für die gesamte Unternehmensgruppe bekannt ist. Beispielhaft sind die verbrauchten Rohstoffe zu nennen, die sich anhand der Ergebnisse aus der Material- und Wareneingangserhebung und unter Berücksichtigung des Produktionsprogramms eindeutig den Gütergruppen „pharmazeutische Erzeugnisse“ und „chemische Erzeugnissen“ zuordnen lassen. Demgegenüber werden diejenigen institutionellen Vorleistungsangaben, die die Verbräuche mehrerer Gütergruppen zusammen ausweisen, in Anlehnung an die in Fall 3 beschriebene Vorgehensweise in die funktionelle Darstellung der Ausgangstabelle übergeleitet. Dies betrifft u.a. die „sonstigen Vorleistungen“, deren Wert aus der Kostenstrukturerhebung auf Basis der gesamtwirtschaftlichen Strukturen auf die betroffenen unternehmensspezifischen Produktionsbereiche verteilt wird.

Sind alle Vorleistungsverbräuche IM_{px}^{SA} der unternehmensspezifischen Produktionsvektoren auf Basis des entwickelten Verfahrens berechnet, werden auch die restlichen, gemäß Tabelle 24 noch ausstehenden und für die vollständige Erfassung der Aufkommensseite benötigten, Inputgrößen ermittelt. Durch die zeilenweise Addition der in den unternehmensspezifischen Produktionsbereichen verbrauchten Vorleistungen lässt sich der institutionelle Verbrauch derjenigen Vorleistungen bestimmen, der nicht unmittelbar aus den mikroökonomischen Daten abgeleitet werden konnte und deren Wert bislang nur in Sammelpositionen enthalten war. Auf Basis der berechneten funktionellen Vorleistungsvektoren $\widehat{IM}_{px}^{SA}$ werden so die noch unbekannten intermediären Inputs des institutionellen Vorleistungsvektors $\widehat{IM}_{p}^{SA}$ ermittelt. Wenn die intermediären Inputs vollständig bekannt sind, können aus den gütermäßig gegliederten Vorleistungen die Aggregate für die insgesamt verbrauchten Vorleistungen berechnet werden. Die Vorleistungen aus inländischer Produktion zu Herstellungspreisen ergeben sich für jeden unternehmensspezifischen Produktionsbereich (die gesamte Unternehmung) aus der Summe der funktionell abgegrenzten Vorleistungen IM_{px}^{SA} (der institutionellen Vorleistungsverbräuche IM_{p}^{SA}).

Der Übergang von den inländischen Vorleistungen zu Herstellungspreisen zu den Vorleistungen zu Anschaffungspreisen erfolgt durch die Addition der importierten Vorleistungen sowie dem Wert für “Gütersteuern abzüglich Gütersubventionen".[871] Neben den Vorleistungen zu Anschaffungspreisen müssen auch die anderen in Tabelle 36 dargestellten institutionellen Eckwerte in der funktionellen Darstellung der Ausgangstabelle aufbereitet werden. Das Arbeitnehmerentgelt sowie die Erwerbstätigen werden gemäß der im Produktionsprogramm zum Ausdruck kommenden Verhältnisse auf die unternehmensspezifischen Produktionsbereiche verteilt. Die Bruttowertschöpfung wird demgegenüber unter Verwendung der bekannten Subtraktionsmethode berechnet. D.h. um die gesuchte Bruttowertschöpfung für die unternehmensspezifischen Produktionsvektoren $\widehat{PB}_x^{SA}$ zu erhalten, werden von dem Produktionswert PW_x^{SA} die zuvor ermittelten Vorleistungen zu Anschaffungspreisen abgezogen. Die Korrektheit der durchgeführten Berechnungen ist sichergestellt, wenn der auf Basis der primärstatistischen Erhebungsunterlagen und in Anlehnung an die Entstehungsrechnung berechnete Eckwert (vgl. Tabelle 36) mit der Summe der Bruttowertschöpfung aller unternehmensspezifischen Produktionsbereiche übereinstimmt.

Die Aufbereitung der Aufkommensseite der Sanofi Aventis Deutschland GmbH in der Abgrenzung und den Konzepten der Ausgangstabelle ist abgeschlossen, wenn alle in Tabelle 24 dargestellten Inputkenngrößen aggregiert für das gesamte Unternehmen sowie verteilt auf die unternehmensspezifischen Produktionsbereiche vorliegen. Die funktionelle, in Abhängigkeit der Art der hergestellten Güter abgegrenzte Darstellung der Sanofi Aventis Deutschland GmbH beschreibt eine notwendige Bedingung für die Erstellung des unternehmensspezifischen Satellitensystems und erfüllt zwei unterschiedliche Funktionen. Zum einen werden auf Basis der für die unternehmensspezifischen Produktionsbereiche berechneten intermediären Inputs die noch fehlenden institutionellen Vorleistungsverbräuche ermittelt, die bislang nur aggregiert in Sammelpositionen ausgewiesen wurden. Zum anderen lassen sich erst im Rahmen der funktionellen Aufbereitung diejenigen Inputs isoliert erfassen, die auf die Herstellungsprozesse in der betrachteten Unternehmenseinheit zurückzuführen und in den homogenen Produktionsbereichen der Ausgangstabelle enthalten sind. Erst durch die Aufbereitung der funktionell gegliederten Inputvektoren $\widehat{PB}_x^{SA}$ in der Systematik der Ausgangstabelle können die produktionsmäßigen Anteile der Sanofi Aventis Deutschland GmbH an den gesamtwirtschaftlichen Aggregaten identifiziert und im unternehmensspezifischen Satellitensystems disaggregiert dargestellt werden.

Die insgesamt für die Herstellung der Güter der Sanofi Aventis Deutschland GmbH eingesetzten Inputs sowie der daraus resultierende Produktionswert werden im ermittelten institutionellen Inputvektor $\widehat{PB}^{SA}$ zusammengefasst (vgl. Ta-

---

871 Aufgrund fehlender unternehmensspezifischer Angaben wird die Position „Gütersteuern abzüglich Gütersubventionen" auf Basis der in der Ausgangstabelle ausgewiesenen gesamtwirtschaftlichen Strukturen berechnet.

belle 24). Er spiegelt die durchschnittliche Produktionsstruktur der Unternehmung in der Abgrenzung und den Konzepten der Ausgangstabelle wieder und zeigt detailliert, welche Vorleistungen und Primärinputs in welcher Höhe im Berichtsjahr 2007 für die Leistungserbringung verwendet wurden. Der Input-Output-kompatible Produktionsvektor $\widehat{PB}^{SA}$ bringt die entstehungsseitigen Verflechtungen der Sanofi Aventis Deutschland GmbH mit der deutschen Volkswirtschaft zum Ausdruck und zeigt den direkten volkswirtschaftlichen Beitrag der betrachteten Unternehmenseinheit.

Für die vollstände Erstellung des Satellitensystems werden neben den produktions- auch die gütermäßigen Verflechtungen der Sanofi Aventis Deutschland GmbH benötigt (vgl. Abbildung 28). Die Verwendung der durch die Unternehmung hergestellten Güter muss also analog zur funktionellen Aufbereitung der Aufkommensseite in der Abgrenzung und den Konzepten der Ausgangstabelle aufbereitet werden. Im nachfolgenden Abschnitt wird auf die Besonderheiten bei der Aufbereitung der Verwendungsseite für die betrachtete Sanofi Aventis Deutschland GmbH hingewiesen.

5.1.4 Aufbereitung der Verwendungsseite

Neben der Aufkommensseite wird im Satellitensystem auch die Verwendung der im Unternehmen hergestellten Güter gegenüber dem Rest der Wirtschaft abgegrenzt. Die Darstellung der unternehmensspezifischen Verwendungsseite zeigt, wie die in Deutschland hergestellten Waren und Dienstleistungen der Sanofi Aventis Deutschland GmbH in der Abgrenzung und den Konzepten der inländischen IO-Tabelle ohne Weiterverarbeitungsproduktion verwendet werden. Durch die dezidierte Darstellung der verwendungsseitigen Verflechtungen wird deutlich, welche Teile der produzierten Erzeugnisse und erbrachten Dienstleistungen als Vorleistungen in andere Produktionsbereiche fließen (intermediäre Verwendung) und welche über die Endnachfrage den Wirtschaftskreislauf verlassen (letzte Verwendung).

Die Verwendungsseite der Sanofi Aventis Deutschland GmbH wird gemäß der in Abschnitt 4.1.3.2 beschriebenen Vorgehensweise aufbereitet. Dafür sind für die hergestellten Güter eines jeden unternehmensspezifischen Produktionsbereichs funktionelle Outputvektoren $\widehat{GG}_p^{SA}$ (p=1,…,71) in der Abgrenzung der Ausgangstabelle zu bilden, die ausschließlich die intermediäre und letzte Verwendung der Güter des jeweiligen Produktionsbereichs darstellen. D.h. sowohl für die produzierten chemischen und pharmazeutischen Erzeugnisse als auch für die erbrachten Großhandels-, Forschungs- und Entwicklungsleistungen- sowie die unternehmensbezogenen Dienstleistungen müssen individuelle Outputvektoren erstellt werden, die die Verwendung der hergestellten Güter in der Abgrenzung der Ausgangstabelle darstellen. In Tabelle 32 sind die verwendungsseitigen Kenngrößen, die für die Aufbereitung der funktionellen Outputvektoren der Sanofi Aventis Deutschland GmbH benötigt werden, zusammengefasst.

Aufgrund der Identitätsbeziehung in den symmetrischen IO-Tabellen und der Beschränkung auf die inländische Produktion bilden die im unternehmensspezifischen Produktionsprogramm dargestellten Produktionswerte den Ausgangspunkt für die Berechnung der funktionellen Outputvektoren der Sanofi Aventis Deutschland GmbH (vgl. Tabelle 32). Fehlende statistische Angaben über die Verwendung der in den unternehmensspezifischen Produktionsbereichen hergestellten Güter sorgen dafür, dass für die Ermittlung der verschiedenen Outputkenngrößen der funktionellen Outputvektoren $\widehat{GG}_p^{SA}$ auf spezielle Outputkoeffizienten zurückgegriffen werden muss, die auf der gesamtwirtschaftlichen Struktur aufsetzen. Da für die Aufbereitung der unternehmensspezifischen Verwendungsvektoren die tiefgegliederte Gütermatrix für das Berichtsjahr 2007 nicht zur Verfügung steht, werden die für die Berechnung der bereichsspezifischen Outputkenngrößen benötigten Koeffizienten auf Basis der gesamtwirtschaftlichen Strukturen der inländischen IO-Tabelle abgeleitet.

Aufgrund der nicht verfügbaren tiefgegliederte Gütermatrix werden entgegen der Ausführungen in Abschnitt 4.1.3.2 für die Berechnung der funktionellen Outputvektoren der Sanofi Aventis Deutschland GmbH zusätzliche Unternehmensinformationen verwendet, die wertvolle Erkenntnisse über die spezifischen Charakteristika der hergestellten Güter der Unternehmenseinheit liefern. Anhand der zusätzlichen Informationen über die Art und die Verwendung der hergestellten Güter ist es möglich, die durchschnittlichen gesamtwirtschaftlichen Verwendungsstrukturen der Ausgangstabelle an die tatsächliche Gegebenheiten der betrachteten Unternehmenseinheit anzupassen. Insbesondere die Homogenität der durch die Sanofi Aventis Deutschland GmbH in den unternehmensspezifischen Produktionsbereichen erzeugten Güter - d.h. die in einem unternehmensspezifischen Produktionsbereich zusammengefassten Güter weisen ähnliche Charakteristika hinsichtlich ihrer Verwendung auf - gewährleistet eine Anpassung der durchschnittlichen gesamtwirtschaftlichen Strukturen an die unternehmensspezifischen Besonderheiten. Im Folgenden wird die Vorgehensweise zur Berechnung der unternehmensspezifischen Outputvektoren in der funktionellen Abgrenzung der Ausgangstabelle erläutert. Die Ausführungen beschränken sich auf die Outputvektoren zu den fünf, im aggregierten Produktionsprogramm in Tabelle 37 ausgewiesenen, Produktionsbereichen, da die Sanofi Aventis Deutschland GmbH keine Güter anderer Gütergruppen herstellt und die Elemente der anderen funktionellen Outputvektoren somit ohnehin Null sind.

Outputvektor der pharmazeutischen Erzeugnisse

In Tabelle 40 sind die einzelnen Kenngrößen zusammengefasst, die für die Darstellung der Verwendung der pharmazeutischen Erzeugnisse gemäß der Systematik der Ausgangstabelle benötigt werden. Bis auf den bereits bekannten Produktionswert PW_{21}^{SA} (vgl. Tabelle 37), der aufgrund der Identitätsbeziehung in den symmetrischen IO-Tabellen identisch mit der gesamten Verwendung ist, müssen alle anderen Kenngrößen speziell aufbereitet werden. Der für die Berechnung der letzten Verwendung LV_{21}^{SA} verwendete Koeffizient d_{21} ergibt sich aus dem Quotient der gesamten letzten Verwendung LV_{21}^{iot} der pharmazeutischen Erzeugnisse in der Ausgangstabelle und dem dazugehörigen Produktionswert PW_{21}^{iot} bzw. der gesamten Verwendung GV_{21}^{iot}. Die Eignung des auf Basis der durchschnittlichen gesamtwirtschaftlichen Strukturen der Ausgangstabelle berechneten Koeffizienten wird anhand der bekannten Exportquote für die Umsätze aus pharmazeutischen Erzeugnissen plausibilisiert. Dies bedeutet, dass der Wert für die gesamte letzte Verwendung der durch die Sanofi Aventis Deutschland GmbH im Inland hergestellten pharmazeutischen Güter, nicht kleiner sein darf, als der Wert der ins Ausland exportierten Erzeugnisse. Da diese Bedingung erfüllt ist, ergibt sich die intermediäre Verwendung des pharmazeutischen Outputvektors in Tabelle 40 aus der Differenz zwischen der gesamten Verwendung und dem Wert der letzten Verwendung.

Tabelle 40: Outputvektor der pharmazeutischen Erzeugnisse

	Intermediäre Verwendung	Summe der IV	Summe der LV	GV
Outputvektor $\widehat{GG}_{21}^{SA}$	$\boldsymbol{IM_{21\,21}^{SA}, IM_{21\,66}^{SA}}$	$\boldsymbol{S\_IM_{21}^{SA} = PW_{21}^{SA} - LV_{21}^{SA}}$	$\boldsymbol{LV_{21}^{SA} = d_{21}\, PW_{21}^{SA}}$	$\boldsymbol{PW_{21}^{SA}}$

IV = Intermediäre Verwendung; LV = Letzte Verwendung; GV = Gesamte Verwendung

Für die vollständige Darstellung der Verwendung der pharmazeutischen Erzeugnisse in der Systematik der Ausgangstabelle wird in einem letzten Schritt die Summe der intermediären Verwendung $S\_IM_{21}^{SA}$ auf die Produktionsbereiche verteilt, in denen die pharmazeutischen Güter der Sanofi Aventis Deutschland GmbH intermediär verwendet werden. Gegenüber der in der Ausgangstabelle abgebildeten intermediären Verwendung der pharmazeutischen Erzeugnisse werden die durch die Sanofi Aventis Deutschland GmbH produzierten Waren in deutlich weniger Produktionsbereichen als Vorleistungen eingesetzt. Während die pharmazeutischen Erzeugnisse in der Ausgangstabelle in den Produktionsbereichen „Landwirtschaft und Jagd" (1)[872], „Nahrungs- und Futtermittel" (9), „Getränke" (10), „pharmazeutische Erzeugnisse" (21) und „Dienstleistungen des Gesundheits-, Veterinär- und Sozialwesens" (66) intermediär verwendet werden, lässt sich die Anzahl der Produktionsbereiche, die pharmazeutische Güter von der Sanofi Aventis Deutschland GmbH als Vorleistungen beziehen, auf die zwei in Tabelle 40 dargestellten Produktionsbereiche (21 und 66) reduzieren. Die Beschränkung auf zwei, gegenüber den fünf in der Ausgangstabelle ausgewiesenen, Produktionsbereichen resultiert aus der Art und der charakteristischen Verwendungseigenschaften der hergestellten Güter. Die Sanofi Aventis Deutschland GmbH produziert keine pharmazeutischen Güter, die in der Landwirtschaft oder der Herstellung von Nahrungs-, Futtermitteln oder Getränken zum Einsatz kommen.

Durch die Beschränkung auf die zwei in Tabelle 40 ausgewiesenen Produktionsbereiche, die die hergestellten pharmazeutischen Erzeugnisse intermediär verwenden, wird die durchschnittliche gesamtwirtschaftliche Verwendungsstruktur des pharmazeutischen Bereichs in der Ausgangstabelle an die Charakteristika der durch die Sanofi Aventis Deutschland GmbH hergestellten Waren angepasst. Die Verteilung der berechneten intermediären Verwendung $S\_IM_{21}^{SA}$ auf die zwei betroffenen Produktionsbereiche erfolgt auf Grundlage der in der Ausgangstabelle dargestellten gesamtwirtschaftlichen Strukturen. Die Outputkenngrößen $IM_{21\,21}^{SA}$ und $IM_{21\,66}^{SA}$ werden gemäß dem in der Ausgangstabelle ausgewiesenen Verhältnis zwischen den Wertangaben der beiden Produktionsbereiche folgendermaßen berechnet:

$$IM_{21\,21}^{SA} = \frac{IM_{21\,21}^{iot}}{IM_{21\,21}^{iot} + IM_{21\,66}^{iot}} * S\_IM_{21}^{SA}$$
$$IM_{21\,66}^{SA} = \frac{IM_{21\,66}^{iot}}{IM_{21\,21}^{iot} + IM_{21\,66}^{iot}} * S\_IM_{21}^{SA} \qquad 4.34$$

Bis auf die berechneten Outputkenngröße $IM_{21\,21}^{SA}$ und $IM_{21\,66}^{SA}$ werden alle anderen Elemente des Zeilenvektors $\widehat{IM}_{21\,x}^{SA}$ (x=1,…,71) gleich Null gesetzt. Nach diesem letzten Schritt liegt der Outputvektor, der die Verwendung der durch die Sanofi Aventis Deutschland GmbH hergestellten pharmazeutischen Erzeugnisse aufzeigt, vollständig in der benötigten Form vor.

872 Die ausgewiesenen Nummern entsprechen der laufenden Nummerierung in der inländischen IO-Tabelle ohne Weiterverarbeitungsproduktion. Jede Nummer verweist eindeutig auf einen bestimmten Produktionsbereich in der Abgrenzung der Ausgangstabelle.

Outputvektor der chemischen Erzeugnisse

Auch der funktionell gegliederte Outputvektor, der die Verwendung der durch die Sanofi Aventis Deutschland GmbH hergestellten chemischen Erzeugnisse widergibt, lässt sich analog zur Aufbereitung des pharmazeutischen Verwendungsvektors individualisieren. Auf Basis zusätzlicher Kenntnisse über die Art und die Verwendung der hergestellten Güter ist es möglich, den Outputvektor der chemischen Erzeugnisse gegenüber der gesamtwirtschaftlichen Struktur so anzupassen, dass eine Annäherung an die tatsächlichen Gegebenheiten erzielt wird. In Tabelle 41 sind die einzelnen Kenngrößen zusammengefasst, die für die Darstellung der Verwendung der chemischen Erzeugnisse in der Systematik der Ausgangstabelle berechnet werden müssen.

Tabelle 41: Outputvektor der chemischen Erzeugnisse

	Intermediäre Verwendung	Summe der IV	Summe der LV	GV
Outputvektor $\widehat{GG}_{22}^{SA}$	$IM_{22\,21}^{SA}, IM_{22\,22}^{SA}$	$S\_IM_{22}^{SA} = PW_{22}^{SA} - LV_{22}^{SA}$	$LV_{22}^{SA} = d_{22}\, PW_{22}^{SA}$	PW_{22}^{SA}

Für die Berechnung der letzten Verwendung LV_{22}^{SA} wird die Exportquote für die Umsätze aus chemischen Erzeugnissen als Koeffizient d_{22} verwendet. Die letzte Verwendung der durch die Sanofi Aventis Deutschland GmbH hergestellten chemischen Erzeugnisse resultiert somit aus der Multiplikation des Produktionswerts PW_{22}^{SA} mit der Exportquote für die Umsätze aus chemischen Erzeugnissen. Unter Vernachlässigung der Vorratsveränderungen ist die getroffene Annahme valide, da die produzierten chemischen Erzeugnisse, die über die letzte Verwendung den Wirtschaftskreislauf verlassen, nicht verkonsumiert sondern vollständig exportiert werden. Ausgehend von der berechneten letzten Verwendung lässt sich die Summe der intermediären Verwendung $S\_IM_{22}^{SA}$ gemäß der Darstellung in Tabelle 41 als Differenz zwischen der gesamten Verwendung und der letzten Verwendung ermitteln.

Für die vollständige Darstellung der Verwendung der chemischen Erzeugnisse wird die ermittelte Summe der intermediären Verwendung $S\_IM_{22}^{SA}$ auf die Produktionsbereiche verteilt, die die chemischen Güter der Sanofi Aventis Deutschland GmbH als Vorleistungen im Rahmen ihrer Leistungserstellung verwenden. Die durch die betrachtete Unternehmenseinheit hergestellten chemischen Waren werden annahmegemäß nur in den zwei Produktionsbereichen „pharmazeutische Erzeugnisse" (21) und „chemische Erzeugnisse" (22) intermediär verbraucht. D.h. die berechnete Summe der intermediären Verwendung $S\_IM_{22}^{SA}$ wird auf Basis der gesamtwirtschaftlichen Verflechtungen in der

Ausgangstabelle analog zur Vorgehensweise in 4.34 auf die beiden betroffenen Produktionsbereiche verteilt. Alle anderen Elemente des Zeilenvektors $\widehat{IM}_{22\,x}^{SA}$ werden anschließend wieder Null gesetzt.

Outputvektor der Großhandelsleistungen

In Tabelle 42 sind die verschiedenen Outputkennzahlen zusammengefasst, die für die vollständige Darstellung des Verwendungsvektors der durch die Sanofi Aventis Deutschland GmbH erbrachten Großhandelsleistungen benötigt werden. Die letzte Verwendung LV_{46}^{SA} der erbrachten Großhandelsleistungen wird durch die Multiplikation des Koeffizienten d_{46} mit dem Produktionswert PW_{46}^{SA} ermittelt. Der Koeffizient d_{46} setzt auf der gesamtwirtschaftlichen Struktur der Ausgangstabelle auf und ergibt sich aus dem Quotient der gesamten letzten Verwendung LV_{46}^{iot} der Gütergruppe „Handelsvermittlungs- und Großhandelsleistungen" und der gesamten Verwendung GV_{46}^{iot} bzw. dem Produktionswert PW_{46}^{iot}. Die Summe der intermediären Verwendung $S\_IM_{46}^{SA}$ resultiert wiederum aus der Subtraktion der gesamten Verwendung und der berechneten letzten Verwendung.

Tabelle 42: Outputvektor der erbrachten Großhandelsleistungen

	Intermediäre Verwendung	Summe der IV	Summe der LV	GV
Outputvektor $\widehat{GG}_{46}^{SA}$	$IM_{46\,66}^{SA} = S\_IM_{46}^{SA}$	$S\_IM_{46}^{SA} = PW_{46}^{SA} - LV_{46}^{SA}$	$LV_{46}^{SA} = d_{46}\, PW_{46}^{SA}$	PW_{46}^{SA}

Da es sich bei den erbrachten Handelsleistungen ausschließlich um Großhandelsleistungen mit pharmazeutischen Erzeugnissen handelt, lässt sich die im Zeilenvektor $\widehat{IM}_{46\,x}^{SA}$ erfasste intermediäre Verwendung gegenüber der sehr diversifizierten gesamtwirtschaftlichen Struktur der „Handelsvermittlungs- und Großhandelsleistungen" stark vereinfachen. Weil die Sanofi Aventis Deutschland GmbH nur pharmazeutische Handelswaren im Rahmen der erbrachten Großhandelsleistungen vertreibt, die weder in die Landwirtschaft, noch in die Herstellung von Nahrungs-, Futtermitteln oder Getränken einfließen, werden die erbrachten Dienstleistungen ausschließlich im Produktionsbereich „Dienstleistungen des Gesundheits-, Veterinär und Sozialwesens" intermediär verwendet. Bis auf den Wert $IM_{46\,66}^{SA}$ sind somit alle Elemente des Zeilenvektors $\widehat{IM}_{46\,x}^{SA}$ gleich Null. Dies führt dazu, dass die Höhe der für den Produktionsbereich „Dienstleistungen des Gesundheits-, Veterinär und Sozialwesens" erbrachten

Handelsleistungen $IM_{46\,66}^{SA}$ identisch mit dem Wert der intermediären Verwendung $S\_IM_{46}^{SA}$ ist.

Outputvektor der Forschungs- und Entwicklungsleistungen

Der Outputvektor, der die Verwendung der durch die Sanofi Aventis Deutschland GmbH erbrachten Forschungs- und Entwicklungsdienstleistungen aufzeigt, lässt sich gemäß Tabelle 43 aufbereiten. Weil die Exportquote für die erbrachten Forschungs- und Entwicklungsdienstleistungen bei über 97% liegt, wird unterstellt, dass die letzte Verwendung gleich der gesamten Verwendung ist. D.h. alle durch die Sanofi Aventis Deutschland GmbH erbrachten Forschungs- und Entwicklungsdienstleistungen sind der letzten Verwendung zuzuordnen und fließen somit nicht intermediär in die Herstellungsprozesse der 71 Produktionsbereiche ein. Dies bedeutet, dass, wie in Tabelle 43 dargestellt, alle Elemente des Zeilenvektors $\widehat{IM}_{65\,x}^{SA}$ und damit auch die Summe der intermediären Verwendung $S\_IM_{4}^{SA}$ gleich Null sind.

Tabelle 43: Outputvektor der erbrachten Forschungs- und Entwicklungsleistungen

	Intermediäre Verwendung	Summe der IV	Summe der LV	GV
Outputvektor $\widehat{GG}_{61}^{SA}$	0	$S\_IM_{61}^{SA} = 0$	$LV_{61}^{SA} = PW_{61}^{SA}$	PW_{61}^{SA}

Outputvektor der unternehmensbezogenen Dienstleistungen

Der letzte funktionelle Outputvektor, der für die Aufbereitung der unternehmensspezifischen Verwendungsseite benötigt wird, fasst die volkswirtschaftliche Verwendung der unternehmensbezogenen Dienstleistungen zusammen, die seitens der Sanofi Aventis Deutschland GmbH im Berichtsjahr 2007 erbracht wurden. Aufgrund des geringen Anteils des bereichsspezifischen Produktionswert PW_{62}^{SA} am Gesamtproduktionswert PW^{SA} sowie fehlender Erkenntnisse, anhand derer sich die gesamtwirtschaftliche Struktur der Ausgangstabelle an die unternehmensspezifischen Gegebenheiten anpassen lässt, erfolgt die Aufbereitung des Outputvektors für die erbrachten unternehmensbezogenen Dienstleistungen auf Basis der in Abschnitt 4.1.3.2 beschriebenen Vorgehensweise. Demnach wird die Verwendung der erbrachten unternehmensbezogenen Dienstleistungen auf Basis der in der Ausgangstabelle dargestellten gesamtwirtschaftlichen Struktur der Gütergruppe „Unternehmensbezogene Dienstleistungen" (62 – CPA 74) abgeschätzt. Um den Wert der im Inland erbrachten unternehmensbezogenen Dienstleistungen PW_{62}^{SA} entlang der in Tabelle 32 dargestellten Outputkenngrößen zu verteilen, werden in Anlehnung an Tabelle 33 spezielle Outputkoeffizienten gebildet, die die gesamtwirtschaftliche Struktur der Gütergruppe 62 zum Ausdruck bringen. Die Verwendungsstruktur der durch die Sanofi Aventis Deutschland GmbH erbrachten unternehmensbezogenen Dienstleistungen ist somit identisch mit der in der Ausgangstabelle dargestellten gesamtwirtschaftlichen Struktur der Gütergruppe „Unternehmensbezogene Dienstleistungen".

Die funktionelle Aufbereitung der unternehmensspezifischen Outputvektoren $\widehat{GG}_p^{SA}$, deren Elemente gemäß dem Produktionsprogramm ungleich Null sind, bilden die Ausgangsbasis, um die Verwendung der durch die Sanofi Aventis Deutschland GmbH produzierten Waren und erbrachten Dienstleistungen gegenüber dem Rest der Wirtschaft abzugrenzen. Die fünf funktionellen Outputvektoren zeigen die Anteile an den fünf Gütergruppen „Pharmazeutische Erzeugnisse" (21), „Chemische Erzeugnisse" (22), „Handelsvermittlungs- und Großhandelsleistungen" (46), „Forschungs- und Entwicklungsleistungen" (61) sowie „Unternehmensbezogene Dienstleistungen" (62), die auf die Produktionsaktivitäten der Sanofi Aventis Deutschland GmbH zurückzuführen und in den Werten der Ausgangstabelle enthalten sind. Für die disaggregierte Darstellung der gütermäßige Verflechtungen der Sanofi Aventis Deutschland GmbH im Satellitensystem beschreibt die funktionelle Aufbereitung der unternehmensspezifischen Verwendungsseite eine zentrale Voraussetzung, um Doppelzählungen zu vermeiden und die VGR als Bezugsrahmen beizubehalten.

Die unternehmensspezifischen Outputvektoren $\widehat{GG}_p^{SA}$ bilden die Grundlage für die Erstellung des institutionellen Outputvektors $\widehat{GG}^{SA}$, der die durchschnittliche Verwendungsstruktur für die gesamte Unternehmenseinheit darstellt. Der institutionelle Outputvektor $\widehat{GG}^{SA}$, der als neuer Zeilenvektor im Satellitensystem an die Ausgangstabelle angehängt wird (vgl. Abbildung 28), setzt sich aus den Spaltensummen der unternehmensspezifischen Outputvektoren $\widehat{GG}_p^{SA}$ zusammen (vgl. Tabelle 32). Beispielsweise ergibt sich der Wert für die von der Sanofi Aventis Deutschland GmbH hergestellten und im Produktionsbereich „Dienstleistungen des Gesundheits-, Veterinär- und Sozialwesens" (66 – CPA 85) insgesamt verbrauchten Güter IM_{66}^{SA} aus der Summe der funktionellen Anteile der einzelnen Outputvektoren $IM_{21\,66}^{SA}$, $IM_{46\,66}^{SA}$ und $IM_{62\,66}^{SA}$, d.h. $IM_{66}^{SA} = IM_{21\,66}^{SA} + IM_{46\,66}^{SA} + IM_{62\,66}^{SA}$.

Nachdem neben der Aufkommensseite nun auch die Verwendungsseite der Sanofi Aventis Deutschland GmbH vollständig in der Abgrenzung und den Konzepten der Ausgangstabelle vorliegt, sind alle Voraussetzungen erfüllt, um im nächsten Abschnitt mit der eigentlichen Erstellung des in Abbildung 28 dargestellten unternehmensspezifischen Satellitensystems fortfahren zu können. Im Mittelpunkt stehen dabei das Herauslösen der funktionellen Anteilswerte aus der Ausgangstabelle sowie die disaggregierte Darstellung der ermittelten institutionellen Input- und Outputvektoren gegenüber dem Rest der Volkswirtschaft im Satellitensystem.

5.1.5 Disaggregierte Darstellung der unternehmensspezifischen Verflechtungen

In den vorangegangenen Abschnitten wurde die Vorgehensweise zur Erstellung der Input- und Outputvektoren für die Sanofi Aventis Deutschland GmbH als Untersuchungsgegenstand in den Abgrenzungen und Konzepten der Ausgangstabelle beschrieben. Um die produktions- und gütermäßigen Verflechtungen der Unternehmung vor dem Erkenntnisziel der vorliegenden Arbeit auswerten zu können, werden die aufbereiteten Input- und Outputvektoren in einem unternehmensspezifischen Satellitensystem zusammengeführt. Die auf die Produktionsaktivitäten der Sanofi Aventis Deutschland GmbH zurückzuführenden Inputs und Outputs werden dafür aus der Ausgangstabelle herausgelöst und gegenüber dem Rest der Volkswirtschaft abgegrenzt.

In einem ersten Schritt werden der erstellte institutionelle Inputvektor $\widehat{PB}^{SA}$ und der aufbereitete Outputvektor $\widehat{GG}^{SA}$ als Produktionsbereich 72 und Gütergruppe 72 an die Ausgangstabelle angehängt. Da es sich bei der Sanofi Aventis Deutschland GmbH als Untersuchungsgegenstand nur um eine einzelne Unternehmenseinheit handelt, müssen keine weiteren institutionellen Vektoren verbundener Unternehmenseinheiten gemäß den Ausführungen in Abschnitt 4.1.3.3 berücksichtigt werden. Der institutionelle Produktionsvektor $\widehat{PB}^{SA}$ wird als zusätzliche Spalte (Produktionsbereich $\widehat{PB}_{72}$) an die Vorleistungs- und die Primärinputmatrix der Ausgangstabelle angehängt (vgl. Abbildung 28). Er fasst die für die Leistungserstellung in der Sanofi Aventis Deutschland GmbH eingesetzten intermediären und primären Inputs sowie die dafür benötigten Erwerbstätigen in der Abgrenzung und den Konzepten der Ausgangstabelle zusammen. Er weist den direkten Effekt auf die (inländische) Produktion und den deutschen Arbeitsmarkt aus. Der aggregierte Outputvektor $\widehat{GG}^{SA}$ wird demgegenüber als neue Zeile (Gütergruppe $\widehat{GG}_{72}$) an die Vorleistungs- und Endnachfragematrix der Ausgangstabelle angehängt. Er zeigt, welche der durch die Sanofi Aventis Deutschland GmbH hergestellten Güter in der deutschen Volkswirtschaft als Vorleistungen weiter verwendet werden und welche über die letzte Verwendung den Wirtschaftskreislauf verlassen.

An dieser Stelle ist sicherzustellen, dass durch die disaggregierte Aufbereitung der unternehmensspezifischen Verflechtungen keine zusätzlichen Werte geschaffen werden, sondern lediglich die Dimension der amtlichen Ausgangstabelle um einen Produktionsbereich und eine Gütergruppe erweitert wird. Um Doppelzählungen zu vermeiden, müssen die auf die Produktionsaktivitäten der Sanofi Aventis Deutschland GmbH zurückzuführenden Anteilswerte, die in den Aggregaten des institutionellen Input- und Outputvektors ausgewiesen werden, aus den homogenen Produktionsbereichen und Gütergruppen der Ausgangstabelle, in denen sie noch enthalten sind, herausgelöst werden. Die Ausgangstabelle wird somit um den direkten volkswirtschaftlichen Beitrag der Sanofi Aventis Deutschland GmbH bereinigt. Für die Bereinigung der betroffenen originären homogenen Produktionsbereiche und Gütergruppen werden die ermittelten funktionellen Input- und Outputvektoren herangezogen, die die produktions- und gütermäßigen Verflechtungen in der fachlichen Gliederung der Ausgangstabelle darstellen. Beispielhaft berechnet sich der im finalen Satellitensystem abgebildete und um die unternehmensspezifischen Anteile bereinigte Produktionsbereich „Herstellung von pharmazeutischen Erzeugnissen" wie folgt:

$$\widehat{PB}_{21} = \widehat{PB}_{21}^{iot} - \widehat{PB}_{21}^{SA}$$

Alle anderen homogenen Produktionsbereiche und Gütergruppen der Ausgangstabelle, die gemäß der funktionellen Darstellung der Aufkommens- und Verwendungsseite von den Produktionsaktivitäten der Sanofi Aventis Deutschland GmbH betroffen sind, werden analog um die in den institutionellen Vektoren erfassten Inputs und Outputs bereinigt. Durch die Bereinigung der originären amtlichen Produktionsbereiche und Gütergruppen wird die Konsistenz des in Abbildung 28 dargestellten Satellitensystems gegenüber den Ergebnissen der VGR sichergestellt. Die VGR bleibt somit trotz der Erweiterung der Ausgangstabelle um den neuen unternehmensspezifischen Produktionsbereich und die neue Gütergruppe als Bezugsrahmen bestehen.

Bevor das Satellitensystem für die Sanofi Aventis Deutschland GmbH in seiner endgültigen Form vorliegt, ist der Fokus abschließend noch auf die Schnittstelle zwischen dem neuen Inputvektor $\widehat{PB}_{72}$ und dem Outputvektor $\widehat{GG}_{72}$ zu richten, die durch die Zusammenführung des institutionellen Input- und Outputvektors im Satellitensystem entsteht. Gemäß den Ausführungen in Abschnitt 4.1.3.3 weist das Element $IM_{72\,72}$ die Höhe der intermediären Waren und Dienstleistungen aus, die durch verbundene Unternehmen produziert bzw. erbracht werden. Da es sich bei der Sanofi Aventis Deutschland GmbH als Untersuchungsgegenstand jedoch nur um eine einzelne institutionelle Unternehmenseinheit handelt (z=1), sind unternehmensgruppeninterne Lieferungen und Leistungen nicht relevant. Die Kenngröße $IM_{72\,72}$ im Satellitensystem ist demzufolge Null.

Das unternehmensspezifische Satellitensystem liegt nun in seiner finalen Form vor und kann als Ausgangsdatenbasis für die Analyse des direkten wirtschaftlichen Beitrags der Sanofi Aventis Deutschland GmbH sowie zur Berechnung der indirekten und induzierten ökonomischen Wirkungen, die von der Geschäftstätigkeit auf den Rest der deutschen Volkswirtschaft ausgehen, verwendet werden.

5.2 Auswertung des unternehmensspezifischen Satellitensystems

Nachdem in den vorangegangenen Abschnitten die Erstellung des unternehmensspezifischen Satellitensystems für die Sanofi Aventis Deutschland GmbH als Untersuchungsgegenstand erläutert wurde, folgt nun die Auswertung der neuen empirischen Datenbasis. Neben der Analyse des direkten Beitrags auf die deutsche Volkswirtschaft stehen vor allem die ökonomischen Ausstrahleffekte (indirekte und induzierte Wirkungen) auf den Rest der deutschen Volkswirtschaft im Mittelpunkt. Mittels der in Abschnitt 4.2 beschriebenen Input-Output-Modelle und ausgehend von den im Satellitensystem aufbereiteten Verflechtungen werden die kumulativen ökonomischen Effekte quantifiziert und analysiert, die insgesamt von den Produktions- und Investitionsaktivitäten der Sanofi Aventis Deutschland GmbH auf die deutsche Volkswirtschaft ausgehen. Die quantifizierten indirekten und induzierten Wirkungen vermitteln zusammen mit den direkten Effekten und unter Berücksichtigung der dem Modell und der Datenbasis zugrundeliegenden Annahmen und Restriktionen einen Eindruck hinsichtlich der ökonomischen Bedeutung der Sanofi Aventis Deutschland GmbH für die deutsche Wirtschaft.

Im nachfolgenden Abschnitt wird das erstellte Satellitensystem zunächst rein deskriptiv ausgewertet. Auf Basis der aufbereiteten Inputkenngrößen wird der direkte volkswirtschaftliche Effekt der Sanofi Aventis GmbH auf die inländische Produktion aufgezeigt. Anschließend werden die auf Grundlage der in Abschnitt 4.2 beschriebenen Input-Output-Modelle und ausgehend von den im unternehmensspezifischen Satellitensystem aufbereiteten Verflechtungen, berechneten gesamtwirtschaftlichen Wirkungen präsentiert und analysiert. Erst durch die Berücksichtigung der indirekten und induzierten ökonomischen Wirkungen ergibt sich ein vollständiges Bild der ökonomischen Bedeutung der Sanofi Aventis Deutschland GmbH für den deutschen Wirtschaftsstandort.

5.2.1 Deskriptive Analyse

Neben der Funktion als Ausgangsdatenbasis für die Berechnung der kumulativen ökonomischen Ausstrahleffekte ermöglicht das unternehmensspezifische Satellitensystem eine rein deskriptive Analyse des im Satellitensystem abgegrenzten direkten volkswirtschaftlichen Beitrags der betrachteten Sanofi Aventis Deutschland GmbH. Die im Inputvektor $\widehat{PB}_{72}$ dargestellten Elemente zeigen den direkten ökonomischen Effekt des Unternehmens auf die verschiedenen Variablen des volkswirtschaftlichen Aufkommens, wie z.B. die inländische Produktion, die Wertschöpfung, die Erwerbstätigen und die Vorleistungen. Im Outputvektor $\widehat{GG}_{72}$ wird demgegenüber die Verwendung der hergestellten Güter in der Systematik der Ausgangstabelle aufgezeigt.

Durch die Aufbereitung der ökonomischen Transaktionen der Sanofi Aventis Deutschland GmbH im unternehmensspezifischen Satellitensystem wird eine konsistente, empirische Datenbasis geschaffen, die neben der Analyse der dargestellten Verflechtungen mittels geeigneter IO-Modelle auch rein deskriptive Aussagen über die volkswirtschaftliche Leistung der Unternehmung gewährleistet. Beispielhaft lassen sich auf Basis der aufbereiteten Verflechtungen aussagekräftige Vergleiche der unternehmensspezifischen Kenngrößen mit den Ergebnissen der VGR durchführen. Dabei ist grundsätzlich zu beachten, dass die in den Konzepten der amtlichen Input-Output-Rechnung aufbereiteten Kenngrößen nicht hundertprozentig mit den betriebswirtschaftlichen Kenngrößen aus den Geschäftsberichten bzw. den Jahresabschlüssen vergleichbar sind.

Die im Inputvektor $\widehat{PB}_{72}$ aufbereiteten Kennzahlen vermitteln einen ersten Eindruck über die ökonomische Bedeutung der Sanofi Aventis Deutschland GmbH für die deutsche Volkswirtschaft.[873] In Tabelle 17 sind die wichtigsten aufkommensseitigen Eckwerte für das Berichtsjahr 2007 dargestellt, die sich unmittelbar aus dem Inputvektor auslesen lassen. Der Produktionswert der Sanofi Aventis Deutschland GmbH betrug im Jahr 2007 3.903 Mio. EUR, wovon 1.963 Mio. EUR für die im Rahmen der Leistungserstellung verbrauchten Vorleistungen verausgabt wurden. Der Rest des Produktionswerts weist die durch die Unternehmung generierte Bruttowertschöpfung aus, die 2007 bei 1.940 Mio. EUR lag. Ein Großteil der Bruttowertschöpfung entfällt auf die Arbeitnehmerentgelte, die im Jahr 2007 für die durchschnittlich 9.210 Erwerbstätigen gezahlt wurden.

---

873 Da die im Outputvektor aufbereiteten Werte vor dem Hintergrund der vorliegenden Arbeit keine unmittelbaren Erkenntnisse für die Beurteilung der ökonomischen Bedeutung bereithalten, werden sie an dieser Stelle nicht differenziert betrachtet.

Tabelle 44: Zentrale volkswirtschaftliche Eckwerte von Sanofi Aventis Deutschland

Kenngröße	2007
Vorleistungen zu Anschaffungspreisen [in Mio. EUR]	**1.963**
davon Importe [in Mio. EUR]	1.351
Bruttowertschöpfung zu Herstellungspreisen [in Mio. EUR]	**1.940**
Produktionswert zu Herstellungspreisen [in Mio. EUR]	**3.903**
Erwerbstätige	**9.210**

Da im ausgewiesenen Produktionswert die Vorleistungen enthalten sind, ist der Produktionswert nur bedingt als Maß zur Beurteilung der wirtschaftlichen Leistung der Sanofi Aventis Deutschland GmbH für den deutschen Wirtschaftsstandort geeignet. Tabelle 17 zeigt, dass 2007 insgesamt Vorleistungen in Höhe von 1.963 Mio. EUR in die Herstellungsprozesse einflossen. Davon entfielen 1.351 Mio. EUR (69%) auf importierte Vorleistungen, die keine Effekte in den deutschen Vorleistungsindustrien auslösten und aufgrund der Fokussierung auf die inländische Produktion nicht differenziert entlang der 72 Gütergruppen in der Vorleistungsmatrix des Satellitensystems ausgewiesen werden. Die anderen 31% der verbrauchten Vorleistungen (612 Mio. EUR) werden demgegenüber aus dem Inland bezogen und entfalten positive ökonomische Ausstrahleffekte auf die deutsche Volkswirtschaft, die im nachfolgenden Abschnitt differenziert erläutert werden.

Die um die Vorleistungen bereinigte Bruttowertschöpfung stellt gegenüber dem Produktionswert grundsätzlich ein aussagekräftigeres Maß für die Beurteilung der wirtschaftlichen Leistung dar (vgl. Abschnitt 4.1.3.3). Um jedoch ein vollständiges Bild über die ökonomischen Bedeutung der Sanofi Aventis Deutschland GmbH für die deutsche Volkswirtschaft zu erhalten, müssen auch die, aus der Nachfrage nach inländischen Vorleistungen resultierenden und in den vorgelagerten Wirtschaftseinheiten ausgelösten, Effekte sowie die aus den generierten Einkommen resultierenden Konsumeffekte einbezogen werden. Die nachfrageinduzierten kumulativen Effekte lassen sich jedoch nicht rein deskriptiv ermitteln, sondern müssen auf Basis der im Satellitensystem dargestellten Vorleistungsverflechtungen und unter Anwendung der in Abschnitt 4.2 beschriebenen Modelle quantifiziert werden. Die wichtigsten direkten Effekte, die von den Herstellungsaktivitäten der Unternehmung auf die inländische Produktion, Wertschöpfung und Beschäftigung ausgehen und unmittelbar aus dem Satellitensystem ausgelesen werden können, sind in Tabelle 45 nochmal zusammengefasst.

Tabelle 45: Direkte Effekte auf ausgewählte Zielvariablen

Zielvariable	Direkter Effekt 2007
Produktion	**3.903***
Bruttowertschöpfung	**1.940***
Erwerbstätige	**9.210**

*in Mio. EUR

Neben den bisher beschriebenen absoluten Kennzahlen können auf Basis der im Satellitensystem aufbereiteten Inputkenngrößen auch spezielle Verhältniszahlen (relative Kennzahlen) zur Darstellung des volkswirtschaftlichen Beitrags der Sanofi Aventis Deutschland GmbH gebildet werden. Verhältniszahlen sind i.d.R. leicht verständlich, erhöhen die Übersichtlichkeit und bieten zusätzliche Auswertungsmöglichkeiten. Insbesondere Gliederungskennzahlen, die als Anteilswerte den volkswirtschaftlichen Beitrag der Unternehmung im Verhältnis zur Gesamtwirtschaft bzw. ausgewählter Teilbereiche ausdrücken, ermöglichen aussagekräftige Vergleiche und bieten zusätzliche Interpretationsmöglichkeiten. Für die Erstellung geeigneter Gliederungskennzahlen werden ausgewählte aufkommensseitige Kenngrößen ins Verhältnis zu den Aggregaten in der Ausgangstabelle bzw. den Ergebnissen der VGR gesetzt. Die unternehmensspezifischen Kenngrößen werden so als Teil einer zugehörigen Gesamtheit ausgedrückt. Beispielsweise lässt sich anhand des Quotienten aus der unternehmensspezifischen Bruttowertschöpfung und der gesamtwirtschaftlichen Bruttowertschöpfung der auf die Herstellungsaktivitäten der Unternehmung zurückzuführende Anteil an der Gesamtwirtschaft aufzeigen.

Aufgrund der vergleichsweise geringen Bedeutung der Unternehmung für die Gesamtwirtschaft ist der Erkenntniszuwachs solcher gesamtwirtschaftlichen Verhältniszahlen zur Beurteilung der ökonomischen Bedeutung eher gering. Aussagekräftiger ist es, den volkswirtschaftlichen Anteil der Sanofi Aventis Deutschland GmbH im Wirtschaftsbereich abzugrenzen, dem das Unternehmen gemäß seinem wirtschaftlichen Schwerpunkt zugeordnet wird.[874] Für die Sanofi Aventis Deutschland GmbH ist dies der Wirtschaftsbereich „Herstellung von pharmazeutischen Erzeugnissen". In Tabelle 46 ist exemplarisch der Anteil der

874 Um die Konsistenz gegenüber den VGR-Ergebnissen zu wahren, ist die Bildung von wirtschaftsbereichsspezifischen Anteilswerten nur Fällen valide, in denen es sich bei dem Untersuchungsgegenstand um eine einzige Unternehmenseinheit handelt bzw. alle Unternehmenseinheiten gemäß ihrem wirtschaftlichen Schwerpunkt ein und demselben Wirtschaftsbereich zuzuordnen sind.

Bruttowertschöpfung und der Erwerbstätigen der Sanofi Aventis Deutschland GmbH am pharmazeutischen Bereich für das betrachtete Berichtsjahr 2007 dargestellt.[875]

Tabelle 46: Anteil am pharmazeutischen Wirtschaftsbereich

	2007
Bruttowertschöpfung zu Herstellungspreisen [in Mio. EUR]	**1.940**
Anteil am pharmazeutischen Wirtschaftsbereich [in %]	11,9
Erwerbstätige [in Tsd.]	**9.210**
Anteil am pharmazeutischen Wirtschaftsbereich [in %]	8,0

Quelle: Unternehmensspezifisches Satellitensystem, Detaillierte Inlandsproduktergebnisse -Fachserie 18 Reihe 1.4 – vgl. Destatis (2011f)

Die in Tabelle 46 dargestellten Gliederungszahlen beschreiben nur zwei Beispiele. Grundsätzlich lassen sich auf Basis der im Satellitensystem aufbereiten Kenngrößen unzählige Quotienten bilden, die den jeweiligen ökonomischen Beitrag der Sanofi Aventis Deutschland GmbH als Anteil einer bestimmten Gesamtheit ausdrücken. Anstelle der detaillierten Inlandsproduktergebnisse der VGR oder der Aggregate des Satellitensystems kann auch das, im Rahmen eines Forschungsprojekts im Auftrag des BMWi entwickelte, Gesundheitssatellitenkonto (GSK) als empirische Datenbasis für die Bildung geeigneter Verhältniszahlen verwendet werden.[876] Das Gesundheitssatellitenkonto zeigt die volkswirtschaftlichen Verflechtungen des Gesundheitssektors in der Abgrenzung und den Konzepten der amtlichen IO-Tabellen des Statistischen Bundesamts auf. Anhand der Ergebnisse des Gesundheitssatellitenkontos ist es somit möglich, den ökonomischen Beitrag der Sanofi Aventis Deutschland GmbH für die deut-

---

875 Der Wirtschaftsbereich „Herstellung von pharmazeutischen Erzeugnissen“ wird erst seit der Umstellung der Klassifikation der Wirtschaftszweige von der Ausgabe 2003 auf die Ausgabe 2008 isoliert dargestellt (CPA 21 in WZ 2008). Um den ökonomischen Anteil der Sanofi Aventis Deutschland GmbH im pharmazeutischen Wirtschaftsbereich abgrenzen zu können, werden die im Rahmen der Umstellung auf die WZ 2008 neu berechnet Inlandsproduktergebnisse verwendet, die den pharmazeutischen Bereich auch für das Berichtsjahr 2007 getrennt ausweisen (vgl. Destatis (2011f)).

876 vgl. Henke et al. (2010). Das Forschungsprojekt wurde fortgeführt, sodass mittlerweile auch für das Berichtsjahr 2007 Ergebnisse vorliegen.

sche Gesundheitswirtschaft oder ausgewählte Teilbereiche differenziert darzustellen.

Die bisher betrachteten Gliederungszahlen beschreiben Verhältniszahlen, die den ökonomischen Anteil der Sanofi Aventis Deutschland GmbH an einem bestimmten volkswirtschaftlichen (Teil-) Aggregat anzeigen (vgl. Tabelle 46). Darüber hinaus können auch Gliederungszahlen gebildet werden, die der Beschreibung unternehmensspezifischer Strukturen dienen. Als Beispiel ist die in Tabelle 47 dargestellte Wertschöpfungsquote zu nennen, die das Verhältnis zwischen Bruttowertschöpfung und Produktionswert zum Ausdruck bringt. Im Berichtsjahr 2007 lag die Wertschöpfungsquote der Sanofi Aventis Deutschland GmbH bei ca. 50%.

Zusätzliche Interpretationsmöglichkeiten für die deskriptive Auswertung des erstellten Satellitensystems bieten neben den unterschiedlichen Gliederungszahlen auch spezielle Beziehungszahlen. Beziehungszahlen stellen das Verhältnis zwischen Kenngrößen dar, die in einer sachlich sinnvollen Beziehung zueinander stehen.[877] Als typische volkswirtschaftliche Beziehungskennzahl ist die Arbeitsproduktivität zu nennen, die die Bruttowertschöpfung ins Verhältnis zur Anzahl der Erwerbstätigen setzt. Die Bruttowertschöpfung je Erwerbstätigem der Sanofi Aventis Deutschland GmbH lag im Jahr 2007 bei über 210 Tsd. EUR und ist zusammen mit der unternehmensspezifischen Wertschöpfungsquote in Tabelle 47 dargestellt. Darüber hinaus existieren viele weitere Beziehungskennzahlen, wie z.B. die FuE- oder die Investitionsintensität, die in Abhängigkeit der zu beantwortenden Fragestellung zusätzliche Erkenntnisse bereithalten können.

Tabelle 47: Wertschöpfungsquote und Arbeitsproduktivität

Beziehungszahl	Quotient	2007
Wertschöpfungsquote [in %]	$\frac{\textbf{Bruttowertschöpfung}}{\textbf{Produktionswert}}$	**49,7**
Arbeitsproduktivität [in Tsd. EUR]	$\frac{\textbf{Bruttowertschöpfung}}{\textbf{Erwerbstätige}}$	**210,6**

Quelle: Unternehmensspezifisches Satellitensystem

Dieser Abschnitt zeigt, wie anhand der im Satellitensystem dargestellten Inputkenngrößen rein deskriptive Aussagen über den direkten volkswirtschaftlichen Beitrag der Sanofi Aventis Deutschland GmbH generiert werden können. Die direkten Effekte auf die Produktion, die Wertschöpfung und die Beschäftigung sind als absolute Kennzahlen unmittelbar dem im Satellitensystem aufbe-

877 vgl. Hartung et al., S. 56

reiteten institutionellen Inputvektor zu entnehmen (vgl. Tabelle 45). Darüber hinaus können in Abhängigkeit der zu beantwortenden Fragestellung unterschiedliche Verhältniszahlen gebildet werden, die zusätzliche Auswertungs- und Interpretationsmöglichkeiten bereithalten und insbesondere für Vergleiche geeignet sind.

Das Hauptaugenmerk der vorliegenden Arbeit liegt jedoch nicht allein auf den Aussagen, die sich aus einer rein deskriptiven Analyse des unternehmensspezifischen Satellitensystems gewinnen lassen. Der Mehrwert des entwickelten Verfahrens besteht vielmehr in der modellgestützten Analyse der im Satellitensystem dargestellten volkswirtschaftlichen Verflechtungen der Sanofi Aventis Deutschland GmbH mit dem Rest der Volkswirtschaft. Die in Tabelle 45 dargestellten direkten Effekte auf die Produktion, die Bruttowertschöpfung und die Erwerbstätigen beschreiben nur einen Teilausschnitt der insgesamt durch die Sanofi Aventis Deutschland GmbH in Deutschland ausgelösten ökonomischen Wirkungen (vgl. Abbildung 31). Um ein vollständiges Bild der volkswirtschaftlichen Bedeutung der betrachteten Unternehmenseinheit zu erhalten, müssen auch die indirekten und induzierten ökonomischen Wirkungen, die von der Produktions- und Investitionstätigkeit auf den Rest der Volkswirtschaft ausgehen, einbezogen werden. Im Folgenden wird in Anlehnung an die Ausführungen in Abschnitt 4.2.2 die Vorgehensweise zur Berechnung der kumulativen Ausstrahleffekte der Sanofi Aventis GmbH auf die inländische Wirtschaft beschrieben.

5.2.2 Analyse der volkswirtschaftlichen Verflechtungen

Nachdem im vorangegangenen Abschnitt das erstellte Satellitensystem rein deskriptiv ausgewertet wurde, stehen nachfolgend die aus der Geschäftigkeit der Sanofi Aventis Deutschland GmbH im Berichtsjahr 2007 insgesamt auf die deutsche Volkswirtschaft ausgehenden ökonomischen Effekte im Mittelpunkt, d.h. inklusive der indirekten und induzierten Wirkungen. Der ökonomische Gesamteffekt wird gemäß den Ausführungen in Abschnitt 4.2.3 durch zwei unterschiedliche Wirkungskanäle gespeist (vgl. Abbildung 31). Neben den aus der Produktionstätigkeit resultierenden Wirkungen fließen in den Gesamteffekt auch die durch die Investitionsgüternachfrage ausgelösten Effekte auf die deutsche Volkswirtschaft ein. Sowohl die produktions-, als auch die investitionsinduzierten Ausstrahleffekte der Sanofi Aventis Deutschland GmbH werden auf Basis der im Satellitensystem dargestellten produktions- und gütermäßigen Vorleistungsverflechtungen und in Anlehnung an die in Abschnitt 4.2.2 beschriebene Vorgehensweise berechnet. Im Folgenden werden zunächst die beiden Teileffekte getrennt voneinander analysiert, bevor der daraus resultierende Gesamteffekt beschrieben wird.

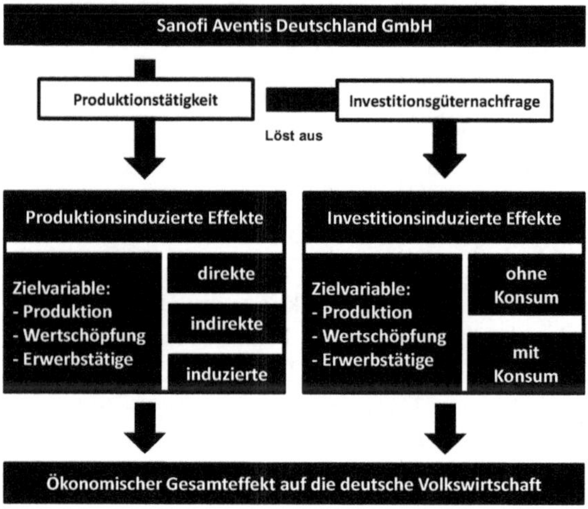

Abbildung 31: Zusammensetzung des ökonomischen Gesamteffekts

5.2.2.1 Produktionsinduzierte Effekte

Der deutlich größere Anteil des Gesamteffekts entfällt auf die produktionsinduzierten ökonomischen Wirkungen, die von der Leistungserstellung der Sanofi Aventis Deutschland GmbH auf die deutsche Volkswirtschaft ausstrahlen. Der produktionsinduzierte Gesamteffekt setzt sich bekanntermaßen aus den direkten Effekten sowie den indirekten und induzierten Wirkungen zusammen, die durch die Nachfrage nach Vorleistungen in den vorgelagerten Wirtschaftseinheiten und den wiederverausgabten Einkommen ausgelöst werden. Während die direkten Effekte unmittelbar aus dem Satellitensystem ausgelesen werden können (vgl. Tabelle 45), müssen die indirekten und induzierten Wirkungen modellgestützt, auf Basis der im Satellitensystem dargestellten Vorleistungsverflechtungen, quantifiziert werden. Für die Berechnung der aus der Produktionstätigkeit resultierenden Produktions-, Wertschöpfungs- und Beschäftigungseffekte auf die deutsche Volkswirtschaft wird, wie in den Abschnitten 4.2.2.1 und 4.2.2.2 beschrieben, die Output-zu-Output Betrachtung nach Miller und Blair sowie ein um den Keynes'schen Einkommensmultiplikator erweiterter Ansatz verwendet. Die berechneten produktionsinduzierten Effekte der Sanofi Aventis Deutschland GmbH auf die Produktion, die Bruttowertschöpfung und die Erwerbstätigen werden im Folgenden differenziert erläutert.

Effekte auf die Produktion

Die gesamten Produktionseffekte, die von der Produktionstätigkeit der Sanofi Aventis Deutschland GmbH auf die inländische Produktion ausgehen, setzen sich aus den in Abbildung 32 dargestellten direkten, indirekten und induzierten Effekten zusammen. Die Produktion der Sanofi Aventis Deutschland GmbH im Berichtsjahr 2007 sorgte innerhalb der deutschen Volkswirtschaft insgesamt für Produktionseffekte in Höhe von 5.854 Mio. EUR. Davon sind 3.903 Mio. EUR den direkten (vgl. Tabelle 45), 937 Mio. EUR den indirekten und 1.014 Mio. EUR den induzierten Effekten zuzuordnen. D.h. der im Output-zu-Output Modell als Impuls verwendete Produktionswert der Sanofi Aventis Deutschland GmbH löste im Berichtsjahr 2007 kumulative indirekte und induzierte Effekte in Höhe von 1951 Mio. EUR aus, die auf die produktionsinduzierte Nachfrage nach Vorleistungen in den vorgelagerten Wirtschaftseinheiten und auf den durch die generierten Einkommen ausgelösten Konsum zurückzuführen sind.

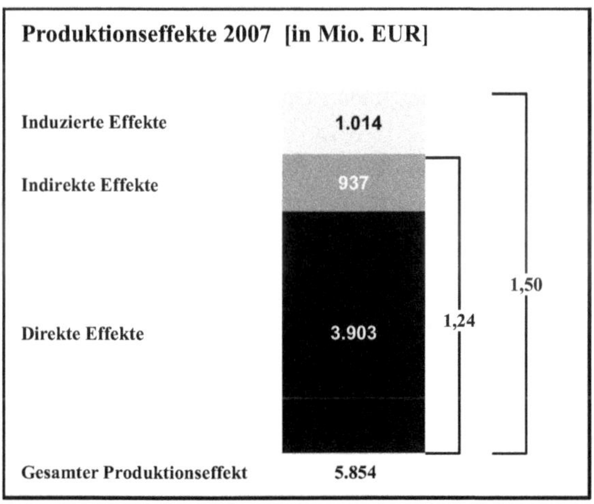

Abbildung 32: Produktionsinduzierte Effekte auf die inländische Produktion

Die Produktionseffekte lassen sich auch über Multiplikatoren beschreiben, die den gesamten Produktionseffekt, d.h. die Summe der direkten, indirekten und induzierten Effekte bzw. die Summe der direkten und indirekten Produktionseffekte ins Verhältnis zum direkten Effekt als auslösendem Impuls setzen. Der Multiplikator für die gesamten produktionsinduzierten Effekte auf die inländische Produktion liegt, wie in Abbildung 32 dargestellt, bei 1,50. Das bedeutet, dass jeder EUR an Produktion der Sanofi Aventis Deutschland GmbH insgesamt für 1,50 EUR an inländischer Produktion sorgt. Anders formuliert generiert jeder EUR an Produktion eine zusätzliche indirekte und induzierte Produktion in Höhe von 0,5 EUR. Ohne die Berücksichtigung der induzierten Wirkungen ergibt sich ein Multiplikator von 1,24 (vgl. Abbildung 32). Demnach löst jeder EUR an Produktion der Sanofi Aventis Deutschland GmbH 0,24 EUR an indirekter Produktion aus.

Effekte auf die Bruttowertschöpfung

Aufgrund der beschränkten Aussagekraft der gesamtwirtschaftlichen Produktionseffekte sind die ökonomischen Effekte auf die Bruttowertschöpfung, die durch die Produktionstätigkeit der Sanofi Aventis Deutschland GmbH ausgelöst werden, von besonderer Bedeutung. In Abbildung 33 sind die, unter Verwendung des in Abschnitt 4.2.2.1 beschriebenen Zurechnungsmodells berechneten, indirekten und induzierten Wertschöpfungseffekte sowie die unmittelbar im Satellitensystem abgegrenzten direkten Effekte dargestellt. Durch die Produktionstätigkeit der Sanofi Aventis Deutschland GmbH im Berichtsjahr 2007 wurden innerhalb der deutschen Volkswirtschaft insgesamt Wertschöpfungseffekte in Höhe von 2.983 Mio. EUR ausgelöst. Davon entfielen 1.940 Mio. EUR auf die direkte Wertschöpfung und 1.043 Mio. EUR auf indirekte und induzierte Wertschöpfungseffekte. Die kumulativen Effekte lassen sich weiter, wie in Abbildung 33 dargestellt, in indirekte (502 Mio. EUR) und induzierte (541 Mio. EUR) Wertschöpfungseffekte unterteilen.

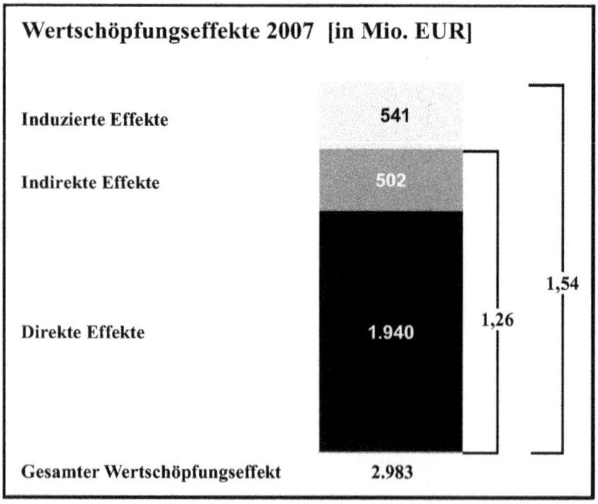

Abbildung 33: Produktionsinduzierte Effekte auf die Bruttowertschöpfung

Der Multiplikator für die gesamten produktionsinduzierten Wertschöpfungseffekte liegt, wie in Abbildung 33 dargestellt, bei 1,54. Das bedeutet, dass jeder EUR an Wertschöpfung der Sanofi Aventis Deutschland GmbH insgesamt für 1,54 EUR an Wertschöpfung innerhalb der deutschen Volkswirtschaft sorgt. Anders formuliert generiert jeder EUR an Wertschöpfung eine zusätzliche indirekte und induzierte Wertschöpfung in Höhe von 0,54 EUR. Ohne die Berücksichtigung der wiederverausgabten Einkommen in Form der induzierten Wirkungen ergibt sich ein Multiplikator von 1,26. Jeder Wertschöpfungseuro löst demnach 0,26 EUR an indirekter Wertschöpfung in den vorgelagerten Wirtschaftseinheiten aus.

Effekte auf die Erwerbstätigen

Neben den Bruttowertschöpfungseffekten sind insbesondere die aus der Produktionstätigkeit resultierenden Effekte auf die Erwerbstäten von zentraler Bedeutung für die Beurteilung der ökonomischen Bedeutung der Sanofi Aventis Deutschland GmbH für die deutsche Volkswirtschaft. Die Produktionsaktivitäten im Berichtsjahr 2007 sorgten innerhalb der deutschen Volkswirtschaft insgesamt für Beschäftigungseffekte in Höhe von 27.550 Erwerbstätigen (vgl. Abbildung 34). Neben den 9.210 direkt Beschäftigten schaffte bzw. sicherte die Unternehmung zusätzlich 18.340 Beschäftigungsverhältnisse. Davon sind 8.395 Erwerbstätige den indirekten und 9.945 den induzierten Beschäftigungseffekten zuzuschreiben.

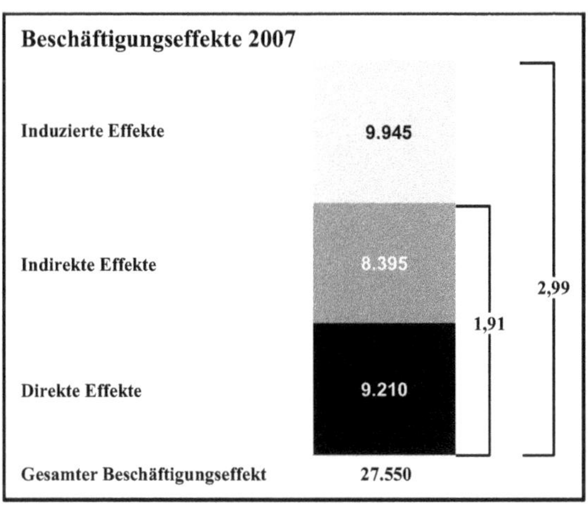

Abbildung 34: Produktionsinduzierte Beschäftigungseffekte

Der Multiplikator für die gesamten produktionsinduzierten Beschäftigungseffekte liegt, wie in Abbildung 34 dargestellt, bei 2,99. Jeder Erwerbstätige der Sanofi Aventis Deutschland GmbH sichert somit weitere 2 Beschäftigungsverhältnisse in der deutschen Volkswirtschaft. Ohne die Berücksichtigung der wiederverausgabten Einkommen ergibt sich ein Multiplikator von 1,91, nach dem jeder Erwerbstätige der betrachteten Unternehmung indirekt für fast ein Beschäftigungsverhältnis innerhalb der deutschen Volkswirtschaft sorgt.

Abschließend sind in Tabelle 48 die ökonomischen Effekte der Leistungserstellung auf die verschiedenen Zielvariablen Produktion, Bruttowertschöpfung und Erwerbstätige sowie die Multiplikatoren nochmal zusammengefasst. Neben den im Satellitensystem abgegrenzten und in Tabelle 45 abgebildeten direkten Effekten werden auch die indirekten und induzierten Effekte, die durch die Produktionstätigkeit im Berichtsjahr innerhalb der deutschen Volkswirtschaft ausgelöst werden, dargestellt. Um ein vollständiges Bild der ökonomischen Bedeutung der Sanofi Aventis Deutschland GmbH für die deutsche Volkswirtschaft zeichnen zu können, müssen abschließend noch die im nachfolgenden Abschnitt beschriebenen investitionsinduzierten Wirkungen einbezogen werden (vgl. Abbildung 31).

Tabelle 48: Durch die Produktionstätigkeiten in 2007 ausgelöste ökonomische Effekte

Produktionsinduzierte Effekte	Produktions-effekte [in Mio. EUR]	Wertschöp-fungs-effekte [in Mio. EUR]	Beschäftigungs-effekte [in Tsd.]
Direkte Effekte	3.903	1.940	9.210
Indirekte und induzierte Effekte	1.951	1.043	18.340
Insgesamt	5.854	2.983	27.550
Multiplikator	1,50	1,54	2,99

5.2.2.2 Investitionsinduzierte Effekte

Die volkswirtschaftliche Bedeutung der Sanofi Aventis Deutschland GmbH erschöpft sich nicht alleine in den direkten sowie den kumulativen Effekten der Produktionstätigkeit, die durch die laufenden Ausgaben für Vorleistungen und die Wiederverausgabung der daraus resultierenden Einkommen entlang der Vorleistungskette ausgelöst werden. Vielmehr entfaltet auch die Investitionstätigkeit eine zusätzliche Nachfrage, die über die in Abschnitt 4.2.2 skizzierten Multiplikatorprozesse weitere ökonomische Wirkungen auslöst.[878] Die Nachfrage nach Investitionsgütern zur Aufrechterhaltung der Produktion oder der nachhaltigen Verbesserung der Effizienz des Gesamtprozesses sorgt über die im Satellitensystem dargestellten Vorleistungsverflechtungen für volkswirtschaftliche Effekte. Diese investitionsinduzierten Ausstrahleffekte auf die Produktion, die Bruttowertschöpfung und die Erwerbstätigen dürfen im Rahmen der Analyse der ökonomischen Bedeutung der betrachteten Unternehmenseinheit nicht vernachlässigt werden.

Die Berechnung der investitionsinduzierten Effekte der Sanofi Aventis Deutschland GmbH erfolgt gemäß der in Abschnitt 4.2.2.3 beschriebenen Vorgehensweise. Ausschlaggebend für die Höhe der Effekte ist der Endnachfragevektor $\hat{Y}_{inv}$, der die sektorale Bezugsstruktur der Investitionsgüternachfrage im Beobachtungszeitraum darstellt und als Impuls für die Berechnung der kumulativen investitionsinduzierten Wirkungen verwendet wird (vgl. 4.28 und 4.29). Als Ausgangsdatenbasis für die Ermittlung des nach Gütergruppen gegliederten Endnachfrageimpulses dienen die Erhebungsunterlagen der amtlichen Investitionserhebung für das Berichtsjahr 2007.

Für die Aufbereitung des als Impuls verwendeten Endnachfragevektors $\hat{Y}_{inv}$ wird eine konservative Vorgehensweise angewandt. In einem ersten Schritt werden diejenigen Investitionen, deren Effekte auf die deutsche Volkswirtschaft berechnet werden sollen, auf Basis des erhobenen Fragebogens der Investitionserhebung ermittelt. Aufgrund des zentralen Interesses an den durch die Investitionsgüternachfrage ausgelösten Effekten auf die inländische Produktion, Wertschöpfung und Beschäftigung finden ausschließlich die im Berichtsjahr 2007 erworbenen Sachanlagen Berücksichtigung. Die selbsterstellten Anlagen sowie die neu gemieteten und gepachteten Sachanlagen werden somit nicht einbezogen.[879] Die für die Berechnung der investitionsinduzierten Effekte relevanten erworbenen Sachanlagen werden in den Erhebungsunterlagen unterschieden in „Grundstücke mit Geschäfts-, Fabrik-, Wohn und anderen Bauten“ (Position A 1.1), „Grundstücke ohne (eigene) Bauten“ (A 1.2) und „Maschinen, maschinelle Anlagen, Betriebs- und Geschäftsausstattung“ (A 1.3).

Bevor der Wert der erworbenen Sachanlagen aus der Investitionserhebung in die Systematik des Satellitensystems überführt und als Endnachfragevektor $\hat{Y}_{inv}$ aufbereitet werden kann, muss der ausgewiesene Wert um die aus dem Ausland bezogenen Investitionen sowie die Gütersteuern abzgl. Gütersubventionen bereinigt werden. Die Nettostellung der inländischen Investitionen ist

---

878 vgl. Butterman et al. (2010), S. 38

879 Auch die Investitionen in immaterielle Vermögensstände spielen keine Rolle, da sie im Fragebogen für das Berichtsjahr 2007 noch nicht erfasst wurden.

notwendig, weil vor dem industriepolitischen Hintergrund der Arbeit ausschließlich die ökonomischen Effekte auf die deutsche Volkswirtschaft von Interesse sind. Da keine unternehmensspezifische Importquote vorliegt, wird eine Quote in Höhe von 50% angenommen. Der Vergleich mit der gesamtwirtschaftlichen Importquote, die 2007 bei knapp 31%[880] lag, zeigt, dass es sich bei der Annahme, die Hälfte der Investitionsausgaben fließe ins Ausland ab, um eine konservative Prämisse handelt.

Wenn der Wert für die erworbenen Sachanlagen zu Herstellungspreisen bewertet und um die aus dem Ausland bezogenen Investitionen bereinigt vorliegt, wird im nächsten Schritt der vollständige Endnachfragevektor $\hat{Y}_{inv}$ in der Systematik des Satellitensystems aufbereitet. Da keine statistischen Angaben über die individuelle Struktur der Investitionsgüternachfrage der Sanofi Aventis Deutschland GmbH vorliegen, müssen die einzelnen Elemente y_p (p=1,…,72; $y_{72} = 0$ – vgl. Abschnitt 4.2.2.3) des Endnachfragevektors auf Basis der gesamtwirtschaftlichen Strukturen in der Ausgangstabelle abgeschätzt werden. Der Wert der durch die Sanofi Aventis Deutschland GmbH erworbenen Sachanlagen wird demnach gemäß der in der Ausgangstabelle abgebildeten Struktur der gesamtwirtschaftlichen Nachfrage nach Anlageinvestitionen auf die Gütergruppen im Satellitensystem verteilt. Als Ergebnis liegt der Endnachfragevektor $\hat{Y}_{inv}$ für die Sanofi Aventis Deutschland GmbH in der Abgrenzung und den Konzepten des Satellitensystems vor und kann als Impuls für die modellgestützte Berechnung der ökonomischen Effekte auf die Vorleistungsindustrien verwendet werden.

In Tabelle 49 sind die durch die Nachfrage nach Investitionsgütern ausgelösten Effekte auf die inländische Volkswirtschaft dargestellt. Die investitionsinduzierten Effekte auf die inländische Produktion, Wertschöpfung sowie Beschäftigung werden aus Gründen der Vergleichbarkeit gegenüber den produktionsinduzierten Effekten nur jeweils mit oder ohne die induzierten Effekte, die durch die Wiederverausgabung der generierten Einkommen entstehen, ausgewiesen. Die investitionsinduzierten Effekte zeigen jene Produktion (Wertschöpfung, Beschäftigung), die zur Errichtung der durch die Unternehmung im Inland nachgefragten Investitionen notwendig ist. Der Impuls Y_{inv}, sprich die Höhe der zu Herstellungspreisen und im Inland nachgefragten Investitionen, lag 2007 bei 100 Mio. EUR.

880 Der Wert basiert auf den Angaben in der inländischen IO-Tabelle ohne Weiterverarbeitungsproduktion für das Berichtsjahr 2007 (Stand: August 2010).

Tabelle 49: Durch die Investitionsgüternachfrage in 2007 ausgelöste ökonomische Effekte

Investitionsinduzierte Effekte	Produktionseffekte [in Mio. EUR]	Wertschöpfungseffekte [in Mio. EUR]	Beschäftigungseffekte [in Tsd.]
ohne Wiederverausgabung der Einkommen	171	77	1.281
inkl. Wiederverausgabung der Einkommen	212	99	1.685

Ohne die Effekte auf die Löhne und Gehälter und in weiterer Folge auf den Konsum sorgten die 2007 nachgefragten Investitionen insgesamt für eine Produktion in Höhe von 171 Mio. EUR. Daraus resultierten Wertschöpfungseffekte in Höhe von 77 Mio. EUR und Beschäftigungseffekte in Höhe von 1.281 Erwerbstätigen in den vorgelagerten Wirtschaftseinheiten. Unter Berücksichtigung der wiederverkonsumierten Einkommen sind auf die Investitionsgüternachfrage der Sanofi Aventis Deutschland (Impuls 100 Mio. EUR) insgesamt 212 Mio. EUR an Produktion, 99 Mio. EUR an Wertschöpfung und 1.685 Erwerbstätige zurückzuführen.

Der Multiplikator für die gesamten investitionsinduzierten Produktionseffekte liegt bei 2,12. Jeder EUR an Produktion durch die Investitionsgüternachfrage der Sanofi Aventis Deutschland GmbH schafft somit insgesamt 2,12 EUR an Produktion innerhalb der deutschen Volkswirtschaft. Anders formuliert generiert jeder investierte EUR eine zusätzliche indirekte und induzierte Produktion in Höhe von 1,12 EUR. Ohne die Berücksichtigung der wiederverausgabten Einkommen in Form der induzierten Wirkungen ergibt sich ein Multiplikator von 1,71. Demnach löst jeder investierte EUR der Sanofi Aventis Deutschland GmbH 0,71 EUR an indirekter Produktion in den vorgelagerten Wirtschaftseinheiten aus.

Nachdem auch die investitionsinduzierten Ausstrahleffekte bekannt sind, kann im nachfolgenden Abschnitt der Gesamteffekt der Sanofi Aventis Deutschland GmbH auf die ökonomischen Zielvariablen Produktion, Bruttowertschöpfung und Erwerbstätige beschrieben werden.

5.2.2.3 Der Gesamteffekt

Der ökonomische Gesamteffekt, der von der Sanofi Aventis Deutschland GmbH auf die deutsche Volkswirtschaft ausgeht, setzt sich aus den berechneten produktions- und investitionsinduzierten Effekten zusammen (vgl. Abbildung 31). Um ein vollständiges Bild der ökonomischen Bedeutung der Sanofi Aventis

Deutschland GmbH für die deutsche Volkswirtschaft zu erhalten, müssen die beiden, bislang getrennt voneinander betrachteten Wirkungskanäle zusammengeführt werden. Die Prozesse der Leistungserstellung und die Investitionsgüternachfrage der Sanofi Aventis Deutschland GmbH im Berichtsjahr 2007 lösten insgesamt eine Produktion in Höhe von 6.066 Mio. EUR innerhalb der deutschen Volkswirtschaft aus (vgl. Tabelle 50). Auf die Wertschöpfung entfielen dabei 3.082 Mio. EUR. Darüber hinaus sicherte die Geschäftstätigkeit der Sanofi Aventis Deutschland GmbH insgesamt 29.235 Beschäftigungsverhältnisse in Deutschland.

Tabelle 50: Ökonomische Gesamteffekte durch die Geschäftstätigkeit in 2007

Ökonomische Effekte	Produktions-induziert	Investitions-induziert	Gesamteffekt
Produktionseffekt [in Mio. EUR]	5.854	212	6.066
Wertschöpfungseffekt [in Mio. EUR]	2.983	99	3.082
Beschäftigungseffekt [in Tsd.]	27.550	1.685	29.235

Die gesamten ökonomischen Effekte auf die inländische Produktion, Wertschöpfung und Beschäftigung berücksichtigen neben den direkten Wirkungen auch die, auf Basis des Satellitensystems quantifizierten, Ausstrahleffekte auf die deutsche Volkswirtschaft. Erst unter Einbeziehung der kumulativen Wirkungen auf die verflochtenen Unternehmen und Institutionen wird die volkswirtschaftliche Bedeutung der Sanofi Aventis Deutschland GmbH und der Mehrwert des entwickelten Verfahrens deutlich. Durch die Analyse der im erstellten Satellitensystem dargestellten unternehmensspezifischen Vorleistungsverflechtungen wird eine ganzheitliche Betrachtung ermöglicht, die über die im betrieblichen Rechnungswesen erfassten Kennzahlen hinausgehende Erkenntnisse liefert. Durch die Berücksichtigung der Wirkungen auf die vorgelagerten Wirtschaftseinheiten und die Wiederverausgabung der generierten Einkommen wird ein vergleichbares Bild der ökonomischen Bedeutung skizziert, das als ein Indikator zur Beurteilung der volkswirtschaftlichen Förderungswürdigkeit der betrachteten Unternehmung herangezogen werden kann.

5.3 Kritische Würdigung der Ergebnisse

Die vorangegangenen Abschnitte zeigen anhand des Beispiels für die Sanofi Aventis Deutschland GmbH, wie das entwickelte Verfahren in der empirischen Praxis angewendet werden kann. Durch die Erstellung des unternehmensspezifischen Satellitensystems und die anschließende rein quantitative Analyse der aufbereiteten Verflechtungen sind vielfältige Aussagen über die ökonomische Bedeutung der Sanofi Aventis Deutschland GmbH für die deutsche Volkswirtschaft möglich. Das auf Basis einer breiten empirischen Datenbasis erstellte Satellitensystem weist die ökonomischen Verflechtungen der Sanofi Aventis Deutschland GmbH mit dem Rest der Volkswirtschaft aus und bringt den gesamtwirtschaftlichen Beitrag der Unternehmung zum Ausdruck. Durch das standardisierte Vorgehen ist das entwickelte Verfahren grundsätzlich auf jede beliebige Unternehmensgruppe übertragbar, deren wirtschaftlicher Schwerpunkt gemäß der amtlichen Statistik dem Verarbeitenden Gewerbe zuzuordnen ist. Der eigentliche Mehrwert des entwickelten Verfahrens besteht darin, dass neben den direkten im Satellitensystem dargestellten Effekten auch die Ausstrahleffekte, die von den ökonomischen Transaktionen der Sanofi Aventis Deutschland GmbH auf die inländische Produktion, Wertschöpfung und Beschäftigung ausgehen, quantifiziert werden können.

Bei der Interpretation der in Tabelle 50 dargestellten produktions- und investitionsinduzierten Gesamteffekte dürfen die dem Verfahren inhärenten Annahmen, Ungenauigkeiten und methodischen Grenzen nicht vernachlässig werden. Neben den Ausführungen in Abschnitt 4.1.4, die auf die Ungenauigkeiten der empirischen Datenbasis sowie die dem Erstellungsprozess zugrundeliegenden Annahmen hinweisen, sind auch die methodischen Grenzen der verwendeten Berechnungsmodelle bei der Interpretation der quantifizierten Effekte zu berücksichtigen (vgl. Abschnitt 4.2.2.4). Die Aufbereitung der mit der Leistungserstellung verbundenen Transaktionen in der Abgrenzung und den Konzepten der inländischen IO-Tabelle ohne Weiterverarbeitungsproduktion des Statistischen Bundesamts beschreibt die zentrale Herausforderung des entwickelten Verfahrens und ist ausschlaggebend für die Höhe der ökonomischen Effekte. Zu den in Abschnitt 4.1.4 genannten Einflussfaktoren, welche die Aussagekraft und Qualität des erstellten Satellitensystems beeinflussen, sind bezogen auf das aktuelle Beispiel folgende Anmerkungen zu machen:

- *Komplexität der unternehmensgruppeninternen Verflechtungen*: Aufgrund der Beschränkung auf die Sanofi Aventis Deutschland GmbH als einzige Unternehmenseinheit wird die Aussagekraft des erstellten Satellitensystems nicht durch unternehmensgruppeninterne Lieferungen und Leistungen beeinträchtigt. Der Grad der Arbeitsteilung und die vertikale Konzentration der betrachteten Unternehmensgruppe spielen somit aufgrund der Fokussierung auf eine Unternehmenseinheit keine Rolle und beeinträchtigen nicht die Qualität des Satellitensystems.

- *Qualität der empirischen Datenbasis*: Die stichproben- und nicht-stichprobenbedingten Fehler in den Basisstatistiken fließen genauso in das erstellte Satellitensystem ein, wie die aus dem allgemeinen Überleitungsverfahren des Statistischen Bundesamts zur Erstellung der Ausgangstabelle resultierenden Ungenauigkeiten. Eine umfassende und exakte Quantifizierung der im Satellitensystem enthaltenen stichproben- und nicht-stichprobenbedingten Fehler sowie der aus dem mathematisch-analytischen Erstellungsprozess der amtlichen Ausgangstabelle resultierenden Verzerrungen ist aufgrund der komplexen Sachlage, der Fülle an einfließenden Daten und fehlender Informationen über die seitens des Statistischen Bundesamts manuell vorgenommenen Korrektur- und Abstimmungsmaßnahmen nicht möglich. Dennoch ist festzuhalten, dass die amtliche Input-Output-Rechnung die derzeit beste, frei verfügbare empirische Ausgangsdatenbasis für strukturelle Analysen der deutschen Volkswirtschaft darstellt. Bis auf die Material- und Wareneingangserhebung, die nur für das Berichtsjahr 2010 vorliegt, standen alle für die Erstellung des Satellitensystems benötigten mikroökonomischen Daten für das Analysejahr 2007 zur Verfügung. Die Qualität der verwendeten primärstatistischen Erhebungsunterlagen sowie der diese ergänzenden Unternehmensinformationen ist aufgrund der durchgeführten Plausibilisierungs- und Validierungsmaßnahmen als gut einzustufen. Fehlerhafte Angaben in den Unternehmensdaten können jedoch nicht vollständig ausgeschlossen werden, da ein uneingeschränkter Zugriff auf die Daten des betrieblichen Rechnungswesens zur Validierung der gemachten Angaben nicht gewährleistet ist. Dem grundsätzlichen Problem von Informationsasymmetrien, die aus den fehlenden Kontrollmöglichkeiten der bereitgestellten Unternehmensangaben resultieren, wird durch die Verwendung der an die Statistischen Ämter übersandten originären Erhebungsunterlagen entgegengewirkt. Die Unsicherheit durch die fehlende Einsicht in die Daten des betrieblichen Rechnungswesens wird somit minimiert. Fazit: Die Qualität der verwendeten Datenbasis ist unter Berücksichtigung der dem amtlichen Erstellungsprozess inhärenten Annahmen und den statistischen Fehlern in den Basisstatistiken grundsätzlich als gut zu beurteilen.
- *Schätzungen und Annahmen im Erstellungsprozess*: Auch die im Satellitensystem aufbereiteten produktions- und gütermäßigen Verflechtungen der Sanofi Aventis Deutschland GmbH sind nicht frei von Schätzungen und Annahmen. Aufgrund fehlender statischer Angaben ist eine Überleitung der in-

stitutionellen Angaben aus den Erhebungsunterlagen in die funktionelle Darstellung der Ausgangstabelle ohne ökonomisch plausible Annahmen nicht gewährleistet. Aufgrund der Fokussierung auf nur eine Unternehmenseinheit, der sehr homogenen Güterstruktur und den umfangreichen Datensätzen, die für die Aufbereitung der Unternehmenseinheit in der Abgrenzung und den Konzepten der Ausgangstabelle zur Verfügung standen, konnten die verwendeten Annahmen auf ein Minimum reduziert werden. Die dadurch entstehenden Verzerrungen zwischen den auf Basis der gesamtwirtschaftlichen Strukturen abgeschätzten Kenngrößen und den tatsächlichen Gegebenheiten müssen bei der Interpretation der Ergebnisse berücksichtigt werden.

Unter Berücksichtigung der Ausführungen in Abschnitt 4.1.4 und der vorangegangenen qualitativen Beurteilung der Aussagekraft des erstellten Satellitensystems ermöglichen die aufbereiteten Verflechtungen im Satellitensystem interessante Aussagen über die ökonomische Bedeutung der Sanofi Aventis Deutschland GmbH für die deutsche Volkswirtschaft. Durch die Verwendung der Angaben aus den primärstatistischen Erhebungsunterlagen entsteht eine objektive und gegenüber der VGR konsistente Datenbasis, die den volkswirtschaftlichen Anteil der Sanofi Aventis Deutschland GmbH in den Abgrenzungen und Konzepten der Ausgangstabelle und somit gegenüber dem Rest der Wirtschaft ausweist. Obwohl das Satellitensystem als ein in sich stimmiges und methodisch plausibles Teilrechenwerk der VGR anzusehen ist, darf diese Tatsache nicht über eine gewisse Unschärfe in den erzielten Ergebnissen aufgrund der in Abschnitt 4.1.4 genannten Aspekte hinwegtäuschen.

Für die Beurteilung der Qualität der auf Basis des erstellten unternehmensspezifischen Satellitensystems ermittelten Effekte ist eine differenzierte Betrachtung der produktions- und investitionsinduzierten Effekte zielführend. Die direkten produktionsinduzierten Effekte, die den aufkommensseitigen Eckwerten aus dem unternehmensspezifischen Inputvektor entsprechen, lassen sich eindeutig auf Basis der Angaben in den abgefragten Erhebungsunterlagen berechnen. Die Aussagekraft der direkten Effekte wird somit ausschließlich durch die Qualität der dafür verwendeten primärstatistischen Daten beeinflusst. Demgegenüber werden die kumulativen indirekten und induzierten Wirkungen auf Basis der im Satellitensystem dargestellten Vorleistungsverflechtungen und unter Anwendung des in Abschnitt 4.2.2 beschriebenen Modells berechnet. Dies bedeutet, dass neben den für die Aufbereitung der Vorleistungsmatrix im Satellitensystem benötigten Daten und Annahmen auch die methodischen Grenzen des verwendeten Modellansatzes bei der Interpretation der berechneten Ausstrahleffekte berücksichtigt werden müssen (vgl. Abschnitt 4.2.2.4). Insbesondere die Vorgehensweise zur Quantifizierung der, durch die Wiederverausgabung der generierten Einkommen erzeugten, induzierten Konsumeffekte kann aufgrund der dem Modell zugrundliegenden Annahmen kritisiert werden. Die Qualität und Aussagekraft der direkten produktionsinduzierten Effekte ist grundsätzlich besser, als die der indirekten und induzierten Wirkungen. Bei der Interpretation der investitionsinduzierten Effekte dürfen darüber hinaus die für die Aufbereitung des Endnachfrageimpulses verwendeten Annahmen nicht vernachlässigt werden.

Angesichts der dem Satellitensystem und dem analytischen IO-Modell inhärenten Annahmen darf nicht außer Acht gelassen werden, dass es sich bei den berechneten kumulativen Effekten nur um eine Momentaufnahme und statistische Schätzung handelt. Das bedeutet, dass die auf Basis der im unternehmensspezifischen Satellitensystem dargestellten Verflechtungen quantifizierten indirekten und induzierten Wirkungen als Abschätzung der kurzfristigen gesamtwirtschaftlichen Effekte der betrachteten Unternehmung auf die inländische Volkswirtschaft interpretiert werden müssen. Ohne Berücksichtigung dynamischer Prozesse zeigt das entwickelte Verfahren eine Zustandsaufnahme der ökonomischen Wirkungen, die von der Sanofi Aventis Deutschland GmbH auf die inländische Volkswirtschaft ausgehen.

Da keine statistisch abgesicherten Referenzwerte für die von der Sanofi Aventis Deutschland GmbH ausgehenden indirekten und induzierten Effekte auf die deutsche Volkswirtschaft existieren, lässt sich das tatsächliche Ausmaß der aus den verfahrensinhärenten Annahmen resultierenden Ungenauigkeiten und Verzerrungen in den Gesamteffekten nicht eindeutig quantifizieren. In der Literatur zur volkswirtschaftlichen Wirkungsmessung wird deshalb oftmals empfohlen, die quantifizierten kumulativen Ausstrahleffekte anstelle als absolute Kenngröße Spanne möglicher Werte bzw. als Intervall mit einem Verweis auf das zugrundliegende Kompetenzniveau auszuweisen.[881]

Unter Berücksichtigung der methodischen Ungenauigkeiten und modellinhärenten Annahmen sind auf Basis der ermittelten ökonomischen Effekte Aussagen über die volkswirtschaftliche Bedeutung der Sanofi Aventis Deutschland GmbH möglich. Insbesondere die aus der Geschäftstätigkeit im Berichtsjahr 2007 resultierenden Wertschöpfungs- und Beschäftigungseffekte zeigen den ökonomischen Beitrag der Unternehmung für die inländische Wirtschaft. Neben der Darstellung der absoluten Höhe der quantifizierten Effekte kann die Aussagekraft der Ergebnisse in Abhängigkeit des Analysezwecks durch diverse Vergleiche gesteigert werden. Die folgenden beiden Auswertungsmöglichkeiten liefern über die absoluten Werte hinausgehende zusätzliche Erkenntnisse:

---

881 vgl. Rueda-Cantuche et al. (2011), S. 4; Miller, Blair (2009), S. 253

- Bildung von Verhältniszahlen, die den unternehmensspezifischen Anteil der Sanofi Aventis Deutschland GmbH an ausgewählten gesamtwirtschaftlichen Kenngrößen ausweisen (vgl. Tabelle 46 und Tabelle 47)
- Vergleich der ökonomischen Gesamteffekte bzw. ausgewählter Teileffekte mit denen anderer Unternehmenseinheiten bzw. Unternehmensgruppen

Die Vergleichbarkeit der Ergebnisse mit den Ergebnissen der VGR wird durch die Verwendung der Angaben aus den primärstatistischen Erhebungsunterlagen und der Konsistenz des entwickelten Verfahrens gegenüber den Abgrenzungen und Konzepten der VGR sichergestellt. Aufgrund der transparenten und objektiven Vorgehensweise ist das entwickelte Verfahren auf jede beliebige Unternehmensgruppe aus dem Verarbeitenden Gewerbe übertragbar, sodass sich die gesamtwirtschaftlichen Effekte verschiedener Unternehmensgruppen direkt miteinander vergleichen lassen. Als zentraler Kritikpunkt an dem entwickelten Verfahren ist sein vergangenheitsorientierter Charakter zu nennen. Die große Zeitlücke zwischen dem Ende der Berichtsperiode und dem Zeitpunkt der Veröffentlichung der offiziellen Input-Output-Tabelle (> 4 Jahre[882]) sorgt dafür, dass die berechneten Effekte zum Zeitpunkt der Analyse nicht mehr aktuell sind. Abhilfe versprechen anerkannte Fortschreibungs- und Aktualisierungsverfahren, anhand derer sich die amtlichen IO-Tabellen unter speziellen Annahmen an den aktuellen Rand fortschreiben lassen.[883] Um das Erkenntnisziel der vorliegenden Arbeit aufzuzeigen und die Funktionsweise des entwickelten Verfahren zu demonstrieren, ist es jedoch ausreichend, die derzeit aktuellste amtliche IO-Tabelle für das Berichtsjahr 2007 als Ausgangsdatenbasis zu verwenden.

Auf Basis des erstellten Satellitensystems für die Sanofi Aventis Deutschland GmbH sind über die in diesem Kapitel präsentierten Ergebnisse hinaus eine Vielzahl weiterer Analysen möglich. Zum Beispiel lassen sich die gesamtwirtschaftlichen Effekte entlang der verschiedenen Produktionsbereiche verteilen, um aufzuzeigen, welcher Produktionsbereich in welchem Maße von der Geschäftstätigkeit der Sanofi Aventis Deutschland GmbH profitiert. Auch können bestimmte Nachfrage- oder Preiseffekte auf die Produktionstätigkeit der betrachteten Unternehmung auf Basis der Vorleistungsverflechtungen analysiert oder die fiskalischen Effekte als Resultat der berechneten Effekte ermittelt werden.

882 Die aktuelle Zeitlücke von über 4 Jahren ist auf die derzeit im Statistischen Bundesamt laufenden Modernisierungsmaßnahmen am Erstellungsprozess der IO-Tabellen sowie der dafür verwendeten Ausgangsdatenbasis zurückzuführen. I.d.R. werden die amtlichen IO-Tabellen vom Statistischen Bundesamt mit einer Verzögerung von 36 Monaten veröffentlicht.

883 vgl. u.a. Holub, Schnabl (1994), S. 354ff.; Eurostat (2008), S. 446ff.; Miller, Blair (2009), S. 303ff.

Die in diesem Kapitel quantifizierten volkswirtschaftlichen Effekte reichen jedoch aus, um die zentrale Fragestellung der vorliegenden Arbeit nach der ökonomischen Bedeutung der Sanofi Aventis Deutschland GmbH für die deutsche Volkswirtschaft objektiv beantworten zu können.

Durch die rein quantitative Analyse vergangenheitsbezogener, faktischer Ergebniskenngrößen wird die Vergleichbarkeit und Objektivität des entwickelten Verfahrens sichergestellt. Qualitative Aspekte (wie z.B. das Innovationspotential), künftige Entwicklungen (wie z.B. die Tragfähigkeit und Nachhaltigkeit des Geschäftsmodells) sowie die Effekte auf das volkswirtschaftliche Produktionspotential bzw. den technologischen Fortschritt finden dadurch keine Berücksichtigung. Da das zentrale Ziel der vorliegenden Arbeit darin besteht, ein objektives und transparentes Verfahren zur Quantifizierung der ökonomischen Wirkungen eines bestimmten Unternehmens auf die inländische Volkswirtschaft bereitzustellen, wurde bewusst auf die Aufnahme subjektiver, nicht quantifizierbarer Indikatoren verzichtet. Für eine ganzheitliche Beurteilung der industriepolitischen Förderungswürdigkeit eines bestimmten Unternehmens müssen deshalb über das entwickelte Verfahren hinausgehende Bewertungsmethoden und Analyseinstrumente hinzugezogen werden. Der vorgestellte Ansatz beschreibt ein nützliches Instrument, das aussagekräftige Erkenntnisse über die quantitativen volkswirtschaftlichen Effekte eines bestimmten Unternehmens bereithält, dabei aber nicht als alleinige Entscheidungsgrundlage hinsichtlich einer abschließenden Beurteilung über die Gewährung staatlicher Hilfen dienen kann und soll. Vielmehr ist das neue Verfahren als Ergänzung zu den bestehenden Instrumenten anzusehen, die derzeit in industriepolitischen Entscheidungsprozessen zur Beurteilung der unternehmensspezifischen Förderungswürdigkeit zum Einsatz kommen. Die auf Basis des vorgestellten Ansatzes quantifizierten Wirkungen können somit als zusätzliche Entscheidungskriterien bei der Auswahl förderungswürdiger Unternehmen im Rahmen selektiver industriepolitischer Maßnahmen herangezogen werden.

6 Fazit und Ausblick

Derzeit existiert kein anerkanntes Verfahren, das es ermöglicht, ein aussagekräftiges und vergleichbares Bild der ökonomischen Bedeutung eines bestimmten inländischen Unternehmens[884] aus der Sicht des Staates zu erstellen. Die bestehenden Instrumente vernachlässigen entweder die gesamtwirtschaftliche Perspektive, d.h. sie beschränken sich auf die Aufbereitung der direkten Effekte, mit dem Ziel das Informationsbedürfnis der Shareholder zu befriedigen, oder zeichnen sich durch Intransparenzen aus, die die Beurteilung der Qualität und Aussagekraft der Ergebnisse stark beeinträchtigen. Das in dieser Arbeit vorgestellte Verfahren hilft die Defizite der bestehenden Ansätze, wie z.B. die mangelnde Nachvollziehbarkeit, zu beheben, um dadurch dem starken Begründungszwang industriepolitischer Entscheidungsprozess gerecht zu werden. Die Aufgabe des beschriebenen Verfahrens besteht in der Quantifizierung der ökonomischen Wirkungen, die von der Leistungserstellung und der Investitionsgüternachfrage eines bestimmten Unternehmens des Verarbeitenden Gewerbes auf die deutsche Volkswirtschaft ausgehen.

Als analytisches Bezugssystem dient die auf Wassily Leontief zurückzuführende Input-Output-Analyse, die vor dem Erkenntnisziel der Arbeit ein geeignetes Instrument zur unternehmensspezifischen Wirkungsmessung darstellt. Den Kern des vorgestellten Verfahrens beschreibt die Erstellung eines unternehmensspezifischen Satellitensystems auf Basis der inländischen IO-Tabelle ohne Weiterverarbeitungsproduktion des Statistischen Bundesamts, in dem die volkswirtschaftlichen Verflechtungen des zu analysierenden Unternehmens gegenüber dem Rest der deutschen Volkswirtschaft abgegrenzt werden. Um den hohen Anspruch des Staates an das entwickelte Verfahren als industriepolitisches Instrument zur Beurteilung der volkswirtschaftlichen Förderungswürdigkeit gerecht zu werden, finden nur vergangenheitsorientierte, quantifizierbare und faktische Ergebniskenngrößen Berücksichtigung. Künftige Entwicklungen und Aspekte, die subjektiven Wertungsprozessen unterliegen und sich nicht anhand harter Faktoren eindeutig messen lassen, werden nicht einbezogen.

Die Transparenz und die damit verbundene Übertragbarkeit des Verfahrens auf jede beliebige Unternehmung des Verarbeitenden Gewerbes werden durch die Verwendung objektiver und reproduzierbarer Daten sichergestellt. Durch das Zurückgreifen auf die offiziellen Erhebungsunterlagen der amtlichen Statistiken

884 Der Begriff des Unternehmens steht hier stellvertretend für den Untersuchungsgegenstand der Analyse und nicht die statistische Einheit. D.h. das Unternehmen als Untersuchungsgegenstand beschreibt eine wirtschaftliche Einheit, die eine oder mehrere statistische Unternehmenseinheiten umfassen kann (vgl. Abschnitt 4.1.1).

wird den Informationsasymmetrien zwischen dem Staat als Adressat der Informationen und dem betrachteten Unternehmen, das die benötigten Daten für die Analyse bereitstellt, als zentralem Kritikpunkt an unternehmensspezifischen Wirkungsanalysen entgegengewirkt. Den Fragebögen der amtlichen Erhebungen liegen eindeutige Zuordnungsvorschriften zugrunde, die den statistischen Einheiten beim Ausfüllen keine Wahlrechte und Ermessensspielräume gewähren, sondern genau vorschreiben, für welche Positionen der Fragebögen welche Angaben aus dem betrieblichen Rechnungswesen benötigt werden. Durch die Beibehaltung der Konzepte, Definitionen und des strukturellen Darstellungsrahmens der amtlichen Input-Output-Rechnung sowie der Verwendung der standardisierten Angaben aus den amtlichen Fragebögen entsteht eine systematisch und methodisch gegenüber dem System der VGR konsistente Datenbasis. Diese dient, wie am Beispiel der Sanofi Aventis Deutschland GmbH gesehen, als Ausgangsdatenbasis für diversifizierte Analysen der volkswirtschaftlichen Verflechtungen des abgebildeten Unternehmens unter Einbeziehung der Wechselwirkungen mit den übrigen Bereichen der Volkswirtschaft.

Neben rein deskriptiven Analysen der produktions- und gütermäßigen Verflechtungen des Unternehmens ermöglicht die Aufbereitung der unternehmensspezifischen Transaktionen in den Konzepten der amtlichen Input-Output-Rechnung auch eine modellgestützte Quantifizierung der ökonomischen Ausstrahleffekte auf den Rest der deutschen Volkswirtschaft. Erst durch die Berücksichtigung der kumulativen indirekten und induzierten Effekte wird die gesamtwirtschaftliche Bedeutung des zu analysierenden Unternehmens und somit der Mehrwert des entwickelten Verfahrens deutlich. Die Erfassung der durch die Nachfrage nach Vorleistungen und Investitionsgütern sowie den durch die Wiederverausgabung der Einkommen ausgelösten Ausstrahleffekte ermöglicht über die im betrieblichen Rechnungswesen erfassten Kennzahlen hinausgehende Erkenntnisse. Das entwickelte Verfahren gewährleistet somit eine ganzheitliche Betrachtung der volkswirtschaftlichen Wirkungen eines bestimmten Unternehmens aus der Sicht des Staates.

Das in dieser Arbeit vorgestellte Verfahren beschreibt einen rein quantitativen Ansatz zur unternehmensspezifischen Wirkungsmessung, der einzelwirtschaftliche und gesamtwirtschaftliche Elemente miteinander kombiniert und die Intransparenzen der bestehenden Ansätze verringert. Unter Berücksichtigung der dem Erstellungsprozess zugrundeliegenden Ungenauigkeiten sowie den Annahmen und methodischen Defiziten, die den verwendeten Input-Output-Modellen inhärent sind, liefert das entwickelte Verfahren wertvolle Erkenntnisse über die gesamtwirtschaftlichen Wirkungen eines bestimmten Unternehmens des Verarbeitenden Gewerbes auf die inländische Produktion, Wertschöpfung und Beschäftigung. Auf Basis des vorgestellten Verfahrens lässt sich ein aussagekräftiges und vergleichbares Bild der ökonomischen Bedeutung des Untersuchungsgegenstands für die deutsche Volkswirtschaft zeichnen, das dem hohen Anspruch des Staates gerecht wird. Die in Kapitel 5 präsentierten Ergebnisse für die Sanofi Aventis Deutschland GmbH zeigen, wie sich das entwickelte Verfahren in der Praxis anwenden und welche Aussagen sich vor dem Erkenntnisziel der Arbeit generieren lassen.

Um trotz des vergangenheitsorientierten Charakters durch die verzögerte Bereitstellung der offiziellen Input-Output-Tabellen Aussagen über die volkswirtschaftlichen Verflechtungen bis an den aktuellen Rand zu ermöglichen, besteht die Möglichkeit, die amtlichen IO-Tabellen auf Basis ökonomisch plausibler Verfahren fortzuschrieben bzw. zu aktualisieren. Für die Fortschreibung von Input-Output-Tabellen existieren mittlerweile zahlreiche anerkannte Methoden und Verfahren, die in der empirischen Wirtschaftsforschung in Abhängigkeit der zu beantwortenden Fragestellungen vielfach Anwendung finden.[885] Jedes Fortschreibungs- bzw. Aktualisierungsverfahren ist jedoch mit individuellen Annahmen verbunden, die zusätzlich zu denen, die dem amtlichen Erstellungsprozess zugrunde liegen, berücksichtigt werden müssen und die Aussagekraft fortgeschriebener Input-Output-Tabelle beeinträchtigen können.

Neben der Fortschreibung der offiziellen Input-Output-Tabellen an den aktuellen Rand kann das entwickelte Verfahren auch um eine Vergleichsrechnung erweitert werden, die die ökonomischen Wirkungen im Zeitverlauf darstellt. Eine Zeitreihenbetrachtung über mehrere Berichtsperioden macht Entwicklungstendenzen sichtbar und ermöglicht Aussagen über die Veränderung der ökonomischen Bedeutung eines bestimmten Unternehmens im Zeitverlauf. Anhand der Entwicklung der ökonomischen Effekte auf die inländische Wertschöpfung und die Erwerbstätigen im Zeitverlauf lassen sich Erkenntnisse über die Nachhaltigkeit und Tragfähigkeit des Geschäftsmodells gewinnen.

Ergänzend zur Fortschreibungsthematik und Zeitreihendarstellung sind die folgenden Punkte als interessante Weiterentwicklungen des in dieser Arbeit entwickelten Verfahrens zu nennen:

- Übertragung der Methodik auf Nichtmarktproduzenten, finanzielle Kapitalgesellschaften und sonstige Unternehmen, die nicht schwerpunktmäßig dem Verarbeitenden Gewerbe zuzuordnen sind
- Weiterentwicklung der Methodik auf Basis der neuen Input-Output-Tabellen des Statistischen Bundesamtes ab dem Berichtsjahr 2008[886]

885 vgl. u.a. Holub, Schnabl (1994), S. 354ff.; Eurostat (2008), S. 446ff.; Miller, Blair (2009), S. 303ff.

886 Voraussichtlich erscheinen die offiziellen IO-Tabellen des Statistischen Bundesamts für das Berichtsjahr 2008 im Herbst 2012.

Literaturverzeichnis

Achleitner, A.-K., Bassen, A., Pietsch, L. (2001): Kapitalmarktkommunikation von Wachstumsunternehmen, Schäffer Poeschel, Stuttgart.

Ahlert, G. (2003): Einführung eines Tourismussatellitensystems in Deutschland, Abschlussbericht zum Forschungsauftrag Nr. 33/02 (EU Projekt) des Bundesministeriums für Wirtschaft und Arbeit (BMWA), GWS Discussion Paper 2003/4, Osnabrück.

Aiginger, K. (2007): Industrial Policy: A Dying Breed or Re-emerging Phoenix, in: Journal of Industry, Competition and Trade, vol. 7, issue 3, pp. 297-323.

Aiginger, K., Sieber S. (2006): The matrix approach to industrial policy, International Review of Applied Economics 20(5), pp. 573 - 601.

Aiginger, K., Sieber, S. (2009): Industriepolitik in Österreich: von selektiver Intervention zu einem systemischen Ansatz, WIFO Working Papers, Nr. 337.

Albino, V., De Nicolò, M., Garavelli, A.C., Messeni Petruzzelli, A., Yazan, D.M. (2007): Rural development and agro-energy supply chain. An application of enterprise input-output modelling supported by GIS, Conference Paper, 16th International Input-Output Conference, Istanbul, Turkey.

Albino, V., Dietzenbacher, E., Kühtz, S. (2003): Analyzing Material and Energy Flows in an Industrial District using an Enterprise Input-Output Model, Economic Systems Research, Vol. 15, pp. 457-480.

Albino, V., Izzo, C., Kühtz, S. (2002): Input-Output Models for the Analysis of a Local/Global Supply Chain, International Journal of Production Economics, Vol. 78, pp. 119-131.

Albino, V., Kuhtz, S., Messeni Petruzzelli, A. (2008a): Analysing logistics flows in industrial clusters using an enterprise input-output model, Interdisciplinary Information Sciences, Vol. 14, pp. 1-17.

Albino, V., Messeni Petruzzelli, A., Okogbaa, O.G. (2008b): Managing Logistics Flows Through Enterprises Input-Output Models, in: Supply Chain, The Way to Flat Organisation, edited by: Yanfang Huo and Fu Jia,I-Tech, Wien.

Amores, A.F., Rueda-Cantuche, J.M. (2011): The use of supply-use tables for the identification of key sectors using unbiased input-output multipliers, Conference Paper, 19th International Input-Output Conference Alexandria, Virginia, USA.

Backhaus, K., Erichson, B., Plinke, W. (2008): Multivariate Analysemethoden. Eine anwendungsorientierte Einführung, 12. Auflage, Springer Verlag, Berlin.

Baedge, J. (1998): Bilanzanalyse, IDW-Verlag, Düsseldorf.

Baetge, J., Beermann, H.B., Feidicker, M. (1992): Kreditwürdigkeitsprüfung mit Diskriminanzanalyse, in: Die Wirtschaftsprüfung (WPg), 1992, S. 749-761.

Baetge, J., Kirsch, H.-J., Thiele, S. (2004): Bilanzanalyse, 2. Auflage, IDW-Verlag, Düsseldorf.

Ballwieser, W. (1998): Unternehmensbewertung mit Discounted Cash Flow-Verfahren, in: Die Wirtschaftsprüfung, Jg. 51, 1998, S. 81-92.

Ballwieser, W. (2011): Unternehmensbewertung. Prozess, Methoden und Probleme, 3. Auflage, Schäffer Poeschel, Stuttgart.

Bayer, U., Feist, T., Lüpertz, V. (2006): Grundlagen wirtschaftlichen Handelns, Verlag Europa-Lehrmittel, Haan-Gruiten.

Becker, F. G. (2009): Grundlagen betrieblicher Leistungsmessung, 5. Auflage, Schäffer Poeschel, Stuttgart.

Behrens, C.-U., Kirspel, M. (2003): Grundlagen der Volkswirtschaftslehre, 3. Auflage, Oldenbourg Verlag, München.

Bergmann, H (2006): Die volkswirtschaftliche Bedeutung der Landwirtschaft im „Alten Land", in: Schriften der Gesellschaft für Wirtschafts- und Sozialwissenschaften des Landbaues e.V., Band 41, S. 517-525.

Bitz, M., Schneeloch, D., Wittstock, W. (2003): Der Jahresabschluss, 4. Auflage, Vahlen Verlag, München.

Bleses, P. (2007): Input-Output-Rechnung, Statistisches Bundesamt - Wirtschaft und Statistik 1/2007, S. 86-96, Wiesbaden.

BMU – Bundeswirtschaftsministerium für Umwelt, Naturschutz und Reaktorsicherheit (2008): Ökologische Industriepolitik. Nachhaltige Politik für Innovation, Wachstum und Beschäftigung, Diskussionspapier, online unter: http://www.bmu.de/files/pdfs/allgemein/application/pdf/oeip_themenpapier.pdf, (Abruf: 12.01.2012).

BMWi - Bundesministerium für Wirtschaft und Technologie (2008): Industriepolitik in Deutschland und Europa, in: Schlaglichter der Wirtschaftspolitik, Monatsbericht Januar, S. 19-23.

BMWi - Bundesministerium für Wirtschaft und Technologie (2009a): Die Krise abfedern – Zwischenbilanz zur Konjunktur- und Wachstumspolitik der Bundesregierung, in: Schlaglichter der Wirtschaftspolitik, Monatsbericht August, S. 9 - 15.

BMWi - Bundesministerium für Wirtschaft und Technologie (2009b): „Wirtschaftsfonds Deutschland“ – Perspektiven in der Krise sichern, in: Schlaglichter der Wirtschaftspolitik, Monatsbericht August, S. 16 - 21.

BMWi - Bundesministerium für Wirtschaft und Technologie (2009c): Entscheidung des Wirtschaftsfonds Deutschland zu Arcandor, Pressemitteilung vom 8.6.2009, online unter: http://www.bmwi.de/BMWi/Navigation/Presse/pressemitteilungen,did=303042.html, (Abruf: 12.01.2012).

BMWi - Bundesministerium für Wirtschaft und Technologie (2010a): Der Wirtschaftsfonds Deutschland hilft, die Krise zu überwinden, in: Schlaglichter der Wirtschaftspolitik, Monatsbericht Februar, S. 13 - 17.

BMWi - Bundesministerium für Wirtschaft und Technologie (2010b): Entscheidung über den Bürgschaftsantrag von Opel, Pressestatement des Bundesministers für Wirtschaft und Technologie Rainer Brüderle am 09. Juni 2010 in Berlin, online unter: http://www.bmwi.de/BMWi/Navigation/Medienraum/fotoreihen,did=345930.html, (Abruf: 12.01.2012).

BMWi - Bundesministerium für Wirtschaft und Technologie (2011): Brüderle verabschiedet den "Lenkungsrat Unternehmensfinanzierung", Pressemitteilung vom 25.1.2011, online unter: http://www.bmwi.de/BMWi/Navi gation/Presse/pressemitteilungen,did=377838.html, (Abruf: 12.01.2012).

Bofinger, P. (2007): Grundzüge der Volkswirtschaftslehre - eine Einführung in die Wissenschaft von Märkten, 2. Aktualisierte Auflage, Pearson Studium, München.

Bofinger, P. (2011): Grundzüge der Volkswirtschaftslehre – Eine Einführung in die Wissenschaft von Märkten, 3. Auflage, Pearson Studium, München.

Booz Allen Hamilton, Prognos, Airport Reasearch Center (2008): Der Köln Bonn Airport als Wirtschafts- und Standortfaktor. Die Ökonomische Bedeutung von Passagier- und Luftfrachtverkehr, Berlin/Düsseldorf/Köln.

Börner, D. (1972): Kennzahlen als Hilfsmittel der Unternehmensführung, in: Die informierte Unternehmung. Beiträge aus Wissenschaft und Praxis für die Zukunftsgestaltung der Unternehmung, Hrsg.: Rühle von Lilienstein, H., S. 267-279, Berlin.

Bräuninger, M., Leschus, L., Matthies, K. (2010): Die volkswirtschaftliche Bedeutung des Raffineriesektors in Deutschland, Hamburgisches WeltWirtschaftsInstitut (HWWI) Policy Report 14.

Brösse, U. (1996): Industriepolitik, Oldenbourg Verlag, München.

Brösse, U. (1999): Industriepolitik, 2. Aufl., München, Wien.

Brümmerhoff, D. (2007): Volkswirtschaftliche Gesamtrechnungen, 8. Auflage, Oldenbourg Verlag, München.

Bulwien, H., Hujer, R., Kokot, S., Mehlinger, C., Rürup, B., Voßkamp, T. (1999): Einkommens- und Beschäftigungseffekte des Flughafens Frankfurt / Main – Status-Quo-Analysen und Prognosen, im Auftrag der Mediationsgruppe Flughafen Frankfurt / Main, Frankfurt / Main.

Bundesregierung (2009): GM wieder allein verantwortlich für Opel, Pressemitteilung von 01.12.2009, online unter: http://www.bundesregierung.de/nn_774/Content/DE/Artikel/2009/11/2009-11-26-opel.html, (Abruf: 12.01.2012).

Burkert, M. (2008): Qualität von Kennzahlen und Erfolg von Managern. Direkte, indirekte und moderierende Effekte, Dissertation, Gabler Verlag, Wiesbaden.

Busch, B. (2005): Renaissance der Industriepolitik?, IW Positionen, Band 15.

Bussiek, J., Fraling, R., Hesse, K. (1993): Unternehmensanalyse mit Kennzahlen, Gabler, Wiesbaden.

Buttermann, H.G., Freund, F., Hillebrand, E. (2010): Bedeutung der rheinischen Braunkohle – sektorale und regionale Beschäftigungs- und Produktionseffekte, Untersuchung im Auftrag der RWE Power AG, EEFA – Energy Environment Forecast Analysis GmbH & Co. KG, Münster/Berlin.

Čapek, J., Kraftová, I. (2004): Application of I/O Model in Seasonal Cycle Analysis of one Czech Company, Conference Paper, Intermediate Input-Output Conference, 2004, Brussels, Belgium,.

Cardenete, M.A. (2007): A CGE Approach to Hypothetical Extractions and Missing Links, Conference Paper, 16th International Input-Output Conference, Istanbul, Turkey.

Chang, H.-J. (1994): The Political Economy of Industrial Policy, St. Martin's Press, New York.

Coenenberg, A.G., Haller, A., Schultze, W. (2009): Jahresabschluss und Jahresabschlussanalyse. Grundfragen der Bilanzierung nach betriebswirtschaftlichen, handelsrechtlichen, steuerrechtlichen und internationalen Grundsätzen, 21. Auflage, Schäffer Poeschel, Stuttgart.

Copeland, T.E., Koller, T., Murrin, J. (2002): Unternehmenswert. Methoden und Strategien für eine wertorientierte Unternehmensführung, 3. Auflage, Campus-Verlag, Frankfurt/Main.

Curzon Price, Victoria (1981): "Industrial Policies in the European Community", St. Martin's Press, New York.

Dauner, W., Dauner-Lieb, B. (1996): Die Input-Output-Simulation von Unternehmensprozessen, Sonderdruck aus Betriebswirtschaftliche Forschung und Praxis BFuP 2/1996, Verlag Neue Wirtschaftsbriefe, Herne/Berlin.

De Mesnard, L. (2007): A Critical Comment on Oosterhaven-Stelder Net Multipliers. Annals of Regional Science, Vol. 41, No. 2, 2007

Dedegkajeva, I. (2011): The development of Supply and Use Tables at the previous year's prices: Estonian experience, Conference Paper, 19th International Input-Output Conference Alexandria, Virginia, USA.

Destatis – Statistisches Bundesamt (2005): Umsatzsteuerstatistik, Qualitätsbericht, erschienen im Mai 2005, Wiesbaden.

Destatis – Statistisches Bundesamt (2007): Volkswirtschaftliche Gesamtrechnung. Inlandsprodukt nach ESVG 1995 – Methoden und Grundlagen, Neufassung nach Revision 2005, Fachserie 18 Reihe S.22, erschienen am 11. Januar 2007, Wiesbaden.

Destatis – Statistisches Bundesamt (2008): Klassifikation der Wirtschaftszweige. Mit Erläuterungen, erschienen im Dezember 2008, Wiesbaden.

Destatis - Statistisches Bundesamt (2009a): Bedeutung der Industrie in den vergangenen 15 Jahren fast unverändert, Pressemitteilung Nr. 146 vom 15.04.2009, online: http://www.destatis.de/jetspeed/portal/cms/Sites/destatis/Internet/DE/Presse/pm/2009/04/PD09__146__81,templateId=renderPrint.psml, (Abruf: 12.01.2012).

Destatis – Statistisches Bundesamt (2009b): Produzierendes Gewerbe. Material- und Wareneingangserhebung im Verarbeitenden Gewerbe sowie im Bergbau und in der Gewinnung von Steinen und Erden - 2006, Fachserie 4 Reihe 4.2.4, erschienen am 29. Mai 2009, Wiesbaden.

Destatis – Statistisches Bundesamt (2009c): Der Dienstleistungssektor – Wirtschaftsmotor in Deutschland. Ausgewählte Ergebnisse von 2003 bis 2008, Wiesbaden.

Destatis – Statistisches Bundesamt (2009d): Produzierendes Gewerbe - Kostenstruktur der Unternehmen des Verarbeitenden Gewerbes sowie des Bergbaus und der Gewinnung von Steinen und Erden – Berichtsjahr 2007, Fachserie 4 Reihe 4.3, erschienen im Mai 2009, Wiesbaden.

Destatis – Statistisches Bundesamt (2010a): Umweltnutzung und Wirtschaft – Bericht zu den Umweltökonomischen Gesamtrechnungen, Wiesbaden.

Destatis – Statistisches Bundesamt (2010b): Volkswirtschaftliche Gesamtrechnungen – Wichtige Zusammenhänge im Überblick, erschienen am: 12.01.2011, Wiesbaden.

Destatis – Statistisches Bundesamt (2010c): Input-Output-Rechnung im Überblick, Wiesbaden 2010.

Destatis – Statistisches Bundesamt (2010d): Volkswirtschaftliche Gesamtrechnungen – Input-Output-Rechnung - 2007, erschienen am: 30. August 2010, Wiesbaden.

Destatis – Statistisches Bundesamt (2010e): Produzierendes Gewerbe. Beschäftigte, Umsatz und Investitionen der Unternehmen und Betriebe des Verarbeitenden Gewerbes sowie des Bergbaus und der Gewinnung von Steinen und Erden - 2008, erschienen am: 30. März 2010, Wiesbaden.

Destatis – Statistisches Bundesamt (2010f): Strukturerhebung im Dienstleistungsbereich 2008, Qualitätsbericht, erschienen im Oktober 2010, Wiesbaden.

Destatis – Statistisches Bundesamt (2011a): Statistisches Jahrbuch 2011. Für die Bundesrepublik Deutschland mit „Internationalen Übersichten", Wiesbaden.

Destatis – Statistisches Bundesamt (2011b): Volkswirtschaftliche Gesamtrechnungen (VGR), Qualitätsbericht, erschienen im September 2011, Wiesbaden.

Destatis – Statistisches Bundesamt (2011c): Umweltnutzung und Wirtschaft. Bericht zu den Umweltökonomischen Gesamtrechnungen, erschienen im Dezember 2011, Wiesbaden.

Destatis – Statistisches Bundesamt (2011d): Produzierendes Gewerbe - Kostenstruktur der Unternehmen des Verarbeitenden Gewerbes sowie des Bergbaus und der Gewinnung von Steinen und Erden – Berichtsjahr 2009, Fachserie 4 Reihe 4.3, erschienen im Mai 2011, Wiesbaden.

Destatis – Statistisches Bundesamt (2011e): Jahreserhebung 2009 im Handel sowie in der Instandhaltung und Reparatur von Kfz, Qualitätsbericht, erschienen im August 2011, Wiesbaden.

Destatis - Statistisches Bundesamt (2011f): Inlandsproduktberechnung – Detaillierte Jahresergebnisse - Berichtsjahr 2010, Fachserie 18 Reihe 1.4, erschienen im September 2011, Wiesbaden.

Destatis – Statistisches Bundesamt (2012a): Investitionserhebung bei Unternehmen und Betrieben des Verarbeitenden Gewerbes sowie der Gewinnung von Steinen und Erden, Qualitätsbericht, erschienen im Januar 2012, Wiesbaden.

Destatis – Statistisches Bundesamt (2012b): Produktionserhebungen, Qualitätsbericht, erschienen im Januar 2012, Wiesbaden.

Deutscher Bundestag (2009): Kredit- und Bürgschaftsprogramm in der Krise, Antwort der Bundesregierung auf die Kleine Anfrage der Abgeordneten Alexander Bonde, Anna Lührmann, Christine Scheel, weiterer Abgeordneter und der Fraktion BÜNDNIS 90/ DIE GRÜNEN, Drucksache 16/13738, online unter: http://dipbt.bundestag.de/dip21/btd/16/138/1613837.pdf, (Abruf: 12.01.2012).

Diefenbacher, H., Zieschank, R. (2009): Wohlfahrtsmessung in Deutschland. Ein Vorschlag für einen nationalen Wohlfahrtsindex, Endbericht zum Forschungsprojekt des Umweltbundesamtes. Heidelberg/Berlin.

DIW - Deutsches Institut für Wirtschaft (2010): Die wirtschaftliche Bedeutung des Adlershofs. Auswirkung auf Wertschöpfung, Beschäftigung und Steueraufkommen in Berlin, Im Auftrag der WISTA-MANAGEMEMT GMBH, online unter: http://www.adlershof.de/uploads/tx_psdokugalerie/DIW_Studie_adlershof.pdf, (Abruf: 11.01.2012).

Domschke, W, Scholl, A. (2005): Grundlagen der Betriebswirtschaftslehre – Eine Einführung aus entscheidungsorientierter Sicht, 3. Auflage, Springer Verlag, Berlin.

Donges, J.B., Heuskel, D., Scheel, K.C. (2005): Nationale Industriepolitik – brauchen wir nationale Champions?, in: ifo Schnelldienst 58 (22), S. 3-11, München.

Dubielzig, F. (2008): Sozio-Controlling im Unternehmen – Das Management erfolgsrelevanter sozial-gesellschaftlicher Themen in der Praxis, Dissertation, Gabler Verlag, Wiesbaden.

Dumaua, M.B. (2010): Input-Output Multipliers Analysis for Major Industries in the Philippines, Conference Paper, 11th National Convention on Statistics (NCS), EDSA Shangri-La Hotel.

Eichner, S.L. (2009): Industriepolitik in der Krise: Neue Wege?, online unter : http://stefanleichnersblog.blogspot.com/2009/08/industriepolitik-in-der-krise-neue-wege.html (Abruf: 12.01.2012).

Engelfried, J. (2011): Nachhaltiges Umweltmanagement, 2. Auflage, Oldenbourg Verlag, München.

Engelkamp, P., Sell, F. (2005): Einführung in die Volkswirtschaftslehre, 3. Auflage, Springer Verlag, Berlin.

Erxleben, K., Baetge, J., Feidicker, M., Koch, H., Krause, C., Mertens, P. (1992): Klassifikation von Unternehmen. Ein Vergleich von Neuronalen Netzen und Diskriminanzanalyse, In: Zeitschrift für Betriebswirtschaft (ZfB) 62 (11), S. 1237-1262.

ESVG 1995 – Europäische Kommission, Statistisches Amt (Eurostat): Verordnung (EG) Nr. 2223/96 des Rates vom 25. Juni 1996 zum Europäischen System Volkswirtschaftlicher Gesamtrechnungen auf nationaler und regionaler Ebene in der Europäischen Gemeinschaft (ABI. EG Nr. L 310), Stand 30. Oktober 2003.

Eucken, W. (1990): Grundsätze der Wirtschaftspolitik, Hrsg.: Eucken-Erdsiek, E,. Hensel, K.P, 6. Auflage, Tübingen 1952/90.

Eucken, W. (2004): Grundsätze der Wirtschaftspolitik, Hrsg.: Eucken, E., Hensel, P., 7. Auflage, Mohr Siebeck UTB, Tübingen.

Europäische Kommission (2002): Industriepolitik in einem erweiterten Europa, KOM(2005) 714 endgültig, Brüssel.

Europäische Kommission (2003): Die Wettbewerbsfähigkeit von unternehmensbezogenen Dienstleistungen und ihr Beitrag zur Leistungsfähigkeit europäischer Unternehmen, KOM(2003) 747 endgültig, Brüssel.

Europäische Kommission (2005): Umsetzung des Lissabon-Programms der Gemeinschaft: Ein politischer Rahmen zur Stärkung des Verarbeitenden Gewerbes in der EU – Auf dem Weg zu einem stärker integrierten Konzept für die Industriepolitik, KOM(2005) 474 endgültig, Brüssel.

Europäische Kommission (2009a): Das BIP und mehr. Die Messung des Fortschritts in einer Welt im Wandel, KOM (2009) 433, online unter: http://eur-lex.europa.eu/LexUriServ/LexUriServ.do?uri=COM:2009:0433:FIN:DE:PDF, (Abruf: 12.01.2012).

Europäische Kommission (2009b): Vorübergehender Gemeinschaftsrahmen für staatliche Beihilfen zur Erleichterung des Zugangs zu Finanzierungsmitteln in der gegenwärtigen Finanz- und Wirtschaftskrise, Amtsblatt der Europäischen Union 2009/C 16/01.

Europäische Kommission (2010): Eine integrierte Industriepolitik für das Zeitalter der Globalisierung - Vorrang für Wettbewerbsfähigkeit und Nachhaltigkeit, KOM(2010) 614, Brüssel.

European Commission (2003): Some Key Issues in Europe's Competitiveness – Towards an Integrated Approach, 2003, COM(2003) 704; 21 November 2003.

European Commission (2011): Annual Activity Report 2010. Enterprise and Industry Directorate General, Ref. Ares(2011)355248 - 31/03/2011.

Eurostat – Statistische Amt der europäischen Union (2008): Eurostat Manual of Supply, Use and Input-Output Tables, ISSN 1977-0375, Luxembourg.

Festel, G., Söllner, F., Bamelis, P. (2001): Volkswirtschaftslehre für Chemiker. Eine praxisorientierte Einführung, Springer Verlag, Berlin.

Figge, F. (2001): Wertschaffendes Umweltmanagement. Keine Nachhaltigkeit ohne ökonomischen Erfolg. Kein ökonomischer Erfolg ohne Nachhaltigkeit, Universität Lüneburg, Hrsg: Pricewaterhouse Coopers, PWC Deutsche Revision 11/2001.

Fischer, T.M., Wenzel, J. (2005): Value Reporting – Ergebnisse einer empirischen Studie von börsennotierten deutschen Unternehmen, Forschungsbericht, Ingolstadt.

Fortmann, K.-M. (2010): Produktionswirtschaft und Logistik, in: Allgemeine Betriebswirtschaftslehre, Hrsg.: Pepels, W., 4. Auflage, Lucius & Lucius, Stuttgart, S. 144-182.

Gälweiler, A. (1986): Strategische Unternehmensführung, 2. Auflage, Campus-Verlag, Frankfurt/Main.

Gälweiler, A. (1986): Unternehmensplanung. Grundlagen und Praxis, Campus-Verlag, Frankfurt/Main.

Gans, P., Horn, M., Zemann, C. (2003): Sportgroßveranstaltungen - ökonomische, ökologische und soziale Wirkungen. Ein Bewertungsverfahren zur Entscheidungsvorbereitung und Erfolgskontrolle, in: Schriftreihe des Bundeinstituts für Sportwissenschaft Band 112, Verlag Karl Hofmann, Schorndorf.

Gladen, W. (2005): Performance Measurement. Controlling mit Kennzahlen, 3. Auflage, Gabler Verlag, Wiesbaden.

Gleich, R. (2001): Das System des Performance Measurement – Theoretisches Grundkonzept, Entwicklungs- und Anwendungsstand, Verlag Franz Vahlen, München.

Görgens, E., Ruckriegel, K. (2007): Makroökonomie, 10. Auflage, Lucius & Lucius, Stuttgart.

Gräfer, H. (2008): Bilanzanalyse. Traditionelle Kennzahlenanalyse des Einzeljahresabschlusses, kapitalmarktorientierte Konzernjahresabschlussanalyse – mit Aufgaben, Lösungen und einer ausführlichen Fallstudie, 10. Auflage, NWB Verlag, Herne/Berlin.

Groll, K.-H. (2004): Das Kennzahlensystem zur Bilanzanalyse. Ergebniszahlen Aktienzahlen Risikozahlen, 2. Auflage, Hanser Verlag, München.

Grötschel, M. (2003): Ökonomische Modelle aus mathematischer Sicht, Skriptum zur Vorlesung WS 2002/2003, Technische Universität Berlin.

Grubbström, R.W., Tang, O. (2000): An Overview of Input-Output Analysis Applied to Production-Inventory Systems, Economic Systems Research, Vol. 12, pp. 3-25.

Haas, H.-D., Neumair, S. (2006): Internationale Wirtschaft: Rahmenbedingungen, Akteure, räumliche Prozesse, Oldenbourg Verlag, München.

Hahn, H., Wilkens, K. (2000): Buchhaltung und Bilanz. Teil B - Bilanzierung, 2. Auflage, Oldenbourg Verlag, München.

Hahn, T., Liesen, A., Figge, F., Barkenmeyer, R. (2007): Nachhaltig erfolgreich Wirtschaften – Eine Untersuchung der Nachhaltigkeitsleistung deutscher Unternehmen mit dem Sustainable-Value-Ansatz, Gefördert durch das Bundesministerium für Bildung und Forschung, Langversion.

Harding, B., Houlden, B.T. (1980): Using input-output models for planning in groups with considerable inter-company trading, Long Range Planning Volume 13, Issue 3, June 1980, pp. 35-39.

Hartung, J., Elpelt, B., Klösener, K.-H. (2005): Statistik – Lehr- und Handbuch der angewandten Statistik, 14. Auflage, Oldenbourg Verlag, München.

Haucap, J., Coenen, M. (2010): Industriepolitische Konsequenzen der Wirtschaftskrise, Düsseldorf Institute for Competition Economics (DICE), Ordnungspolitische Perspektiven 03, Düsseldorf.

Hauschildt, J. (2000): Vorgehensweise der statistischen Insolvenzdiagnose, in: Krisendiagnose durch Bilanzanalyse, Hrsg: Hauschildt, J., Leker, J., 2. Auflage, Schmidt Verlag, Köln. S. 119-141.

Hayessen, E. (2010): Ziele und konstitutive Faktoren der Unternehmen, in: Allgemeine Betriebswirtschaftslehre, Hrsg.: Pepels, W., 4. Auflage, Lucius & Lucius, Stuttgart, S. 1-36.

Hayn, M. (2003): Bewertung junger Unternehmen, 3. Auflage, Neue Wirtschaftsbriefe, Herne.

Heeger, D. (2009): Abschätzung und Prognose von gesamtwirtschaftlichen Wirkungen einer Internationalen Bauausstellung im Rhein-Main-Gebiet, Diplomarbeit, Technische Universität Darmstadt.

Helmedag, F., Weber, U. (2002): Die Kreislaufdarstellung des Tableau Économique, in: WISU 8-9/02, S. 1128-1133.

Henke, K.-D., Neumann, K., Schneider, M. et al. (2010): Erstellung eines Satellitenkontos für die Gesundheitswirtschaft in Deutschland, Forschungsprojekt im Auftrag des Bundesministeriums für Wirtschaft und Technologie (BMWi), Nomos, Bonn/Berlin.

Henseler, E. (1979): Unternehmensanalyse. Grundlagen der Beurteilung von Unternehmen, Kohlhammer, Stuttgart.

Hentze, J., Heinecke, A., Kammel, A. (2001): Allgemeine Betriebswirtschaftslehre, Uni-Taschenbücher (UTB) - mittlere Reihe 2040, Bern.

Hering, T. (2006): Unternehmensbewertung, 2. Auflage, Oldenbourg Verlag, München.

Heuer, K., Klophaus, R. (2007): Regionalökonomische Bedeutung und Perspektiven des Flughafens Frankfurt Hahn, Wissenschaftliche Forschungsstudie im Auftrag der Flughafen Hahn Gmbh, Hrsg.: Ministerium für Wirtschaft, Verkehr, Landwirtschaft und Weinbau Rheinland-Pfalz, Birkenfeld.

Ho Un Gim, Koonchan Kim (2011): Input-Output Multiplier Analysis through the Decomposition by Factors of the Leontief Inverse: A Regional Case Study on the Korean Economy, in: The Korean Journal of Economics Vol. 18, No. 1, pp. 201 – 248.

Hodges, A.W., Mulkey, W.D., Spreen, T.H., Clouser, R.L. (2008): Economic Impacts of the U.S. Sugar Corporation in Florida: Implications of the Purchase by the State of Florida, EDIS document FE754, a publication of the Food and Resource Economics Department, Florida Cooperative Extension Service, Institute of Food and Agricultural Sciences, University of

Florida, Gainesville, online unter: http://edis.ifas.ufl.edu/pdffiles /FE/FE75400.pdf, (Abruf: 10.01.2012).

Hoffmann, S., Speich, W.-D. (2010): Das rechte Maß – die Ergänzung des BIP in der aktuellen Diskussion um Wohlstand, nachhaltige Entwicklung und Fortschritt, in: Statistik in Sachsen 1/2010, Hrsg: Statistisches Landesamt des Freistaates Sachsen, Kamenz, S. 14-18.

Holub, H-W., Schnabl, H. (1994a): Input-Output-Rechnung: Input-Output-Analyse, Oldenbourg Verlag, München.

Holub, H-W., Schnabl, H. (1994b): Input-Output-Rechnung: Input-Output-Tabellen, 3. Auflage, Oldenbourg Verlag, München.

Höpfner, U., Hanusch, J., Lambrecht, U. (2009): Abwrackprämie und Umwelt – eine erste Bilanz, im Auftrag das Bundesministeriums für Umwelt, Naturschutz und Reaktorsicherheit (BMU), Institut für Energie-und Umweltforschung, Heidelberg.

Hübl, L., Hohls-Hübl, U., Schaffner, J., Wegener, B. (2008): Hannover Airport. Ein zentraler Wirtschafts- und Standortfaktor für die Region, Untersuchung im Auftrag der Flughafen Hannover-Langenhagen GmbH, Hannover.

Hübl, L., Janssen, K., Rieger, A. (2011): Wirtschaftsfaktor Krankenhaus. Jeder Euro Wertschöpfung am Klinikum Saarbrücken löst zusätzlich 40 Cent Wertschöpfung in der Stadt aus, in: f&w – führen und wirtschaften im Krankenhaus, 28. Jg., H.1, S. 31-33.

Jansen, K., Pieter, S.M., ten Raa, T. (1990): The Choice of Model in the Construction of Input-Output Coefficients Matrices, International Economic Review, 31, p. 213-227.

Kabel, C., Hochfeld, C. et al. (2010): Nachhaltige Industriepolitik – Wie man die Grüne industrielle Revolution gestaltet, Heinrich Böll Stiftung, Schriftreihe zur Ökologie, Band 10, Berlin.

Kaiser, P., Bornemann, H. (2004): Innovative Methodik zur Messung regionalökonomischer Wirkungen eines Strukturprogramms - Evaluierung des Investitionssonderprogramms (ISP) für das Land Bremen, in: Evaluation in der Stadt- und Regionalentwicklung, Hrsg: Sedlacek, P., VS Verlag für Sozialwissenschaften, S. 207-221.

Kampmann, R., Walter, J. (2010a): Makroökonomie: Wachstum, Beschäftigung, Außenwirtschaft, Oldenbourg Verlag, München.

Kampmann, R., Walter, J. (2010b): Mikroökonomie – Markt, Wirtschaftsordnung, Wettbewerb, Oldenbourg Verlag, München.

Kaplan, R.S., Norton, D.P. (1997): Balanced Scorecard. Strategien erfolgreich umsetzen, Schäffer Poeschel, Stuttgart.

Kapstein, E.B., Kim, R. (2011): The Socio-Economic Impact of Accra Brewery Limited in Ghana, online unter: http://www.sabmiller.com/files/ reports/accra_brewery_report.pdf, (Abruf: 10.01.2012).

Kelley School of Business (2009): The Economic Impact of Eli Lilly and Company on the State of Indiana and the Indianapolis-Carmel Metropolitan Statistical Area, Indiana Business Research Center, Bloomington, online unter: http://www.ibrc.indiana.edu/studies/20090604_lilly-report-final.pdf, (Abruf: 10.01.2012).

Kerth, A., Wolf, J. (1986): Bilanzanalyse und Bilanzpolitik, Hanser Verlag, München.

Keuper, F. (2001): Strategisches Management, Oldenbourg Verlag, München.

Kim, S.-H. (2005): Impacts of Information Technology on Productivity and Linkage of the US Economy, Conference Paper, 15th International Input-output Conference 27 June – 1 July 2005 Beijing, P.R.China.

Kirchgässner, G. (2008): Homo Oeconomicus, 3. Auflage, Mohr Siebeck Tübingen.

Kirchner, C. (2000): Der Wettbewerbsfaktor „Entscheidungsnützlichkeit von Rechnungslegungsinformationen". Eine institutionenökonomische Analyse, in: Wettbewerb und Unternehmensrechnung, Hrsg.: Schildebach, T., Wagenhofer, A., Ztbf Sonderheft Nr. 45 (52), S. 41-68.

Kleber, B., Sturm, R., Tümmler, T. (2010): Ergebnisse zu Unternehmensgruppen aus dem Unternehmensregister, Statistisches Bundesamt - Wirtschaft und Statistik 6/2010, S. 527-536, Wiesbaden.

Klein, G. A. (1999): Unternehmenssteuerung auf Basis der Internationalen Accounting Standards, Vahlen, München.

Koch, W.A.S., Czogalla, C (1999): Grundlagen und Probleme der Wirtschaftspolitik, Wirtschaftsverlag Bachem, Köln.

Kolleger, E. (2005): Makroökonomische Modelle – Konzepte und Kontroversen, Diplomarbeit, Institut für Volkswirtschaftslehre der Karl-Franzens-Universität Graz.

Koller, W., Luptacik, M. (2007): Measuring the Economic Importance of an Industry: An Application to the Austrian Agricultural Sector, Conference Paper, 16th International Input-Output Conference, Istanbul, Turkey.

Kooths, S., Langenfurth, M., Kalwey, N. (2003): Die Bedeutung der Microsoft Deutschland GmbH für den deutschen IT-Sektor (Economic Impact Study), MICE Economic Research Studies, Vol. 3, Münster.

Kopp, R., Mietsch, F., von der Groeben, G. (2009): Europäische Industriepolitik – Zwischen Wettbewerb und Interventionismus, Thesenpapier des Managerkreis der Friedrich-Ebert-Stiftung.

Koschel, H., Moslener, U., Sturm, B., Fahl, U., Rühle, B., Wolf, H. (2006): Integriertes Klimaschutzprogramm Hessen - InKlim 2012 -; Endbericht des Forschungsprojekts "Integriertes Klimaschutzprogramm (INKLIM) 2012“, 2006.

Kraut, N (2002): Unternehmensanalyse in mittelständischen Industrieunternehmen. Konzeption – Methoden – Instrumente, Dissertation, Gabler Verlag, Wiesbaden.

Kronenberg, T. (2010): Erstellung einer Input-Output-Tabelle für Mecklenburg-Vorpommern, AStA Wirtschafts- und Sozialstatistisches Archiv, 2010, vol. 4, issue 3, pages 223-248.

Kronenthaler, F., Franz, P. (2003): Methoden und Probleme der Abschätzung regional ökonomischer Effekte großer Sportveranstaltungen - dargestellt am Fall der Ausrichtung der Olympischen Spiele 2012 in der Region Leipzig; in: Tourismus Journal 7.Jg., Heft 4, S. 439-455.

Krugman, P., Obstfeld, M (1991): International Economics. Theory and Policy, 2. Auflage, Boston.

Krumnow, J. (1985): Bilanzanalyse auf Basis der neuen Rechnungslegungsvorschriften, in: Zeitschrift für betriebswirtschaftliche Forschung, ZfbF 1985, S. 783-809.

Küting, K. (1991): Jahresabschlussanalyse als Kennzahlenrechnung (Teil I), in: Deutsches Steuerrecht (DStR), 29. Jg., Heft 40, S. 1324 - 1329.

Küting, K., Weber, C.-P. (2004): Die Bilanzanalyse, Lehrbuch zur Beurteilung von Einzel- und Konzernabschlüssen, 7. Auflage, Schäffer Poeschel, Stuttgart.

Küting, K., Weber, C.-P. (2009): Die Bilanzanalyse, Beurteilung von Abschlüssen nach HGB und IFRS, 9. Auflage, Schäffer Poeschel, Stuttgart.

Kyrer, A., Penker, W. (2000): Volkswirtschaftslehre: Grundzüge der Wirtschaftstheorie und –politik, 6. Auflage, Oldenbourg Verlag, München.

Lachmann, W. (2006): Volkswirtschaftslehre 1 – Grundlagen, 5. Auflage, Springer Verlag, Heidelberg.

Lachnit, L. (2004): Bilanzanalyse. Grundlagen – Einzel- und Konzernabschlüsse – Internationale Abschlüsse – Unternehmensbeispiele, Gabler Verlag, Wiesbaden.

Laier, R. (2011): Value Reporting. Analyse von Relevanz und Qualität der wertorientierten Berichterstattung von DAX-30 Unternehmen, Dissertation, Gabler Verlag, Wiesbaden.

Lange, C. (1989): Jahresabschluss und Unternehmensbeurteilung, Betriebswirtschaftliche Abhandlungen, 68, Schäffer Poeschel, Stuttgart.

Langer, G. (2011): Unternehmen und Nachhaltigkeit – Analyse und Weiterentwicklung aus der Perspektive der wissensbasierten Theorie der Unternehmung, Dissertation, Gabler Verlag, Wiesbaden.

Legler, H., Gehrke, B., Krawczyk, O., Schasse, U., Rammer, C., Leheyda, N., Sofka, W. (2009): Die Bedeutung der Automobilindustrie für die deutsche Volkswirtschaft im europäischen Kontext, Endbericht zur Studie im Auftrag des Bundesministerium für Wirtschaft und Technologie (Projekt Nr. 29/08), Hannover, Mannheim.

Leontief, W. (1936): Quantitative Input and Output Relations in the Economic System of the United States, The Review of Economic Statistics, Vol. XVIII, no. 3, 105 - 125.

Leontief, W. (1951): The Structure of American Economy, 1919 - 1936, 2nd Edition, Oxford University Press, New York.

Leontief, W. (1952): Die Methode der Input-Output-Analyse, in: Allgemeines Statistisches Archiv (AStatA), Band 36, München, S. 153ff.

Leontief, W. (1953): Studies in the Structure of American Economy, Oxford University Press, New York.

Lewis, T. G. (1995): Steigerung des Unternehmenswertes, Total Value Management, 2. Auflage, Landsberg/Lech.

Lin, X., Polenske, K.R. (1998): Input-Output Modelling of Production Processes for Business Management, Structural Change and Economic Dynamics, Vol. 9, pp. 205-226.

Livesey, F. (2010): Rationales for industrial policy based on industry maturity, Center for Industry and Government at the Institute for Manufacturing, University of Cambridge Engineering Department, Working Paper 2010/1.

Löbbe, K. (2009): Schlüsselsektoren der deutschen Wirtschaft Abgrenzung, Bedeutung und industriepolitische Optionen, Endbericht zum Projekt S-2009-228-1, gefördert durch die Hans Böckler Stiftung, Düsseldorf.

Lopatta, K. (2006): Goodwillbilanzierung und Informationsvermittlung nach internationalen Rechnungslegungsstandards. Business Combinations (IFRS, US-GAAP), Kaufpreisallokation, Impairment Test, Konvergenzbestrebungen, Dissertation, GWV Fachverlage, Wiesbaden.

Lorson, P. (2004): Auswirkungen von Shareholder-Value-Konzepten auf die Bewertung und Steuerung ganzer Unternehmen, Neue Wirtschafts-Briefe, Herne.

Lüpertz, V. (2009): Volkswirtschaftliches Handeln: Strukturen - Probleme - Maßnahmen, 2. Auflage, Winklers Verlag München.

Luptacik, M., Koller, W., Mahlberg, B., Schneide, H.W. (2008): Growth and Employment Potentials of Chosen Technology Fields, AUCO Czech Economic Review, 2 (2008), p. 41-75.

Manrique de Lara Penate, C., Langa Seva, M.C. (2009): Economic model of business simulation. Application to a company of the tourist sector in the Canary Islands, Conference Paper, XVII International Input-Output Conference, Sao Paulo Brazil 2009.

Marangoni, G., Colombo, G., Fezzi, G. (2004): Modelling Intra-Group Relationships, Economic Systems Research, Vol. 16, pp. 85-106.

Marangoni, G., Fezzi, G. (2000): I-O for Management Control: The Case of a Multinational Pharmaceutical Company, Conference Paper, XIII International Conference on Input-Output Techniques Macerata, Italy.

Marangoni, G., Fezzi, G. (2002): I-O for Management Control: The Case of GlaxoSmithKline, Economic Systems Research, Vol. 14, pp. 245-256.

Meyer, C. (2006): Betriebswirtschaftliche Kennzahlen und Kennzahlen-Systeme, 3. Auflage, Sternenfels, Verlag Wiss. & Praxis.

Meyer-Stamer, J. (1996): Industriepolitik, Beitrag zu „Die soziale Dimension der Marktwirtschaft. Ein Beratungsmanual für die internationale Entwicklungszusammenarbeit", Friedrich-Ebert-Stiftung, Bonn.

Meyer-Stamer, J. (2009): Moderne Industriepolitik oder postmoderne Industriepolitik?, aus der Schriftenreihe Moderne Industriepolitik, 1/2009, Friedrich-Ebert-Stiftung, Bonn.

Mikl-Horke, G (2009): Die Einbettung von Unternehmen in das gesellschaftliche und politische Umfeld, in: Unternehmen aus sozialwissenschaftlicher Perspektive, Hrsg.: Schülein, J.A., Lueger, M., Hametner, H., 2. Auflage, facultas.wuv, S. 19-37.

Miller, R.E., Blair, P.D. (2009): Input-Output Analysis. Foundations and Extensions, Second Edition, Cambridge Press, Cambridge.

Monopolkommission (2008): Weniger Staat, mehr Wettbewerb, Siebzehntes Hauptgutachten, Baden-Baden.

Morich, S. (2007): Steuerung der Effektivität kapitalmarktorientierter Unternehmenspublizität. Eine kennzahlengestützte Konzeption am Beispiel des Geschäftsberichts, Dissertation, DUV, Wiesbaden.

Müller, A. (2010): Umweltorientiertes betriebliches Rechnungswesen, 3. Auflage, Oldenbourg Verlag, München.

MWME - Ministerium für Wirtschaft, Mittelstand und Energie des Landes NRW (2004): Ziel 2-Programm NRW 2000-2006, Einheitliches Programmplanungsdokument nach Art. 19 der Verordnung (EG) Nr. 1260/1999 vom 21. Juni 1999 für das Ziel 2-Gebiet des Landes Nordrhein-Westfalen, überarbeitete Version vom 29.12.2004, online unter:

http://www.ziel2-2000-2006.nrw.de/docs/website/de/programm zieleundinhalte/programmtexte/index.html , (Abruf: 12.01.2012).

Nahlik, W. (1984): Bilanzrichtliniengesetz: Auswirkungen auf die Jahresabschlusskritik, in: Die Bank, S. 217-224.

Nusser, M., Soete, B., Wydra, S. (2007): Wettbewerbsfähigkeit und Beschäftigungspotenziale der Biotechnologie in Deutschland, Reihe: Edition der Hans-Böckler-Stiftung, Nr. 197. Düsseldorf.

Nusser, M., Tischendorf, A. (2006): Innovative Pharmaindustrie als Chance für den Wirtschaftsstandort Deutschland, Studie im Auftrag von PhRMA (Pharmaceutical Research and Manufacturers of America), dem Branchenverband der Forschenden Pharmaindustrie in den USA, und der deutschen LAWG (Local American Working Group), Fraunhofer-Institut für System- und Innovationsforschung -ISI- in Zusammenarbeit mit A.T. Kearney, Karlsruhe.

Oberender, P., Daumann, F. (1995): Industriepolitik, Vahlen, München.

Olfert, K., Rahn, H.-J. (2010): Einführung in die Betriebswirtschaftslehre, Kompendium der praktischen Betriebswirtschaftslehre, 10. Auflage, NWB Verlag, Kiel.

Oosterhaven, J., Stelder, D. (2002): Net Multipliers Avoid Exaggerating Impacts: With a Bi-regional Illustration for the Dutch Transportation Sector, Journal of Regional Science, Vol. 42, No. 3, pp. 533-543.

Opfermann, R. (2004): Produktbegleitende Dienstleistungen und ihre statistische Erfassung, Statistisches Bundesamt - Wirtschaft und Statistik 3/2004, S. 269-279, Wiesbaden.

Oxford Economics (2008): The Economic Contribution of BAE Systems to the UK in 2006, online unter: http://www.oef.com/OE_Cons_Descns.asp, (Abruf: 10.01.2012).

Peemöller, V. H. (2003): Bilanzanalyse und Bilanzpolitik. Einführung in die Grundlagen, 3. Auflage, Gabler Verlag, Wiesbaden.

Pellens, B. (1989): Der Informationswert von Konzernabschlüssen, Gabler Verlag, Wiesbaden.

Perridon, L., Steiner, M. (2007): Finanzwirtschaft der Unternehmung, 14. Auflage, Vahlen, München.

Pfähler, W. (2000): Regional Input-Output Analysis; Sonderdruck aus HWWA Studies of the Hamburg Institute of International Economics, Vol. 66, 2000.

Pischner, R., Stäglin, R. (1976): Darstellung des um den Keynes'schen Multiplikator erweiterten offenen statischen Input-Output-Modells, in: Mitteilungen aus der Arbeitsmarkt- und Berufsforschung (9), S. 345-349.

Prangenberg, A., Müller, M., Aldenhoff, M. (2005): Der Sharholder-Value-Ansatz, 4. Auflage, Arbeithilfe für Aufsichtsräte Nr. 9, Hans Böckler Stiftung, Düsseldorf.

Prätsch, J., Schikorra, U., Ludwig, E. (2007): Finanzmanagement, 3. Auflage, Springer Verlag, Berlin.

Preißler, P.R.(2008): Betriebswirtschaftliche Kennzahlen, Oldenbourg Verlag, München.

Preißner, A. (2008): Praxiswissen Controlling. Grundlagen, Werkzeuge, Anwendungen, 5. Auflage, Hanser Verlag, München.

Printz, T. (2008): Performance Measurement. Gestaltung eines Werttreibersystems, IGEL Verlag, Hamburg.

Prognos (2007): Regionalökonomische Auswirkungen des Steinkohlenbergbaus in Nordrhein-Westfalen, Endbericht einer Studie im Auftrag des Gesamtverband Steinkohle (GVSt), Berlin/Bremen.

Raisch, S., Probst, G., Gomez, P. (2010): Wege zum Wachstum – Wie Sie nachhaltigen Unternehmenserfolg erzielen, 2. Auflage, Gabler Verlag, Wiesbaden.

Rappaport, A. (1995): Shareholder Value. Wertsteigerung als Maßstab für die Unternehmensführung, Schäffer Poeschel, Stuttgart.

Rasmussen, P.N. (1956): Studies in Inter-Sectoral Relati, Harcks, Copenhagen.

Rehkugler, H., Poddig, T. (1998): Bilanzanalyse, 4. Auflage, Oldenbourg Verlag, München.

Reich, U.-P., Stäglin, R., Stahmer, C., Schintke, J., Eichmann, W. (1995): Ein System von Input-Output-Tabellen für die Bundesrepublik Deutschland, Deutsches Institut für Wirtschaftsforschung, Beiträge zur Strukturforschung Heft 159, Duncker & Humblot, Berlin.

Reichmann, T. (2006): Controlling mit Kennzahlen und Management-Tools, 7. Auflage, Vahlen Verlag, München.

Reichmann, T. (2011): Controlling mit Kennzahlen. Die systemgestützte Controlling-Konzeption mit Analyse- und Reportinginstrumenten, 8. Auflage, Vahlen Verlag, München.

Reichmann, T., Lachnit, L. (1976): Planung, Steuerung und Kontrolle mit Hilfe von Kennzahlen, in: Zeitschrift für betriebswirtschaftliche Forschung (ZfbF), 28. Jg. (1976), S. 705-723.

Reinhart, A. (1998): Die Auswirkungen der Rechnungslegung nach International Accounting Standards auf die erfolgswirtschaftliche Abschlussanalyse von deutschen Jahresabschlüssen, in: Beiträge zum Rechnungs-, Finanz- und Revisionswesens, Band 37, Hrsg.: Lang, P, Frankfurt am Main u.a.

Riebell, C. (2006): Die Praxis der Bilanzauswertung, 8. Auflage, Deutscher Sparkassen Verlag, Stuttgart.

Rodrik, D. (2004): Industrial policy for the Twenty-First Century, John F. Kennedy School of Government, Faculty Research Working Papers Series, Cambridge, Mass.

Rodrik, D. (2007): Normalizing Industrial Policy, Working Paper No. 3, Commission on Growth and Development, Washington DC.

Rodrik, D. (2010): Die Rückkehr der Industriepolitik, Kommentar auf Projekt Syndicate, online unter: http://www.project-syndicate.org/commetary/rodrik42/German (Abruf 12.01.2012).

Rogall, H. (2006): Volkswirtschaftslehre für Sozialwissenschaftler. Eine Einführung, VS Verlag für Sozialwissenschaften, Wiesbaden.

Rose, A., Miernyk, W. (1989): Input-Output Analysis: The First Fifty Years, Economic Systems Research, vol. 1, p. 229-272.

Rueda-Cantuche, J.M., Amores, A.F., Fernández, E. (2011): Does bias really matter in input-output analysis? An almost definite answer, Conference Paper, 19th International Input-Output Conference Alexandria, Virginia, USA.

Rueda-Cantuche, J.M., ten Raa, T. (2009): The Choice of Model in the Construction of Industry Coefficients Matrices, Economic Systems Research, 21(4), p. 363–376.

Rußig, V. (2005): Die volkswirtschaftliche Bedeutung der Immobilienwirtschaft, in: Zeitschrift für Immobilienökonomie (ZIÖ), Sonderausgabe 2005, Wiesbaden.

RWI – Rheinische-westfälisches Institut für Wirtschaftsforschung (2004): Auswirkungen staatlich geförderter Maßnahmen zur Stadtentwicklung und -erneuerung auf die Haushalte von Bund, Ländern und Gemeinden, Endbericht eines Forschungsvorhabens des Bundesamtes für Bauwesen und Raumordnung, online unter: http://www.stadtentwicklung.berlin.de/wohnen/denkmalschutz/download/rwi_gutachten_2004.pdf , (Abruf: 12.01.2012).

SVR - Sachverständigenrat zur Begutachtung der gesamtwirtschaftlichen Entwicklung (2009): Die Zukunft nicht aufs Spiel setzten, Jahresgutachten 2009/10, online unter http://www.sachverstaendigenrat-wirtschaft.de/jahresgutachten-2009-2010.html (Abruf: 12.01.2012).

Sancho, F. (2011): Straightening out the concept of direct and indirect input requirements, UFAE and IAE Working Papers, Unitat de Fonaments de l'Anàlisi Econòmica (UAB) and Institut d'Anàlisi Econòmica (CSIC), Barcelona.

Schäfer, H., Lindenmayer, P. (2005): Unternehmenserfolge erzielen und verantworten – Ein finanzmarktgesteuertes Beurteilungs- und Steuerungsmodell von Corporate Responsibility, Bertelsmann Stiftung, Gütersloh.

Schedler, B.H. (2005): Leistungsmessung in multinationalen Unternehmen, Dissertation, Universität St. Gallen, Schulthess Druck, Zürich.

Schierenbeck, H. (2003): Grundzüge der Betriebswirtschaftslehre, 16. Auflage, Oldenbourg Verlag, München.

Schierenbeck, H., Wöhle, C. (2008): Grundzüge der Betriebswirtschaftslehre, 17. Auflage, Oldenbourg Verlag, München.

Schmidt, A.G., van Elkan, M. (2010): Gesamtwirtschaftlicher Nutzen der deutschen Bürgschaftsbanken. Quantifizierung der gesamtwirtschaftlichen Effekte der Aktivitäten der deutschen Bürgschaftsbanken unter den Rahmenbedingungen der weltweiten Finanz- und Wirtschaftskrise, Institut für Mittelstandökonomie an der Universität Trier.

Schnabl, A., Czypionka, T., Dippenaar, S., Mülbacher, S., Röhrling, G., Skrivanek, I., Webersberger, I. (2009): Wertschöpfungseffekte des Wirtschaftssektors Gesundheit, Endbericht einer Studie im Auftrag der Österreichischen Ärztekammer, Wien.

Schneider, H.W., Brunner, P., Lengauer, S. (2007): Die wirtschaftliche Bedeutung von Medizinprodukte-Unternehmen in Österreich, Studie im Auftrag der AUSTROMED, Industriewissenschaftliches Institut (IWI), Wien.

Schneider, H.W., Brunner, P., Lengauer, S.D., Koller, W. (2008a): Die Chemische Industrie Österreichs. Eine detaillierte Branchenuntersuchung, Studie im Auftrag des Fachverbands der Chemischen Industrie, Industriewissenschaftliches Institut (IWI), Wien.

Schneider, H.W., Neuberger, R., Lengauer, S.D., Janoschek, S., Mayer, S. (2008b): Die wirtschaftliche Verflechtung von großen, mittleren und kleinen Unternehmen in der Steiermark. Eine Analyse zweier steirischer Regionen: Fürstenfeld und Deutschlandsberg, Studie im Auftrag der Wirtschaftskammer Steiermark, des Wirtschaftsbundes Steiermark sowie der Industriellenvereinigung Steiermark und in Kooperation mit Neuberger Research, Industriewissenschaftliches Institut (IWI), Wien.

Schneider, S. (1996): Möglichkeiten und Grenzen von finanzwirtschaftlichen Kennzahlen im Rahmen einer rundfunkspezifischen Controlling Konzeption für öffentlich-rechtliche Rundfunkanstalten, Arbeitspapiere des Instituts für Rundfunkökonomie an der Universität Köln, Heft 63/1996.

Schöttler, J., Spulak, R. (2003): Technik des betrieblichen Rechnungswesens. Lehrbuch zur Finanzbuchhaltung, 9. Auflage, Oldenbourg Verlag, München.

Schrüfer, K. (2010): Allgemeine Volkswirtschaftslehre, 3. Auflage, BWV – Berliner Wissenschaftsverlag, Berlin.

Schulte-Zurhausen, M. (2005): Organisation, 4. Auflage, Verlag Vahlen, München.

Schwarz, N. (2005): Der Beitrag der Volkswirtschaftlichen Gesamtrechnungen zur sozioökonomischen Modellierung, 14. Wissenschaftliches Kolloquium am 28. und 29. April 2005 im Gerhard-Fürst-Saal des Statistischen Bundesamtes, Wiesbaden.

Siebert, H., Lorz, O. (2007): Einführung in die Volkswirtschaftslehre, 15. Auflage, Kohlhammer, Stuttgart.

Simons, J. (1997): Industriepolitik. Theorie, Praxis, politische Kommunikation, Schäffer-Poeschel, Stuttgart.

SNA 1993 – Eurostat, International Monetary Fund, OECD, United Nations, World Bank (1993): System of National Accounts 1993, Brüssel/Luxembourg, New York, Paris, Washington, D.C.

SNA 2008 – Eurostat, International Monetary Fund, OECD, United Nations, World Bank (2009): System of National Accounts 2008, New York.

Spehl, H., Feser, H.-D., Schulze, P.M. et al. (2005): Regionalwirtschaftliche Wirkungen der Hochschulen und Forschungseinrichtungen in Rheinland-Pfalz. Wertschöpfungs-, Einkommens- und Beschäftigungseffekte durch Bau und Betrieb der Einrichtungen, Langfassung des Forschungsprojekt Hochschule und Region, Trier.

Stahmer, C (1979): Verbindung von Ergebnissen der herkömmlichen Sozialproduktsberechnung und der Input-Output-Rechnung: Überleitungsmodell des Statistischen Bundesamtes, Allgemeines Statistisches Archiv 63 (1979), Wiesbaden, S. 340 - 385.

Stahmer, C., Ewerhart, G., Herrchen, I. (2000): Monetäre, physische und Zeit-Input-Output-Tabellen. Ansätze für eine integrierte ökonomische, ökologische und soziale Berichterstattung, Band 1: Textteil, Endbericht zum von Eurostat geförderten Forschungsprojekts: „Input-Output-Tabellen in Arbeitsstunden: Erstellung, Verknüpfung mit physischen und monetären Tabellen, Relevanz für umwelt- und beschäftigungspolitische Analysen" (Eurostat-Bezeichnung: 98/776/3040/B4/MM), Luxemburg / Wiesbaden / Osnabrück.

Stahmer, C., Meyer, B. (2000): Input-Output-Rechnung: Elemente zur Politikberatung, Statistisches Bundesamt, Wiesbaden.

Statistik Austria – Bundesamstalt für Statistik (2010): Standard-Dokumentation Metainformationen (Definitionen, Erläuterungen, Methoden, Qualität) zur Input-Output-Statistik, Bearbeitungsstand: 26.04.2010, Wien.

Stewart, G.B. (1991): The Quest for Value: A Guide for Senior Managers, HarperBusiness, New York.

Stiglitz, J./Sen, A./Fitoussi, J.-P. (2009): Report by the Commission on the Measurement of Economic Performance and Social Progress, online unter: http://www.stiglitz-sen-fitoussi.fr/documents/rapport_anglais.pdf, (Abruf: XXX).

Stone, D. (1969): Input-Output Analysis and the Multi-Product Firm, Financial Analyst Journal, Volume 25, No. 4, Jul. – Aug. 1969, p. 96-102.

Sturm, A. (2000): Performance Measurement und Environmental Performance Measurement – Entwicklung eines Controllingmodells zur unternehmensinternen Messung der betrieblichen Umweltleistung, Dissertation, Dresden.

Sturm, R., Tümmler, T., Opfermann, R. (2009): Unternehmensverflechtungen im statistischen Unternehmensregister, Statistisches Bundesamt - Wirtschaft und Statistik 8/2009, S. 764-773, Wiesbaden.

Szyperski, N., Richter, U. (1981): Messung und Bewertung, in: HWR, 2. Auflage, Hrsg.: Kosiol, E., Chmielewicz, K., Schweitzer, M., Stuttgart, Sp. 1206-1214.

Szyrmer, J. (1992): Input-Output Coefficients and Multipliers from a Total-Flow Perspective, Environment and Planning A, 24, pp. 921-937.

Temurshoev, U., Oosterhaven, J. (2010): On Input-Output Linkage Measures, Working Papers of the International Input-Output Association, WPIOX 10-002.

Ten Raa, T., Rueda-Cantuche, J.M. (2007): Stochastic Analysis of Input-Output Multipliers on the basis of Use and Make Matrices, Review of Income and Wealth, 53, 3, pp. 1-17.

Thage, B. (2005): Symmetric Input-Output Tables: Compilation Issues, Conference Paper, 15th International Input-Output Conference 27 June – 1 July 2005, Beijing, China.

Thage, B. (2011): Compilation of symmetric input-output tables with a minimum of assumptions, Draftpaper, Conference Paper, 19th International Input-Output Conference Alexandria, Virginia, USA.

Thalheimer, F. (2008): Im Spannungsfeld zwischen Aktualität und Genauigkeit, in: Statistisches Monatsheft Baden-Württemberg 10/2008, Stuttgart, S. 15-21.

Thalheimer, F. (2010): „Weniger ist mehr" – Ergebnisstabilität und Genauigkeit vor Aktualität, in: Statistisches Monatsheft Baden-Württemberg 1/2010, Stuttgart, S. 15-20.

Thommen, J.-P., Achleitner, A.-K. (2006): Allgemeine Betriebswirtschaftslehre - Umfassende Einführung aus managementorientierter Sicht. 5. Auflage, Gabler, Wiesbaden 2006.

Varian, Hal R. (2004): Grundzüge der Mikroökonomie, 6. Auflage, Oldenbourg Verlag, München.

Voit, T. (2010): Entwicklung und Überprüfung von Kausalhypothesen. Gestaltungoptionen für einen Analyseprozess zur Fundierung betrieblicher Ziel- und Kennzahlensysteme durch Kausalhypothesen am Beispiel des Performance Managements, Dissertation, Schriften aus der Fakultät Wirtschaftsinformatik und Angewandte Informatik der Otto-Friedrich-Universität Bamberg.

Vollmuth, H.J. (2009): Bilanzen. Richtig lesen, besser verstehen, optimal gestalten, 9. Auflage, Haufe Verlag, München.

Von Auer, L. (2011): Ökonometrie. Eine Einführung, 5. Auflage, Springer Verlag, Berlin.

Von Brühl, R. (2011): Interdependenzen von Ökologie und Betriebswirtschaftslehre, R.G. Fischer Verlag, Frankfurt.

Voy, K. (2008): Revision der Volkswirtschaftlichen Gesamtrechnungen (VGR) und Reform der Unternehmensstatistiken durch die EU-Verordnungen der neunziger Jahre. Unternehmen und Betrieb: vom Konzept zur praktischen Darstellung, in: Zeitschrift für amtliche Statistik Berlin Brandenburg 4/08, S. 22-32.

Welfens, P.J. (2008): Grundlagen der Wirtschaftspolitik – Institutionen, Makroökonomik, Politikkonzepte, 3. Auflage, Springer Verlag, Berlin.

Wildmann, L. (2010): Einführung in die Volkswirtschaftslehre, Mikroökonomie und Wettbewerbspolitik, 2. Auflage, Oldenbourg Verlag, München.

Willeke, F.-U. (1963): Leistungsbewertung und Leistungsprinzip. In: Der Betrieb in der Unternehmung, Festschrift für Wilhelm Rieger zu seinem 85. Geburtstag, Hrsg. Festel, J. und Linhardt, H., Stuttgart, S. 158-174.

Winker, P. (2010): Empirische Wirtschaftsforschung und Ökonometrie, 3. Auflage, Springer Verlag, Berlin.

Witte, H. (2007): Allgemeine Betriebswirtschaftslehre – Lebensphasen des Unternehmens und betriebliche Funktionen, 2. Auflage, Oldenbourg Verlag München.

Wohlgemuth, F., Ranker, D., Zwierner, C. (2001): Strategische Unternehmensanalyse als Instrument zur Ergänzung der traditionellen Bilanzanalyse, BBK Nr. 14, S. 661-674.

Zdrowomyslaw, N., Kasch, R. (2002): Betriebsvergleiche und Benchmarking für die Managementpraxis, Oldenbourg Verlag, München.

Zimmermann, W., Fries, H.-P., Hoch, G. (2003): Betriebliches Rechnungswesen, 8. Auflage, Oldenbourg Verlag, München

ZVEI – Zentralverband Elektrotechnik- und Elektroindustrie e.V., betriebswirtschaftlicher Ausschuss (1989): ZVEI-Kennzahlensystem. Ein Instrument zur Unternehmenssteuerung, 4. Auflage, Frankfurt / Main.

SOZIALÖKONOMISCHE SCHRIFTEN

Herausgegeben von Professor Dr. Dr. h.c. Bert Rürup und
Professor Dr. Werner Sesselmeier

Band 1 Marietta Jass: Erfolgskontrolle des Abwasserabgabengesetzes. Ein Konzept zur Erfassung der Gesetzeswirkungen verbunden mit einer empirischen Untersuchung in der Papierindustrie. 1990.

Band 2 Frank Schulz-Nieswandt: Stationäre Altenpflege und "Pflegenotstand" in der Bundesrepublik Deutschland. 1990.

Band 3 Helmut Böhme, Alois Peressin (Hrsg.): Sozialraum Europa. Die soziale Dimension des Europäischen Binnenmarktes. 1990.

Band 4 Stephan Ruß: Telekommunikation als Standortfaktor für Klein- und Mittelbetriebe. Telekommunikative Entwicklungstendenzen und regionale Wirtschaftspolitik am Beispiel Hessen. 1991.

Band 5 Reinhard Grünewald: Tertiärisierungsdefizite im Industrieland Bundesrepublik Deutschland. Nachweis und politische Konsequenzen. 1992.

Band 6 Bert Rürup, Uwe H. Schneider (Hrsg.): Umwelt und Technik in den Europäischen Gemeinschaften. Teil I: Die grenzüberschreitende Entsorgung von Abfällen. Bearbeitet von: Thomas Kemmler, Thomas Steinbacher. 1993.

Band 7 Mihai Nedelea: Erfordernisse und Möglichkeiten einer wachstumsorientierten Steuerpolitik in Rumänien. Dargestellt am Beispiel der Textil- und Bekleidungsindustrie. 1995.

Band 8 Andreas Schade: Ganzjährige Beschäftigung in der Bauwirtschaft – Eine Wirkungsanalyse. Analyse und Ansätze für eine Reform der Winterbauförderung. 1995.

Band 9 Frank Schulz-Nieswandt: Ökonomik der Transformation als wirtschafts- und gesellschaftspolitisches Problem. Eine Einführung aus wirtschaftsanthropologischer Sicht. 1996.

Band 10 Werner Sesselmeier, Roland Klopfleisch, Martin Setzer: Mehr Beschäftigung durch eine Negative Einkommensteuer. Zur beschäftigungspolitischen Effektivität und Effizienz eines integrierten Steuer- und Transfersystems. 1996.

Band 11 Sylvia Liebler: Der Einfluß der Unabhängigkeit von Notenbanken auf die Stabilität des Geldwertes. 1996.

Band 12 Werner Sesselmeier: Einkommenstransfers als Instrumente der Beschäftigungspolitik. Negative Einkommensteuer und Lohnsubventionen im Lichte moderner Arbeitsmarkttheorien und der Neuen Institutionenökonomik. 1997.

Band 13 Stefan Lorenz: Der Zusammenhang von Arbeitsgestaltung und Erwerbsleben unter besonderer Berücksichtigung der Erwerbstätigkeiten von Frauen und Älteren. 1997.

Band 14 Volker Ehrlich: Arbeitslosigkeit und zweiter Arbeitsmarkt. Theoretische Grundlagen, Probleme und Erfahrungen. 1997.

Band 15 Philipp Hartmann: Grenzen der Versicherbarkeit. Private Arbeitslosenversicherung. 1998.

Band 16 Martin Setzer, Roland Klopfleisch, Werner Sesselmeier: Langzeitarbeitslose und Erster Arbeitsmarkt. Eine kombinierte Strategie zur Erhöhung der Wiederbeschäftigungschancen. 1999.

Band 17 Dorothea Wenzel: Finanzierung des Gesundheitswesens und Interpersonelle Umverteilung. Mikrosimulationsuntersuchung der Einkommenswirkung von Reformvorschlägen zur GKV-Finanzierung. 1999.

Band 18 Ingo Schroeter: Analyse und Bewertung der intergenerativen Verteilungswirkungen einer Substitution des Umlage- durch das Kapitalstocksverfahren zur Rentenfinanzierung. 1999.

Band 19 Roland Klopfleisch: Fiskalische Konsequenzen der Europäischen Währungsunion. Die Veränderung des Seigniorage und dessen Bedeutung für die nationalen EWU-11 Haushalte. 2000.

Band 20 Klaus Heubeck, Bert Rürup: Finanzierung der Altersversorgung des öffentlichen Dienstes. Probleme und Optionen. 2000.

Band 21 Manon Pigeau: Der Einfluß der Arbeitszeit auf die Erwerbsbeteiligung von Frauen. Empirische Befunde, mikroökonomische Modellierung und politische Konsequenzen. 2002.

Band 22 Carsten Müller: Existenzgründungshilfen als Instrument der Struktur- und Beschäftigungspolitik. 2002.

Band 23 Stefan Lewe: Wachstumseffiziente Unternehmensbesteuerung. 2003.

Band 24 Robert Coppik: Transformationsansatzes zur Substitution des kameralen, inputorientierten Budgetkreislaufs der öffentlichen Verwaltung in einen outputorientierten Budgetkreislauf. 2010.

Band 25 Alexander Meindel: Intergenerative Verteilungswirkung beim Übergang zu einer nachgelagerten Rentenbesteuerung. 2004.

Band 26 Jochen Gunnar Jagob: Das Äquivalenzprinzip in der Alterssicherung. 2004.

Band 27 Tobias Fehr: Recht des außerbörslichen Aktienhandels vor dem Hintergrund des Rechts des börslichen Aktienhandels. Das Kapitalmarktszenario für kapitalmarktaktive Aktiengesellschaften, deren Unternehmensführungen und aktuelle und potentielle Aktionäre und für Wertpapierdienstleister. 2006.

Band 28 Stefan Fetzer: Zur nachhaltigen Finanzierung des gesetzlichen Gesundheitssystems. 2006.

Band 29 Oliver Ehrentraut: Alterung und Altersvorsorge. Das deutsche Drei-Säulen-System der Alterssicherung vor dem Hintergrund des demografischen Wandels. 2006.

Band 30 Martin Debus: Arbeitsmarkteffekte des demografischen Wandels. 2007.

Band 31 Jens Hujer: Regionalökonomische Effekte von Flughäfen. 2008.

Band 32 Zulia Gubaydullina: Nicht-monetäre Inflationsursachen in Russland. Eine empirische Analyse. 2008.

Band 33 Jasmin Häcker: Die Soziale Pflegeversicherung: Eine Generationenbilanz. 2008.

Band 34 Christina Benita Wilke: German Pension Reform. On Road Towards a Sustainable Multi-Pillar System. 2009.

Band 35 Stefan Pfaffenbach: Nachhaltigkeit in der Gesetzlichen Rentenversicherung – Was leistet die kinderzahlabhängige Rente. 2009.

Band 36 Anabell Kohlmeier: Die Ausweitung des Versichertenkreises der Gesetzlichen Rentenversicherung. Bestimmungsgründe und Verteilungswirkungen. 2009.

Band 37 Matthias Heidler: Reformen der gesetzlichen Rentenversicherung: Politisches Risiko und intergenerative Umverteilung. 2009.

Band 38 Anna Rosinus: Vermögensdekonzentration und Mitarbeiterkapitalbeteiligungsgesetz. 2009.

Band 39 Gabriele Somaggio: Start mit Hindernissen. Eine theoretische und empirische Analyse der Ursachen von Arbeitslosigkeit nach der dualen Berufsausbildung. 2009.

Band 40 Johannes Kalusche: Ausmaß und Stärke der automatischen Stabilisatoren in Deutschland vor dem Hintergrund der jüngsten Steuer- und Sozialreformen. 2010.

Band 41 Nicolas Gatzke: Public Private Partnerships und öffentliche Verschuldung. PPP-Modelle im Licht deutscher und europäischer Verschuldungsregeln und ihre Transparenz in den öffentlichen Haushalten. 2010.

Band 42 Olaf Weddige: Measuring Public Pension Liabilities in the European Union. 2011.

Band 43 Christina Boll: Lohneinbußen von Frauen durch geburtsbedingte Erwerbsunterbrechungen. Der Schattenpreis von Kindern und dessen mögliche Auswirkungen auf weibliche Spezialisierungsentscheidungen im Haushaltszusammenhang. Eine quantitative Analyse auf Basis von SOEP-Daten. 2011.

Band 44 Jörg Schoder: Theorie und Empirie der Alterssicherung in Deutschland. Eine Bestandsaufnahme zu den Versorgungswegen des Drei-Schichten-Modells unter Berücksichtigung regionaler Aspekte. 2011.

Band 45 Robert Arnold / Angelika Oelschläger / Jeanine Staber: Sozialversicherungsbeiträge und Steuern von Selbständigen und Arbeitnehmern im Vergleich. Bestandsaufnahme und Reformvorschläge. 2012.

Band 46 Sebastian Hesse: Input und Output der Gesundheitswirtschaft. Eine Stabilitätsanalyse der Gesundheitswirtschaft in Bezug auf die gesamtwirtschaftliche Bedeutung in den Jahren der Finanz- und Wirtschaftskrise. 2013.

Band 47 Dirk Heeger: Quantitative Analyse der ökonomischen Bedeutung eines Unternehmens. Vor dem Hintergrund neuer Herausforderungen der Industriepolitik. 2013.

www.peterlang.de

www.ingramcontent.com/pod-product-compliance
Ingram Content Group UK Ltd.
Pitfield, Milton Keynes, MK11 3LW, UK
UKHW022105051026
15623UKWH00003B/695

9 783631 627907